# IT审计

林 杰 著

同济大学出版社
TONGJI UNIVERSITY PRESS
·上海·

## 内容简介

针对IT审计学习和实践的需求，本书在全面系统地介绍IT审计的基本概念、目标的基础上，提出了IT审计三维框架，并针对信息系统运行环境、网络、应用系统和信息系统开发与管理等多个方面的审计内容展开了分析。本书旨在指导IT审计人员全面理解和把握IT审计的思想、技术和方法，以支持IT审计工作的正确开展。此外，本书还介绍了IT审计的系统开发、过程管理、管理组织和准则体系等。

**图书在版编目(CIP)数据**

IT审计 / 林杰著. -- 上海：同济大学出版社，2024.7

ISBN 978-7-5765-1128-4

Ⅰ. ①I… Ⅱ. ①林… Ⅲ. ①信息系统—审计 Ⅳ. ①F239.6

中国国家版本馆CIP数据核字(2024)第080039号

国家社会科学基金重点项目“企业数据安全治理的关键机制研究”(编号：22AZD136)

**IT 审计**

林 杰 著

**责任编辑** 尚来彬 **责任校对** 徐春莲 **封面设计** 张 微

**出版发行** 同济大学出版社 www.tongjipress.com.cn
(地址：上海市四平路1239号 邮编：200092 电话：021-65985622)
**经　　销** 全国各地新华书店
**排　　版** 南京月叶图文制作有限公司
**印　　刷** 苏州市古得堡数码印刷有限公司
**开　　本** 710 mm×1000 mm 1/16
**印　　张** 19.75
**字　　数** 332 000
**版　　次** 2024年7月第1版
**印　　次** 2024年7月第1次印刷
**书　　号** ISBN 978-7-5765-1128-4

**定　　价** 98.00元

**本书若有印装质量问题，请向本社发行部调换 版权所有 侵权必究**

# 前言

# Preface

IT审计是IT审计师采用相关技术、方法，站在客观公正的角度，基于特定标准对企业或组织信息系统的规划、实施开发、使用维护、人员管理等的相关活动、软硬件系统、数据与信息等进行系统、有效的评估与检查，确保企业或组织的信息资产安全，实现企业信息系统稳定、可靠运行的审计过程。IT审计师需要具备IT审计特有的知识与资格，并且其身份应是独立于信息系统本身、信息系统开发人员、信息系统维护人员，以及信息系统使用人员之外的第三方人员。

针对IT审计学习和实践的需求，本书在全面系统地介绍了IT审计的基本概念、目标的基础上，提出了一个IT审计三维框架，该框架包括审计目标、审计内容、审计管理三个维度。全书以这一框架系统展开。审计目标是指人们在特定的社会历史环境中期望通过审计实践活动达到的最终结果，是审计目的的具体化。审计目标是审计工作的出发点和落脚点，对审计活动具有导向性和约束性作用。审计内容是审计师在审计目标的限制下，针对某项审计任务要完成的具体内容。本书针对信息系统运行环境、网络、应用系统和信息系统开发管理等多个方面的审计内容展开了分析；在整个审计过程中有关的审计组织，审计流程，审计中使用的模型、方法、工具以及遵循的规范都在本书的审计管理维度中得以体现。

本书可以指导IT审计人员全面理解和把握IT审计的思想、技术和方法，以支持IT审计工作的正确开展。本书也为企业IT部门人员在日常维护信息系统时，以审计视角管理企业信息资产，保证企业信息资源安全可靠提供了参考。本书可作为IT审计师的培训教材，还可作为信息管理与信息系统专业或信息安全专业的本科生及研究生的教科书或参考书。

感谢研究生黄研、潘聪聪、丁水平、胡紫娟、汪超、李青、刘雪钰、王梓聪、姜骁宴、李璐、姜天晗、石冰宁、段亦卓、常挺震、林渝曜、唐娴慧，他们为本书内容做了大量的研究工作和撰写工作，并分别完成了多个章节的校对。

因水平有限，错误之处在所难免，敬请读者批评指正。

林　杰

2023 年 4 月 7 日

于同济大学

# 目录 Contents

前言

# 第 1 章　绪　　论

信息技术的快速发展使其应用越来越多地融入组织内部，在改变组织原本的业务模式和流程，给组织带来更多利润的同时，也隐含了更多风险，信息技术的应用合理与否成为影响组织成败的关键因素之一。IT(Information Technology)组织管理理论和应用还处在不断成熟、不断发展的过程中，为了更好地管理 IT 应用，发挥其优势，学者们提出了 IT 治理和 IT 控制的概念[1-2]。近年来，随着 IT 对组织影响力的不断增强，人们意识到仅仅依靠组织自身的 IT 控制已经不能够保证 IT 应用实践的成功，需要来自独立第三方的评估和监督，以期发现 IT 应用过程中隐含的各种风险，进而发展出 IT 审计的概念[3]。本章 1.1 节详细阐述了 IT 审计的发展历程，并总结了我国目前的发展状况；1.2 节集中讨论了 IT 审计的概念；1.3 节对 IT 审计的必要性进行总结；在前几节的不断细化分析基础上，1.4 节提出 IT 审计三维框架，即审计目标—审计管理—审计内容，全书将陆续在后面章节具体阐述各个维度的内容和意义，并且以三维框架为全书的逻辑框架。

## 1.1　IT 审计发展历程

自 1945 年计算机之父冯·诺依曼第一次提出存储程序计算机的概念到现在[4]，信息技术经历了硬件、软件、编程语言和服务平台的不断突破发展，如今已然进入了互联网金融时代，信息技术不断发展和推广，已在全社会各领域广泛深入，正是在这样的大背景下，IT 审计衍生、发展并走向成熟。

IT 审计的萌芽阶段一般认为是电子数据处理(Electronic Data Processing, EDP)审计的衍生发展[5]。随着信息技术的发展，人们对计算机的认识不断深入，EDP 审计的对象渐渐地变为信息系统，因此 EDP 审计被业内普遍视为 IT 审计的雏形。EDP 审计的概念被理解为对以 EDP 会计信息系统为主并兼容其他相关

EDP信息系统所进行的审计，以评价该系统的可靠性、合法性、有效性，以及财产保护情况。IT审计起源于美国。1960年年初，IBM公司出版了*Audit Encounters Electronic Data Processing*，书中最早提出了在交换环境下电子数据审计规则和组织方法的相关内容，有专家称这是信息系统审计的最早工作[6]。在此之后，关于该方面的研究不断涌现，IBM还出版了*In-line Electronic Processing and Audit Trail*等；Felix Kaufman在1961年出版的*Electronic Data Processing and Auditing*一书中对电子数据处理环境下进行内部审计和组织进行了论述，介绍了相关术语和概念，并提供了电子数据处理过程中的审计技术。这一时期主要特点是在金融领域设立电子数据处理审计及安全办公室，美国国防部海军审计局引进了通用审计软件包，但在社会其他领域，IT审计还未普及[7]。

值得一提的是，这一时期出现了世界上最早的EDP审计专业组织。在1967年的美国，一个从事信息管理系统审计监控的专业人士所组成的工作团队，在日常工作中发现信息管理系统的审计和控制对他们的机构运作变得越来越重要，这些专业人士聚集起来开始讨论制定信息集中化资源和本领域指导准则。这个团体由Douglas Aircraft公司的职员Stuart Tyrnauer主导，在1969年被正式组建为EDP审计师协会（EDPAA），这是现在国际信息系统审计与控制协会（Information Systems Audit and Control Association，ISACA）的前身[8]。这个协会的目标是建立EDP审计的纲领、流程和标准。这些标志着国际社会正式开始对信息系统进行审计。

20世纪70年代，随着信息技术的发展，信息系统运用在发达国家初步普及开来，利用计算机进行犯罪的案例越来越多，这一阶段IT审计理论得到快速发展。1974年，美国注册会计师协会（American Institute of Certified Public Accountants，AICPA）编写了一本《内部管理的调查与评价对EDP的影响》，在书中制定了电子数据处理审计的一些标准，书中标准NO. 3——EDP分析了CPA研究评价内控的影响，第一次要求审计师在审计时要对被审计单位的会计软件系统做出内部控制评价[9]。国际内部审计师协会（Institute of Internal Auditors，IIA）于1977年发表了《系统可审计性及规则的研究》（SAC报告），该报告是在分析和调研美国、欧洲、日本等审计比较完善地区的成果的基础上，提出系统鉴证与控制的概念，并对审计工具进行了总结，是信息技术安全、控制与审计领域的重要指南。另外，对此贡献比较大的是美国EDP审计师协会，这个协会在1976年成立了一个教育基金，开展大规模的理论和实践研究，以扩展IT治理和控制领域的知识并推动IT审计的发展。其中第一份成果就是该协会在1977年发表的《控制目标》(第一版)，这也就是现在业内公认的IT审计框架——信息系统和技术控制目标(Control Objectives for Information and Related Technology, COBIT)的雏形[10]。1978年，该协会开始推出注册信息系统审计师(Certified Information System Auditor，CISA)考试与资格认证，促使信息系统审计师逐渐变成一种职业，目前CISA认证已经成为涵盖信息系统审计、控制与安全等专业领域的全球公认的唯一标准。

日本也是率先开展信息系统审计的国家之一。1974年，日本通产省设立了日本信息处理发展协会(Japan Information Processing Development Center，JIPDEC)，随后该协会发布了《电子数据处理系统审计程序和审计准则》等相关文献，为日本信息系统审计的发展与延续奠定了基础[7]。1975年，日本信息处理发展协会开始设立信息系统审计委员会，并于次年出版了多部与信息系统审计相关的图书：《使用电子计算机的会计组织内部规则质问书》《EDP审计标准及审计过程试案》和《EDP审计方法》[9]。同时日本注册会计师协会也意识到了信息系统审计的重要性，于20世纪70年代中期设立了信息系统审计委员会。

信息系统审计的成熟期是在20世纪80年代，其间，美国计算机技术与通信技术有机结合，实现了计算机系统网络化，大大促进了IT审计的发展。由于审计对象、方法和技术发生了很大改变，业内逐渐采用信息系统审计来代替之前的EDP审计，研究的重点在于信息系统中使用的计算机技术、信息系统内部控制的原则和方式、信息系统的可靠性和有效性以及评价系统经济效益的原则和方法等方面。1982年，日本通产省为了研究信息化安全的必要法规，在机械信息产业局成立了计算机安全研究会，并于1983年发表了研究成果《有关计算机的安全对策》。1984年，日本政府委托信息化对策委员会IT审计协会对美国的信息系统审计标准进行了研究，并于1985年公开发表了《IT审计标准》[9]，经过不断修订完善，该准则由基本准则、实施准则和报告准则三部分组成，从审计的准备阶段，包括审计团队组成、审计目标确定等，到审计的实施阶段，再到最后的审计报告编写阶段，对信息系统审计进行了规范和统一。同时日本在软件水平考试中增加了信息系统审计师考试，使得信息系统审计员成为了一项独立的专门职业，与系统分析员、项目经理和应用系统开发工程师同处高级级别，开始着手培养从事信息系统审计的骨干队伍。

1996 年,日本通产省情报处理开发协会对信息系统审计给出了比较明确的定义[11],这一定义是目前业内比较认同的几种信息系统审计的定义之一。这一时期,加拿大、澳大利亚和英国的特许会计师协会也颁布了一系列的信息系统审计准则和审计指南[12]。

20 世纪 90 年代是 IT 审计的普及阶段。这一阶段随着网络技术和信息技术的飞速发展,信息系统变得越来越复杂化、大型化、多样化和网络化,对信息系统进行审查、评价、审计的需求变得日益迫切,IT 审计理论和实践得到了迅猛的发展和普及。1992 年,最高审计机关国际组织(the Inter-national Organization of Supreme Audit Institutions,INTOSAI)电子数据处理审计(EDP)委员会成立(2002 年 11 月起变更为 INTOSAI-IT 委员会),进一步促进了电子数据处理审计的发展。INTOSAI-EDP 委员会从 1995 年开始发行刊物 *INTO IT*,围绕计算机辅助审计的应用和 IT 审计的其他方面进行了更深入的探讨。

1994 年,美国电子数据处理审计师协会更名为信息系统审计与控制协会(ISACA),在全球范围内不断扩充,设立了 160 多个分会,创建并制定一系列信息系统审计准则、职业道德准则等规范性文件,把焦点集中于信息系统保障、控制、安全和 IT 管理等主题上,并于 1996 年 4 月推出了面向过程的信息系统审计和评价的标准——COBIT[5]。该标准由 ISACA 的 IT 治理学会在总结了多国专家的经验和 ISO 9000 等标准的基础上进行开发和推广,它把 IT 业内的活动组织优化成为被普遍接受的流程模式。COBIT 是一个基于控制、关注业务、面向过程、度量驱动的控制架构,它构建了一个框架模型,通过分析信息系统全生命周期活动中的各种风险,指导组织有效管理信息和相关风险,从而有效实现企业 IT 目标。通过不断的优化和改善,最新版本是 2013 年推出的 COBIT 5.0,目前该标准已成为国际公认的 IT 管理与控制标准,在世界一百多个国家的重要组织与企业中运用,指导这些组织有效地利用信息资源、控制与信息相关的风险。ISACA 同时还在积极推广 CISA 资格考试,目前仍是国际信息系统审计领域的唯一职业资格认证考试。

1999 年,国际信息系统审计领域权威专家 Ron Weber 在《信息系统审计与控制》一书中,给出了信息系统审计的定义,这个定义主要从信息系统审计的作用角度出发,是目前比较公认的定义之一[13]。

进入 21 世纪后,信息技术得到迅猛发展,企业开始注重外部信息的处理和利用效率，逐渐对自己价值链上各类信息进行全面的管理和集成，运用各种信息技术，以此来提高企业在市场中的竞争力，审计的范围也由之前的针对信息系统本身而拓展到组织内信息系统生命周期和相关流程操作、信息技术应用和IT资源分配等领域，因此逐渐地用IT审计来代替信息系统审计。2001年，美国的安然事件是审计史册上重要的一页，促使美国陆续出台了多个具有较强影响力的行业法案，这要求对组织的信息技术同样要加强控制以达到法案的合规要求，因此促使IT审计进入新的发展阶段。安然事件的背景是：当时作为世界上最大的能源、商品和服务公司之一的安然公司一夕之间突然宣布破产，后被曝光这背后其实是个持续多年精心策划甚至制度化、系统化的财务造假丑闻，作为其审计机构的安达信会计师事务所，也是当时的世界五大会计师事务所之一，因安然的倒闭而解体。而安然事件只是个开端，随后环球电讯、世界通信、施乐等一批企业巨擘纷纷承认存在财务舞弊，这严重挫伤了美国经济恢复的元气，重创了投资者和社会公众的信心，美国国会和政府不得不加速通过了《萨班斯-奥克斯利法案》(Sarbanes-Oxley Act，简称《SOX法案》)。《SOX法案》对行业的监管、审计的独立性、财务信息披露、公司责任、违法违规行为的法律责任等进行了重大改革和重新规范，其中最大的影响是在法律层面对现代审计的一次功能定位和现代审计制度的系统安排。其中404条款要求上市公司信息系统能够保证信息处理和控制的适当，并防止数据和程序的错误与舞弊，这进一步推动了信息系统审计的实践和发展。有关专家分析《SOX法案》对IT的控制要求主要有两个方面：一方面是应用控制，企业业务信息化后，信息系统是企业业务运作的基础，业务流程中各个控制都是由信息来完成；另一方面是通常性控制，美国证券交易委员会(United States Securities and Exchange Commission，SEC)认为，作为上市公司，管理必须健全，企业运作信息必须完整保存，因此需要有一个完整的信息系统提供支撑，对于支撑公司运作的IT基础技术架构平台，必须进行有效管理控制[14]。由于IT控制与IT审计的关联性，IT审计的内容和合规要求都有了更进一步的发展。

美国目前已完成对IT审计的普及，政府、大型会计师事务所等机构的审计部门都会使用大型计算机网络作为自己的工具，审计人员只需自己终端联网就可以完成远端的资料调取和审计，实现随时、动态的监控与审计。在加拿大，对于计算机应用普及率较高的企业，审计公署每年都要严格进行审计，内容涉及系统环境、设备运行状态、组织结构、数据管理、内部审计等多个方面的安全情况。日本目前的 IT 审计理论研究成熟,审计准则体系完整,拥有自己的 IT 审计师培训体系,还设立 IT 审计师考试,每年培养了大量的 IT 审计骨干人员,这些审计师在国家审计、社会审计和内部审计各个层面开展 IT 审计实践并进行深入理论研究。

相比较美国、日本等发达国家的 IT 审计发展,我国的 IT 审计起步较晚,虽然在 20 世纪 90 年代有个别关于信息系统方面的审计准则,但其并不是以计算机信息系统为核心开展的。直到 21 世纪初,中国(不含港澳台地区)才开始信息系统审计的研究,其主要研究机构是审计署和内部审计协会。2006 年,审计署印发信息系统审计指南——《计算机审计实务公告第 1 号》,截至 2013 年,该公告已经印发到第 47 号[7]。这些公告考虑了我国审计机关职能和 IT 审计的现实情况,借鉴国外比较成熟的信息系统审计准则和指南,提出针对各种关键行业的审计要求、设计规范和审计方法,从而促进了我国信息系统审计的快速发展,提搞了信息系统审计效率和质量。其中,2012 年公布的《计算机审计实务公告第 34 号》详细说明了信息系统审计内容和方法,第三条提出信息系统审计的概念:“本指南所称信息系统审计,是指国家审计机关依法对被审计单位信息系统的真实性、合法性、效益性和安全性进行检查监督的活动。”这一概念重点强调审计以真实性、合法性、效益性和安全性为主要目标。内部审计协会 2008 年颁布的《内部审计具体准则第 28 号——信息系统审计》,给出信息系统审计的一般原则、信息系统风险识别、审计内容、审计方法、审计报告这五方面加以规范,明确提出信息系统审计师应该对企业的 IT 架构、IT 技术及业务流程的 IT 控制等方面进行审计[15]。2013 年,内审协会颁布了《内部审计具体准则——信息系统审计》,从内部信息系统审计原则、审计计划、风险评估、审计内容和审计方法等方面给予详细的指导。2021 年发布《第 3205 号内部审计实务指南——信息系统审计》对组织内部审计提出详细和具体指导材料,此外,中华人民共和国审计署干部培训中心致力于 CISA 的推广和培训,目前中国(不含港澳台地区)有五大考点,分别是:北京、上海、南京、广州和深圳,ISACA 在中国的分会设立于香港。

然而,目前我国 IT 审计仍处于探索阶段,IT 审计及审计理论研究比较滞后、内容单调,审计署和内审协会的公告和准则大都围绕信息系统审计,还没有拓展到 IT 审计,但就信息系统审计而言,国内还没有形成完整而系统的信息系统审计标准体系，也没有形成一支能够全面开展信息系统审计业务的人才队伍[7]。更为严重的情况是，目前我国内地尚未建立 IT 审计行业协会，关于信息系统审计只颁布了极少的准则和规范性文件，且出自不同部门，时效性差，未建立符合我国 IT 审计情况的审计标准和规范，现行的准则体系仅有中国注册会计师协会和中国内部审计协会发布的有关信息系统审计准则，且其对 IT 审计风险评价与控制规范的内容描述过于宏观，可操作性不强。

## 1.2 IT审计的定义

IT 审计的概念是在实践发展过程中不断补充和完善的，然而目前还没有固定通用的 IT 审计定义。国内一些学者通常将 IT 审计的概念与信息系统审计的概念等同，直接沿用信息系统审计的定义来解释 IT 审计的概念[16-17]。其中比较公认的信息系统审计定义是由美国信息系统审计权威专家 Ron Weber 于 1999 年给出的，即在搜集证据基础上，评估和判断一个信息系统是否在消耗最少资源情况下有效地做到资产保护、保护数据完整、实现组织管理目标。他提出审计有四大目标，即安全性、完整性、有效性和效率性。此外国际信息系统审计与控制协会(ISACA)给出信息系统审计的定义："信息系统审计是一个获取并评价证据，以判断计算机系统是否能够保证资产的安全、数据的完整以及有效率利用组织的资源并有效地实现组织目标的过程。" ISACA 将信息系统审计的目标表述为：使用通用的信息系统审计标准与指南开展风险基础审计，确保组织的信息技术和业务系统得到充分有效控制、监督和评价，并且与企业经营目标一致[12]。1996 年，在日本通产省情报处理开发协会信息系统审计委员会修订的信息系统审计准则中提出了一个定义："为了信息系统的安全、可靠与有效，由独立于审计对象的信息系统审计师，以第三方的客观立场对以计算机为核心的信息系统进行综合的检查与评价，向信息系统审计对象的最高领导层，提出问题与建议的一连串的活动。"[18] 此定义强调了审计的独立性、客观性，并且提出审计主体与客体的关系不是对立的，而应该是相互配合的合作关系。

目前，国内外学者还没有对 IT 审计形成一个普遍公认的定义，相关定义在 IT

审计的范围、角度与信息系统审计等方面都各有差异。随着信息技术的发展和应用普及，信息系统也从传统的业务后台支撑应用模式转变为新业务开展的直接驱动力，甚至信息技术正日益成为企业的直接利润中心[19]。在这种趋势之下，企业以及各种组织、机构对信息系统的依赖程度不断加深，信息和信息技术成为企业最重要的资产。与此同时，企业信息化和信息技术应用存在着越来越大的风险，因而亟需将企业信息技术（不仅仅是信息系统）以及信息技术应用的宏观管理和控制（包括组织、规划、策略、风险、合规等）逐渐纳入审计的范围，同时注重在审计过程中充分运用先进信息技术手段，在此背景下，IT 审计应运而生。从组织控制的角度来说，审计范围关系可用图 1-1 表示。

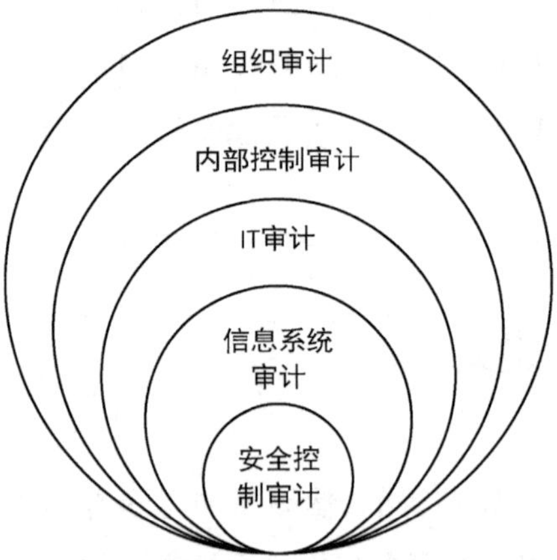


图 1-1　审计范围关系图

虽然组织内的信息技术大都围绕信息系统展开，但并不等同于信息系统，因此 IT 审计的范围更广，更多地关注信息技术的获取、运用、管理和提升过程，信息系统审计是其子集。总的来说，对 IT 审计的一般理解应是：运用专门的技术，对组织 IT 资产、IT 技术、信息化过程和 IT 控制等方面开展独立客观综合的审查，以判断组织在 IT 方面是否遵循了相关准则和要求，从而可以评估组织的 IT 使用是否有效，信息系统开发建立及应用是否符合要求，IT 资产及相关资源是否合理配置和妥善保管等。

## 1.3　IT 审计的必要性

进入 20 世纪以后，经济信息化、沟通信息化无不显示信息经济时代已经来临。在这个大背景下，市场对及时和相关信息的需求越来越多，掌握准确、及时和大量信息成为组织竞争的绝佳优势，因此越来越多的组织或主动或被动顺应了信息化的潮流，将内部上下工作的沟通、交接，资料和信息的传递、运作通过信息系统进行，使得信息系统集成了组织的信息流、物流和资金流[20]。自然信息系统对企业资料数据的真实性、有效性、保密性有着绝对的影响；同时，在这些信息的获取、存储、处理和使用的过程中，自然信息系统对相关的一系列流程、组织和运行环境等也都有巨大影响。确认这些元素在有效运行并从安全性、有效性、效率性、合规性和可靠性等方面保证组织信息技术的合理使用是IT审计的目的。随着IT审计不断应用，信息技术和信息经济不断发展，IT审计逐步由轻视审计理论研究转变成审计理论研究与审计实务并重，由事后审计转变成事前审计与事后审计相结合的过程。同时，审计准则、审计规范、审计标准和审计方法等也逐步全面建立和成熟。这一过程中，IT审计的必要性也得到了体现，主要集中反映在以下几方面。

**1) IT审计是企业信息化建设的必然要求**

随着以信息系统为核心的企业信息化建设步伐的加快，信息系统集中度不断提高，业务对信息系统的依赖不断加大，此外，其他信息技术的应用范围不断扩大，信息化程度越高，潜在的风险就越大。建立IT审计制度、发展IT审计是信息化过程中必不可少的制度保证和有效手段。如何更好地加强内部控制，保证信息系统有效地实现企业目标，保证信息被有效地收集、处理、存储和使用，是在信息化过程中所必须要解决的问题。IT审计师可以凭借自己的专业知识评估信息系统是否在切实保护组织信息资产的安全、完整、真实，保证网站的可靠性和降低其他影响组织信息化建设的风险。具体地说，IT审计对企业信息化的作用主要反映在以下几方面。

(1) 提高信息化建设成功率

科学技术发展到现在，组织的经营管理越来越依赖信息系统，从面向基层业务的业务管理系统，到面向中高层的决策支持系统，信息化建设是每个组织都需要面对的问题，而实施信息化建设项目时需要投入巨大的人力、物力和财力，是一项耗时、费力且风险巨大的工程，因而对信息化建设过程进行管理和控制就显得非常必要。

对信息化建设过程进行审计既包括对信息系统的开发、实现、维护、变更过程及支撑系统运行的IT技术环境安全性、保障等进行审计，也包括对这些信息系统运行中的应用控制(数据输入、处理、输出及业务控制环节的正确性、有效性)进行审计,还包括对信息系统运维组织的合理性及管理制度全面性等进行审计。通过审计可以健全和完善企业内部控制机制,也有助于根据企业需求,明确信息系统目标和功能,恰当构建与企业适应的信息系统。

(2) 保证电子数据的真实性、可靠性

在信息化建设完成后,企业的传统纸质凭证和文件已转变为电子数据形式。信息系统的应用逐渐改变了员工的工作方式,许多企业已实现无纸化办公,企业的投资者和管理层也依赖这些电子信息进行决策,而这些决策效果及进一步变动需要新的电子数据来支撑。因此,确保这些电子数据的真实性和可靠性变得至关重要。与传统文件相比,电子数据的生成、传输和存储方式都有所不同,这要求采用新的审计方法和技术。IT 审计师能够为企业提供解决安全风险的方案和控制措施,确保数据的真实性和完整性,以及向管理层提供的报告的准确性。

(3) 加强企业内部管理和风险控制

在网络时代,企业的管理模式、组织结构和交易方式都深受信息系统的影响。员工权限、公司印章和管理人员签名等都实现了电子化管理,企业生产运作和各种交易数据的生成、确认、传输和存档也全部数字化。虽然数字加密技术在这些处理中提供了信息保密功能,保障了网络数据的安全性,但管理漏洞和技术高超的黑客仍能较容易地窃取或篡改网络数据。通过 IT 审计,审计人员能够全面审视企业的内部控制和交易处理系统中各个环节的漏洞,持续监控并及时发现安全隐患,确保电子化的内部管理流程安全、有效且完整地持续运行。

**2) IT 审计是维护市场经济秩序的必要手段**

信息技术的广泛应用正在深刻地重塑多个传统领域。商业和金融行业率先接纳了信息技术并最先进行变革;随着电子商务和互联网金融的兴起,虚拟交易和在线支付为企业带来了前所未有的商业机遇,同时也带来了相应的风险挑战;进入"移动互联"时代后,云平台和移动支付等新型商业模式的普遍应用,也进一步突显了企业系统安全问题的重要性。这些风险不仅直接威胁交易双方的利益,还对整个社会经济体系构成潜在的巨大危害。因此具备会计、审计和网络计算机专业知识的 IT 审计师,通过帮助企业健全信息系统内部控制机制,防范风险漏洞,确保企业信息系统安全稳定运行,从而维护社会经济体系的稳健运行。

**3) IT审计是审计行业发展的需要**

当前,我国信息化事业已发展到一个新的阶段。各级政府正在认真落实"以信息化带动工业化"的战略,推进"电子政务"及"电子商务",许多城市及企业也已着手整合与升级其信息化应用系统,可以预计,全国将有更多、更大的信息系统建设项目展开[21-22]。如果被审计对象全面采用计算机信息化系统,而审计人员未能对信息系统进行全面了解和审计,只是停留在传统的财务审计上,那么这种审计得出结论的可靠性就要受到质疑。同时从IT角度对组织进行审计,给予项目投资者风险控制的评估与建议,提高信息系统的投资效益是内部审计的重要作用,而如果缺失IT方面审计过程,做出的评估结果是失之偏颇的,甚至会带来不可挽回的经济损失。因此可以说审计行业,包括政府审计、社会审计与内部审计在这方面所面临的问题日益严峻,甚至会影响整个审计行业的声誉,阻碍行业的进一步发展。

**4) IT审计是信息使用者的迫切需求**

在今天瞬息万变的商业环境中,投资决策者常常需要"即需即取"及结构化的数据,而商业数据在线和实时披露也变成常态。然后,由于技术、管理等原因限制,信息使用者在实时使用这些商业信息时,自己无法验证数据质量,因此需要独立的第三方对数据正确性、完整性及支撑这些数据应用的信息系统的安全性等做出鉴定和保证,从而保护使用者利益。IT审计师可以通过工具对在线和实时的信息进行鉴定,对处理这些实时信息的系统进行安全审计,从这些数据全生命周期视角进行信息质量评估,满足投资决策者和社会公众对实时信息的访问需求。从而保护投资公众利益和确保资本市场有序安全地运行。

**5) IT审计是IT系统复杂性的必然要求**

现如今,大部分公司都依靠一套完整的信息系统做支撑,日常管理、业务运作甚至决策支持都依托信息系统来完成,企业的经营管理信息、商业机密和财富也越来越多地集中到组织的IT系统中,因此对IT系统的质量要求提到了更高的水平。IT系统的可靠性、安全性、合规性、有效性和效率性成为制约IT系统质量的重要因素,因而需要依靠审计来加强IT系统监督。而IT系统结构复杂、专业技术强,要对其进行有效性评估需要综合审计、会计、管理、计算机信息系统和行为科学等相关学科的知识,这就是IT审计,因此IT审计有其不可替代性,它是保证IT系统质量的有效工具。

## 1.4 IT 审计三维框架

由于 IT 系统的复杂性，IT 审计的内容是多方面、多角度的，就 IT 资产和相关活动来说，可以划分为整个信息系统所有活动和中间产物，信息技术相关的外部环境和组织管理及人员因素等，包括 IT 组织结构审计、运行环境审计、应用系统审计、对外媒体审计、IT 项目审计，在这些大类下又有各种详细的审计基准，它们从不同层面反映 IT 系统应达到的安全性、可靠性、有效性、效率性和合规性要求。同时由于 IT 审计的专业性较强，不同的审计对象对应有不同的审计工具和流程，这又增加了 IT 审计的复杂性，往往使审计人员在实践过程中出现无据可依的情况。为了规范审计流程，提高审计效率，本书提出审计目标—审计管理—审计内容三维框架，具体如图 1-2 所示。

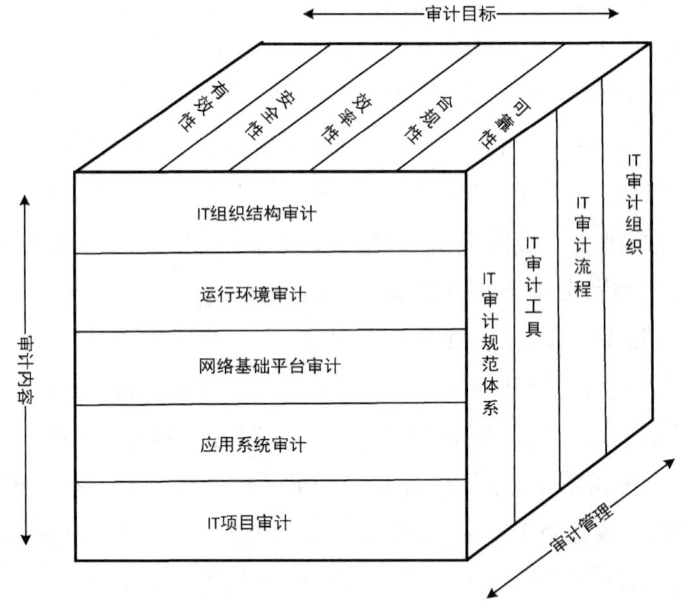


图 1-2　IT 审计三维框架

三维框架的使命：该框架可用于指导 IT 审计师的审计工作，并对 IT 审计行为进行规范化说明。

审计目标是指人们在特定的社会历史环境中,期望通过审计实践活动达到的境地或最终结果,或者说是指审计活动的目的与要求[23]。一般来说,审计都有自己特殊目标,无论国家审计、企业外部审计或内部审计,每次审计需满足服务领域的各自需求。审计目标的确定,除受审计对象的制约以外,还取决于审计的社会属性、审计基本职能和审计授权者或委托者对审计工作的要求。同时,审计目标是在审计开始前就已经制定好的标准,它是审计的依据,用来衡量预期的或要求的部分与实际观察到或演示的部分之间的差异。审计目标设定了审计的基本任务与核心职责,也决定了审计工作的基本流程和需办理的各种审计手续。例如安全性目标是 IT 系统的审计目标,在设置目标之后,要达到 IT 系统安全运行的要求,需要对有关安全性的过程,包括管理员登录管理、运行环境管理、防火墙设置、数据库设计和管理、内部控制模块设置等具体方面进行审计,从而制定出一系列具体的审计标准。由此可以看出审计目标的重要性,因此它是审计工作的出发点和落脚点,对审计活动具有导向性和约束性的作用。考虑到审计对象和审计类型等不同的因素,每一个独立的审计过程往往都拥有不同的审计目标。审计主体在进行审计之前,通常是根据以往该审计主体的审计内容和审计人员的审计经验而针对审计对象的不同方面设计审计目标和审计标准。这种方式过多地依赖以往经验,不具有推广性。本书在对多种审计过程进行分析梳理的基础上,总结出五类通用性目标,它们分别是有效性、安全性、效率性、合规性和可靠性,用于指导审计实践。这五类目标保证了审计过程的基本要求。审计人员可以根据这五类目标,结合实际的审计对象,全面而完整地去考虑审计要求及其应该达到的标准,以防有所疏漏。例如在对运行环境中的数据库审计中,重点审查数据的安全性、可靠性;而在对 IT 组织结构的审计中,有效性是其主要目标。针对具体的审计内容,可能审计目标又有主要、次要和一般之分,审计实践中往往要抓住主要和次要目标,即对主要目标和次要目标的要求比对其他目标更为严格,同时要兼顾一般的其他审计目标。需要说明的是,不是每次审计都将审计对象作为一个整体从这五个方面进行分析,而是依据审计需求不同、审计对象不同或审计对象的不同部分(即不同的审计内容)中,有选择地考虑全部五个目标或其中某部分,以确保审计过程的准确性和完整性。这部分内容具体在第 3 章展开。

审计内容是 IT 审计三维框架的一个重要维度，它是审计实践的客体，整个 IT 审计工作也是围绕着它而展开。在审计目标的指导下，根据具体审计对象确定需要审查的不同部分，即确定审计内容。在确定好审计范围的基础上，通过合理的审计管理，遵循相关的审计规则，运用正确的审计方法和工具对审计内容进行取证，将获得的证据与既定的基准对比，分析是否存在差异，并根据审计具体的目标对审计作出内容是否合规、安全性要求是否达标、是否具有有效性、是否保证了系统效率等判定，最后给出审计报告。审计内容和审计目标息息相关，审计目标决定了审计内容的深度和广度。比如，IT 审计的内容范围从整体上分为一般性控制和应用性控制。一般性控制也称为基础控制，是保障信息系统正常运行的稳定性、有效性、安全性等方面的控制。应用性控制也称为业务控制，是保障信息系统产生的数据的真实性、完整性、可靠性等方面的控制。那么，审计目标是检查系统有效性还是检查其数据有效性，就决定了审计内容的重点。明确的审计目标和审计内容在审计过程中是极其必要的。目前，IT 审计应用较多的领域可以具体分为 IT 组织结构审计、运行环境审计、应用系统审计、对外媒体审计、IT 项目审计五大方面，这五大方面决定了其具体审计的内容以及既定的基准。本书的第 4 章到第 7 章将针对这些内容展开讨论。

审计目标和审计内容是根据被审计对象而确定的，除此之外，为了保证审计整体的准确有效，还有必要对审计过程进行严格的管理。广义审计管理包含审计主体和审计业务两个方面的管理。审计主体管理是对审计机构和审计人员的管理，包括机构设立、岗位设定、职责划分、人员构成、培训以及绩效评估等内容；而审计业务管理主要是对审计业务运作过程和业务活动的管理，以及在审计任务具体执行过程中的管理，即应用审计工具和手段对审计任务中各项活动进行计划、组织、管控和协调等管理内容，如审计活动的计划制定、质量管控、信息管理等。一个成功的 IT 审计实践，审计人员自身的专业素质必不可少，同时如完整详细的审计流程规划、合理的审计团队组织结构、与组织内部成员的配合度、审计工具的获取和使用等，也毫无疑问地影响着审计成果，因此有必要时刻把审计管理与审计内容、审计目标联系起来。本书在整体考虑审计管理的基础上，将从 IT 审计组织、审计流程、审计工具、审计规范体系四个方面对 IT 审计管理的重点进行说明，最后对国外著名的 IT 审计框架进行简单介绍。这些内容在本书的第 8 章到第

12章具体展开。

审计目标—审计管理—审计内容三维框架，为IT审计过程中涉及的重点部分的每个过程定义了具体的审计目标和审计方法流程，并以审计执行者的组织结构为源头规范审计过程，融合了审计对象、审计执行者和审计目标三方面，它们不再是孤立的三个部分，而是一个有机整体。通过三维框架，我们可以把对企业IT的审计细化到各个过程，针对过程的审计是逐步、有效且完整地展开IT审计的基础，同时可以帮助审计人员对整个企业的IT审计过程进行理解与分析，能更有效地抓住审计重点，瞄准审计目标。其审计目标综合包括各个方面，但针对每一个过程有主要、次要和一般之分，在实践过程中，可以将审计资源用于服务主要和次要目标。审计管理维度则根据具体的审计内容和审计目标，为审计过程中技术、工具与方法的运用提供基础。运用三维框架开展审计工作，能够帮助投资者和管理者在不可预测的IT环境中平衡风险与投资，为信息系统的使用者提供安全保障和提高服务水平，同时也能够帮助审计师通过明确的审计轨迹提出更具说服力的鉴证和建议。

## 本章小结

本章首先详细描述了IT审计发展历程，介绍了IT审计的萌芽阶段、发展阶段、普及阶段和成熟阶段，其中提到美国和日本的相关学者和机构，其在IT审计的发展过程中起到了显著作用。目前美国和日本IT审计理论研究逐步成熟，实践应用也日趋完善，相比之下，中国的IT审计研究处于起步阶段，尚未建立起符合国内行情的审计标准，专业审计人员的培养体系也有待完善。通过发展历程可以看到，IT审计的概念是在信息系统审计概念基础上扩展而来，其审计范围比信息系统审计范围更广。虽然信息系统审计在业内已经有一些权威的说法，例如比较公认的美国信息系统审计权威专家Ron Weber、国际信息系统审计与控制协会和日本通产省情报处理开发协会信息系统审计委员会分别提出的信息系统审计定义。但关于IT审计的定义，目前仍没有比较统一的说法，只有一种比较公认的定义，该定义具体见1.2节。通过对国外IT审计框架的研究和实践总结，提出将IT审计三维框架作为开展 IT 审计实践的指导标准。IT 审计三维框架由审计目标—审计内容—审计管理三个维度组成,强调针对每一项审计内容首先应确定其审计目标,其次审计方法和审计工具的选择都应标准化。总之,IT 审计三维框架是全书的理论架构。

# 第 2 章　IT 审计基础

审计作为一门严谨、体系较为成熟的学科,已经形成了较为完整的审计基础。而 IT 审计是随着信息技术快速发展和应用范围不断扩大而逐渐发展起来的,其理论也在不断发展和完善中。作为审计的一个分支,IT 审计继承了审计的诸多理论基础,同时也发展了其独特性。本章首先简要介绍审计的基本概念;其次,从组织 IT 治理和 IT 控制角度出发介绍 IT 审计的必要性及特点;最后,集中聚焦 IT 审计主体、审计关系、审计分类和 IT 审计作用等。

## 2.1　审计的含义

IT 审计是审计的一个重要分支,因此要深入理解 IT 审计的含义,首先对审计的概念应有一个清晰的定位。审计作为一种监督机制,其实践活动历史悠久,审计通常被定义为独立的审查或检查。虽然该术语适用于许多不同主题的评估,但最常见的用法是检查组织的财务报表或账本[24]。其狭义的定义中,公认具有代表性且被广泛引用的是美国会计学会 1972 年在其颁布的《基本审计概念公告》中给出的审计定义,即"审计是指为了查明有关经济活动和经济现象的认定与所制定标准之间的一致程度,而客观地收集和评估证据,并将结果传递给有利害关系的使用者的系统过程"[25]。我国常用的审计定义是:由国家授权或接受委托的专职机构和人员,依照国家法规、审计准则和会计理论,运用专门的方法,对被审计单位的财政、财务收支、经营管理活动及其相关资料的真实性、正确性、合规性、合法性、效益性进行审查和监督,评价经济责任,鉴证经济业务,用以维护财经法纪、改善经营管理、提高经济效益的一项独立性的经济监督活动。

与狭义定义相比较,广义审计标准定义则既不约束也不假定审计适用的主题,比如国际标准化组织(International Organization for Standardization,ISO)认为审计是为获得审计证据以客观地评估被审计对象是否满足标准的一个系统的、独立的和标准的流程。20 世纪 80 年代,英国中央计算机和电信局开发的信息技术基础架构库(Information Technology Infrastructure Library,ITIL)定义审计是评估标准和准则是否被有效遵守,记录是否真实准确,目标是否有效达成并且具有效率性的一个正式的检查和验证。这些定义也同样适用于 IT 审计,深入了解审计的含义可以更好地理解 IT 审计的概念。而要全面理解审计的含义,需要抓住以下几个方面。

第一,从一定意义上说,审计就是有目的、有计划地收集、鉴定、综合和利用审计证据的过程。因此收集充分、有力的审计证据是审计工作的核心[26]。审计证据是指在审计过程中,运用各种审计方法所获得的能够起到证明作用,并可以据以对审计对象的真实情况作出正确评价的依据,同时它也是审计人员用来确定被审计对象合法合规性和行为有效性、效率性等各种形式的凭据[27]。审计证据是确保审计工作质量的关键因素,它的充分性和可靠性直接影响审计结论的准确性。在完成一个审计事项时,必须根据审计目的、种类和范围来确定所需要收集和查阅的相关资料,以获取足够的审计证据。不同的审计项目,其审计的依据和查看的审计资料是不同的。

第二,审计对于审计对象总是有一个基准或参考的标准,这些在审计开始前就已经制定好的标准是审计的依据,用来衡量预期的或要求的部分与实际观察到或演示的部分之间的差异,以判断被审计对象行为是否合法、合规,效益如何,相关材料是否真实、公允等,如国家颁布的法律、规章和标准,职业团体制定的会计准则,企业制定的各种消耗定额、计划、预算等[28]。2010 年,中国审计署公布了新修订的《中华人民共和国国家审计准则》,对执行审计业务的基本程序进行了系统规范。这些准则是审计机关和审计人员履行法定审计职责的行为规范,是执行审计业务的职业标准,也是评价审计质量的基本尺度。这些规范适用于审计机关开展的各项审计业务。其中,外部审计的基准通常是与外部审计目的和目标相关的规则、法律或监管要求;而内部审计的基准定义有一些弹性,一般由组织自己定义基准或者采用行业内其他组织一般性使用的标准、框架和要求。

第三,编制审计报告是审计工作的最后步骤,审计报告是审计人员通过将收集到的审计证据与基准或参考标准进行对比,并进一步分析得到的结果[29]。它是评价被审计对象相关情况、发表审计意见和提出审计建议的载体,是做出审计决定的依据，审计小组通过撰写审计报告，将审计结论传达给那些需要和依据审计意见作出决策的组织和个人。审计报告的形式既有标准化的，比如上市公司的年度财务报表审计报告；也有非标准化的，例如针对职员失职的专项审计报告。在某些情况下，审计人员也可能以口头报告的非正式方式呈现审计结果。

第四，审计的三个基本特征为：独立性、权威性和公正性。其中独立性是审计的本质特征，要求审计在组织上、人员上、工作上和经费上均具有独立性。审计的权威性是有效行使审计权力的基础，而审计的权威性又是相应的法律法规赋予的。因此，每个审计组织应是经过有关部门批准、登记注册的，有审计经营合法权的组织，并依照法律规定能独立承办审计查账验证和咨询服务业务；审计人员应当具备与其从事的审计工作内容相匹配的专业知识和业务能力，且必须站在第三方的客观立场上，对所审计对象进行合规与否的检查，并且做出不带任何偏见、符合客观实际的判断。在此基础上做出公正的评价和公正的判定处理结论，以恰当地确定或解除被审计人的责任。

第五，类似于评价、评估和评审之类的词，往往作为审计的同义词使用，虽然审计的确是评估的一种，但是审计的一些特性使之与一般术语区别开。其中最为明显的就是审计决定往往比其他类型的评估或评估结果更为二元化，在某种意义上，一个给定的项目审计要么符合、要么就不符合适用要求，审计师通常按照与标准一致或者不一致来表达审计的结果。审计师通过对审计实施进行分析，如果分析结果不同于所要求的标准，就会得出审计对象不满足要求的结论。与之相反，一个典型的评估结论可能采用一个定量指标(例如：得分)或定性指标(例如：差、合格、良好、优秀)，这种多级评估给出了符合标准的程度，更利于审计对象的进一步改进。当然，评估也可以采用合格和不合格二元来下结论。由于审计师的工作依从一个既定的标准或一套标准，所以审计是按照全面或经过深思熟虑的要求进行，这样减少了主观性，并且比其他类型的评估更可靠。

## 2.2　IT 治理、IT 控制、IT 审计

在对 IT 审计进行宏观定位之前，有必要介绍一下 IT 治理和 IT 控制的概念以

及它们与 IT 审计之间的关系。在厘清它们的关系后，不仅可以对 IT 审计有初步认识和了解，还能体会到 IT 审计的重要性和必要性。

如今，信息已经成为企业中最为宝贵的资产之一，信息技术(IT)在组织中扮演着一个影响组织全局、组织治理结构的关键角色。在实现企业或组织目标方面，或在组织产生收益方面，IT 技术的应用日益重要。组织高层管理者也都越来越清晰地意识到：要保证信息安全和有效使用，信息管理治理必须扩展到 IT 领域的方方面面，因此提出了 IT 治理的概念[30]。国际信息系统审计与控制协会(ISACA)在 1998 年组建的 IT 治理协会(IT Governance Institute，ITGI)对 IT 治理的定义是：IT 治理是一种引导和控制企业各种关系和流程的结构，确保组织拥有适当的结构、政策、工作职责、运营管理机制和监督实务，以达到公司治理中对 IT 方面的要求，旨在通过平衡信息技术及其流程中的风险和收益，增加价值，以实现企业目标[31]。中国 IT 治理研究中心(ITGov)对 IT 治理的定义是：IT 治理是指设计并实施信息化过程中各方利益最大化的制度安排，包括业务与信息化战略融合的机制、权责对等的责任担当框架和问责机制、资源配置的决策机制、组织保障机制、核心 IT 能力发展机制、绩效管理机制，以及覆盖信息化全生命周期的风险管控机制。IT 治理是组织治理在信息时代的重要发展，是组织治理的重要组成部分。简单来说，IT 治理用于描述组织是否采用有效的机制，使得 IT 的应用能够完成组织赋予它的使命，同时平衡信息技术与过程的风险、确保实现组织的战略目标。

而 IT 控制就是在这样的 IT 治理结构下，建立一个完整的、具有弹性的内部控制体系，为实现组织的目标、应对组织面临的各种风险挑战和意外事件等提供合理保证而实施的一系列政策和程序[32]。具体来说，信息系统内部控制有以下三个目标。

**1) 与业务目标一致**

系统构建时，要从组织目标和信息化战略中抽取信息需求，并转化成信息系统功能需求，形成信息系统内部控制的总体框架和结构，保证信息系统功能与企业业务目标的一致性，为业务运作提供保障，同时，系统运行过程中也要保证信息技术跟上持续变化的业务目标。

**2) 有效利用信息资源**

目前信息化工程超期、IT 外部委托项目不能满意完成、IT 平台不能有效支持业务应用等问题较为突出。这些问题本身可以通过信息系统应用进行有效解决，保证组织的 IT 资产或投资的使用、回收，也可以保证有效的 IT 投资决策。

**3）风险管理**

由于组织越来越依赖信息技术和网络，而基于信息系统应用出现的风险也就不断涌现。信息系统内部控制需要强调风险管理控制，根据信息资源重要程度对保护级别进行分类，强调对关键的信息技术资源实施有效的监控和事故及时处理程序[33]。可以看出，IT 应用于业务控制是改善管理效率和管理水平的重要手段，其主要目的是使组织运作规范并不断适应外部环境变化，使组织管理者实现对内部业务流程中的资源的有效控制和利用。

IT 审计是一个获取并评价证据的过程。IT 审计作为一种有效的控制工具，可促进组织遵守相关法律、规章及管理标准，同时验证管理层是否有效地建立了内部控制体系。它还能提供证据，证明业务数据的完整性，且只有合法权限人员才能访问该数据。此外，IT 审计能够生成警告类的审计报告，使管理层及时了解关键信息及其任何变动。围绕数据进行的审计报告也可用于合规性评估，减少遵守规定的成本。

它们三者的关系可以表述为：IT 治理必须在风险与利益之间找到均衡，在这个均衡点确定信息化过程中的制度安排，并据此开展 IT 控制，同时通过 IT 审计不断促进调整 IT 控制环境，使组织在风险可识别、可控、可管理的环境下保证组织利益最大化。从以上论述可以看出，IT 治理、IT 控制以及 IT 审计之间既有联系又有区别。总的来说，它们的目标是相同的，只是立场有所区别。主要目标是保证信息系统运行安全和可靠，IT 活动遵循相关法律和法规，以促进组织的经营效率和效果。立场方面，IT 治理要明确目标和方向，并为 IT 控制设定明确目标，IT 控制要在 IT 治理的框架下，建立完整、规范、有效的和有一定扩展弹性的内部控制体系，以应对组织面临的各种风险和意外等挑战。IT 审计的职责是获取与 IT 控制和保障措施相关的证据，评估组织数据或信息的安全、IT 应用的稳定性、IT 控制的有效性，评价 IT 绩效，以及 IT 战略与业务目标的符合程度等。在 IT 审计过程中发现的内部控制风险点、不达合规要求的地方等都将反馈给 IT 控制，由于其影响内控设置、业务流程、风险规避和资源分配等多方面的安排，也影响了 IT 治理方面，需要根据审计结果对资源配置的决策机制、风险管控机制、项目管理机制等进行调整和改善，它们之间的关系可用图 2-1 表示。

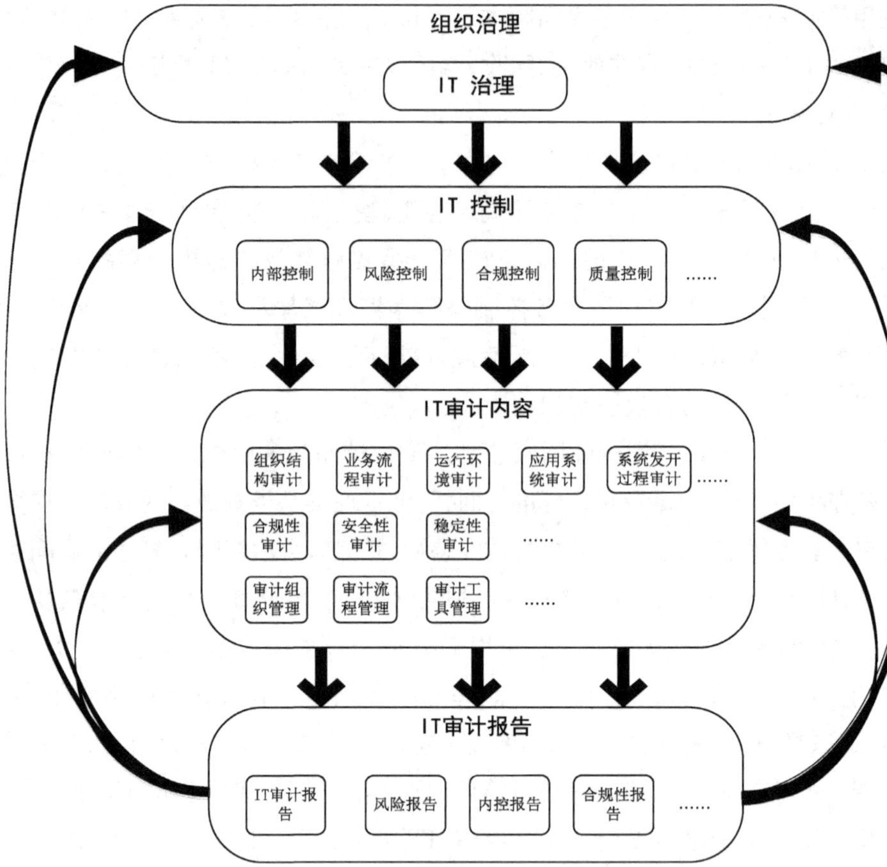


图 2-1　IT 治理、控制和审计之间关系图

总之,IT 审计是企业治理的不可或缺的步骤之一,是确保企业信息化建设成功的重要保障之一,它与 IT 治理、IT 控制一起共同保证了组织 IT 战略目标的实现。而社会对于 IT 审计的作用和地位的认可并不是一蹴而就的,它经历了一系列发展历程。

## 2.3　IT 审计与其他审计的关系

审计具有维护财经法纪、控制宏观经济的作用以及协助企业改善经营管理、达到商业目标的积极意义，审计已经由最初的财务审计发展到管理审计，以及目前的技术审计，并不断地延伸到组织的方方面面。在审计这个大学科下，它们共享一些基础的审计原则、实践标准和高级过程活动，分别审计不同的领域，拥有不同的审计目标和审计内容，但彼此又都有交集，以财务审计、运营审计和质量审计为例，它们的关系如图 2-2 所示。

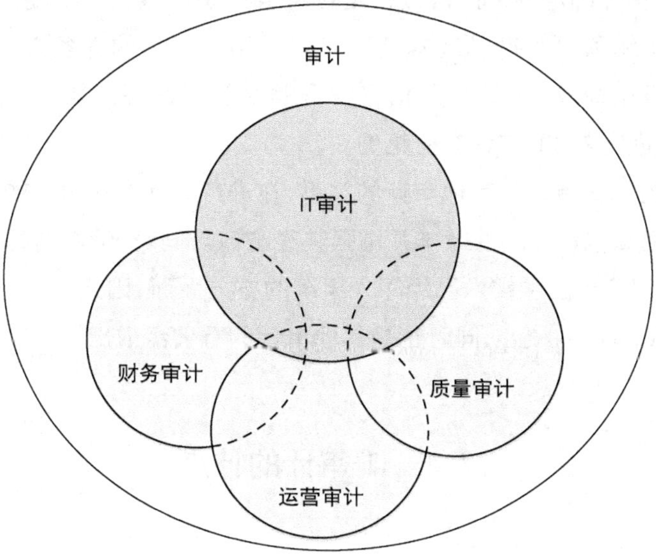


图 2-2　几大审计之间的关系图

财务审计是传统审计的重点内容，它指依据有关法律对组织资产、负债、损益的真实、合法、效益进行审计监督，对被审计企业会计报表反映的会计信息依法作出客观、公正的评价，形成审计报告，出具审计意见和决定，其目的是揭露和反映企业资产、负债和盈亏的真实情况，查处企业财务收支中各种违法违规问题[34]。由于 IT 资产也属于组织资产的一部分，因而包含在财务审计的审计对象中。同时随着财务电算化的广泛施行，财务审计从基础的组织运作程序审计及方法审计、合规性审计、财务报表审计等拓展到对财务系统和相关应用程序的审计。对财务系统安全性、完整性、可靠性的审计也是 IT 审计的一部分，但是各自审计的重点有所不同，IT 审计针对系统或应用程序自身，包括系统逻辑结构、平台搭建、模块划分等，而财务系统审计主要涉及系统的数据处理逻辑是否正确、数据完整性是否得到保障等。

运营审计是对企业生产、经营、管理的全过程进行审计，检查一个或多个业务流程、组织职能的有效性以及资源是否有效利用，其任务是揭露经营管理过程中存在的问题并指出薄弱环节，探求堵塞漏洞、解决问题的有效途径，提出改善经营管理、提高经济效益的措施。信息系统和其他技术代表的关键资源，通常包括在运营审计的范围中，审计目标更多地考虑系统的经济性和效率性。

质量审计用于确定项目执行过程是否符合组织或项目定义的方针政策、标准和程序，从而了解项目和产品基本情况。它适用于组织的许多方面，包括业务流程、其他业务重点领域、IT 管理和信息安全程序及实践等。其跟信息技术和信息产品有关的方面是与 IT 审计有交集的。

只有掌握了 IT 审计与其他审计的关系，在进行审计实践时才能更好地利用多方面资源，以提高审计活动的效率并增强其经济性。同时，随着信息技术的不断发展和广泛使用，IT 产品和技术已经深入组织的方方面面，因此对 IT 产品和技术的审计不仅是 IT 审计的核心，同时也是其他审计的重要组成部分。

## 2.4 IT 审计的特点

IT 审计继承了传统审计的一些基本理论与方法，与传统的审计一样，要求 IT 审计师站在独立的立场上，通过选择特定的审计对象，采用询问、检查、分析、模拟、测试等方法获得客观的审计证据，来判断其与既定标准的符合程度[35]。在程序上，IT 审计一般也要经过审计计划、符合性测试与实质性测试、审计报告等主要阶段来进行审计工作，实现审计目标。但是与传统审计相比，IT 审计也具有很多独特性，综合来看，有以下几个方面。

### 2.4.1 审计内容具有广泛性

信息技术(IT)是多种技术的总称，涉及组织对信息的治理和处置的各阶段，因此 IT 审计的内容不仅包括 IT 资产，同时还有 IT 技术、IT 过程、相应的 IT 控制以及信息化环境，包含业务运作流程、组织结构、IT 战略规划、系统运行环境、网络基础平台、各种硬件、软件等，对于自主开发系统和应用程序的组织，其开发过程也是重点审计内容之一。同时由于组织普遍实行了信息化流程，IT 审计涉及的审计对象不限于 IT 部门，应扩展到组织上上下下众多部门和人员，甚至包含供应链上游和下游组织的部分信息技术内容在内，相比其他审计，其审计内容涉及范围更广。

### 2.4.2 审计技术专业性

作为高新技术代表，信息技术本身的复杂性就加大了 IT 审计的专业性，同时系统运营环境的多样性，要求审计人员需要运用专门的知识或专业技术开展审计工作，只有这样才能够正确和有效地检查包含在 IT 审计范围内的业务控制。比如对网络安全进行审计时要采用穿透性测试（模拟进行各种攻击以验证其安全性）；在对系统本身进行审计时，需要审计人员查看代码，运行程序，并且能掌握程序背后的算法和数学模型；对数据库进行审计时，需要理解数据库背后的逻辑结构；对路由器、防火墙和各种接口进行审计时，也都需要了解专门的知识。

### 2.4.3 审计目标多样性

传统的财务审计的目标主要集中在组织财务报表的合法性、真实性，而由于近年来社会组织将经营管理、商业机密、财富数据等各种信息都集中在组织的信息系统，可以说信息技术是组织达到商业目标、改善运营效率、提高竞争力甚至是组织生存的关键，鉴于 IT 审计的重要作用、审计内容的广泛性，其审计目标也具有多样性。总的来说，审计目标主要包含：有效性、效率性、安全性、完整性、合规性、可靠性、保密性和准确性等方面。针对不同的审计内容，其目标的重要性程度也有所差异，如对于数据库的审计，数据安全性和完整性是审计的重点目标；而对系统逻辑结构进行审计时，有效性是重点目标。

### 2.4.4 IT 审计结合了事后、事前、事中审计

传统的审计多是事后审计，以财务审计的季度审计和年度审计为典型，都是在季

度结束后或年终阶段针对上一个周期财务情况进行审计，而 IT 审计是事后、事前、事中审计的结合体。在某种情况下，IT 审计直接参与项目的开发或变更过程，以保证足够的控制得以顺利实施。以信息系统开发项目过程审计为典型，系统规划和开发的审计与规划、开发过程同时进行，在开发进行中展开审计，并将审计结果反馈给开发组成员，督促开发组及时改善和修正，将对后期的不良影响降到最低，这属于事中审计；此项审计相对于系统运行后而对其所进行的审计而言又可以看作是事前审计。

### 2.4.5 审计独立性

作为审计活动的共性，审计独立性同时也是所有审计活动最重要和最基本的性质，显然，独立性也应是 IT 审计的前提和基础。审计独立性意味着进行审计的个体要么在他们所代表的组织中不会获取经济利益，要么与他们所审计的组织没有相关利益冲突，而这只是形式上的独立性，更为重要的是实质上的独立性，即审计人员要保持客观的态度和独立的精神。独立性是大多数审计标准、实践指导和道德规范的核心宗旨，一个组织无论是采用哪种标准和哪些审计指导，都需要考虑独立性问题。《公认审计准则》(Generally Accepted Auditing Standards, GAAS)与《国际审计准则》强调审计的前提是独立性，《萨班斯-奥克斯利法案》有授权审计人员独立性规定，美国证券交易委员会执行法律要求公开交易的公司审计的独立性等。相应法律规定有以下几条。

(1) 我国《宪法》第一百零九条规定“县级以上的地方各级人民政府设立审计机关。地方各级审计机关依照法律规定独立行使审计监督权，对本级人民政府和上一级审计机关负责”；我国《审计法》第五条规定“审计机关依照法律规定独立行使审计监督权，不受其他行政机关、社会团体和个人的干涉”。

(2) GAAS 的第二通用标准规定“在所有与分配有关的事宜上，意见上的独立性是由审计师或审计机构维护的”。

(3) 由国际审计与鉴证准则委员会(The International Auditing and Assurance Standards Board, IAASB)发布的 ISA 强调意见和独立性表现的重要性，审计师的独立性表现为“保障审计师形成审计意见而不妥协、不受影响的能力”。

(4) 属性标准 1110 是国际内部审计师协会对审计实务的规定：“内部审计活

动必须是独立的，内部审计人员必须客观地完成他们的工作。”

## 2.5 IT 审计的主体

IT 审计的主体即审计人，是指在审计活动中主动实施审计行为，行使审计监督权的审计机构及其审计人员[36]。审计主体贯穿审计信息产生过程的始终，对审计信息质量起着决定作用，是制约审计信息质量的第一因素。由于 IT 审计的专业性要求高，因此对 IT 控制进行审计需要拥有广泛 IT 知识、技能和能力，并且在整体和某些特定方面了解审计的准则、惯例和过程的专业审计人员，除了要拥有理论知识，能够专业地理解控制对象外，他们还需要在 IT 操作方面有足够的实践经验才能有效地实施 IT 审计。由于 IT 审计可能是国家审计、社会审计和内部审计，因此审计人可能是来自组织内部的专业人员或是社会上提供 IT 审计服务的审计公司，也有可能是来自政府相关机构的专家，总的来说，IT 审计主体有以下几类。

(1) 内部审计人员，包括实施内部审计的组织中的雇员、合约商、顾问或者是被组织雇佣来实施 IT 审计的外部专家。

(2) 作为一个独立的合约商或者是提供内部或外部审计服务的专业服务公司雇员的 IT 审计人员。

(3) 审计事务所(或者是提供一系列服务的公司中的审计部门)，被授权评估组织的操作、控制并负责认证那些内部过程、系统、服务和操作环境符合了适用性标准或者其他认证标准的组织。

(4) 拥有权力来监管必要控制和强制规定实施的组织，例如政府审计部门。

(5) 检查专员、审计主管或具有相应职权的职员，负责对其管辖的组织的各个方面提供独立审查，审计内容包括遵守组织政策，提供足够的安全性，有效分配资源和维护授信责任任务，或其他标准的合规性审查等。

## 2.6 IT 审计的分类

根据 IT 审计活动执行主体的性质不同，IT 审计可分为内部审计和外部审计两类。内部审计师协会对于内部审计有一个正式的定义：作为《国际内部审计专业实务框架》(*International Professional Practice Framework*, IPPF)的一部分，“内部审计是独立、客观的担保和咨询活动，旨在增加企业价值和改善组织的运营。它通过引入一个系统的、有纪律的评估方法帮助组织实现其目标，加强风险管理、控制和治理过程的有效性”。内部审计的主体是由组织员工(或由承包商以组织的身份)承担，需要执行的计划、程序和标准由组织制定[37]。外部审计是指独立于政府机构和企事业单位的国家审计机构或独立执行审计业务的审计事务所接受委托进行的审计[38]。外部审计主要有国家审计和社会审计两种。国家审计是指由国家审计机关所实施的审计，其主体是审计署以及各省、自治区、市、县设立的审计机关，对被审计单位的财务财政活动、执行财经法纪情况以及经济效益进行审计监督；社会审计是指由经政府有关部门审核批准的社会中介机构进行的审计，目前大型的会计师事务所基本都有 IT 审计部门，审计人一般是已通过注册信息系统审计师 CISA 考试并取得认证资格的专业人士。

内部审计和外部审计的联系在于二者都是审计监督体系的有机组成部分[39]。内部审计具有预防性、经常性和针对性，是外部审计的基础，对外部审计能起辅助和补充作用；外部审计对内部审计起到支持和指导作用，并且二者在具体审计工具和方法的使用上应该是共通的。但是由于内部审计机构和外部审计机构所处的地位和角度不同，它们在审计性质、独立性、强制性、权威性和公证作用等方面又有较大的差别。

内部审计和外部审计是两种不同类型的审计，它们的区别主要体现在审计性质和审计权限等方面。内部审计是指由专职审计人员或内部审计机构履行的内部审计监督[40]，只对本单位负责；而外部审计则是由外部机构以独立的第三方身份提供的公证活动，对国家权力部门或社会公众负责。在审计权限方面，国家审计代表了国家的利益，对于被审计组织的相关问题，国家审计既有审查权，也有处理权[41]。而内部审计只能对委托人指定的被审单位的有关 IT 活动进行审查、鉴证，内部审计虽然也有审查处理权，但其只对内部单位服务的性质决定了其在强制性和独立性方面弱于国家审计。内部审计的审查结论也比外部审计的权威性低，这是因为内部审计的审计对象和范围受到限制，而外部审计机构也具有更高的公信力和更普遍的认可度。

在强制性方面，一般来说，外部 IT 审计中，组织没有权力决定是否、如何以及何时接受 IT 审计，因为许多形式的外部审计或者是国家法律强制规定的，而不是可选的；或者虽然属于社会审计，但某些组织因其业务性质或者所在行业性质而被要求接受法定的外部审计。从组织寻求对其内部职能或操作进行外部检验的角度说，它们大多选择接受有效的外部 IT 审计。由于目前国内财务审计体系已经健全，因此强制性在财务审计上体现得非常明显，相比较而言，我国 IT 审计的外部审计要求的法律规范尚未形成比较完整的体系，IT 审计可能更多地源于内部 IT 控制安全的需求。但是在 IT 审计比较成熟的美国，对不同的组织类型，已经有一系列相应的法律强制要求组织进行 IT 外部审计。表 2-1 列出了美国不同类型组织所需要的外部审计。

**表 2-1　美国外部 IT 审计需求来源**

| 部门、行业或类型 | 外部审计驱动 |
| --- | --- |
| 公共企业 | SEC 规则；《萨班斯–奥克斯利法案》对内部控制做出了规定（第 404 条）；美国公众公司会计监督委员会（Public Company Accounting Oversight Board，PCAOB）法律要求 |
| 金融机构 | 联邦金融机构检查委员会 IT 检测手册——审计手册 |
| 卫生保健组织 | 《健康保险流通与责任修正法案》（Health Insurance Portability and Accountability Act，HIPAA）的安全规则；《经济和临床医疗卫生信息技术法案》（Health Information Technology for Economic and Clinical Health，HITECH）的隐私规则 |
| 非营利组织 | 联邦和州政府要求对各种类型的非营利组织的内部控制进行审计，尤其是资金来源和数量 |
| 政府机构 | 政府审计准则（“黄皮书”） |
| 联邦资金接受者 | 1904 单一审计法案；白宫管理和预算办公室（Office of Management and Budget，OMB）通知 A-133，州、地方政府和非营利组织要接受审计 |
| 服务提供商 | 《鉴证业务国际准则（ISAE）第 3402 号——服务类组织控制鉴证报告》 |

审计职责上，组织内部审计负责管理和开展 IT 以及其他类型审计，它的职责包括建立和执行组织的总体审计策略，必要的时候还包括 IT、业务和合规等特定领域的具体审计策略和计划。不同于外部审计的焦点在于合规，内部审计在很大程度上是由组织内部的需求所推动，组织希望通过内部审计找到业务的弱点，发现偏离既定政策或标准的操作，评估操作的有效性，并获得识别改进操作流程和能力

的机会。IT 审计不同于其他类型的评估或分析，因为审计是将组织做了什么和一组明确定义的标准相比较，这些标准可以是内部的政策和程序、外部定义的标准和认证要求以及法律法规。除了许多公开上市公司需要遵循强制的审计要求，通常建立和运行内部审计的目标包括以下几个方面。

（1）支持企业的 IT 治理，风险管理和合规计划；

（2）核查组织规定的政策、程序和标准的遵守情况；

（3）达到或维持工艺要求、质量管理或内部控制认证等各种措施是否执行到位；

（4）是否制定了加强自我评估的程序或活动的规范程序；

（5）为外部审核做准备或追踪预期的外部审核。

与外部审计相比，组织可以根据本身的需求开展内部 IT 审计，它具有更好的灵活性。在内部和外部审计都可应用的 IT 审计环境中，某些组织可能选择放弃内部审计，而依靠外部审计来为它们的 IT 运营、控制及合规提供改进信息。即使这两种类型的审计具有相同的主体，但在与外部审计结合甚至取代外部审计方面，内部审计都具有几个潜在的优势。优势之一是任命对组织、任务、组织使命和业务熟悉的审计师或其他职员进行审计。外部审计师，甚至是那些对组织进行过多次审计的人，也很少会对组织的业务和控制有清楚的了解，不足以对组织的相关知识和经验相比较。另一个有益的方面是，内部审计方便组织回顾审计结果（无论结果积极或消极）并做出适当的变化，而不需要像外部审计一样对审查结果进行监视和公开。同样，执行内部审计可以为一个预期的外部审计做准备，它往往给组织加强薄弱环节的机会，以避免外部审计的消极结果。

组织结构上，外部和内部的 IT 审计实践取决于正式指定的规程，可以由有能力、有充分组织知识和专业知识的审计师根据组织的要求有效地开展不同类型的审计。内部审计在关键结构上的不同是，需要一个组织部门或职能部门，通常称为内部审计小组，来负责组织内的审计。根据组织的规模和管理结构、它所在的行业，或因组织是否公开交易等因素，内部审计工作可能是企业中的一个资源专用的、大的单位，或者它可能仅仅具有从组织其他部门抽调资源的一个功能。不论与之相关的具体结构特点、人员数量，或其他资源情况如何，所有内部审计程序都需要有适当的权力去开展工作，需要审计策略或计划去指导项目的管理和操作，需要合格人员去进行适用于组织的全方位审计。审计程序还必须建立，并需要不断证明整个审计方案、负责这个项目的管理者和执行者以及审计师的独立性和客观性。

独立性对于内部审计和外部审计来说确实有很大差异。前面我们提到，审计最基本的性质是独立性，而独立性要求组织上、人员上、工作上和经济上的独立，要求审计人员不能被被审计单位人员影响和控制。但是很显然，作为一个内部审计人员，不论是来自组织内部还是受组织聘用委托，他都是不能完全从组织中独立出来的，但是在这方面，外部审计人员可以完全独立，因此我们之前提到的独立性概念可能不适用于内部审计[42]。根据国际内部审计师协会 IIA 于 2011 年发布的 IPPF 内部审计实务框架第 1 100 章节和第 1 110 章节，内部审计的独立性包含两方面：一方面是指内审人员履职时免受威胁；另外一方面指审计组织机构的独立，即与董事会的汇报关系的独立。与形式上的独立性相比，或许从实质上的独立性出发，对内部审计人员强调客观性更为合适，客观性要求审计人公正真实，不能被个人主观感受和偏见所影响。

## 2.7　IT 审计的审计主体关系

审计主体关系一般是指由审计人、委托人和被审计人三者之间形成的经济责任关系，它是审计活动得以有效开展的前提和保证[43]。审计是通过获得审计证据以客观地评估被审计对象是否满足标准的一个系统的、独立的和标准的流程。从外部审计的角度来看，审计主体关系是基于经营管理监督的需要产生和发展的。在资产所有者和管理者分离后，就会形成一种基于资产的委托代理关系。一般情况下，在委托人（通常是资产所有者）和代理人（通常是资产管理者）之间存在着相关资产管理责任信息不对称的现象，代理人通常掌握着绝对的信息优势，而委托人却无法直接获取与其 IT 活动相关的信息，同时也缺少用于识别和判断代理人活动是否符合契约的信息。因此，需要一个独立的第三者，如外部审计人，为委托人了解代理人的相关内幕信息，以防范和及时发现代理人的道德风险[44]。利益独立两者之外且具有鉴证能力的审计活动能在一定程度上缓解上述问题，它有助于平衡委托人与代理人之间的信息分布，满足双方的各自需求。通常资产所有者是审计活动的发起者和委托人，因此其直接为审计活动支付费用；资产管理者应是被审计人，接受审计。图 2-3 显示了外部审计主体关系平衡结构。

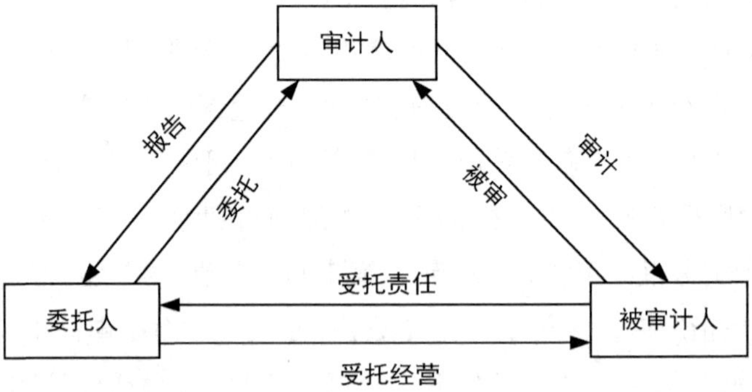


图 2-3　外部审计主体关系图

对于 IT 审计来说，审计委托人是信息资产的所有者，需要通过审计人的审计报告书了解和证明被审计人履行责任的情况。审计委托人可能是财产所有者、股东、投资者等。

审计人既包括自然人，也包括专设的 IT 审计机构。他们根据审计委托人的委托，独立客观地对被审计人的信息资产使用分配等行为进行审计，并向审计委托人提交审计报告书。审计人可能是审计机关、内部审计机构或者社会审计组织。

被审计人接受信息资产所有者的委托，经营管理信息资产，履行受托责任，同时接受审计。被审计人可能是行政机关、社会团体、企事业单位、金融机构。

当审计人受托对被审计人进行审计，并向审计委托人汇报情况时，审计关系形成。对于外部审计来说，一个平衡的委托人、被审计人、审计人三足鼎立的关系是有效开展 IT 审计的基础。内部审计的出发点是组织高层想要了解组织内部的信息化建设情况，找出潜在的风险，及时采取措施，达到内部控制的目的。在这种情况下，经营者不仅是被审计人，同时也变成了审计委托人，由他们聘请 IT 审计师进行审计，通常审计人员全部或部分来自组织内部，是组织职员之一。

## 本章小结

本章主要讲述 IT 审计基础知识,这也是全书的理论基础。作为审计的一个重要分支,IT 审计继承了审计的一些基本性质,同时也有自身的独特性。为了理解 IT 审计的作用和意义,引入了 IT 治理和 IT 控制的概念,IT 治理要明确目标与方向,为 IT 控制环境与活动设定明确的目标。在审计这个大学科下,IT 审计和财务审计、运营审计、质量审计等是相互并行的概念,分属审计不同的内容,但是也有相互重合的部分,IT 审计的特点可以大体总结为五大方面。至于 IT 审计的审计关系、主体和分类均继承了审计的概念。本章最后总结了 IT 审计的作用,集中反映在提高信息化建设成功率、保证电子数据的真实可靠性、促进企业内部控制和风险管理与维护市场经济秩序等方面。

# 第3章　IT审计目标

在具体了解IT审计基础知识后，本章将详细具体地阐述IT审计三维框架。该框架主要包括审计目标、审计管理、审计内容，主要用于IT审计实践流程指导。IT审计目标维度作为审计的前提和基础，本章将进行重点介绍。IT审计内容范围广，专业性强，其审计目标也各有不一，本章着重介绍的安全性目标、合规性目标、有效性目标、效率性目标和可靠性目标已基本能够涵盖IT审计目标的多个方面。

## 3.1　IT审计目标的含义

IT审计应按照一定的步骤展开[45]。一般地，通过合理的审计管理，首先确定好审计对象，制定审计流程方案并明确各审计内容应达基准和审计目标，然后运用正确的审计方法和工具对审计内容进行取证。在具体的审计目标的指导下，对比相关基准，对审计内容做出是否达到基准或参考标准的判定，并依据审计目标给出组织的信息技术使用和分配等行为是否合规、是否达到安全性要求、是否具有有效性、是否保证了系统效率等结论，最后给出审计报告。基准是在审计开始前就已经制定好的标准，它是审计的依据，用来衡量预期的或要求的部分与实际观察到或演示的部分之间的差异。审计目标是指人们在特定的社会历史环境中，期望通过审计实践活动达到的最终结果，是审计目的的具体化，体现在IT系统的安全性、可靠性、有效性和效率性等方面。而基本准则是审计目标的具体化，例如，关于IT系统的安全性目标，其基本准则涵盖管理员登录管理、运行环境管理、防火墙设置、数据库设计和管理、内部控制模块设置等具体方面。审计目标规定了审计的基本任务，衍生出审计基准，它决定了审计的基本过程和应办理的审计手续，因此它是审计工作的出发点和落脚点，对审计活动具有导向性和约束性。

在IT审计三维框架中审计目标单独作为一个维度，这是由其在审计过程中的导向作用决定的。只有首先明确了审计目标，才能有效开展审计工作，得到理想的审计结果。比如在对系统开发生命周期中设计阶段的逻辑结构进行审计时，逻辑结构的有效性和完整性是审计人员关注的重点，而如果事先对审计目标没有明确的认识，把精力都花费在审计逻辑结构的安全性上，因为基准均是依据安全性而立的，这样就无法发挥审计功能，无法实现对这一部分进行正确的风险管理。此外，不论是内部审计还是外部审计，审计都是一项耗费人力、时间和金钱的活动，有效性是其重要的一项，效率性也是关键，要想在有限的审计资源安排下完成审计工作，事先进行审计规划、明确审计目标必不可少。

一般来说，各类审计目标都必须满足其服务领域的特殊需要，就内部审计和外部审计而言，它们具有各自相对独立的审计目标，并且审计目标的确定，除受审计对象的制约以外，还取决于审计社会属性、审计基本职能和审计授权者或委托者对审计工作的要求。通常情况下，应达到的要求可能不止一项目标，比如在满足安全性的要求下，对效率性也有所要求，因此对应每个具体审计内容，目标往往有主要、次要和一般之分，而审计过程应重点考虑主要的和次要的目标。

## 3.2 IT审计有效性目标

有效性的标准定义是：完成策划的活动并达到策划结果的程度。有效性审计应是对审计内容与企业战略目标是否一致的判断。几乎所有的项目都会在不同程度上与组织功能相互独立，这表明审计内容与战略目标达到并保持一致是一个很大的挑战，因此需要有效性审计[46]。同时，IT审计主要围绕着信息系统审计展开。信息系统的定义是以计算机为信息处理的载体，以现代通信设备为基本传输工具，为企业管理决策者提供信息服务的人机系统[47]。可见提供信息服务是信息系统的主要目的，换句话说，组织之所以进行信息化建设、开发或使用信息系统，就是因为它可以带来商业价值，能够实现其商业目标。而商业目标的实现不是一蹴而就的，它又需要转化为具体的IT目标，落实到组织IT环境下的管理工作、软硬件设施、生命周期阶段等各部分，因此这些预期目标与实际情况之间的缺口情况审查即有效性就成了重要的审计目标之一。

### 3.2.1 度量维度

笼统地说，有效性是在技术先进、经济合理的基础上，系统自身、所处平台、硬件配置及物理环境满足用户需求，达到预定目标的程度。在具体的审计实践过程中，判定是否达到有效性目标可以从业务维度、技术维度、经济维度和管理维度这四个维度进行度量[48]。

**1）业务维度**

有效性的业务维度要求信息系统对企业的业务发展提供强有力的支持。信息系统的存在不应仅仅满足企业的局部要求，而是站在全局角度，以企业全局需求为出发点，对技术的使用和业务流程进行整合，使企业的经营目标与信息系统服务管理的目标一致，让信息系统支持业务战略。

**2）技术维度**

技术维度的有效性是指企业采用的技术和设备的有效性，包括系统架构设计、开发信息系统的工具以及软硬件等在采用时是否是成熟的、主流的，并能在一定时期内保持其先进性。同时，企业是否具备使系统能够充分发挥其性能的条件也是判断有效性的要素。技术在有效性方面的表现将直接影响信息系统的长期使用效果，并决定系统的日常维护和升级等的难度与频率，进而决定系统的使用寿命。

**3）经济维度**

经济有效性主要指在信息系统构建或使用中企业要考虑经济效益，力求以相对较少的投入获取较大的收益。一个高效的系统应确保设备效能得到充分利用，投入与产出之间达到合理的平衡，而非仅仅购买昂贵的信息系统设备。成本效益的考量是衡量信息系统经济有效性的核心要素。

**4）管理维度**

从本质上讲，企业的信息系统仅仅是一个工具，服务于企业的管理和决策任务。实际上，操作和使用这个工具的是各个管理部门的员工。数量众多的管理部门和不同应用系统能力的员工在使用信息系统平台和信息资源方面的效率将直接影响到系统目标实现的程度和系统的有效性。同时，为保证企业信息系统正常运作,需要IT管理部门员工对系统能进行有效维护,并具备数据安全风险评估与故障的防范和排查能力。

### 3.2.2 审计内容

在IT审计中,由于不同的审计内容有不同的目标侧重,以下述五点为例,在对它们的审计过程中,有效性是首要目标,应按照它们应达到的标准而一一作出评估[49]。

**1) 对IT战略规划的审计**

该规划应评估当前绩效、识别IT能力和人力资源的需求,在确保收益、成本和风险透明的同时,支持或扩大业务战略和治理要求,明确必需的投资规模,生成符合业务战略及其优先级的IT战略规划以管理和指导IT资源。具体可以衡量:IT战略规划中支持业务战略规划的IT目标的百分比;IT项目投资组合中可以追溯到IT战术计划的IT项目所占的百分比;IT战略规划更新和IT战术计划更新之间的延迟等。

**2) 对技术基础设施计划的审计**

企业的技术基础设施计划应从产品、服务与交付机制等角度设定,涵盖了系统的整体架构、技术选择、规划基础、相关技术规范、迁移策略以及应急预案等方面。此外,计划需要持续进行更新和优化,并具备一定的灵活性,以便快速适应市场竞争的变化。合理安排信息系统的人力和资金投入,持续增强平台和应用系统的功能性和操作便捷性。

**3) 对IT组织的审计**

IT组织的建立需要考虑众多因素及之间的平衡,包括人员、技能、职能、责任、授权、角色和监督等需求。对IT组织的审计应使管理层和业务层的成员都参与,同时应构建IT审计流程框架,以确保透明度和有序控制。IT组织的所有职能都应具有适当的流程、管理政策和程序。特别需要关注质量保证、风险管理、信息安全、数据和系统的所有权及责任的分离。

**4) 对IT项目管理的审计**

企业应当建立起项目群方案和项目管理框架,用以管理所有的IT项目,应对项目采用优先级分类,并保证不同优先级项目的协同有效实施。项目管理框架应包括主计划、资源分配、交付品的定义、用户的核准方式、交付方式、质量保证、测试计划以及后续的验收评审的内容和方式等,推动项目风险管理的实施以及对业务提供应有的价值。对 IT 项目管理的审计还可以有效减少非预期成本投入,大大降低项目失败的风险,并能加强业务部门和最终用户的沟通,保证项目交付产品的价值和质量,使 IT 投资项目的回报最大化。

**5)对系统开发和维护的审计**

应用系统必须按照业务需求予以实现,实现过程涵盖了应用系统设计、适当考虑应用系统的控制及安全要求、按照标准进行实际开发和配置,然后以合理的成本提供一个满足业务需求的应用软件。

## 3.3 IT 审计安全性目标

随着信息技术的广泛应用,企业的经营管理信息、各种决策依据及结果、机密信息等越来越全面地集中于信息系统中,一旦系统存在安全漏洞并让不法分子有机可乘,造成的后果将是无法挽回的。因此信息技术应用的安全问题成为信息化环境下国家、社会和个人关注的核心问题,安全性也成为 IT 审计的重点目标。

### 3.3.1 系统五大安全隐患

信息技术安全审计是对被审计单位的信息系统安全控制体系进行全面审查与评价,确认其是否安全有效,确保信息系统安全运行,并且安全性的概念也在向可靠性、可信性、完整性等领域不断延伸[50]。在以安全性为目标开展审计前,应该深入了解信息系统安全性的含义以及目前安全方面常常出现的问题。

从信息技术应用的角度看,安全性涵盖两个关键层面:一是应用层面的安全,二是数据库层面的安全。应用级安全主要指确保用户或操作员能够顺利登录应用系统的同时,具备强大的防护能力,能够有效抵御未经授权或恶意的攻击性侵入行为。安全系数越高,意味着系统的防护能力越强,也更加安全。数据库级安全性更为重要,由于目前越来越多的数据被保存在云端,通过网络进行传输,这就给网络非法盗用、蓄意破坏、错误操作、计算机犯罪、计算机病毒传播、黑客攻击等提供机会,从而使得企业管理信息系统的安全性受到严重挑战。在具体实践活动中,我们常常将信息系统的安全隐患概括为五大方面[51]。

**1）信息系统的环境控制方面**

这方面可以从物理环境和系统环境两个层面描述,物理层面的环境控制是指信息系统运行载体计算机所在地的环境控制,主要包括：确保系统运行环境的稳定性,避免环境因素如温度、湿度、清洁度及自然灾害对信息系统造成影响;同时,防止未授权人员或设备接触系统硬件;实施异地数据备份以防灾难;在机房等关键区域安装监控和防盗系统。加强对系统环境的监管和控制,包括控制信息系统程序的无权限运行,数据输入输出的准确性与完整性控制,防止未授权的数据访问、泄露、篡改或删除,以及其他可能破坏系统完整性的因素。

**2）信息系统设计方面**

系统开发设计中可能由于人为和不可抗力的原因,导致留下各种隐患和缺陷,比如：信息系统设计缺陷导致信息系统之间的数据流衔接存在问题,最终导致业务数据传递的真实性、完整性和准确性得不到保证;系统之间整合不科学、不完善导致系统性能发挥失常;数据字典和设计资料的不完整导致系统后期维护困难;等等。

**3）管理制度方面**

制度层面不完善而带来的安全隐患问题范围比较广,这里以人员安全教育培训为例,由于人是安全管理体系的核心要素,人员的安全意识将决定组织信息安全管理的成败,企业应在信息安全意识教育、人员安全管理和信息安全培训三方面开展工作,提高内部和外包人员的安全意识。

**4）网络和信息传输方面**

传输信息数据的介质环境不符合相应规范标准,数据传输中存在出错、被窃取、被篡改等隐患;系统感染病毒破坏计算机内的程序、数据甚至硬件,导致系统瘫痪、被黑客攻击等。

**5）系统外包服务方面**

目前,由于技术和经济原因,将系统或部分功能外包给第三方进行开发是比较普遍的现象,而在这个过程中,由于相应的控制机制不健全,信息系统存在一定的安全隐患。

### 3.3.2 信息系统安全保护等级划分准则

上述内容展示了信息系统可能面临的五大安全隐患。由于信息系统在组织中的作用各异,安全需求也各不相同,需要分级管理。可信计算基(Trusted Computing Base, TCB)是指为实现计算机系统安全保护的所有安全保护机制的集合,这些机制可以硬件、固件和软件的形式出现。TCB 的核心在于,一旦其某个构件出现程序错误或安全隐患,将对整个系统的安全造成危害。与之相反,如果除 TCB 之外的系统的其他部分出现问题,通常只会泄漏系统安全策略赋予它们的相关权限,这些权限一般都是比较低的。

平衡信息系统可用性与信息系统安全,我国国家标准《GB 17859—1999 计算机信息系统安全保护等级划分准则》规定了计算机系统安全保护能力的五个等级[52]。

**1) 用户自主保护级**

本级的计算机信息系统可信计算基通过隔离用户与数据,使用户具备自主安全保护的能力。它具有多种形式的控制能力,对用户实施访问控制,即为用户提供可行的手段,保护用户和用户组信息,避免其他用户对数据的非法读写与破坏。

该级别包括自主访问控制、身份鉴别和数据完整性。

**2) 系统审计保护级**

与用户自主保护级相比,本级的计算机信息系统可信计算基实施了粒度更细的自主访问控制,它通过登录规程、审计安全性相关事件和隔离资源,使用户对自己的行为负责。

该级别包括自主访问控制、身份鉴别、客体重用、审计和数据完整性。

**3) 安全标记保护级**

本级的计算机信息系统可信计算基具有系统审计保护级的所有功能。此外,还提供有关安全策略模型、数据标记以及主体对客体强制访问控制的非形式化描述,具有准确地标记输出信息的能力,消除通过测试发现的任何错误。

该级别包括自主访问控制、强制访问控制、标记、身份鉴别、客体重用、审计和数据完整性。

**4）结构化保护级**

本级的计算机信息系统可信计算基建立于一个明确定义的形式化安全策略模型之上，它要求将第三级系统中的自主和强制访问控制扩展到所有主体与客体。此外，还要考虑隐蔽通道。本级的计算机信息系统可使计算机必须结构化为关键保护元素和非关键保护元素。计算机信息系统可信计算基也必须明确定义，使其设计与实现能经受更充分的测试和更完整的复审。加强了鉴别机制，支持系统管理员和操作员的职能，提供可信设施管理，增强了配置管理控制。系统具有相当的抗渗透能力。

该级别包括自主访问控制、强制访问控制、标记、身份鉴别、客体重用、审计、数据完整性、隐蔽信道分析和可信路径。

**5）访问验证保护级**

本级的计算机信息系统可信计算基满足访问监控器需求。访问监控器仲裁主体对客体的全部访问。访问监控器本身是抗篡改的，必须足够小，能够分析和测试。为了满足访问监控器需求，计算机信息系统可信计算基在其构造时，排除那些对实施安全策略来说并非必要的代码；在设计和实现时，从系统工程角度将其复杂性降低至最小程度。支持安全管理员职能，扩充审计机制，当发生与安全相关的事件时发出信号，提供系统恢复机制。系统具有很高的抗渗透能力。

该级别包括自主访问控制、强制访问控制、标记、身份鉴别、客体重用、审计、数据完整性、隐蔽信道分析、可信路径和可信恢复。

### 3.3.3　审计内容

在《GB 17859—1999 计算机信息系统安全保护等级划分准则》的安全保护等级五大类的基础上，审计人员在针对具体审计内容开展安全性审计时，首先要评估这些系统的安全等级需求；其次再分析系统运行的安全状况；最后，对组织目前所采取的安全保护工作开展审计，评估组织 IT 环境的安全性。其中以安全性为主要审计目标的审计内容主要包含以下几点[53]。

**1）对安全计划的审计**

企业应把业务、风险和遵从性需求转化为一个总体安全计划，同时考虑 IT 基础设施和安全文化。确保将这个计划和在服务、人员、软件和硬件方面的适当投资一起应用到安全政策和程序中，并将安全政策和程序传达给利益相关方和用户。

**2）对身份管理的审计**

企业应确保所有用户（内部、外部及临时的）和他们在 IT 系统中的行为（业务应用、IT 环境、系统操作、开发和维护）能够唯一确认。通过验证机制授予用户身份。证实用户访问系统和数据的权限与定义的和签订的业务需求一致，而且工作要求被附加在用户身份上。确保用户访问权限是由用户管理员申请，由系统所有者批准，由安全责任人执行，并将用户身份和访问权限保存在中央存储库中。部署成本效益技术和程序测量，并且保持最新，以建立用户身份、执行身份认证和强制访问权限。

**3）对用户账户管理的审计**

企业应采取一套用户账户管理程序来处理请求、建立、发布、暂停、更改和关闭用户账户及其相关用户权限，也包括一个具有概述数据或系统的所有分配访问权限的批准程序。这些程序应该覆盖所有用户，包括管理者（特权用户）、内部和外部用户，并在常规及紧急情况下均有效。用户账户管理程序为所有用户类型授予访问公司系统和信息的权利及职责，且这些权利和职责应通过规章或合同明确规定。此外，企业还应定期审查所有账户及其授予的权限，以确保安全与合规。

**4）对安全测试与监控的审计**

企业应主动地测试和监控 IT 安全的实施，为确保被批准的企业信息安全基线得到维持，IT 安全应该被定期重新确认达标。日志和监控功能能够及早防止或检测到并随后及时报告需要定位的不寻常或异常的活动。

**5）对安全事件定义的审计**

企业需要清晰定义和传达潜在安全事件的特征，以使它们能够被事件和问题管理流程正确地分级和处理。

**6）对安全技术保护的审计**

企业应该具有与信息系统安全相关的技术文档，这些文档需要采取措施以保证不被修改和泄露，使用时也需要在满足需求的情况下尽量缩小查阅的范围。

**7）对密钥管理的审计**

确定管理密钥的生成、更换、收回、注销、分配、认证、储存、登录、使用和存档的政策和程序是适当的，以确保受到保护的密钥不被更改和防止未经授权的泄漏。

**8）对恶意软件的预防、检测和纠正的审计**

企业应在整个组织内部采取适当的（尤其是最新的安全补丁和病毒控制）预防性、检测性和纠正性的措施，保护信息系统和技术免受恶意软件（例如，病毒、蠕虫、间谍软件、垃圾邮件）的侵害。

**9）对网络安全的审计**

企业应使用成熟的安全技术和相应的管理程序（防火墙、安全设备、网络隔离、入侵检测）来授权访问和控制网络上的信息流。

**10）对敏感数据交换的审计**

企业应通过可信任的途径或媒介交换敏感交易数据，对交换的数据采取相应的控制技术，这些控制应该能提供数据内容、数据提交证据、数据接收证据的真实性和不可抵赖性。

## 3.4　IT 审计效率性目标

一个企业所需要的信息系统应该是具有竞争性的，这种信息系统可用来规划组织内部管理，在企业内部可提高组织工作效率与效益，在外部可因较高的顾客满意度而直接提高企业的竞争能力，因此效率性也是 IT 审计的重要目标之一[54]。

系统效率是指系统达到预定目标的资源消耗情况，包括机器时间、设备、系统软件、劳动力等资源，一个效率高的信息系统能够以尽量少的资源达到需要的目标。效率性主要体现在两方面：一方面是信息系统的业务处理效率；另一方面是 IT 组织内管理的效率。前者主要表现在系统运行效率上，通常体现在三个方面：处理能力（即在单位时间内能够处理的事务数）、处理速度（即处理单个事务所耗费的平均时间）、响应时间（即从客户端发出处理要求到系统返回处理结果所需的时间）[55]。管理上体现的效率性则涵盖范围比较广，以下述四种为例。

**1）对 IT 项目管理的审计**

IT 项目管理指在约定的时间内，合理配置使用有限的经济、人力等资源以保质保量完成项目的交付。在项目规划阶段应有明确的项目进度和预算安排，安排里应考虑足够的细节并明确定义开发阶段的里程碑，同时项目里应建立有效的进度和花费跟踪机制，真实记录项目进度和所用资源情况并在可能出现严重误期风险和超支风险之前给出预警。

**2）对技术基础设施获取和维护的审计**

组织内应建立关于新建、升级或获取已有的技术基础设施的流程，流程应与已经批准的技术战略和开发及测试环境的有关规定相一致，以保证为业务应用系统提供持续的技术支持。因此时间维度是考量的重要方面，可以从过时或即将过时的基础设施所支持的关键业务过程的数量和已经不再受支持或即将不受支持的基础设施组件的数量两方面进行衡量。

**3）对问题管理的审计**

组织内应有一个经精心设计而有效执行紧急事件管理的流程，其及时、有效地响应 IT 用户的查询和相关问题处理，这个流程包括事件登记、事件处理、事件升级、现实状态跟踪和原因分析，以及提供解决方案的服务平台。通过快速响应用户的查询来提高用户满意度，同时可以帮助企业不断改进 IT 系统，从而为企业带来更多利益。

**4）对 IT 绩效监控的审计**

有效的 IT 绩效管理需要一个监控流程，以确保已设定的工作能够被落实并与已设定方向和策略保持一致。这个流程包括定义相关的绩效指标、有系统的和及时的绩效报告以及对偏差的快速反应。

## 3.5 IT 审计合规性目标

合规性目标是指审计人员应确定被审计对象是否遵循了现行法律和法规以及专业和行业标准或合同责任的要求，即被审计单位是否遵循了特定的程序、规则、条例或常用的业内规范[56]。对审计人员来讲，进行合规性审计的第一步是确定管理层是否有一个识别现行政策、程序、标准、法律法规以及常规的制度；然后，审计人员针对每项具体的审计内容，评估组织内合规性控制是否得到了恰当的应用或遵循。

合规性审计的第一步，主要通过面谈法和问卷调查法了解组织管理层的法律意识和对行业规则标准等的掌握程度，了解组织内是否存在及时获取并施行法律法规、行业行规的流程。而后针对审计内容，根据其相关条例要求，通过检查实物、日志文件、操作记录等相关资料评估组织是否严格依据条例行事，以下面三项为例。

**1）对IT组织的安全管理能力的审计**

依据《信息安全等级保护管理办法》[57]第十四条："信息系统建设完成后，运营、使用单位或者其主管部门应当选择符合本办法规定条件的测评机构，依据《信息系统安全等级保护测评要求》等技术标准[58]，定期对信息系统安全等级状况开展等级测评。第三级信息系统应当每年至少进行一次等级测评，第四级信息系统应当每半年至少进行一次等级测评，第五级信息系统应当依据特殊安全需求进行等级测评。"因此，审计人员根据信息系统所在的安全保护等级，确定其应进行的测评次数，然后查看组织相关记录文件以确定组织是否依据管理办法按质按量开展了测评。

**2）对网络基础平台的审计**

如果组织网络接入了国际互联网，则根据《中华人民共和国计算机信息网络国际联网管理暂行规定》[59]第八条："接入单位拟从事国际联网经营活动的，应当向有权受理从事国际联网经营活动申请的互联单位主管部门或者主管单位申请领取国际联网经营许可证；未取得国际联网经营许可证的，不得从事国际联网经营业务。接入单位拟从事非经营活动的，应当报经有权受理从事非经营活动申请的互联单位主管部门或者主管单位审批；未经批准的，不得接入互联网络进行国际联网。"因此，审计人员须评判其组织是否从事了国际联网经营活动，是否获得相关许可证。

**3）对IT组织结构的审计**

如果组织的信息系统涉及国家秘密，则根据《涉及国家秘密的信息系统分级保护管理规范》要求[60]，涉密信息系统需配置三种关键安全管理人员：系统管理员、安全保密管理员和安全审计员。系统管理员负责日常运维,确保系统的正常运行;安全保密管理员主要负责日常安全监管,包括用户权限管理及对系统日志的审查分析,以保障系统的保密性;安全审计员则承担监督职责,追踪管理员和保密管理员的操作行为,定期向相关管理机构报告审计结果,以确保系统的合规性。

## 3.6 IT 审计可靠性目标

可靠性是信息系统应具备的质量属性,通常用它来衡量在规定的时间和条件下,系统完成规定功能的能力,即系统能否在指定的环境下运行并达到所期望的结果[61]。一般地,可靠性研究分为硬件和软件可靠性两部分,硬件可靠性(Hardware Reliability)的决定因素是时间,受设计、生产、运用的所有过程的影响。软件可靠性(Software Reliability)是软件产品在给定的条件下和规定的时间区内完成规定功能的能力。给定条件是指保证软件正常运行的所具备的运行计算机系统状态和软件的相关输入条件,或统称为软件运行时的外部输入条件;规定的时间区间是指业务需要软件实际运行的时间区间;规定功能是软件产品所必须具备的功能和输出。软件可靠性不但与软件存在的缺陷或差错有关,而且与系统输入和系统使用有关。软件缺陷或差错常常是软件开发不到位引起的,主要包括软件开发方式、业务需求文档对实际需求描述不准确、软件可靠性设计技术、软件开发人员的能力和经验等,这些都能给软件可靠性带来影响。而系统输入和系统使用方面的可靠性常由与软件输入数据有关的差错引起,并因此引起了软件故障,使软件不能满足需求。

### 3.6.1 数量指标

硬件可靠性常用的数量指标有[62]系统的可靠度、可用度、平均寿命、首次故障前平均时间、故障频度、平均开工时间、平均修复时间、平均停工时间以及平均周期等。比较典型的可靠性模型有串联系统模型、并联系统模型、串—并联(并—串联)系统模型、表决系统模型、冷贮备系统模型和热贮备系统模型等。

软件可靠性常用的数量指标有初始故障数、剩余故障数、可靠度、失效概率、失效强度、失效率、平均无失效时间、平均失效间隔时间等。使用的模型中，一类是可靠性结构模型，其主要反映系统结构逻辑关系的数学方程；另一类是可靠性预测模型，其描述软件失效的可能时长或周期的数学方程。

### 3.6.2　可靠性审计内容

在审计实践中，以下面三类 IT 审计内容为例，应重点关注它们的可靠性，考察它们相关的可靠性量化指标[63]。

**1）对配置管理的审计**

为了提升 IT 基础设施的效率和资源管理，组织需构建并维护一个准确、全面、翔实、并实时更新的配置库，确保硬件和软件配置数据的完整性和准确性。配置库的构建过程涉及以下几个步骤：首先收集设备的初始配置信息，接着设定基准标准，然后进行配置信息的核实和审计，确保其准确无误。每当系统发生变更，配置库应随之更新，以适应变化的需求。

**2）对数据管理的审计**

有效的数据管理需要识别数据需求，建立完善的数据管理流程，以管理介质库、数据的备份和恢复、介质的恰当处理，维持数据的完整性、准确性、可用性，并受到有效保护。

**3）对系统开发过程的审计**

系统开发过程审计不仅是有效性和效率性并重，可靠性也是重要审计目标之一，尤其体现在系统开发的分析和设计阶段。系统分析阶段《用户需求说明书》是否完整恰当地描述用户需求、逻辑设计是否可靠，详细开发阶段是否有程序员经验能力不足带来的程序漏洞等，这些都影响着软件的可靠性。

## 本章小结

审计过程可以说是用正确的审计方法和工具对审计内容进行取证，在具体的审计目标的指导下，对比相关基准，对审计内容做出是否达到基准或参考标准的判定，并依据审计目标给出组织的信息技术使用和分配等行为是否合规、是否达到安全性要求、是否具有有效性、是否保证了系统效率等结论。IT 审计目标是审计工作的出发点和落脚点，对审计活动具有导向性和约束性作用。安全性、有效性、效率性、合规性和可靠性是五大审计目标，它们相互独立又有所重叠。有效性主要有业务、技术、经济和管理四个度量维度。随着组织经营管理信息越来越依赖于信息技术，保证信息传输、存储的安全成为必要要求，因此，安全性目标成为信息存储相关审计内容的首要目标。效率性也是五大目标之一，效率性主要反映在对 IT 项目管理、技术基础设施获取和维护、问题管理、IT 绩效监督的审计四个方面。合规性目标是指审计人员应确定被审计对象是否遵循了现行法律和法规或特定的程序、规则、条例或常用的业内规范，合规性是审计中的重点目标，凡是违反合规性的，该审计内容肯定存在一定的风险性。可靠性更多的是偏向对信息系统的功能而言，对于硬件和软件，常常有其相应的数量指标。

# 第 4 章　运行环境审计

运行环境审计指的是对信息系统赖以运行的环境的审计，包括对操作系统的审计、对数据库的审计、对服务器的审计、对防火墙的审计和对外部环境的审计等。本书第 3 章介绍了 IT 审计的几个重要目标——有效性、安全性、效率性、合规性和可靠性，IT 审计人员在审计时往往会根据审计对象的不同来侧重不同的审计目标。本章将介绍运行环境中各种审计对象的概念和特点，并针对运行环境中各种审计对象可能存在的风险具体介绍不同目标的审计方法及步骤。

## 4.1　操作系统审计

### 4.1.1　操作系统

软件是计算机系统的灵魂，计算机可以通过软件处理、存储和检索信息，可以浏览网页、聊天、播放视频和听音乐，可以做许多有意思的事。软件可以分为系统软件和应用软件，系统软件负责管理计算机本身的运作，应用软件则负责完成用户所需要的各种功能。最基本的系统软件是操作系统(Operating System, OS)，用来执行如调度应用程序运行、保存或存储应用程序结果、将结果输出至打印机或者显示设备等任务。

无论计算机操作规模的大小如何，操作系统主程序和相关的支持软件都控制着计算机系统的运行。因此，操作系统的安全是所有软件安全的基础。常用的操作系统包括：DOS、Windows、OS/2、NetWare、OSX、Unix、VMS 等。操作系统主要担任三大任务[64]。

第一，将高级语言如 COBOL、FORTRAN、BASIC、SQL 翻译成计算机可以执行的机器语言。

第二，将计算机资源分配给用户、工作组及应用程序。现代计算机都包含处理器、存储器、定时器、磁盘、鼠标、网络接口、打印机以及其他的各种设备。按照自底向上的观点，可以把操作系统看作是一个复杂系统的管理者，在相互竞争的程序之间，有序地控制这些硬件设备的分配。

第三，管理作业调度和多程序资源。比如，一台计算机上同时有三个程序试图在一台打印机上打印计算结果，操作系统要做的就是先把各个程序的结果保存在磁盘的缓冲区内。当一个程序结束时，再把该程序的输出内容从磁盘文件传送到打印机，从而完成打印，避免出现三个打印任务相互混杂打印的混乱场面。

操作系统是计算机系统操作的重要组成部分，无论是笔记本电脑上微软操作系统，还是办公服务器上的 UNIX 操作系统。操作系统和系统软件对支持企业 IT 运作至关重要。IT 审计师需要理解企业中操作系统的重要性和他们审查的每一个操作控制程序。

**1）操作系统基本原理**

计算机操作系统是主程序，是所有系统硬件组件和计算机系统用户之间的主要接口，或者说是人和其他自动化设备之间的主要接口。一个操作系统负责许多必要活动的管理和协调，以运行计算机系统的一些应用程序。许多 IT 审计师在使用他们安装了微软或苹果 Mac 操作系统的笔记本或台式个人电脑时，首先要与操作系统进行交互。

操作系统的起源可以追溯到主机系统时代，那个时候的设备制造商有 Burroughs、Control Data、Honeywell、IBM、Univac 等，他们都为自己的系统开发了复杂的操作系统程序。每一个操作系统都是独特的，只适用于该电脑制造商生产的机器模型。以被认为是主机系统开创者的 Univac 为例，每一个 Univac 的产品线都有自己独特的操作系统，不与 Univac 的任何其他产品互通，更不与其他竞争者的产品互通。在主机系统时代的早期，许多电脑模型都是独一无二的，并且很多操作系统的控制器都带有独创的功能。比如，Univac 的 1100 系列计算机，在 20 世纪 70 年代便拥有了实时处理功能，而作为主要电脑制造商的 IBM 则直到 20 世纪 80 年代才掌握了这项技术。

然而，当 IBM 在 20 世纪 60 年代中期推出其 System/360 系列计算机和主机操作系统时，主机操作系统的概念实实在在地改变了。IBM 的 System/360 系列是为所有模型设计的，该系列可在不同性能、不同价格的主机电脑中使用同一操作系统，这种操作系统被称为 OS/360[65]。单一操作系统贯穿整个产品线的概念对于 IBM 的 System/360 系列的成功是至关重要的。IBM 的主机操作系统，原名为 z/OS，后来被称作 MVS，是由原始系统演变而来，为 OS/360 编写的应用程序仍然可以运行在现在的 IBM 机器上。

图 4-1 说明了操作系统如何与计算机资源及其应用程序进行交互。在图的中心，计算机系统主要由中央处理单元(Central Processing Unit，CPU)和随机存取存储器(Random Access Memory，RAM)以及外部存储设备(磁盘)组成。CPU 是一套高度集成的电路，该电路定义了计算机操作的逻辑。应用程序或人经过操作系统给 CPU 下达指令，管理其他计算机资源。操作系统外侧的环是关键的软件组件，如数据库系统。图的最外环表示应用程序。用户和 IT 审计师主要与这些外环应用打交道。

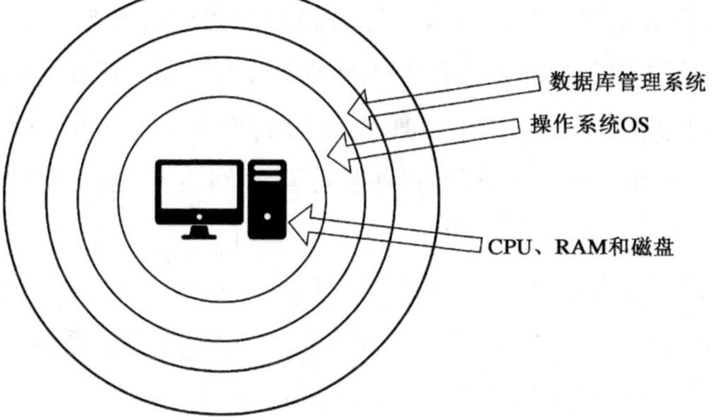


图 4-1　计算机操作系统的结构

无论计算机系统硬件有多大，任何现代的操作系统，都是一套非常复杂的，甚至超越了最专业的系统程序员技能的软件。虽然 IT 审计师定期进行应用程序内部控制审查，并且对类似于数据库处理器的支持控制程序的多个方面进行总体控制审查，但大多情况下，操作系统是给定的，人们在基于内部控制角度的审查中常常忽略它。IT 审计师应该对操作系统的基本属性有一个总体的了解，应该考虑对安装在企业计算机操作系统上的通用软件和基础设施控件进行审查。

**2）服务器操作系统：Unix 和 Linux**

在 20 世纪 70 年代，早期的主机电脑是一个巨大的机器，需要复杂的操作系统支持和满足许多严苛的环境需求，它们对于中小企业或大学研究机构来说太过复杂。随着计算机行业多年的发展，一些制造商推出了规模较小，复杂度稍低的计算机，称为小型计算机。当时著名的电脑制造商——数字设备公司(Digital Equipment Corporation，DEC)和数据通用公司(Data General，DG)都有计算机硬件的生产线，用以生产远比 IBM 大型机操作系统更为简单的操作系统设备。

这些小型计算机是在因特网出现之前开发的，但当时大规模的专业和学术兴趣在于寻找更好的方法来提高计算机资源的使用。Unix 操作系统是这个时代的一个重要产品。它是 1969 年贝尔实验室发明的交互式分时操作系统，并且它是一个没有供应商的免费产品，不同公司、大学和个人提出的扩展意见及想法形成了 Unix 的各种版本。

因为 Unix 操作系统并不是任一个电脑公司专有的操作系统，而且它是用标准 C 语言编写的，所以是第一个任何人都可以改善和强化的开放性操作系统。随后，Unix 系统被广泛开发成各种不同的版本，用于 Sun Microsystems、Hewlett-Packard(现在的惠普公司)、IBM 和其他公司的产品中。Unix 环境和它的客户机/服务器(Client/Server，C/S)程序模型是互联网发展和重塑计算过程的重要元素。

Unix 给软件开发者设计了一套应用程序接口(Application Program Interfaces，API)，每个 Unix 系统都支持此接口。API 是系统和应用程序开发人员之间的一个书面契约，提供应用程序与开发人员访问一组例程的能力。

Unix 是许多 IT 系统的重要组成部分。IT 审计师通常不需要审查任何 Unix 系统的内部结构，但会询问 Unix 系统状态的一些常见问题作为总体控制审查的一部分。IT 审计师应该了解一个标准版 Unix 系统的实现过程。使用标准版本能使企业更好地调整，利于实施新的、先进的应用程序。也就是说，即使企业在非标准版本的 Unix 操作系统下运行的应用程序目前没有遇到控制问题，但是一旦该版本不兼容，问题就可能会出现。

虽然 Unix 最初作为一个免费的软件设施出现，所有感兴趣的用户都可以上传版本并根据他们自己的需求进行更改，但是制造商得到了 Unix 的使用权，对他人修改操作系统软件的权限进行了限制。IT 审计师通常认为受限制的操作系统很好,例如 Unix,但在机构中,如大学研究实验室,许多用户仍提倡更为开放的 Unix 版本,以便改善和调整。

1991 年,来自赫尔辛基的芬兰程序员 Linus Torvalds 开发了一个新的操作系统 Linux,用来替代 Unix。尽管与 Unix 相似,但 Linux 的许多特点都给计算机科学的专家们留下了深刻的印象。Linux 操作系统主要以其在服务器中的使用而闻名,它可以安装在各种各样的计算机硬件上,包括嵌入式设备、手机,甚至一些手表和超级计算机。近几年,在台式机和笔记本电脑上安装 Linux 操作系统变得越来越流行。

Linux 的独特之处在于它是完全免费的软件。也就是说,感兴趣的用户都可以免费下载 Linux,但他们必须遵守一点:把对软件所做的修改全部公开给所有用户参考或使用。所有被接受的修改都会成为加强版 Linux 系统的一部分。随着其接受程度的提高,Linux 的功能越来越强大,甚至连 IBM 公司都在其部分服务器上安装了 Linux 系统。概括来说,Linux 系统具有以下特性[66]。

(1) 公开源码

程序员通过阅读 Linux 内核和 Linux 下其他程序的源代码,可以学习到很多宝贵的编程知识;用户可以放心使用免费的 Linux 操作系统来替代相对昂贵的 Windows 操作系统。

(2) 系统稳定

由于 Linux 是从 Unix 发展而来,取其精华,去其糟粕,在服务器市场上,Linux 已经超过 Windows 成为用户安装操作系统的首选。

(3) 安全性强

各种病毒的频繁出现使得微软几乎每隔几天就要为 Windows 发布补丁。Windows 用户不得不经常受到系统更新以安装补丁的"骚扰",而针对 Linux 的病毒则非常少。

**3) 微型计算机或个人电脑操作系统**

第一批微型计算机或个人电脑(Personal Computer,PC)没有足够的性能,也没有必要安装专门为主机甚至是专门为小型计算机开发的复杂操作系统,这样,最小型的操作系统——通常是用计算能力非常有限的只读存储器(Read-Only

Memory,ROM)加载的——应运而生。早期以磁盘为基础的操作系统称为微机控制程序(Control Program for Microcomputers, CP/M),它出现在许多早期微机中。CP/M 在众多第一批系统中非常流行,在长达五年的时间里,一直统治着个人计算机的操作系统市场,并且被微软的磁盘操作系统(MS-DOS)模仿,之后,MS-DOS 因被选为 IBM PC 的操作系统而广受欢迎。IBM 的微机操作系统版本早期由微软发布,称为 IBM DOS。之后,微软通过改进版本的发布来升级和扩大操作系统,后来改进的版本曾在许多笔记本电脑和台式电脑中广泛应用,如 Windows XP 和 Windows 10[67]。

实际上,在 IBM PC 发布之前,苹果电脑公司已经推出一款面向大众的微机 Apple Ⅱ。Apple Ⅱ后来变成一款非常受欢迎的微机,它有自己的操作系统。在 IBM PC 推出后,苹果很快推出一款被称为 LISA 的计算机,这款计算机有一个非常创新的图形用户界面(Graphical User Interface,GUI)操作系统。它是如今装有 Mac 操作系统的苹果 Mac 电脑的原型。如今,几乎所有的微型计算机操作系统都以微软 Windows 操作系统或苹果 Mac 操作系统为基础。

**4) 计算机操作系统的特点**

操作系统是应用程序和硬件之间的接口。在个人计算机或微型计算机中,硬件的一个关键要素是运行计算机功能的电路,其最主要的部件是中央处理单元(CPU),即负责控制机器的电路芯片。CPU 负责关键事务的逻辑处理,例如分配内存和其他资源,在进程中设定任务优先级,将程序代码载入内存中执行程序。这些程序与其他用户程序和设备进行交互,并且执行事先设置好的功能。IT 审计师不需要特地了解某一操作系统的详细功能,但是需要知道每个系统,比如 Windows、Linux 或者其他操作系统都具备的通用功能。

(1) 中断

作为所有操作系统的核心要素,中断是一种操作系统与环境相互作用的机制。中断为计算机的 CPU 提供了一种自动运行特定代码来响应事件。大多数 CPU 和操作系统支持硬件中断,允许程序员在事件发生时指定运行的代码。一旦接收到中断信号,计算机的硬件就会自动停止正在运行的程序,保存其状态,然后优先运行此中断指定的代码。这类似于正在看书时,为了接听一个电话而在书里放置书签。中断可能来自计算机的硬件或者当前运行程序。

当硬件设备触发一个中断时,操作系统也会对事件做出处理。这类似于一个人对家中一个可能是误报的烟雾报警器做出反应(而不是马上报警)的过程。硬件中断过程的处理任务,通常由设备驱动程序负责,这个设备驱动程序可能是操作系统的一部分,也可能是另一个程序,亦可能同时是操作系统和某一个程序的一部分。此外,正在运行的程序也可能触发操作系统的中断。例如,如果一个程序要访问硬件,它会触发操作系统的中断,使其转而处理本程序的请求。

(2) 内存管理

操作系统负责管理目前正在使用的所有系统内存。这确保了一个程序不会胡乱占用另一个程序所使用的内存。并且由于程序的分时性,每个程序必须有独立的内存访问。如果一个程序出现故障,它可能会导致其他程序使用的内存受到影响或者被覆盖。恶意程序或病毒可以有目的地改变另一个程序的内存或可能影响操作系统本身的运行。只要出现一个错误程序,就可能使电脑系统崩溃。所以,出现了各种操作系统的内存保护方法,但所有的方法都对处理器有特殊的功能要求。

(3) 虚拟内存

台式机和笔记本电脑有时可能没有足够的内存来运行用户希望运行的所有程序。当一个程序的大小超过了可用内存容量,无法将其全部加载到内存中时,虚拟内存就能有效地解决这一问题。虚拟内存(Virtual Memory)是操作系统的一个特性,其基本原理是程序的代码、数据和栈的总大小可以超过实际可用的物理内存大小。系统可以利用与正在运行的进程无关的内存地址空间,通过很少的开销暂时将这些内容从随机存取存储器(RAM)转移到硬盘上,从而使得系统能够使用的内存空间比当前的 RAM 实际空间更大。虚拟内存会在 RAM 中查找近期未被使用过的区域,并将它们复制到硬盘中以释放内存空间,以便加载正在使用的应用程序,如图 4-2 所示。

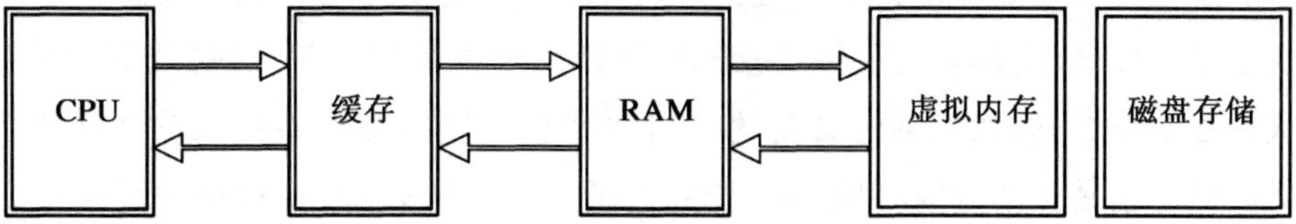


图 4-2 虚拟缓存管理概念

(4) 多任务处理

操作系统的重要概念——多任务处理指的是在同一台计算机上运行多个独立程序,使其看起来像计算机在同一时间执行多个任务。在一个时刻,大多数电脑一般都只能做一件事,所以用到了操作系统分时的概念。操作系统的一部分——调度程序决定了每个程序的运行时间,然后程序只使用这一部分时间来运行,并且调度程序将会使执行控制权在程序中循环传递。当控制权被分配给一个进程时,则表示允许该进程被 CPU 调用并执行,访问相应内存、硬盘等资源,当这个进程执行时间到了就暂停挂起,由调度程序控制另一个程序被 CPU 执行。

(5) 磁盘访问和文件系统

访问存储在磁盘上的数据是所有操作系统的核心功能。计算机使用文件的形式在磁盘上存储数据,这种特殊的结构是为了得到更快的访问速度、更高的可靠性并更好地利用驱动器上的可用空间。操作系统定义了在磁盘上文件存储的特殊方式,使其具有名称和属性。

操作系统通常只支持单一类型的磁盘驱动器和文件系统。文件系统在其容量、存取速度、文件名和可使用的目录结构方面受到了限制。这些限制往往体现了它们所对应的操作系统的局限性,使得操作系统很难支持多个文件系统。但是,Unix 和 Linux 支持一种被称为虚拟文件系统(Virtual File System,VFS)的技术。Unix 支持广泛的存储设备,无论设备的设计或文件系统是什么类型,都可以通过常见的 API 对其进行访问。这使得程序无须对其将要访问的设备有任何准备。VFS 允许操作系统通过特定的设备驱动和文件系统驱动为程序提供对许多设备不受限制的访问和多种类型文件系统的使用。

(6) 设备驱动程序

设备驱动程序是一种特定类型的软件,它负责与硬件设备进行交互。它是一个设备交互接口,利用与此硬件连接的计算机总线或通信子系统,向设备发送命令或从设备接收数据,然后通过必要的接口将消息传递给操作系统和软件使用。设备驱动程序也是一个针对特定系统和特定硬件设计的软件,使得操作系统核心模块、应用软件包或计算机程序在操作系统中能通透顺畅地与硬件进行交互。操作系统基本上对如何控制每种类型的设备进行了规定。设备驱动程序的功能在于通过对特定设备的调用完成操作系统强制的功能。理论上，在这种控制方式下，如果使用合适的驱动，新设备就可以正确运行。

(7) 网络

操作系统支持多种网络协议、硬件和应用程序。这意味着装有不同操作系统的计算机通过有线或无线连接可以加入同一网络中，以共享如文件、打印机、扫描仪等资源。如果资源直接被存储在当地计算机上，那么网络本质上可以允许计算机的操作系统访问远程计算机上的这些资源以支持相同的功能。网络连接支持简单的通信、网络文件系统的使用，甚至另一台计算机图形或声音硬件的共享。

服务器网络是指计算机上的某个程序通过网络连接到另一台计算机，即服务器上。服务器为网络中的其他计算机和用户提供各种服务。这些服务通常是通过端口或被编号的接入点提供，而不是通过服务器的网络地址。端口号通常与运行程序的最大限度有关，该程序负责处理此端口的请求。

(8) 安全

计算机的安全性依赖许多功能的正常运行，然而操作系统又为系统中的软件和外部设备提供了访问大量资源的途径，比如网络。为此，操作系统有能力分辨哪些请求应该被处理，而哪些不应当被处理。操作系统还可以区分软件处理中的“特殊”和“非特殊”情况，并且通常以某种形式对请求程序进行身份识别，比如用户名。建立用户身份必须要经历身份验证过程，通常情况下，必须输入一个已经注册的用户名，且每个用户名会有一个对应的密码。除此之外，还有其他的身份验证方法，如磁卡验证或生物数据识别。

### 4.1.2　操作系统审计内容

企业一般使用外购的通用的操作系统，如 4.1.1 节中提到的 Unix、Linux、Windows 等。这类操作系统经过不断更新换代，已经在全世界范围内普遍使用，其有效性、效率性、可靠性都承受住了严格的考验，因此在审计操作系统时可以侧重考虑安全性和被审计单位操作人员在使用操作系统时的合规性，而其他审计目标则相对次要(表 4-1)。以下分别介绍 Unix、Linux 和 Windows 操作系统的审计方法。

表 4-1 操作系统审计目标

| 审计目标 | 有效性 | 安全性 | 效率性 | 合规性 | 可靠性 |
|---|---|---|---|---|---|
| 侧重目标 | 一般重要 | 非常重要 | 一般重要 | 非常重要 | 重要 |

**1) UNIX 操作系统审计**

(1) 向 IT 人员咨询,对已安装 Unix 操作系统的类型和版本形成总体的认识。

① 明确操作系统是否是如 Solaris 或者 AIX 的商业软件。

② 如果操作系统是免费的,例如从学术资源中免费获得,则需确定当前安装的版本。

③ 确定是否有适当的文件和备份程序支持当前安装的操作系统。

(2) 获得对 Unix 程序进行访问和审计的审计师权限。如果不熟悉基本的指令,则要求管理人员提供教程。

① 获得用于审计的登录名。

② 为审计师创建一个特殊的目录,并更改此目录的权限,以保证只有审计师能够访问该目录和目录里面的文件。

(3) 审查服务器的物理安全,特别是在一个较小的安装系统中,以确保外部用户不能一目了然地看到服务器中整个的安装程序。还要确保监控也是对外部用户不可见的。

① 控制审查,以确保只有经授权的人可以访问服务器。

② 确保服务器的中央处理器单元有足够的安全性,以防止未经授权的用户重置甚至关闭它。确保其有预防机制,以防止替代媒体的启动。

③ 确保只有合适的人员才可通过开门锁或刷卡的方式进入房间。

(4) 使用 Unix 的 EEPROM 参数以保证系统的安全模式被设置为“full”,并且使用一个合适的 EEPROM 密码来确保——即使通过恶意攻击可以对系统进行物理访问,攻击者也无法在不知道 EEPROM 密码的情况下重新启动系统。

(5) 获取系统的硬件清单,通过执行 Unix 命令 usr/platform/‘uname -i’/sbin/prtdiag -v 来列出所有的硬件设备。

(6) 通过 Unix 的 pkginfo 命令获得安装在系统上的软件清单,收集安装软件的细节,解决分歧。

(7) 评估是否有合适的程序用于为系统添加新用户，并且对人事部门的员工和人员选派进行 IT 和 HR 记录审查。

① 在被给予用户名和密码之前，确保用户必须填写表格或签署协议，且用户必须同意和接受此协议。

② 确保 Unix 服务器用户有密码限制，并且与企业安全政策保持一致。

**2) LINUX 操作系统审计**

通过 Linux 操作系统可以发出成千上万的命令，所以 IT 审计师应该向企业软件专家咨询，以便更好地了解系统的实施。IT 审计师需要了解操作系统的配置标准和构建程序，而这些由企业系统管理员和信息安全组共同定义。尽管 IT 审计师技术上的指导是必须的，但是一个有效的审计过程还包括现行 Linux 系统配置的不同标准的比较。当 IT 审计师在更大的服务器系统中审查总体控制时，会遇到越来越多 Unix 和 Linux 系统的安装问题，他们应该花时间和精力去熟悉重要的操作系统工具[68]。

每个 Linux 操作系统的用户都有一个唯一的用户身份证明(User Identification, UID)。UID 的值是 0～65 535 中的一个整数。用户可以被分组，每组同样有个 ID，称作“群体身份”(Group Identification, GID)。Linux 的安全机制就是通过 UID 和 GID 实现的。当一个文件被创建时，它的 UID 和 GID 被标记为创建它的进程的 UID 和 GID，这些文件同时获得由该进程决定的一些权限。这些权限定义了所有者、所有者所在组的其他用户及系统中的其他用户对文件具有什么样的访问权限。文件或目录访问权限分为只读、只写、和可执行三种类型，每一个文件或目录的访问权限都有 3 组，每组用 3 位标识，分别是：文件属主的读、写、执行权限，与属主同组的用户的读、写、执行权限，系统中其他用户的读、写、执行权限。

(1) 审查重要文件的访问权限是否恰当。①通过 ls-l 命令查看 Linux 系统中重要文件和目录的访问许可权限。返回结果有 10 个位置，第 1 个字符指定了文件类型。如果第 1 个字符是横线，表示是一个普通文件，如果是 d，则表示是一个目录。其余各位上横线代表不具有该权限，r 表示只读，w 表示只写，x 表示可执行。例如，返回-rw-r-r- test. tgz，表示 test. tgz 是一个普通文件，test. tgz 的属主有读写权限，与 test. tgz 的属主同族的用户只有只读权限，系统里其他用户也只有只读权限。②确定一个文件的访问权限后，可以利用 Linux 系统提供更多 chmod 命令来重新设定不同的访问权限，还可以使用 chown 命令来更改某个文件或目录的所有者，见表 4-2。

**表 4-2　Linux 系统与安全相关系统命令（部分）**

| 命令 | 描述 |
|---|---|
| s=chmod(path,mode) | 更改文件的保护模式 |
| s=access(path,mode) | 使用真实的 UID 和 GID 测试访问权限 |
| uid=getuid() | 获取真实的 UID |
| uid=geteuid() | 获取有效的 UID |
| gid=getgid() | 获取真实的 GID |
| gid=getegid() | 获取有效的 GID |
| s=chown(path,owner,group) | 改变所有者和组 |
| s=setuid(uid) | 设置 UID |
| s=setgid(gid) | 设置 GID |

（2）询问管理员，在操作系统中，哪些人能执行哪些功能，执行权限是否与执行者职责相符。不应存在任何超级用户，系统不赋予用户超过执行任务所需特权之外的特权。

（3）审查系统中安装或运行了哪些服务、服务器功能、协议、模块和其他功能组件。这些服务或模块是必需的吗？需要进行授权吗？由于系统的开放性，Linux 会被许多未知的软件组件填充。

（4）审查网络和连接。①哪些协议和设备可以连接 Linux 系统？②否有其他主机可以连接这个系统，连接是否恰当？

（5）审查是否只有批准的文件系统会被使用，检查 Linux 设备的利用率是否有实时监测。表 4-3 给出了 IT 审计 Linux 的部分目录层次结构。

**表 4-3　Linux 目录结构（部分）**

| 目录 | 描述 |
|---|---|
| /: | 根目录。在 Windows、DOS 或其他类似的操作系统中，每个分区都有各自的根目录。但 Linux 和其他 UNIX 系统则只有唯一的根目录。根目录下很少保存文件，一般只有一个内核映像 |

（续表）

| 目录 | 描述 |
| --- | --- |
| /dev | 这个目录下保存着所有的设备文件。里面有一些由 Linux 内核创建的用来控制硬件设备的特殊文件 |
| /root | Root 用户的主目录 |
| /home | 一般用户的主目录 |
| /etc | 这个目录下保存着绝大部分的系统配置文件 |
| /bin | 这个目录下保存着启动时所需要的普通程序和系统程序。很多程序在启动以后也很有用，放在这个目录下是因为它们经常被调用 |
| /var/log | 这个目录下保存着绝大部分的记录文件。随着时间的增长，这个目录会变得很庞大，所以要定时清理 |
| /usr/sbin | 这个目录下保存着绝大部分的系统程序 |
| /usr/src | 这个目录下保存着源代码文件 |
| /usr/local | 这个目录下保存着本地计算机所需要的文件。在用户进行远程访问的时候特别有意义。这个目录在有些 Linux 系统下是一个单独的分区，存放一些本机所属的特殊用户的文件 |
| /usr/share | 这个目录下保存着各种共享文件 |

（6）确认重要的 Linux 事件都会被记录和分析。查看是否开启了 syslogd 审计服务程序，该程序可以实现灵活配置和集中式挂历，在运行时能根据消息的来源和重要程度进行区分对待并记录到不同的文件、设备或者其他主机上。

（7）查看安全配置。系统是否安装和执行了恰当的用户访问限制，如密码时效控制和其他参数控制。

（8）审查应用程序合法性。审查 Linux 系统上是否只安装和运行了必要的且被批准的应用程序。

**3）Windows 操作系统审计**

Windows 操作系统上记录了各种软件运行状态、登录人员情况等的日志文件。IT 审计师可以充分利用系统日志文件的数据来分析系统的安全状况，包括应用程序日志、系统日志、安全日志等。分析应用程序日志可以发现是否存在对数据库非法访问，分析安全日志可以发现入侵者企图或已经进入系统的线索，分析系统日志可以了解系统的安全状况处于什么水平。

(1) windows 审计内容

① 被审核系统上当前正在运行哪些程序及其运行的必要性。首先,通过在命令行运行 psservice 和 pslist 命令查看系统上安装的服务及当前正在运行的程序,与系统管理员共同确认其必要性。其次,安装的服务越多,服务的附属工具越多,潜在的漏洞也越多。所有被安装在操作系统上的程序事先都要经过严格审核,所有安装程序都应有适当的管理手段,不受管理或未知的应用程序可能存在配置或编码问题,增大系统的受攻击可能性。确保所有安装的服务都是必要的服务。最后,对于必要的服务,审核该程序是否更新到最新版本并安装了完整的补丁。

② 审核是否启用了不必要的网络服务。启用网络服务会带来新的潜在攻击点,增加系统被侵入的风险。因此,应当只在合理的业务需求时才应启用网络服务。

③ 确保只有获得批准的任务在运行。如有需要,审计师可以通过 schtasks 命令打开每一项任务查看其属性。

④ 审核系统操作员离职或调岗后其账户是否及时被移除或禁用。如果没有有效控制以授权或取消对服务器的访问权限,系统资源的完整性和保密性可能受到威胁。

⑤ 确保所有用户都在域级别创建,而且在活动目录中明确备注。第一,每一个用户账号都应该仅属于一个特定的员工或小组。第二,用户应拥有唯一的用户识别代码,以便追踪系统中的每项活动。

⑥ 审核组的使用权限,确保用户组在受控环境下使用。

⑦ 审核是否已经删除或禁用应用程序、数据库、网络和通信软件及系统软件中的厂商初始账号,或是否已经修改默认账号的密码。

⑧ 审核系统密码。首先,系统访问权限应通过唯一的用账号户及密码或其他方式来验证。其次,审核密码参数是否符合公司、职业政策及标准(密码的最短长度要求、密码强度、密码有效期、账号锁定策略等)。最后,检查系统密码相关参数配置,确认系统是否配置了恰当的密码策略。

在审计操作系统的过程中经常要使用到命令行,以下列出了一部分常用的命令行工具。

**表 4-4　部分命令行工具**

| 工具 | 描述 | 获取途径 |
|---|---|---|
| psinfo | 列出系统信息，包括已安装服务包、数据包、应用程序和驱动信息 | www. sysinternals. com |
| systeminfo | 列出系统信息 | 本地命令 |
| pslist | 列出运行的程序 | www. sysinternals. com |
| psservice | 列出所有已安装的服务 | www. sysinternals. com |
| cmdkey | 创建、列出或删除存储的证书 | 本地命令 |
| Netsh | 显示或修改网络配置 | 本地命令 |
| Netstat | 提供网络信息 | 本地命令 |
| SC | 用于与服务控制器对话的工具 | 本地命令 |
| DumpSec | GUI 和安全设置中的命令行“Swiss army knife” | http://somarsoft. com |
| tcpview | 映射到端口的过程的 GUI 视图 | www. sysinternals. com |
| procexp | 强大的 GUI 过程浏览器 | www. sysinternals. com |
| Fport | 映射到端口的过程的命令行视图 | www. fundstone. com/knowledge/proddesc/fport. html |
| schtasks | 列出命令行的计划内任务 | 本地命令 |
| bootcfg | 列出启动分区信息 | 本地命令 |
| pendmoves | 列出下一次重启的计划内文件移动操作 | www. sysinternals. com |
| autoruns | 列出计算机启动时计划启动的一切——GUI 版本 | www. sysinternals. com |
| autorunsc | 列出计算机启动时计划启动的一切——命令行版本 | www. sysinternals. com |
| rsop. msc | 当从 Start\|Run 对话框或命令行启动时，在主机上打开安全策略的集合 | 本地命令 |
| secpol. msc | 只打开本地计算机策略 | 本地命令 |
| Pwdump | 将 Windows 密码转成几乎所有免费和商业密码破解工具可以使用的格式 | http://openwall. com/passwords |

#### 4）其他系统软件工具

图 4-1 显示了一个计算机系统概念图，包括处于中心的 CPU、内存、磁盘存储

设备及其之上的操作系统。在操作系统之外，但在用户应用程序之内的部分是系统软件工具，比如数据库管理系统和多种软件工具等，这些既不是操作系统的一部分，也不是应用程序的一部分。这类通用软件涉及的领域有文件共享、打印服务、电子邮件、网站和文件传输协议(File Transfer Protocal，FTP)等。

因为有些计算机操作系统缺少必要的服务，或因为外部供应商提供了更好的解决方案，所以许多通用程序已经发生了改变。举个例子，早期的 IBM 大型机及其 COBOL 编译程序对数据进行排序没有好的算法。而其他厂商已经为自己的 COBOL 编译器建立了高效的数据排序算法，但当时主要的供应商 IBM 并没有这种算法。

为了弥补这一弱点，一群纽约大学的学生在 1968 年开发出一种排序程序，它几乎是 IBM 大型机应用的标准附件，这种程序最终成为了一个受人尊敬的实用程序——Syncsort(www. syncsort. com)。虽然很多年过去了，但随之强化的 SyncSort 程序仍被广泛使用。由 IBM 和其他厂商开发的大量的实用程序，在 IBM 大型机系统中变得常见。IT 审计师一旦遇到这些实用程序，应当向企业询问他们使用此程序的原因，以及评估其使用得是否适合。

## 4.2 数据库审计

### 4.2.1 数据库系统

数据库系统由用户、数据库应用程序、数据库和数据库管理系统构成。数据库是相互关联的数据集合。数据库中除了存储用户直接使用的数据以外，还存储另一类数据——“元数据”，它们是有关数据库的定义信息，如数据类型、模式结构、使用权限等。数据库包含存放数据的表单，以及表单与表单之间的关系。

对数据资源的访问是由数据库管理系统(Database Management System，DBMS)控制的。DBMS 是一个用来创建、处理和管理数据库的计算机程序，可以管理每个用户被授权访问哪些数据元素，是数据库系统的核心软件。数据库系统的一切操作，包括按数据模式来创建数据库的对象，应用程序对这些对象的操作

(检索、插入、修改和删除等),以及数据管理和控制等,都是通过 DBMS 进行的。用户使用结构化查询语言(Structured Query Language, SQL)——一种国际公认的、被所有商业数据库管理系统产品所理解的标准语言——将请求发送给 DBMS, DBMS 把这些 SQL 请求转换成数据库上的操作,从而读取或修改数据库数据。

DBMS 是一个非常庞大而复杂的程序,几乎没有企业会编写自己的数据库管理系统程序。常用的数据库管理系统有 Microsoft Access、Oracle、MS、Teradata、SQL server、MySQL、DB2 等。DBMS 的功能包括创建数据库、创建表、创建支撑结构(索引)、读取数据库数据、修改(插入、更新、删除)数据库数据、维护数据库结构、执行规则、并发控制、安全、备份和恢复等。

实际上,用户程序将请求发送到 DBMS,DBMS 会根据用户的权限级别验证和授权对数据库的访问。如果用户请求未被授权访问的数据,则该请求被拒绝。显然,组织的用户权限分配程序是审计师需要考虑的重要控制问题。这种方法将组织的数据集中到由其他用户共享的公共数据库中。由于企业的数据位于中心位置,所有用户都可以访问他们为了实现各自目标所需的数据。

数据库系统的个别含义是指特定的数据库管理系统软件和用它建立的数据库;其学科意义是指数据库系统的研究、开发、建立、维护和应用所涉及的理论、方法和技术构成的学科[69]。从这个意义上讲,数据库系统是软件研究领域的一个重要分支,通常被称为数据库领域。数据库领域融合了计算机应用、系统软件和理论这三方面的研究,其中计算机应用推动了新系统的研究和发展,新系统引发了新的理论研究,而理论研究对计算机应用和系统软件的发展起着指导作用。数据库系统的出现是计算机应用的一个重要里程碑,它使计算机应用从科学计算发展到数据处理,从而使计算机可以广泛应用于各行各业甚至家庭。

**1) 数据库的发展**

数据模型是数据库系统的核心和基础,它是对数据库系统中数据和连接逻辑组织的正式表示,通常由数据结构、数据操作和完整性约束组成。数据结构是研究对象类型的集合。在数据库系统中,数据模型通常以数据结构的类型来命名。传统的数据模型包括层次模型、网络模型和关系模型。随着面向对象技术的发展,数据库模型也发展出了基于面向对象的数据模型。数据操作是允许在数据库中各种对象的实例上执行的一系列操作的集合[70]。

数据库操作主要分为两种类型：检索和更新。数据的约束是一组完整性规则。保证数据的完整性是数据库的一个非常重要的要求。完整性指的是数据的正确性、有效性和兼容性。每个具体数据库都由相应的数据模型定义。根据数据模型的发展进程，数据库技术可以分为三个阶段：第一代网络化、分层的数据库系统，第二代关系数据库系统，第三代以面向对象型为主要特点的数据库系统。目前，关系数据库系统已逐渐淘汰网络数据库和层次数据库，成为最流行的商业数据库系统。本文主要介绍关系数据库系统和以面向对象模型为主要特点的数据库系统[70]。

(1) 关系型数据库系统

关系数据库系统是由 E. F. odd[70] 在 1970 年提出的，用于支持关系数据模型的数据库系统。由于关系数据库是集合论在数据组织的一项应用，因此，其有集合论坚实的数学基础。与层次数据库和网络数据库相比，关系数据库具备数据模型简单灵活、数据独立性高、语言接口可提供良好性能等优点。因此它成为目前最流行的数据库系统。概括地讲，关系模型由以下三部分组成。

① 数据结构

数据结构包括数据元素集合及其之间的关系等。关系模型中，实体、实体与实体之间的联系都通过关系这种单一的结构类型来表示。

② 关系操作

关系操作的能力可用关系代数(或等价的关系演算)中并、交、差、广义笛卡尔积、选择、投影、连接、除等操作来表示。关系操作的特点是集合的操作，无论是操作的对象还是结果都是集合。这种操作方式被称为一次一集合(set-at-a-time)的方式，与非关系型的一次一记录(record-at-a-time)的方式相对应。

③ 数据完整性

数据完整性包括实体完整性、参照完整性以及与应用有关的完整性。实体完整性和参照完整性是关系模型必须满足的完整性约束条件，应由关系数据库系统自动支持；与应用有关的完整性由用户定义，它是针对特定数据库的约束条件，由应用环境决定，关系数据库系统应提供定义和检验这类完整性的机制。关系模型具有以下主要特点[70]。

第一，关系模型的概念单一，实体及实体之间的联系都用关系来表示。

第二,以关系代数为基础,形式化基础好。

第三,数据独立性强,数据的物理存储和存取路径对用户隐蔽。

第四,关系数据库语言是非过程化的,将用户从编程数据库记录的导航式检索中解脱出来,从而大幅降低了用户编程的难度[71]。

在关系型数据库中,现实世界实体以及实体之间的联系均用关系来表示。在用户看来,关系型数据库中数据的逻辑结构是一张二维表。关系是一个行与列交叉的二维表,每一个交叉点都必须是单值的,每列的数据类型都是同一类型的,每一列都有唯一的列名。在设计关系数据模式时,为了避免由依赖引起的数据冗余和更新问题,需要对关系数据模式进行合理分解,使关系满足一定的规范化。

关系数据库是计算机数据管理历史上的一个重要里程碑[70]。它具备数据结构、冗余度最小、程序和数据独立性高、易于扩展、易于编写应用程序等优点。到目前为止,已经有了一些商业化的关系数据库产品,目前有大型的 ORACLE、SQL/DS、DB2 和 Sybase,以及其他的系统如 INGREs。

随着计算机技术的发展,数据库被应用到 CAD/CAM、GIS、知识库系统、实时系统等许多新的领域[71]。这些领域需要数据库来存储和处理复杂的对象。这些对象不仅内部结构复杂,难以用普通的关系结构来表达,而且它们之间的语义也复杂多样。这些对象支持复杂数据类型,包括抽象数据类型、半结构化或非结构化长数据、时间和版本数据等。支持用户定义类型的可扩展能力,关系数据库系统的性能在需要快速计算的各种类型的应用程序中是不可接受的,例如编程语言环境中的计算机辅助设计和模拟器[70、72]。在面向对象程序设计语言的启发和推动下,面向对象思想与数据库技术的结合可以解决这些领域的新需求。因此,在 20 世纪 80 年代末,面向对象数据库(OODB)的研究开始了,并逐渐形成了高潮。

(2) 面向对象型数据库系统

面向对象型数据库系统使用了面向对象概念的数据模型,称之为面向对象数据模型。面向对象数据库(OODB)是指对象的集合,对象的行为、状态和联系,是以面向对象数据模型来定义的数据库。

面向对象的数据模型包括组织大量对象所需的所有抽象,并且是类的层次结构。面向对象的数据模型包括类、对象和对象标识符、方法和消息传递。类是其核心机制,类是一类对象的抽象,类与类之间的继承关系构成了类的层次结构。类具有以下特性。

① 用于创建实例对象。

② 用于组织一组具有相同结构和行为的对象。

③ 具有继承性。对象是由一组内部数据和操作构成的,由属性和操作(方法)两部分构成。属性(attitudes)表示对象的状态、组成和特征。每个对象都有一个对象标识,每个对象标识都唯一地标识一个对象。每个对象都有一组方法,操作方法(method)是对象的行为方式。外界通过向对象发送消息来激活对象,这保证了对象的封装性。

因此,面向对象数据库具有如下特点。

① 能方便自然地模拟客观世界。

② 对象内部数据及方法实现方式的变化不影响对象外界的使用,这提高了数据的独立性,使方法的访问和实现部分相分离。

③ 有利于保证数据的完整性和安全性,外界不能直接访问修改对象内部数据。

到目前为止,建立面向对象数据采用两种途径。

① 建立纯粹的面向对象数据库。建立纯粹的面向对象数据库往往是以一种面向对象语言为基础,增加数据库的功能,主要是支持持久对象和实现数据共享。在纯面向对象数据库系统中,将数据库模型和查询语言集成面向对象,并完全按面向对象的方法开发系统。

② 建立面向对象数据库。建立面向对象数据库就是在关系数据库的基础上加以扩展,增加面向对象的特性,将面向对象技术与关系数据融合起来,建立对象—关系数据库。通常的实现方式是用面向对象的特性(如复杂对象,二进制多媒体数据)来扩展关系数据库中的行和列模型。这种数据库既支持通用的 SQL,又支持复杂对象和复杂行为,具备良好的通用性和面向对象的特性,是对象技术和关系数据库技术的最佳结合。

相较于关系数据库系统,面向对象数据库系统拥有诸如数据库持久化、二级存储管理、并发控制、恢复和查询等功能,然而它们基于不同的数据模型。与使用关系数据模型的关系数据库相比,面向对象数据库系统在表达客观世界、查询信息效率和易维护等方面具有优势。一方面,其先进的耦合性和内聚性简化了在异构平台网络上分布式数据库的操作，优化了阻抗不平衡问题的解决；另一方面，关系数据库基于关系代数，具有坚实的理论基础，提供标准化的查询语言 SQL。然而面向对象数据库系统存在标准化问题，不同的面向对象数据库系统无法互通，缺乏标准的查询语言，同时相关理论还存在不足[70]。

**2）数据库安全**

在数据库安全方面，不同国家和地区对其定义可能有所不同。在我国的《GB 17859—1999 计算机信息系统安全保护等级划分准则》中，"计算机信息系统安全等级保护数据库管理系统技术要求"明确了数据库安全的定义，即确保数据库信息的保密性、完整性、一致性和可用性，以防止非法用户的访问、更改或破坏所导致的数据泄漏、损坏或丢失。简而言之，数据库安全的目标是保护数据库中的数据避免未经授权的访问、更改或破坏，确保数据库的完整性、可靠性和可用性[52]。

数据库安全威胁主要可分为物理威胁和逻辑威胁两类。物理威胁指计算机软硬件故障或错误所导致的数据丢失等问题，通常通过备份和恢复策略来消除。逻辑威胁则主要包括未经授权的信息访问，可以进一步细分为三种情况：①信息泄露，即直接或间接（推理）访问受保护数据；②非法数据修改，即由于操作人员失误或非法用户故意修改数据而导致的数据损坏或修改；③拒绝服务，即用户垄断系统资源，导致其他用户无法访问数据库[73]。为了消除逻辑威胁，必须提供可靠的安全策略来保证数据库的安全性。

要确保数据库的安全性，不仅要考虑其内部的安全机制，还需要关注外部的网络环境、应用环境等因素。因此，我们需要采取三个层面的安全措施，分别是网络系统层、主机操作系统层和数据库管理系统层。这三个层面构成了一个三层的数据库安全体系，从外到内保障了数据的安全。

在网络系统层，采取一系列措施来确保数据库服务器与外界的通信安全。例如，可以使用防火墙、VPN、IP 过滤等技术来限制访问数据库的 IP 地址范围，防止未授权的访问和攻击；使用 SSL/TLS 等协议来保证通信加密，防止数据被窃取或篡改；设置强密码策略、定期更换密码等来防范密码破解和暴力破解。

在主机操作系统层，加强对操作系统的管理和保护。例如，保证操作系统的补丁及时更新，防止操作系统漏洞被攻击利用；对操作系统进行加固，例如关闭不必要的服务、限制用户权限等；采取监控和审计技术，及时发现和应对异常事件。

在数据库管理系统层，采取一系列措施来确保数据库的安全性。例如，控制用户访问权限，避免未授权的访问和操作；启用数据库的安全机制，例如加密、审计、访问控制等；定期备份数据和日志，防止数据的丢失和篡改；采用脆弱性扫描和漏洞评估技术，及时发现和修复数据库的安全漏洞。

通过在这三个层面上采取全面的安全措施，我们可以从外到内确保数据库的安全性，有效地保护数据的保密性、完整性、可用性和一致性[74]。

(1) 网络系统层的安全技术

网络系统是数据库应用的外部环境和基础，作为外部入侵数据库安全的第一道屏障。网络系统层的安全防范技术有多种，主要包括防火墙、入侵检测、协作式入侵检测等。

① 防火墙

防火墙是系统的首道防护屏障，负责监控可信任网络和不可信任网络之间的访问通道，拦截外部的非法访问并阻止内部信息泄露。防火墙技术主要包括三类：数据包过滤器、代理和状态分析。现代防火墙产品通常综合运用这几种技术[75]。

② 入侵检测

入侵检测(Intrusion Detection System，IDS)是一种安全防御系统，通过综合使用统计技术、规则法、网络通信技术、人工智能、密码学、推理等多种技术和方法，监控网络和计算机系统是否存在入侵或滥用的迹象。作为监控和识别攻击的标准解决方案，它已被广泛应用于网络安全保护。入侵检测系统分为基于网络和基于主机的两种类型，以及基于特征和异常的检测系统、实时和非实时检测系统等不同的分类。通过入侵检测系统，可以实现对系统的实时监控，及时发现和识别潜在的安全威胁，从而保障网络和计算机系统的安全。

③ 协作式入侵检测技术

独立运行的入侵检测系统无法有效地检测和应对各种入侵活动。因此，协同入侵检测系统被提出来解决这个问题。在协同入侵检测系统中，不同的入侵检测系统通过遵循相同的规范进行信息交换，并自动共享信息，以获取更有效的入侵监测。这种系统可以在不同的网络环境中应用，并提供更强大的入侵检测能力。

(2) 宿主操作系统层的安全技术

宿主操作系统是数据库的运行平台，为数据库提供第二道安全保护。宿主操作系统的安全控制方法主要包括隔离控制、访问控制、信息加密和审计跟踪。主要安全技术有以下三种[76]。

① 操作系统安全策略。用于配置本地计算机的安全设置，包括密码策略、账户锁定策略、审核策略、IP 安全策略、用户权利指派、加密数据的恢复代理等安全选项。

② 安全管理策略。是指网络管理员对系统实施安全管理所采取的方法及策略，其核心是保证服务器的安全和分配好各类用户的权限。

③ 数据安全。包含数据加密技术、数据备份、数据存储的安全性、数据传输的安全性等。常用技术有 SSL、TLS、Kerberos 认证、VPN(PPTP、L2TP)等技术。

(3) 数据库管理系统层安全技术

数据库安全性主要依赖于数据库管理系统(DBMS)。为了保障数据库数据的安全，DBMS 需要有强有力的安全机制。DBMS 采用的数据库安全技术主要有五种，其中最广泛和最有效的是访问控制技术。这些安全技术主要用于解决前两个防御层被攻破的情况，保障数据库的安全性。

① 身份认证

为了保障数据库安全，DBMS 采用身份验证和身份识别技术作为最外层的保护措施。身份验证是验证访客身份的有效性，并防止未经授权的用户访问系统。身份识别基于数据库授权，只有经过授权和验证的用户才能被视为合法用户。数据库授权技术主要包括授权用户表、用户授权表、系统读写规则和自动查询修改技术。授权用户表包含了授权用户的信息，每个用户都有自己的权限并将这些权限记录在系统权限表中。当授权用户进入时，系统会根据用户权限表赋予用户相应的权限，并且通过调用数据库的安全规则来控制读写操作。自动查询修改技术可以自动查询修改控制，防止用户访问数据库中未经授权的部分。虽然目前最常用的认证方法是设置密码，但越来越多的高强度认证技术如智能卡技术、物理特征认证技术和数字签名技术被广泛应用，以提高数据库安全性。

② 存取控制

身份认证是指确定用户身份，并控制他们对数据库数据的访问权限，以确保只有符合条件的用户才能访问数据库，防止未经授权的用户访问。访问控制是实现数据安全保护的前沿屏障，通过检查用户的访问权限来防止对数据库数据的未经授权访问。

存取控制模型主要有三种，包括自主访问控制(Discretionary Access Control, DAC)、强制访问控制(Mandatory Access Control, MAC)和基于角色的存取控制(Role-Based Access Control, RBAC)。DAC 是把存取决定权留给产生信息的信息主，基于存取者身份或所属工作组来进行存取控制。MAC 是系统强制主体服从访问控制政策的一种多级访问控制策略，所有权限由系统管理员分配。而 RBAC 的核心思想是安全授权和角色相联系，用户首先要成为相应角色的成员，才能获得该角色对应的权限。

RBAC 在应用范围、有效性和灵活性上扩展了 DAC 和 MAC，利用 RBAC96 模型可以实现多种 DAC 和 MAC。RBAC 使用角色继承、约束、角色管理和授权管理等机制，使得存取控制实现和管理更加灵活。目前对 RBAC 的支持主要在应用层，然而对 RBAC 的研究已扩展到面向对象数据库、动态数据库和 XML 知识库领域。

③ 数据加密

为了增强敏感数据的安全性，除了采取常规的安全措施，还可以使用数据加密技术。数据加密可以将原始的数据转换为难以识别的密文，从而隐藏信息，即使黑客窃取了数据也很难获取其中的内容。数据加密主要包括对称密钥加密和公钥加密，根据实际情况采用以添加/取消加密记录的现场数据为单位的加密方法。数据库加密可以在操作系统层、DBMS 内核层和 DBMS 外层三个层次上实现。在操作系统层对数据库文件进行加密比较困难，而在 DBMS 内核层实现加密需要 DBMS 开发人员的支持，会增加数据库服务器的负载。更实用的方法是将数据库加密系统作为 DBMS 的外部工具，在客户端执行加密/解密操作，可以实现网络传输的加密，但加密功能会受到一定的限制[77]。

④ 推理控制

推理可以使用户从合法查询中推导出不该获得的保密数据。例如：设数据 A 与数据 B 之间存在 B=f(A)函数关系，而 A 是该用户有权存取数据的集合，则该用户就可以通过调用 f(A)而取得本无访问权限的数据集合 B。推理控制旨在防止用户通过间接的方式获取未被授权的数据或信息。应对统计推理的技术主要有两种：一是数据扰动，事先对需要进行统计的敏感数据预处理，加入扰动信息，加大统计推理的难度。二是查询控制,对统计查询的控制是比较成功的技术,目前在统计数据库中应用已积累较多成功经验,该技术主要通过控制可查询的记录数来实现。

⑤ 审计跟踪与攻击检测

在数据库系统运行过程中,系统会自动记录所有用户的操作,包括用户名、密码、IP 地址、操作类型、操作日期和数据等信息,记录在日志文件中,以便在系统被破坏时追究责任,检测攻击企图,提高系统安全性。为了实现这些目标,需要采用多种安全技术,如访问控制、身份识别和认证机制、加密技术等,这些技术不是相互独立的,而是相互依存、相互支持的。正确的访问控制需要安全的身份识别和认证机制,审计是这些安全技术的基础,而攻击检测则通过审计数据分析,发现攻击企图,重现事件,追踪责任人,分析漏洞,提高系统安全性[78]。

**3) 主流的数据库产品及性能**

目前市场上数据库的主流厂商及产品有 ORACLE、IBM DB2、Sybase System、Microsoft SQL Server 等[79]。

(1) ORACLE 数据库

ORACLE 数据库是 ORACLE 公司推出一个大型关系数据库,使用结构化查询语言 SQL 操作数据库,因此,它是一种使用便捷的逻辑管理语言来操作大量有规律数据的集合,是目前最流行的客户/服务器(CLIENT/Server)体系结构的数据库之一。

作为一款成熟的大型关系数据库产品 ORACLE 数据库具有以下特点:

① 引入了共享 SQL 和多线程服务器架构,ORACLE7. X 减少了资源占用,并增强了 ORACLE 的能力,使之在低档软硬件平台上用较少的资源就可以支持更多的用户,而在高档平台上可以支持成百上千个用户。

② 提供了基于角色分工的安全保密管理,在数据库管理功能、完整性、检查、安全性、一致性方面都有良好的表现。

③ 提供大量多媒体数据支持,如二进制图形、声音、动画以及多维数据结构等。

④ 提供了与第三代高级语言接口的软件——PRO * 系列,能在 C、C++等主流语言中嵌入 SQL 语句及过程化(PL/SQL)语句,对数据库中的数据进行操纵,加上它有许多优秀的前台开发工具如 POWER BUILD、SQL * FORMS、VISIA

BASIC 等,可以快速开发生成基于客户端 PC 平台的应用程序,并具有良好的移植性[80]。

⑤ 提供了新的分布式数据库能力。可通过网络较方便地读写远端数据库里的数据,并有对称复制的技术。

Oracle 数据库在物理上是存储于硬盘的各种文件。它是活动的、可扩充的,随着数据的添加和应用程序的增大而变化,而 Oracle 数据库在逻辑上是由许多表空间构成。主要分为系统表空间和非系统表空间,非系统表空间内存储着各项应用的数据、索引、程序等相关信息[81]。

基于 Oracle 的功能丰富、技术先进、安全健壮等优势,已广泛应用于大中型数据库开发之中,将成为市场看好的数据库开发平台。

(2) IBM DB2 通用数据库

DB2 是 IBM 公司的产品,起源于 System R 和 System R *。它能够在从 Windows 到 UNIX 的各种操作系统上运行,从中小型机到大型机,从 IBM 到非 IBM (HP 及 SUN UNIX 系统等)各种操作平台。它既可以在主机上以主/从方式独立运行,也可以在客户/服务器环境中运行,其中,服务平台可以是 OS/400、AIX、OS/2、HP-UNIX、SUN-Solaris 等操作系统,客户机平台可以是 OS/2 或 Windows、Dos、AIX、HP-UX、SUN Solaris 等操作系统。B2 数据库核心又称作 DB2 公共服务器,采用多进程、多线索体系结构,可以运行于多种操作系统之上,并根据不同平台环境进行优化处理,从而实现最佳性能。

DB2 核心数据库的特色有:①支持面向对象的编程,DB2 支持复杂的数据结构,如非结构文本对象,可以对非结构文本对象进行布尔匹配、最接近匹配和任意匹配等搜索,可以建立用户数据类型和用户自定义函数;②支持多媒体应用程序,DB2 支持大二分对象(BLOB),允许在数据库中存取二进制大对象和文本大对象,其中二进制大对象可以用来存储多媒体对象;③DB2 具备强大的备份和恢复功能,确保数据安全;④支持存储过程和触发器,用户可以在建表时显示定义复杂的完整性规则;⑤全面支持 SQL 查询,使数据操作更加便捷、高效;⑥支持异构分布式数据库访问;⑦DB2 具备数据复制功能,增强了数据的可用性和可靠性[71]。

(3) Sybase System

Sybase 公司是 1984 年成立的,属于后起之秀,推出了支持企业范围的“客户/

服务器体系结构”的数据库。Sybase 将“客户/服务器数据库体系结构”作为开发产品的主要目标，借鉴了 INGERS 的研制经验，以满足联机事务处理应用的要求，于 1987 年推出了 Sybase SQL Server，称为大学版 INGERS 的第三代产品。Sybase System 16.0 是其最新产品版本，支持企业内部各种数据库应用需求，如数据仓库、联机事务处理、决策支持系统和小平台应用等。

Sybase 是一个面向联机事务处理的高性能、高可靠性、功能强大的关系型数据库管理系统(Relation Database Management System，RDBMS)。数据库的多库、多设备、多用户、多线索等特点极大地丰富和增强了数据库功能。考虑到 SYBASE 数据库系统的复杂性和多功能性，因此，对 Sybase 数据库系统的管理变得尤为重要。

Sybase System 11.5 的服务器端和新产品是 Adaptive Server。它集成了原有的服务器系列，如 SQL Server、SQL Anywhere、Sybase IQ、Sybase MPP 等。它具有处理多种数据源的能力，为包括遗留的非关系数据和分布式的事务提供了优化的数据存储与访问方法，提供了单一的编程模型[79]。

Sybase 数据库为开发者提供了有效的安全性控制策略，不仅注重数据访问的安全性和用户登录的监督，还兼顾了用户在使用数据时对速度的需求。Sybase 中的安全性是依靠分层解决的，它的安全措施也是一级一级层层设置的，真正做到了层层设防。

(4) Microsoft SQL Server

SQL Server 具有单进程与多线程的体系结构。只有一个服务器进程，所有的客户都连接到这个进程上。该进程被细分为多个并发的线程，这些线程共享数据缓冲区和 CPU 时间，能及时捕捉各用户进程发出的存取数据的请求并按一定的调度算法处理这些请求，比操作系统直接对这些请求进行调度高效得多。

Microsoft 提供了一个数据库引擎，应用范围可以从运行微软的 Windows 10 操作系统的个人台式电脑或移动电脑，到运行 Windows NT Server 操作系统企业版的对称多处理器群集。所有这些系统都能保证关键任务业务系统要求的安全性和可靠性。

SQL Server 首先在核心层实现了数据完整性控制，包括建表时申明完整性和用触发器机制定义与应用有关的完整性。支持分布式查询与更新。SQL Server 能够处理大量事务、响应速度快，并且能够为数百甚至更多用户维持高性能。

### 4.2.2 数据库审计内容

数据库存储的数据类型、数据格式是否规范,数据保护方案是否完整,数据访问权限是否明确,这些都是数据库审计时需要关注的重点。数据库审计的主要审计目标是安全性、合规性和可靠性等,见表 4-5。

**表 4-5 数据库审计目标**

| 审计目标 | 有效性 | 安全性 | 效率性 | 合规性 | 可靠性 |
| --- | --- | --- | --- | --- | --- |
| 侧重目标 | 一般重要 | 非常重要 | 重要 | 非常重要 | 非常重要 |

第一项内容是审计数据库的身份验证与授权策略。包括:①与数据库管理员一同确认哪些用户可以使用数据库。②确认每个用户的处理权限和责任。

第二项内容是获得当前数据库型号和版本。包括:①验证当前运行的数据库是否为最新版本。老版本的数据库无法利用新发布的安全漏洞补丁进行修复,这将导致严重的安全威胁。②了解企业的 IT 策略,确认企业当前选用的是恰当的数据库版本。③向数据库厂商确认是否会继续为企业正在使用的数据库版本提供支持,确认可以持续获得新安全问题的漏洞补丁。

第三项内容是审核数据库补丁安装策略,确保所有补丁都按照数据库管理策略的规定安装。① 确认企业是否存在补丁安装规程和策略,指定补丁的安装时间和安装程序。② 审核补丁修复记录,确认补丁修复的漏洞范围。大多数数据库厂商都会定期发布补丁,IT 审计师应审核以往补丁修复的记录。③ 与管理员确认安装补丁的时间以及数据库尚未安装补丁前应采取的减轻风险的措施。补丁的修复存在两个难点,一是数据库通常是全天候运行的,不允许中断进行补丁修复;二是新补丁在安装前需要通过复杂的测试,这一阶段可能要历时数月。一般来说,要与数据库管理员讨论在没有及时安装补丁的情况下应对数据库采取的减轻潜在风险的措施。解决停机问题的一个方法是利用集群。在集群环境中,一个集群中的一个节点可以脱机、打补丁,然后再上线。

第四项内容是确保数据库的目录权限与数据库文件本身的权限有适当的管理规程。①查询所有数据库文件及其目录的权限列表,或与数据库管理员确认每个授权用户只拥有满足其日常业务需要的数据库文件访问权限,其他用户则没有数据库文件的任何权限,包括查询权限。②确认只有少数授权用户能对数据库基础数据文件进行访问和更新。数据库目录的文件权限应该仅限于管理数据库的账户权限。对于 Unix 系统,检查权限的设置没有比“770”权限文件的设置更宽松,对于 Windows 系统,确保权限不被授予给“每一个人”。

第五项内容是审计数据库注册项的权限是否受到正确限制,与系统管理员共同确认只有授权用户才拥有编辑、创建、删除、查阅数据库的注册项的权限。

第六项内容是审核和评估创建用户账户的流程。①审核数据库账户创建标准和流程,验证用户的访问需求是否合理。②审核每个数据库账户存在的必要性,确认只有在合理业务需求情况下才创建数据库账户。③审核企业是否建立了及时取消或禁用离职或调离岗位用户的数据库账户的机制。

第七项内容是检查数据转换或迁移是否经管理层批准。

第八项内容是审核和评估重要业务数据是否根据既定的时间表及频率定期备份。①审核备份媒介是否储存在适当的安全地点。②检查数据备份策略,确认策略中是否规定了核心系统的数据和程序源代码备份的详细配置要求。

第九项内容是确保企业对于重要的应用系统设置了灾备机制,并定期进行灾备演练。检查灾备演练报告,确认企业是否每年对系统进行灾备演练。

审计数据库时有可能(概率很小但不为零)会影响到数据库的正常运转,所以需要先与数据库管理员讨论审计工作安排,寻求其协助,尽量优化访问数据库的时间。在完成一项审计内容后,立即请数据库管理员锁定账户(完成正式审计后再删除账户),当需要收集更多信息时,管理员只需解锁账户,而无须重新添加账户。

IT 审计师应尽可能在线下展开审计。理想情况下,需要下载系统表、密码散列、文件权限以及其他信息到本地资源上,然后断开与数据库的连接,脱机实施审计工作,这样就不会对数据库产生影响。

## 4.3　Web 服务器审计

### 4.3.1　Web 服务器

在提 Web 服务器前先了解一下服务器的概念。服务器是计算机的一种,它是网络上一种为客户端计算机提供各种服务的高性能计算机。从广义上讲,服务器是指网络中能对其他计算机提供某些服务的计算机系统(如果一个 PC 对外提供 FTP 服务,也可以叫服务器)。服务器只是一种硬件设备,要想为网络提供服务,必须安装相应的服务器软件。

从狭义上讲,服务器是专指某些高性能计算机,能通过网络对其他计算机提供服务。相对于普通 PC 来说,服务器在稳定性、安全性等方面有更高的要求,因此在 CPU、芯片组、内存、磁盘系统、网络等硬件上和普通 PC 有所不同[81]。

在网络操作系统的控制下,服务器将其连接的硬盘、磁带、打印机及专用通信设备提供给网络上的客户站点共享,也能为网络用户提供集中计算、信息发布及数据管理等服务,服务器亦是 Internet 的资源仓库。它的高性能主要体现在高速的运算能力、长时间的可靠运行、强大的外部数据吞吐能力等方面。

服务器作为网络的节点,存储、处理网络上 80%的数据、信息,因此也被称为网络的灵魂。可以把服务器看作是电话系统的交换机,而微机、笔记本、掌上电脑、手机等固定或移动的网络终端,就如散落在家庭、各种办公场所、公共场所等处的电话机。每个人对外界传送的语音、文字信息,必须通过交换机才能到达目标电话。同样的,网络终端设备如家庭、企业中的微机想要上网获取资讯、与外界沟通、娱乐等,也必须经过服务器,因此也可以说是服务器在“组织”和“领导”这些设备。

WWW(World Wide Web),即万维网,是互联网最重要的服务,基于客户机/服务器模式。其中,客户机就是 Web 浏览器,服务器就是指 Web 服务器。Web 浏览器发请求给 Web 服务器,服务器响应请求,并把请求的页面或文档传送给 Web 浏览器,就完成了 Web 从服务器下载页面的过程。Web 浏览器和服务器通过 HTTP 协议来建立连接、传输信息和终止链接,因此 Web 服务器也称为 HTTP 服务器。

### 4.3.2 Web 服务器审计内容

Web 服务器由于暴露在整个网络环境中,面临着潜在的巨大的安全威胁,企业数据的泄露往往就是因为 Web 服务器遭受攻击导致的,因此,安全性和可靠性是 Web 服务器审计的重中之重,Web 服务器各种具体审计目标见表 4-6。

表 4-6 Web 服务器审计目标

| 审计目标 | 有效性 | 安全性 | 效率性 | 合规性 | 可靠性 |
|---|---|---|---|---|---|
| 侧重目标 | 一般重要 | 非常重要 | 重要 | 一般重要 | 非常重要 |

**1）Web 服务器安全问题**

网站搭建完成后，必须保证能在复杂国际互联网环境中的安全性。Web 服务器计算机的安全部署能够降低甚至消除恶意访问或不必要访问带来的威胁。

随着操作系统和网络协议的弱点和漏洞逐渐得到修补，防火墙和入侵检测系统的功能越来越完善，许多攻击者将目标转向 Web 服务器本身和基于 Web 的应用程序。Web 服务所使用的 HTTP 协议本身是一种小型的简单而又安全可靠的通信协议，它本身遭受非法入侵的可能性不大。Web 安全问题往往与 Web 服务器的整体环境有关，如系统配置不当、应用程序存在漏洞等。以下针对一些主要的 Web 安全问题展开审计[83]。

第一，审计企业是否把敏感信息保存在服务器中。由于服务器所在位置通常是公开的，如果把重要信息直接保存在向 Web 用户开放的数据库或服务器中，容易被攻击者窃取信息。

第二，审核和评估 Web 服务器使用的服务和协议是否存在安全漏洞。

第三，审核能够访问企业 Web 服务器的端口和协议。具体包括：①能够访问企业 Web 服务器的端口和协议应有一张明确的白名单(whitelist)，尽量减少名单上的数量以减少攻击点。②评估能够访问企业 Web 服务器的端口和协议的必要性。

第四，审核和评估 Web 服务器的配置选项和安全策略。具体包括：①由于不同 Web 服务器的配置差异很大，容易出现配置不当的情况，IT 审计师应针对不同服务器展开针对性的配置审计。②评估企业使用的 Web 服务器所采用的安全策略。并不是将服务器置于防火墙后就能保证绝对安全。企业应提出一个系统的完整的 Web 安全策略。

第五，审核 Web 服务器是否开启了日志功能。日志有助于发现和解决问题。具体包括：①审核 Web 服务器是否开启了日志功能选项。②审核日志是否有定期备份，并有自动化软件对记录的内容进行分析。

第六,审计 Web 服务器端的证书是否有效。包括:①服务器端证书的作用是让客户端知道服务器的身份和可信度,所有 Web 服务器都应有证书。②IT 审计师应查看证书的元数据、数据范围和密钥,若其中任意一项发生变化,就要考虑是否应更换一个新证书。

第七,审核和评估登录 Web 服务器计算机的管理员账户是否受到严格控制。包括:①应当只有很少一部分账户能够访问 Web 服务管理器,而且这些账户应该处于严格的监管之下。除了管理账户外,所有账户都应禁止远程登录。②任何管理员账户都不应在用户间共享。③允许访问 Web 服务管理器的所有账户都应采用高强度的密码策略。

**2) Web 服务器的可靠性问题**

系统可靠性是系统长期稳定运行的能力,这种能力需要系统长时间运行并累积一定数据才能有效度量。Web 服务器某些问题需要达到一定时间、一定的使用量、足够多用户访问后才会暴露出来。如内存泄漏,系统运行过程中发现部分子页面不可达的情况,或无法接待系统设计要求的用户数量。

审计师对 Web 系统进行可靠性分析,一种是通过访问日志文件,分析 Web 服务器的历史运行情况,通过分析中断运行的状态、频率等并寻找原因进行判断;另一种就是测试或实验分析来判断系统的可靠性,比如通过给 Web 服务器施加设计上限的业务量,使系统持续运行一段时间,以此来检测系统是否稳定运行。

## 4.4 防火墙审计

### 4.4.1 防火墙

防火墙是一种设备,它位于内部网络与不可信外部网络之间,可以过滤所有通信。防火墙通过执行访问控制,将内网与公共网络(例如互联网)分开,从而最大程度地阻止网络黑客的恶意访问。企业网络中必须使用防火墙来保护内部网络,只有通过防火墙才能访问外部网络,外部网络也必须通过防火墙才能与企业网络通信。

防火墙通常由四个组成部分构成，包括服务访问规则、验证工具、包过滤和应用网关。这些部分共同工作，以确保只有授权用户和应用程序才能访问网络资源。

黑客大多数时候是盲目寻找目标的，因此防火墙系统应该记录所有外来的访问，并能够对安全事件、协议、访问源和目标、流量等进行分类和分析。这种信息有助于发现网络威胁并采取相应措施。因此，防火墙系统是网络安全的重要组成部分，能够提高网络安全强度[84]。

**1）防火墙分类**

常见的防火墙可以分为包过滤和应用代理两种。包过滤技术关注的是网络层和传输层的保护，而采用应用代理技术的防火墙更关心应用层的保护[85]。

(1) 包过滤防火墙

包过滤防火墙也称“网络层防火墙”，是一种最古老的防火墙技术，它是一种 IP 封包过滤器，可以在 TCP/IP 协议堆栈底层运行。通过枚举的方式，只允许符合特定规则的封包通过，而阻止其他封包通过(这些规则通常被称为白名单)。也有一种相对宽松的防火墙规则，只要封包不符合任何一个“否定规则”，就被允许通过(这些规则通常被称为黑名单)。现在的操作系统和网络设备通常都内置防火墙功能。较新的防火墙可以利用封包的多个属性进行过滤，例如来源 IP 地址、来源端口号、目的 IP 地址或端口号、服务类型(如 WWW、FTP 等)。此外，也可以通过通信协议、TTL 值、来源的网域名称或网段等属性进行过滤[86]。

包过滤从实现上，又可以分为简单包过滤和状态检测的包过滤两种。

① 简单包过滤

简单包过滤即检查单个包。由于这类技术不能跟踪 TCP 的状态，所以对 TCP 层的控制是有漏洞的。简单包过滤的产品由于安全方面做得不够完善，近几年，市场上已逐步淘汰这种防火墙，但是目前国内研制的产品仍然有一些采用的是这种简单包过滤的技术。

② 状态检测包过滤

状态检测包过滤通过利用状态表跟踪每一个网络会话的状态，对每一个包的检查不仅基于规则表，更考虑了数据包是否符合会话所处的状态。从而提供了更完整的对传输层的控制能力。同时，由于一系列优化技术的采用，状态检测包过滤的性能也显著优于简单包过滤产品，尤其是在一些规则复杂的大型网络上。

包过滤结构的最大优点是部署容易,对应用透明。如果一个产品的保护功能很强大,但无法添加到网络中,那么它提供的保护就毫无意义。而包过滤产品则很容易安装到用户所需要控制的网络节点上,对用户的应用系统则几乎没有影响。特别是最近出现的透明方式的包过滤防火墙,由于采用了网桥技术,几乎可以部署在任何以太网线路上,而无需要改变原来的拓扑结构。

包过滤的另一个优点是性能,状态检测包过滤在各种防火墙结构中具有最优吞吐能力。但是对于防火墙产品来说,安全始终是首要的因素,包过滤防火墙对于网络控制的依据仍然是 IP 地址和服务端口等基本的传输层以下的信息。对于应用层则缺少足够的保护,而大量的网络攻击是利用应用系统的漏洞实现的[87]。

(2) 应用代理防火墙

应用代理防火墙也称"应用层防火墙",是运行在 TCP/IP 协议栈的应用层,能够监控和拦截所有进出应用程序的数据包。与其他类型的防火墙不同,应用代理防火墙切断了直接通信,要求所有通信都必须经过应用层的代理进行转发。它可以针对各种应用协议提供丰富的控制功能,完全阻止外部数据流入受保护的机器,以保护网络安全。虽然应用层防火墙方法比较繁琐,但在规范特定应用协议上的行为方面具有很大的优势。与包过滤防火墙和状态检测防火墙不同,应用代理防火墙能够更好地保护网络的安全[88]。

对于使用代理防火墙的用户来说,虽然可以获得较高的安全性,但也需要付出一定的代价。代理技术的一个主要弱点是缺乏对应用的透明性,这几乎是其天生的缺陷,因为代理防火墙必须位于应用会话的中间环节,才能对会话进行控制,而大多数应用协议在设计时并未考虑中间会有防火墙的存在。这使得对于许多应用协议来说,实现代理是相当困难的。代理防火墙通常是一组代理的集合,需要为每一个支持的应用协议实现专门的功能,所以对于使用代理防火墙的用户来说,经常遇到的问题是防火墙不支持某个正在使用的应用协议,结果要么放弃防火墙,要么放弃应用。特别是在复杂的分布式计算网络环境中,部署代理结构的防火墙几乎是不可能的,尤其是在企业内部网进行安全区域分割时这一问题尤为突出。

代理技术的另一个显著缺陷是性能很差。代理防火墙必须建立在操作系统提供的 Socket 服务接口之上,对每个访问实例的处理开销和资源消耗接近于 Web 服务器的两倍。这使得应用代理防火墙的性能通常很难实现大规模数据的同时转发和成千上万的并发访问。对于一个繁忙的站点来说,这是很难满足的性能。

代理防火墙的技术发展远没有包过滤技术活跃,对比几年前的 TIS 和现在的代理类型的商用产品,核心技术几乎没有变化,主要的变化是增加了协议的种类。同时为了克服代理种类有限的局限性,很多代理防火墙同时也提供了状态检测包过滤的能力,当用户遇到防火墙不能支持的应用协议时,就以包过滤的方式让其通过。由于很难将二者的安全策略结合在一起,所以混合型的产品通常难以配置,也很难真正结合两者的长处。

状态检测包过滤和应用代理这两种技术目前仍然是防火墙市场中普遍采用的主流技术,但他们正呈现出一种融合的趋势,可能会演变成一种新的结构。例如,NetEye 防火墙基于状态检测包过滤,开发出一种称为"流过滤"的结构,其基本的原理是在防火墙外部仍然是包过滤的形态,工作在链路层或 IP 层,在规则允许下,两端可以直接访问。但是,对于任何一个被规则允许的访问,在防火墙内部都存在两个完全独立的 TCP 会话,数据是以"流"的方式从一个会话流向另一个会话,由于防火墙的应用层策略位于流的中间。因此,可以在任何时候代替服务器或客户端参与应用层的会话,从而具备了与应用代理防火墙相同的控制能力。

比如在 NetEye 防火墙对 SMTP 协议的处理中,系统可以在透明网桥的模式下实现完全的对邮件的存储转发,并实现丰富的对 SMTP 协议的各种攻击的防范功能。

"流过滤"的另一个优势在于性能,相对于操作系统中为自身服务目的而实现的 TCP 协议栈,完全为转发目的而重新实现的 TCP 协议栈消耗更少的资源,且更加高效,如果需要一个能够支持几千个甚至数万个并发访问同时又有相当于代理技术的应用层防护能力的系统,"流过滤"结构几乎是唯一的选择[88]。

防火墙技术发展这么多年,已经成为网络安全中最为成熟的技术,是安全管理员手中有效的防御工具。然而,防火墙本身的核心技术的进步却从未停止。事实上,任何一个安全产品或技术都不能提供永久的安全,因为网络在变化,应用在变化,入侵的手段在变化。对于防火墙来说,技术的不断进步才是真实的保障[89]。

**2) 实现防火墙的几种方式**

有以下四种方式可以实现防火墙。

(1) 应用网关

应用网关(application gateway),即检验通过此网关的所有数据包中的应用层的数据，通常由经过修改的应用程序组件运行在防火墙上。如 FTP 应用网关，对于连接的客户端来说是一个 FTP 服务器，对于服务器端来说是一个 FTP 客户端。连接中传输的所有 FTP 数据包都必须经过此 FTP 应用网关[90]。

(2) 电路级网关

电路级网关(circuit level gateway)中的电路指的是虚电路。在 TCP 或 UDP 发起(open)一个连接或电路之前，验证该会话的可靠性。只有在握手被验证为合法并且握手成功完成之后，才允许数据包的传输。一个会话建立后，此会话的信息被写入防火墙维护的有效连接表中。数据包只有其会话信息符合该有效连接表中的某一入口设置时，才被允许通过。会话结束时，该会话在表中的入口被删掉。电路级网关只对连接在会话层进行验证。一旦验证通过，可以在该链接上运行任何应用程序。以 FTP 为例，电路层网关存在一个 FTP 数据包通过规则。会话开始时，在 TCP 层对此会话进行验证。如果验证通过，则所有的数据都可以通过此连接进行传输，直至会话结束。

(3) 包过滤

包过滤(packet filter)根据用户定义的规则对每个数据包进行过滤，例如比较数据包的源地址和目的地址是否符合规则。包过滤不关注会话的状态，也不分析数据。如用户规定允许端口是 21 或者大于等于 1 024 的数据包通过，则只要端口符合该条件，数据包便可以通过此防火墙。如果规则配置得当，在这一层能够过滤掉很多有安全隐患的数据包。

(4) 代理

这里的代理(proxy)通常情况下指的是地址代理，一般位于一台代理服务器或路由器上。其机制是将网内主机的 IP 地址和端口替换为服务器或路由器的 IP 地址和端口。举例来说，一个公司内部网络的地址是 124.0.0.0 网段，而公司对外的正式 IP 地址是 202.138.160.2～202.38.160.6，则内部的主机 124.4.4.100 以 WWW 方式访问网外的某一台服务器时，在通过代理服务器后，IP 地址和端口可能为 202.138.160.2:6080。在代理服务器中维护着一张地址对应表。当外部网络的 WWW 服务器返回结果时，代理服务器会将此 IP 地址及端口转化为内部网络的 IP 地址和端口 80。使用代理服务器可以让所有的外部网络的主机与内部网络之间的访问都必须通过它来实现。从而控制对内部网络重要资源的访问[91]。

### 4.4.2　防火墙审计内容

防火墙审计的主要审计目标是有效性和安全性等,见表 4-7。

**表 4-7　防火墙审计目标**

| 审计目标 | 有效性 | 安全性 | 效率性 | 合规性 | 可靠性 |
|---|---|---|---|---|---|
| 侧重目标 | 非常重要 | 非常重要 | 一般重要 | 一般重要 | 重要 |

(1) 审核是否所有数据包默认被拒绝

① 防火墙上的所有数据包应当被拒绝,来自以及发往所有明确规定的地址和端口的数据包除外。

② 向防火墙管理员验证所有数据包默认被拒绝。

(2) 审核不适当的内部和外部 IP 地址是否被过滤

(3) 评价防火墙攻击防御功能

① 审核选用的防火墙产品能防御不同类型的拒绝服务攻击(Denial of service,DoS)攻击,并能在长时间的 DoS 攻击下解决资源积累问题。

② 审核其是否能有效过滤各种蠕虫病毒攻击。

③ 审核其是否能对 SMTP 协议进行控制并过滤垃圾邮件。

④ 审核其是否能防止内部主机攻击外网而不为攻击会话创建连接数。

合格的防火墙产品应能防御 DoS 攻击、蠕虫攻击、垃圾邮件以及内部发起攻击。DoS 攻击,特别是分布式拒绝服务攻击(Distributed Denial of Service,DDoS),是以消耗服务器资源、迫使服务停止响应为目标,通过伪造请求使服务器大量消耗甚至造成服务器响应阻塞,从而使正常访问请求得不到应答,以实现其攻击目的。

(4) 审核并评估防火墙吞吐量

通过审核并评估防火墙的吞吐量确保其不会成为网络的瓶颈。吞吐量是指防火墙在不丢包的情况下能够达到的最大包转发速率。

(5) 审核防火墙是否将所有外来访问都记录在案

① 防火墙记录的内容应包括：访问的时间、使用的访问协议、访问源、访问目

标、流量等。

② 防火墙应提供有关网络使用率等统计数据。

(6) 验证主机上的防火墙配置

如果使用的是 Windows 防火墙,要充分了解 netsh 命令集。该命令集允许脚本输出以及防火墙变更。通过运行 netsh firewall show config 查看主机防火墙总体配置,以及防火墙是否针对特定的适配器配置。

## 4.5 物理环境审计

对设备所处物理环境的审计也是 IT 审计对象运行环境中非常重要的一项。物理环境审计指的是审计企业是否有保护计算机软硬件,避免其受到如火灾、水灾、灰尘、电源事故伤害的措施。

物理环境风险包括以下几点。

① 火灾、水灾或其他自然灾害的破坏;

② 电源掉电导致内存数据丢失;

③ 电压不稳导致系统故障、处理错误和设备部件损坏;

④ 温度、湿度恶劣导致系统故障;

⑤ 静电破坏敏感的电子部件;

⑥ 其他,如照明设备停工,灰尘或污垢聚集等。

企业对物理环境的控制应将大部分物理环境风险都考虑在内,形成一套完整、规范的控制方法。IT 审计师应侧重审查物理环境控制的有效性和效率性以及物理环境本身的安全性和可靠性,审计目标见 4-8。

**表 4-8 物理环境审计目标**

| 审计目标 | 有效性 | 安全性 | 效率性 | 合规性 | 可靠性 |
| --- | --- | --- | --- | --- | --- |
| 侧重目标 | 重要 | 非常重要 | 重要 | 非常重要 | 一般重要 |

(1) 审核企业是否对管理区域有清晰明确的定义和划分。

① 物理访问安全应基于信息技术设备所处区域。例如,把一栋大楼、一个计

算机房、一个打印间当作一个管理区域。

② 每块管理区域应有清楚的定义，管理人员能够意识到各自的管理边界。

(2) 审核管理员。主要包括审核管理员是否佩戴身份证件，审核解聘人员的工作证是否回收并解除其访问权限

(3) 审核机房进出登记信息是否完整。所有人员进出机房都应登记身份信息、来访时间、离开时间、进机房的操作等。

(4) 审核机房是否安装全方位无死角监控。机房应安装有全方位摄像头全天候不间断监控，监控视频应至少保留六个月。

(5) 审计电子设备的访问日志记录。重点查看访问失败记录。所有对机房电子设备的访问都应有日志记录，特别是访问失败的记录。

(6) 审核机房是否有灾情预防系统。机房应有火灾的预防、检测和扑救设备，包括灭火器和延误探测系统、自动灭火系统。

(7) 审核机房的温度、湿度。主要审核机房的温度、湿度是否根据具体的设备要求严格控制，温度、湿度变化率应小于 5 ℃并不得结露。

(8) 审核机房电源计划。审核机房设备是否有浪涌(超出正常工作电压的瞬间过电压)和备份电力设备。具体要求有两个。

① 机房应常年保持 24 小时不断电。

② 机房是否有备用电源，能在停电时及时供电。

(9) 审核机房通过门禁系统实现物理访问控制。

① 各部门需经常进入机房的人员，应通过门禁卡申请表或机房准入申请表申请，由相关部门主管签字审批。

② 需要临时进入机房的人员必须在通过审批后由有权限进入机房的工作人员陪同，并在进出机房登记表上登记。

(10) 审核机房建设是否考虑灾难恢复。

(11) 审核企业对机房出入的权限复核的控制是否规范。

① 企业应每季度对有权限进入机房的人员进行权限复核。

② 离职员工或调岗人员的进出权限应及时禁用或取消。

(12) 审核数据中心及计算机房的物理访问是否受到适当限制。

① 对物理访问的授权进行复核和更新，以防止硬件及软件的未授权使用。

② 非管理人员在进入数据中心时需要登记，并且有管理员陪同后才能进入。

③ 通过与机房管理员的访谈，了解机房授权清单，确认授权的合理和准确。

(13) 审查水及烟雾探测器的装置，观察这些装置的位置是否有明显的标识。查看灭火器的位置是否适当，是否显而易见，最近是否进行过检验。

(14) 审查机房防火墙、地板和天花板的耐火能力[92]。

## 本章小结

在审计操作系统时侧重安全性和合规性，审计数据库侧重安全性、合规性和可靠性目标，审计 Web 服务器以安全性和可靠性为主要审计目标，审计防火墙时有效性和安全性目标非常重要，审计物理环境时主要侧重企业对物理环境控制的合规性和物理环境的安全性。

# 第 5 章　网络审计

网络审计包括局域网审计、无线网络审计以及云计算审计。不管是局域网、无线网络还是云计算，网络审计的主要审计目标是安全性和效率性等，见表 5-1。

**表 5-1　网络审计目标**

| 审计目标 | 有效性 | 安全性 | 效率性 | 合规性 | 可靠性 |
|---|---|---|---|---|---|
| 侧重目标 | 一般重要 | 非常重要 | 非常重要 | 重要 | 一般重要 |

## 5.1　局域网审计

### 5.1.1　局域网

由众多计算机构成的计算机网络系统可以看成一台大的计算机系统，它在操作系统的基础上，可以通过各种层级的网络通信协议，以一个较大的通信延迟为代价，让不同计算机主机内的各项进程相互传递信息，使得这些计算机成为一个整体[93-94]。网络与独立设备最大的区别在于它们各自的操作环境不同。尽管某些网络位于具有保护措施的环境内，比如一个实验室或者办公室的局域网，但在大多数网络中至少有一部分通常是暴露在国际互联网环境下的，并常常是暴露给所有的陌生人。

在使用网络时，用户是不知道通信到底是通过铜线、光纤、卫星还是其他介质进行传输的。在通信的两端，完成通信的细节过程通过软硬件技术被隐藏了。协议允许用户以一个较高的、抽象的通信层次（从用户和数据的角度）来看待网络。协议规定了设备之间通信所依据的规则，协议栈的每一层都像是定义了一种语言，使用该语言就能实现在该层中进行信息的相互交流。

局域网安全对于企业网络环境的安全控制与审计而言至关重要，它依赖局域网软件，通过软件版本控制即软件特征与参数设置实施有效的安全管理，可以实现对程序、文件及存储介质的所有权声明；对用户访问权限的分配遵循最小授权原则，使大部分用户只拥有“只读”权限；对局域网记录及文件进行锁定以防同时更新；在网络管理中强制用户使用账号密码登录程序，并制定密码定期更换的规则。

然而，由于网络软件的管理和控制功能有限，因此局域网的使用有诸多风险。例如未授权的局域网变更会导致数据和程序的完整性受损，局域网用户身份验证缺乏有效控制导致内部网络暴露给外部访问者，非法拨号连接访问，局域网访问授权控制缺失导致数据面临暴露风险，内部用户安装木马程序或电子欺骗，局域网日志信息和审计轨迹被破坏，局域网用户使用盗版软件或侵犯了软件版权等。另外，局域网还面临病毒和蠕虫的感染威胁以及来自互联网的其他安全威胁[95]。

局域网代表了一种分布计算模式，分布计算可以提供一种更高效、更复杂的计算环境。考虑成本因素，许多组织不愿意投入太多精力去培训技术人员，因此组织中网络管理员普遍缺乏必要的知识与技能，不能有效地管理网络。

传输介质、通信协议、硬件、传输技术、拓扑及网络软件的多种选择方案使得每一个局域网都较为独特，再加上组织在局域网中可能采用了来自多个厂商的技术与产品，就使得对网络实施标准的管理、操作及审计变得愈加困难。当网络问题发生时，解决问题的成本就会很高。

为了给组织中分布较远的部门和员工或者第三方合作者提供对组织局域网的访问，在基于成本考虑或有适当的网络连接方式的前提下，组织可以设置通过拨号连接的方法提供对局域网的访问。但要注意，通过拨号访问建议的路径可能会突破局域网的安全管理，如果没有相应拨号访问控制和安全方法，外部人员可以拨号进入系统，并猜测密码从而得到访问许可。

对于局域网的这些风险和问题，一般员工缺乏必要的认识，因为他们不具备处理复杂局域网所需要的知识、经验和控制能力，无法判断技术是否适当，安装的软件是否适宜，或者是否已采用适当控制和安全方法，审计问题也仅在问题发生时才被考虑。但对于 IT 审计部门或员工来说，需要对网络中可能存在的问题有清醒的认识[96]。

### 5.1.2　局域网审计内容

局域网提供特定群体共同使用程序及数据的存储及获取服务。局域网的软件和硬件设施必须保障这些程序及数据的安全。但现实中，许多网络软件过于强调系统应用功能，却忽视提供安全方面的功能，从而造成局域网面临各种风险，这些风险包括以下几个方面。

① 由于未授权的变更导致数据和程序的完整性受损。

② 未能及时或者无法维护版本控制而缺乏对现有数据的保护。

③ 缺少对用户有效的访问验证(如通过拨号连接非法访问局域网等)。

④ 网络病毒感染或者木马入侵。

⑤ 由于没有遵守“需要知道”的授权原则，而导致数据存在不适当的保护风险。

⑥ 侵犯了软件的版权(如使用盗版或使用超过许可用户数的软件)。

⑦ 非法进入局域网内部(如模仿或伪装成一个合法的局域网用户)。

⑧ 内部用户的非法窃取以及电子欺骗。

⑨ 登录或审计等环节的资料被破坏。

鉴于网络软件的管理和控制功能有限，软件厂商诊断功能只能识别网络中断或功能异常状态，而不能识别这些状态下的真实原因。有些网络软件版本具有可选择性，可提供对文件及程序的读、写和执行权限的功能限制，但一般不具有自动的详细活动日志(即审计轨迹)。所幸的是，目前越来越多的网络软件的新版本提供更多的控制及管理功能。传输介质、通信协议、硬件、传输技术、拓扑及网络软件的多样选择方案使得各组织构建的局域网很容易成为独一无二的。在这些局域网中，多个技术厂商的技术与产品的混合使用及独特环境使得标准的管理、操作及审计实务难以实施，并且一般员工也不具备处理复杂局域网环境所必需的技术、经验及控制能力，因此无法判断技术是否适当、安装的软件是否适宜或是否已采用适当的控制和安全方法，审计轨迹仅在问题发生时才被考虑。结果当问题发生时，解决问题的成本就会很高。

通过临时构建的网络路径，如拨号访问路径可能会突破局域网的安全管理。

如果没有拨号访问控制,黑客可以拨号进入并猜测密码直到得以访问。一旦成功进入,他们可能会在某些地方隐藏不法软件,连接到其他系统,实施破坏行为等。一般而言,临时构建的网络或拨号访问控制应做到以下方面。

① 使用便携式计算机的远程用户不应将其密码以明文方式储存。

② 便携式计算机应使用物理锁保护,应使用基于 BIOS 密码机制来限制访问。

③ 为避免被人猜到密码,应使用回拨技术。

调制解调器在响应呼叫时,必须让登录用户输入一个密码。调制解调器此时中断连接,并找寻经过授权可以拨号访问的电话号码后回拨,以确保访问合法。这种方式会产生一些问题。首先,黑客如果得以进入目标区,则可以转接或以其他方式记录拨入者的号码供以后使用。有些回拨调制解调器在回拨时不会等待拨号音,如果该黑客留在线上,则即使拨号也没有效果。其次,黑客可以通过试探破解密码直到进入,这个问题也有法可解,如产生随机密码的封包式认证机制可避免此类问题发生[92]。

因此,我们需要确认当前内网和外网分离,并通过防火墙配置,限制面向互联网的应用程序。通过与网络管理员的访谈,检查网络拓扑图和防火墙配置,了解当前内网和外网是否已进行分离,是否通过防火墙配置,限制面向互联网的应用程序。

对于局域网管理员来说,需要对网络实时维护,如果对网络的管理不够完善,信息资源将面临非授权访问的风险。局域网审计最终需要获得对局域网的全面了解,并记录相关事项[92]。

① 局域网拓扑结构及网络设计。

② 网络管理员及局域网所有者的职责。

③ 网络管理员以及网络所有者所执行的功能。

④ 局域网上的用户及用户组。

⑤ 局域网上所使用的各种应用系统。

⑥ 与网络设计、技术支持、命名规范及数据安全有关的工作程序及标准。

另外,审计还应该了解别的内容。例如,知晓局域网管理员的任务和作用,并且要组织规划公司中各个部分人员采用的与数据安全有关的程序标准,以及一些网络设计与支持、命名的规则习惯等,甚至还包括网桥、路由器以及网关等在局域网内部进行传输的技术及其介质[95]。

理解上述信息可以帮助评估对局域网的主要威胁、威胁发生的概率及其影响。在对局域网面临的风险进行评估后，应评价使风险最小化的控制，这里的控制包括物理控制、逻辑访问控制以及环境控制。

① 审查局域网软件与管理、拨号访问控制机制。

② 审计客户机/服务器架构安全。包括：审查访问节点及其相互间的关系，确保任何路径都不存在暴露风险；审查 C/S 架构控制措施的有效性。

③ 审计网络安全技术应用。包括网络防火墙、入侵检测系统、加密技术与网络安全协议、虚拟私有网络、防病毒技术等。

④ 审计网络基础架构，查看网络拓扑图，确定网络结构及设施。

⑤ 审核对局域网的控制，保证体系结构的设计和选择遵循了适当的标准，以及获取和运行成本不超过其效益，包括物理控制审核、环境控制审核、逻辑控制审核。

⑥ 审核远程访问。重点对来自非信任网络环境的授权用户进行的远程访问的安全控制措施进行审核，并检查所有远程访问进入点，测试拨号访问控制。

⑦ 进行网络穿透测试。

⑧ 审核网络变更控制[95]。

## 5.2　无线网络审计

### 5.2.1　无线网络

现实中，已开始运转的计算网络采用的 IT 技术或支持的业务应用往往处在不断变化中，这些变化可能造成新的网络安全风险，但常常不能引起网络管理人员的关注。如当通过有线连接桌面计算机的有线网络系统，扩展到通过无线连接笔记本电脑的计算机网络时，网络管理人员常不能感觉到网络安全风险的增加或新风险的出现。

无线网络(包括私有网络和公共网络)的快速增长，使用户通过手机、笔记本电脑在没有铺设电缆的地点及移动的汽车上都可以快速、便捷地获得各种所需要的信息。这些便捷应用进一步促进无线网络的快速增长。但是如果企业的无线网络没有通过防火墙或者其他安全控制的方式得到恰当保护,就会出现一些新安全威胁。而更严重的是,这些新安全威胁没有引起网络管理者的重视,网络管理者也没有采用针对新威胁的安全技术和措施。

计算机系统组件,如终端或打印机,传统上一直通过电缆或电线以有线传输方式连接到他们的主机上。在早期,当员工从一个办公室移动到另一个办公室办公,经常需要维修人员把所需的电缆连接到新的办公地点。在第二次世界大战期间,基于无线电的无线通信开始对世界产生显著影响。通过使用无线网络,信息可以跨越海洋或越过敌人的战线,实现更简单、高效并可靠地传送。从那以后,传输标准被建立起来,无线网络的数量也显著增加。利用本地发射台,无线网络首次在紧急服务中崭露头角。比如警方或消防部门就利用无线网络来快速沟通重要信息。

到了 20 世纪 80 年代后期,本地局域网非常受欢迎,许多计算机系统配置都基于有线计算机系统网络。而在 20 世纪 90 年代早期,无线局域网的使用流程和标准被创建出来,每个系统都成为本地网络中的一个节点。

通过无线电波代替有线电缆来连接网络终端存在许多问题。无线系统具有易受攻击的缺陷,因为它们的数据以无线电信号的形式传播,容易受到监听。另外,很难预测建筑物内无线网络的无线电覆盖是否可靠,因为建筑结构特征如钢梁和重抹灰墙壁会严重削弱无线电波。即使在屏障物之外,由于无线传输的传播特征,准确并可靠地预测覆盖范围也是困难的。更令人不安的是,就其性质而言,无线局域网在空间中的信息流可以被任何能在适当的频率进行监听的人拦截。如果没有进行适当的安全控制,攻击者能够像授权用户那样以相同的权限进入这个网络。

并非所有网络(包括有线网络)都是安全的。然而,当传统的局域网在一个相对安全的物理边界内通过电缆传输信息时,物理屏障所提供的这种安全等级通常来说已经足够。提高无线传输能力增加了安全缺陷和额外系统控制的需要,例如需要授权每个网络的使用者。作为一个 IT 审计人员,需要关注所有无线应用中的综合控制和安全特性,主要包括以下几点。

① 保密性:一个应用应达到避免被拦截或是窃听的安全水平,确保发送的信息只能够被目标接收者读取。

② 真实性：防止电子欺骗或者模拟控制，以确保信息源于确定的发送者。

③ 完整性：提供防止传输错误的保护，避免传输的信息遭到篡改和丢失，确保信息在传输过程中未发生改变。

④ 可用性：确保在需要时应用数据是可用的，避免拒绝服务或是可靠性过低。

无线网络和无线局域网的安全，是任何 IT 审计人员在评估整体综合安全时都需要考虑的内容。

在一个开放的无线系统中，任何可以收到无线信号的实体都可以获得访问权限。这种无线系统围绕无线接入点建成，某个人在宾馆房间或咖啡馆用手机访问 Internet 就属于这种情况。

无线网络通过多个服务供应商连接到因特网和该网络之外的一些其他外部系统。此外，还可以连接到本地局域网、蜂窝网络和个人手持设备。图 5-1 给出了当今许多企业中使用的无线网络系统的一个案例。从 IT 审计师的角度来看，这个无线系统配置的两个控制关键点是路由器和防火墙的位置。

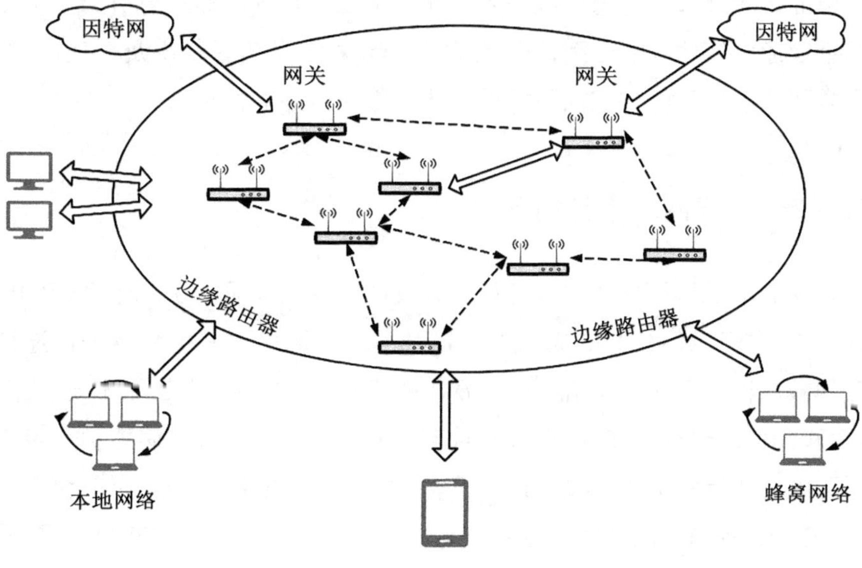


图 5-1　无线网络结构案例

路由器是网络的关键组成部分。它是一个通过有线或无线信号使两台或两台以上的计算机连接到互联网的电子设备。路由器允许多个计算机相互通信并同时和互联网进行通信。无线路由器不仅执行路由器的功能,而且也作为一个无线接入点,在无电缆连接的情况下允许访问因特网或计算机网络。它可以发挥有线或无线局域网的作用。有些路由器也包含无线天线,允许与其他无线设备连接。

有一系列与无线网络相关的控制风险,包括进入系统活动被窃听的风险,使用无效用户证明非法进入网络的风险,以及拒绝服务的风险。主系统完整性所关注的是被窃听的风险。就其性质而言,无线局域网中有目的性的辐射无线电波信息一旦发射出去,就不可能控制谁可以接收。无线网络控制的关键是加密所有这些消息。无线报文标准允许这种加密,但这些标准并不总是被安装好并且参数设置恰当。在审查无线应用时,IT 审计师应该确定加密标准已经安装,并且确认它们已被应用到所有的关键应用中,参数也设置合理。

控制确保信息完整性对于无线系统来说也很重要。网络信息以小数据包的形式进行传递,然后重新组装来送达正确的信息。传输软件提供了保证所有信息完整性的基础。

这里的技术细节可能超出很多人的知识范围,IT 审计师应与负责其企业无线网络的企业通信软件专家会面,并讨论软件默认标准的设置情况及合理性,而默认标准常常强调了信息的完整性并提供对非法进入网络的控制。

### 5.2.2 无线网络审计内容

互联网的本质特征导致它极容易受到攻击。互联网是一个基于 TCP/IP 协议的全球网络,它可以使公共的或私人的各种不同的网络与其他网络进行连接。今天互联网被广泛应用于商业用途,但最初的设计目的是提供自由、快速的交换信息、数据和文档的途径。然而,今天这种自由有其代价:黑客和病毒制造者企图攻击互联网以及和互联网相连接的计算机,一些人想窃取他人隐私,企图窃取含有敏感信息的数据,等等。因此对信息系统审计师来说,了解必要的风险及安全因素,并进行适当的控制就变得尤为重要。IT 审计师必须评估以下几项以确定是否存在足够的互联网安全控制。

① 组织的互联网安全策略和程序;

② 防火墙的安全机制;

③ 入侵检测系统的安全控制；

④ 数据安全控制。

数据加密可以减少数据在储存和传输时的风险。加密后，公司数据在互联网或其他网络上传输时是安全的。即使黑客窃取数据或数据落入未经授权者手中，但因为无法解密，也没有任何意义。

目前，来自互联网上的安全问题主要分成两大类：主动式攻击和被动式攻击。主动式攻击是指攻击者通过有选择地修改、删除、延迟、乱序、复制、插入特殊数据等以达到其非法目的。主动式攻击可以归纳为中断、篡改、伪造三种。被动式攻击主要是指攻击者监听网络上传递的数据流，从而获取数据的内容，或仅仅希望得到信息流的长度、传输频率等数据。这两种攻击方法是各有所长，被动式攻击往往很难检测出来，但很容易预防；而主动式攻击很难预防，却很容易检测出来，所以攻击者攻击时一般同时采取两种方式。

**1）被动式攻击**

被动式攻击一般采用如下方法收集信息。

(1) 网络分析

黑客使用足印方法取得完整的网络安全架构。在这个阶段，黑客可能综合使用多项技术及工具，以取得内部网络的信息，包含系统别名、功能用途、内部网址、薄弱点及防火墙(品牌及版本)，然后黑客会选定目标系统发出查询请求以进行攻击测试。黑客会选定目标系统进行端口扫描，以确定该系统提供的服务及操作系统的版本，并企图发现该系统的弱点以进行攻击。

(2) 窃听

例如搭线监听网络中传输的信号，或者利用通信设备在工作过程中产生的电磁波辐射，从中截获有用信息等[97]。

(3) 流量分析

这种方法通常针对的是经过加密的信息，并且使用单纯的窃听技术无法达到效果的时候。流量分析是通过对系统的监听，通过统计学手段，分析出通信特征的一些变化，例如通信频度、信息流向、总量等变化，从而找出有价值的信息规律[98]。

**2）主动式攻击**

当收集到足够的信息后，黑客就会对目标系统发起攻击，意欲获取足够的控制权,这包括对数据或程序的未经授权的修改、进行拒绝服务攻击、扩大取得的权限或窃取个人敏感信息等。主动式攻击会影响到信息的真实性、身份的验证及网络安全参数的设定。通常的主动式攻击方法包括如下几点。

(1) 暴力破解

利用字典生成器生成超级字典或直接利用暴力破解工具。进行不断地猜测和测试,直到得到一组可以登录系统的账号和密码为止。

(2) 假冒

假冒成系统可识别的合法人员访问敏感信息或计算机网络资源,另一种方式是假冒合法 IP 地址,这种攻击方式通常被用来通过防火墙。

(3) 互联网或 Web 服务的未授权访问

由于互联网软件存在许多弱点,易于受到攻击,导致发生许多未授权的事件。例如: 伪造的电子邮件; Telnet 的密码以明文方式传输;IP 地址与 DNS 的反查服务;使用 CGI Script 提供权限可能会使非法用户取得主机的控制权;客户端的 Script 程序,在客户电脑上执行时可能会造成危害。

(4) 拒绝服务攻击

就是利用合理的服务请求来占用过多的服务资源,致使服务资源超载,从而无法响应其他请求。这些服务资源包括网络带宽、文件系统空间容量、开放的进程或者与内网的连接,这种攻击会导致资源的匮乏[99]。通过寻找 TCP/IP 协议中的漏洞来进行攻击的一种攻击方式——泛洪攻击(SYN flood)是较为典型的一种攻击。在 TCP/IP 协议中,TCP 的连接需要三步来完成: 第一步,客户端发送 SYN 的包给服务器端;第二步,服务器端需要为这次连接分配一定的资源,同时返回 SYN/ACK 包;第三步,等客户端发回 ACK 包后,连接就完成了。而泛洪攻击的方式就是指疯狂发送 SYN 包,但并不会返回任何的 ACK 包,这样会导致服务器端资源被占用过多而没有多余资源可用,无法响应别的请求和操作[100]。

(5) 电子邮件炸弹和垃圾邮件的攻击

电子邮件炸弹攻击危害很大,它是通过伪造计算机 IP 地址和邮箱地址向同一邮箱疯狂地发送信件,这些信件或者信息通常是没有任何意义的,这样目标邮箱可能会瘫痪,给受害人带来极大的困扰和危害[101]。垃圾邮件攻击则是电子邮件炸弹的变种,它能向成千上万的人寄送电子邮件。其可怕之处是,若收件人进行回信,其他成千上万的人也会收到回信。目前,垃圾邮件攻击已经与电子邮件欺骗及病毒相结合,邮件也可能被伪装成收件人的朋友来信。追踪这类攻击的来源常常困难,目前也没有很好的办法来对付电子邮件炸弹的攻击。

(6) 电子邮件欺骗

攻击者佯称自己为某一应用系统管理员,并把来信的邮件地址设置成与应用系统管理员的完全相同,在邮件中称用户账号已不安全,给出链接,要求用户修改口令,链接指向一个伪装的并与应用系统相同的界面,用户一旦在这个界面中输入密码,就传到攻击者系统中;或在貌似正常的附件中加载病毒软件或其他木马程序。例如,用户收到一封邮件,无正文,附件为 soft. exe、card. exe、picture. exe。执行附件程序后系统无任何反应。此类文件是典型的木马程序,它会在用户连入互联网后被远端黑客控制。

评估上面所提到的所有攻击造成的影响是比较困难的,但总体而言会造成下面的一些损失[92]。

① 修复费用的增加。

② 信息的毁损(如关键数据、私人信息、合同等)。

③ 机密信息的泄露。

④ 名誉的损害。

⑤ 违反法律法规。

⑥ 无法满足合同条款,为丢失客户的机密数据负法律责任。

一般情况下,许多具有无线网络和部分无线局域网的企业,都存在重大安全性问题。在一个开放的未加密的无线网络地理范围内,任何装备合适工具的人都能"嗅出"或记录网络流量,获得内部网络资源和互联网未经授权的访问权限,然后可能会发送垃圾邮件或使用无线网络的互联网地址企图尝试其他违法违规行为。尽管这些威胁长期以来也困扰众多有线网络(例如,未授权个人可以将他们的笔记本电脑连入可用的以太网通信接口并访问当地的有线网络),但这种不当访问活动通常不会造成显著问题,因为很多企业的网络有相当不错的物理安全性。然而,一旦无线电信号蔓延或移动到建筑物之外,超过管理边界,网络的物理安全性就会在很大程度上变得无效。

对于接入互联网的组织来说,在互联网上每天都会有各种各样的风险威胁着他们的信息系统的安全。例如,员工没有受到专业的培训、没有足够的安全意识,信息系统的配置不当、黑客的攻击、操作系统或者软件本身存在漏洞等方面都会导致风险的发生,从而给企业或者组织带来一定经济利益的损失,也可能造成信誉与竞争力的下降,甚至有法律诉讼风险。所以组织在设计与实施网络安全控制时,要仔细考虑风险因素,利用现有的技术措施与管理手段,对安全事件做到有效的防范与检测。对于接入互联网的组织,信息系统控制与审计部门要对组织的信息系统风险有足够的了解,并保证组织有足够的安全控制措施。

因此,组织有必要建立一个强有力的有关信息系统方面的安全管理架构,这个结构需要详细描述公司的安全战略、安全策略以及系统开发的原则和计划,并在此框架内构建具有可操作性的安全控制措施[89]。如互联网资源的使用规则,它规定只有业务需要才授予互联网资源的使用权,确定哪些信息对外部用户有效,组织内部或外部哪些站点是可信网络,哪些是不可信网络。另一个在管理框架内需要建立的规则是为组织的信息资产建立敏感性及重要性分类标准,据此可以判断哪些资源可以公开用在 Internet 上,针对资源的重要性或敏感性定义相应安全级别。

此外,还需要建立有效的无线安全程序,这对网络管理员、企业管理人员和很多 IT 审计师是一个挑战。尽管存在强有力并受到公认的标准来保护无线网络,但许多这类标准被定义在硬件路由器中,如拥有一些无线安全选项的华为设备软件,就是通过监测数据包的目的地址以实现安全控制的控制软件。

良好的 IT 资产管理流程和安全技术在实践中往往容易混淆,尤其是在无线信息安全管理问题上。有许多类似于资产管理流程的安全管理流程已创建,这些管理流程也提供强有力的风险管理规范,以保护实物资产和有线网络,这些规范经适当改造也可用于无线资源保护。IT 审计人员可在考虑成本效益的方针下,使企业创建正确的安全保护措施并将此作为整体无线战略的一部分。下面六点是一份良好的无线网络内部安全管理控制实践和目标的清单。IT 审计师也可以使用这些建议,以便更好地了解和评价企业的无线安全管理流程。

(1) 无线安全策略和架构设计

企业安全政策、流程和最佳实践应包括无线网络,并将无线网络作为整体安全管理架构的一部分,以此确定在无线技术中什么是允许的或者是不允许的。

(2) 认为所有的无线接入点都不可信

在无线网络用户获得访问内部网络权限前,需要基于一个默认规则来识别和评估连接点,以确定它是否会像一个不可信任的设备那样被隔离。这种测定意味着能够更合理地设置防火墙、虚拟专用网络(VPN)、入侵检测系统(IDS)并为接入点与互联网链接的身份验证进行设置。

(3) 接入点配置策略

在无线系统部署前,企业管理员需要定义企业的标准安全设置。这些设置包括编号ID、无线密钥和加密的指导方针。

(4) 接入点发现

管理员应该定期搜索有线网络以外的未知接入点。这种搜索可以识别这些区域是否存在非法接入点,尤其是离人口活动密集地区近的无线网络接入点要特别注意。

(5) 接入点的安全性评估

企业应定期进行安全审查和入侵评估,以确定配置不当的接入点,以及那些默认或容易被猜到的密码。

(6) 无线网络客户端防护

无线网络客户端,通常指经授权的组织用户。用户应该形成良好的安全习惯进行定期检查。虽然一个组织的IT部门可以建立各种良好的网络管理流程,但实践中用户也必须遵循这些规范才能保证安全。

## 5.3 云计算审计

### 5.3.1 云计算

近年来,基于云计算的企业信息化应用一直在迅速地发展。尽管对于很多人而言,这听起来像是外来术语,但随着我们越来越依赖基于网络的商业应用,而不再依赖那些下载到家庭办公设备上更为传统的应用,云计算在今天已经成为一个重要而普通的概念。这个概念被认为是一种网络服务。微软在几年前首次公开指出软件作为一种服务(SaaS)现在已被大多数人所使用。目前,这个概念已经被拓宽并被大众所熟知。这种计算是受众多供应商支持的海量不同网络应用,它运行在众多服务器上,看起来就像是大量模糊的网络云在共同运行。

云计算的出现代表着 IT 领域逐渐走向了集约化、规模化、系统化与专业规范化,这是当下的商业服务模式的一种发展趋势。这种商业模式建立在互联网的网络计算的基础上,因此更加节约成本,对资源的利用更高效,因此被大众所看好,被认为是一个重要的 IT 产业增长点,具有广阔市场[102]。

其中"云"是对互联网和基础设施的抽象表述,既包括提供资源的网络,也包括连续在网络上使用资源的客户端。通过"云",使众多计算机连接起来实现超级计算机功能,最终客户端获得及时高效的应用服务,且可以无限扩展,按需使用,按需付费[103]。云计算具有高计算能力、高稳定性、低成本投入、专业的平台应用、动态扩展能力及按需服务六大优势特征[104]。

在不同层面上,虚拟化存储管理平台是另一种可进行总体控制的先进 IT 基础设施。存储管理虚拟化这个词是指电脑中央处理单元和大容量存储驱动器等其他设备之间的连接。一段时间内,这些都是通过硬连接电缆的复杂网络进行连接,但是,自 2001 年开始,软件工具被引入更好地管理这些存储的连接,这就是所谓的存储虚拟化。它们一开始是作为大型服务器站点的一个工具,但今天的虚拟化概念已经存在于计算机处理器的各个层面。文件虚拟化可以使 IT 高效率运营,然而,如果海量存储关系管理和备份不当,还可能会存在一些内部控制风险。

形势始终在不断变化,IT 审计人员应注意较新的技术驱动的内部控制问题,修改审查方式,以适应并评估现存的和其他新增的内部控制领域。IT 审计师应始终理解以新技术为基础的程序,并在此过程中发挥强有力的领导作用,然后将它们转变成内部控制的审查和评估对象。

云计算是一个最新且在不断演进发展的概念,这个概念对许多 IT 应用来说很重要。云计算也与软件运营服务(Software as a Service,SaaS)或面向服务的架构(Service-Oriented Architecture,SOA)的概念密切相关,今天的云计算正在改变许多企业建立和使用 IT 应用程序的方式。

如今,"云"也经常用来指互联网。互联网云背后的理念是,用户不需要了解、专长于或掌握那些支持"云"的技术基础设施。这个词起源于电话行业,20 世纪 90

年代以前，通话两端之间的线路都是采用独占线路的硬连接，但后来长途电话公司开始提供无线 VPN 服务，即不同通话共享一条物理线路来进行数据通信。无线网络和万维网概念的发展，增强了我们对 IT 服务的方式的认知。

如图 5-2 所示，云计算不仅仅是互联网，也是一种常驻于互联网中的应用程序提供服务的方式。因为不可能提前准确确定互联网流量的路径，所以用“云”一词拟化网络，并进一步延伸，云计算基于互联网的应用，从而突出服务提供者在基于网络基础设施的应用中应当承担的义务和责任。互联网软件产品或软件服务的新概念，如 SOA 和 SaaS 就随之产生了。

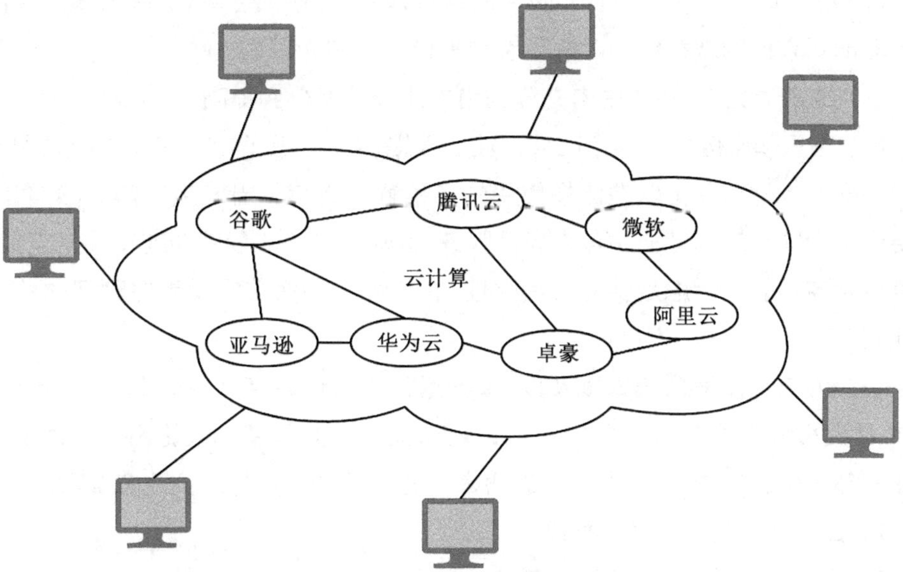


图 5-2　云计算概念

计算宣言描述了自动化技术，例如，复杂 IT 系统管理中的自我监测、自我修复、自我配置、自我优化，系统采用多样化的存储器、服务器、应用程序、网络结构、安全机制和其他在企业中可被虚拟化的系统元素。

软件供应商正越来越多地将他们的产品呈现在互联网上，并作为一种服务提供给用户，而不是卖给用户，作为用户私有的内部应用，这种应用模式简称 SaaS。这一趋势很好的例子是一个早期销售软件产品的领导者 Salesforce 公司，这家公司是客户关系管理软件的提供商。目前，Salesforce 公司不会将一套程序装载在专用光盘上来卖出产品(前期是这样做的)。相反,Salesforce 提供的程序和文档都可以在互联网上找到,它们运行在 Salesforce 公司提供的云平台上,客户只要注册就可以使用,而且只有当客户使用该产品时才为软件付费。Salesforce 的应用程序变成向客户提供的服务。

在云计算环境中部署应用程序,以 SaaS 模式运作的优点包括以下几个方面。

(1) 集中化降低基础设施成本。随着 SaaS 在云中的应用增加,软件提供商可以集中软件维护而降低成本,而使用者也没有必要投入应用程序的升级、改变等管理工作或者其他方面的控制工作。

(2) 提升高峰负荷能力。云服务提供商,如亚马逊或谷歌,拥有大量高性能的服务器群。它们的承载能力对每个客户来说几乎是无限的。

(3) 通常情况下,系统中未充分利用的部分效率得到提高。

(4) 应用和服务负荷具有巨大弹性。云提供商考虑了针对在灾难场景和流量负载平衡的各种情况下软件流畅使用的各种解决方案。当发生某些自然灾害时,需要处于不同地理区域的站点来提供服务,这些站点的流量就会变得异常繁忙,云计算提供商一般要考虑足够的负荷弹性,有能力来确保在突发事件时间内的可持续性服务。

企业内部应用程序模式以及以 SaaS 运行于云计算环境下的 IT 安全审计时,IT 审计人员需要采取不同的方法。在今天,网络和其他基础设施服务正越来越多地在云环境中进行传输,有必要重新思考一些审计和控制方面的注意事项。

**1) 云计算安全和隐私性挑战**

云计算环境下 SaaS 应用的 IT 安全挑战与职责在很大范围上发生了转移,这些职责主要从企业 IT 部门向云计算服务提供商进行转移,但也有部分责任仍留在企业 IT 部门中。这对于 IT 审计人员来说也是一个挑战,他们需要了解所选择的服务供应商的安全和隐私问题。

从 20 世纪中期到 20 世纪 70 年代末期,越来越多的企业决定把他们原来的手工完成单位记录的打卡流程模式向新型大型计算机系统转移。许多企业增加了系统开发编程人员的数量,并安装计算机主机系统,但结果常常令人失望。一个常见的问题是,这些新应用系统事先没有考虑处理企业级数据量的能力或企业快速发展变大的状况,当他们想实现这种能力时,通常又会遇到计算机系统升级维护或各种事故停机的相关问题，造成企业生产停顿。而云计算应用使这些问题迎刃而解。

在决定选择一个服务提供商作为迁移企业应用的云计算平台时，企业应该询问各个服务供应商竞争者一些关于云计算服务管理的操作标准的尖锐问题。在选择云计算服务供应商时，IT 审计师应当在提供建议上发挥主要作用，以确定云计算服务管理中以下几个方面得到保证。

(1) 特权用户访问

在企业之外的云上处理敏感数据会给企业带来一定程度的固有风险，企业使用外部云资源就会使云服务提供商的工作人员有机会接触到企业存放在云上的敏感数据，且绕过了企业内部传统网络下物理的、程序上的和管理上的等内部监控。因此，云服务提供商应提供接触企业数据和相关云平台基础设施的工作人员的详尽资料，运维中他们应该如实记录和及时提供有关雇佣、监管特权管理员和管理员访问控制权限的信息。

(2) 合规性

云服务提供商持有数据时，需要确保自身数据的安全性和完整性。云计算服务提供商还应该提供关于安全治理策略、近期外部审计和安全认证的详细信息。此外，他们应同意企业定期更新完成审计和认证等活动。

(3) 数据位置

当企业采用云计算，它可能不会确切地知道数据托管在哪里，甚至是在国内还是国外也不一定可知。由于数据所有权法律的保护，服务提供商应该给出企业数据被存储和处理的具体辖区。服务提供商也应该在合同中，承诺服从客户代表的隐私保护需求。

(4) 数据隔离

云中的数据通常存储在一个同时也存储了其他客户数据的共享环境中。云服务提供商应该提供企业静态数据隔离、与其他用户数据进行隔离的操作的详细信息，并提供证据证明其安全加密方案是由经验丰富的专家设计，并进行测试通过的。同时还要考虑，加密事故可能会对数据可用性造成破坏，并使数据完全无法使用。

(5) 恢复性

即使企业不知道其云数据的位置，云提供商也应该异地备份业务运作数据，以确保灾难发生时系统应用的快速恢复。他们应该提供证据,包括但不限于测试结果,来证明他们具有恢复数据的能力,及符合备份需求的复制多个站点数据和应用程序的相关基础设施。该服务要有明确结论：是否具备完全恢复的能力,以及恢复需要花费的时间。

(6) 支持调查

一般情况下,在云计算中调查不当或非法活动或许是不可能的。对云服务进行调查是特别困难的,因为许多用户的日志和数据被收集或分散在一系列总是在不断变化的数据存放处和数据中心,服务供应商应提供合同承诺来支持某种具体形式的调查。有证据表明,他们已经能够成功地支持这样的调查活动。

(7) 长期生存能力

企业不能保证云计算提供商将永不破产或被收购而与一家大公司合并。然而,目前的供应商,如腾讯、华为、亚马逊、谷歌、IBM、微软等,肯定会继续存在一段时间。尽管如此,企业也绝对无法保证其数据始终可用。所有的服务商应该提供保证,用户能通过将数据导入替代的应用程序的方式,找回他们的数据。

我们可以预见到,在未来几年,会有标准被建立并出现公认最佳的实践结果。云计算应用是未来的潮流,而在未来几年的发展中,IT 审计人员应该会更好地认识和发现这一点。

**2）存储管理虚拟化**

存储虚拟化是指 IT 物理存储资源的汇集方式,它将多个网络存储设备的资源汇集到看起来是由一个中央控制台管理的单个存储设备中。存储虚拟化可以通过隐藏 IT 存储设备的整体网络的实际复杂性,在更短的时间内,帮助一个 IT 存储管理员更简单地执行备份、归档和恢复的工作。虚拟化已经成为一种非常重要且广泛使用的 IT 资源管理过程。

要理解 IT 的虚拟化,就要访问早期的计算机系统——特别是旧的大型机。这些计算机拥有控制各种外部连接设备,包括打印机、磁带驱动器和大量存储设备的操作系统。早期的大型计算机系统通过大规模使用相对便宜的磁带驱动器来存储数据,后来技术迅速发展到使用旋转磁鼓,接着是磁盘驱动器来存储数据。虽然磁盘和鼓机在 IT 初期极其昂贵,但它们很快变得非常流行并廉价。磁带驱动器的弱点在于要读取磁带上记录的第 100 000 条数据时,驱动器必须要先经过第 99 999

条记录来找到它。后来,磁带和鼓机驱动几乎迅速成为历史旧事,科技发展到速度更快的旋转磁盘驱动器,它所拥有的索引模式使得搜索几乎瞬间就能够找到第 100 000 条记录。

任何人的笔记本电脑中 C 盘都充满了各种记录和材料,每一台电脑都有着需要大量存储空间的需求。任何规模的企业都需要方法来管理和控制他们所存储的数据。随着企业创造出越来越多的信息,IT 操作在大量的存储单元和驱动上存储了他们的数据,但是也需要对这些存储单元进行整合并充分利用每一个存储单元。如何找到一个管理所有这些设备的方案很快成为一个亟须解决的问题。这个问题的一种解决方式就是构建虚拟存储,这种技术使所有存储驱动合并到一个可进行中心化管理的资源库中。

整体上来说,虚拟化是设备功能与设备物理元件的分离。通过存储虚拟化,将一个单元的物理驱动器从它存储数据的功能中分离出来,并且多个物理磁盘将显示为单个单元。使用专门化的虚拟化软件来进行虚拟化是一种管理和控制独立物理单元的有效方法。借助适当的软件,虚拟化技术不仅仅可以被用来进行存储管理,还可以用于网络组成、服务器、操作系统甚至是应用程序的管理。在这些系统中,过去被用来作为整体 IT 控制的硬件应用图标不再适用,虚拟化软件需要承担来自各个单元的任务。

在某些方面,虚拟化的概念是云计算的先行者。我们这里提到的虚拟化仅仅作为一个 IT 审计师将在其总体控制审查中遇到的新概念,较少涉及具体细节。虽然存储管理虚拟化最初仅由一家公司引进,但是许多硬件和存储管理服务商纷纷接受了这个概念。当 IT 审计师遇到虚拟化大量使用的情况,他应该与 IT 工作人员会面,以了解虚拟化实施的特性,来确保实施中兼顾了 IT 内部控制和软件工具或软件特性的优势。类似于云计算,虚拟化是许多主要厂商提供的软件产品或概念。这是一个正在成长和仍不断发展的概念,IT 审计人员应加强对它的理解来适应 IT 操作不断进步更新的趋势。

### 5.3.2　云计算审计

任何 IT 审计人员均应该意识到,即使一个应用程序以 SaaS 模式运行,评估和审查其应用程序内部控制的需求也并不会消失。基于 SaaS 的应用程序应该继续使用相同的审计跟踪、错误检查流程,以及其他任何能对应用程序进行良好检测的做法。当然,任何一个 IT 审计师都可以感觉到,一个由类似谷歌这样的大型供应商所运行的商业应用程序可以获得充足的内部控制。

云计算代表着应用程序在运行和管理方式上发生的重大变化。虽然在今天只有一些厂商提供了基于服务的软件应用,但在未来,厂商的数量将会增加。许多供应商所提供的基于 SaaS 云的服务中包含了隐含的信任,但作为一个 IT 审计师,应使 IT 技术和业务管理达到能够确保每个 SaaS 应用程序均能被企业自己很好控制的程度。

IT 审计师应该向云计算的直接和间接用户说明,这些完全值得他们信任的软件服务和基础设施尽管满足了企业的云计算需求,但以下几点,即一些关键保障问题还是需要关注的。

(1) 透明度

服务提供商必须能够证明安全控制的有效性和健壮性,向客户保证他们的信息已被安全地保护,完全避免了未经授权的访问、修改和破坏。对于提供 SaaS 应用的任何服务提供商而言,关键问题有以下几点。

① 服务提供商哪些类型的员工有机会获得客户信息?

② 是否存在供应商维护人员职责的分离情况?

③ 不同客户的文件和数据信息是否应该分隔开来?

④ 针对任何安全和控制的违规行为,是否建立或构建管理控制流程来防止其发生;如果发生,又如何及时发现并作出什么样的响应?

(2) 隐私性

云计算服务提供商应该提供证据,保证采用隐私保护控制到位的措施。除了基本的强有力和周期性的隐私保护检测外,如何防止、发现和应对隐私信息在网络传递过程中的某一时刻发生的违规行为。

(3) 依从性

为了符合各种法律法规和标准规范,可能会存在一些云计算数据不能存储在某些位置并被轻易索引的问题。当官方需要这些数据时,服务商应该可以在不影响其他信息正常使用的情况下提供,能够确保这一点是很重要的。当使用云服务时,并不能够保证企业在需要的时候得到信息,并且服务提供商可能也难以确定是否拥有向权威部门隐瞒这些信息的权利。

(4) 跨界信息流

由于云计算产生的信息可能随时随地存储在云中，信息的物理位置便成为一个问题。这种物理位置决定了相关管辖权和法律义务。这里存在许多法律问题尚待解决。

(5) 认证

云计算服务供应商应确保给他们的客户提供了正确的服务内容。今后，独立的第三方或审计报告将成为任何云计算服务供应商所提供保证的一个重要组成部分。然而，这些措施还没有兑现。

我们需要有力的、有效的标准，以帮助企业获得云计算供应商在内部管理控制和安全问题上的保证。目前，标准还没有出台，也没有公开可用的有关云计算的具体标准。由于没有明确的一套标准，一个 IT 审计师在审核云计算服务提供商提供的应用程序时应满足以下三个方面。

① 事件。服务提供者应对已经影响到 SaaS 的系统可用性的各种因素进行定期记录并将变化告知。

② 日志。服务提供者应提供有关企业 SaaS 应用和运行环境的全面信息。

③ 监控。任何监视不应当是侵入性的，且必须进行限制，客户仅需要满足云计算服务提供商为确保设施能正常运行所需要的合理需求。

## 本章小结

网络是整个系统中最容易遭受攻击的一环，黑客攻击致使网站破坏，而盗取用户数据会造成难以估计的损失，网络存在着巨大的安全风险，网络的安全性、可靠性至关重要。IT 审计师在审计时应着重审查网络的抗攻击能力和安全策略等。云计算提供了一个通过重新解决安全和 IT 控制问题来创建美好未来的机会，不久，内部审计标准将会出现。信息系统审计与控制协会(ISACA)已经提供了一些初步的云计算的审计和控制指导，我们希望随着 SaaS 应用和云计算的发展与成熟，这些审计和控制的指导规范将会越来越完善。

# 第 6 章　应用系统审计

应用系统审计是指对一个企业已有的正在运行的系统的审计，不包括系统开发过程的审计，系统开发过程审计会在第 7 章详细介绍。应用系统的审计在所有审计对象中最为复杂。因为其与支撑其运行的操作系统、数据库、网络紧密关联，在审计应用系统时必须要审计操作系统、数据库和网络。对于正在运行的系统的审计，不仅要审计其功能、合规性，还要审计其有效性、效率性。对应用系统的审计要求包括了第 3 章中提到的所有审计目标，见表 6-1。

**表 6-1　应用系统审计目标**

| 审计目标 | 有效性 | 安全性 | 效率性 | 合规性 | 可靠性 |
|---|---|---|---|---|---|
| 满足目标 | 非常重要 | 重要 | 非常重要 | 非常重要 | 非常重要 |

## 6.1　应用系统

### 6.1.1　系统组织人员

应用系统的组织人员包括三大类人员：系统专业人员、最终用户以及利益相关者。

系统专业人员(systems professionals)指系统分析师、系统工程师和程序员。这些人参与构建了整个系统。他们针对当前系统的问题收集资料，进行分析并制定最终的解决方案。

系统是为最终用户(end users)建立的。一个公司里各个层级都有系统用户，这些用户包括经理、操作人员、会计师和内部审计师等。在系统开发过程中，系统专业人员会与主要用户合作，明确用户的问题和需求，并获得详细需求说明。

利益相关者(stakeholders)指的是公司内部或外部的个人，他们并非最终用户，但对系统有间接的兴趣。包括会计师、内部或外部审计师以及负责监督系统开发的内部指导委员会。

### 6.1.2　应用系统审计目标

审计活动实质上就是为了实现一定的审计目标，并围绕着这个审计目标来收集证据并对其进行分析评价，依此得出结论的过程。审计目标贯穿于审计活动的各个方面和审计过程的始终。本书第 3 章详细阐述了 IT 审计的五大目标——有效性、安全性、效率性、合规性以及可靠性。对于应用系统而言，最主要的是它为完成企业目标而要实现的功能，所以在进行 IT 审计时侧重审计的有效性和可靠性。

由于 IT 审计主要围绕着信息系统审计展开，而信息系统是以计算机为信息处理载体，以现代通信设备为基本传输工具，为企业管理决策者提供信息服务的人机系统。提供信息服务是信息系统的主要目的，因此有效性是重要的审计目标之一。可靠性主要是指信息系统在遭受非人为因素对硬件和环境的破坏以及人为误操作对软件和硬件的破坏等情况下仍然能够正常运行的概率[105]。同时，IT 审计师在审计应用系统时也要评估其效率和效果，效率是指信息系统的应用对企业劳动生产率提高方面所起的作用；效果是指企业在使用信息系统后，在生产控制、管理质量、提供产品和服务等方面所产生的变化。

企业通常采用两种方法获得信息系统：一是通过正式系统开发活动，由企业内部自行开发专用系统；二是购买软件供货商的商用系统。

**1）内部自行开发**

许多公司对系统有独特的需要，要求系统能与其独特的业务操作高度协调。这些公司一般通过内部系统开发活动，自行设计并实现信息系统。内部开发对自身信息技术和管理水平有很高的要求，必须设置专门的系统工作人员，包括系统架构师、系统分析师和程序设计人员，以识别用户需求，并通过专门开发的系统满足这些需求。

**2）外购通用商用系统**

与专用软件相比，通用商用软件具有以下几点优势。

(1) 费用较低。专用软件成本由公司一力承担，而通用商用软件则是由多家公司分摊。

(2) 实施时间短。定制系统的开发时间很长,而且开发失败的概率很大,需要反复返工,而通用商用软件则可以立即投入使用。

(3) 目前已出现越来越多的商用软件,可以满足各种特定类型的商业需求。

(4) 公司对系统的需求日益增长,但大多商业规模太小,无法负担内部系统开发人员的工资。

(5) 公司内部单位规模缩小的决策,使信息系统维护与数据处理向专业化服务公司转移,促使大型公司更倾向于选择商用软件。

由于通用商用软件的这些优势,越来越多的公司选择从专门的软件供货商那边购买系统,甚至有些设有内部系统开发人员的公司也常常外购商用软件以节约成本。在众多的软件系统中,公司管理层必须明确了解每一种系统的特点和优缺点,选购最适合本公司的系统和厂商,做出最佳的选择[106]。

### 6.1.3 应用系统的风险

应用系统的风险主要有以下几点。

(1) 系统不能有效使用而导致的系统可用性风险。

(2) 未经授权访问系统所导致的系统安全性风险。

(3) 系统不能完整、准确、及时地处理数据或未经授权处理数据而导致的系统完整性风险。

(4) 为保持系统的可用性、安全性和完整性,需要更新维护系统,但未能更新系统而导致的系统维护风险。

(5) 与数据完整性、一致性、保密性和准确性有关的数据风险。

(6) 使用未授权软件的风险。

## 6.2 应用系统审计内容

### 6.2.1 应用系统审计步骤

在应用系统审计过程中,往往要利用计算机辅助审计技术与方法。采用计算机辅助审计技术进行审计测试时，审计人员必须制订周密的计划，通知被审计单位审计测试的时间，取得被审计单位的授权，以便可以接近和访问应用系统进行测试，同时，还要准备测试数据、获取测试结果并进行分析[107]。

(1) 审核和评估企业应用系统采用的安全策略[108]。

① 审查被审计单位制定的各项应用系统安全控制措施。

② 审查安全策略、标准、规程和指南的使用，并确认有关文档是否已发放给相关员工。

③ 检查被审计单位的硬件安全控制、软件安全控制、数据安全控制、系统入侵防范控制、通信网络安全控制和病毒防范控制等安全控制措施，确认其是否健全。

(2) 审核和评估应用系统相关组织人员的工作职责和胜任度[108]。

① 通过面谈了解安全管理人员、网管人员、数据库管理员、应用系统开发经理的工作职责，关注他们的安全管理过程。

② 审查安全管理人员、网管人员、数据库管理员、应用系统开发经理是否有足够的经验和专业知识。

(3) 询问被审计单位对重要的数据是否进行了加密保护。

(4) 检查所有数据备份是否都被清晰登记、所有备份记录是否都被妥善保管。

(5) 审查网络连接图，查看各计算机、终端设备及网络交换机和调制解调器等辅助系统间的通信传输连接点，盘点其数量以确保网络架构图的正确性。

(6) 取得终端设备的存储位置清单，据此盘点终端设备的库存数，确认记录的正确性和终端设备在网络上确实存在。

(7) 查阅访问权限文件样本，判断针对不同组织人员是否规定了适当的权限，不同权限的取得规定是否合理。

(8) 尝试登录终端设备，模拟多次输入错误密码的行为，观察该登录账号是否会被锁定。审查安全管理员是否按照标准核实相关人员身份后才进行解锁。

(9) 登录终端设备并输入密码，观察密码是否屏蔽明文显示。

(10) 检查系统是否安装防火墙，评估网络架构和防火墙的配置是否正确。

(11) 审查系统的加密机制和网络安全认证机制是否有效。

(12) 通过模仿入侵，检查是否安装了入侵防范控制系统及该系统工作是否有效[108]。

(13) 针对信息系统在数据处理、传输过程中的数据加密、数字签名、数字信封、数字证书认证等安全策略控制,审核是否完整有效,评价系统中数据的机密性、完整性和可靠性[109]。

(14) 审核和评估企业信息系统是否有完善的灾难恢复和保持业务持续运行的方案计划,以保证发生灾难时,信息系统仍然能够持续处理业务[110]。

① 评价被审计单位的业务持续性策略与其业务目标的匹配性。

② 审查应用系统测试报告,验证业务持续性计划的有效性。

③ 评估企业异地应急措施及其安全和环境控制的适当性。

④ 审核应急措施、员工培训结果,评估应用系统和用户在紧急情况下的反应能力。

⑤ 审核企业对业务持续性计划的维护策略是否有效。

### 6.2.2 应用控制审计

审计人员从企业(组织)的应用控制设置是否符合业务规则、设置是否完善、已有控制是否执行正确、是否发挥了预期作用等几方面对企业内部应用控制进行审查、测试和评价,出具审计意见[109]。

应用控制审计主要分为以下几个步骤。

第一步,分析被审计单位业务流程。了解业务功能和系统的技术体系结构,定义或评估应用控制。参照信息系统的业务流程描述和业务流程图,通过访谈和数据测试等方法了解业务流程,理清业务流程中的信息流、资金流和文档流。

第二步,鉴别控制要点。根据所了解的业务流程,识别控制活动,并根据控制活动的类别,识别出应用控制或手工控制,同时确定这些应用控制的关键程度。

第三步,确定控制方法。根据被审计单位的实际情况,确定控制方法。

第四步,测试应用控制。根据被审计单位信息系统以及软、硬件等相关情况,建立测试方法与环境,并进行测试,测试应该涵盖从数据准备到最终输出的整个过程。主要包括输入控制、处理控制和输出控制三个部分内容: ① 输入控制,提交测试数据,保证进行了完整性、准确性、授权校验,测试需要测试的数据的所有关键字段编辑,并检查错误处理手段。② 处理控制,核对总计与主文件更新,确定完整性,审查错误文件的解决方案。③ 输出控制,比较输入输出文档,确定核对总计以及分发准确性[111]。

第五步,出具控制缺陷分析和审计报告。对测试结果发现的控制缺陷进行汇总和分析,确定这些控制缺陷所造成的影响及关键程度[102]。

**1) 输入控制审计**

数据输入控制是为防止输入数据时的遗漏或重复,检查输入数据是否有错误的控制措施。主要审计程序有以下几点。

(1) 对输入数据顺序进行校验。有些业务数据录入需要顺序,检查号码顺序是否连续,有无重复和遗漏。如果用户输入重复或不连续的号码时,审查是否有程序自动向用户提示输入错误信息。

(2) 对于不符合常规的录入界面,检查是否有简要说明和提示。

(3) 分析数据录入是否可采用新技术或手段,使录入更快、更不容易出现错误。

(4) 审查信息系统中是否存在数据合理性校验。对某些有特定要求的输入数据是否确定了其合理的范围,若输入数据超出合理范围,系统就会给予提示,并要求检查输入的数据,如材料的最高和最低储量是否在合理范围的检测。

(5) 审查信息系统是否设定了平衡校验。通过数据间应有的平衡关系检查数据输入是否有错[112]。

(6) 审查信息系统日志,查看信息系统用户是否制定并遵守输入管理的规则,数据输入是否按照输入管理规则进行[109]。

**2) 处理控制审计**

为保证数据处理的准确性和完整性而构建的控制称为处理控制,其在计算机中尽可能实现自动控制。处理控制审计的程序如下[109]。

(1) 查阅与分析企业业务及系统文档,选取企业主要的业务处理过程和处理控制。

(2) 分析处理过程与业务逻辑是否相符,相关控制过程是否起到了作用。通过模拟错误操作,即在系统中加入一些违反业务逻辑的操作,检查操作结果是否与预期一致,从而判断程序代码逻辑是否正确、是否有逻辑控制漏洞。

(3) 审查系统的错误运行日志和交易日志。错误日志包含了所有在数据处理期间发生的错误;交易日志包含了交易的日期、时间、数据来源和相关人员。

(4) 得出处理控制是否正确恰当的结论。

系统的处理控制与特定的业务有着紧密的联系,不同的业务有不同的控制需求,因此,审计人员需根据实际情况制定具体的审计步骤。

**3) 输出控制审计**

输出控制审计目的是保证输出信息的完整、准确、可靠和及时。程序处理输出方式有屏幕输出、打印机输出和输出保存在存储介质中等多种形式。输出控制审计的流程如下[109]。

(1) 识别主要的输出项和内容。

(2) 确定输出审核程序的恰当性:①审查输出信息分发前的审核确认程序;②对输出分发程序进行评估,判断其适当性;③评价用户各部门验证输出信息完整和准确的方法和程序;④判断输出信息对用户的可用性;⑤确定是否有恰当的人员执行输出审核。

(3) 审核输出的关键项或总数的核对程序。

(4) 审核敏感数据输出方式是否恰当或采取控制措施。

(5) 对于一些特殊敏感数据是否采用输出登记制度。

(6) 审核输出资料保留存放的过程。

(7) 审核输出数据安全级别或内容特点与输出地点、环境和展现方式是否适宜。

(8) 对输出控制进行适当评论,给出数据控制是否恰当的结论。

**4) 接口审计**

获取系统的所有接口信息及接口规划文档,并与被审计单位的具体业务相结合,对其进行审核。分析接口规划是否能够满足该单位业务长期发展的需要、是否对后期的接口设计有实际的指导作用。审查接口规划中所描述的信息是否完整、准确,规划内容是否符合实际业务情况。现有接口是否符合相关法律规定,是否存在非法目的的接口。

对数据访问的控制一般要由物理层、系统层及应用层三层安全措施组成。对存放数据的机房等物理环境必须加以控制,防止未授权人员访问与中央处理器相连的各种物理设备。系统层和应用层的安全则可以预防非授权人员访问到数据库。

(1) 授权单

用户部门管理人员必须将正式的授权单提交给信息系统部门,以明确规定不同员工的访问权限,同时该授权单必须通过管理层的批准。在大型公司或远程站点中,应当保留签字授权单,并及时核对申请表和签字授权单,同时定期审核访问权限以确保权限与用户工作职责相匹配。

(2) 用户授权表

信息系统部门依据授权单的数据来构建用户授权表,用户授权表应明确用户的权限,如查看、更新、删除。为防止非授权访问,用户授权表必须通过额外的口令或数据加密加以保护。采用日志文件记录所有用户的活动情况,定期对控制日志进行审查,并对所有例外事项进行调查。非日常或突然出现的接口应用活动,依靠监督和批准授权的文件来进行有效控制。

一般接口控制主要包括系统环境控制、系统访问控制、网络架构控制、无线网络控制、临时网络控制、数据及数据库安全控制、灾难恢复与业务持续性控制、敏感数据物理隔离控制等。对一般控制进行审计,需要对上述控制分别进行审计[109]。

**5) 应用控制程序**

(1) 审核系统是否实施了数据输入控制

系统中的无效数据或错误数据可能导致高昂的代价,因此有必要在数据被系统处理之前先查找输入错误并修正,简单办法就是测试,即在系统中输入无效数据时检查是否会被拒绝或自动修正。为了实施这一项审计任务,IT 审计人员需要对系统的业务职能有充分了解,特别是各种数据元素的声明、属性和用途。这可能需要与开发人员甚至是终端用户讨论。最直接的做法是对代码进行审核,代码的编写、评价或格式不当往往就表明需要进行更深入的审核。审计员可以使用测试账号访问系统,通过输入大量无效数据对系统进行“轰炸”,测试系统是否接受这些无效数据。另外,所有的事务输入活动都应该由计算机记录下来,形成日志文件。详细的日志文件可以提供审计踪迹,文件应包括输入日期、输入时间、用户的 ID 和终端的位置等。它也应该显示处理进度,让操作人员知道已处理结束的事务,如果系统出现故障,事务日志有助于确定故障原因,并减少例外调查时间和恢复时间。

以下是一些数据输入控制的基本规则。

① 只包含数字的字段不应该允许输入字母或其他字符。

② 用于输入日期和时间的字段应该被设定为要求以正确格式输入数据(如MMDDYY 或 HHMM)或者能自动将输入数据转化为正确格式。

③ 系统应该能对输入数据实施合理性和逻辑性检查。例如,不允许一个用户在 1 天内被输入超过 24 小时的工作量,或在 1 个小时内超过 60 分钟的工作量等。

④ 当一个字段可以使用无限制数量的有效输入时,也不应该允许无效输入。换句话说,输入页面应该根据适当的数据库或文件来验证成本中心、账号、产品代码、员工编号等信息。

⑤ 禁止用户更新自己在系统中的个人数据。如工资、职位等。

⑥ 所有失序或重复的控制数将被拒绝或被记录到异常报告中以备进行后续的追踪调查[109]。

⑦ 系统不允许输入未预定义的数据项。

⑧ 检查数据是否在一个预定义的取值范围内。例如,设备编码的范围是从 3 000 到 8 000,任何一个不在该范围内的数据将被视为无效的设备编码而被拒绝处理。

⑨ 新的事务输入应与历史数据进行对比,以确保该事务没有被重复输入。例如,在输入发票编码时,要与数据库中已有的发票编码进行对比,以确保当前的发票没有被重复录入和使用,避免发生重复付款或重复报账的情况。

⑩ 如果特定约束条件必须满足,那么,任何输入的数据都要被检查只有满足条件的数据才能被成功输入。例如,原材料的出库日期必须在入库日期之后[109]。

(2) 审核系统是否实施了数据处理控制

数据处理控制包括数据处理程序和数据处理的管理制度。系统数据一般通过人工输入,即使有核查也无法完全避免输入错误。为尽量减少输入数据的错误,应运行数据输入自动校验程序,保证在处理之前发现错误数据并纠正,如无效的字段长度或属性、数据缺失、数据不准确和日期错误等。

IT 审计人员应询问系统管理人员是否建立了数据处理的管理制度,制度是否及时更新;是否对执行数据处理的人员进行了授权;是否采用自动化、标准化形式进行了数据处理;是否最大限度地减少了人工干预;是否及时将系统升级到最新版本;是否对数据处理过程中使用的系统参数或相应的容错进行了合理设置,超出范围时是否提示或报警,是否对参数及时进行了更新;是否在处理过程中进行了校验和检查,是否能够确保交易的唯一性,当存在错误时是否能提出警告或错误信息,并拒绝交易;是否建立了相应控制措施(自动或手工)以确保识别出数据处理中的错误并纠正,如丢失、未完成或重复的交易数据;等等。

以下数据处理控制技术能有效提高计算数据的完整性和准确性[109]。

① 人工计算校验。可以对某一事务数据进行随机采样,由人工对该数据进行计算,并将其与计算机处理的结果进行对比,从而判断计算机是否正确处理了该数据。

② 编辑检查。编辑检查用于检验数据的准确性、完整性和有效性的软件程序。也可以被用来控制输入或进行其后的数据处理。

③ 程序化控制。可以通过程序来检查、纠正、处理数据错误。例如,如果一个不正确的文件或版本被提交处理,应用程序就能够提醒用户使用正确的文件和版本。

④ 运算能力的合理性检验。应用程序能验证计算量的合理性,如果有不合理的事务将被取消并挂起,以备进一步检查。

⑤ 计算能力的极限检查。可能存在超过计算机极限计算能力的事务输入。可以用一个预先定义的范围限制的编辑检查来控制。超出范围的事务将被拒绝,以备进一步调查。

⑥ 文件总数检查。应当经常性地对账户文件或日记文件等文件总数进行检查。核对可采用人工维护账户、一个文件记录或一个独立的控制程序来执行。

⑦ 异常报告。指识别错误数据或事务异常的程序所生成的文件,这些文件往往在预先定义的范围以外,或者与具体的标准不符。

(3) 审核系统是否实施了数据传输接口控制

接口是实现应用程序与其他输入输出系统间信息交互的纽带和桥梁,接口控制是对系统间数据传递和转换的真实性、完整性、一致性和安全性的控制,是整合业务的关键要素。

数据传输接口控制审计就是通过核查系统间接口数据提取、转换和加载的控制活动和措施,审计系统是否采用了控制措施来确保数据发送和接收的准确性及完整性,是否实施了有效的接口规则与设计以及有效的接口处理程序,是否存在风险。这些接口可以是实时数据传输形式或者通过批处理流程的数据文件定期传输形式。同一应用程序内部的数据输入、数据处理和数据输出不属于接口控制审计的范畴[109]。

首先,检查接口规划与设计文件。接口规划作为接口设计的宏观指南,具有全局性和战略性的特征,是接口描述的高层次文件,包括接口说明、接口规范、接口类型、数据交换字段、控制要求等。接口设计在接口规划的框架内完成,而规划中的相关需求则是根据接口设计来实现的。被审计单位应采取必要的控制机制,确保接口规划与设计的有效执行,并使其达到控制目标。IT审计人员可以要求被审计单位提供接口设计的规划文件,并对该文件进行评价,以确定每个接口是否均有详细的设计文档,设计文件是否满足业务需求,接口的设计与实施是否能满足规划的要求。

其次,审核接口处理程序。由于数据异常、环境变化与干扰、系统错误、通信故障、人为等因素,接口处理过程中可能出现数据不完整、数据错误等数据未被准确处理的情况。有效的接口处理程序能够协调源与目标系统的控制信息,充分保证接口数据的及时、完整、准确和安全,避免数据处理过程中发生增加、丢失和被修改。被审计单位应当采取必要的控制措施,保证接口处理程序的正确实施,使控制目标得以顺利实现。为此,组织应当注意以下事项[109]。

① 完善数据转换机制

采用源系统数据提取的有效技术,设计有效的数据导出或提取控制方法,保证提取的源数据完整和正确。构建正确的数据映射、转换和导入控制方法,设计出合理的数据映射规则或其他转换方式。确保源系统与目标系统之间的数据正确转换与加载。

② 完善数据传输机制

接口数据一般通过网络自动传输,但特殊情况下需要人工辅助完成。因此,两种情况下应采用不同的控制措施。网络自动传输时,应设计有效的数据传输控制,以确保数据在系统间及时、准确、完整、安全地进行传输。手工传输时,应设计有效的数据访问控制,避免传输过程中发生非法访问或修改。

③ 完善纠错机制

及时隔离、保存、纠正被拒绝的接口数据。首先,系统应该有跟踪和纠正接口数据中错误的控制机制;其次,建立错误提醒装置,确保用户及时收到数据被拒绝的信息和原因;最后,系统要保留操作轨迹,以供审计人员事后核实审查,纠正错误。

④ 完善接口权限控制策略

设计恰当的接口访问控制策略,将接口处理、错误处理、接口状态监控等权限合理地分配给源系统或目标系统相关用户,分配时要考虑有效阻止未经授权的系统操作、接口数据的非法访问和修改。

⑤ 完善接口数据处理

接口数据处理控制要考虑两点。一是确保接口数据处理完成后,数据自动存档或销毁,保证该数据仅被处理一次且不被泄露。设计有效的接口重启或恢复控制机制,当灾难事故发生时,接口程序能够自动初始化或者依据存档数据进行恢复。

⑥ 完善接口变更流程

设计合理的接口变更申请、授权和审批的正式流程,包括紧急情况下的变更处置,记录所有变更事件。定期检查变更记录,核实变更流程是否得到遵守,测试紧急情况的接口变更,判断是否按预案处置。

(4) 审核系统是否实施了数据输出控制

在数据处理过程中,由于数据错误、数据不一致、系统错误、系统中断、通信故障等原因,交易可能未被完整、准确地处理,从而产生不正确的处理结果。因此对信息系统的数据输出必须进行有效控制,以保证输出数据只提供给适当的最终用户;未经授权人员无法访问输出数据;输出数据保存完整并定期进行备份;对输出数据完整性、有效性定期进行检查。为避免这些情况的发生,应通过加强对处理过程的审计与监测,建立对处理过程的审查制度,并及时更新,定期开展数据处理过程的内部审计,确保数据的完整性、准确性、有效性和机密性[109]。

① 数据输出报告制度

基于法律、法规,建立输出报告管理制度,详细规定输出报告的形式与内容,输出报告的使用必须在有效的监督之下,防止未被授权人使用。检查紧急或特殊的使用情况,查验是否有授权或批准。

IT 审计人员要审计组织是否制定输出报告的管理制度,管理制度或数据报告是否符合法律、法规和行业的规范要求，是否规定了输出报告的使用范围。

② 输出报告的生成与分发

生成和分发过程中要重点关注数据的机密性、准确性和合法性；生成报告的形式和内容应遵循相关法律、法规和行业规范的规定；在发布之前对发放渠道和接受者进行确认和检查，及时传递给已授权的使用者；要严格控制输出报告的分发和使用以及存储过程，保证输出报告不被非法复制、拷贝和滥用。

检查分发范围，保证输出报告按照已授权的分发范围进行分发。分发前操作人员要登记分发相关信息，同时确认输出报告是完整的，是按照时间表进行分发的。分发的报告在排队等待打印机打印时，特别是在多人共用的打印区域进行打印时，要控制对打印队列的访问，预防报告从打印队列中被意外地删除或是转向另外一个打印机。另外，报告打印之前变动打印机权限，可能会延迟对重要作业的打印，也可能发生对分发报告的非授权访问事件，危害报告的机密性。因此，要充分控制报告的物理交付过程。敏感数据的文档要完成在安全的、受控的条件下打印，建立安全的环境和打印设施的保护装置(如对打印机的出纸盒进行分类并加锁，打印机机房进出人员的管控)；对废弃的打印输出物要及时销毁或以安全方式处置，确保没有非授权访问的情况发生；通过计算机系统以电子方式交付的报告更需要考虑安全措施，对这些报告访问要谨慎并受控，同时服从于授权；当人工交付输出报告时，要保证对敏感报告交付的全过程都已采取了适当的控制措施。包括登记、接收签名等日志记录，作为报告已被接收的证据。建立审计踪迹，便于事后对事务处理和数据核对的追踪调查。

(5) 审核系统是否实施了日常运作管理控制

① 确认应用程序(包括界面及数据库)变更在转入生产环境前均经适当批准和测试。申请人若想对应用系统、数据库以及操作系统提出变更要求，需要完整填写需求单并交由主管人员签核。需求开发完成后，所有应用系统变更均需要经过充分测试及审核后才能应用到生产系统中。确认银行是否制定了有效的系统变更管理制度和系统上线管理制度并定义了相关流程。

② 确认对于外购的重要业务系统，均签有服务水平协议，保证系统日常运维及必要的 IT 服务。对于外购的重要业务系统，应签有服务水平协议，保证系统日常运维及必要的 IT 服务。

③ 获取被审计单位的业务处理流程文档，关注数据输入、数据处理、数据存储和数据输出过程。

④ 向被审计单位 IT 部门的人员和业务处理人员询问应用系统的相关情况及例外事件情况。

⑤ 检查系统的授权机制和权限设置情况，模仿未经授权的人员访问系统，以验证系统权限控制的有效性[106]。

⑥ 检查应用系统的相关文档，如使用手册、业务流程图、数据流程图、输入/输出数据正确性和完整性检查方法说明、审计线索说明、日志文件、应用系统的差错报告和维护记录等。

⑦ 实地观察用户使用应用系统的日志文件、应用系统的差错报告和维护记录等[113]。

⑧ 实地观察用户对应用系统的访问过程和利用系统处理业务的具体过程。在业务处理现场让应用系统使用人员输入不完整、不正确的业务数据，验证应用系统的相关控制是否有效。

⑨ 利用计算机辅助审计技术与方法，测试应用系统的各项功能及嵌入到应用系统中的程序化控制。可以使用计算机辅助审计技术与方法主要有测试数据法、综合测试法、追踪法[114]、基于案例的系统评估等，这些技术方法的详细内容参看第 9 章。

⑩ 检查应用系统的维护审批手续、维护政策与规程确认其是否合理。

⑪ 检查应用系统的问题报告及维护记录，确认是否及时正确地对应用系统进行了相应的维护，保证系统正常运行。

### 6.2.3　规划与组织控制审计

信息系统的规划是企业信息系统的长远发展计划。信息系统的规划应从企业的战略目标、业务活动需求和信息需求出发转化而来，其一般是跟企业专业规划同步进行，由高层管理人员负责完成。信息系统的规划包括信息战略规划和执行计划。战略规划是企业较长期的信息系统发展计划，涉及未来三到五年，甚至更长时间，其主要内容包括企业信息化现状分析、发展战略和信息系统开发计划。执行计划是短期发展计划，通常应有一到三年的周期，其主要内容包括现阶段企业信息化的进展情况和下一阶段的实施计划[108]。

信息系统管理组织控制是指建立具有控制能力的、针对信息系统管理的组织结构,设置满足相关控制要求的组织流程,设计流程中的岗位工作职责,并对人员的选用、培训和辞退建立必要的管理控制措施。组织控制是信息系统管理的最基本控制,它是其他控制实施和发挥作用的基础。组织控制主要包括以下几方面[108]。

**1) 恰当岗位分工和职责设置**

随着企业信息化水平的不断提升,信息化的应用将逐步渗透到企业的各种业务中,信息系统资源也会分散到企业的各个部门,因此在实际中,许多中大型企业都设立了专门的信息管理部门,由首席信息官(Chief Information Official,CIO)来进行企业信息化的管理。信息管理部门内部人员构成和责任分工是否合理,将直接关系到信息系统的质量和实施效果。在进行岗位分工和职责划分时,要将不相容的职务分离,要考虑岗位的相互牵制。例如信息管理部门与业务部门的职责要进行严格分离,业务人员不能进行系统维护操作。此外,在信息管理部门的内部也要贯彻不相容职务分离的原则,系统设计人员与系统操作人员的职责要进行分离,系统维护人员与操作人员的职责要分离,系统操作人员、系统设计人员与数据库管理员的职责要分离,数据库管理员与其他计算机中心职务相分离。

**2) 制订员工招聘、培训和辞退的必要控制流程**

信息技术从业人员要具备较高的专业素质与职业操守,因此,在招聘、培养和辞退员工时必须加以严格管理与控制。尤其是对信息系统人员辞退的控制,当员工提出离职时,必须及时通知高层管理者,同时相应的主管人员要弄清该员工辞职的原因。一旦有员工离职就必须更新系统控制成员清单和系统管理密码清单,以确保离职人员身份识别码与口令全部失效,所有的报告、文档都应退回,同时,要求离职员工在公司信息保密方面做出承诺,还要确定离职员工对公司有无不满的方面,识别潜在的风险。

**3) 建立符合控制要求的组织流程**

根据组织控制的需要,每一项核心工作都应有清晰的流程,在流程设计时要把明确的业务记录、职务之间的制约、上下级之间的签核等考虑在内,以达到对组织流程控制的目的。

规划与组织控制的审计目标通常包括:确认企业是否制定了合理的信息系统

规划;确认职责划分是否合理,确认不相容职责是否分离开来;确认是否在实际作业活动中严格执行职责划分。

规划与组织控制审计的步骤如下[108]。

(1) 获取被审计单位的信息系统规划文档,确认其规划是否符合企业的目标,是否能满足业务活动需要和信息需求。

(2) 审阅企业的组织结构文件,如组织结构图、重要岗位的工作说明和业务流程介绍,确认员工职责分工是否合理,不相容职责是否实施了严格的分离。

(3) 实地观察与组织控制相关的作业活动,确认各项关键职能工作是否经过了合理的职责划分,是否由不同员工担任,职责分离原则是否得到贯彻落实。

(4) 观察员工的操作是否符合流程描述。

(5) 检查员工的各项授权,确认相关人员的权限与其工作描述相一致。

## 6.3 案例——财务应用系统控制审计

由于组织行业性质、业务类型千差万别,不同的业务系统有不同的处理方式和处理环节,也有不同的控制需求,因此,业务流程控制采用何种控制措施和控制方式往往要受到业务处理环境、相关的风险以及控制目标的影响,即便是相同的业务系统(如销售系统)也会因为不同单位而有所差异。财务系统是企业中直接与经营成果相关的系统,其完整性和有效性决定整个企业的生存和发展。因此本章把对财务系统的应用控制及测试单独作为一章,进行审计案例说明。财务系统审计可以分为收入循环审计和支出循环审计。

### 6.3.1 收入循环审计

**1) 信用授权审计**

信用授权的目的是确保客户的信誉和公司的信用标准相符合。在信用检查计算机化以后,公司的信用政策通过系统中预先设定的决策规则来执行。对于日常交易,主要是决定当前交易加上客户的当前应收账款余额是否超过了预先制定的赊销限额。若交易超过了赊销限额,将被系统拒绝,并作为异常文件发送到管理层,由管理层决定是否对该笔交易重新检查。信用经理可以决定是拒绝交易还是在职位权限内被放宽赊销限制。

如果无法正确、一致地实施信用授权政策,公司可能面临无法收回账款的风险。因此 IT 审计人员需要确定,确实存在有效的程序可以计算合适的客户赊销限额;与信用政策决策制定者进行充分的信息交流;定期检查信用政策并在必要时予以修正;监控现行信用政策的实施情况。

审计人员可以通过测试数据法或综合测试工具法验证程序化决策规则的正确性,以直接测试这些规则的作用。通过创建几个赊销限额不同的测试客户账户,然后处理超过一定赊销限额的测试交易。审计员分析被拒绝的交易,来评估计算机应用程序是否正确执行了信用政策。

确保数据的完整性在测试信用政策控制方面至关重要。如果客户的赊销限额没有设置、设置过高或限额可以被未经授权的人员改动,那么正常运行的自动程序也就无法成功执行信用政策。审计人员需要确认只有经过授权的信用部门人员才能对赊销最高限额进行修改。可以通过实施实质性细节测试来识别赊销限额没有设置或设置过高的客户。

**2) 数据输入校验审计**

输入校验是指在交易数据被处理前发现其中的错误。由于比较早地发现错误难以侵入会计记录中,因此当错误检测程序离数据产生源头越近时,其效用越好。这种校验还能大幅度降低人工输入的错误率,从而减少数据输入错误的风险。数据输入校验实例包括:当员工向系统中输入客户账号后,系统会自动检索客户姓名、联系方式等;当员工输入产品编码和数量后,系统会自动检索货物的名称和价格,并计算出加上税费和运输费用后的总价等。

### 6.3.2 支出循环审计

**1) 采购授权审计**

采购授权在收入循环中实际上是发生在商品卖给一个客户的时候。这时,系统将存货数量和再订货点对比,以判断存货是否需要补充。如果是,就创建一个标准订货数量的采购申请，并给该项目标上“在订货中”，以避免随后再发出一份订货单。在支出循环中，采购申请文件按供货商代码进行分类，并编制采购订单。采购授权控制测试是必须的，因为运行着错误采购授权控制程序会造成向供货商发出不必要的和错误的订单。下面的控制测试提供了与准确性和计价认定相关的证据。

因为采购申请是系统内部产生的，它们应该不会受到雇员的错误影响，因此不需要进行确认。但是，在这个过程中的电脑逻辑错误可能导致无法检测的负面经营与财务后果。首先，审计人员应验证在申请时，订货数量是否正确。编程中的逻辑(或数据输入)错误可能导致计划为1 000的订货被记录成100或10 000。这种错误会导致预计不到的缺货、过量订货成本或存货的过量投资。其次，申请时，审计人员应检查该存货记录上是否被做了“在订货中”的标记。如果没有这样做，可能导致同一个货物被多次订货，从而造成存货过量投资。使用计算机辅助审计技术(Computer Assisted Audit Techniques，CAATs，见第9章)测试这些控制，包括创建测试存货记录和销售交易，这些销售交易减少低于再订货点的存货项目。由此产生的采购申请和存货记录可以用来检测控制功能是否正确。

**2）雇员授权审计**

人事部门编制并提交雇员人事信息表给工资支付部门。这些文件可以改变每小时的工资等级、工资扣除或职务分类等。它们还可以识别哪些雇员被授权接受支票。这个信息在防止错误和工资支付的舞弊方面起到很大作用。一种常见的舞弊是：为根本不在公司工作的雇员提交考勤卡。为了预防此类情况发生，工资支付部门的雇员应该将考勤卡与人事部门送来的授权雇员的清单进行核对。

当雇员授权程序被计算机化以后，工资支付程序将对每一个出勤记录和相关的雇员工作表进行核对。任何不相符的出勤记录都将被拒绝，并由管理层进行调查。未能执行雇员授权程序会导致向未授权的个人发放工资。下面描述的测试提供了与存在、准确性、计价、权利和义务等认定相关的证据。

审计人员需要确定，在人事部门中存在有效的程序可以辨认现有雇员，将他们的身份完整而准确地报告到工资支付部门，并监督雇员授权的过程。使用测试数据或综合测试工具(Integrated Test Facility，ITF)方法，审计人员能够评估为证实雇员真实性的程序化步骤的正确性。这包括创建一个虚拟的已授权雇员文件和一个相关的出勤文件，出勤文件包括符合和不符合的人员记录。审计人员可以分析处理结果以判断工资支付程序是否被正确地发现并拒绝了无效的工资业务。

雇员基本数据的完整性在上述的测试中非常重要。如果已授权雇员文件本身无效,即使正确运行的工资支付程序也不能成功地验证工资的发放。如果有以下控制存在,审计人员就可以确认文件的完整性:访问已授权雇员文件受密码口令控制,只有人事部门中被授权的人才能在文件中增加或删除内容,存储在文件中的雇员记录中也需要经过加密处理。

**3) 处理控制审计**

处理控制包括用于文件更新控制和数据访问限制的计算机化程序。根据所采用的计算机技术水平,处理控制还可能包括与人工活动相联系的一些控制。下面首先讨论财务系统中常见的三项与文件更新有关的控制技术,然后讨论需要人工参与的控制技术。

当一批业务数据从一个程序转移至另一个程序处理时,程序间控制使用前面讨论过的批控制数据对该批数据进行监控,这些监控可确保系统中的每一步运行都正确、完整地处理了该批全部数据。在处理每一个主要操作之后,类似于发票总额和记录个数这样的关键字字段将被累加在一起,并与存储在传送记录中的相关数值进行比较。如果出现差异,则可能意味着有记录在处理中被遗失,或者有记录没有被处理,或者有记录被重复处理;顺序检查控制在使用顺序主文件系统中,一批数据中交易记录顺序对于正确完整的处理是至关重要的。当一批数据通过处理时,它必须根据每步运行中使用的主文件的顺序对数据进行重新排序。一批数据中的无序供货商发票记录可能妨碍剩余的下游记录接受处理。更加严重的情况是,下游记录可能根据错误的供货商金额而被处理。顺序检查控制应该适当地将该批数据中的每条记录的顺序与前一条记录进行比较,以确保正确的排序被执行。无序记录应该被拒绝,并重新提交给后续程序,从而使该批数据中的所有记录得到处理;债务校验控制在采购/应付账款系统中,一个重要控制是在付款之前对债务进行校验。这个过程涉及对比相关文件,包括采购订单、接收报告和供货商发票。如果这些文件与订货和收到的项目和数量相符合,而且价格和预期价格相符,债务(应付账款)才应该被确认和记录。现金将在以后的某个时间支付,以结清债务。

在商业环境中,如果价格和接收数量经常出现差异,这个校验过程就很难自动化。必须采用程序化的决策规则(或专家系统),以接受那些并不完全匹配的文件。

例如,可以把系统设计为能够接受在预期价格 5%以内浮动的发票价格。但是,在订货和接收的项目和数量上的不同,则更加难以解决。处理这个问题通常要求重新订货,并对应付账款记录进行调整。在这种商业环境中,很多公司使用人工程序来对比相关文件以校验债务。

贸易伙伴关系使得商业环境更加稳定,它允许公司偏离传统的会计程序。因为价格、数量和产品质量在贸易伙伴协议中得到保证,债务校验程序可以大大简化并得以自动化。例如,确认债务时只需要比较接收报告和原始采购订单。

**4) 债务校验逻辑测试**

这项任务需要理解相关业务的决策规则和业务之间的逻辑关系。例如,通过创建测试采购订单、接收报告和供货商发票,审计人员可以判断决策规则是否被正确地应用。与此相似,ITF 测试数据方法可以被用来测试有效供货商控制的有效性。这涉及创建有效供货商的参考文件和一个应付的供货商发票(应付账款)文件。供货商代码和有效供货商记录不符的发票记录应该被程序拒绝,并送入错误文件以供管理层检查。

采用 ITF 这样的逻辑测试并结合 CAATs 的有效使用,需要预先确定要被测试的输入和过程控制。可以设计一个单一的审计程序,由该程序进行多项或所有测试。例如,当一批模拟业务运作数据用于测试工资支付时,其同时也测试雇员授权控制、顺序检查和数学运算的准确性,为多个审计目标提供证据。

## 本章小结

应用系统审计包罗万象,不仅包括系统本身的审计,也包括系统赖以运行的环境、系统后台数据库、系统运行时使用的网络平台等。由于本书第 3 章、第 4 章、第 5 章已经详细介绍了运行环境、数据库、网络等审计内容,本章主要介绍系统本身的审计,包括输入控制、处理控制、输出控制、接口审计等。对应用系统的审计应非常全面,审计目标侧重有效性、效率性、合规性、可靠性。因为财务系统是应用系统中应用最广泛的一种,所以本章以财务系统中一些重要数据审计为案例具体介绍了其审计方法。

# 第 7 章　信息系统开发项目管理审计

信息系统开发项目管理审计是 IT 项目管理审计中具有代表性的一项，由于系统开发方法主要有生命周期法、原型法和面向对象法，而针对不同的系统开发方法，其审计内容、审计目标和审计方法均有所差别。本章前几节，将重点以生命周期法为例，详细分析系统规划、系统分析、系统设计、系统实施、系统运行和维护等这五个阶段可能出现的风险、IT 审计内容和审计目标及审计方法。第 7.8 节将简要介绍原型法和面向对象法系统开发项目管理审计要点，第 7.9 节介绍 IT 项目管理审计中另一个比较常见的 IT 外包审计，针对外包内容不同，具体分析其审计重点。

## 7.1　系统开发项目管理审计的含义

随着企业改革进程的深入和计算机信息技术的迅速发展与普及，许多企业对计算机应用已不再满足于做一些简单的协助办公，越来越多的企业投入大量资金，开发应用各种信息化技术来提高企业的管理水平和竞争能力。这尤其反映在信息系统开发项目上，在组织的 IT 预算中，信息系统的开发和投入使用占据了绝大比例的预算和人力资本，使得目前信息系统的应用范围逐步扩大，功能也更加多样化。这些投资在为组织带来有益影响的同时也蕴藏着高风险，可能的风险包括：收入损失，竞争优势丧失，关键战略举措、产品或过程部署的延迟，预期投资回报率的损失，对声誉的负面影响等。

美国专门从事跟踪信息系统开发成功或失败的权威机构 Standish Group 在它每年的 CHAOS Report 报告中给出了相关调查数据结果，调查范围遍及全球大大小小上万个信息系统开发项目，可以宏观上反映系统开发行业的状态。其 2011 年至 2015 年的数据见表 7-1[115]。

**表7-1　2011年至2015年信息系统开发项目调查数据结果**

| 年份 | 2011 | 2012 | 2013 | 2014 | 2015 |
| --- | --- | --- | --- | --- | --- |
| 成功 | 29% | 27% | 31% | 28% | 29% |
| 存在风险 | 49% | 56% | 50% | 55% | 52% |
| 失败 | 22% | 17% | 19% | 17% | 19% |

其中绝对成功的项目平均比例不足30%，彻底失败的项目平均占到19%，介于二者之间的是完成了的，但受到质疑的项目，占到超过一半的比例。在对国内系统开发项目进行调查的过程中发现，失败的比例更是令人吃惊，有68%的项目超过了预定的开发周期，55%的项目费用超过预算，88%的项目必须进行系统再设计，35%～50%的项目中途放弃开发。

就系统开发方面来说，通过对失败案例的分析，可找出它们之间的共性，进而反思造成系统失败或存在风险的原因。据统计，信息系统开发失败集中表现在以下几个方面：①无法满足用户需求，导致在交付后实际使用较少，甚至被废弃；②系统数据不准确、不完整，影响系统正常使用；③开发过程中超过预算并严重拖期，甚至返工重来；④系统结构及功能设计禁锢在之前的业务流程和组织结构中，没有对现存管理方法是否适应现代化管理要求进行专业分析，导致信息系统的价值不能真正得到体现，且不适用于组织以后的发展[116]。

因此针对信息系统开发隐含的这些高发风险，信息系统开发项目管理、项目监理和项目管理审计的概念得到进一步发展。根据系统科学的观点，小项目可以构成一个大项目，一个大项目可以分解成若干个小项目。由于管理信息系统开发是一项长期的任务，因此需要基于企业组织的改革、发展的需要和各种可能性，分成若干项目，逐步进行开发。一个信息系统的开发项目包含信息系统分析、设计和实施的完整过程，它由项目负责人(项目经理)负责，统筹利用可获得的资源为用户组织系统的建设。项目管理的本质是在有限时间内规划、协调和合理使用配置各种资源，从而使得整个系统开发项目顺利、高效地完成的一种过程管理技术，它应用于系统开发的完整生命周期中[117]。项目监理是为信息系统项目有效建设而设立的社会化、专业化的中介服务机构。监理接受项目法人的委托和授权，在信息系统项目监理合同约定范围内，依据法律、法规和规章及有关技术标准，对信息系统项目的建设过程实施监督管理活动,基本任务是控制项目规划所确定的质量、进度和投资目标[118]。与项目管理审计相比,项目监理着重于参与项目过程并对其具体步骤监督纠正,而项目管理审计更为注重结果,在开发一个阶段结束后,通过将项目管理及项目流程中现有措施与既定规定进行比较,评估阶段目标是否达到,审查这个阶段开发项目管理的恰当性、有效性,系统开发方法程序的科学性、先进性和合理性,并审计这一阶段相关过程文档的规范性和真实性,这样有助于审计机构全面履行审计职责并从源头出发审查系统开发过程中的不足之处,发现系统开发失败的潜在风险。

## 7.2 信息系统开发项目管理审计的基本对象

值得一提的是,信息系统开发项目管理审计与第 6 章重点描述的应用系统审计是审计内容的不同方面,应用系统审计主要评估: ①系统各模块能不能有效使用;②未经授权访问系统所导致的系统安全性风险;③系统能不能完整、准确、及时地处理数据;④与系统数据完整性、一致性、保密性和准确性有关的数据风险等系统功能实现方面。而系统开发项目管理审计的对象立足于“项目”二字,主要从项目管理的审计角度出发。

项目被定义为一个特殊的将被完成的有限任务,它是在一定时间内,满足一系列特定目标的多项目相关工作的总称[119]。该定义包含三层含义: 第一,项目是一项有特定的环境和要求的有待完成的任务;第二,项目要求在一定的组织机构内,利用有限资源在规定时间内完成任务;第三,任务要满足一定性能、质量、数量和技术指标等。而信息系统开发项目就是要充分利用人力、物力、资金等资源,在规定的时间和预算之内,建立能够满足用户需求的信息系统,交付给用户使用。

从系统开发项目的定义可以看出,信息系统开发项目有三大约束,分别是时间约束、费用约束和性能约束[120]。如果项目开发超出预定的时间和费用太多,或者系统性能达不到要求,那么这个项目显然是不成功的,它在管理上肯定出现了漏洞,会给组织带来一定的损失,因此,这三大约束也理应成为项目审计过程中的重点关注对象。而在三大约束的基础上,衍生出一系列审计过程中需要关注的关键点，它们在一定程度上影响着系统的成功与失败。

(1) 确保在需求开发和系统测试阶段，考虑所有恰当的利益相关者因素，并且在整个开发过程中要保证与他们有频繁且有效的交流。没有准确获得客户需求或者在开发过程中没有与客户保持持续的交流往往使得开发出来的系统不符合商业需求。

(2) 确保项目资金使用，进度情况和项目中大大小小的事件等都被实时记录，并且组织拥有完整的机制去管理它们，否则，项目很有可能超出预算或超过预定交付时间而带来无法挽回的损失。

(3) 确保在有效的测试内容中已包含所有的系统需求。不充足的测试往往导致交付给客户的系统性能低且不稳定，从而不能满足用户需求，甚至无法使用。

(4) 确保相关项目文件不仅被妥善保存，并且随着项目不断深入，文件能够不断更新和补充。不完整或过时的技术文件和用户文件很可能增加系统开发、维护和培训费用，相应也会耗费更多时间，从而限制了系统的有用性。

(5) 确保为用户提供系统且全面的培训。培训不完整很有可能导致系统中某些功能不能够被正确使用甚至没有人使用。

事实上，信息系统开发项目审计关注的对象多且杂，在《全球信息系统审计指南》(以下简称《指南》)一书中，认为审计对象大体上可以划分为五大领域：项目管理、业务和 IT 联盟、IT 方案准备、组织和过程变更管理及岗位职责实施[6]，如图 7-1 所示。

项目管理是联系所有审计内容的核心部分，项目管理是一个拥有自己实践、术语和标准的专业，审计师必须拥有相关的专业背景和经验积累才可以有效规划和开展审计。审计中首先需要了解企业项目管理部门的角色与职能、项目管理方法、项目管理工具与自动化技术、IT 项目成本和进度执行情况的数据及趋势等资料，分析促使 IT 项目成功或失败的趋势，项目

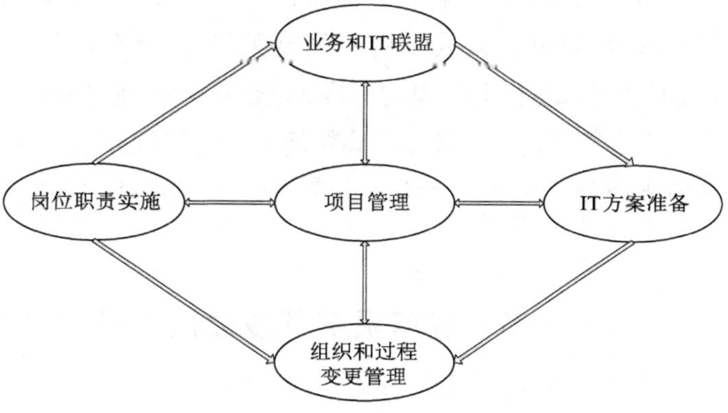

图 7-1　信息系统项目审计对象五大领域

各阶段的重要性程度、关键步骤,项目等级与职能部门之间的相互依赖性,等等。

业务和 IT 联盟是指业务和 IT 的前景是可理解并相互协调的,并且项目与组织战略具有一致性。这部分审计的重点在评估项目计划书,计划书应该体现对于项目整个影响力的了解程度,并确保考虑了所有利益相关者,同时要包含明确界定的项目范围,外部环境,现实、可理解、可衡量的收益,项目的资源需求以及可行性分析。

IT 方案准备常被嵌在软件开发的生命周期中,包括需求分析阶段所确定的项目实施方案的审核,与外部单位或资源的合作基础或供应渠道的可行性审核;方案设计阶段应确保业务需求以及现在或将来的业务流程均被考虑到,以及系统功能与相关内部控制的安全性;设计阶段应该有审核实际代码和系统框架的过程;测试范围不限定于终端用户、工作流、安全性以及与其他系统之间的连接;运行阶段着重考虑意外的发生和战略的转变。

组织和过程变更管理往往是管理最重要的元素,隐含着最主要的风险,审计师应系统掌握项目对组织产生的影响,其考察的重点应在:管理交流、组织准备、人员培训和后台支持四个方面。这部分审计内容将放在系统开发的各个阶段审计过程中完成。

岗位职责实施与其他几个领域均有重合,审计师应系统了解项目所有相关人员,一方面明确他们的职责,评估职责实施情况;另一方面也应了解这些相关人员对于审计工作的价值,比如他们可以提供的审计资料和素材。

从项目管理的角度出发,这五大领域涵盖了在信息系统开发过程中的关键点,如果业务目标没有准确地被理解和划分到 IT 目标;如果项目开始前没有一个完整的 IT 规划;如果项目团队各岗位没有严格遵守岗位职责,如果团队缺少变更管理;当然最为重要的,如果项目管理出现问题,没有及时控制费用、控制进度、控制质量,那么后果是显而易见的。因此《指南》中提到,当制定项目审计计划时,审计人员应当考虑所有这五个领域以确保重大风险已被识别。在后面章节,我们将顺着系统开发生命周期顺序,针对每个阶段,从五大领域出发,剖析各阶段具体的审计对象。

## 7.3 信息系统开发项目管理审计的基本方法

信息系统开发项目审计的基本方法主要有两类,一类是短期审计,另一类是长期审计。短期审计就是审计人员选择项目过程中的一个时间点开展审计，根据项目进行到该节点时已经做的工作和对后续步骤的计划安排进行评估，一般花费 2～4 天的时间进行。短期审计比较具有挑战性，要想在一定的时间限制内达到审计的最好效果，有三点需要注意。第一点是审计进行的时机。有研究表明，在项目开发和需求阶段出现风险最为频繁，因此应该及早进行系统开发项目审计，尽早得到审计反馈，以便不断进行管理改进，避免项目进入困境。有专家认为其最佳进行时机是在业务与合同已经确定、可行的项目计划已经完成、总体构建开始、最初具体用户需求已明确之后开展，越延迟到后面的开发、实施、运行阶段，风险造成的损失越大。第二点是关于审计团队的构成，审计组长应具有软件开发管理经历，且先前已经积累过多次项目管理审计经验，其他审计成员应参加过被审项目相似的项目，且有技术和管理经验，他们不一定是技术专家，关键是他们使用过相似的技术。长期审计的团队组成也需要这样的背景，但是短期审计因为审计时间短，对此要求更为严格，同时对审计人员与项目组成员的配合度的要求也更高。第三点是审计的前期准备，审计开始之前，项目经理和审计组长需要共同合作以明确审计范围和审计目标，同时决定双方都方便适当的时间进行审计，审计团队要制定详细的审计方案，包括具体的审计内容、审计方法和工具、明确的分工、进度安排等。

长期审计是审计人员在系统开发过程中每一个主要阶段都开展审计，每个审计都基于该阶段目前的进展情况，同时审计的结果将被考虑到下一个阶段的计划安排中，即将每个阶段的审计结论及时反馈给项目组，给予项目组改善和修正的指导，必要时对下一个阶段的计划安排做出适时调整。这样，在审计人员与项目组成员的高度配合和良好合作基础上，形成良性循环，将风险项在相应阶段消化掉。虽然这种方法的审计周期长，成本较高，对审计人员和项目组的合作默契度要求较高，但是它带来的审计效果更为理想，可以有效提高项目的成功概率，因此对于内部审计来说，长期审计是比较合理的选择。

## 7.4　信息系统开发方法及其主要风险项

系统开发不是一个简单地写程序代码、从无到有的过程，它需要充足的前期调研和方案规划，需要确定系统开发方法，在实现的过程中需要功能测试、单元测试和阶段测试，系统调试成功后上线，而即使上线后也需要后期维护和定期功能更新。这样一个复杂度和难度较高的开发过程，需要一个科学的开发方法和程序化的开发步骤，来确保整个开发过程能够顺利进行，但是至今还没有一个统一的完备的开发方法。

市场上常见的系统开发方法主要有生命周期法、原型法和面向对象的方法。生命周期法是较为传统的系统开发方法，它将系统开发过程大致划分为系统规划、系统分析、系统设计、系统实施、系统运行和维护共五个阶段，每一阶段的任务相对独立，对系统开发工作实施工程化管理[121-122]。生命周期法能够很好地提高开发工作的效率，但它在满足客户需求和项目进度规划方面存在比较大的风险项。由于生命周期法要求在前期就要进行比较全面的整体设计，这导致系统开发周期变长，耗费变大，有超出进度规划的风险。而在满足客户需求方面，在前期进行系统规划和分析阶段时，就要基本确定客户需求，并在此基础上确定系统框架才能进入下一阶段；但是由于客户常常并不是来自计算机领域，他们对于系统功能需求的认识并不能在初期就考虑全面，因此当在后期阶段客户提出新的需求时，导致对于系统整体规划改动的成本较大，实现难度也较大。更为严重的是，很多时候当整个系统开发已经基本实现，客户才发现其并不能满足组织实际的功能需求。

随着信息技术的发展，又引入了原型化方法和面向对象方法。原型法是较晚提出的一种计算机迭代改进开发方法，它首先根据用户的初步需求构造一个功能简单的原型系统，然后在开发过程中同用户密切沟通，对原型系统逐步求精，不断扩充完善得到满足用户需求的最终系统[123]。原型就是模型，而原型系统就是应用系统的模型，它是待构筑的实际系统的成比例缩小的模型，但是其保留了实际系统的大部分关键性能。这个模型可在运行中被检查、测试、修改，直到它的性能满足用户需求为止。但是，原型开发方法也存在一些风险项，比如，有的原型在完成后，可能要被抛弃，这无疑增加了系统开发成本，有超出预算的风险；如果与客户配合默契度不够，往往导致客户需求经常变化，管理和业务功能有不稳定的风险。

结合现实世界的客观事物，引入类和对象的概念，产生了面向对象开发方法。利用面向对象方法在进行系统开发时，能够贴近现实世界，简化系统设计，缩短系统的开发周期，降低系统在以后的维护难度。但是，在进行大系统开发时，这种方法由于没有较为全面的系统体系结构，使系统变得越来越复杂，严重降低了系统的质量，使得系统有效性存在风险[124]。

根据 7.3 节对信息系统开发项目管理审计基本对象的分析，在进行审计时，项目管理、业务和 IT 联盟、IT 方案准备、岗位职责实施、组织和变更过程管理是我们关注的基本方面，不同的系统开发造成具体的审计内容可能有差异，但从整体来看，审计内容仍有很多共同部分。由于生命周期法的阶段划分更为符合我们的逻辑习惯，并且在系统开发中比较成熟，也更为常用，因此本章将重点以生命周期法系统开发项目管理审计为例，详细分析每个阶段的风险点和审计要点。后文 7.8 节将针对原型法和面向对象方法系统开发项目管理简要提出其审计要点。

## 7.5　项目管理审计

### 7.5.1　对项目组组织管理审计

拥有一个健全的项目开发团队是成功实施信息系统开发项目的重要前提，项目组由各种人员构成，包括项目经理、各类技术人员、运营人员等，他们相互配合，各自完成自己的任务，以保证整个项目的顺利完成。因此对于项目组组织结构的审计是项目审计的重要步骤，同时在其他项目审计工作展开之前理清项目组的成员结构，找准经办人和直接负责人，方便后续审计工作的高效展开。

项目组的组织结构在人数和技能结构方面要平衡，规模要适应项目的规模。项目组织结构设置通常有三大原则：①目的性原则。项目组织机构设置的根本目的，是为了产生组织功能实现项目目标。从这一根本目的出发，就应因目标设事、因事设岗、因职责定权力。②精干高效。大多数项目组织是一个临时性组织，项目结束后就要解散，因此，项目组织应精干高效，力求一专多能，一人多职，应着眼于使用和学习锻炼相结合，以提高人员素质。③项目组织与企业组织一体化原则。项目组织往往是企业组织的有机组成部分，企业是它的母体，项目组织是由企业组建的，项目管理人员来自企业，项目组织解体后，其人员仍回企业，所以项目的组织形式与企业的组织形式密切相关。在信息系统开发项目中，通常都是临时性、柔性的、扁平化的组织，其标准的组织结构如图 7-2 所示，各成员简要的角色描述见表 7-2。

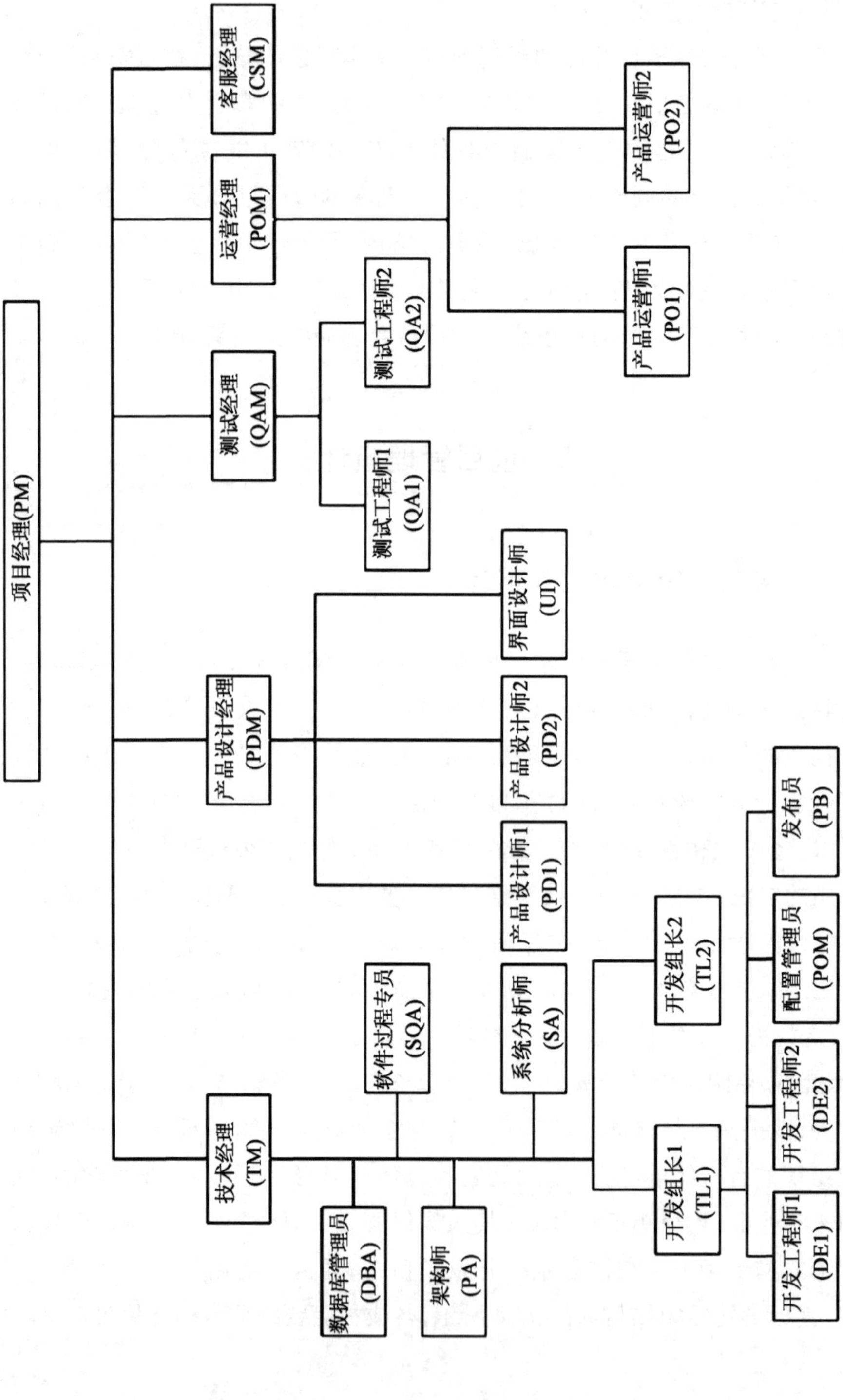


图 7-2　系统开发项目组组织结构图

**表 7-2　各成员角色描述**

| 岗位 | 角色担当 | 是否必要 |
| --- | --- | --- |
| 项目经理 | 项目的最终决策人和负责人，负责整个项目的计划、执行、跟踪和发布 | 是 |
| 技术经理 | 技术开发方面的最终负责人，主要负责项目的代码开发管理，包括：预估开发工作量、开发任务分配、开发日报发布、详细设计、代码 BUG 跟踪、发布前准备 | 是 |
| 产品设计经理 | 产品功能设计与交互设计的最终负责人，也是项目 DEMO 演示时的主要参与者之一，负责项目的功能性需求与产品设计 | 是 |
| 运营经理 | 负责项目的非功能性需求，主要是运营、推广方面的设计与实施，也是项目 DEMO 演示时的主要参与人之一 | |
| 测试经理 | 是项目最终是否通过测试，是否可以上线的最终决策人，也是项目 DEMO 演示时的主要参与者之一，主要负责项目的测试计划、测试任务分配、BUG 跟踪 | 是 |
| 客服经理 | 是信息系统项目客户需求功能的提供者或与项目用户沟通的协调人，也是项目 DEMO 演示时的主要参与者之一 | |
| 开发组长 | 负责某一个开发小组的管理任务 | |
| 架构师 | 负责整体架构、代码审核 | |
| 开发工程师 | 负责具体的设计、编码、测试 | 是 |
| 数据库管理员 | 负责项目的数据库设计的审核、变更，SQL 语句的审核，数据订正，测试或上线数据准备 | |
| 系统分析师 | 负责需求分析，协助完成信息系统的概要设计和详细设计 | |
| 界面设计师 | 主要负责用户界面设计与交互设计 | |
| 产品运营师 | 负责产品的运营活动 | |
| 产品设计师 | 负责需求的收集与分析，产品设计与交互设计 | |
| 测试工程师 | 主要负责软件的集成测试，包括三个环境下的测试：测试环境、发布环境、运营环境 | 是 |
| 配置管理员 | 负责本项目的分支管理、代码合并、版本控制 | 是 |
| 发布员 | 负责程序部署到开发环境、测试环境、运营环境 | 是 |
| 软件过程专员 | 负责监督项目的过程计划与执行情况；协助项目的规范化以及风险告警，目前 SQA 专员仅协助 TM，专注于开发过程的管理与执行 | 是 |

随信息系统开发项目大小不同，组织结构可能有些差异，但是项目经理、技术

经理、产品设计经理、测试经理、开发工程师、测试工程师、配置管理员、发布员和软件过程专员是必不可少的。在组织中,可能一人多职,比如一般情况下,开发工程师同时也担当发布员的角色。此外,一个项目组的人员构成不是固定的,而是随着开发阶段的变化而变化。

对项目组组织结构的审计主要通过审查相关文件,重点在组织结构方案和组织结构图,审计人员需要从组织内部获取相关文件,并通过采访和实地考察确认组织是否严格按照组织结构方案安排了适当的人员。合规性和有效性是主要目标,审查项目团队成员配置是否与项目大小、难度、空间和时间上的要求相匹配,是否合乎规定,各关键岗位是否已经明确分配人员。

### 7.5.2 项目管理审计内容

在正式对系统开发各个阶段进行审计之前,需要对项目整体的管理情况进行评估,其项目管理的方法应与项目的大小、复杂程度以及方案的调整需求相适应。有效的项目管理方法应明确项目各成员与组织的角色、责任以及义务,并建立有效的管理机制。项目管理的主要目标是:①促使项目核心团队在合理的时间内制定出可行的项目计划;②帮助项目团队成员和项目经理能清楚认识到其所处商务过程和技术过程的合适位置,以确保项目成功;③更清楚识别出项目可能遇到的高风险以及评估风险对项目成功造成的影响;④确保在一定的时间、资源要求下更有效地完成项目,同时生产出符合质量标准的软件产品。

通常情况下,在项目筹备初期,项目组成员都能严格遵守项目管理的种种条例,规范管理行为,但是随着项目开展,由于时间和资金限制,往往一些既定的条例很难被一直遵守,因此这部分的审计要点在后续的各个开发阶段中都应该被再次评估,这样才能在审计报告中反映项目团队的真实情况。

进度和花费情况是项目管理的重点,同样也是审计的重点,评估项目中是否存在有效的机制用于实时记录这两项的发生情况,此外还有其他比较重要的管理机制,也应被一一审计。

(1) 项目进度安排是否明确,是否依据项目规模大小包含了足够的细节,是否存在有效的机制来管理进度并且在出现严重误期时及时预警。

(2) 项目预算安排是否明确合理，是否存在有效机制及时跟进项目花销情况，并在出现超出预算时及时预警。

(3) 公司既定的项目管理标准是否被执行，相关的项目文件和系统开发过程文件是否按要求生成和维护。这些文件里应包含项目进展里程碑设定、任务分解结构图(Work Breakdown Structure，WBS)、系统实施工作说明书(Statement of Work，SOW)、需求相关文档、测试计划书、设计文档等，它们的存在往往增强项目按照既定原则和方法进展的可能性，从而增加项目成功概率，创造出一定的商业价值。同时它们为未来的相关项目提供了很好的参考资料，也是公司进行知识管理的重要资料。

(4) 项目文档是否随着项目的进展而不断更新。正如前文中提到的，这些项目文档对目前以及未来的项目质量有着很大的影响，如果它们不能得到及时的更新，很有可能使得开发出来的系统是无用的，这一点尤其反映在需求相关文档上。

(5) 项目文件是否有适当的保护和变更控制程序，以防止一些不准确、没有必要或者擅自进行的修改而影响文件的质量；项目文件应该被妥善保存，对它的修改或其他操作应该有一些控制程序，并且有相应的操作记录。对于重要的文件更应该是在征得所有关键人员同意的基础上才能被允许进行。

(6) 重要的项目软件和文件是否有备份，这些备份是否真的可以起到作用；系统开发过程中有时会出现程序崩溃、数据丢失等现象，对此应该事先有一些备份文件来保证在出现意外的时候，不会造成前功尽弃的现象。审计的过程中需要查看相关数据备份的程序或脚本，用于恢复数据时的具体操作内容、相关步骤、执行人员等。

(7) 是否存在有效的机制可以发现项目中出现的一些问题，并自动追踪问题发展情况；系统开发过程中，或多或少会产生一些问题，对此，项目应该拥有一些事件追踪机制，用于记录每个事件的详细信息，包括事件描述、优先级、发生时间、最新状态等。确保有相应的控制程序能够阻止一些错误发生，或者当发生后能将损失减到最小。

(8) 是否存在有效的机制能够及时获取到项目变更需求，进行优先级划分并有效处理；即使在项目已经开展，需求已经确定的情况下，也有可能出现功能上的变更需求，此时应该存在有效的机制能够获得这些需求，并在优先级划分后，对这些需求进行响应。

项目管理审计的首要审计目标为效率性，项目管理方法是否具备效率性是审计过程中的主旋律，其次就是合规性，如项目管理过程中业内常规就规定要有一些的报告和业绩评估制度，因此审查被审计对象是否具备此方面常规知识或项目管理是否符合业内常规也是重点。审计方法主要是查看项目管理相关文档，与项目经理进行面谈，了解他对该项目管理的驾驭情况，对项目管理的理解情况。

## 7.6 基于生命周期法的信息系统开发过程审计

信息系统的建设是一个庞大的系统工程，它涉及组织的内部结构、管理模式、生产加工、经营管理流程、数据的收集与处理过程、计算机硬件系统的管理与应用、软件系统的开发等各个方面，这就增大了开发一个信息系统的工程规模和难度。实践过程中项目组会采用一定的方法和理论来管理和开展系统开发，一般而言，采用不同的开发方法就会经历不同的开发阶段。而生命周期法是目前所有开发方法中应用最普遍和技术最成熟的方法，它比较完整体现了信息系统开发的全过程，尤其在大系统、复杂系统的开发中显示了巨大的优越性。本节将基于生命周期法，详细描述信息系统开发项目审计各阶段要点。

### 7.6.1 系统开发的生命周期法

生命周期法从时间角度把管理信息系统的开发过程分为系统规划、系统分析、系统设计、系统实施、系统运行和维护共五个阶段，这五个阶段构成了一个完整信息系统的生命周期，各阶段之间有严格的先后顺序和相互依存关系，可以是循环往复的，也可以是循序渐进的。并且各个阶段都有各自相对独立的目标和任务，从而降低了系统开发的复杂性[125]。生命周期法所具有的特点是：①遵循用户至上原则，要求用户需求在系统建立之前能被充分确定和理解。②严格区分工作阶段，每个阶段有明确的任务和取得的成果。③强调系统开发过程的整体性和全局性。④系统开发过程工程化，文档资料标准化。

利用生命周期法来进行系统开发时，其系统开发顺序是线性的，各个阶段的工作不能同时进行，因此前一个阶段的错误必然带入后一个阶段，而且通过几个阶段的积累，越是前面犯的错误对后面工作的影响越大，更正这些错误所需要花费的工作量也更大，因此采用长期审计显得尤为必要。在生命周期的五个阶段里，针对阶段具体工作内容和要求分别开展审计，对于该阶段审计结果中发现的问题及时处理和改善，并相应对下一阶段的工作计划进行修改，将风险发生概率降到最小。

### 7.6.2　基于生命周期法的系统开发过程管理审计关键点分析

**1）系统规划阶段审计**

系统规划阶段是整个系统开发的起点，在这一阶段，将由决策者、管理者和开发者共同参与制定系统的总体规划，以确保目标系统的科学性、经济性和适用性。系统规划阶段审计应围绕本阶段生成的信息系统发展战略、总体结构方案、可行性分析报告、项目开发计划等文档展开，通过文档生成过程以及内容评估信息系统总体规划是否服从于企业战略；组织目标是否科学合理地映射到 IT 目标；是否从企业的长远利益和需求出发；可行性分析报告是否从技术、经济、组织环境等多方面系统完整地调研；项目成员职责分配是否明确合理等。这些报告在整个系统开发过程中具有全局性和方向性，同时也是后期审计的重要标准。基于以上讨论，系统规划阶段审计可分为几个关键步骤，表 7-3 给出了每个步骤的审计要点和侧重指标[116,126]。

**表 7-3　系统规划阶段审计关键步骤表**

| 审计节点 | 审计要点 | 审计目标 |
| --- | --- | --- |
| 发展战略审计 | 项目发展战略是否服务于企业战略，组织目标是否科学合理映射到 IT 目标，立项阶段开发团队是否和决策层、管理层充分沟通并达成一致 | 有效性 |
| 项目管理相关文档审计 | 包括评估项目立项审批流程是否健全完整，项目管理流程是否充分定义，项目阶段和控制节点是否清晰定义，预算和进度是否有相应机制准确监控，管理过程变更时是否有相应的应变机制和文档记录 | 效率性 |
| 组织结构有效性审计 | 项目团队组织结构说明文档，评估是否存在支持系统开发的组织结构；团队成员职责是否明晰；各阶段涉及的团队和部门是否明确注明其负责人和主要联络人 | 有效性<br>合规性 |

（续表）

| 审计节点 | 审计要点 | 审计目标 |
|---|---|---|
| 可行性分析报告审计 | 为评估而获取的可行性分析报告素材是否进行了用户调研，报告内容是否涵盖技术、经济、组织和时间等多方面，是否实事求是、科学合理，文字语言和板块划分是否符合业内标准 | 合规性 |
| 进度规划审计 | 开发计划中的项目进度安排表，进度安排是否清晰明了、科学合理 | 合规性 |
| 预算规划审计 | 开发计划中的预算数据，评估预算安排是否清晰，是否符合经济性并且科学合理 | 合规性 |

信息系统审计师在进行规划和组织的审计时，主要采取以下两种方式。

(1) 审查文档

文档的审查需要管理层授权，要有目的性并且要及时更新。通过审查任务描述文档可以识别这些员工所要汇报的对象职位。另外，信息系统审计师还应评价这些文件是否确实是管理层已有授权或意图，是否保持更新并与实际情况相符。

(2) 观察

观察是最好的考察形式，通过与信息处理人员和管理者面谈等方式进行观察，确认员工是否具备履行该项工作所必需的技能，是否具备安全意识，职责划分是否落在实处等。

在规划阶段，审计组织目标是否科学合理地映射到了 IT 目标是关键内容，如果在制定 IT 目标时出现偏差，与组织整体目标不符，那么整个系统开发项目对组织来说是无用的，是不能带来经济利益的。在 COBIT 5.0 中详细描述企业目标—IT 相关目标之间的映射关系，其中使用映射表来演示如何支持企业目标转换成 IT 相关目标，这是目前实践过程中使用较多的方式，此处进行简单介绍。在 COBIT 5.0 中列举了 17 个企业目标，并将这些目标与企业的财务、客户、内部因素、学习和成长四组中的目标支撑的业务要素或管理要素进行关联分析，具体见表 7-4。表中“P”代表重要关系，表示该组业务中的目标支撑要素与其对应的企业目标是重要关系，是企业目标实现的关键的业务要素或管理要素，其对企业该目标实现起到决定性和重要性支持作用；“S”代表次要关系，表示该要素与其对应的企业目标实现是次要关系，起到辅助支持作用，但这个业务要素或管理要素对企业该目标能否实现也是非常重要的。

**表 7-4　COBIT 5 企业目标与 IT 相关目标之间的映射关系**

| IT 相关目标 | | 企业目标 | | | | | | | | | | | | | | | | |
|---|---|---|---|---|---|---|---|---|---|---|---|---|---|---|---|---|---|---|
| | | 财务 | | | | | 客户 | | | | | 内部因素 | | | | | 学习和成长 | |
| | | 业务投资的利益相关者价值 | 竞争性产品和服务的投资组合 | 受控的业务风险(保护资产) | 遵守外部法律法规 | 财务透明 | 以客户为中心的服务文化 | 业务服务连续性和可用性 | 对业务环境变化的灵活响应 | 基于信息的战略决策 | 服务交付成本的优化 | 业务流程职能的优化 | 业务流程成本的优化 | 受控的业务变化方案 | 运营效率和员工生产力 | 遵守内部政策 | 技术熟练且积极的员工 | 产品和业务创新文化 |
| 财务 | IT 和业务战略的一致性 | P | P | S | | | P | S | P | P | S | P | S | P | | | S | S |
| | IT 遵守和支持企业遵守外部法律和法规的业务 | | | S | P | | | | | | | | | | | P | | |
| | 执行管理对 IT 相关决策的承诺 | P | S | S | | | | | S | S | | S | | P | | | S | S |
| | 管理与 IT 相关的业务风险 | | | P | S | | | P | S | | P | | | S | | S | S | |
| | 从 IT 技术的投资和服务组合实现收益 | P | P | | | | S | | S | | S | S | P | | S | | | S |
| | IT 成本,收益和风险的透明度 | S | | S | | P | | | | S | P | | P | | | | | |
| 客户 | 符合业务需要的 IT 服务的交付 | P | P | S | S | | P | S | P | S | | P | S | S | | | S | S |
| | 应用程序,信息和技术解决方案的充分利用 | S | S | S | | | S | S | | S | S | P | S | | P | | S | S |

（续表）

| IT 相关目标 | | 企业目标 | | | | | | | | | | | | | | | | |
|---|---|---|---|---|---|---|---|---|---|---|---|---|---|---|---|---|---|---|
| | | 财务 | | | | | 客户 | | | | | 内部因素 | | | | | 学习和成长 | |
| | | 业务投资的利益相关者价值 | 竞争性产品和服务的投资组合 | 受控的业务风险(保护资产) | 遵守外部法律法规 | 财务透明 | 以客户为中心的服务文化 | 业务服务连续性和可用性 | 对业务环境变化的灵活响应 | 基于信息的战略决策 | 服务交付成本的优化 | 业务流程职能的优化 | 业务流程成本的优化 | 受控的业务变化方案 | 运营效率和员工生产力 | 遵守内部政策 | 技术熟练且积极的员工 | 产品和业务创新文化 |
| 内部因素 | IT 灵活性 | S | P | S | | | S | | P | | | P | | S | S | | S | P |
| | 信息、处理基础设施和应用程序的安全性 | | | P | P | | | P | | | | | | | | P | | |
| | IT 资产、资源和能力的优化 | P | S | | | | | | S | | P | S | P | S | S | | | S |
| | 通过将应用程序和技术集成到业务流程中，启用和支持业务流程 | S | P | S | | | S | | S | | S | P | S | S | S | | | S |
| | 方案按时间、按预算完成后提供的优势，并满足要求和质量的标准 | P | S | S | | | S | | | | S | | S | P | | | | |
| | 用于决策的可靠和有用的信息的可用性 | S | S | S | S | | | P | | P | | S | | | | | | |
| | IT 遵守内部政策 | | | S | S | | | | | | | | | | | P | | |
| 学习和成长 | 能干和积极进取的业务和 IT 人员 | S | S | P | | | S | | S | | | | | | P | | P | S |
| | 业务创新的知识、专业知识和举措 | S | P | | | | S | | P | S | | S | | S | | | S | P |

企业需要完成的具体目标通过表 7-4,映射成 4 组业务要素或管理要素中的具体要素,这些要素的信息管理也就是信息系统需要实现的功能目标,从而构建出企业管理信息系统目标。其中重要关系的要素,在信息系统功能上必须实现,对于次要要素也是信息功能设计时重点考虑的内容。

**2）系统分析阶段审计**

系统分析阶段主要包括需求分析、概念设计和逻辑设计三部分。需求分析是开发过程中关键性的一步,它是为构建一个全新的或改变一个现存系统而初期描写新系统的目的、范围、定义和功能时要做的所有工作,包括了解用户业务环境、系统需求、业务流程和数据流向,在获取用户需求后进行需求开发,并完成概念设计和逻辑设计[127]。这一阶段的审计将围绕这些流程中生成的文档和图表以及获取文档图表素材的过程展开。

需求分析阶段分为需求采集和分析两个模块,由于开发系统规模大小不同,所需要编写的文档也有所差异。一般来说,通过调研,将采集到的用户需求编写用户需求说明书,待客户签字确认后,进入需求分析模块。审计重点在于是否基于客户提出的业务需求展开细节,并就细节与客户沟通,达成共识;是否用专业的思维将业务需求抽象到系统和组织中,系统是否摆脱了对组织机构的依从性;当信息系统拘泥于以前的组织结构和流程时,往往导致系统不能发挥其真正的作用,这样带给企业的价值有限,甚至禁锢了企业管理方式和组织流程优化。在需求分析报告编写好后,需要编写需求规格说明书,它是站在开发人员的角度,指导开发人员完成设计与开发的技术性文档。

在充分的需求分析后进入概念设计,绘制 E-R 图用来描述现实世界的概念模型,逻辑设计阶段生成业务流程图和数据流程图,其中业务流程图描述系统内各单位、人员之间业务关系、作业顺序,而数据流程图反映出信息在系统中流动、处理和存储的情况。这三张图是后续详细设计和编码工作的源头,其准确性对系统成败有很大影响,审计过程中应评估是否就图表与客户进行了沟通,图表是否建立在充分的需求分析基础上,是否完整表达了业务流程和数据流向等[116]。这一阶段关键步骤的审计内容和侧重指标见表 7-5。

**3）系统设计阶段审计**

系统设计是在系统分析阶段所确定的系统逻辑模型、功能要求的基础上,建立

**表 7-5　系统分析阶段审计关键步骤表**

| 审计节点 | 审计要点 | 审计目标 |
| --- | --- | --- |
| 需求采集流程审计 | 评价企业采集客户需求时的沟通渠道、方式；是否从专业性角度引导用户提出更多科学合理性需求；《用户需求说明书》是否完整恰当描述用户需求；双方是否在需求层面观点一致(《用户需求说明书》是否有用户签字署名) | 合规性、效率性 |
| 需求分析审计 | 需求分析报告的规范性，对系统功能描述是否充分完整并具有逻辑性，需求优先级划分是否科学合理；需求分析过程是否与客户有效沟通；分析报告是否站在整个组织的高度进行了流程优化；需求分析是否具有前瞻性；《需求规格说明书》是否规范完整 | 有效性 |
| 业务流程重组/再造流程审计 | 需求分析过程中重组/再造后业务流程是否具有科学合理性；业务流程重组/再造审批流程是否规范；是否让客户充分理解并达成共识；客户是否在组织内已经有相应行动开展业务流程重组/再造，这点关系到系统的适用性，应对企业流程改造活动有相应跟踪机制 | 有效性、效率性 |
| 需求跟踪和变更机制审计 | 是否建立完整有效且及时的需求跟踪和变更机制，是这一阶段审计的重点之一 | 效率性 |
| 逻辑设计审计 | 是否存在冗余联系；各子系统或模块的逻辑划分是否科学合理；系统边界是否明确；是否满足需求分析过程中得到的各种应用对数据处理的要求；是否对不同用户定义了不同的监控模式，以达到系统安全性要求 | 有效性、可靠性 |
| 内部控制点嵌入审计 | 在逻辑模型中，是否在系统关键部位嵌入了适当的应用控制和基础控制，以形成各种操作日志来完成数据和操作跟踪程序；控制点不宜过多，以免影响系统运行效率 | 安全性 |
| 图表审计 | 评估本阶段产生的图表是否规范和切实表达实际情况，如 E-R 图(需要与《需求规格说明书》进行校验)、业务流程图、数据流程图等 | 合规性 |
| 图表与用户沟通情况审计 | 在业务流程图和数据流程图构造好后，是否与用户进行了沟通，并得到用户的确认。 | 有效性 |

新系统的物理模型，这一阶段分为总体设计和详细设计两个步骤。总体设计解决软件系统的模块划分和模块的层次结构设计；详细设计是系统功能实现的基础，它解决每个模块的控制流程、内部算法、数据库设计和代码设计等具体细节的设计[128]。

系统设计工作的好坏，将最终决定系统的质量，因此这部分审计工作要细致到位，重点包括：①需求分析阶段及后期客户添加和变更的客户需求是否都包含在内,这是评估系统最基本的要求,同时在设计阶段应保持与客户的不断交流沟通,因为随着不断深入了解系统,此阶段客户需求仍然可能有变更;②代码设计要符合规范,包括代码编写规范、命名规范和注释规范,要注重效率性,可复用;③实现的系统应该便于理解、便于修改和扩充,随着客户企业的不断发展,系统支持的业务很可能进一步地变更,因此模块、代码及数据库等设计要便于日后的修改;④权限控制是否准确到位,组织中不同层次、不同职能的人员分工在系统中是通过权限分配得以实现的,因此这部分将影响企业业务活动的开展。这一阶段的审计方法除了常规的查看相关文档和实地了解项目进展状况外,代码设计流程审计和内部控制点审计可以使用测试数据法。此阶段的关键审计要点见表 7-6。

**表 7-6　系统设计阶段审计关键步骤表**

| 审计节点 | 审计要点 | 审计目标 |
| --- | --- | --- |
| 客户需求满足程度审计 | 系统的物理设计是否满足客户需求,此阶段需求跟踪/变更机制是否仍然有效,是否与客户一直保持有效沟通 | 有效性 |
| 权限设置审计 | 是否建立了用户身份与权限体系,权限管理部分是否严格按照系统分析结果控制数据录入和导入 | 安全性 |
| 数据安全性审计 | 数据录入和导入接口是否符合行业规范,是否按照规章制度设计以保证输入数据的真实性和完整性,业务处理规则和逻辑处理是否保证处理过程中数据的真实性和完整性 | 安全性 |
| 代码设计流程审计 | 代码设计的合规性和扩展性,注意代码是否有逻辑错误,功能是否有缺陷或错误,是否有一些具有危害作用的木马程序被设计在内 | 有效性、效率性 |
| 内部控制点审计 | 逻辑模型中要求的应用控制和基础控制是否已经嵌入系统 | 安全性 |
| 单元测试审计 | 代码开发的各个阶段里是否有单元测试和集成测试,这些测试是否依照测试方案和用例进行,测试结果是否得到有效反馈并且及时处理 | 合规性、有效性 |
| 预算审计 | 审核资金使用是否依从项目开发计划里的预算安排表,如果超预算情况,认真核实其必要性 | 效率性 |
| 进度审计 | 审核实际工作进度是否依从项目计划书里的进度安排表,如果超预期情况,认真核实原因 | 效率性 |
| 返工现象审计 | 审计在详细设计过程中是否有返工现象,如有,则仔细研究其原因,明确主要责任人 | 效率性 |
| 设计说明书审计 | 设计说明书应编写在设计阶段结束后,包括总体设计说明书和详细设计说明书,评估其是否符合规范、是否完整、细致全面 | 合规性、有效性 |

**4）系统测试阶段审计**

系统测试是针对整个产品系统进行的测试，目的是验证系统是否满足需求的定义。系统测试阶段的审计围绕测试方案与计划、测试用例、测试说明书和测试报告展开，测试负责人根据需求分析报告、总体设计说明书和详细设计说明书编写测试方案和计划，审计重点在于方案的合规性、测试内容是否完整、接受标准是否清晰；测试用例是将测试具体量化的方法之一，同时也是设计和制定测试过程的基础，因此是审计的重要参考标准，测试说明书详细记录了测试过程、预期结果和实际结果，测试报告综合了整个测试项目的情况，对这两份文档的审计应该更注重真实性，并且审核是否具备有效的测试跟踪机制，来确保测试中发现的问题得到及时更正。此阶段的关键审计内容见表 7-7。

**表 7-7 系统测试阶段审计关键步骤表**

| 审计节点 | 审计要点 | 审计目标 |
| --- | --- | --- |
| 测试计划书审计 | 测试计划书是否依据需求分析报告和设计说明书编写，是否准确评估了可测内容和不可测内容，测试内容是否全面完整，时间、人员和设备安排是否科学合理，接受标准是否清晰 | 有效性 |
| 测试计划书批准流程审计 | 测试计划书是否在得到专业性角度的评估后再正式开展 | 合规性 |
| 测试环境审计 | 测试环境是否按照测试方案执行，是否影响了正常的商业活动 | 可靠性 |
| 测试用例审计 | 用例安排是否具有逻辑性、全面性和完整性；是否依据测试计划书、需求分析报告和设计说明书 | 有效性、可靠性 |
| 测试流程审计 | 测试是否按照一定的流程标准和规范进行，是否从功能、性能、安全性和回归四个方面开展 | 合规性 |
| 用户参与度审计 | 客户是否参与测试过程，是否就系统需求满足情况达成共识 | 有效性 |
| 测试跟踪机制审计 | 是否存在及时、有效的测试跟踪机制 | 有效性 |
| 测试说明书和测试报告审计 | 说明书和报告编写是否具有规范性，测试结果是否真实可信 | 合规性 |

**5）系统运行维护阶段审计**

系统运行维护阶段包含三个方面：①系统上线过渡阶段，包括对用户进行培训，审计主要围绕上线计划和实施、培训计划和实施进行；②系统的日常维护，审核相关制度规范以及实际落实情况；③系统功能改进和扩充，审计重点在于针对功能扩充是否有明确的流程管理。这一阶段的审计主要是查看相关文档并实地考察实际情况，关键的审计节点见表7-8。

**表7-8　系统运行维护阶段审计关键步骤表**

| 审计节点 | 审计要点 | 审计目标 |
| --- | --- | --- |
| 上线计划审计 | 评估上线计划的科学合理性，是否明确要求建立跟踪反馈机制，风险预测和处理方案是否全面，人员职责安排是否到位 | 有效性、效率性 |
| 上线实施流程审计 | 上线是否依照计划进行；跟踪反馈机制是否有效；是否出现突发情况，如有，检查相关记录并评估处理方式 | 效率性 |
| 日常维护方案审计 | 日常维护方案内容是否全面、具有优先级划分；是否实事求是、切实可行 | 合规性、有效性 |
| 功能改进扩充方面审计 | 针对系统功能扩充是否有明确的流程和保障机制；是否有明确的版本升级计划，开发团队是否依据此计划逐步实施 | 合规性、有效性 |
| 培训计划及落实情况审计 | 用户培训计划的编写是否科学合理并且及时更新，计划是否落实到位 | 有效性 |

**6）后续监督阶段审计**

后续监督阶段审计是指在审计结果反馈给项目开发团队后，该团队是否重视审计结果，并对审计报告中的问题进行及时处理；是否建立有效的学习机制，针对本次审计结果进行总结，只有当被审计团队正视审计结果并从中反省学习，才能达到审计真正的目的，从而避免本次系统建设过程中出现的问题再次出现，持续提高系统开发成功率。审计方法主要是通过观察组织实际情况并与企业高层和项目主管进行面谈交流。这一阶段主要审计节点具体见表7-9[110]。

**表7-9　后续监督阶段审计关键步骤表**

| 审计节点 | 审计要点 | 审计目标 |
| --- | --- | --- |
| 问题处理情况审计 | 跟踪审核企业针对审计报告反映的问题的处理情况，处理是否及时 | 效率性 |
| 受重视程度审计 | 评估企业高层和项目主管对于审计报告的重视程度 | 有效性 |
| 总结学习情况审计 | 企业是否有相应的知识管理系统，针对本次出现的问题是否有相应的总结和学习 | 有效性 |

## 7.7 其他系统开发方法过程管理审计

### 7.7.1 信息系统原型法过程管理审计

**1）信息系统原型开发方法**

原型法是比较晚提出的一种以计算机为基础的系统开发方法。它是待构筑的实际系统成比例缩小的模型，但是保留了实际系统的大部分关键性能。这个模型可以在运行中被检查、测试、修改，直到它的性能达到用户需求为止，因而这个工作模型很快就能转换成原样的目标系统[123]。

原型法有三个层次的开发：第一层包括联机的屏幕活动，这一层的目的是确定屏幕及报表的版式和内容、屏幕活动的顺序及屏幕排版的方法。第二层是第一层的扩展，引用了数据库的交互作用及数据操作，这一层的主要目的是论证系统关键区域的操作，用户可以输入成组的事务数据，执行这些数据的模拟过程，包括出错处理。第三层是系统的工作模型，它是系统的一个子集，其中应用的逻辑事务及数据库的交互作用可以用实际数据来操作，这一层的目的是开发一个模型，使其发展成为最终的系统规模。

原型法主要优点在于它是一种支持用户的方法，使用户在系统生存周期的设计阶段能够积极参与并提供有效帮助；它能减少系统开发的风险，尤其是在大型项目的开发中，由于对项目需求的分析难以一次完成时，应用原型法效果更为显著。在软件开发过程中，关键的步骤就是确切定义出完整需求，明晰软件要实现的功能内容，而这恰好也是最困难的过程，因为缺乏专业知识等原因，现在许多用户在软件开发初期只有一个模糊的、大致的考虑，根本不可能提出具体明确的需求。在这种背景下，基于快速原型法开发的模型进行反复交流、细化需求，能够更有效地进行软件开发。一个软件的原型，主要是模拟关键的功能和界面，但是一般不考虑运行效率和系统的健壮性，也较少考虑出错处理，它的目的只是为了实际描述概念中的结构，使用户能够检测核对与其概念的一致性和概念的可用性[129]。

**2) 原型法开发过程管理审计关键点分析**

快速原型法存在的风险点主要在于四个方面：①分析和设计上的深度不够，从而可能造成在未能很好地理解用户需求的情况下就着手程序代码的编写；②原型法中的第一个工作原型可能并不是一个最优方案；③通过原型法所开发的系统不具备灵活性，以适应用户需求的变化；④工作原型不见得容易修改。

审计的关键点应围绕以下四个方面：①是否存在持续与客户沟通，获取用户需求的机制；②用户需求说明书是否有用户签字同意；③用户需求是否被满足；④是否对第一个工作原型进行了充分分析；⑤原型的有效性评估；⑥模块设置以及程序代码设计中是否具有灵活性，以适应用户需求变化；⑦工作原型是否易被修改以完成后期不断更新和改进。这里只做简要分析，具体进行基于快速原型法项目管理审计时，还需更为细致和详细地分析。

### 7.7.2 信息系统面向对象法过程管理审计

**1) 信息系统开发的面向对象方法**

面向对象法是针对面向过程提出的，是区别于传统的结构化的新方法、新思路。它认为客观世界由许多不同种类的对象构成，每一个对象都有自己的内部状态和内在运行规律，不同对象的相互联系和作用构成了完整的客观世界[130]。面向对象法从分析组成系统的对象开始，是基于数据抽象类组合的自底向上的开发方法，由四个基本步骤组成：标示对象和定义类、构建类之间的关系、在类层中构造框架、建立可复用的类库和系统总框架。面向对象法系统开发具有以下特点：①易维护，采用面向对象思想设计的结构，可读性高，由于继承的存在，即使改变需求，那么维护也只是在局部模块，所以维护起来是非常方便和较低成本的。②质量高和可重用。在设计时，可重用已有的、在其他项目中已被测试过且使系统满足业务需求并具有较高质量的各种类。③效率高，在软件开发时，根据设计的需要对现实世界的事物进行抽象，产生类。使用这样的方法解决问题，接近于日常生活和自然的思考方式，势必提高软件开发的效率和质量。④易扩展，由于继承、封装、多态的特性，自然设计出高内聚、低耦合的系统结构，使得系统更灵活、更容易扩展，而且成本较低。

**2）面向对象法开发过程管理审计关键点分析**

面向对象开发方法的项目管理审计，其风险点集中在三个方面：①需要一定的软件支持环境；②不太适宜大型的信息系统开发，若缺乏整体系统设计划分，易造成系统结构不合理、各部分关系失调等问题；③只能在现有业务基础上进行分类整理，不能从科学管理角度进行理顺和优化。

对采用面向对象法开发的项目管理进行审计时，关键点集中在：①开发项目是否适宜采用面向对象方法开发；②现存的业务流程是否科学合理，是否需要进行流程再造；③是否选择了支持面向对象设计范式的面向对象程序语言、开发环境及类库；④系统设计阶段各子系统或模块的逻辑划分是否科学合理；⑤是否存在冗余联系；⑥系统设计阶段产生的图表是否规范和切实表达实际情况；⑦用户需求是否得到满足等。同样，这里仅做简要介绍，在针对具体的面向对象法系统开发项目管理审计时，需要进行详细的分析。

## 7.8 IT 外包审计

### 7.8.1 IT 外包的定义

IT 外包通常指把组织中与信息相关的活动，部分或全部承包给专业化第三方信息技术服务提供者来完成或管理[131]。尽管这一定义看似简单，它实际上涵盖了大范围的外包活动。多年来，IT 外包在形式和目标方面都有了显著的进步。IT 外包从最初的组织内部不同部门之间以外包的形式进行业务合作，发展到国内外包，即组织在区域内或国内寻找外包服务供应商，目前功能性的离岸外包项目已经发展得比较成熟。在目标方面的发展更为显著，IT 外包这个概念已经从仅存于想象中的、创新的、风险的、企图削减成本的一种意识，发展到尝试性的、经过检验的、能帮助组织从中获得商业价值的战略性措施。从工业经济时代的全球化协作生产到知识经济时代的战略性外包是一个不断演进的、从量变到质变的连续发展过程，这种变化有其产生的必要性和必然性[132]。

组织通过 IT 外包利用外部优秀的 IT 专业化资源，达到降低成本、提高效率、充分发挥核心竞争力和增强对外部环境应变能力的目的。综合而言，IT外包的作用体现在以下几个方面。

(1) 提高关键业务的关注度

对很多公司而言，有一些“如何来做的”的问题耗费了管理层大量的资源和精力，一旦将这些问题外包给外部专家，不仅管理的效率和成本会大大改善，还可以使公司专心经营核心资源，同时工作重心可以移到对创新的追求上，使组织兼具灵活性和创造性。

(2) 提供IT技能的共享渠道

在专业化方面，外包供应商的引入，组织实际是通过扩展外部资源来满足自己的需求，为组织提供了一系列新的信息技术。组织与这样的供应商合作，就获得了这些先进信息技术及相关工具和运用能力，从而获益。企业甚至可以获得更多成熟的问题解决方法、流程和文档，在这一过程中，组织更容易培植自己的竞争优势。

(3) 加速流程再造和重组的收益

在管理方面通过信息技术外包可以促进组织的流程再造和重组，减少组织结构的臃肿；在组织变动或成长时不必大幅度地改变组织的信息基础建设，使组织的运营更有弹性，更能快速响应变化环境的挑战；在与外部企业合作的过程中，可使企业快速认识到流程再造和重组的预期收益。

(4) 将信息技术资源转向战略性活动

很多组织面临可用资源限制问题，外包允许资源从非核心能力向提供更大回报的核心活动转移，增加组织的效率和效益，使成本中心演化为利润中心。这也是外包的精髓所在，将有限的资源集中在附加价值高的功能上，而将附加价值低的功能虚拟化[133]。

### 7.8.2　IT外包审计的必要性

正是由于IT外包能给组织带来各种不同的收益，使得越来越多的组织开始选择IT外包，将全部或部分IT工作外包给专业性第三方公司去完成，整合利用其外部最优秀的IT专业化资源，从而降低成本、提高效率、充分发挥自身核心竞争力和增强客户对外环境的应变能力。但同时也应该注意到，IT外包在实际操作中会衍生各种问题，存在各种风险，如果对这些问题不加关注，常常会导致外包的失败。

究其主要原因在于信息的不对称，承包方往往不能深入理解发包方的具体组织环境、组织文化、IT 建设情况和 IT 项目建设的真实意图，处于信息的劣势；而发包方也不能了解 IT 项目开发的具体过程和技术方法，甚至出现对丧失信息技术活动控制权的担忧。而外包后的联盟管理问题也成为双方需要去适应的地方，比如包括信息技术的质量评估和认定问题、信息安全的监控与保密问题、与信息技术环境变化适应的问题、双方信息技术标准的兼容问题。总的来说，IT 外包可能存在的风险主要包括：IT 固有风险、路径依赖风险或套牢风险、信息不对称导致的不利地位风险、信息安全风险、知识产权风险、成本急剧增长风险以及企业与供应商战略、经营目标、经营理念、文化不一致导致的风险等[134-135]。这些 IT 外包风险表现出复杂性高、不确定性高、动态性高、随机性强、可控性差、时效性强的特点[136]。

为了防范 IT 外包风险，提高外包质量，必须在 IT 外包项目实施过程中引入 IT 外包审计，以便完善 IT 外包风险管理制度和措施。IT 外包审计通过收集和评估客户 IT 外包管理活动和供应商 IT 外包服务活动的样本，判断 IT 外包合同是否清晰定义并被遵守、项目实施过程和数据是否有保证、是否符合合规性要求、外包决策过程与组织的战略是否一致等，这样可以完善 IT 外包项目风险管理制度和措施，降低 IT 外包项目失败的风险。

### 7.8.3 IT 外包审计的范围

IT 外包这些年来发生了许多变化。从传统的外包服务，如应用开发和 IT 帮助台活动，到高端的服务，如产品开发、个性化的研发和分布式计算机支持。随着信息技术市场的不断成熟，组织将 IT 服务外包的范围持续扩大。现在，通常外包出去的 IT 服务包括：应用程序管理外包、基础设施管理外包、帮助台服务外包、独立测试和验证服务外包、数据中心管理外包、系统集成外包。

在针对这些 IT 外包项目进行审计时，主要从 IT 外包立项、合同管理、外包过程管理、外包项目交付评审和验收四个部分着手。对 IT 外包项目立项阶段的审计，主要从 IT 外包决策制定、项目选择、成本估计等几个角度考虑。IT 外包的决策制定首先必须要从组织整体战略出发，与组织的整个经营战略相一致，这样才能产生组织效益,如果组织在对自身的实际情况了解还不够深入的情况下就跟风将部分或全部 IT 项目外包出去,往往会给组织带来巨大的经济损失。因此,这一阶段审计的重点包括评估 IT 外包策略与组织战略一致性的符合程度,同时应评估在确定外包方案时是否考虑到各方面因素,如 IT 外包业务类型、IT 外包的生命周期以及如何通过执行由组织范围内的风险、控制、遵循和治理框架所支持的清晰计划,从而管理外包活动。组织针对外包项目应该有相应的内部控制流程,从而可以用更全面的视角帮助组织控制其外包业务,确认风险,提供建议,以便更好地管理风险,并且也可以评价外包活动对相关法律法规的遵循情况。因此需要对 IT 外包项目的内部控制流程和外包管理机制的建立情况进行审计,主要从有效性、合规性进行分析,评估组织内是否存在健全的 IT 外包项目管理制度,以及其项目管理制度是否有效地被执行。在对外包方式选择上的审计中,主要评估组织是否切实依据实际情况去选择 IT 整体外包或 IT 部分外包。IT 整体外包是组织将绝大部分提供信息服务的设备、员工和职责移交给承包商,整体外包形式在一定程度上能够提升企业的竞争力,但如果发包方内部的 IT 专业能力流失,就会失去对 IT 项目全面控制,也难以对承包方的职能与安排进行控制,存在损失战略信息的风险,造成过分依赖承包商,发包方失去主动性和灵活性;另外,企业也丧失了学习新技术的机会。

合同在 IT 外包项目管理中占据着重要的法律地位,在执行合同时,由于管理不当,造成关键技术人员流失、财务周转问题,轻则会影响 IT 外包项目的进度、质量和成本,重则会导致外包失败,因此在审计过程中需要评估合同管理的合规性和有效性。另外,当外部环境或组织的 IT 战略发生变化时,前期签订的外包合同不能适应变换的需求,造成合同无法按照原来的计划实施,对此也需要进行变更管理的审计。

IT 外包过程管理审计占据了 IT 外包审计的主要方面,如果组织缺乏完善的外包过程管理制度,没有有效地监督外包实施过程,则使得项目存在成本增加、信息安全受威胁、项目质量受损、进度缓慢带来的项目延期或失败、IT 项目流程混乱等潜在风险。因此这部分审计的重点应围绕组织内 IT 外包过程管理规范进行,其管理规范是否内容全面具体,涵盖了对承包方人员约束、过程文件记录和提交、技术成果、进度安排、过程监督等方面内容,以有效性、安全性、合规性为目标进行评估。同时管理规范的执行情况也是审计重点，主要是对照规范要求评估其是否被有效执行。

IT外包项目的交付和验收应该有相应的规范和流程，这阶段的审计重点应评估组织是否制定了规范的IT外包项目评审和验收程序，是否责任明确、要求具体，是否有统一规范的验收通过标准，对于大规模的IT项目是否有制定阶段性的评审和验收方案。评估验收过程时需特别注意测试方案中应包括IT功能性、完整性、安全性和可靠性等全方位评估。同时由于IT系统的技术和功能复杂，日常维护环节多、难度高，因此针对接下来的运维阶段审计，主要评估其运维计划是否全面具体。

此外，王光远等编译的《全球信息系统审计指南》一书中提到，在审计IT外包项目时，应考虑以下关键因素[6]。

① 起草和管理外包合同协议的最好方法是什么？

② 需要什么样的做法来确保内部运营能最大限度并最合适地转移到外部第三方？转移阶段的管理是一个困难的过程，需要精准的计划和执行才能成功。

③ 组织如何使外包的风险最小化？IT外包对于组织的影响可能是巨大的。如果关键业务职能外包，可能对组织的内部控制产生重大影响。

④ 为建立外包控制，最有效的框架是什么？当IT职能外包时，一系列关键的控制(包括运营上的和物理上的)转移到了供应商组织。

⑤ 内部控制在外包生命周期的关键阶段是否适当参与了？

⑥ 内部控制人员是否具备足够的外包知识和经验来提供适当的投入？

⑦ 对于组织把IT外包出去的原因，内部控制人员能理解利益相关者的角色和期望吗？

⑧ 如果把IT审计计划外包，那么已创建的计划是一个完整的、从上至下并且基于风险考虑的吗？

⑨ 内部控制人员有能力以一种很好的方式来提出外包建议，从而使经理人员理解并帮助其实施吗？

⑩ 内部控制人员有能力以一种恰当的方式与组织的董事会成员就IT外包的审计发现达成很好的沟通吗？

### 7.8.4　各类 IT 外包项目审计要点

上一节提到的审计内容主要为 IT 外包项目通用审计内容，而针对各种具体的 IT 外包项目，例如：应用程序外包管理项目、基础设施管理外包项目、帮助台服务外包项目、独立测试和验证服务外包项目、数据中心管理外包项目和系统集成外包项目，又分别有其具体的一些要求，下面针对各种外包项目，简要分析其审计要点。

**1）应用程序外包管理审计**

应用程序外包管理项目可以分为应用程序开发外包、定制软件开发外包、软件维护外包和产品支持外包四个部分。

（1）应用程序开发外包审计

应用程序开发外包是比较常见的一种外包类型，组织将应用软件或应用过程中具体功能或模块的开发外包给有技术专长和知识的第三方软件开发公司，让他们在组织提供的规格要求的基础上，开发应用软件。通常情况下，这种服务是从组织提出要求开始的，这些要求包括：技术或功能说明、系统需求说明和功能需求说明。不过，针对组织不同的情况和状态，有时候服务提供商可能需要研究组织内部具体业务流程和组织结构要求，为应用程序的功能需求做好准备，并与组织（客户）一起验证其需求。编码要在软件开发方法（一般为结构化系统开发法）确定后进行，开发方法的确定也是服务提供商质量保证的一部分。合同或工作声明应当从一开始直至开发过程的最后阶段，都明确界定好服务提供商的责任所在。在大多数情况下，软件开发生命周期过程以组织的用户验收测试成功完成而宣告结束。但是，服务提供商可能要负责直至单元测试完成。系统测试、集成测试以及用户测试是保证系统满足客户需求的基本要素，测试可以由组织验收小组或者组织和服务提供商联合组成的团队来实施，无论哪种情况，测试阶段遇到的任何问题都可以交由服务提供商来修正。

在对应用程序开发外包进行审计的过程中，需要注意审计的重点是最后交付的应用系统的完整性和有效性，而不是开发过程中服务提供商的开发过程审计。此外，要注意对应用程序开发密切相关的需求分析文档、分析设计文档、开发文档等一系列文档资料进行审计。下面列出应用程序开发外包审计过程中几项关键审计内容。

① 组织对应用程序开发外包项目的管控流程和制度规范，是否有明确的奖惩制度、职责分工和工作协作方法，是否采用了配置管理软件。

② 组织和服务提供商必须在关键的生命周期活动段，在阶段性成果和最终交付产品上达成一致，并有书面证明。

③ 在应用程序开发之前，组织需要签署技术和功能规格文件。或者应了解使用者基于功能规格的商业需求，该需求经由服务提供商和组织的项目经理认可。

④ 软件编程应遵循一个清晰的编码标准，针对代码编程的集成开发环境、运行环境，各种集成控件、文档及对应的阅读软件等都应作详细的记录和说明。

⑤ 测试计划、测试案例、测试结果必须加以记录并提交给组织查阅，同时在合同中具体说明。

⑥ 日志可以作为在评估所有的缺陷或错误时作为证据，因此，除了项目准备和开发阶段外，在独立开发和整合测试阶段，乃至用户测试阶段由使用者发现的问题都要被记录在日志中。

(2) 定制软件开发外包审计

定制化软件是在标准化成品软件基础上，通过进一步开发使其适合企业需求的一种软件开发模式，即通过对标准件的进一步细化开发，获得为企业量身定做的一系列软件，其需求范围可从一个简单的独立的应用程序到一项集成的公司系统，可以根据企业自身的业务和工作流程减少或者增加软件功能。定制软件的目的是开发满足特定用户需求的软件，使软件具备更好满足企业运用的功能或者是提供特定行业的解决办法。尽管定制应用软件的审计与那些标准开发程序的审计很相似，但是前者更强调为用户需求达成的有效性审计。以下两项特殊活动应在定制软件开发外包审计过程中考虑到。

① 组织必须签署所有业务需求说明文件(如描述解决方案中，具备功能和技术方面具体要求的文件)。否则，应用程序可能达不到组织的需求。

② 进行风险评估和影响分析时，需评估定制方案可行性及方案支撑企业业务解决的能力。

(3) 软件维护外包审计

在软件的某一版本发布后，不可避免地存在一些缺陷，为了保障软件生命力、竞争力需要及时修正错误,或者提升性能和其他属性,需要软件维护。规模较大的软件,往往包含数百万源代码,涉及多种体系结构,运用多种程序语言,模块多,应用领域知识复杂,软件维护工作更为复杂而繁多,因此,将软件维护工作外包给专业的第三方是企业组织常常选用的方案。软件用户的建议也需要在软件维护或升级中得到解决,这些工作包括不重要的软件缺陷解决,企业出现新情况或新需求而引起软件参数或功能的细微调整,或者构建新模块而进行大改变。针对软件维护外包的审计应该考虑以下内容。

① 是否有完善的软件维护程序规范,《程序修改登记表》是否如实记录。

② 当程序变更时是否及时并具体地告知组织,《程序变更通知书》是否写明新旧程序的不同之处。

③ 组织是否定期协调各部门而给软件维护活动留有专门时间。

④ 组织是否为外包维护单位提供完成系统维护所需要的足够时间。

⑤ 组织对维护服务提供商的管理是否到位,并且严格遵循定期维护的周转时间(Turn-Around Time,TAT)。这是一个关键的服务水平期望,因为如果没有建立起适当的对服务提供商的管理控制,就可能导致维护方面的严重问题。

⑥ 新的模块或功能的整合测试和数据回归测试都需要严格完成,保证与现有应用程序平滑整合的所有问题在正式运行前得到解决。

(4) 产品支持外包审计

产品支持活动用以修正运作系统(如应用程序、大型机和数据库)中出现的错误和中断。服务提供商必须调查错误和中断的原因并且快速修复出现的问题。周转时间应快于维护服务的时间,因为受影响的系统正在运行,需要快速恢复,以保证组织能恢复正常运作。审计的关键要点包括以下条目。

① 服务水平期望,如期望的周转时间(TAT)以及所提供服务的质量是否由客户在合同中予以界定。周转时间应涉及响应时间(如回应报告问题所需要的时间)和解决时间(如解决使用者提出的错误或问题报告所需要的时间,或者针对提交的一个问题回应解决办法所需要的时间)。

② 每个响应和问题解决的记录是否都做了保留。同时,审计师应注意对于客户的服务水平协议遵循情况是否有足够的跟踪和监控记录。特别地,内部审计师还应察看系统维护过程的效率,来评估外包运维系统的绩效。

**2）基础设施管理外包审计**

将管理和维护 IT 基础设施的服务外包给第三方就是基础设施管理外包项目。这些服务包括管理和维护基础设施的性能、排除故障错误、维护数据库备份和恢复服务等。组织通过外包给专业团队来帮助自己整合 IT 基础设施运维管理和系统优化服务，这样，组织可以从技术复杂、整合难度高的基础设施运维中脱身，专注于业务和应用的发展，从而将企业人力资源从运维管理转移到其他增值服务工作上。对其进行审计时需要考虑到以下几点。

① 对外包维护、产品支持，以及基础设施管理服务的要求是否正式地传达给了服务提供商。基于工作流程的制度，客户通过把任务书提供给服务提供商来说明自己的服务要求，这种书面方式是最有效的，而通过邮件方式来说明也是一种可供选择的方式，但基于网络方式，其回执情况就显得比较重要，并加以保留。

② 客户是否在合同中清晰说明了服务水平期望，例如周转时间（TAT）和解决方案的期望质量。

③ 周转时间是否进行了适当的测量和监控，以确保基础设施的主要部分能够提供及时的可用性。

**3）帮助台服务外包项目**

任何一种维护服务，譬如排除故障错误、生产支持以及基础设施管理，都可以被归为帮助台服务。根据这种安排，服务提供商的人员可以通过上门（即在客户端）或离线（即在服务提供商端）的方式来支持解决客户的各项 IT 问题。这样，可以确定不同服务级别的周转时间（如响应时间和解决时间）。

满足服务水平的关键要求包括达到预期的周转时间以及所提供服务的质量水平。另外，评价过程中需要一套评价程序，评价程序从服务商反应时间快慢、解决问题能力、服务态度等多个方面加以评测，并将实际表现与预期的服务水平进行比较。最后，实际表现结果在进行评估修正后又被用来作为现有服务的下次评价的核心标准。审计检查包括定期状况报告是否提交给了客户，出现的问题、改进行动及最后结果是否记录在案。

**4）第三方独立测试与验证服务的外包项目审计**

许多组织把测试和验证软件（自主开发或者由第三方开发）的有关事项外包给第三方。对于开发系统的特定测试应该包括监控系统的性能、确认并纠正任何逻辑性错误或问题。在测试和验证阶段,内部审计人员应注意以下几点。

① 测试参数(即将要测试的系统或应用程序,实际测试参数和测试的时间、水平和地点)由客户确定。

② 服务提供商所提出的测试标准是基于客户的要求并由客户签署的。

③ 测试参数包括:

· 系统设计的验证,以确定用户需求是否在系统功能规格文件中进行说明;

· 该系统的兼容能力;

· 该系统承载能力(即系统可以同时处理用户的最大数量);

· 系统运行逻辑正确性,用户正确输入后,得到所要求的输出;

· 缺省参数设置;

· 特殊安全参数,用以预防常见或已知的特定产品或平台上的漏洞。

④ 用于评估参数定义的测试案例应由客户验证。这种案例应作为证据保存起来,并为今后的测试提供参考。

⑤ 测试报告中要定义并阐述错误、违法行为和故障的相关说明。

**5) 数据中心管理外包项目审计**

随着更多的IT部门、供应商和服务提供商进入市场,外包的理念也逐步发生变化:从简单的节省成本转向提供更高水平的运营效率、更专业化的产品服务和动态发展潜力。目前,供应商开始提供可以跨越多种客户类型的专门服务,而不论行业是什么,这方面典型例子就是数据中心运营。数据中心运营的外包源自组织减少信息管理成本的需要,但是目前更看重数据安全性和可靠性,以及连续提供数据服务的能力。因此,其安全性审计尤为重要,组织的业务数据的存储、传输和处理过程的安全性、可靠性能否得到保障是审计的重点。

**6) 系统集成外包项目审计**

在一个分布式环境下,组织的各种功能是通过分散的系统和应用程序得以实现的,这些系统和应用程序互相之间并不共享数据。分布式管理环境下的风险包括:缺乏无缝的系统和应用程序更新、各个系统更新不一致、导致数据互相矛盾或错误报告、系统管理复杂等。系统集成服务包括开发脚本、集成接口或模块、数据转换工具,或专门开发一个集成应用程序用来集成多种应用程序和系统。这样就可以使现有的应用程序之间进行无缝连接,从而形成一个稳固的系统。系统集成成功的关键点是对被集成系统数据的准确性把握。在审计系统集成服务外包项目时，审计人员须确定是否存在以下情况。

① 组织内部要事先评估或验证，即将采用的集成系统符合兼容性、互操作性、安全性和可靠性要求。评估参数应考虑系统的相互依存关系、基础设施的负载平衡能力、对增加的基础设施的容量规划，以及额外的功能设计等。

② 为了其适用性和可靠性，对用于集成的工具进行独立测试。

③ 针对各种输出，确认哪些输出结果是由集成系统产生，并验证集成系统输出结果的精确性和完整性。

④ 审查"集成测试结果"，判断其是否验证系统集成的完整性和精确性。

⑤ 是否构建了反馈机制和触发条件，以应对系统集成中各种问题解决。

## 7.9 案例分析

某两个相关机构共同开发某电子通用信息管理系统，目的在于提高这两个机构对电子及纸质文档的管理，希望实现存档信息生命周期的自动化管理，同时加强对下属机构信息的收集。该项目在 2014 年下半年进入关键时刻，预计自 2014 年 12 月 1 日开始试运行，至 2015 年 3 月 31 日结束。4 个月试运行的目的是审查系统的完善性，发现人员培训、系统维护及支持等方面存在的不足，两个机构将根据试运行结果决定是否全面采用该系统。在试运行之前，两个机构组织了针对该系统开发的联合审计项目[137]。

**1）审计目标、范围、时间、关注的风险、方法和内容**

(1) 审计目标：独立客观评价所采用的管理控制体系是否有助于该项目的成功。

(2) 审计范围：管理标准、流程以及事务。

(3) 审计时间：该审计自 2004 年 11 月实施，对截至报告提交日的项目进展情况和未来计划进行审计。

(4) 关注的风险：项目的内部风险，包括项目管理风险和技术风险。项目管理风险包括功能范围界定不当、成本时间超支、用户需求不符等风险；技术风险指包括系统功能、可用性或性能较差，软件维护困难，系统内控设计不当，技术选用不当及系统实施困难等风险。

(5) 审计方法：与相关人员就联合服务和软件领域的有关问题进行询问；检查相关文件，如项目计划书、项目工作计划、项目文件、项目状态报告、信息管理战略计划、委员会会议纪要，预算以及系统功能描述。

(6) 审计内容：

① 管理层是否全程参与整个项目生命周期。

② 管理层是否有效负责提供项目所需的充足人力和财力。

③ 管理层是否负责审批项目计划，其中包括项目目标、功能范围、开发方法、风险管理策略、交付标准和里程碑及相关的检查控制点。

④ 管理层是否建立起持续改进管理的策略。

· 针对突发事件，是否建立与相关人员及时沟通渠道；

· 建立一个涉及多职能的综合领导小组全面指导和监控该项目运作；

· 确立信息系统项目目标；

· 针对项目目标，与两机构董事会及时沟通、交流；

· 为达成目标，清除相关障碍；

· 及时总结项目进展状况；

· 巩固已取得的成就并在此基础上持续改进；

· 将持续改进理念植入企业文化。

(7) 管理层是否根据项目计划监控项目进展、分配资源、发现偏差、及时调整计划，并确定系统性能和功能的最低要求。

**2) 审计总体评价**

该项目的项目管理有很多值得借鉴的地方，如：明确提出项目计划书，得到高级管理层的关注以及优先支持；吸纳专家意见；建立项目计划和项目测试计划；实施初步风险评估；明确角色分工、交付标准、合理安排时间、分配资源；编制项目进度表；着手拟定项目报告；成立指导委员会负责项目整体管理；建立用户测试小组；设有沟通计划；通过外购软件集成和有限测试方法来降低项目固有风险；等等。

但该项目仍需要在以下方面加以提高。

(1) 应建立合理的监督机制和责任流程。

(2) 合理计算、报告、管理系统开发的成本和时间进度。

(3) 关键用户全程参与系统开发过程的机制。

(4) 应拟定恰当的系统开发方法及评价标准。

**3) 审计发现的问题及建议**

(1) 合理的监督机制和责任流程

为辅助高级管理层完成项目监制、资源分配和变更管理,应建立一套合理的监督机制和责任流程。尽管高管层自项目启动就参与其中,并参与项目进程的具体管理与审批,但对合同签订和资源分配等重要事项没有提出需要审批的要求,也没有指定专门部门进行用户管理。

(2) 治理和责任

该项目设立了项目指导委员会。审计认为,尽管指导委员在引领项目进程中扮演了重要角色,却未能定位在治理的层次上开展工作。项目指导委员会在项目计划中,详细描述了项目目标、范围、里程碑、审查控制点以及项目管理、控制方法,并细化了项目内容、资源需求;拟定了系统开发管理体系;进行了初步风险评估,并确定了风险转移办法;通过编制角色分工明确各利益相关者的职责;完成2014—2015年度时间、成本估算。

尽管指导委员会对信息管理模型的制定和设计有所监督,但对项目计划执行却没有起到监管作用,既没有要求也没有收到重要事项的请示报告,比如合同签订、资源分配等。

(3) 持续改进管理

2014年4月,项目组已经认识到新系统可能遭遇用户的抵触,但高管层并没有及时倡导和开展持续改进管理以降低该风险。当指导委员会应对项目突发事件时,有效的持续改进管理策略更为重要,这包括:建立跨部门整合领导小组来发起和指导该系统的推广;设计系统蓝图,并经常与员工沟通交流;逐步实施有效持续改进;在整个机构范围内推广持续改进理念等内容。

(4) 合理计算、报告、管理系统开发的成本和时间进度

项目有极大可能超出预算和不能按时完工的风险。建议:①项目经理在里程碑时点标记已耗成本和时间,并估算后续阶段的成本和时间。成本包括开发成本和维护成本。②项目当局应定期向指导委员会报告项目进展情况,并提醒委员关

注时间、成本、进度偏差。③项目指导委员会在做决策时应综合考虑累计已耗时间、实际成本以及总成本。

## 本章小结

IT 项目审计是审计内容的一方面，但是 IT 项目较多。本书选择较为典型和常用的信息系统开发项目管理审计为例，详细说明其审计目标、审计内容和相应的审计方法，同时介绍了外包项目的审计情况。首先从系统开发项目成功和失败比例高特征，给出对系统开发项目进行审计的必要性和优点，然后给出了审计对象的五大基本领域：项目管理、业务和 IT 联盟、IT 方案准备、组织和过程变更管理和及岗位职责实施，系统开发项目管理审计内容应该包含这五大领域的相关内容。审计方法主要分为短期审计和长期审计两种，两种方法各有千秋，需要根据不同的状况选择。系统建设是一个复杂的系统过程，追溯到风险项的根源是比较困难的，尤其不同的系统开发方法往往有不同的审计内容和审计流程、工具。目前业内比较常用的三种开发方法：生命周期法、原型法和面向对象方法，三种方法的风险项有共同部分，也有所差别，本章以生命周期法为例，详细介绍生命周期的各个阶段内的审计要点，而对原型法和面向对象方法则简要说明。IT 外包是组织信息化过程中常用的措施，因此本章最后一节重点描述了 IT 外包项目审计要点，包括：应用程序管理外包、基础设施管理外包、帮助台服务外包、独立测试和验证服务外包、数据中心管理外包和系统集成外包。

# 第 8 章　IT 审计过程管理

IT 审计的一个重要特征是过程性，即由若干工作阶段构成的一个过程，整个过程涉及信息技术、管理、法律、经济等诸多方面，是一项严肃而又有风险的活动，控制风险是贯穿于整个 IT 审计活动的主要内容。审计计划是 IT 审计活动的开始，对于提高审计工作质量和水平具有重要的意义。在审计完成后，IT 审计师应提交一份报告，陈述 IT 审计工作的范围、目标、周期、性质等，并提出审计结论、建议和意见。审计报告是审计成果的主要载体，具有鉴证、保护和证明作用。

## 8.1　IT 审计程序

IT 审计实施程序包括接受审计委托、评估审计风险、制订审计计划、收集审计证据、出具审计报告、后续工作六个阶段(图 8-1)。

### 8.1.1　接受审计委托阶段

如果 IT 审计师接受了审计业务委托，与委托人签订委托书，据以确认审计业务的委托与受托关系，明确委托的目的、审计范围及双方责任与义务等事项，最终形成书面合约[138]。审计业务委托书一旦签订便具有了法定的约束力[139]。

(1) IT 审计职能或 IT 审计任务的目的、责任、授权和义务应在委托书中予以正确登载。

(2) 委托书应在组织内的适当管理层得到同意和通过。

(3) 对于内部 IT 审计职能，应为所有进行中的业务活动制订一份委托书。委托书应通过年度审查，如果委托内容发生变动，则应尽快进行审查。内部 IT 审计师可用委托书来进一步澄清或确认参与特定的审计任务。外部 IT 审计师参与每

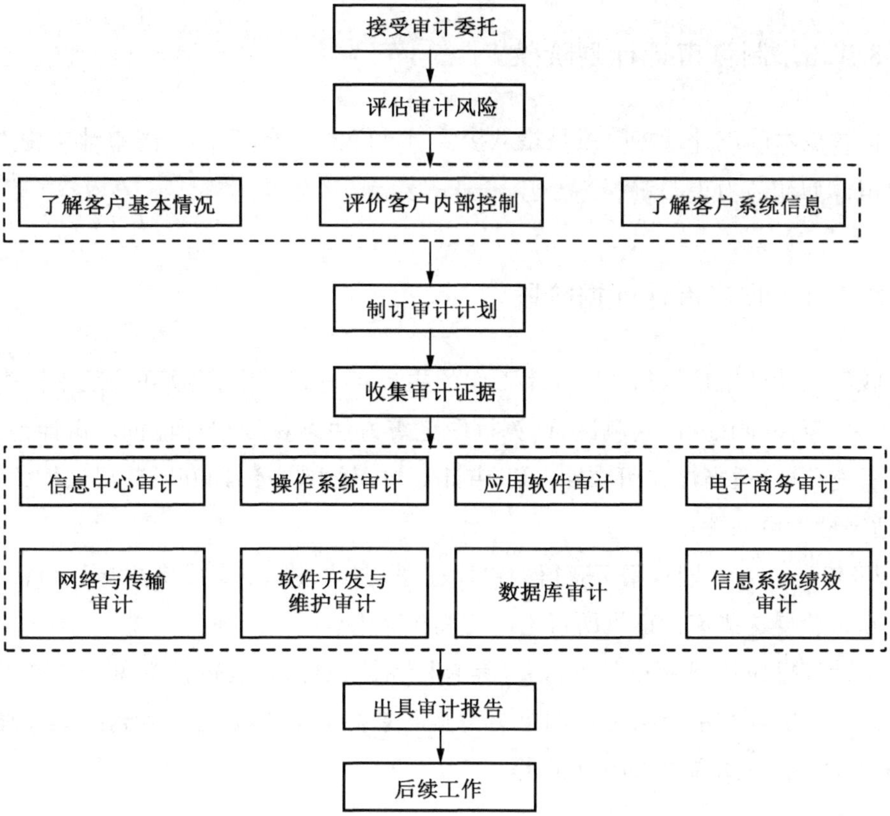


图 8-1　IT 审计过程

项审计任务通常应当准备委托书。

(4) 委托书应足够详细，以便能够表达审计功能或审计任务的目的、责任和限制。

(5) 委托书应定期审查，以确保审计的目的和责任已经记录在案。

### 8.1.2　评估审计风险阶段

IT 审计师在接受了委托任务之后，在了解被审计单位的基本情况、信息系统的现状以及内部控制情况的基础上，进行审计风险评估。一般采取现场了解、文件调查、询问等方法。

### 8.1.3 制订审计计划阶段

信息技术的审计计划阶段是指从接受审计任务开始，到制订出审计实施方案、发出审计通知书为止的过程。

### 8.1.4 收集审计证据阶段

收集审计证据是执行 IT 审计工作的主要部分，IT 审计师可以运用检查、复核、观察、查询、函证、白盒测试、计算机取证等方法以获取审计证据。审计证据必须具备充分性、适当性和可靠性。IT 审计师应评估其审计期间所获得证据的充分性、适当性和可靠性。

IT 审计师应计划利用可获得的审计证据，在此过程中必须考虑审计目标的重要性和为获得这些审计证据所付出的时间和努力。

审计证据应该足够充分、可靠且具有相关性，足以形成审计意见或解释 IT 审计师的审计发现和审计结论。如果觉得其所掌握的证据不足以达到以上标准，则 IT 审计师应该获取更多的审计证据。

### 8.1.5 出具审计报告阶段

IT 审计师应当对获取的审计证据进行分析和评价，以形成相应的审计结论。出具审计报告阶段是实质性审计工作的结束，包括整理、评价收集到的审计证据，编写审计报告，向被审计单位发出审计结论和建议等。

### 8.1.6 后续工作原则

审计报告完成并不是审计工作的终点。IT 审计师需要根据审计报告中表述的重大漏洞、缺陷及相关建议，对管理层是否及时采取恰当的举措给出结论[140]。

如果管理层针对审计报告建议而提出的措施已经交换意见或提供给 IT 审计

师,则应该把这些作为“管理层的反馈意见”写进最终的审计报告。在确定后续工作的性质、时间和范围时,应该考虑到所报告的审计发现的严重性及若不纠正可能会产生的后果。IT 审计后续工作与原审计报告发表的时间考虑取决于职业判断,所依据的各方面因素包括相关风险的性质和程度以及对被审计方的收费。

后续工作程序应由内部审计部门设定,以监控和保证管理层的措施已被有效地贯彻,或确认高级管理层已决定接受不采取措施而导致的风险。这些后续工作的责任可在该部门的审计章程中做出规定。根据审计项目的范围和条款,外部 IT 审计师可依托内部 IT 审计部门,对达成共识的建议开展后续工作。

在对后续工作做出结论之前,如管理层为实施建议已采取措施且提供相关信息,而 IT 审计师对该信息有疑虑时,应该进行恰当的测试或采取其他程序来确定真实情况和进度。后续工作进度的报告应该递交至审计委员会或该机构适当层次的管理层,该报告包括经过讨论通过却未实施的建议。作为后续工作的一部分,IT 审计师应该评估审计发现若不被采纳是否还有相关性建议。

## 8.2　评估 IT 审计风险

IT 审计活动的各个环节都存在风险。当然,并非所有的风险都会产生灾难性后果。审计风险研究不能完全消除风险,但可以帮助人们认识风险,在有限的空间和时间内改变风险存在和发生的条件,减少风险造成的损失或降低风险发生的概率。

### 8.2.1　审计风险评估模型

美国注册会计师协会发布的第 47 号审计标准说明中提出了审计风险模型:

审计风险＝固有风险×控制风险×检查风险

可见,信息系统的审计风险是由固有风险、控制风险、检查风险三个要素构成[141]。

**1) 固有风险**

固有风险是指在不考虑被审计机构内部控制的情况下,其信息系统本身存在的安全性和可靠性等问题出现的可能性。IT 审计事务所应该慎重考虑固有风险过高的业务委托。通常情况下,IT 审计服务人员无法改变或消除被审计单位的固有风险,该风险具有以下几个特征。

(1) 固有风险源于被审计单位采用的信息技术类型和使用水平。通常情况下,信息技术类型、信息技术应用的业务场景、信息技术使用水平,都会影响企业固有风险水平。

(2) IT 审计师可以通过审计流程或数学模型对被审计单位的固有风险进行评估和量化,并通过业务逻辑或信息系统使用规则寻找固有风险的来源。但是,IT 审计师并不能降低或消除固有风险。

(3) 固有风险是一种独立且客观存在于审计过程的风险,其大小及可能产生的后果,需要 IT 审计师依据专业知识进行评估。

**2) 控制风险**

控制风险指被审计企业未能通过管理与控制及时防止或发现其信息系统出现问题或缺陷的可能性。与固有风险一样,审计人员只能评估其水平而不能影响或降低它的大小。控制风险有以下几个特点[142]。

(1) 控制风险与企业内部控制制度设计的有效性和完备性有关。高能效级别的内部控制制度能够降低控制风险发生的概率或不良后果造成的损伤。然而,企业无法识别信息系统设计或使用中可能出现的所有缺陷,因此无法设计出完美的内部控制制度。因此,企业可以通过设计有效的内部控制制度降低控制风险,但不能完全消除该风险。

(2) 控制风险与企业内部控制制度的执行效度有关。企业内部控制制度是否能够有效执行取决于管理人员对内部控制的重视程度和制度执行人员的工作能力。当企业高层人员不重视控制,则会减少聘用内部控制人才,极少或从不考核内部控制成果。这会影响内部控制制度的执行。另外,负责控制制度执行的基层员工可能存在工作能力欠缺或责任心不足的情况。这也会导致控制制度的落地奏效。因此,有效的内部控制制度执行是企业减少控制风险的必要保障。

(3) 控制风险是审计过程中一种独立风险。IT 审计师能通过科学的审计流程或审计方法对企业的控制风险进行评估,或判别企业内部制度设计的有效性及执行效度。但 IT 审计师无法消除企业的控制风险。

**3）检查风险**

检查风险是指IT审计师通过预定的审计流程未能发现被审计企业在信息系统的安全性、真实性、绩效等方面存在的问题或缺陷的可能性。与固有风险和控制风险不同，检查风险是审计风险要素中唯一能被IT审计师进行控制和管理的风险要素。检查风险有如下特点[143]。

（1）固有风险和控制风险不影响检查风险，检查风险独立存在于整个审计过程中。

（2）检查风险与IT审计师的工作直接相关，是审计流程有效性和IT审计师运用审计程序有效性的函数。在审计过程中，IT审计师可以通过正确运用科学的审计抽样和符合性测试等审计方法、设计完备的审计计划和审计方案、收集充分且恰当的审计证据、正确运用审计程序等措施，有效降低检查风险，把审计风险的总量控制在可接受水平。

（3）IT审计师要基于检查风险的大小和重要性，制订审计具体实施内容，例如，实质性测试的时间选择、内容和范围，审计证据的收集量。

IT审计师的工作决定了检查风险，从而最终直接影响审计风险。审计师不能有效的利用审计程序和审计方法发现企业信息系统中存在的问题，不能准确且完整地汇报其中的漏洞或缺陷，将直接引起审计风险的发生。固有风险和控制风险对最终的审计风险也有间接影响，因为即使存在固有风险和控制风险，最终也可以因为审计师的工作而被发现并克服掉。但需要指出的是，检查风险不等同于审计风险，其只是审计风险中的一个要素，审计风险是固有风险、控制风险和检查风险综合作用的结果。

### 8.2.2 评估固有风险和控制风险

固有风险和控制风险是审计风险的一个重要组成部分，正是因为固有风险和控制风险的存在才导致了审计风险的存在。可见，固有风险和控制风险与审计风险呈正比例关系。审计师为了完成审计的目标，必须对固有风险和控制风险水平做出正确的评估。审计人员要调查了解被审计单位信息系统的状况，包括从硬件到软件等与信息系统有关的全部内容，如：数据（各种电子数据、技术文档、合同、

**表 8-1　被审计单位信息系统信息汇总调查表**

| 序号 | 信息系统基本情况调查表 | | | | | | | | | | | | | | | 可提供资料 | | | | | | |
|---|---|---|---|---|---|---|---|---|---|---|---|---|---|---|---|---|---|---|---|---|---|---|
| | 基本情况 | | | | | | | | 运行环境 | | | | | 系统使用时间 | | 安装程序 | 应用程序备份 | 数据库备份 | 相关手册 | | | |
| | | | | | | | | | | | 软件环境 | | | | | | | | | | | |
| | 系统名称 | 使用部门 | 维护部门 | 用途 | 所处理数据来源 | 开发公司 | 数据库系统 | 联系人及联系方式 | 硬件环境 | 工作方式 | 操作系统 | 数据库系统 | 其他环境要求 | 开始日期 | 截止日期 | | | | 安装手册 | 用户使用手册 | 数据结构说明 | 其他 |
| 填写说明 | 所用信息系统的全称 | 使用此系统的部门名称 | 维护此系统的部门名称 | 该系统财务核算、业务处理的具体内容 | 系统处理数据的来源 | 该系统的开发单位名称 | 系统的后台数据库类型 | 该系统使用部门负责人信息 | 按照CPU、内存、硬盘顺序列出 | 单机版、C/S、B/S | 支持该系统运行的操作系统类型 | 支持该系统运行的数据库类型 | 其他未提到的环节要求 | 系统开始使用日期 | 系统停止使用日期 | 如可提供在相应栏打“√” | | | | | | |
| | | | | | | | | | | | | | | | | | | | | | | |
| | | | | | | | | | | | | | | | | | | | | | | |
| | | | | | | | | | | | | | | | | | | | | | | |
| 其他需说明的情况 | | | | | | | | | | | | | | | | | | | | | | |

管理规定等)、应用系统(财务软件、办公软件、生产软件、电子商务软件、客户关系管理软件等)、数据库系统、中间件(防火墙和杀毒软件等)、操作系统、硬件设备(计算机主机、打印机、存储设备及网络设备等)和辅助设施(机房、UPS、电缆及防雷击设施等)。

由于信息系统作用是支撑企业生产运营与决策,因此要了解企业的生产经营情况[144],如:①业务类型与范围、运营方式、业务波动规律、产品和服务特点;②业务信息化程度及可供分析的数据资源;③企业所在行业相关的经济与政治政策、所要遵循的法律法规;④战略合作伙伴关系及跨企业信息系统使用情况;⑤关联方及其交易的存在情况;⑥信息系统内部控制制度的完备性和执行情况;⑦行业类型、受宏观经济波动影响程度等;⑧企业对外报告(包括提供给管理机关、媒体、消费者的资料)的用途和性质。

表 8-1 至 8-3 提供了非常实用的工具,帮助审计人员初步分析被审计单位的信息系统的固有风险和控制风险的水平。在审计过程中,需要经过对信息系统的了解、分析、评价和测试来确定固有风险和控制风险的水平[145]。

**表 8-2　被审计单位信息系统基本情况调查表**

| | | | |
|---|---|---|---|
| 财务/业务系统名称 | | 启用时间 | |
| 系统开发者名称 | | | |
| 软件基本情况 | 操作系统 | | |
| | 数据库管理系统 | | |
| | 网络通信软件 | | |
| 系统模块名称和功能 | | | |
| | | | |
| | | | |
| | | | |
| | | | |
| | | | |
| 备注: | | | |

审计人员:　　　　审计日期:　　　　复核人员:　　　　复核日期:

表 8-3　应用软件基本情况调查表

| 1. 基本情况 | 是 | 否 | 不适用 | 评价 |
|---|---|---|---|---|
| (1) 应用软件是否为正版软件? | | | | |
| (2) 是否具有软件维护单位技术支持? | | | | |
| (3) 应用软件如果是自行开发或购买,是否经过上级主管部门及专家鉴定批准? | | | | |
| 2. 软件文档资料 | | | | |
| (1) 软件的功能是否违反了国家的法律法规? | | | | |
| (2) 软件功能是否达到了用户的要求? | | | | |
| (3) 程序中是否存在违法违规的代码? | | | | |
| (4) 软件在功能、性能、安全性和可靠性方面是否达到需求说明书的要求? | | | | |
| (5) 应用软件中是否存在欺诈行为,如利用应用软件进行舞弊、提供虚假信息等? | | | | |
| 3. 软件程序代码 | | | | |
| (1) 程序代码中是否存在错误? | | | | |
| (2) 是否有选择性地对程序进行检查? | | | | |
| (3) 程序运行前是否进行了测试? | | | | |
| 调查结果: | | | | |

### 8.2.3　确定重要性水平

IT 审计师要依据审计目标、被审计对象和审计报告使用者三方面因素综合去理解和把握审计重要性水平。重要性水平是针对特定的被审计单位、具体审计事项而言的,依照审计项目的不同,重要性评估具有相对性和个性差异[146]。例如,对同一家企业而言,信息系统处于不同的阶段会影响审计事项重要性的变化。即使处于信息系统运营时期,由于审计目的不同,审计侧重点也会有差异,重要事项和次要事项可能发生变化。即使审计目的相同,由于企业信息系统的规模、应用的范围和程度不同,审计重要性内容也可能截然不同。一般而言,来自企业内部的威胁比外部的更为严重;基于信息技术的舞弊行为比误操作等更为严重;来自企业高层的信息系统舞弊比中层、基层的舞弊更为严重;软件设计上的舞弊比利用软件漏洞的舞弊更为严重等。IT 审计师在确定重要性水平时应当考虑以下一些因素[139]。

(1) 既往重要性水平评估的经验。审计重要性水平的判断是 IT 审计师的一种专业判断力。IT 审计师根据既往工作经验和专业知识,考虑被审对象的变化情况,在已有经验基础上,加以修正,从而判断本次审计事项的重要性水平[147]。

(2) 内部控制与风险评估结果。如果内部控制较为健全,可信赖程度高,则审计风险相对较低,可以将重要性水平制定得高一些;如果评估的审计风险较高,则审计重要性水平就较低,需要扩大审计范围。

(3) 信息系统规模和应用的程度。如果企业信息系统的规模越大,则所确立的审计重要性水平应该越高。

(4) 产品对信息系统的依赖度。同一企业的不同产品对信息系统的依赖度和敏感度不同,根据审计的要求和范围的不同,重要性水平也是不一样的。

(5) 不同行业对信息系统的依赖度不同,也直接影响审计师对重要性水平的判断。

(6) 企业因开拓新业务、改变管理模式或更新技术平台等,对信息系统进行大规模的更新、升级、调整等,那么就有理由予以重点关注,提高重要性水平。

(7) 从企业信息系统的角度分析,可以把基于信息系统的业务持续能力计划和业务恢复能力计划等置于最重要的地位,它体现企业决策层(高层)对信息系统的重视程度。而信息系统的功能与结构,如财务系统、报表系统、电子商务系统等的功能与结构处于较重要的位置,包括设备采购流程、通用软件采购流程、软件更新流程、软件维护流程和专用软件定制流程等,它体现了企业管理的制度化情况。日常操作情况,即制度的实施情况,位于第三重要的位置,包括口令、账户等使用情况,维护、更新、转移的执行情况等,它体现了企业管理制度的执行情况。

### 8.2.4 控制检查风险

检查风险在 IT 审计过程中是独立存在的。它的存在并不受其他两个风险要素的影响。检查风险是审计风险的独立变量,任何一个环节的失误都会导致检查风险产生。

该风险要素与 IT 审计工作效度直接相关。其中,IT 审计程序的有效性及 IT 审计师正确运用审计程序的能力,都是决定 IT 审计工作效度的重要因素。换言之,可以通过提升审计程序的有效性及 IT 审计师运用审计程序的正确性,实现检查风险控制。审计师可以通过采纳有效的审计程序从而有效降低检查风险。在实际的 IT 审计工作中,审计师可以从以下几个方面实现最小化的检查风险。

(1) 接受审计项目的谨慎性

通常情况下,IT 服务机构都想扩大经营规模从而增加营收。然而,不顾自身业务能力和专业知识的盲目业务扩张,会带来接受任务风险或接受客户风险。在 IT 审计任务开始之前,IT 审计师需要对审计任务的难度、审计所需要的专业知识、审计成本收益比值等问题进行预评估。只有那些能力范围以内且能够带来收益的项目才具有接受委托的价值。同时,客户提供的资料是否齐全,是否存在刻意隐瞒事实等问题,都是审计师决定是否接受委托的重要考量因素。

(2) 委派合适的审计师

审计师的业务能力是审计质量的重要保证,要保证委派的审计师能力与任务难度相匹配,审计师在审计中应当具备专业能力、管理协调能力和沟通能力。其中,专业能力是指审计师的知识和经验水平是否能够覆盖审计任务的能力,是审计师最核心的能力。在审计过程中,审计师应该能够从专业视角透彻地理解被审计项目,能够从中发现、分析、并归纳当前项目中存在的问题,能够以符合规范的方式充分地向被审计方汇报问题。当委派的 IT 审计师的业务能力无法与任务难度相匹配,委派人员失当造成的风险称为委派人员风险,这就容易产生检查风险。在信息技术日新月异的今天,IT 审计师在工作中遇到新技术和新知识是在所难免的。这就要求审计师持有时刻学习的态度,提升自我专业素养以匹配审计任务要求。同时还要考虑审计费用和委派人员风险之间的利弊权衡,避免由此产生过高的审计成本或过高的委派人员风险。

(3) 审计师独立性与审计程序的严格执行

审计师的独立、客观、公正的工作态度是审计程序被严格执行的主观保障。IT 审计服务机构在委派审计师时应该考察任务候选人员与被审计单位之间的利害关系，避免委派与被审计单位或单位员工具有私人关系的审计师承担审计工作。同时，审计师不应因对方金钱利益诱导而不遵循正常审计程序、忽视对被审计单位或个人不利的审计证据、或篡改审计报告。审计程序的严格执行是审计结果有效性的重要保证。除了由利害关系导致的错误外，审计师还要在审计过程中保持专注认真、细致谨慎，避免由于粗心大意而导致的审计错误。

(4) 建立科学和周密的审计计划、审计方案

科学合理的审计计划是有效指导审计任务开展的准则性工具。审计任务是一项需要 IT 审计师、客户方业务对接人员、系统工程师、运营助理等多职业背景人员协同开展的团队任务。因此，详细的审计计划书和审计方案能够让审计任务参与者明确自己的职责、审计进程和后续可能开展的工作，有效避免工作偏离审计轨道。审计师在制订审计计划与方案时应该充分了解客户的信息系统和经营背景，减少审计方案失当的可能性。同时，在计划与方案执行过程中，适当监督、检查与阶段性成果反馈有助于降低检查风险。审计工作方案的失当会带来检查风险，这种风险称为制订审计方案风险。

(5) 审计取证具有合法性、适当性、充足性、经济性

在 IT 审计过程中，审计人员应当以合法的手段完成审计证据的收集工作。非法渠道所得的资料不能作为可靠的审计证据。在合法性的基础上，IT 审计师需要保证审计证据的适当性和充足性。换言之，审计证据应与审计目标相关、质量可靠、能够客观反映审计事实，在数量上能充分支持审计结论。除此之外，审计师应当注意审计证据收集过程中的成本控制问题。审计证据并非越多越好，根据项目特征合理地选择审计证据的内容和数量，能够节约时间、人力和经济资源。

(6) 基于内部控制的审计策略选择

信息系统是支撑组织的业务运作的，因此，组织的内部控制制度是被审计单位信息系统的使用环境。一个考虑周密和有效的内部控制制度能够在很大程度上防止各类问题的发生。所以，虽然控制风险与信息系统审计工作无关，但审计师需要通过符合性测试来评价内部控制制度。通过控制风险的评估结果考虑信息系统审计策略选择。

(7) 正确使用审计方法

正确使用审计方法包括但不限于科学的审计抽样和合理的分析性推理审核。符合科学规则的抽样方法是保证样本具有整体代表性的重要前提。只有用科学抽

样方法获取的数据开展实验，其结果才具有可靠性。判断抽样和统计抽样都是审计抽样中常用的方法，抽样方法使用不当会带来检查风险。要评估被审计单位信息系统固有风险水平，常需要适当的分析性推理审核。分析性审计通过分析和对比证据之间的关系，发现前后异常变化，从而推断潜在的问题。失当的分析性审核会导致错误的结论，从而带来检查风险。

(8) 运用审计标准的恰当性

在审计过程中，审计人员要采用一定的审计标准对所取得的审计证据进行衡量。如果审计标准的内容很多，或标准内容不具体，就可能造成审计师引用标准的不恰当，从而导致错误的审计结论。即使选用了恰当的审计标准，还需要审计师充分理解并掌握使用这些标准的基础和范围，否则，会造成运用审计标准的风险，从而形成检查风险。

(9) 出具审计报告的适当性及建立审计工作底稿

诚实且细致地编写IT审计工作底稿是审计过程中重要的一步。工作底稿应该做到资料充分、繁简得当、重点突出、语言清晰。IT审计师应以工作底稿为依据撰写审计报告。出具审计报告的重要原则包括要素齐全、措辞精准、格式规范、证据充分、结论准确。不符合上述规范的审计报告可能无法产生正常的效能，导致审计报告风险产生，从而形成检查风险。

## 8.3 IT审计计划

审计计划是审计机构为了完成审计任务，在审计前通过计划的编制、执行和监督来协调各类资源以顺利达到审计目的的过程[51]。审计计划是审计管理的一项重要职能，是有效进行审计管理的重要工具之一。审计计划的作用就是初步了解审计风险，因而在审计实施过程中运用审计方法来控制或降低审计风险。做好审计计划工作，对于提高审计管理效率和效应，促进审计工作质量和水平的提高具有重要意义。

### 8.3.1 计划制订的流程

制订审计计划需要跟随系统的处理流程，以确保所有基本业务和信息技术服务支持活动都得到充分的了解和考虑。因此,从本质上说,它的基础根源在于组织的目标、战略和业务模式[148]。图 8-2 描绘了一项合理的工作流程:采用自上而下的方法来制订 IT 审计计划。

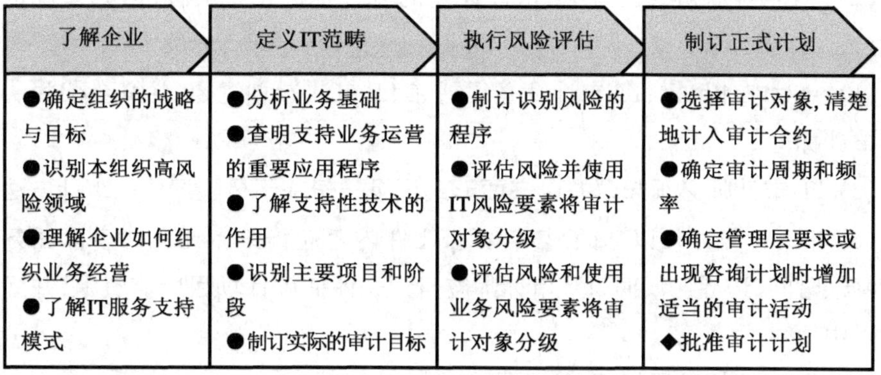


图 8-2　IT 审计计划过程

制订 IT 审计计划的第一步是了解企业业务。在这个环节中,审计师要确定组织的战略、目标和商业模式,这些可以帮助审计师理解组织特有的经营风险。审计组还需要了解现有的营业内容和信息系统功能如何支持企业业务活动[149]。

第二步,审计师需要定义 IT 范畴。可以依次通过以下步骤来进行:识别关键业务目标和过程;识别支持这些业务的重要应用程序,以及这些重要应用程序的关键基础设施;了解组织的 IT 服务支持模式;了解一般性支持技术(如网络设备)作用。通过这些技术性的分析,以及服务支持程序和对系统实施项目的了解,审计师可以建立一个全面的关于 IT 审计环境的资产清单,这个清单反过来可以协助评估可能影响内部控制的 IT 环境薄弱点。

在审计师对组织的 IT 环境有一个清晰了解之后,第三步是执行风险评估——用于确定风险事件发生可能性的方法论,这些风险事件会阻碍企业以高效率、平稳和可控制的方式实现各种经营目标。

通过调查企业获得各种信息并展开分析、对 IT 环境制定详细清单并评估风险后,是第四步,即制订正式的审计计划。审计计划的目标是确定将审计师的查证和咨询工作集中在哪些地方,以实现为管理层提供客观的信息,从而有效地管理组织的风险和控制环境。

### 8.3.2 计划制订的准则

IT 审计与控制协会已就 IT 审计计划的制订提出了相关标准，具体规定有以下几点。

(1) 针对审计目标，IT 审计师必须制订 IT 审计计划纲要，并符合相关法规和职业审计标准。

(2) IT 审计师必须起草并以书面形式记录一份基于风险评估的审计方法。

(3) 审计计划必须以书面形式呈现，文件内容应详细阐述此次审计任务的目标、性质、时间、边界。同时，IT 审计师应当预先评估审计项目所需资源，并标注于计划书中。

(4) IT 审计师必须起草审计项目计划和审计程序。

(5) 内部审计部门必须对延续性的工作至少按年度起草或更新计划书。此计划书将作为今后审计工作的框架并明确审计章程所阐述的职责。新的或更新过的计划书必须获得审计委员会的通过。

(6) 外部 IT 审计师参与每项审计或非审计任务时通常应当备妥计划书。此计划书必须以书面形式说明该审计项目所要达到的目标。

(7) IT 审计师必须了解审计对象的活动，审计对象组织的属性，组织所处的环境、风险。审计目标也决定这种了解所需达到的深度。

(8) IT 审计师必须进行风险评估，以保证在其审计工作中涵盖所有重要材料。之后，才可以制订相应的审计策略、重要性水平，并掌握审计资源。

(9) 如果审计工作中出现新的风险、不正确的假设，或者从已经执行的程序中发现新问题，则审计项目内容和计划书可能需要随之做出针对性调整。

### 8.3.3 审计计划的内容

审计计划包括总体审计计划和具体审计计划。

**1) 总体审计计划**

总体审计计划是 IT 审计师从接受审计委托到出具审计报告整个过程中基本

工作内容的综合规划[150]。总体审计计划要求思路清晰、内容协调、文字准确、格式规范。具体包括如下内容。

(1) 被审计单位的信息系统基本情况。

(2) 审计目的和审计范围。

(3) 审计策略。

(4) 重点问题及主要范围。

(5) 审计程序和工作进度规划。

(6) 审计预算和所需资源。

(7) 审计项目组成员与成员工作职责。

(8) 审计重要性的确定及审计风险的评估。

(9) 对以前审计结果的利用。

**2) 具体审计计划**

具体审计计划是依据总体审计计划制订的,是对实施总体审计计划所需要的审计程序的性质、时间和范围所做的详细规划与说明。具体审计计划要求目标明确、程序稳妥、步骤详细、内容具体。具体包括以下内容。

(1) 整体业务流程审计。

(2) IT流程审计。如IT治理及战略审计,以及对于组织的项目管理能力、软件开发活动、政策及程序、COBIT/ISO/ITIL过程、信息安全、突发事件管理、变更管理、补丁(Patch)管理和帮助台活动的审计。

(3) 业务项目及相关IT审计(Business Project and IT Initiative Audits),包括软件开发生命周期(Software Development Life Cycle,SDLC)审查。

(4) 应用系统的管理控制审查。

(5) 技术基础设施审计。如需求管理审查、绩效审查、数据库评估、运营系统审计,以及运营分析。

(6) 网络审查。如网络的基础设施审查、渗透测试、漏洞评估,以及绩效审查。

为验证每一审计事项都包括了适当的覆盖面,审计人员还可以将以下要素纳入审计范围。

(1) IT一般管理控制、应用系统运营管理控制以及基础设施管理控制。

(2) 有助于运营性审查、财务审查以及合规性审查的事项。

(3) 企业主要的管理目标。如职责分离、职责的集中度、安全问题以及其他。

(4) 最新的 IT 趋势及威胁、创新和影响。

(5) IT 设施的所有管理层次。

### 8.3.4 审计计划中风险评估的运用

美国信息系统审计与控制协会针对审计计划实施过程中如何运用风险评估提出了一系列的规定。

(1) 在制订信息系统总体审计计划和确定有效分配信息系统资源的优先性时,IT 审计师应运用相应的风险评估技巧或方法。

(2) 在计划一个审查项目时,IT 审计师应确认和评估与审查范围相关的风险。

(3) 风险评估可看成一种技术,用于寻找 IT 审计领域中需重点详细审查的单元,并以此确定选择审查范围,使企业的最大和最多的 IT 风险尽可能纳入 IT 审计计划中。

(4) 以风险确定审计单元,依审计单元进一步确定被审计机构的部门和业务内容。

(5) IT 审计领域范围的确定应该基于对被审计机构信息技术战略计划的了解、运作情况以及与负责的管理层所进行的讨论。

(6) 为制订 IT 审计计划而进行的风险评估工作应该每年至少开展一次并作书面记录。被审计机构的战略性计划、目标和企业风险管理框架应作为风险评估工作的组成部分来考虑。

(7) 审计 IT 项目时运用风险评估,可以使 IT 审计师对完成 IT 审计计划或一项特定的审查所需的 IT 审计资源的数量进行量化并予以证实。另外,IT 审计师可以根据对风险的认识来区分预定审查的优先次序,这有助于对风险管理框架的正确构建。

(8) IT 审计师应该对审查范围的各项风险有评估结果。与风险有关的业务在制订目标时应该体现这种风险评估的结果。

(9) 在完成审计之后,IT 审计师应该确保被审计机构的企业风险管理框架或者风险登记册得到更新,使风险管理框架体现出最新审计的结果、建议以及之后应采取的行动。

## 8.4 收集 IT 审计证据

IT 审计证据是指用以说明审计的实际情况,形成鉴定结论的材料。在审计实施阶段,审计证据的收集、分析筛选、整理等工作是中心环节。审计人员可以通过检验、观察、询问、重复操作、验算、计算、核对、分析步骤、测试、分析流程、数字取证以及其他可以接受的方法获取审计证据。审计人员必须根据审计目标和要求决定审计证据收集的程序。

审计人员必须对获得的审计证据进行充分性、适当性、可信性等评估,并据此筛选和整理相关证据[151]。审计人员将根据审计证据的充分性、适当性、可信性等决定是否调整原来的审计程序。

### 8.4.1 审计证据的种类

按审计证据与审计对象的关系,审计证据可以分为直接证据和间接证据;按审计证据的来源,审计证据可分为内部证据、外部证据和审计人员自己获得的证据;按内容划分,审计证据可以分为审计执行的程序、审计人员操作程序的结果、原始文件(电子或文本形式)、档案记录,以及审计的相关佐证资料、审计工作的发现和结果等;按形式划分,审计证据可以分为实物证据、书面证据、数字证据、口头证据和环境证据等[152]。

(1) 实物证据

实物证据通常是证明企业的实际情况与信息系统中的数据所反映情况是否一致的证据,以此确认信息系统数据的真实性。

(2) 书面证据

书面证据包括业务持续能力计划、业务恢复能力计划、各种制度与规定、软件开发文档、软件维护文档、软件更新文件、会议记录和合同等。

(3) 数字证据

数字证据包括存放在信息系统中的凭证、账簿、报表、表格、数据、软件、日志文件、字典、权限表和数字签名等。

(4) 口头证据

口头证据是被审计企业职员或其他有关人员以口头形式回复审计人员提问所形成的一类证据。这类证据可靠性较差，证明力较小，主要作用是发掘一些重要的线索，以搜集更为可靠的证据。

(5) 环境证据

环境证据是指对被审企业的信息系统产生影响的各种环境事实。包括有关内部控制情况，软件、硬件等的运行状况，管理水平，人员素质，等等。

### 8.4.2 收集证据的充分性

要得出审计结果的合理结论，审计人员必须获得充分的审计证据[153]。在审计期间，审计人员应当认真评估所获证据的充分性。

充分性是审计证据数量的最低要求[154]。审计证据的数量与审计证据的相关性和可靠度有关。当审计证据的相关性和可靠度较低时，所需要的证据数量较多；反之，所需审计证据数量较少。证据之间通过逻辑推理形成有效证据链，能够提升单一证据的可靠性，也具有充分性。在审计预算限制下，审计人员应把需要足够数量的审计证据控制在最低限度。

审计人员在进行证据充分性评估时，必须注意以下几点。

(1) 如果审计证据支持所有关于审计目标和范围的实质问题，则可以被视为充分的证据。

(2) 审计证据应该客观充分，使得一个有资格的独立方可以重复操作审计检查并获得同样结果。审计证据应该与审计项目的实质性以及所涉及的风险相称。

(3) 充分性用来衡量审计证据的量，而正确性用来衡量审计证据的质，二者相互关联。在这种情况下，当审计人员使用从其他机构获取的信息来进行审计工作时，应当要求并强调所获信息的正确性和完整性。

(4) 当审计人员认为无法获取充分的审计证据时，应当把与审计结论一致的相关审计证据公开标明。

### 8.4.3 收集证据的适当性

在审计期间,证据数量并非越多越好,在筛选审计证据时应评估所获证据的适当性[155]。

审计证据的适当性是指证据与审计事实之间具有内容或逻辑上的相关性,证据的存在能够佐证审计事实的成立。审计证据与审计事项或目标相关性越高,其证明力越强;相反,则证明力弱。证明力过低的证据不能作为合格的审计证据。

审计人员在进行证据适当性评估时,必须注意以下几点。

(1) 审计证据表明审计工作是在遵守现行法律、法规和政策的条件下开展的。

(2) 当审计人员通过控制测试来获取审计证据时,应考虑审计证据的完整性是否能够支持控制风险的评估等级。

(3) 应正确识别审计证据,相互参照并将其分类。

(4) 审计证据收集过程中应兼顾证据恰当性和经济性,审计师通常采用经济效率高的方式收集到恰当证据,以快速达到审计目标。但审计师不能为了节约经济成本而忽略必要的审计证据收集。

(5) 审计师依据审计事项性质、时间等内容设计审计证据收集程序,程序的适当性与审计师的专业水平有关。

### 8.4.4 收集证据的可靠性

不同的证据其可信度也不一样,在分析与筛选审计证据时,审计人员应当评估所获证据的可信性。

可信性是指审计证据反映审计事项客观现实的程度[154]。审计证据的可信性与资料的来源、时效和渠道息息相关。以规范化的书面格式呈现的证据(尤其附有单位公章的文件),比个人口述的证据更为可信;由独立第三方机构提供的证据比与被审单位有利益关系的机构提供的证据更为可靠;物证档案、鉴定结论、勘验笔录或经过公证、登记的书证比其他书证、视听资料和证人证言可信;国家机关单位依职权出具的公文或证书比非职权机构出具的文件更为可靠;从被审单位外部取得的证据比从内部获得的证据更可靠；原始证据比复制证据可靠；经多数据源或多渠道来源的相互佐证的审计证据，比单一来源的证据更为可信；直接获取的证据比间接获取的证据更为可信；审计人员亲自获取的证据比被审计企业提供的证据可靠；被审单位内部控制越好的比内部控制较差的提供的内部证据可靠；越及时的证据越可靠；客观证据比主观证据可靠。审计证据可靠性衡量是一个综合评估过程，需要 IT 审计师具备较高的专业能力与素质，能够针对具体证据具体分析。

总之，审计人员在分析审计证据的可信度时，要特别牢记证据的属性，即证据的来源、性质（书面、口头、视觉、电子）以及真实性（数字和亲手签名、印章）等属性，以便评估这些线索和证据的可信度和进一步确认的需要。

## 8.5 IT 审计实施

IT 审计实施是签署审计委托书及完成各项准备事项后，IT 审计师进入被审计组织开展审计工作的过程[156]。IT 审计实施过程需要根据审计方案和审计计划的内容、范围和方式等要求，采用相应的审计策略和审计方法，查明情况，完成审计证据的收集、鉴定、分析和判断，考虑审计过程中发现的漏洞与缺陷，判明问题性质，作出客观公正的评价，并酝酿处理意见和优化建议。审计实施的工作环节包括以下内容。

### 8.5.1 对被审计系统的内部控制制度进行健全性调查和符合性测试

审计过程中对内部控制制度的调查和测试，是现代审计区别于传统审计的典型特征之一[157]。IT 审计师利用座谈、观察、翻阅系统文件、历史资料、项目跟踪等方式展开调查，跟踪关键业务处理的全过程，从而掌握被审计单位信息系统的运营过程和内部控制现状。随后，审计工作人员运用书面描述或流程图等形式描述被审计单位的内部控制制度。

当 IT 审计工作人员了解了被审计单位的内部控制现状后，对业务运作系统和信息系统关键控制功能进行测试。测试的目的是检验控制制度和信息系统的功能是否恰当有效。对信息系统人工控制的测试,可采用人工测试方法,如询问、观察、调查和查阅有关文件等。对信息系统程序控制测试,则需要利用 IT 辅助审计技术。

通过调查与测试,最后对被审计系统的内部控制进行评价。评价主要考虑以下三个问题。

(1) 经过测试,被审计系统现行的内部控制制度中有哪些满意或比较满意的控制制度。

(2) 各项控制制度是否确实发挥作用,其符合程度如何。

(3) 各项控制制度是否可以依赖,其符合程度如何。

### 8.5.2　对账表单证或数据文件的实质性审查

在 IT 审计中,实质性审查的目的与手工审计一致,都是要通过审查以证实被审计系统数据的真实性与合法性。实质性审查的重点和范围由审计人员对被审计系统内部控制制度的审查和评价决定。如果被审计系统内部控制是健全有效的,则可以减少实质性审查的范围和数量,反之,应扩大实质性审查的范围和数量。

在 IT 审计中,许多实质性的审查工作与手工审计相同,都要进行检查、取证、分析和评价。包括检查系统设计文档、数据库结构和数据抽取检查、程序测试等。例如对 IT 项目财务证据获取,进行账证、账账、账表、账实核对;复核各种计算,如折旧计算、成本计算、利息计算等;通过财务报表进行分析;等等。所不同的是,上述工作主要由计算机来进行,IT 审计人员可通过审计软件或被审计信息系统的查询、分析等模块进行实质性审查。

## 8.6　编制工作底稿

工作底稿是 IT 审计师在制订审计计划、实施审计程序、获取相关审计证据以及得出审计结论的过程中作出的事实记录,是审计过程中的审计工作记录和获取的资料[51]，工作底稿是审计证据的载体，它形成于审计过程，也反映整个审计过程。

### 8.6.1 工作底稿的分类

在 IT 审计计划阶段、IT 审计实施阶段、IT 审计完成阶段均会生成一系列的工作底稿。在 IT 审计计划阶段获取的工作底稿包括信息系统的架构设计、网络配置和数据库等子系统构建的情况、信息系统的能效、信息系统开发合同与开发记录、与信息系统关联的业务类型与业务内容、企业结构、政府有关批文、董事会会议等基础信息，以及 IT 审计工作组制定的审计风险资料、重要性初步评估资料、审计主要计划和具体计划、审计程序表和审计委托合同或责任书；在 IT 审计实施阶段，评估内部控制制度的符合性测试程序和结果资料，针对信息系统运行开展实质性测试的询证函、回复确认表、控制矩阵表、测试计划和测试内容构成的测试大纲、调查分析表、有关日志文件、信息系统的数据字典、业务流程分析结果、程序流程分析文档、测试结果等；在 IT 审计完成阶段，需要生成一系列审计报表，包括期后事项审核表、管理当局声明书、律师声明书、审计报告等。

工作底稿形成来源有两种方式：一是由审计人员根据相关资料加工形成，二是由被审单位或第三者提供并经过审计人员审核后直接形成。

工作底稿一般分为以下三类。

(1) 业务类工作底稿

业务类工作底稿是指审计实施进程中审计程序的执行记录。具体包括调查表、抽样设计和抽样程序记录、技术文档、信息系统使用情况调查表、内部控制符合性测试表、业务与系统流程图、询证函等具体审计业务产生的工作底稿。

(2) 综合类工作底稿

综合类工作底稿是指 IT 审计任务在审计计划阶段和审计报告阶段形成的系统性、规划性、全局性、控制性、综合性和总结性的工作底稿。审计计划阶段生成的综合类工作底稿包括审计业务合同、审计总体计划和具体计划、审计程序设计等。审计报告阶段生成的综合类底稿有审计报告、审计结论、整改建议、被审单位管理当局声明书、审计工作过程的组织管理的所有资料和记录等。这些工作底稿中包含 IT 审计师对整个审计项目的总体规划和最终成果。

(3) 备查类工作底稿

备查类工作底稿指审计师在审计过程中形成的、对证据和重要资料的记录、对审计工作具有备查作用的工作底稿。主要包括被审计单位的设立批准书、营业执照、经营范围和行业、企业之间合作协议、公司章程、企业组织结构图、IT规划和治理文件、有关IT投资或运作的董事会会议纪要、重要软件采购合同、IT运行中的重要事件、IT管理部门结构、IT内部控制制度、软件维护记录、技术文档。备查类工作底稿随审计进程而不断更新,应详细列明目录清单,并将所有文件资料及时归档。通常,备查类工作底稿是由被审计单位或第三者根据审计需求而提供或代为编制,但需要审计师认真审核,并对所取得的有关文件、资料标明其具体来源。

### 8.6.2 编制工作底稿的主要事项

工作底稿作为审计师在整个审计过程中形成的审计工作记录资料,在编制上应注意以下几点。

(1) 真实可靠

工作底稿内容应真实可靠,逻辑应科学合理。在写作过程中要做到不错写、不乱写、不漏写。

(2) 充分齐全

工作底稿中的内容应该覆盖审计计划或方案中所有项目,应该准确记录审计全过程,应该清晰阐述审计结论的依据和推理过程的相关资料。

(3) 结构清晰

工作底稿并非流水账,应该进行结构化或系统化组织,从而具有更强的可读性和可用性。

(4) 突出重点

工作底稿应该根据审计项目的重要性程度来决定记录的详略程度。在编制工作底稿过程中,应该突出重点。

(5) 及时编写

工作底稿应该在审计工作中完成。由于时间紧迫选择在外勤工作结后编制的工作底稿,部分内容是依据IT审计人员的回忆编写的。这些内容的可信度值得怀疑。

(6) 手续完备

IT 审计底稿中需要有完整的审计工作人员的签名。在责任明确的情况下,审计人员和底稿编制人员都会更加认真地对待工作底稿编制工作。

(7) 格式规范

工作的底稿的编制要遵循行业规则,采用的格式应规范、简洁。

(8) 结论明确

按审计程序对审计项目实施审计后,IT 审计师应在工作底稿中对该审计项目明确表达其最终的专业判断意见。

(9) 标识一致

即审计术语和符号的含义应前后一致,并明确反映在工作底稿上。

### 8.6.3 工作底稿的复核

通常情况下,IT 审计工作底稿由一名审计人员负责编写。因此,很有可能出现资料误用、专业判断误差等情况。在审计过程中,通常安排资深专业人员运用三级复核制度对 IT 审计工作底稿进行复核,以保证审计意见的正确性和工作底稿的规范性。三级复核能够提高 IT 审计质量,防范 IT 审计风险。第一级审核通常由审计组组长或审计项目经理负责。复核的内容包括底稿内容完整性、格式规范化、结构清晰度、措辞严谨性、审计程序和审计计划执行过程的详细记录。该过程是对审计底稿内容的详细复核,准确识别不符合审计业务规范和审计准则的问题,并督促改正。

第二级复核通常由部门经理负责。该复核过程是依据审计准则对工作底稿记载的审计工作中重要审计事项和审计结论的把关、监督和再审核,其实质上是对项目经理负责的详细复核的再监督。具体包括审计证据的充分性和恰当性、审计材料的完整性、审计范围的完善程度、审计目标的达成程度、审计意见的合理性、改进建议是否具有现实可行性等。

第三级复核是最终复核,也称重点复核,是由指定代理人负责的。在一般复核的基础上对审计过程中的重大审计事项和重要的工作底稿进行复核。重点复核是三级复核中最重要、终极的复核环节，是对详细复核结果的二次监督，同时也是对一般复核的再监督。重点复核的目的在于基于审计准则使整个审计工作的计划、进度、实施、结论和质量要全面达到要求后定稿。通过重点复核后的工作底稿才能作为发表审计意见的基础，然后归类管理。

### 8.6.4 工作底稿的管理

审计工作底稿是审计工作的翔实事件内容，应该进行详细整理、归档、保密和妥善保管。

工作底稿整理工作主要是工作底稿的分类整理和汇集归档两项工作，最后形成审计档案。审计档案包括审计师在规划审计工作、实施审计程序、发表审计意见和签署审计报告过程中形成的记录，并综合整理分类后形成的档案资料。对于IT审计事务所而言，优质审计档案的积累与归纳可以形成事务所内部的审计项目执行规范，用于指导后续的审计工作。

审计档案包含当前审计档案和永久性审计档案两种类型。当前审计档案指的是针对具体项目内容、记录内容经常变化、仅供当下审计项目或近期审计项目参考的文件，通常为业务性资料。永久性档案是指具有相对稳定、各种项目都具有的普遍性或参考意义、长期使用价值的内容记录，例如审计准则、审计报告和意见书等，其对未来审计工作具有参考意义、重要影响和直接作用。

审计单位应妥善保管审计档案，对审计档案中包含的IT审计单位或被审计单位的商业机密，需根据档案的涉密程度进行保密保存，审计单位也要健全和完善相关保密制度和策略。

## 8.7 IT审计报告

IT审计报告阶段是IT审计工作的最后阶段，IT审计报告是IT审计工作的最后产品，也是IT审计师向委托人报告问题、提出建议的工具。在IT审计完成后，IT审计师应对与审计事项有关的审计证据进行整理、归纳和评价，形成IT审计报告。IT 审计报告应陈述 IT 审计工作的范围、目标、周期、性质等,并限定报告提交对象。在报告中还应陈述 IT 审计结论、IT 审计建议和保留意见。

### 8.7.1 审计报告的规范

IT 审计与控制协会标准管理委员会提出了以下有关 IT 审计报告内容等方面的规范[158]。

(1) IT 审计师在其审计项目完成后,必须以适当的格式递交一份审计报告。报告中必须明确表明被审计机构、需要送达的所有人士及发布过程中的任何限制条件。

(2) 审计报告必须写明审计范围、审计目标、审计周期和所执行审计工作的性质、时间和范围。

(3) 报告中也应写明审计发现、审计结论、改善建议、IT 审计师对该审计的任何保留意见、审计的限制性或局限性。

(4) 审计报告中的审计结论需要有恰当且充足的审计证据作为支撑材料。

(5) 当审计报告发布时,IT 审计师必须按审计章程或委托书上的相关条款在其上签字、签署日期并分发出去。

(6) 审计报告的具体格式和内容随审计业务和审计项目的不同而有所不同。IT 审计师可以从事审计(直接或验证)、审阅(直接或验证)、协商确定审计流程。

### 8.7.2 审计报告的格式

当前 IT 审计服务行业中,审计报告没有强制性的统一报告格式。通常根据 IT 审计报告的内容和作用由题头段、正文段、结论段和结尾段 4 部分构成。

第 1 部分:题头段

(1) 收件人。审计主体不同,审计报告的收件人也可能不同。审计报告的收件人通常为审计业务委托人,例如,被审计单位的管理层、董事会、董事会成立的审计委员会或政府机构。

(2) 被审计单位的名称、被审计方负责人的签名和报告日期。

(3) 审计范围,即本次审计工作的范围。

(4) 审计时间,即本次审计工作的持续时间。

第 2 部分:正文段

(1) 审计目的。

(2) 审计实施步骤和时间。

(3) 审计依据。

(4) 采用的技术与方法。

(5) 审计发现。

第 3 部分:结论段

(1) 审计结论。在信息系统的安全性、真实性、绩效等方面给出的总体评价和基本判断。

(2) 存在的主要问题。

(3) 建议与对策。

第 4 部分:结尾段

(1) IT 审计师,即 IT 审计师的姓名、职务、签字等。

(2) 审计组织,即审计组织的名称、地址、公章等。

(3) 报告日期,即审计报告提交的日期。

### 8.7.3　编制报告的主要事项

美国 IT 审计与控制协会的标准管理委员会还针对 IT 审计报告的编制等方面提出了以下一系列的规定和要求。

(1) 当 IT 审计师被要求针对某一项目的监控环境出具审计意见,而证据表明有实质性或重大缺陷时,IT 审计师不可以给出"监控机制有效"的审计结论。审计过程中发现的任何实质性或重大缺陷,都需如实在审计报告中披露。当 IT 审计师能够从专业角度推断出该缺陷可能对目标造成的负面影响时,应予以阐述。

(2) IT 审计报告的定稿与发布,应该和被审单位管理层对报告草案的各方面内容进行沟通讨论,并在任何适合情况下,在最终发布的报告中给出包括管理层的评论意见。

(3) 重大缺陷结论要慎重处理。在审计中发现了重大不足,IT 审计师必须和审计委员会或者负责的权威机构进行交流和讨论，确定不足的危害程度，预估产生原因，并需在报告中披露该不足和已做过的沟通工作，在报告中要做到不遗漏、不回避、不篡改。

(4) 被审单位内部监控存在不足但不是重大不足时，IT 审计师应在衡量利弊情况下，考虑与被审计单位管理层进行沟通。尽管如此，IT 审计师也必须与审计委员会或权威机构进行沟通，并需要表明已就此内部监控不足与被审计单位管理层进行了沟通。

(5) 当 IT 审计师发布了单独的专项报告时，最终报告中必须列明已发布的全部单项报告。

(6) IT 审计师也必须查阅前期审计报告中的审计发现、审计结论和建议整改内容等信息，对被审计单位的已完成的管理增效进行评估，并以此决定是否需要进一步采取针对性措施和提出针对性建议意见。

### 8.7.4 IT 审计报告出具时间

IT 审计报告出具时间一般为审计机关在对审计组的审计报告初稿进行审核通过以后，正式签发审计报告的时间。审计报告出具时间不同于审计报告日。审计报告日除 IT 审计准则另有规定外，一般为现场审计工作结束日。在审计现场工作结束日到审计报告出具日之间发生的期后事项，审计人员应考虑其对审计报告的影响。如果期后事项对审计报告内容产生实质性影响的，审计人员应修改、补充审计报告或签署新的审计报告。

## 本章小结

本章完整介绍了 IT 审计程序，而后重点对评估审计风险、审计计划、审计证据收集、实施审计、编制工作底稿和审计报告等具体操作程序进行了详尽阐述。对了解 IT 审计操作的基本流程，理解审计过程管理的重要性，熟悉审计基本操作方法，掌握各个环节的操作要点，提高审计实践操作能力具有积极意义。

# 第 9 章　IT 审计技术与工具

在 IT 审计过程中，审计人员必须收集相关和有用的充分证据以有效地实现审计目标。当今信息处理环境中，证据大都储存在磁介质上，且不同系统有着不同的硬件和软件环境、数据结构、记录格式或处理功能，这对 IT 审计人员收集证据而言是一个重大挑战。若不能使用相关软件工具来收集和分析所记录的内容，审计人员要收集审计证据几乎是不可能的。

开展 IT 审计，离不开计算机辅助审计工具与技术（Computer Aided Audit Tools and Techniques，CAATTs）的选择和应用。CAATTs 也被称为应用计算机审计，是指审计人员在审计过程和审计管理活动中，以计算机为工具，来执行和完成某些审计程序和任务的一种新兴审计技术[159]。CAATTs 为针对既定的审计目标访问和分析数据提供了一种方法，并以系统记录的可靠性为重点报告审计发现。根据是否采用审计软件或模块，可将 CAATTs 分为两大类，即一般的计算机辅助审计技术和利用审计软件和模块的计算机辅助审计技术。此外，我们将被审计单位的整个被审计信息系统称为被审系统，而将其中的某一个被审计的应用程序称为被审程序。同时，将被审单位自行设计或原来拥有的测试数据称为检测数据，而将审计人员设计的用于审查被审系统或被审程序的数据称为调试数据，以示区别[108]。

## 9.1　一般计算机辅助审计技术

### 9.1.1　测试数据法

测试数据法（Test Data，TD）是一种针对被审程序所进行的测试，它通过将审计人员的预期处理结果与被审程序的处理结果进行比较与核对，判断被审程序的功能与控制是否达到要求[160]。

**1）基本原理**

采用这一测试方法，通常是由审计人员事先设计好一组测试数据，然后通过工具软件或手工计算获得测试数据处理后的预期结果。测试时，审计人员将该组测试数据输入（或转存）至被审系统中，然后运行该系统的被审程序从而获取处理的结果，再将该结果和审计人员原先的预期结果进行比较，进而验证被审系统的功能与控制的完整性与正确性[108]。

TD 方法只需要将预期结果与被审程序的处理结果进行逐一比较与核对，即可得到审计结果，具有简便易行的特点，但对测试数据完整性要求严格。此外，这一审计处理可以与被审单位的实际业务数据处理不同步。

**2）测试数据的设计**

建立测试数据时，审计人员应该准备一组完整的交易，其中既包括有效数据，也包括无效数据。所谓有效数据，是指正常的、无误的业务数据；而所谓无效数据，则是有错漏的、不完整的、不合理的或不正常的业务数据。前者用于审查被审程序的业务与数据处理功能是否得当，而后者则用于审查被审程序的控制功能是否健全有效。

(1) 设计的基本思路

正常、有效的测试数据，其来源既可以是被审单位正在准备处理的数据或过去已处理过的历史数据，也可以是审计人员按要求设计出的正常测试数据。设计时，审计人员必须考虑被审程序的功能覆盖问题，尽可能地使测试数据能够检查到被审程序的所有输入、处理、输出等控制功能。

不正常、无效的测试数据的设计，一般可由审计人员根据被审程序的控制功能及具体的测试目标而定。具体而言，设计可以考虑以下几种情况：第一，相关数值超出了其取值范围，形成了不合理的业务数据；第二，无效的业务；第三，不完整的、或缺少某些数据项目的业务；第四，有顺序错误的业务，即对有先后顺序要求的处理业务和设计错误顺序的业务；第五，溢出业务，即设计的数据超出该字段预定的宽度等。以上各类不正常、无效的测试数据可用来审查被审程序能否将这些错误的业务数据测试出来、拒绝接受，并给出错误信息，进而提示用户修改[108]。

为了设计出有助于审计人员正确作出审计判断的数据，在设计不正常、无效的业务数据时，要注意不能把各种错误点集中于一笔业务交易之内，否则，即使这一笔业务数据遭到系统拒绝，系统仍然可能难以将控制弱点全面地搜寻出来，进而影响测试的效果。另外，所选择的测试数据要尽量能覆盖被审程序的全部功能模块，否则，某些错弊可能难以被发现。

(2) 测试数据的来源

选择或设计合适的测试数据是关键。测试数据按其来源可分为被审单位以往设计的测试数据和由审计人员自行设计的测试数据。对于自行开发应用软件的被审计单位而言，在计算机信息系统开发时，该单位在软件投入使用之前，进行单独测试和联合调试的过程中，总要设计一系列测试数据，以便发现新编写程序的各种错误或控制弱点。所以，审计人员可以有目的地选择该检测数据作为审计时的测试数据。另外，被审单位在软件版本升级之际也经常需要设计一系列检测数据以确定被升级软件的功能与控制，这些数据也可提供给审计人员选择采用。

审计人员自行设计测试数据的方法主要有两种：其一，根据被审程序当前主文件的内容，设计若干虚拟的业务，并形成相应测试数据。例如，设想一个业务场景，根据被审程序主文件的数据格式要求，编造一组数据，或根据真实数据模仿构建一套测试数据。其二，在被审单位以前月份或年度的真实业务数据的基础上进行修改，从而形成测试数据。例如，由于不同年度会计政策的不同而导致会计数据前后的不一致，可以相应设计出错误的测试数据。当被审程序是跨越两个不同会计政策的年度时，可将前一年度的会计数据转入当前年度被审程序处理，以审查其对会计政策更改的反映[108]。

**3) 测试过程与步骤**

测试数据法的测试过程如图 9-1 所示。

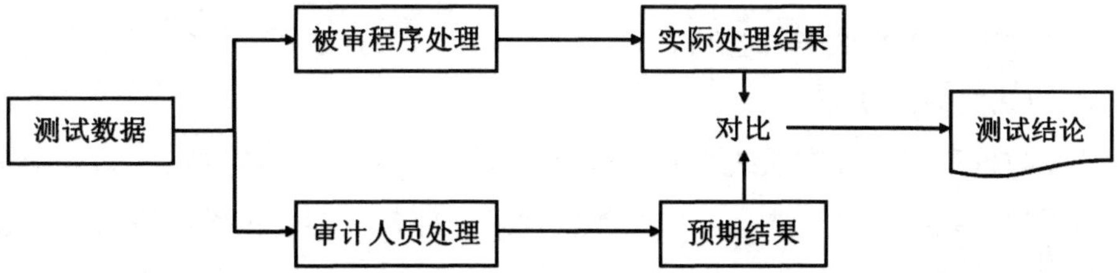


图 9-1　测试数据法的测试过程

测试有四个步骤[108]：

(1) 审计人员准备测试交易数据，并事先得出测试数据运行后的预期结果；

(2) 审计人员将测试数据输入(转入)被审程序的主文件之中；

(3) 审计人员运行被审程序的各模块，得到各模块运行的结果；

(4) 审计人员将预期结果与被审程序运行结果加以比较核对，得到测试结论。

**4) 适用性**

测试数据法被广泛应用于各种系统的测试和验收，它一般适用于以下三种情况[160-162]：

(1) 被审系统的关键控制嵌入计算机程序之中；

(2) 被审系统的某些应用程序中可见的审计线索有缺陷，这一局部缺陷难以直接跟踪从输入到输出的整个过程；

(3) 当被审系统的应用程序较多时，采用这一方法比直接用手工方法进行审查可能获得更高的效率。

### 9.1.2 基本案例系统评估法

**1) 基本原理**

基本案例是指被审系统在其开发(或前一次维护)过程中，通过事先设计的完整的检测数据对该系统进行全面而系统的检测并获得输出结果数据，设计的检测数据和结果数据就构成一组基本案例。而基本案例系统评估法(Base Case System Evaluation，BCSE)，是指审计人员将被审系统开发(或前一次维护)过程中使用过的整套的检测数据，转入当前被审系统并重新运行而获得运行结果，通过比较这次输出的结果与基本案例中的结果，得到被审系统在维护过程中应用程序修改状态，进而评估被审系统的功能与控制。

**2) 测试数据的设计**

测试数据可来自被审系统在开发(或前一次维护)过程中所使用的全套检测数据。由于被审系统在设计或(前一次)维护之后一般都需要对该系统进行单独调试和联合调试，该套检测数据一般都比较完整。因此，在对该套检测数据进行合理性分析和优化后，应用于检测被审系统，也就容易发现当前被审系统的新增功能与控制模块的正确性[108]。

**3）测试过程与步骤**

基本案例评估测试过程如图 9-2 所示。

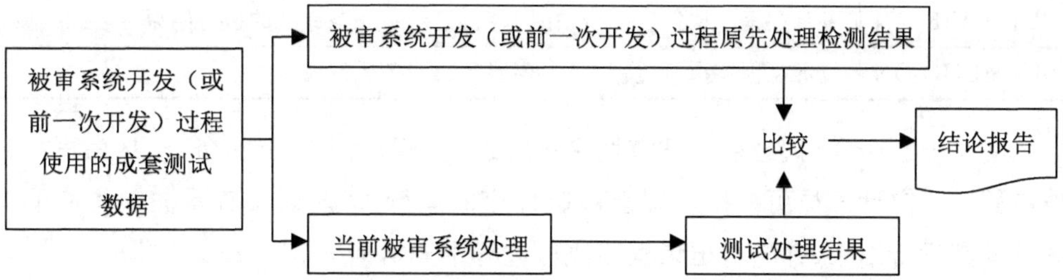


图 9-2　基本案例评估测试过程

测试过程包括三个步骤[108]。

(1) 审计人员获取被审系统在开发或(前一次维护)过程中所使用的全套检测数据及当时的检测结果数据(基本案例)。

(2) 审计人员将上述全部检测数据转入当前被审系统,并令被审系统运行,从而获取这次检测数据的处理的结果。

(3) 审计人员将以上两种运行的结果加以比较,得出测试结论。

**4）适用性**

该方法是对被审系统被维护后的测试,例如被审系统的版本升级,或其他情况下应用程序被修改。测试检测主要是核对被修改前后的处理结果,进而确定被修改后系统的可靠性与正确性。

### 9.1.3　追踪法

**1）基本原理**

追踪法(Tracing)是一种跟踪被审程序处理步骤的审查技术,被用于对被审程序内部逻辑实施电子检查[163]。追踪法通过运行跟踪软件、运用某些高级语言和数据库管理系统的跟踪命令加以实现(表 9-1)。例如,使用 FOXPRO 中的 SET STEP ON,SET TALK ON,SET ECHO ON 等命令。

**表 9-1　FOXPRO 中的跟踪命令举例**

| 跟踪命令 | 功能 |
|---|---|
| SET STEP ON | 表示程序在运行过程中,每执行一条命令之后,程序暂时中断,等待屏幕提示用户按任意键后再继续往下执行 |
| SET TALK ON | 表示在程序执行过程中,在屏幕上显示每一条命令的执行结果 |
| SET ECHO ON | 表示在程序执行过程中,屏幕显示每一条执行命令 |

使用上述命令时,必须在被审程序运行之前分别输入以上的命令,然后再执行被审程序。审计人员可根据屏幕上被审程序的运行过程,逐条查看被审程序的各命令及其运行结果,并随时记录程序执行过程中异常情况。

追踪法还有另一种实现方法,即由审计人员事先为被审程序编写跟踪程序。该跟踪程序一般独立存在。

**2）测试过程与步骤**

(1) 运行被审计单位的被审计应用程序,同时运行针对这个应用程序开发的审计程序。审计程序一般独立存在,也可事先植入被审计单位的应用系统之中。

(2) 选择特定的交易和交易类型作为测试数据。

(3) 追踪应用程序处理测试数据的过程中形成的所有数据,并将测试过程中执行的所有程序指令整理成一个清单。

(4) 审计人员对测试结果进行分析,查找被审程序的功能与控制的弱点[108]。

**3）适用性**

只有当审计人员具有充分的编写应用程序所需的计算机语言知识,并具备跟踪程序处理的中间数据和分析输出结果的能力时才可采用追踪法,故该方法在实际审计中应用并不普遍。

### 9.1.4　综合测试法

**1）基本原理**

综合测试法(Integrated Test Facility,ITF)有时也被称为整合调试法或整体测试法[164-165]。它是在被审系统正常处理其业务时,用测试数据对系统进行检测。采用综合测试法要在被审系统的文件中建立一个虚拟实体,然后让被审系统处理该虚拟实体的测试数据。例如,如果被审系统是一个采购系统,可在其数据库中创建一个虚拟的采购项目;如果被审系统是一个工资系统,可在其数据库中创建一个虚拟的职员。随后,将实际产生的业务数据和测试数据一同输入被审系统进行处理,通过比较预期结果与被审系统对测试数据处理的结果,可判断被审系统的处理和控制功能是否恰当、可靠。

**2) 测试数据的设计**

目前,综合测试法通常采用以下两种方法建立测试数据[165]。

(1) 选择被审系统的某些实际业务数据作为辅助数据

审计人员对被审单位的被选中的现场交易做标记,并将其输入被审系统。采用这种方法时,要求被审系统中必须有特定的能够识别出带标记交易的计算机程序,并且这些交易既要更新被审系统的主文件,同时也要更新 ITF 虚拟实体。

选择和识别 ITF 交易有多种方法[165]。第一,可在被审系统的源文件或屏幕布局中添加一个专门表示一笔交易既为正常交易又为 ITF 交易的标识字段。需要标记的现场交易由审计人员选择确定,可以选择具有与测试数据相同的设计特征的交易,也可以根据制定的抽样计划选择需要标记的交易。第二,可在被审系统的程序中嵌入审计软件模块,利用审计软件选择交易并加标记,使其成为 ITF 交易。第三,在被审系统中嵌入抽样程序,抽样程序根据抽样计划标记交易从而使其成为 ITF 交易。不论采用何种策略,被审系统中必须有专门处理带标记的交易处理程序。选择被审系统的实际业务数据进行测试的流程如图 9-3 所示。

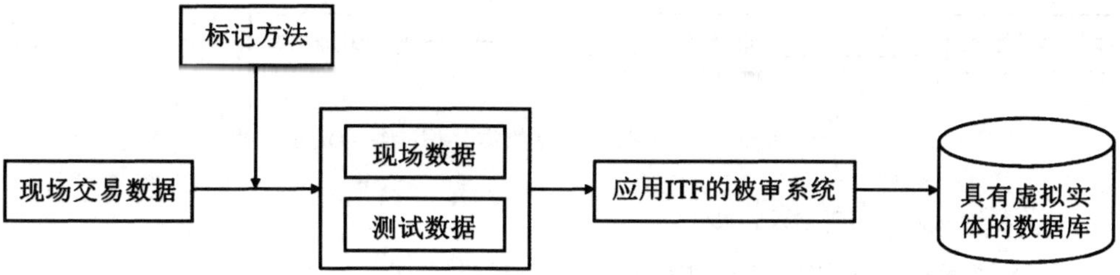


图 9-3 选择被审系统的实际业务数据进行测试的流程

(2) 设计出模拟测试数据并与实际数据一起输入被审系统中

审计人员首先设计出模拟测试数据,并在数据的主要关键字段(已标记)中插入虚拟实体的唯一标记,从而可识别哪些是被审计业务数据。这种方法与第一种采用实际数据的方法相比,具有测试覆盖率高,无须经过改动即可满足标记和特殊处理的需要的优点。不足之处是模拟测试数据的设计和生成的成本比较高,模拟测试数据与实际数据并用的测试过程如图 9-4 所示。

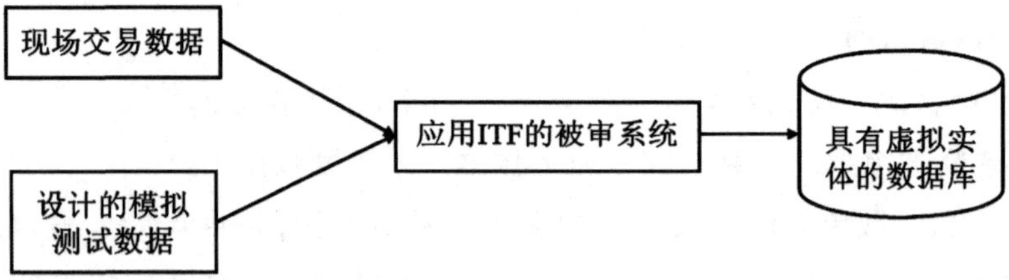


图 9-4 模拟测试数据与实际数据并用测试

**3) 测试过程与步骤**

采用模拟测试数据与实际数据一起输入被审系统中的方法的测试过程如图 9-5 所示。

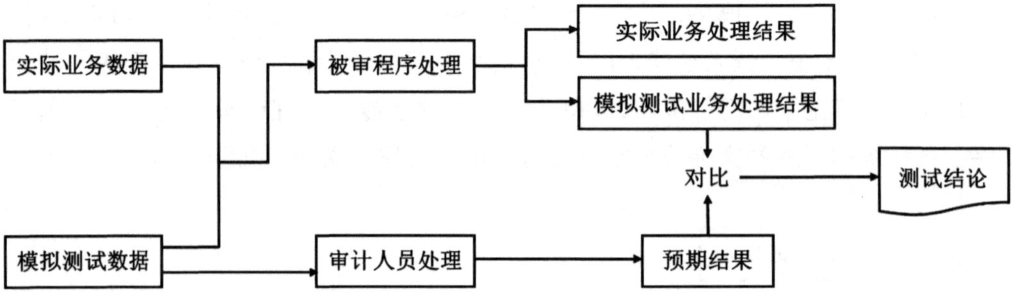


图 9-5 模拟测试数据与实际数据并用的综合测试过程

具体测试步骤有以下 5 步[108]。

(1) 了解被审系统的处理和控制的逻辑和功能。

(2) 根据审计程序,审计人员在被审系统中建立一个虚拟实体(或虚拟部门),并针对系统具备的功能,设计与虚拟实体有关的测试业务。审计人员通过手工或计算工具处理这些业务并获取正确的预期结果。

(3) 在被审系统正常运行时,把虚拟实体的测试数据和真实数据一起输入系统处理，获取系统对虚拟实体的处理结果。

(4) 将被审系统对虚拟实体测试业务的处理结果与预期结果相比较，进而判断被审系统的处理和控制功能的正确性。

(5) 删除虚拟实体的测试数据，并消除各测试数据对被审系统处理、输出等方面的影响。

**4) 适用性**

综合测试法一般用来对大型计算机应用系统进行审计，这些系统通常使用实时处理技术，容易实现同步测试、实时处理，故其应用十分广泛。

## 9.2 应用审计软件或模块的辅助审计技术

### 9.2.1 平行模拟法

**1) 基本原理**

平行模拟法(Parallel Simulation，PS)是一种通过比较被审程序和模拟程序对被审单位真实业务数据处理的结果，以判断被审程序功能是否正确的一种系统功能审查方法[166]。其中，模拟程序可以是审计程序，也可以是与被审系统功能相似的其他工具软件或应用程序。

模拟程序与审计程序既有联系，又有区别[166]。首先，二者都是独立于被审程序之外的测试程序，都可用于测试被审程序。但模拟程序是针对被审程序的功能与控制逻辑进行模拟的程序，针对性强，更贴近被审程序的真实情况。其次，在实际工作中，模拟程序的含义范围可能更大些，它可能是指一种实际应用程序，也可能是指审计程序。例如，借助会计软件的账簿登记和报表处理应用程序对被审单位的账簿和报表重新生成模拟等。从这个意义上讲，模拟程序就不是特指专门针对某一被审计程序而开发的应用程序。但在本方法中，模拟程序一般指审计人员根据审计需要模拟被审程序的关键特征和处理过程而设计的应用程序。与模拟程序相比，审计程序的含义范围更广，它既包括通用的审计程序，也包括诸如模拟程序的专用审计程序。

**2) 测试过程与步骤**

平行模拟法的测试过程如图 9-6 所示。

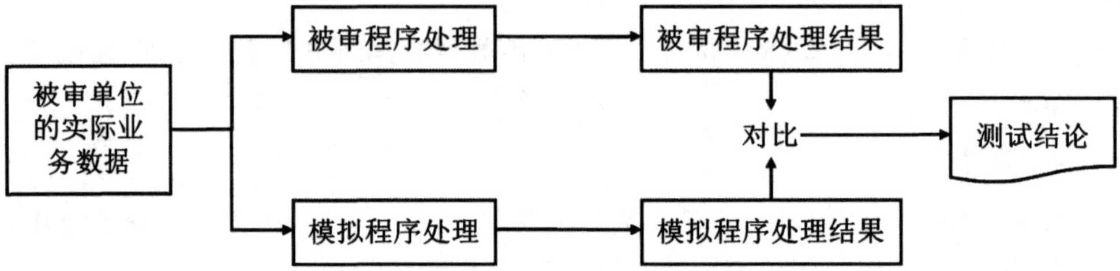


图 9-6　平行模拟法测试过程

测试步骤有如下几步[166]。

(1) 通过向有关人员询问及查阅系统的文档资料，了解被审系统的处理和控制功能。

(2) 审计人员取得或编制一套具有与被审系统功能相同的处理和控制功能的模拟程序(该模拟程序事先已被确认为一个正确的处理程序)。

(3) 将被审单位实际业务数据分别输入被审程序与模拟程序进行处理，取得各自的处理结果。

(4) 对比两种处理结果，判断被审程序功能是否正确。

由于模拟程序事先已被验证是正确的，故如果被审程序的处理结果与模拟程序处理结果不一致，那就可能是被审程序存在问题。一旦发现问题，审计人员应当检查不一致的原因，确定被审程序的程序功能是否有问题。

**3) 适用性**

平行模拟法适用于有必要对交易进行全部(或大部分)审计的场合。同时，这种方法只有在有多个被审系统具有相同的处理和控制功能(如面对多个被审单位都使用用友软件)时，一个模拟程序才可能提高其使用价值。当然，如果被审系统开发公司愿意为审计人员提供免费的标准程序用作审计程序或测试参考，采用这种方法无疑是一种高效的审计方法。

此外，这种方法特别适用于那些计算量大，但有一定的数学模型的被审程序，如工资计算、材料成本差异计算、产品销售成本计算以及利润和税金计算等应用程序的测试。

### 9.2.2　嵌入式审计模块法

**1) 基本原理**

嵌入式审计模块法(Embeded Audit Module, EAM)[164-167],是指在被审系统的开发阶段中,在该被审系统中嵌入为执行特定的审计功能而设计的应用程序,以便在后续的审计过程中利用该嵌入的审计模块对被审系统功能与控制逻辑进行审查的方法。由此可见,嵌入式审计模块法的本质是构造一种被审系统与审计程序共同组成的应用系统。

**2) 嵌入式审计模块的设计**

嵌入在被审系统中的审计程序一般可分为两类:一类主要是在一些特定点上对系统的处理进行实时监控的程序。只要被审系统一启动,这类审计程序就在特定的处理环节对系统进行连续监控,即凡是出现满足指定条件的情况都将被写进特定的审计文件之中,以便审计人员进行分析。另一类嵌入的审计程序则是只有当审计人员调用时才执行的程序。当审计人员需要这些监控数据时,调用这一审计程序,被审系统就将分类后的数据表输出给审计人员。由于嵌入审计程序的完整性对于所采集证据的可靠性至关重要,故必须采取措施保障该程序的内容及其完整性[165]。首先,应用程序中不应包含嵌入审计程序的源代码,只允许调用语句存在;嵌入审计程序的程序源代码应保存在专门的库文件中,只有经过授权的人员才可访问。其次,支持该嵌入审计程序的文档也应存放在安全的位置。最后,应当认真考虑如何对嵌入审计程序进行维护。如果审计人员具有编程知识和技术,最好自己进行维护,倘若仅靠自己无法完成维护,则必须寻求可靠第三方以保证程序的安全。

**3) 测试过程与步骤**

嵌入式审计模块法测试过程如图 9-7 所示[108]。

(1) 将审计程序嵌入被审系统之中。嵌入式审计模块法测试的前提,是审计人员必须在被审系统开发时将审计应用程序编写后嵌入该被审系统之中,这一审计程序事先已经将审计人员所需要对被审系统采集、处理、输出的审计数据的相应功能开发完成,在此前提下,才能按以下的步骤完成测试工作。

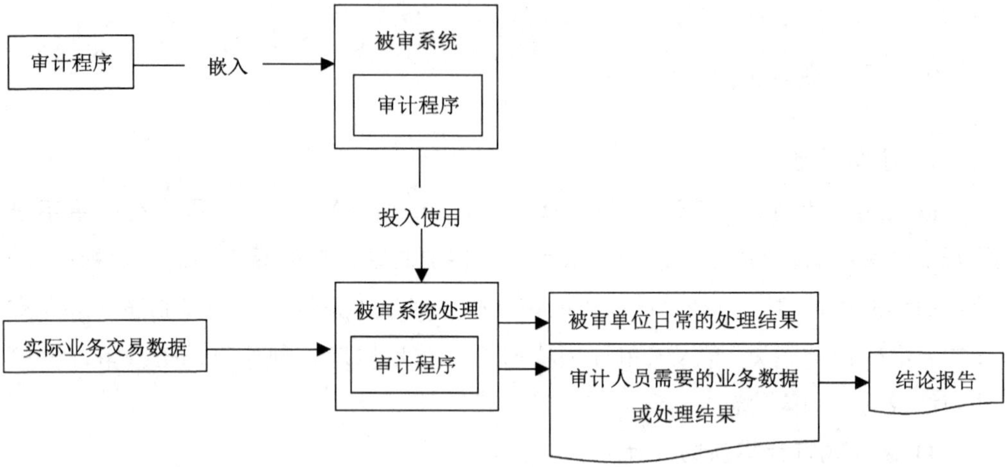


图 9-7　嵌入式审计模块法测试过程

(2) 运行审计系统时，在被审单位日常处理与输出其经营过程所需要的各类日常信息的同时，该被审系统也可以同时根据嵌入其中的审计程序输出审计人员所需的各类审计数据(当然，这些输出不一定与被审单位日常处理结果同时产生)。同时，这种方法可与后面介绍的系统控制审计复核文件相结合，及时将被审系统处理过程中的异常数据集中于一个文件之中。

(3) 审计人员根据审计程序运行处理的记录(包括交易记录和处理结果)进行分析判断。

**4) 适用性**

嵌入审计模块法除了作为一种实质性测试技术外，还可用来实时监督被审系统的日常处理。例如，可以审查 EAM 选取的交易授权是否恰当，处理是否完整和准确以及过账是否正确等。但由于它要求审计人员参与被审系统的分析与设计，因此在系统开发结束后才想采用这一方法实施 IT 审计存在较大的困难。目前，这种方法更多为被审单位内部审计所用。

### 9.2.3　系统控制审计复核文件法

**1) 基本原理**

系统控制审计复核文件法(System Control Audit Review File，SCARF)是在

嵌入式审计模块法的基础上进一步发展而来的[165]。这种技术方法是在被审系统所嵌入的审计模块中设计了采集审计人员认为重要的有关事务或相关处理的信息的功能，并将这些收集的信息写入一个特殊审计文件(即 SCARF)，审计人员通过对该文件中所列出的信息确定相应的审计程序与途径。

**2) SCARF 报告系统的设计**

在 SCARF 报告系统中，数据文件的设置与更新至关重要[165]。首先，要确定 SCARF 文件如何更新。审计人员可为每个被审系统单独建立一个临时 SCARF 工作文件，再通过临时文件去更新 SCARF 主文件(图 9-8)。另外，也可由每个被审系统直接更新 SCARF 主文件(图 9-9)。其次，确定对 SCARF 文件的数据进行分类的方法及输出审计报告的格式。由于 SCARF 系统可采集大量数据，故如果没有经过恰当分类并采用适当的报告形式输出，就很难为审计人员提供清晰的数据。最后，确定报告的编制时间。审计人员主要根据所采集审计证据的重要性和生成报告的成本确定编制报告时间的长度，在通常情况下，可以选择让报告生成系统按照一定的时间间隔生成报告，当 SCARF 系统识别出重要异常时，则让报告生成系统立即生成报告。

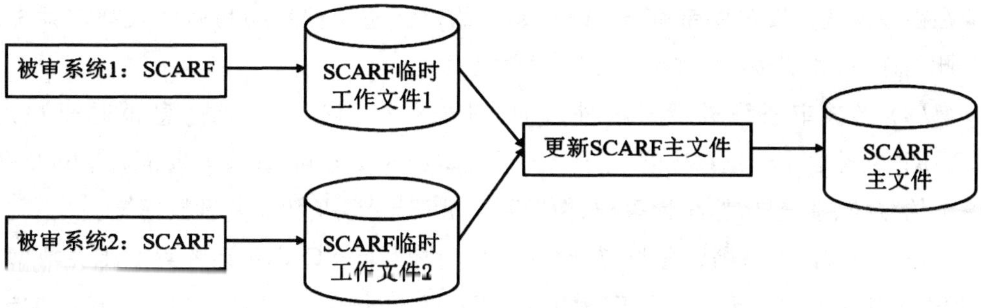


图 9-8　通过临时工作文件间接更新 SCARF 主文件

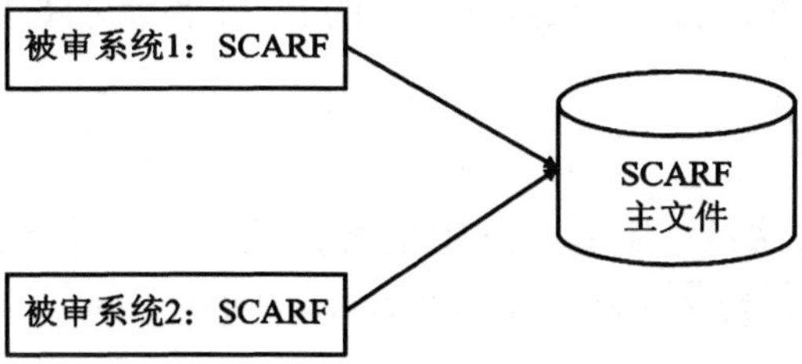


图 9-9　直接更新 SCARF 主文件

**3）测试过程与步骤**

SCARF 法测试过程如图 9-10 所示。

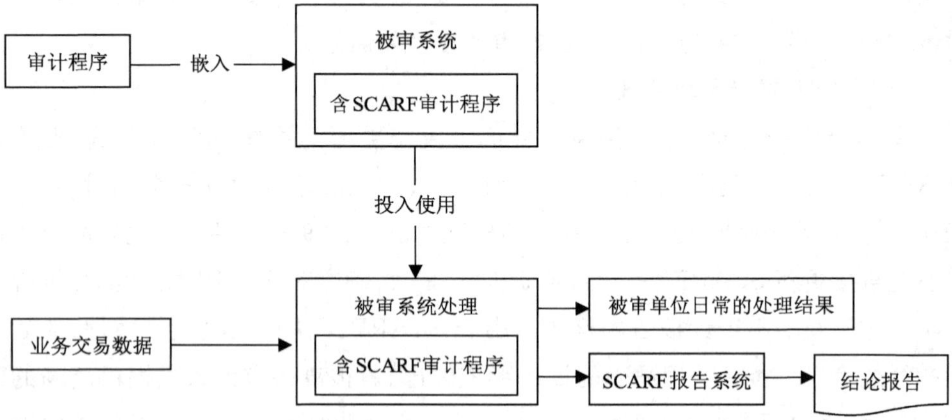


图 9-10　SCARF 法测试过程

测试步骤有以下三步。

(1) 与嵌入式审计模块法测试的前提一样，采用 SCARF 技术时，审计人员必须在被审系统开发时将带有 SCARF 要求的审计应用程序编写后嵌入被审系统，在此前提下，才能按以下的步骤完成测试工作。

(2) 当被审系统进行日常处理时，其与审计相关的各类信息也同时写入 SCARF 文件之中。这些内容包括应用系统本身的质量问题（错误）、企业策略及程序上的分歧、系统异常、统计采样、快照和扩展记录，以及性能度量数据等。

(3) 当审计人员需要各类审计数据时，可随时向 SCARF 系统索取相关数据。在 SCARF 系统中，已设计了正确的 SCARF 数据的排序和报表格式，以确保审计人员向该系统捕获异常的交易和发生源。这些报表可供审计人员理解 SCARF 系统的数据，避免 SCARF 系统所收集的大量的、已被显示为错误和非法的数据被忽视或遗漏。

**4）适用性**

由于 SCARF 方法在被审系统日常运行过程中自动采集数据，所以不需要另外花费时间和精力，对被审系统的影响也最小，且当错误或异常情况发生时能够立即记录异常情况，特别适用于联机审计。

### 9.2.4 快照

**1）基本原理**

快照(Snap)是指当业务流经被审系统时对其进行“拍照”的技术[165]。典型的情况是审计人员在被审系统中认为重要的控制点上嵌入审计程序，当业务流经不同的控制点时，嵌入审计程序就“捕获”该业务的“映像”，从而证实在不同快照控制点上业务的一致性。审计人员通过仔细审查前后映像及其转换情况，评价该业务处理的真实性、正确性和完整性。

**2）快照点、快照时间和报告系统的设置**

(1) 快照点的设置

在实施快照之前，审计人员必须确定在应用系统中的何处设置快照点，这是快照方法成败的关键[165]。审计人员应当根据被审系统各事务的重要性确定如何设置快照点。在某些情况下，审计人员要根据被审系统的特殊要求调整一些快照点。如果审计人员使用嵌入式审计模块法对这个点进行快照，嵌入模块加载可能会造成系统响应速度的极大降低。

(2) 快照时间的确定

审计人员必须决定什么时候对业务进行快照。审计人员可以使用嵌入式审计模块对某些事务不断地快照。审计人员仔细分析被应用系统处理的事务，选择需要快照的事务。然后，用一些方法标记这些事务，这些被标记的事务会被嵌入式审计模块识别。审计人员也可根据一些抽样规则编写嵌入式审计模块，对不同的事务进行快照。不管审计人员采用何种方法，都需要获得充分的、可靠的审计证据而不是无选择地随意进行快照，以免造成信息冗余。

(3) 快照报告系统的设计

为了使审计人员更好理解快照数据，快照报告系统不仅需要输出业务快照的数据，还需要输出快照的相关数据，比如嵌入式审计模块获取快照点位置、快照事务的特性和时间标记信息等，以便审计人员能了解快照业务的特征，当事务经过不同的快照点时事务的状态如何变换，“捕获”到快照数据的处理点位置及相互关系、快照时间等，并使这些数据都能被理顺以及记录输出。可见，审计人员所要设计的报告系统至关重要。

**3）测试过程与步骤**

快照技术的测试过程如图 9-11 所示[165]。

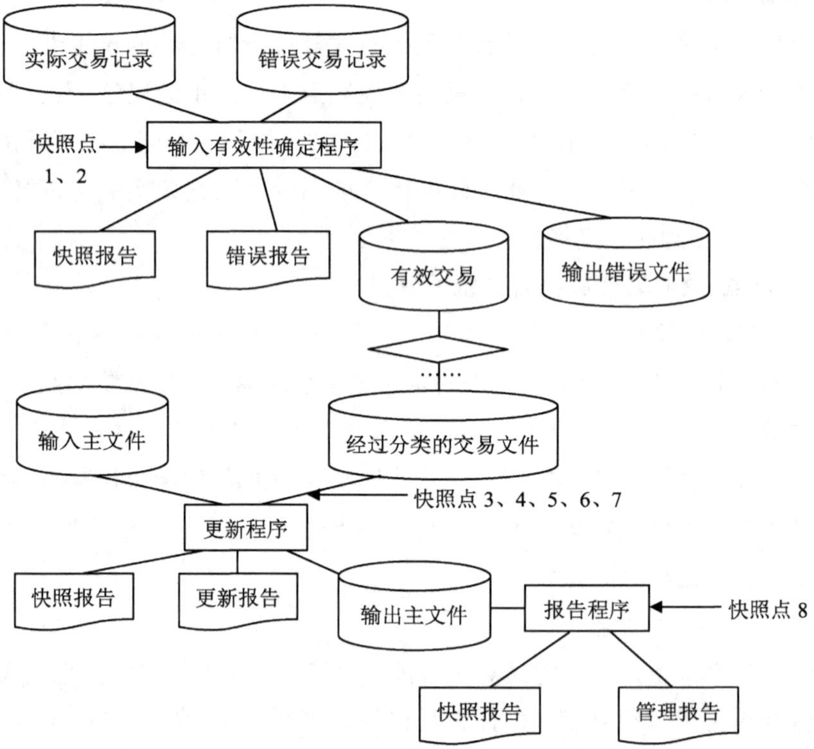


图 9-11 快照技术测试过程

测试步骤有以下几点。

(1) 构建错误交易记录，并与被审单位的实际记录一并输入。

(2) 当(1)中的记录通过"输入有效性确定程序"时，快照设置(快照点 1、2)拍录下错误的交易记录，分别形成快照报告和错误报告。

(3) 通过"输入有效性确认程序"的有效交易记录经排序和分类形成交易文件，然后输入到更新程序。在这个过程中，快照设置点(快照点 3、4、5、6、7)拍录下相关的记录，并形成快照报告。

(4) 经过更新程序输出至主文件的数据，输入报告程序，并由快照设置 8 拍录下相关的记录,形成相应的快照报告。

**4) 适用性**

快照法与 ITF 技术结合使用,可为审计人员提供广泛的审计线索,使审计人员可以据以充分了解不同类型的事务。其适用性可参见"综合测试法"。

### 9.2.5 连续与间歇模拟

**1) 基本原理**

连续和间歇模拟法(Continuous and Intermittent Simulation,CIS)与系统控制审计复核文件法(SCARF)基本原理相似[168]。这种方法适用于具有数据库管理系统的被审系统。SCARF 需要审计人员在被审系统中嵌入审计程序去"捕获"异常,但 CIS 则是用数据库管理系统去"捞获"异常,被审系统不被触动。运行过程中,当被审系统调用数据库管理系统提供数据服务时,数据库管理系统指示 CIS 接受该请求和相关事务处理数据,CIS 判断该次请求事务是否需要模拟运行检查。如果需要就平行模拟运行被审系统处理逻辑,然后对比平行模拟结果与被审系统业务处理传回并存放在数据库中的结果,以此判断被审系统事务处理逻辑正确与否。

**2) 测试过程与步骤**

连续与间歇模拟法(CIS)测试过程如图 9-12 所示。

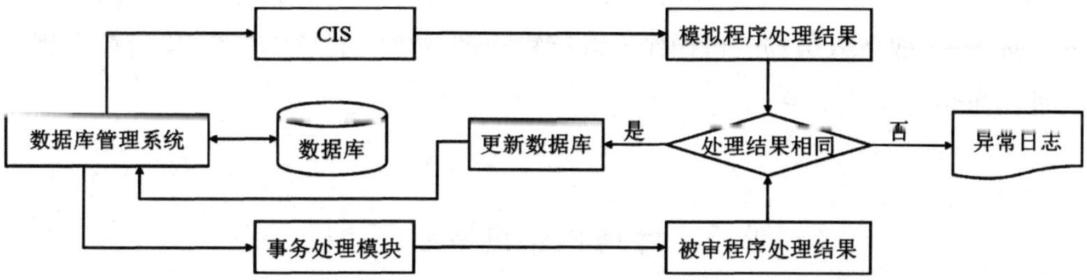


图 9-12 连续与间歇模拟(CIS)测试过程

测试步骤有以下几步。

(1) 当数据库管理系统读取被审系统需要的事务数据后并回应被审系统时,数据库管理系统调用 CIS 并转交 CIS 进行处理,CIS 接着确定是否继续检查该事务。此时,CIS 的作用与 SCARF 嵌入程序类似,例如,CIS 根据统计抽样标准或根据事务的某种特殊特征选择事务。如果事务被选择,就执行以下三步,否则 CIS 等待下一个事务。

(2) 数据库管理系统向 CIS 提供被审系统执行事务所需要的所有数据,CIS 用这些数据处理事务。也就是说,CIS 重复了被审系统的执行过程,而且是以平行模拟的方式(同时)重复执行同一事务。

(3) 随后,CIS 检验被审系统处理事务后对数据库的更新情况,确定其处理结果是否与被审系统的处理结果相同。如果存在差异且差异很严重,CIS 就阻止数据库管理系统执行由被审系统要求的对数据库的更新。换句话说,CIS 将异常情况(差异)记录下来,但不影响被审系统继续运行。

(4) CIS 将异常写入一个日志文件,方式与 SCARF 写入异常日志相同。与 SCARF 一样,CIS 需要一个报告系统及时且有针对性地报告日志文件。

最初,被审系统的数据库管理需要经过改动以适应“捕获”异常的需要,这些改动就失去了 CIS 的经济性。但今天,许多数据库管理系统允许用户构造自己的模型,并由数据库管理系统调用这些模型,因此,CIS 不失为一种经济且有效的审计方法。

**3) 适用性**

CIS 类似黑匣子,它能够动态地、实时地采集审计信息。在网络化系统中,它有利于审计人员在联机状态下进行实时数据采集,特别是对重要业务的处理、关键的处理程序、业务人员的上机操作记录等实施动态数据采集和监控,实时截取用户的数据采集。

## 9.3 计算机辅助审计工具

**1) 数据分析工具**

数据分析工具主要有数据检索工具、文件查找工具、数据结构转换工具、指南检测工具、数据管理工具、数据展示工具、数据处理工具(如创建、删除、修改、去重、排序、复制、合并、重组等)、文件打印工具、数据比较工具等[169]。

**2）数据库审计工具**

数据库审计是指对数据库运行的事务日志进行审查，从而跟踪数据和数据库结构的变化[170]。有四种基本平台可以用以创建、收集和分析数据库审计[171]，它们分别是本地数据库审计、安全信息及事件管理（Security Information and Event Management，SIEM）、数据库活动监控（Database Activity Monitoring，DAM）和数据库审计平台，具体如表 9-2 所示。

**表 9-2　数据库审计工具**

| 审计工具 | 具体说明 |
| --- | --- |
| 本地数据库审计 | 使用本地数据库获取数据，但使用数据库系统本身对事件进行存储、分类、过滤和报告。数据可以导出到纯文本文件，或以 XML 数据形式提供给其他的应用程序 |
| SIEM | 能够收集审计文件，且具备比本地数据库平台更多的功能，如提供综合报告、数据收集、异构数据库支持、数据聚合和压缩，这些都是本地数据库审计所不具备的优点 |
| DAM | 数据库活动监控平台被设计成用于监控数据库活动中的威胁，并执行规则遵从控制。DAM 被专门用于高速数据检索和实时政策执行。像 SIEM 工具一样，DAM 工具可以收集来自异构数据库和多数据源的数据，并用于分析和报警。除了对数据库的操作进行取证分析，DAM 还提供了活动阻塞、虚拟打补丁、过滤和评估等高级功能 |
| 数据库审计平台 | 一些数据库厂商提供的类似于日志管理服务的专门数据库。数据库审计平台存储从本地数据库审计中获取的日志文件，并把多个数据库的日志文件收集到一个中央位置上 |

**3）源代码安全审计工具**

源代码安全审计是依据已经公开的公共漏洞字典表（Common Vulnerabilities & Exposures，CVE）、开放式 Web 应用程序安全项目（Open Web Application Security Project，OWASP）以及设备和软件厂商公布的漏洞库，运用专业源代码扫描工具对系统的源代码进行安全审计[169]。该类工具能够为客户提供包括安全编码规范咨询、源代码安全现状测评、源代码中的安全漏洞定位、漏洞风险分析、给出修改建议等一系列服务。

**4）日志安全审计工具**

日志安全审计的目的是收集系统日志，通过 SNMP、SYSLOG、OPSEC 或者其他的日志接口从各种网络设备、服务器、数据库、应用系统和网络安全设备等中收集日志,进行统一管理和分析[169]。一个日志审计系统至少应该包括信息采集、信息存储、信息分析、信息展示四个基本功能。

**5) 网络安全审计工具**

网络安全审计是指按照一定的安全策略,利用系统日志、用户行为日志等信息,检查和检验操作事件的环境及活动,从而发现系统漏洞、入侵行为或改善系统性能,能够对系统安全风险进行审查评估并分析如何采取相应措施[169]。依据审计级别划分,网络安全审计可分为三种类型:用户级审计、应用级审计和系统级审计。

**6) 主机安全审计工具**

主机安全审计是指通过在用户终端、服务器或其他审计对象中安装审计客户端软件的方式进行审计,以达到审计安全漏洞、审计合法和非法操作、监控入侵行为、用户上网内容和行为、非工作行为、向外复制文件的行为等目的[172-173]。常用检查工具 Nmap(Network Mapper)是一款开放源代码网络探测和安全审核的工具。它的设计目标是快速地扫描大型网络和单个主机。虽然 Nmap 通常用于安全审核,许多系统管理员和网络管理员也用它来做一些日常的工作,例如查看整个网络的信息、管理服务升级计划以及监视主机和服务的运行。

**7) 专用审计工具箱**

专用审计工具箱包括病毒查杀软件、静(动)态安全分析软件、漏洞扫描及渗透测试软件、访问控制分析软件、磁盘还原软件、数据恢复软件、磁盘反格式化软件等专用工具软件[169]。

## 本章小结

随着信息技术的快速发展,审计环境发生了巨大的变化,IT 审计面临新的技术挑战。在信息化环境中,数据大都储存在磁介质上,归属不同的系统,数据结构千差万别,这对 IT 审计人员收集证据而言是一个重大挑战。如果不能使用相应的审计工具来收集和分析这些数据,审计人员几乎不可能有效完成审计任务。IT 审计技术与工具是审计人员收集审计证据以有效实现审计目标的利器,开展 IT 审计离不开计算机辅助审计工具与技术的选择和应用。本章首先介绍了一般计算机辅助审计技术，包括测试数据法、基本案例系统评估法、追踪法、综合测试法等；其次介绍了应用审计软件或模块的辅助审计技术，包括平行模拟法、嵌入式审计模块法、系统控制审计复核文件法、快照、连续与间歇模拟法等；最后依次简要介绍了数据分析工具、数据库审计工具、源代码安全审计工具、日志安全审计工具、网络安全审计工具、主机安全审计工具、专用审计工具箱七种计算机辅助审计工具。这些技术和工具是审计人员在信息化环境下执行、完成某些审计程序和任务的一种新兴审计技术，使得审计人员可以独立收集信息，便于开展审计工作。

# 第 10 章　IT 审计管理组织

IT 审计在国外取得了长足发展，审计技术、规范日益完善，审计管理走向标准化、法制化。一些 IT 审计管理行业性组织相继设立，发布了一系列 IT 审计标准和规范，为 IT 审计的健康发展提供了有效指导。内部审计机构是具体开展 IT 审计工作的组织，是 IT 审计准则、规范的实施者，设有严格规范的组织管理制度。但由于组织管理模式不同，内部 IT 审计和机构的管理也会存在差异，内部审计机构在开展 IT 审计时，应根据实际情况进行调整。其他审计组织在开展 IT 审计业务时，也需要根据自身情况设计相应的管理模式。

## 10.1　国外 IT 审计组织

### 10.1.1　国际信息系统审计与控制协会

国际信息系统审计与控制协会（Information System Audit and Control Association，ISACA）创始于 1967 年[174-175]。由于当时计算机系统的审计和控制开始在越来越多的机构组织中发挥重要作用，因此，相关的业内人士便组成了一个专业的小团体来探讨制定信息集中化资源和本领域指导准则的必要性。1969 年，该团体正式组建为 EDP 审计师协会，即 ISACA 的前身，于 1994 年更名为国际信息系统审计与控制协会。

目前，ISACA 已成为一个为信息管理、控制、安全和审计专业设定规范的全球性组织，在全球 180 多个国家拥有超过 16.5 万名成员。组织内成员的工作涵盖了众多信息科技相关专业，例如信息系统审计师、顾问、教导员、信息系统安全专家、监管机构人员、首席信息官和内部审计师等。成员间不同的背景使他们在许多专业问题上形成独特的观点，通过交流可以互相学习和影响，这种多元性一直被认为是 ISACA 的强项之一。ISACA 的另一个强项是它的分会网络，它遍布 80 多个国家 200 多个分会，可以很好地为其成员提供教育、资源分享、支援、专业网络，以及其他由当地分会提供的许多福利[174]。其注册的人员资格包括[176]：注册信息系统审计师（Certified Information Systems Auditor, CISA）、注册信息安全经理（Certified Information Security Manager, CISM）、企业信息科技治理认证（Certified in the Governance of Enterprise IT，CGEIT）、风险及信息系统监控认证（Certified in Risk and Information Systems Control，CRISC）。

此外，ISACA 出版了领先于信息控制领域的技术性期刊——《信息系统控制期刊》（*Information Systems Control Journal*），参与了一系列国际会议的举办，致力于信息系统保障、控制、安全和信息技术管理等相关方面的研究。ISACA 在信息技术控制界发挥着领导作用，在不断变化的国际环境下为执业者提供信息技术专业所需的要素，保证他们得到良好的服务，其信息系统审计和信息系统控制标准为全球执业者所遵从。

ISACA 中国分部于 1982 年设立于香港，自 2004 年起更积极地为在香港与内地从事系统管理和安全控制的专业人员提供技术交流的机会，其中 CISA 考试在中国目前确定的考点有北京、上海、广州、深圳和南京。

### 10.1.2 国际内部审计师协会

国际内部审计师协会（Institute of Internet Auditors，IIA）成立于 1941 年，是一个国际性审计职业团体[177-178]。其前身是美国内部审计师协会，当时美国内部审计人员数量极少，由于企业规模较小，管理水平也较低，因此内部审计一般由单位内部的会计机构管理和控制。后来随着公司规模的不断扩大，内部审计作为独立职业从会计行业分离出来，并于 1941 年 12 月举行了美国内部审计师协会的成立大会。1944 年协会在加拿大多伦多设立分会，开始跨越国界。随后，1948 年又在伦敦设立分会，逐步发展成为国际性组织。如今，IIA 在全球范围内拥有超过 230 000 名成员，已发展成为内部审计行业在全球标准、认证、教育、研究和技术指导方面的领导者。

协会成立以来，为在全球范围内推动内部审计事业的发展做了卓越贡献，其中最重要的成果有：1947 年，IIA 制定《内部审计职责说明》，对内部审计及其职责下了定义；1968 年，首次颁布内部审计人员《职业道德准则》，该准则已成为协会会员和注册内部审计师必须遵守的行为规范；1978 年，出台了《内部审计实务标准》，确定了内部审计行业的职业规范和判断标准，不仅对外建立了一定的质量标准，而且对内要求内部审计机构和人员承担一定的责任，增强了自身的公信力。

IIA 所制定和颁布的众多文件和规定，对于内部审计人员而言都是重要且关键性的指导材料和规范。这些审计标准为以后 IT 审计规则的制定打下了基础，并为这些内部审计标准应用于现今的 IT 审计提供了指导。其中 IIA 发布的《全球技术审计指南》(*Global Technology Audit Guide*，GTAG)[179]，为 IT 审计技术方法提供部分标准；2006 年 11 月 29 日通过的《基于风险的信息系统控制评价指南》(*Guide to the Assessment of IT General Controls Scope Based on Risk*，GAIT)从风险控制的角度为 IT 审计提供准则规范。GAIT 是一套原则和方法，用于帮助评价企业信息系统控制的成本收益和效率效果。通过制定 GAIT，IIA 一方面帮助企业识别信息系统控制中的关键因素，避免经营管理数据错弊的发生；另一方面指导管理层和审计人员识别信息系统的关键控制点[180]。因此，IIA 制定的 GAIT，可以为 IT 审计人员和管理者提供可以借鉴的标准和指引。

### 10.1.3 美国反虚假财务报告委员会下属的发起人委员会

美国反虚假财务报告委员会下属的发起人委员会(The Committee of Sponsoring Organizations of the Treadway Commission，COSO)由美国注册会计师协会(AICPA)、美国会计学会(American Accounting Association，AAA)、财务经理人协会(Financial Executives International，FEI)、美国内部审计师协会(即 IIA 前身)、美国管理会计师协会(The Institute of Management Accountants，IMA)联合创建，其愿景是成为全球公认的内部控制权威及在企业风险管理(Enterprise Risk Management，ERM)和欺诈威慑方面的思想领袖[181]。1987 年，成立了 COSO 委员会，专门研究内部控制问题。COSO 于 1992 年 9 月发布了《企业内部控制整体框架》，简称《COSO 报告》。1994 年提出了内部控制理论和体系的相关报告，该报告集成了内部控制理论和相关的实践应用，在全球范围内获得了广泛的认可和应用，成为了现代内部控制最具有权威性的框架。2004年COSO发布了《企业风险管理集成框架》，简称ERM框架[182]，于2017年进行了更新。该框架是一个指导性的理论框架，强调了在战略制定过程和推动绩效时进行风险管理的重要性。

2013年5月14日，COSO发布了新版《企业内部控制整体框架》(*Internal Control-Integrated Framework*，下文简称《框架》)[183]。新版2013 COSO《框架》指导使用者理解"有效内部控制"实现的必要因素，提出针对企业业务和运营环境的变化来设计和实施内部控制，针对新情况和新问题给出建议，并对"有效内部控制体系"设定了要求。同时，《框架》提出内部控制是一个过程，用以促进效率、减少资产损失风险，帮助保证财务报告的可靠性和对法律、法规的遵从。COSO内部控制框架认为，内部控制系统是由控制环境、风险评估、控制活动、信息与沟通、监督五个相关联的要素组成，它们来自管理层经营业务的方式，并且集成到管理过程中，各组成要素协同作用和联系，形成了一个随条件变化而动态反应的综合系统。COSO内部控制整体框架可以满足并支持那些广为接受的企业治理、风险管理和其他类似管理的控制框架，自然适用于组织内的IT控制，因而对于IT审计而言是一个非常重要的概念。在对组织进行IT审计时，这五个组成要素构成了考虑审计内容的基础，同时是合规性的要求。

## 10.2　内部审计机构

### 10.2.1　审计章程

审计章程是组织确定审计活动宗旨、权力和职责的正式文件，它确立了审计机构在组织内部的地位，授权内部审计机构的活动开展，并界定内部审计活动的范围[184]。内部IT审计职能与归属应当由审计章程来确定。审计章程应当清楚地阐明管理层对于IT审计职能的责任、目标和授权，还应当明确审计职能的整体授权、范围和责任,最后由最高管理层和审计委员会来批准。审计章程批准后,只有在非常必要,且经过充分论证后才可进行变更。审计章程是描述审计活动总体范围的文件。

审计章程用于定义内部 IT 审计机构的活动,主要包含以下几方面的内容:①IT 审计和鉴证职能机构的责任、目标和授权;②IT 审计和鉴证职能机构的独立性和问责制;③IT 审计部门在 IT 审计过程中的角色和职责;④IT 审计人员在从事审计和鉴证业务时应遵循的专业标准等[185]。

审计章程变更时,应保留变更内容并进行记录。审计章程至少每年评审一次,如果内部 IT 审计职责发生变化,则需要增加评审次数。更新后需要向所有 IT 审计的被审计部门正式传达审计章程[185]。

### 10.2.2 审计制度

IT 审计制度是内部 IT 审计的重要组成部分。IT 审计制度包括 IT 审计业务的管理规范、流程、业务管理指南,如确定 IT 审计业务的范围、IT 审计的工作程序、工作方法、使用工具以及达成效果等。

建立一个完善的 IT 审计制度需要做到以下几点[186]。

(1) 建立相应的 IT 审计机构和审计岗位,确定机构和岗位职责。

(2) 制定相应的 IT 审计准则、实施指南等进行 IT 审计所必须遵循的依据。

(3) 建立 IT 审计制度时应当遵循国家 IT 审计相关法规并结合组织的实际业务。

(4) IT 审计人员是信息技术和审计技术的复合型人才,在 IT 审计制度中,必须明确培养合格 IT 审计人才的制度。

(5) 组织的 IT 审计制度并非一成不变,可以在每个审计年度结束后、新的审计年度开始前,根据具体组织的营运情况进行相应的修正和调整。

(6) 组织经营者不仅需要接收信息部门的报告,还应当在组织内设立 IT 审计机构,实施内部审计。此外,他们还必须委托独立的第三方 IT 审计人员,从客观的立场对组织的 IT 活动进行全面的检查与评价。

常见的内部 IT 审计制度组成部分见图 10-1。

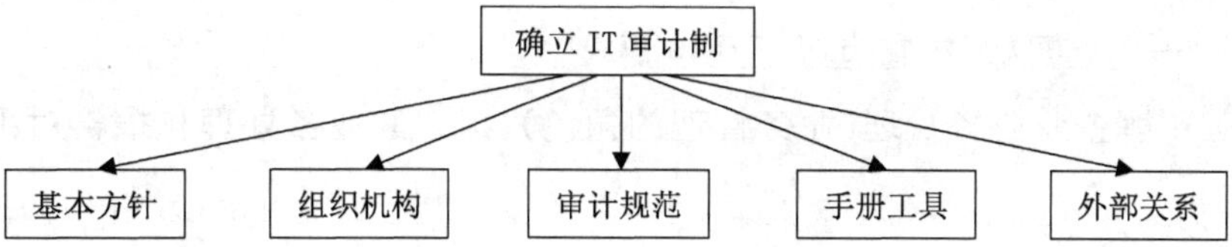


图 10-1　内部审计制度分类

**1）基本方针**

(1) 明确内部 IT 审计人员的权限、职责与义务。

(2) 确立内部 IT 审计结果的报告与跟踪制度。

**2）组织机构**

(1) 内部 IT 审计在组织机构中的位置。

(2) 内部 IT 审计的组织结构图。

(3) 内部 IT 审计的职责。

(4) 内部 IT 审计的规模组成。

(5) IT 审计人员所具备的资格与教育培训等。

**3）内部 IT 审计规范**

(1) 质量管理要求。

(2) 流程管理要求。

(3) 人员行为规范要求。

(4) 评价和考核要求等。

**4）内部 IT 审计手册、工具的配备**

(1) IT 审计手册与操作规程。

(2) IT 审计工具与软件等。

**5）内部 IT 审计部门与相关部门的关系**

(1) IT 审计与信息技术部门的关系。

(2) IT 审计与用户部门的关系。

(3) 社会审计与内部审计的关系。

### 10.2.3　组织结构

**1）审计委员会**

审计委员会负责监督 IT 相关问题、评估内部控制、风险管理和道德。IT 控制是其中的一个重要部分,它有以下几点要求[6]。

(1) 了解企业业务管理(业务管理的角色)、组织的业务处理和报告对IT的依赖程度。

(2) 确保IT问题纳入委员会会议议程,尤其是首席信息主管报告中的建议内容。

(3) 确保一般IT控制、业务应用系统中的控制、编制业务报表涉及的流程都经过全面、充分的评估和测试。

(4) 监督IT控制的整体评估。

(5) 关注新系统开发项,从中获取相关的业务和控制问题进行审查。

(6) 检查内外部的审计计划和相关工作,确保IT领域的问题能够被全部覆盖。

(7) 对审计工作结果进行审查,并监督审计结果中所提出建议的解决情况。

(8) 理解和分析道德对IT项目实施影响及IT项目中道德监督问题。

**2) 风险管理委员会**

风险管理委员会负责监督所有的风险分析与评估、风险反应和风险监测。其主要职能包括[6]以下几点。

(1) 对组织是否有效建立企业风险管理的程度进行评估。

(2) 熟知组织的风险偏好和风险容忍度。

(3) 确定IT相关风险带来的企业业务运作的影响。

(4) 审查组织的各种风险组合,评估组织的总体风险与风险偏好。

(5) 关注重大的IT风险,审查管理层在应对重大风险和威胁时是否做了预案,以及预案做法是否恰当。

(6) 监测和评价管理层实施的所有风险管理活动,这些活动是否促使所有已知和已记录的风险最小化。

**3) 首席执行官**

在组织管理中,首席执行官(Chief Executive Officer,CEO)是负责整体战略和运营控制的人员,各项工作大多数情况下需要考虑IT支撑作用。CEO应该做好以下几点[6]。

(1) 考虑在IT支撑下制定的公司目标和绩效度量。

(2) 实现组织目标的关键成功因素需要的 IT 系统设施和管理人员。

(3) 理解和批准 IT 系统的短期计划和长期战略。

(4) 有效管理和利用组织的 IT 资源,包括 IT 组织运作监督和系统运行监测。

(5) 与管理层、董事会和员工定期进行 IT 问题讨论。

作为最高层控制者实施控制,对控制的成败承担最终责任,并负责与所有其他运营经理协调,这些运营经理在他们负责领域内是控制的所有者。

**4) 首席信息官**

首席信息官(Chief Information Officer,CIO)在组织内全面负责 IT 的应用。关于 IT 控制,CIO 应具有下列权利或职责[6]。

(1) 理解 IT 项目实施的相关业务需求。

(2) IT 部门建立与业务管理部门的伙伴关系,即:①保证 IT 战略与业务战略保持一致;②确保合规性;③从过程—效率中受益;④有效降低评估风险。

(3) 设计、实施和维持一个 IT 内部的控制框架。

(4) 计划、发起和控制 IT 资源。

(5) 了解、评估、选择并实施 IT 先进技术。

(6) 为了保持领先的知识和技能水平,定期为员工提供 IT 人才培训计划。

(7) 真实成为最高级别的数据/系统管理者和 IT 控制所有者。

(8) 通过以下方法,测量 IT 支持在业务目标中的运行绩效:①设定期望;②结果评价。

(9) 通过所有必要的方式来验证和说明 IT 正在为用户及最终客户(如监管机构和外审/内审人员)提供所预期的服务和支持。

**5) 首席安全官**

首席安全官(Chief Security Officer, CSO)负责整个组织包括信息安全在内的所有安全。有关信息安全,这可能也是 CIO 的责任。CSO 应该做好以下几点[6]。

(1) 负责为企业的安全政策建立正式文件,并确保已经建立了沟通和执行政策的机制。

(2) 对组织内逻辑安全和物理安全负有全面责任,并对所有连接到互联网或其他网络的外部连接负责。

(3) CSO 工作也是遵循合规性与法律要求、CIO 和审计职能之间协调的关键环节。

(4) 推动实施影响 IT 的关键的合规性程序。

(5) 负责包括事故处理和灾难恢复在内的保持业务持续运转的 IT 计划。

(6) 确保安全人员为各个层次控制的执行提供有效支持。

(7) 在对组织关键领导人进行调查和评价时,CSO 是评价组织的最佳候选人。

**6) 首席信息安全官**

信息安全是整体安全中的一个子集。首席信息安全官(Chief Information Security Officer, CISO)应该做好以下几点[6]。

(1) 与 CSO 协作制定并实施信息安全政策。

(2) 控制和协调信息安全资源,确保其得到充分配置并满足组织的安全目标需求。

(3) 确保信息安全和业务目标的融合。

(4) 负责管理整个组织的业务信息的风险。

(5) 负责监督组织内 IT 的整体安全。

(6) 提供对信息安全问题的教育和认知培训。

(7) 配合人力资源部门,制定使用 IT 信息的最终用户使用政策。

(8) 与首席风险官(Chief Risk Officer,CRO)和首席信息官(CIO)合作协调信息安全工作。

(9) 向首席执行官(CEO)、首席风险官(CRO)、首席信息官(CIO)和董事会提出与 IT 风险问题相关的建议。

(10) CISO 也常是企业内部 IT 审计的首席审计执行官(Chief Audit Executive,CAE),组织内负责内部审计活动的最高职位,负责控制 IT 审计过程。

**7) 审计委员会/首席审计官/审计接口**

对每一个具体 IT 控制场景的报告都建立相应规则是不切实际的。CAE 向审计委员会发表意见或提出报告时,必须谨慎判断,这与 CAE 和审计委员会就其他内部控制问题进行沟通讨论的情况相类似(图 10-2)[6]。

CAE 与审计委员会讨论内部控制相关问题,确定为审计提供最佳信息内容,以满足审计委员会关于法规、规章、政策和应用的相关内容,或对治理方面的其他义务判断的要求。

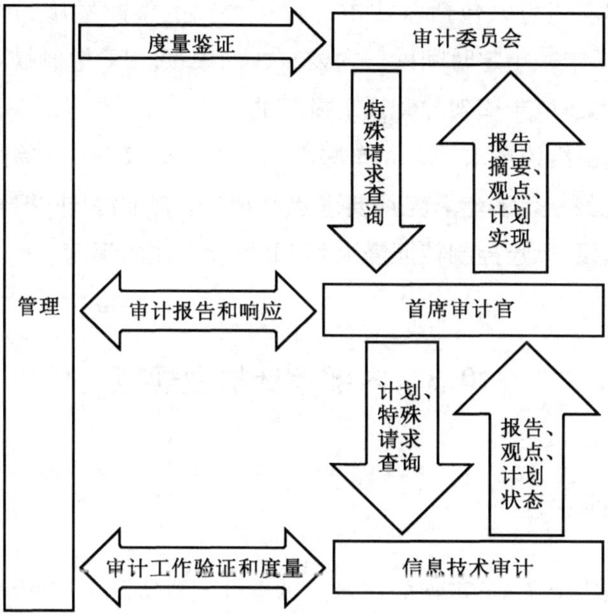


图10-2 审计接口

“度量和报告”和“审计报告摘要”是CAE与审计委员会就内部控制进行互动的两个环节,进一步的互动将取决于审计委员会的具体需求和相关立法或监管的要求。

(1) 度量和报告[6]

度量和报告必须能够提供和IT控制状态相关的有价值信息。当管理人员提供度量和报告时,CAE应对其有效性进行验证并考虑其价值,确信其是在相关控制领域有关审计检查基础上产生的一个独立、客观的评估报告。CAE应该与各个层次的管理人员、审计委员会进行沟通,并对报告中涉及的度量方法和鉴证技术的正确性和有效性进行讨论。

虽然技术控制可以提供测量中用到的部分信息,但是这些度量不包括详细操作技术控制的具体数据,实际使用的数据将取决于该组织以及审计委员会的需要。CAE可以在组织的不同层面上选择测量案例,以辅助说明在治理层面上影响控制的重大事项。

(2) 审计报告摘要[6]

这类报告是根据审计委员会的要求对IT控制状况的调查结果、结论和意见进行总结概括。内容还可以包括以往审计报告提出的整改措施和整改行动后的现状,可能还要包括未来指定时间框架内要完成的事项。IT 控制摘要不是孤立存在的,而应在整个内部控制框架的背景下撰写的。

报告的频率由组织需求而定。有些严格管制的环境下,如美国的《萨班斯-奥克斯利法案》管制要求,每个季度都要求进行报告。除此之外,报告的频率还取决于组织的治理框架、风险控制特征需求和 IT 风险存在的程度。

## 10.3 内部审计执业规范

### 10.3.1 独立性

独立性问题决定了 IT 审计的质量。独立性问题实际上有两种,即形式上的独立性和实质上的独立性。形式上的独立性是指 IT 审计师不能与被审查企业或个人有任何特殊的利益关系,否则就会影响 IT 审计师能否公正执行业务。形式上的独立性又可细分为三种:组织上的独立性、经济上的独立性以及人员上的独立性。实质上的独立性,又称精神状态,是一种自信心,能在判断时不依赖外部影响或不屈从于外界压力[187]。它要求 IT 审计师在业务执行过程中严格保持超然性,不能主观袒护某一方,尤其不能使自己的结论依附或屈从于持反对意见的利益集团或人士的影响和压力。

实质上的独立性是无形的,通常难以观察和度量,而形式上的独立性则是有形的和可观察的,社会公众往往是透过 IT 审计师形式上的独立性来推测其实质上的独立性。因此,从这个意义上来说,形式上的独立性是实质上独立性的载体和重要前提[139]。

职业独立性要求。对于所有与审计相关事务,IT 审计师应当在态度和形式上与被审计单位独立[188]。组织独立性要求。为保证审计工作完成的客观性,IT 审计职能应当独立于受审查的范围或活动之外[188]。

独立性还需关注以下几点。

(1) 审计章程或委托书中应当针对审计职能的独立性和义务做出相应的规定。

(2) IT 审计师应该在审计过程中始终保持态度和形式上的独立性。

(3) 无论是在实质上或形式上出现独立性受损,应向相关当事人披露独立性受损的细节。

(4) IT 审计师应当独立于被审计组织的范围。

(5) IT 审计师、管理层和审计委员会应当定期对独立性进行评估。

(6) 除非被其他职业标准或管理机关所禁止,否则当 IT 审计师参与信息系统项目审计但所担当的并非审计角色时,则该类人员并不需要保持独立性,包括实质上或形式上的独立性。

### 10.3.2　执业能力

**1) 专业能力**

IT 审计师要提供高质量的专业服务,不仅要具备良好的职业道德,还要具备较强的业务能力和高水平的职业判断能力。因此,专业能力要求是 IT 审计师职业道德的一项重要内容。专业能力应包括以下几个方面[188]。

(1) IT 审计师应该有足够的专业知识和合格技能,具备进行审计工作的相应知识和技能。

(2) IT 审计师必须保证在某个项目开始前已具备该类项目的专业能力和经验。若 IT 审计师不具备能驾驭该项目的专业技能,则应拒绝或退出相关项目。

(3) 不得从事无法胜任的业务。IT 审计师不能承担其无法胜任或无法按时完成的业务。

(4) IT 审计师应对助理人员及其他专业人员的工作结果负有责任。IT 审计师所从事的大多数业务都需要助理人员的参加,某些特殊业务通常也需要聘请其他专业人士才能完成。但审计报告由 IT 审计师签章,IT 审计师要对审计报告负责,即要求 IT 审计师对助理人员和其他专业人员的工作结果负责。

(5) 接受后续教育。随着信息技术的迅速发展,IT 技术知识更新的周期日益缩短,IT 审计师的业务领域也在不断地拓展和深化。IT 审计师要顺应时代的发展和要求,不断地接受后续教育,更新和提升自己的专业技能。

(6) 遵守技术规范。IT 审计师应遵守工作程序和工作方法的基本规定。

(7) 如果具备注册信息系统审计师(CISA)认证或其他审计相关职业资格,IT 审计师因此符合持续职业教育或其他职业发展要求。若 ISACA 的成员不具有 CISA 认证证书或其他审计相关特定职业资格,则在其从事 IT 审计相关工作时必须经过足够的正规教育、培训,并有足够的工作经验。

(8) 当 IT 审计师领导一个审计组织从事某项审计项目时,必须保证审计组中的所有成员都相应具备完成该审计项目的专业能力水平。

**2) 实践经验**

除了专业的 IT 审计理论知识外,CISA 还应具备丰富的实践经验,以便胜任复杂系统的审计工作。CISA 应具备以下几点实践技能。

(1) 参加各类岗位培训,特别是在组织内部采纳和应用新技术方面。另外,还应参与修订组织的内部计划等。

(2) 参加专业组织举办的研讨会,了解信息技术的新发展对审计实务的影响。

(3) 掌握信息处理活动的各种技术,特别是对组织 IT 应用有影响的技术,并能与各领域的管理人员、用户和技术专家沟通。

(4) 了解并熟悉运行环境(包括各种操作系统和数据库管理系统),对内部控制的有效性进行评估。

(5) 了解现有和未来系统的技术复杂性及其对各级运作和决策的影响。

(6) 能够使用相关技术识别系统的完整性。这一过程包括检查、测试和评估系统的内部控制。

(7) 参与同信息技术应用相关的效果、效率和风险的评估活动。

(8) 能够提供审计整合服务,为审计人员提供指导,并与审计人员就公司的 IT 应用状况进行说明。

(9) 熟悉系统开发、安全控制设计和实施后评估等方法论。

(10) 熟悉网络相关安全实践、信息安全服务、灾难恢复和业务连续性规划、异步传输模式和其他通信技术。

**3) 知识水平**

(1) 基础理论知识

IT 审计不只是传统审计技术的简单扩展,它是一门交叉学科,是建立在传统审计理论、信息系统管理理论、计算机科学、行为科学理论等四个理论基础之上的[189]。这就要求 IT 审计师(或国际信息系统审计师 CISA,又称 IS 审计师)必须具备四方面的知识。

① 传统审计理论

传统审计理论为 IT 审计提供了大量的内部控制理论和实践经验,确保各种交易数据都能得到正确处理。同时,搜集与评价证据的方法论在 IT 审计中也得到了广泛应用。最重要的是,传统审计理论给 IT 审计带来一种控制哲学,从数据处理、资金安全、信息完整等方面来评价系统是否合法合规,即用全面审慎的眼光审视信息系统以保证企业具有有效实现企业目标的能力[190]。

② 信息系统管理理论

信息系统管理理论是一门关于如何更好地管理信息系统的开发与运行过程的理论[190],它的许多研究成果和方法可直接应用到信息系统的开发和实施中,这些方法都是 IT 审计的基础。例如在信息系统的开发中实施项目管理,采用面向对象的分析、设计和编程方法,保证程序员所开发的程序效率高、错误少、可维护性好。又如在数据库的安全审查、应用控制的审查和测试上都会应用信息系统管理相关的技术和方法。

③ 计算机科学

计算机科学是 IT 审计应用技术的基础,其中软件工程是计算机科学的一个重要组成部分。检查源代码、黑白箱测试都是重要的软件测试技术,同时也是 IT 审计中采用的主要审计技术。计算机犯罪如与信息系统有关的舞弊、破坏等都具有较高的技术性,因此审计人员必须具备一定的计算机科学知识,才能得到正确的审计结果。比如一个高级程序员通过修改程序进行贪污,若没有同样水平的 IT 审计师,则很难查出这一类舞弊[191]。另外,由于信息系统中的数据是审计的重点对象,因此审计人员还需掌握数据库系统和操作系统等相关知识。

④ 行为科学理论

行为科学为 IT 审计提供了审计分析信息系统相关人员行为和组织进行审计分析的理论基础,应用行为科学的方法审计人员能够审查和评价信息系统的开发实施以及内部使用控制。人是信息系统安全最薄弱的环节,人的问题有时会导致信息系统失败。例如,一个用户对系统不满,可能会蓄意破坏系统及其控制环节。因此,审计人员必须了解哪些行为因素可能导致系统故障[190]。行为科学,特别是组织学理论解释了组织中产生的“人的问题”[192]，因此在信息系统的审计中把这种行为性的问题也列为主要的审计点。分析信息系统的职员行为方式是否与系统内部控制度相吻合，也是信息系统内控制评价审查的重点。

(2) IT 专业知识

组织需要运用不同层次的 IT 技术知识来提供系统性、规律性的方法以保证评价和改进风险管理、控制和治理过程的有效性。在实施审计工作时，理解 IT 应用的技术内容与特征、具备相关风险识别的能力和知识，以及运用 IT 技术作为审计工具、手段和资源的能力，对于各个层次的 IT 审计的有效性都是必不可少的。审计人员应具备履行职责的三类 IT 专业知识[6]。

第一类：所有审计人员

第一类是包括新聘的人员和 CAE 在内的所有专业审计人员都需要具备的 IT 基本知识[6]。IT 基本知识涉及理解如应用系统中使用的软件、操作系统和系统软件以及网络不同概念的区别。它包括基本的 IT 安全和控制组件，比如外部防御、入侵检测、认证和应用系统控制等。基本知识还包括理解业务操作、相关支持系统、网络和数据组件等安全缺陷是如何影响业务流程控制和业务目标的。这些基本上可以保证审计人员有足够的知识理解 IT 风险，而不一定需要系统实施所具备的专业技术知识。

第二类：审计监督人员

第二类适用审计监督人员。除了掌握 IT 基本知识之外，审计监督人员必须对 IT 问题及其要素有全面的理解，能够在审计工作计划、测试、分析、报告以及后续行动中解决这些问题，具有向审计员指派审计项目要素的审计技能知识。从本质上讲，审计监督人员必须做好以下几点[6]。

① 识别由信息系统支撑的业务流程相关的威胁和薄弱环节。

② 了解 IT 所提供的业务控制和风险缓解措施。

③ 计划和监督审计工作以处理与 IT 有关的缺陷和控制，以及 IT 是否对业务应用和环境提供有效的控制。

④ 确保审计小组有包括 IT 能力在内的充足审计工作能力。

⑤ 确保在审计评估和测试中能够有效地利用信息技术工具。

⑥ 批准用于测试控制与信息准确性的相关计划和技术。

⑦ 评估审计测试结果，及时发现 IT 安全或控制的缺陷，从而获得证据。

⑧ 对所发现的问题进行分析，并将这些问题与业务或 IT 中可能导致这种情况发生的根本原因联系起来，如计划、执行、操作、变更管理、认证或其他风险领域。

第三类：具有专业技术的 IT 审计专家

第三类适用 IT 审计专家。虽然 IT 审计专家可能在监督层发挥作用，但他们必须了解支持业务组件的基础技术，并且需要对与技术相关的威胁和弱点非常熟悉。IT 审计专家也可以只专注于技术的某些领域。

### 10.3.3　职业道德

职业道德是为提高社会对职业组织的信任程度而制定的一系列的道德行为准则。职业道德是对某一职业从业人员的行为规范，这种行为规范并非通过法律、法规等形式予以公布，而是从业人员自愿接受的道德行为标准。但由于人在市场经济的环境中生存，不可能是纯粹的道德人，尤其是经济环境日趋复杂及职业分工的日益专门化的情况下，单纯依赖自觉来维持职业道德已不现实。必须制定一些公众认可的职业道德法律、法规等来加以规范，以提高职业人员在公众中的形象和可信度[92]。

职业道德是社会道德在职业活动中的具体化表现。从一般意义上讲，职业道德具有以下特点。

(1) 适用范围的有限性

每个职业都有自己特定的职业责任和职业义务并且互不相同，从而形成各自特定的职业道德的具体规范，因此职业道德的适用范围是有限的。

(2) 表达形式多种多样

不同的职业具有不同的职业道德标准特征，且要求规范都较为具体细致，因此其表达形式具有多样性。

(3) 具有强烈的纪律性

纪律也是一种行为规范，但它介于法律和道德之间，是一种特殊规范。它要求人们能够自觉遵守，具有道德色彩，同时既带有一定的强制性，又带有一定的法律色彩。即遵守纪律不仅是一种美德，而且带有强制性和法令的约束力。

IT 审计职业道德就是 IT 审计业界各成员应当遵守的行为规范,在本质上体现着 IT 审计业界各成员之间以及每个成员与相关当事人之间的社会经济关系。

IT 审计职业道德规范的内容包括原则和规定两部分。

**1) 原则**

原则是执业人员在道德方面追求的基本标准,是一些抽象的概念,不具备强制执行性。原则共有六条,内容包括以下几点[193]。

(1) 责任。作为专业人员,执业人员在执行业务过程中应该理解自己工作内容所承担的责任,并具备敏感的职业道德判断能力。

(2) 公共利益。在执业时,执业人员应把公共利益放在第一位,不辜负公众的信任,表现出对职业的奉献精神。

(3) 公正。为了保持并提高公众对执业人员的信任,执业人员必须以高度的正直感完成所有任务。

(4) 客观性和独立性。在履行职业责任时,执业人员必须保持独立和客观的姿态,不受任何因素的干扰。

(5) 应有的执业谨慎。执业人员应该遵守专业技术准则和职业道德准则,不断提高自身的执业能力和服务质量,尽最大可能履行专业任务职责。

(6) 服务的范围与性质。执业人员在执业时,应该遵守职业行为准则规定的服务范围与性质要求。

**2) 规定**

对于道德规范的规定部分,主要由行为守则、行为守则解释与道德裁决规定组成,它比原则更具有可操作性。表 10-1 所列是在借鉴 AICPA 的行为守则和行为守则解释[193]的基础上,考虑 IT 审计特征构建的行为守则。

**表 10-1 行为守则和行为守则解释**

| 编号 | 行为守则、条款 | 解释条款的具体内容 |
|---|---|---|
| 101 | 独立性<br>(从事公众业务的会员在提供专业服务时必须按照协会指定组织制定的准则要求,保持独立) | 1. 影响独立性的业务、利益关系和人际关系 |
| | | 2. 怎样的情况下,审计师担任荣誉董事或受托方不会对独立性产生影响 |
| | | 3. 怎样的情况下,已离任的企业 IT 人员与被审计单位的利益关系不会影响审计单位的独立性 |

（续表）

| 编号 | 行为守则、条款 | 解释条款的具体内容 |
|---|---|---|
| 101 | 独立性（从事公众业务的会员在提供专业服务时必须按照协会指定组织制定的准则要求，保持独立） | 4. 为了保持独立性，企业IT人员同时提供IT业务服务和审计业务服务时必须具备的条件 |
| | | 5. 家庭关系与独立性 |
| | | 6. CAE与被审计企业、企业的管理人员、董事或主要股东之间存在借贷关系对独立性的影响 |
| | | 7. 将要发生或已经发生的法律诉讼对独立性的影响 |
| | | 8. 独立性条款所规范的审计师和审计单位的范围 |
| | | 9. 某家非客户企业与客户企业有投资或被投资关系，且审计师和非客户企业有经济利益关系时，怎样保持独立性 |
| | | 10. 为政府IT审计报告审计过程中，审计师与各级部门之间的关系对独立性的影响 |
| | | 11. 被鉴证业务对独立性要求 |
| | | 12. 审计的衍生业务的独立性要求 |
| 102 | 客观与公正（在提供专业服务时，会员应当保持客观和公正，应当避免利益冲突，不得故意谎报信息，或把自己的判断强加给他人） | 1. 当审计师故意促使、默许或引导他人在编制IT审计报告时加入虚假的或具有误导性的记录，则构成谎报信息 |
| | | 2. 利益冲突问题 |
| 201 | 专业技能（会员在从事职业活动时应当具备专业技能、保持职业谨慎、合理计划管理、为作出结论获取充分信息） | 1. 专业技能包括技术资质、管理和评价工作的能力、具备职业准则和技术方面的知识、做出合理决策的能力 |
| | | 2. IT审计师如何提供与IT审计有关的服务 |
| 202 | 服从准则（会员在提供审计、复核、编报、管理咨询、税务或其他专业服务时必须遵循协会指定的相关组织制定的准则） | 201条款中提到的业务作详细的解释 |
| 203 | IT技术规范准则（审计师针对被审计对象是否符合IT行业技术规范准则发表意见） | 1. 采用不符合行业常规的审计应对情况 |
| | | 2. 采用不符合行业常规技术或管理的合理性解释 |

（续表）

| 编号 | 行为守则、条款 | 解释条款的具体内容 |
|---|---|---|
| 301 | 客户的机密信息<br>（从事公众业务的审计师不得在未取得客户同意的情况下披露客户的信息） | 1. 在哪些特定情况下可以披露客户的机密信息 |
| | | 2. 在发生审计机构并购的情况下如何处理客户的机密信息 |
| 302 | 或有费用<br>（审计单位在从事审计、复核业务、编制提供给第三方使用的审计报告或提供服务时不得收取或有费用） | 对审计师不能收取或有费用的审计服务作详细的界定 |
| 501 | 有损信誉的行为<br>（审计单位不得从事有损于职业信誉的行为） | 1. 关于客户的文件与审计师工作底稿的归属问题 |
| | | 2. 种族、肤色、宗教、性别或国别的歧视违反了本准则 |
| | | 3. 从事政府审计时，如果审计师允诺履行但是最终未履行政府审计的要求，则被视为有损于职业信誉 |
| | | 4. 审计师由于过失，促使、默许或引导他人在编制财务报表时加入虚假的或具有误导性的记录 |
| | | 5. 不遵循政府部门、各级委员会和其他制定规范机构的有关要求从事鉴证及类似业务 |
| 502 | 广告与业务招揽<br>（审计单位不得以虚假、误导、欺骗的方式发布广告或从事其他业务招揽活动，强迫的、过分的以及骚扰性的业务招揽活动也是不允许的） | 1. 被禁止的广告和业务招揽活动的内容 |
| | | 2. 当会计师事务所因为第三方从事的广告、业务招揽活动取得客户时，事务所应当保证第三方所作的广告或业务招揽没有违反本准则 |
| 503 | 佣金和介绍费<br>（审计单位不得以获取佣金为目的向客户推荐产品和服务，任何收到佣金和介绍费的审计单位为了不违反本准则，必须向所有利益相关人披露提供或收取佣金或介绍费的事实） | 没有相关解释 |

（续表）

| 编号 | 行为守则、条款 | 解释条款的具体内容 |
|---|---|---|
| 505 | 审计单位的开业方式和名称（审计单位必须按照法律的要求，不得以个人名义承接公共审计业务，不得使用有误导性质的公司名称） | 1. 对商业审计机构的投资方式问题 |
| | | 2. 审计机构同时从事公共审计业务和其他 IT 服务业务时必须同时遵守本道德行为准则 |

资料来源：http://www.aicpa.org.

## 本章小结

本章首先概述了国外与 IT 审计相关的三大组织及其职能，接着对内部审计机构进行了详细介绍，从审计章程、审计制度、组织结构三方面说明如何对内部 IT 审计机构进行管理。最后阐述了内部审计的执业规范，依次介绍了独立性、执业能力和职业道德，重点对执业能力的专业能力、实践经验、知识水平进行了分析，并就道德的原则与规定做了详细阐述。

# 第 11 章　国内外 IT 审计相关准则

IT 审计准则是审计人员执行 IT 审计所必须遵循的标准[194]，是职业团体全体会员共同遵循的行为准则，为审计主体开展审计业务提供了参考依据。国外 IT 审计工作开展较早，技术比较成熟，准则制定也较为完善，其中国际信息系统审计与控制协会(ISACA)发布的审计准则影响最为深远，已被许多国家所接受，并在实践中发挥了重要作用。此外，国际 IT 治理标准 ISO/IEC 385000、COBIT 5.0 等 IT 治理和管理框架，以及 COSO 内部控制整合框架，都是国际上重要的信息技术治理框架，为有效 IT 审计提供了关键的治理原则和指导，从而确保信息技术在组织内部的合规性、安全性和有效性。同时，国内对 IT 审计工作的重视程度也逐步增加，IT 准则的理论探讨和制定工作逐渐展开，已经出台了与 IT 审计相关的一些具体规范。

## 11.1　ISACA 准则

ISACA 是国际上唯一的 IT 审计专业组织，在研究和制定 IT 审计准则方面，贡献最大，影响最广泛。IT 审计准则由 ISACA 下的准则部门(Standard Board)制定，通过制定和颁布 IT 审计标准、指南和作业程序来规范 IT 审计师的工作[195-197]。IT 审计准则体系由审计职业道德、审计执行和其他三个方面构成，每个方面又由标准(standard)、指南(guideline)、程序(process)三个层次构成[51]，其体系结构如图 11-1 所示。

### 11.1.1　IT 审计标准

审计标准是整个信息系统准则体系的总体规范，为制定审计指南和操作程序

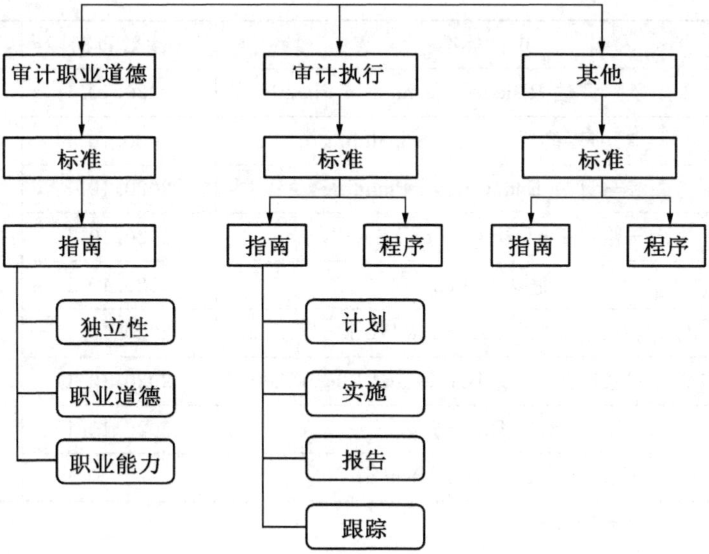


图 11-1　IT 审计准则体系

提供基础和依据。审计标准是对 IT 审计和报告的强制性要求，规定了对 IT 审计师履行 ISACA 职业道德规定的最低标准，以及管理层和其他利益相关方应遵循的在 IT 审计方面的职业要求[196-198]。至今，ISACA 已经发布第四版 IT 审计框架，其中包含 17 个审计标准[199]，具体见表 11-1。

**表 11-1　IT 审计标准表(2020 年最新版)**

| 编号 | 审计标准 | 生效日期 | 类别 |
|---|---|---|---|
| 1001 | 审计章程 Audit Charter | 2020.10.1 | 通用标准 |
| 1002 | 组织独立性 Organizational Independence | 2020.10.1 | |
| 1003 | 审计的客观性 Auditor Objectivity | 2020.10.1 | |
| 1004 | 合理预期 Reasonable Expectation | 2020.10.1 | |
| 1005 | 应有的职业审慎 Due Professional Care | 2020.10.1 | |
| 1006 | 业务熟练 Proficiency | 2020.10.1 | |
| 1007 | 认定 Assertions | 2020.10.1 | |
| 1008 | 衡量标准 Criteria | 2020.10.1 | |

（续表）

| 编号 | 审计标准 | 生效日期 | 类别 |
|---|---|---|---|
| 1201 | 计划中风险评估 Risk Assessment in Planning | 2020.10.1 | 执行标准 |
| 1202 | 审计日程安排 Audit Scheduling | 2020.10.1 | |
| 1203 | 参与计划 Engagement Planning | 2020.10.1 | |
| 1204 | 执行与监督 Performance and Supervision | 2020.10.1 | |
| 1205 | 证据 Evidence | 2020.10.1 | |
| 1206 | 使用其他专家的成果 Using the Work of Others | 2020.10.1 | |
| 1207 | 违规与非法行为 Irregularities and Illegal Acts | 2020.10.1 | |
| 1401 | 报告 Reporting | 2020.10.1 | 报告标准 |
| 1402 | 后续活动 Follow-up Activities | 2020.10.1 | |

注：最新信息详见 www.isaca.org。

以下重点介绍其中几项审计标准。

**1）审计章程(Audit Charter)**

(1) IT 审计和鉴证职能部门应当在审计章程中详细说明审计职能，标明目的、职能、权限和问责制。

(2) IT 审计和鉴证职能部门应将审计章程提交给企业内的适当层级以获得同意和批准[185]。

**2）独立性**

独立性包括两类：组织独立性和专业独立性。

IT 审计在组织和专业上应充分独立于被审计单位，以实现审计目标。

IT 审计人员在执行审计业务，出具审计报告时应当在实质上与形式上都独立于被审计单位和其他机构，确保具有独立的态度[200]。独立的态度是指可使审计人员依据审计目标，公正地执行审计工作的客观态度。如果审计人员的独立性受损，审计人员就不应参与审计工作。

IT 审计师应与委托方和被审计方在组织上保持独立。IT 审计师应站在第三方独立的立场，不受委托方和被审计方的影响。如果 IT 审计师的利益涉及整个被审计领域，他的独立性就会受到影响。

IT 审计师和信息系统审计师的主管部门应该经常对独立性进行评估。评估应考虑人员变动、财务利益变化、工作优先级和责任等因素。IT 审计师也可采用自我评估的方法。

IT 审计师在审计过程中可能询问某些人，分析组织业务流程，以获得被审计单位的帮助。IT 审计师在这些场合应始终保持独立性。IT 审计师应意识到自己的行为或与人合作的方式会影响到独立性的相关表现，而这种独立性的相关表现会影响到被审计方和委托方对审计工作的信任度。

如果 IT 审计师意识到他们的独立性受到影响，他们应尽快通知审计方管理层。例如，审计应用系统开发过程中，IT 审计人员应保持独立的态度及言行表现。项目小组应负责应用系统的开发，包括设计及实施控制功能，IT 审计人员应独立于项目小组之外。IT 审计人员应独立地决定应用系统开发的审计程序，并可在不影响审计人员独立性情况下，建议加强系统的控制及其他功能。IT 审计人员参与应用系统开发的审计，不会影响他在系统建成后，对应用系统进行超然独立的审计能力。但若 IT 审计人员积极参与应用系统的设计及实施，如 IT 审计人员是项目小组决策的一员，或对某项业务控制做决定，将会影响其审计应用系统开发时的独立性，也会影响其在应用系统建成后对该系统的独立评估[92]。

**3）应有的职业谨慎**

在 IT 审计工作各个方面，都必须保持应有的职业谨慎态度，并坚持以审计准则为执业标准。这种职业谨慎是 IT 审计师在某种给定的工作环境下的工作勤勉程度和开展工作所必需的技能要求，并贯穿于职业判断的整个过程中。它是确保客户获得高质量审计的基础。审计部门需要雇佣具有高度责任感的雇员，这样才能高质量地完成工作。判断力是应有职业谨慎的关键因素，在每个审计步骤中，IT 审计人员需要判断某个控制(control)是否存在，是否按预期的设计进行。它体现在审计实施的各个方面，包括 IT 审计风险的评价、IT 审计目标、IT 审计范围的确定、对 IT 审计测试程序的选择和对测试结果的评价等[92]。

**4）业务熟练**

(1) 专业技术及知识

担任 IT 审计工作的审计师应当具备审计工作所必需的专门技能与知识。

(2) 职业后续教育

IT 审计师要通过充分且持续的职业后续教育，保持和提高其专业胜任能力。

IT 审计人员需要具备一定的技术能力才能有效地执行审计任务。然而,由于技术应用平台的多样性,要求一个 IT 审计人员成为各方面的专家是不现实的。因此,审计部门必须寻求培训和聘请有经验的专家来满足 IT 审计任务的要求。根据准则,如果审计部门不具备完成审核的专业能力,可以从其他部门邀请专家对审计小组进行培训或者从外部聘请有经验的专家完成审计步骤,同时审计成员向其学习,以便进行今后的审计[201]。

为了维持技术竞争力,审计员工必须接受持续的培训以适应当今复杂的 IT 审计技术要求,并保持和发展专业技能。有许多培训途径可供选择,包括在线课程、研讨会、专业协会和认证课程。此外,管理者必须支持 IT 审计员工的持续培训,以确保他们具备所需的技术和知识,能够有效地完成审计任务。

**5) 衡量标准**

成功的审计是选择好的衡量标准来与审计对象进行对比的结果。这些衡量标准应是客观的、相关的、可度量的,并且来自被高度认可的机构,为读者提供易于理解的全面视角。将选择的证据与条件进行比较,作为审计结论的基础,并编辑必要的审计文档[202]。

**6) 审计日程安排**

信息技术审计和保证职能部门应制定一个总体战略计划,形成短期和长期的审计时间表。短期计划包括在一年内执行的审计,而长期计划则包括基于企业信息和技术(I&T)环境中的风险相关事项的审计,这些 IT 审计可能在未来执行。

短期和长期 IT 审计计划都应与负责治理和监督的人员(如审计委员会)达成一致,并在企业内部进行沟通。

IT 审计和保证职能部门应修改其短期和/或长期审计时间表,以适应组织的需要(如意外事件或计划外的举措)。任何因应对突发事件或计划外举措而取消的审计都应重新分配到未来某个时期。

**7) 设计实施计划**

IT 审计师应根据审计目标和相应的审计准则,对 IT 审计工作编制审计计划。

在开始 IT 审计前,IT 审计师就应该制订能实现审计目标的工作计划。首先,IT 审计师应对组织及其业务流程有一个清晰的认识。IT 审计师要了解组织的运作及需求,这些可以帮助 IT 审计师确定资源的重要性。除此之外,IT 审计师还应对内部控制进行初步评价，确定 IT 审计的目标、范围、时间表和交付成果。

**8）计划中的风险评估**

(1) IT 审计和鉴证职能部门应当运用适当的风险评估方法(即以数据为导向，同时考虑定量和定性因素)和佐证方法来制订总体的 IT 审计计划，并确定有效分配 IT 审计资源的优先顺序。

(2) IT 审计和鉴证专业人员应当在计划单个项目时，识别和评估与被审领域相关的风险。

(3) IT 审计和鉴证从业人员在计划审计业务时，应考虑主题风险、审计风险和对企业的相关风险。

**9）执行与监督**

IT 审计人员应受到适当的监督，以确保实现审计目标，并遵守审计准则。

**10）证据**

在 IT 审计过程中，IT 审计人员应当搜集充分的、可靠的、相关的和有用的证据，以有效实现审计目标。审计师的审计发现和审计结论必须以合理分析和利用审计证据为基础。合理的证据包括审计师执行搜索过程的书面形式、源文档、支持记录以及使用的测试程序。

**11）使用其他专家的成果**

审计师不可能独自完成所有工作。审计中可能需要借助其他专家的成果，前提是审计师对这些专家的能力、相关经验、职业资格、独立性和质量控制感到满意。如果其他专家不能提供足够的、合适的证据，那么在最终审计意见中必考虑范围限制。工作领域与被审计领域相同的专家不能被信赖。

**12）审计报告**

IT 审计人员在完成审计工作后，应向委托者出具按照适当格式编制的审计报告；审计报告应当说明审计范围、审计目标、审计工作所涵盖的期间及所执行审计工作的性质和内容。

审计报告要标明组织、审计报告送交对象以及审阅要求。报告应当说明审计人员执行审计工作中所发现的问题、形成的结论建议以及审计师关于审计的任何保留意见。与注册会计师审计不同的是，IT 审计师可以决定如何执行关于报告的审计指南，在执行中可以灵活地进行职业判断，但在偏离常规的情况下，需说明偏离的原因。

**13）后续活动**

IT 审计人员应当要求并评价被审计单位对审计发现的问题、结论及建议的处理信息，以判断被审计单位是否已及时妥善处理了相关问题[203]。

### 11.1.2 IT 审计指南

审计指南为审计标准的应用提供了指引，IT 审计师在审计过程中应考虑如何应用指南以实现审计标准的要求，在应用过程中应灵活运用专业判断并纠正任何偏离准则的行为。审计指南的目标是提供遵守标准规定的更多信息[204]。至今，ISACA 已经发布了 12 个审计指南[199]（表 11-2）。

**表 11-2　IT 审计指南表(2020 版)**

| 编号 | 审计指南 | 相关审计标准 | 生效日期 |
| --- | --- | --- | --- |
| 2001 | 审计章程 | 1001 审计章程<br>1002 组织独立性<br>1003 审计的客观性 | 2020 年 10 月 1 日 |
| 2002 | 组织独立性 | 1001 审计章程<br>1002 组织独立性<br>1003 审计的客观性 1004 合理预期<br>1006 业务熟练 | 2020 年 10 月 1 日 |
| 2003 | 审计的客观性 | 1001 审计章程<br>1002 组织独立性<br>1003 审计的客观性<br>1005 应有的职业审慎 | 2020 年 10 月 1 日 |
| 2004 | 合理预期 | 1001 审计章程<br>1004 合理预期 | 2020 年 10 月 1 日 |
| 2005 | 应有的职业审慎 | 1002 组织独立性<br>1003 审计的客观性<br>1005 应有的职业审慎<br>1006 业务熟练<br>1205 证据 | 2020 年 10 月 1 日 |

（续表）

| 编号 | 审计指南 | 相关审计标准 | 生效日期 |
| --- | --- | --- | --- |
| 2006 | 业务熟练 | 1005 应有的职业审慎<br>1006 业务熟练<br>1203 参与计划<br>1204 执行与监督 | 2020 年 10 月 1 日 |
| 2007 | 认定 | 1007 认定<br>1008 衡量标准<br>1206 使用其他专家的成果<br>1401 报告 | 2020 年 10 月 1 日 |
| 2008 | 衡量标准 | 1007 认定<br>1008 衡量标准 | 2020 年 10 月 1 日 |
| 2201 | 计划中风险评估 | 1201 计划中风险评估 1203 参与计划<br>1204 执行与监督<br>1207 违规与非法行为 | 2020 年 10 月 1 日 |
| 2202 | 审计日程安排 | 1201 计划中风险评估 1203 参与计划<br>1204 执行与监督<br>1207 违规与非法行为 | 2020 年 10 月 1 日 |
| 2203 | 参与计划 | 1201 计划中风险评估<br>1203 参与计划<br>1204 执行与监督 | 2020 年 10 月 1 日 |
| 2204 | 执行与监督 | 1005 应有的职业审慎<br>1006 业务熟练<br>1203 参与计划<br>1204 执行与监督<br>1205 证据<br>1401 报告 | 2020 年 10 月 1 日 |

注：最新信息详见 www.isaca.org。

### 11.1.3　IT 审计程序

审计作业程序提供了 IT 审计师在审计过程中可能遇到的审计程序的一些示例[204]。作业程序为审计师在审计过程中实现标准的要求提供了相关信息，但并不作为硬性要求。作业程序的目标是为审计师遵循标准要求提供更多的信息。作业程序是对审计标准和指南的一种额外补充，审计人员在审计过程中可以参考作业程序中的相关示例进行审计，在遇到特殊情况的时候可以寻求作业程序的指导。ISACA 已经发布 11 个作业程序[109]（表 11-3）。

**表 11-3 ISACA 发布作业程序表**

| 序号 | 作业程序 | 初始生效日期 |
| --- | --- | --- |
| P1 | 信息系统风险评估(IS Risk Assessment) | 2002 年 7 月 1 日 |
| P2 | 数字签名(Digital Signatures) | 2002 年 7 月 1 日 |
| P3 | 入侵检测(Intrusion Detection) | 2003 年 8 月 1 日 |
| P4 | 病毒及其他恶意代码(Viruses and Other Malicious Code) | 2003 年 8 月 1 日 |
| P5 | 控制风险的自我评估(Control Risk Self-Assessment) | 2003 年 8 月 1 日 |
| P6 | 防火墙(Firewalls) | 2003 年 8 月 1 日 |
| P7 | 违规和违法行为(Irregularities and Illegal Acts) | 2003 年 11 月 1 日 |
| P8 | 安全隐患测试和弱点分析(Security Assessment-Penetration Testing and Vulnerability Analysis) | 2004 年 9 月 1 日 |
| P9 | 对使用加密技术管理控制的评估(Evaluation of Management Controls Over Encryption Methodologies) | 2005 年 1 月 1 日 |
| P10 | 商业应用变化控制(Business Application Change Control) | 2006 年 10 月 1 日 |
| P11 | 电子资金转账(Electric Funds Transfer, EFT) | 2007 年 5 月 1 日 |

注：最新信息详见 www.isaca.org。

### 11.1.4 IT 审计标准、指南、程序之间的关系

审计人员必须遵守 ISACA 制定的审计标准，而审计指南帮助他们在执行各种审计任务时应用这些标准。在实施审计时，程序并未给审计人员提供全部详尽的指南，只为其提供了过程和步骤范例，以帮助审计人员在具体审计任务中应用审计标准。但是，审计人员在应用审计指南和审计程序时应进行职业判断。在存在法律法规要求比 ISACA 准则要求更严格的情况下，审计人员必须确保遵守这些法律法规要求。

IT 审计指南的目标是提供更多实现 IT 审计标准的信息和内容。IT 审计人员应当：①考虑如何实施 IT 审计标准。②在应用审计指南时使用职业判断。③能够证明任何偏离标准的行为。④提高审计操作的规范性。

审计程序是由 ISACA 标准委员会提供给 IT 审计人员的一组可参考的过程范例，范例程序可以促使 IT 审计人员执行审计任务时更为规范。这些程序涵盖了审计过程中的各个环节，例如审计计划制定、数据收集、测试、分析和报告等，旨在确保审计人员能够在执行任务时遵守标准并获得一致的、恰当的审计结果。然而，在确定这些程序的适当性时，IT 审计人员应该根据具体环境进行职业判断。这意味着，IT 审计人员需要考虑到所审计的信息系统的性质、规模、复杂性和风险水平等因素，以便决定是否需要对审计程序进行调整或自定义。审计程序的目的是满足标准要求，提供可供参考的信息，而非强制性的要求。因此，ISACA 并不要求 IT 审计人员必须遵循这些程序。但是，如果 IT 审计人员遵循这些程序，则可以为遵守审计标准提供保证，并提高审计工作的效率和准确性。

## 11.2　《萨班斯-奥克斯利法案》中相关准则

《萨班斯-奥克斯利法案》(以下简称《SOX 法案》)是 2002 年美国国会制定的《2002 年公众公司会计改革和投资者保护法案》(Sarbanes-Oxley Act)的简称，是一部涉及会计职业监管、公司治理和证券市场监管等方面改革的重要法律[205-207]，旨在加强对公众公司的财务报告和内部控制的监管和管理。其中，《SOX 法案》为公众公司的外部审计人员创建了一个新的监督体制，并将对财务报告的内部控制作为重点监督的内容之一。具体而言，《SOX 法案》要求公众公司的管理层对公司的财务报告内部控制进行报告，并保证其准确性和有效性。同时，外部审计人员需要对这些报告进行审计，并证实管理层报告的准确性，以确保公司的财务报告具有可靠性和可比性。

《SOX 法案》的实施对公众公司的财务管理和审计工作产生了重要影响[208-209]。首先，公众公司需要制定和实施有效的内部控制制度，以确保财务报告的准确性和完整性。其次，外部审计人员需要加强对内部控制的审计，并发现和报告任何存在的问题和不一致之处。最后，管理层需要配合外部审计人员的工作，并积极整改和改进内部控制制度。

此外，《SOX 法案》规定[210]：①禁止向本公司董事或高管人员提供私人贷款。②公司高管、董事或者受益权人 10%以上的股权变动必须在两个工作日内披露。③在养老金计划监管期内，公司的董事和高层管理人员不能直接或间接交易持有该公司股票或从中获取其他收益。④对于违反证券法规的有关人士，美国证监会可以禁止他们担任公司的管理人员或者董事等职务。

《SOX 法案》中与 IT 审计相关的条款概括为如下几点。

**1）第 103 和 802 条款**

这些条款制定了公共会计师事务所与审计和报告有关的规则，特别是它们需要董事会建立审计工作的标准。它们还要求审计人员测试内部控制结构并证明这些结构的强度，对作为财务报告产生基础的内部控制系统的审查，必须包括对 IT 控制的完整检查。

具体的要求涉及记录的保留——“准确、公正地反映交易和资产的处置”[211]。审计人员在检查财务报告基础的内部控制系统时，考虑 IT 系统的功能和安全性。这包括了对数据完整性的保护，对未经授权的访问进行防范，以及确保数据记录和报告的准确性。因此，审计人员需要了解公司的 IT 系统，以便能够测试内部控制系统是否足够强大，确保财务报告的准确性。

**2）第 201 条款**

该条款要求外部审计人员是独立的。这就意味着被审计人员事先不能为被审计单位提供 IT 咨询或内部审计外包服务。因此，那些不愿意雇佣内部 IT 审计师的组织，也不能将工作外包给这些外部审计人员。

**3）第 301 条款**

该条款规定审计委员会的成员必须是独立的，并且不得代表该组织从事任何其他咨询方面的咨询工作。它还要求审计委员会应建立程序以处理雇员保密、匿名地提交所关注到的可疑的会计或审计事项(举报人投诉)，其中可能涉及由 IT 控制引发的各种问题。

**4）第 302 和 404 条款**

法案的第 302 条款要求负责财务信息和内部控制系统的 CEO 和 CFO，每 90

天评价一次内部控制系统，并报告其结论和任何变化。

他们必须披露：①所有内部控制在设计或操作上的重大缺陷，这些缺陷可能对发布者的记录、处理、总结和报告财务数据以及为审计人员识别内部控制任何实质性弱点的能力产生不利影响。②任何欺诈行为，无论是否重要，只要涉及管理人员或者在内部控制系统有重要作用的任何人员。

第 404 条款要求公司的 CEO 和 CFO 每年发布一份审计报告。这份报告需要对公司的财务报告内部控制结构的有效性进行评估，并披露所有已知的内部控制弱点和行为。在评估内部控制结构时，需要考虑所有可适用的 IT 控制，包括程序逻辑和相关的变更控制、访问控制以及数据保护等。美国公众公司会计监管委员会(The Public Company Accounting Oversight Board，PCAOB)发布的审计准则第 2 号建议把 COSO《企业内部控制整体框架》作为第 404 条款合规性管理的基础。参考资料《审计准则声明》(*Statement of Auditing Standard*，SAS)第 95 号，也强调 IT 控制和信息安全控制对《SOX 法案》的重要性。

**5）第 409 条款**

第 409 条款需要组织实时、清楚地披露业务的任何重大变化。有些人认为这些需求建立了持续监督、审计和鉴证过程的基础或需求，并且将会成为内部控制程序的重要组成部分。

## 11.3　国际 IT 治理标准 ISO/IEC 38500

伴随信息技术的飞速发展，全球知识经济时代已经到来。计算机网络技术融入组织业务创新领域，组织业务系统已关注经营业务电子化轨道。信息技术逐步替换传统组织运营模式，如电子化业务流程、网络化服务渠道、系统化客户资源及智能化决策支持等[212]。

随着 IT 组织对 IT 依赖程度的加重，新的风险也随之而来，因此，IT 治理变得越来越重要。信息技术组织的治理 ISO/IEC 38500(Information Technology Governance of IT for the Organization)是一个国际 IT 治理标准，它的出台标志着 IT 治理从模糊概念的探讨发展到具体的认知标准，同时也意味着信息化已步入 IT

治理时代。这一标准的确立使得国内外对于IT治理理论达成一致,并且促使我国在引导信息化科学发展上发挥关键作用。

### 11.3.1 组织IT治理框架

针对IT治理,管理者有指导、评价与监控三项主要任务。

(1) 评估现在和将来对IT的利用。

(2) 指导准备和实施计划的方针,以保证IT的利用符合业务目标。

(3) 监控政策的合理性,以及对应计划的实际绩效。

有效的IT治理应具备可实施性、一致性。图11-2展示了IT治理的指导(Direct)、评估(Evaluate)、监控(Monitor)循环模型(简称DEM模型)[213]。DEM模型关注更高层次的IT治理,它与管理者典型使用的PDCA存在一些区别(P指plan;D指do;C指check;A指action)模型。在该模型中,管理者监控、评价组织的IT使用主要依据业务压力与业务需求,之后再指导实施政策方针从而缩小差距。

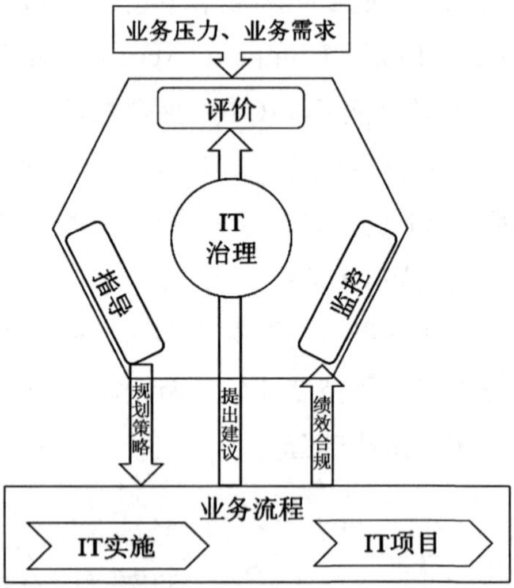


图11-2 组织的IT治理模型

**1) 评估**

(1) 领导者应从策略、建议及供给安排方面对当前或未来IT应用进行检查、审视,并考虑内外部作用。

(2) 领导者应针对业务的内外压力来评估IT的使用,如技术的变更、经济和社会的发展及政治的影响。

(3) 领导者应随压力的变化持续评估。

(4) 领导者应考虑当前和将来的业务需求,即现在和将来的组织必须达到的目标,如持续竞争优势,以及正在评估中的战略或意图的特定目标。

**2）领导**

(1) 领导者应该做好计划、方针的准备和实施的职责,并领导执行。计划应该设定 IT 项目和 IT 运作的投资方向,方针应该确定 IT 应用健全的行为。

(2) 领导者应保证,在综合考虑对业务、现有 IT 系统和相关基础设施运作及运维习惯影响的前提下,从 IT 项目转到日程运营,以建立完整的计划和管理措施。

(3) 领导者应要求管理者及时提供信息、遵守组织指导、坚持良好治理六项原则,以打造组织内良好的 IT 治理文化。

(4) 在必要时刻,领导者应促进所提交建议方案的批准,以解决已识别的需求。

**3）监控**

(1) 领导者应确保遵循计划,尤其是关于业务目标方面。因此,领导者应制定合适的测量体系来监控 IT 的绩效。

(2) 领导者应同时确保 IT 符合外部义务和内部实际工作的要求,其中外部义务包括法律、法规以及合同等。

需要注意的是,IT 特定方面的责任可能委托给组织内的管理人员。但领导者仍需为组织的 IT 有效、可接受地使用及交付承担责任,而不能委托他人。

### 11.3.2　组织 IT 治理指南

本节介绍关于 IT 治理的原则指南。

**原则 1：职责**

组织内的个人和团体需理解并接受与 IT 需求相关的职责,并且这些负责人具有履行这些职责的权利。

(1) 评估

① 领导者应该在组织当前和将来 IT 使用的基础上,评估职责分配方案。在评估方案时,领导者应该设法确保有效、高效和可接受地使用和交付 IT,以支持当前和未来的业务目标。

② 领导者应该评估分配有 IT 决策责任人员的能力。一般来说,这些人员应该是业务管理人员,负责组织的业务目标和绩效,并得到理解组织业务价值和过程

的 IT 专家的协助。

(2) 领导

① 领导者应该指导计划按照所分配的 IT 职责执行。

② 领导者应该指导相关人员获得履行其职责和责任的所需信息。

(3) 监控

① 领导者应该监控合适的 IT 治理机制是否得到了建立。

② 领导者应该监控那些分配有职责的人员，接受和理解他们的职责。

③ 领导者应该监控分配有 IT 职责的人员(如在督导委员会的人员或向董事会提交建议的人员)的绩效。

**原则 2：策略**

IT 的策略计划应满足组织当前和未来业务战略的需求。因此，组织业务战略应将现在和未来 IT 容量纳入考虑。

(1) 评估

① 领导者应该评估 IT 和业务过程的开发，以确保 IT 为将来的业务要求提供支持。

② 在考虑计划和方针时，领导者应该评估 IT 活动，以确保其在不断变化的环境下与组织的目标相一致，并考虑更好的实现方式以及其他关键利益相关方的要求。

③ 领导者应该确保 IT 使用得到了按照有关国际或国内标准所建议方式进行风险评估并满足要求。

(2) 领导

① 领导者应该指导计划和方针的准备和应用，以确保组织从 IT 开发中获益。

② 领导者还应该鼓励 IT 应用的创新性建议，使得组织可以应对新的机会或挑战、承担新的业务或改进流程。

(3) 监控

① 领导者应该监控已获批准的 IT 方案的进展情况，以保证其利用所分配的资源在规定的时间框架内达到目标。

② 领导者应该监控 IT 的使用，以确保其获得预期的收益。

**原则 3：采购**

基于适当持续的分析、科学理性的计划，并依据合理的决策确定 IT 的采购。

从而平衡短期与长期的利益与机会、成本和风险。

(1) 评估

领导者应该评估已批准的 IT 实现方案,平衡风险和提出物有所值的投资建议。

(2) 领导

① 领导者应该通过合适方式获得 IT 资产(系统和基础设施),包括准备合适的文件,以确保提供所需的容量。

② 领导者应该指导供给安排(包括内部和外部的供给安排),以支持组织的业务要求。

(3) 监控

领导者应该监控 IT 投资,以保证其提供所需的容量。

**原则 4：绩效**

IT 应支持组织目的并提供服务,服务等级和服务质量应满足当前和将来的业务要求。

(1) 评估

① 领导者应该评估管理者所建议的方式,以保证 IT 具备支持业务过程所需的能力和容量。

② 这些建议应该处理持续日常运作的业务和处理与使用 IT 相关的风险。

③ 领导者应该评估由 IT 活动带来的业务持续运作的风险。

④ 领导者应该评估完整性的风险和对 IT 资产的保护,包括相关知识产权和组织信息。

⑤ 领导者应该评估有关使用 IT 支持业务目标的即时、有效的决策方案。

⑥ 领导者应该定期评估组织 IT 治理体系的有效性和绩效。

(2) 领导

① 领导者应该按照商定的优先级和预算,分配足够的资源,以保证 IT 满足组织的要求。

② 领导者应该指导责任者,以保证 IT 对业务的支持。当因业务需要时,维护准确、不断更新的数据免受损害或误用。

(3) 监控

① 领导者应该监控 IT 对业务的支持程度。

② 领导者应该监控所分配的资源和预算优先次序与业务目标吻合的程度。

③ 领导者应该监控评估方法恰当性的程度，如数据的准确性和 IT 利用的效率。

**原则 5：符合**

IT 应符合所有强制法律法规的要求，在此前提下规范定义指导政策和实际操作措施，并加以实施和推行。

(1) 评估

① 领导者应该定期评估 IT 满足法律法规、合同义务、内部方针、标准和专业指南的程度。

② 领导者应该定期评估组织内部对其自身的 IT 治理体系的符合性。

(2) 领导

① 领导者应该指导责任人建立定期和例行机制，以保证 IT 的使用符合相关法律法规、合同义务、标准和专业指南。

② 领导者应该指导方针的指定和推行，以保证组织的 IT 使用符合其内部需求。

③ 领导者应该指导 IT 员工遵循相关专业行为和开发的指南。

④ 领导者应该指导所有 IT 相关活动合乎伦理道德。

(3) 监控

① 领导者应该通过适当的报告和审计活动，监控 IT 的符合性和一致性，以确保评审对于评估业务得到满足的程度是及时、全面和适宜的。

② 领导者应该监控 IT 活动，包括资产和数据的废弃，以保证环境、隐私、战略知识管理、组织的私有技术和其他相关需求得到满足。

**原则 6：人员行为**

IT 政策、实际操作措施和决策过程应当尊重人员行为，包括全过程所涉及的全部人员。

(1) 评估

领导者应该评估 IT 活动，以确保对人员行为的识别和考虑。

(2) 领导

① 领导者应该指导 IT 活动与识别的人员行为的一致性。

② 领导者应该管理由任何人在任何时间报告或识别的风险、机会、问题和关心事项。风险的管理应该按照已发布的策略和流程执行，并报告给相关决策者。

(3) 监控

① 领导者应该监控 IT 活动，以确保待关注人员的行为被监控，并且已采取适当注意措施。

② 领导者应该监控实际工作方式，以保证其与合理使用 IT 的一致性。

### 11.3.3　组织 IT 治理准则

**1) 职责分工**

(1) 对分配的职责进行评估。

(2) 确保能够胜任所分配的职责。

(3) 监控已分配职责的执行。

IT 分配职责的方式取决于组织所采用的业务模式和组织架构。例如，有些设备需要内部管理，而有些建议只能采纳外部的咨询顾问，还有一些 IT 服务源自厂商与专业服务提供商。

**2) IT 支持组织发展**

(1) 考虑业务机遇，构建 IT 功能，使其更好地支持业务进展。

(2) 分配当下的活动。

(3) 指导计划的实施与进一步发展，以弥补与竞争者的差距。

近几年来，IT 相关设备的发展日新月异，逐渐向小型化、低成本化发展。互联网制定的一系列标准使得不同厂商的设备兼容性与内部可操作性越来越强，这促进了各厂商之间的竞争。与此同时，业务实践也有所发展，早期的措施现在往往会导致浪费、业务利润减少，还影响新市场的开拓。

**3) 可获得性**

这一准则覆盖了风险与价值的规划分配和近期的 IT 投资。管理者需要履行政策与程序来确保投资的安全性，必须确保投资案例中的资源及时得到重新分配。

**4) 可用性**

IT 设施包括信息整合、系统能力，还包括业务处理与退出，确保组织的环境和数据管理职责得以履行。

**5）合规性**

这一准则覆盖了所有的内部政策，包括技术使用(如电子邮件与搜索引擎)、职责履行(各种记录、财务报表、关于组织与业务持续性隐私信息等的保护)。

**6）尊重人性因素**

其中，IT 的人性因素包括用户界面的可用性与友好性，以及人们受到 IT 带来业务流程改变的影响的需求。

由于 IT 会直接而迅速地影响组织的实施，管理者应当像管理其财务与人力资源那样，指挥、评价与监控其组织的 IT 应用。

### 11.3.4 ISO/IEC 38500 适用范围

ISO/IEC 38500 适用范围广泛，不仅适用于公有或私有性质的公司和政府机构，还可用于小规模的非营利组织。该标准提供了一个 IT 治理的框架，可协助组织高层管理者理解并履行他们对于其组织 IT 使用的既定职责，从而实现 IT 治理的有效性、可用性及效率。

本标准为组织的负责人(包括所有者、董事会成员、责任人、合作伙伴、高级执行层或其他类似人员)提供组织内有效、高效和合理应用信息技术(IT)的指导原则，也为那些组织责任人进行建议、告知或协助的人员提供指南。组织责任人包括：

(1) 高层管理者；

(2) 监视组织资源利用的小组成员；

(3) 外部的业务或技术专家，如法律、财务人员、专家、零售业协会或专业团体；

(4) 软件、硬件、通信或其他 IT 产品的供应商；

(5) 内部或外部服务提供方(包括咨询人员)；

(6) IT 审计人。

### 11.3.5 COBIT 5.0

信息及相关技术控制目标(Control Objectives for Information and Related

Technology,COBIT)是由信息系统审计与控制协会(ISACA)于 2012 年发布的一个全面的 IT 治理和管理框架。该框架旨在帮助企业在信息技术(IT)方面实现最高效的管理和控制,以支持企业目标的实现。COBIT 5.0 整合了其他主要框架和标准的最佳实践,提供了一个统一的模型,使企业能够更好地管理 IT 资源、降低风险并优化投资回报。

**1) COBIT 5.0 的核心原则**

COBIT 5.0 涉及五个核心原则(图 11-3),这些原则确保了企业在应用 IT 治理和管理时能够全面、系统地考虑各方面因素。

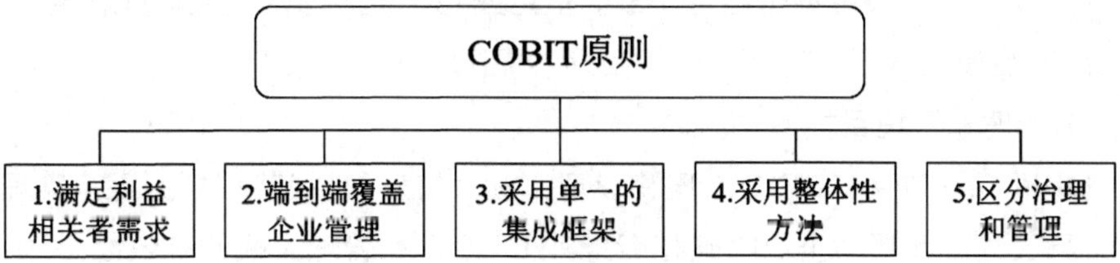


**图 11-3　COBIT 原则**

(1) 满足利益相关者需求

企业需要识别并响应所有利益相关者的需求,确保 IT 战略和行动与企业目标一致。COBIT 5.0 提供了一个平衡的目标卡(Balanced Scorecard)方法,帮助企业在实现商业目标的同时兼顾风险和资源约束(详见附录 A.1)。

(2) 端到端覆盖企业管理

COBIT 5.0 强调 IT 治理和管理应覆盖企业的所有方面,而不仅仅是 IT 部门。它要求将 IT 融入企业整体治理框架中,确保 IT 的价值最大化并有效地支持业务战略(详见附录 A.2)。

(3) 采用单一的综合框架

通过整合其他框架和标准(如 ITIL、ISO/IEC 27001),COBIT 5.0 提供了一个综合性的治理和管理框架,使企业能够一致和高效地管理其 IT 资源(详见附录 A.3)。

(4) 采用整体性方法

COBIT 5.0 采用整体性的方法,确保所有治理和管理活动相互支持,形成一个连贯的系统。该框架定义了七类使能因素：原则、政策和框架，流程，组织结构，文化、伦理和行为，信息，服务、基础设施和应用，以及人员、技能和能力(详情见附录 A.4)。

(5) 区分治理和管理

COBIT 5.0 明确区分了治理和管理的责任，确保两者各自的目标能够实现。治理涉及董事会的职责，主要关注价值创造、风险管理和资源优化；管理则涉及执行层面的责任，确保 IT 运营的高效性和有效性(详见附录 A.5)。

**2) COBIT 5.0 的组件**

COBIT 5.0 框架由多个组件组成，这些组件为企业提供了详细的指导和工具，以支持 IT 治理和管理。

(1) 治理和管理目标

COBIT 5.0 定义了 37 个治理和管理目标，涵盖了从战略规划到运营管理的各个方面。这些目标帮助企业明确和衡量其 IT 治理和管理实践的有效性。

(2) 过程参考模型

该模型包括一套涵盖五大领域(治理、计划与组织、构建、获取与实施、交付、服务与支持、监控、评估与报告)的详细过程。每个过程都包含明确的输入和输出、活动和流程指南。

(3) 绩效管理

COBIT 5.0 提供了一个绩效管理体系，包括目标级别的绩效指标和过程能力模型，帮助企业评估和改进其 IT 治理和管理实践。

(4) 使能因素指南

这些指南详细描述了七个使能因素的内容和应用方法，使 COBIT 5.0 框架的实施更加具体和实用。

**3) COBIT 5.0 的应用**

COBIT 5.0 在全球范围内被广泛应用于各种类型和规模的组织，帮助它们实现 IT 治理和管理的最佳实践。以下是 COBIT 5.0 的一些典型应用场景。

(1) 风险管理

COBIT 5.0 通过识别和评估 IT 相关风险，实施适当的控制措施，以帮助企业降低风险并增强业务连续性。

(2) 合规性管理

COBIT 5.0 提供了一个框架,帮助企业确保其 IT 系统和操作符合相关法律法规及行业标准。

(3) 战略对齐

COBIT 5.0 通过将 IT 目标与业务目标对齐,帮助企业优化利用其 IT 资源,确保 IT 投资能够支持并推动业务发展。

(4) 绩效改进

COBIT 5.0 的绩效管理体系使企业能够持续监控和改进其 IT 治理和管理实践,提高运营效率和效果。

总之,COBIT 5.0 作为一个综合性的 IT 治理和管理框架,提供了系统的方法和工具,帮助企业在复杂的 IT 环境中实现高效的管理和控制。通过采用 COBIT 5.0,企业能够更好地应对快速变化的技术和市场环境,确保其 IT 资源能够最大程度地支持和推动业务目标的实现。

### 11.3.6　COSO 内部控制整合框架

COSO 内部控制整合框架(Internal Control－Integrated Framework)是一个全面的内部控制模型,最初于 1992 年发布,并在 2013 年进行了重大修订。该框架旨在帮助企业建立、评估和改进其内部控制系统,以确保具备高效运营、可靠的财务报告以及合规的法律法规。

**1) 2013 版 COSO 内部控制整合框架**

2013 版的 COSO 内部控制整合框架在原框架的基础上进行了更新,以适应现代商业环境的变化(详见附录 B. 3)。它引入了以下五个基本组成部分,每个组成部分都有若干原则,详细描述了内部控制的核心要素(详见附录 B. 1)。

(1) 控制环境

控制环境(Control Environment)包括企业的文化、价值观、治理结构和人员诚信,强调企业管理层和董事会在制定标准和期望方面的领导作用。

(2) 风险评估

风险评估(Risk Assessment)涵盖识别和分析企业在追求目标过程中面临的

风险，包括设定目标、识别变化和应对潜在欺诈风险。

(3) 控制活动

控制活动(Control Activities)描述企业应实施的政策和程序，以确保风险应对措施的执行，包括预防、检测和纠正活动。

(4) 信息与沟通

信息与沟通(Information and Communication)强调企业内部及外部信息的有效沟通。确保信息流通以支持所有其他内部控制组件的运行。

(5) 监控活动

监控活动(Monitoring Activities)关注内部控制的监控和评估。包括持续的管理和独立评估活动，以及必要的改进措施。

**2) COSO 中员工的作用与责任**

在 COSO 企业风险管理框架中，员工扮演着至关重要的角色，并承担着具体的责任。首先，员工是企业风险管理过程的执行者，他们参与并实施日常的控制活动，这些活动旨在确保运营的有效性和效率性，以及财务报告的准确性。首先，员工需要理解并遵守公司设定的政策和程序，这包括但不限于合规性要求、操作流程和职业道德标准。其次，员工需要具备适当的风险意识，这意味着他们应该能够识别潜在的风险源，及时向上级报告，并参与风险评估的过程。他们负责在各自的工作领域内识别可能影响业务目标的风险，并参与制定和实施缓解策略。再次，员工的发展和培训也是 COSO 框架的一部分。企业需要为员工的职业发展投资，确保他们具备足够的能力和知识来应对不断变化的业务环境和风险。这包括定期的培训和教育，以增强员工的风险管理技能和决策能力。最后，员工的责任还包括遵守管理层分配的权限和职责，这要求他们在执行任务时保持诚信和专业精神，同时与同事、管理层和审计委员会有效沟通，以支持一个健康和透明的控制环境。这样的环境有助于建立信任，促进信息的准确流动，从而更有效地管理风险(详见附录 B. 2)。

**3) 在 IT 审计中的应用**

在 IT 审计中，COSO 框架被广泛应用于评估信息技术控制环境的有效性。具体应用包括：评估 IT 治理、信息安全、变更管理、业务连续性和灾难恢复、数据完整性和可靠性五个方面。在评估 IT 治理方面，主要通过控制环境和风险评估部分，审计人员可以评估 IT 治理结构、策略和程序的有效性。在信息安全方面，

COSO 通过控制活动部分，审计人员可以检查 IT 系统的安全控制措施，如访问控制、数据加密和网络安全。在变更管理上，该框架评估软件和系统变更管理流程，确保变更经过适当的授权、测试和批准。在业务连续性和灾难恢复方面，主要是评估企业在应对 IT 中断和灾难时的准备情况和响应能力。在数据完整性和可靠性方面，通过信息与沟通部分，审计人员可以评估数据处理和传输的准确性和完整性。

**4）在 IT 治理中的应用**

在 IT 治理中，COSO 框架提供了一个系统的方法来确保 IT 资源的有效使用和管理。应用涵盖了 IT 战略与业务目标对齐、IT 绩效管理、法规遵从和风险管理。COSO 框架通过控制环境和风险评估，确保 IT 战略与企业总体战略一致，并识别 IT 风险和机会。同时，利用监控活动，评估和改进 IT 服务和项目的绩效，确保其符合业务需求和预期结果。并且，依赖信息与沟通，它可以确保 IT 操作和数据处理符合相关法律法规和行业标准，如《SOX 法案》和《通用数据保护条例》(General Data Protection Regulation，GDPR)。此外，它通过风险评估，识别和管理与 IT 相关的风险，如网络安全威胁、数据泄露和系统故障。

**5）实践中的挑战与解决方案**

实施 COSO 框架时，企业可能会面临一些挑战，如文化变革、资源限制、持续改进等。因为企业需要培养强有力的控制文化，这需要管理层的示范作用和全员参与。而且实施和维护全面的内部控制系统需要投入大量资源，企业应合理分配资源并利用技术手段提升效率。内部控制系统不是一成不变的，企业应定期评估和改进其内部控制措施，以适应环境变化。

因此，COSO 内部控制整合框架提供了一个系统的、结构化的方法来管理和评估内部控制系统，特别是在 IT 审计和 IT 治理中的应用。通过引入 2013 版的更新，框架更加适应现代商业环境，帮助企业有效应对风险、提高运营效率并确保合规性。对于企业来说，成功实施 COSO 框架不仅可以提高内部控制的有效性，还能增强企业的整体治理水平和市场竞争力。

## 11.4 国内 IT 审计相关准则

我国的 IT 审计与西方发达国家相比，起步较晚，技术水平相对滞后，制度和规范建设方面也相对不完善。现有的规范体系主要是针对一般性计算机审计方面的规定，专门用于 IT 审计的规范比较少。在一些计算机审计规范中，存在部分与 IT 审计相关的内容。

### 11.4.1 政府审计相关准则

**1)《中华人民共和国国家审计准则》**

经审计署审计长会议通过，自 2011 年 1 月 1 日起实施。该准则将信息系统作为审计的重要内容之一，并在相关条款中进行了明确规定，内容涉及对初选审计项目进行可行性研究、审计调查了解、判断重要性、对审计事项确定的审计措施、对相关信息系统进行有效性和安全性检查的判断、获取的电子审计证据以及对审计发现的问题提出处理处罚意见等[185]。

**2)《信息系统审计指南》**

《信息系统审计指南——计算机审计实务公告第 34 号》自 2012 年 2 月 1 日起实施，其制定目的是为进一步指导和规范国家审计机关组织开展的信息系统审计活动，提高审计效率，保证审计质量。该指南的内容涉及信息系统审计的组织、应用控制审计、一般控制审计、项目管理审计、审计方法等方面的内容。

### 11.4.2 内部审计相关标准

**1)《内部审计基本准则》**

中国内部审计协会发布 2023 年修订的《第 1101 号——内部审计基本准则》(下文简称《基本准则》)，自 2023 年 7 月 1 日起施行，2014 年 1 月 1 日起施行的《第 1101 号——内部审计基本准则》同时废止。该《基本准则》最初制定的目的是规范内部审计工作，保证内部审计质量，明确内部审计机构和内部审计人员的责任[214]。《基本准则》对内部审计局的一般准则、作业准则、报告准则及内部管理准则等进行了规定。

**2)《内部审计具体准则》**

2014 年 1 月 1 日起实施的《第 2203 号内部审计具体准则——信息系统审计》，其制定目的是规范信息系统审计工作，提高审计质量和效率。该准则对信息系统审计的一般原则、审计计划、风险评估、审计内容、审计方法等进行了规定[185]。

### 11.4.3　社会审计相关准则

**1)《中国注册会计师审计准则第 1211 号》**

2010 年 11 月 1 日修订的《中国注册会计师审计准则第 1211 号——通过了解被审计单位及其环境识别和评估重大错报风险》，其制定目的是规范注册会计师通过了解被审计单位及其环境，识别和评估财务报表重大错报风险。该准则第二十一条明确规定，注册会计师应当从下列方面了解与财务报告相关的信息系统(包括相关业务流程)[215]。

(1) 在被审计单位经营过程中，对财务报表具有重大影响的各类交易。

(2) 在信息技术和人工系统中，被审计单位的交易生成、记录、处理、必要的更正、结转至总账以及在财务报表中报告的程序。

(3) 用以生成、记录、处理和报告(包括纠正不正确的信息以及信息如何结转至总账)交易的会计记录、支持性信息和财务报表中的特定账户。

(4) 被审计单位的信息系统如何获取除交易以外的对财务报表重大的事项和情况。

(5) 用于编制被审计单位财务报表(包括作出的重大会计估计和披露)的财务报告过程。

(6) 与会计分录相关的控制，包括用以记录非经常性的、异常的交易或调整的非标准会计分录。

**2)《中国注册会计师审计准则第 1231 号》**

2010 年 11 月 1 日修订的《中国注册会计师审计准则第 1231 号——针对评估

的重大错报风险采取的应对措施》[216]，其制定目的是规范注册会计师针对评估的重大错报风险设计和实施应对措施。该准则第三条规定，注册会计师在考虑应对因素时应包括信息技术一般控制的有效性。

**3）《中国注册会计师审计准则第 1201 号》**

《中国注册会计师审计准则第 1201 号——计划审计工作》第九条明确规定，注册会计师应当制订具体审计计划[217]。具体审计计划应当包括下列内容。

（1）按照《中国注册会计师审计准则第 1211 号——通过了解被审计单位及其环境识别和评估重大错报风险》的规定，计划实施的风险评估程序的性质、时间安排和范围[217]。

（2）按照《中国注册会计师审计准则第 1231 号——针对评估的重大错报风险采取的应对措施》的规定，在认定层次计划实施进一步审计程序的性质、时间安排和范围[217]。

（3）根据审计准则的规定，计划应当实施的其他审计程序。

尽管我国已经制定了相应的法律法规来支持 IT 审计的开展，但迄今为止，尚未出台正式的 IT 审计准则。这种情况的存在，一方面源于我国 IT 审计实践的不足，另一方面也受到我国 IT 审计准则研究滞后的影响。目前，我国 IT 审计人员主要参考 ISACA 组织颁布的 IT 审计准则和我国审计准则中关于计算机的部分来开展 IT 审计。然而，这种现状并不适合我国信息化快速发展的现状，也不符合我国计算机审计事业的发展需要[108]。研究制定专门的 IT 审计准则，为 IT 审计提供规范和指南，对于我国开展 IT 审计是非常必要的。在我国制定专门的 IT 审计准则应注意以下几个方面的问题。

首先是准则体系问题。ISACA 的 IT 审计准则采用了审计标准、审计指南和作业程序三个层次；我国也可以借鉴 ISACA 的做法，在准则制定方面拉开相应的层次，以审计标准为核心，统领审计指南和作业程序，使准则既能反映 IT 审计的基本规律，又能随着实务发展不断扩展和完善。在准则内容方面，我国 IT 审计准则应包括审计权利义务与责任、审计人员和审计工作三大类。审计权利义务与责任主要规范 IT 审计的一般性权利、义务和责任，同时结合我国特点，增加对 IT 审计职能的特殊要求。对审计人员的规范主要包括审计人员的独立性、胜任能力和职业道德等方面，应在其他审计准则基础上结合 IT 审计特点进行制定[108]。对审计工作的规范主要是对审计工作具体程序、内容的规范，这方面 IT 审计与其他审计区别较大，是 IT 审计准则的难点和重点，需要根据 IT 审计业务的需要进行制定[108]。

其次是准则制定的方法方面。IT 审计准则制定有两种方法。

第一种是按照审计工作流程进行划分，将 IT 审计过程划分为计划、实施、报告和后续审计四个阶段，准则主要围绕每个阶段的具体审计工作规范，例如审计计划的制定、审计证据的收集、报告的格式和后续审计的内容等[218]制定。这种划分具有一定的一般性，适用于各种 IT 审计业务，有助于审计人员掌握审计工作的要点。不过，这种方法的缺点是过于一般化，需要审计人员具备较高的职业素养和经验。

第二种方法是按照 IT 审计业务进行划分，IT 审计业务包括信息系统软硬件审计、内部控制审计、生命周期审计等，按业务划分的审计准则更具有针对性、具体和实用性，能够为审计人员提供全面、具体的规范和指导，有助于审计人员贯彻审计准则[219]。但是，这种准则制定方法的缺点是不能覆盖所有 IT 审计业务，因为 IT 审计业务的发展非常快，当新业务出现而准则无法及时跟上时，就会导致审计缺乏准则可依的情况。因此，在制定 IT 审计准则时，需要权衡两种方法的优缺点，同时结合 IT 审计的发展和实践经验，制定更加实用、具体、适用的准则。

最后是信息化相关法规的完善方面。制定 IT 审计准则需要完善相关的信息化法规。对信息系统要进行审计，需要对其利用信息系统开展的业务是否合规进行判断。例如，目前电子商务在我国蓬勃发展，但是相关电子商务的法规仍不完善。电子政务也正在逐步推广，但是并没有专门的电子政务法。电子证据的无形性和易篡改性所导致的审计与鉴证的困难仍未有所改观。虽然已经出台了专门的电子签名法，但是其应用仍然受到限制。对于信息系统的篡改应属于什么行为、应负何责任等，相关的法律法规对此判断仍显不足，这在一定程度上掣肘了 IT 审计工作的开展，尤其使得合规性审计缺乏足够依据。因此，对于 IT 审计过程中涉及的信息化相关法规，应进一步加大立法与监管力度，为 IT 审计提供法律环境支持。

## 本 章 小 结

本章重点介绍了影响深远的国内外 IT 审计相关的主要准则和标准。这些准则和标准为全球范围内的 IT 审计实践提供了指导和规范，确保组织能够有效管理和控制其信息技术资源。具体内容包括：①ISACA 准则，从 IT 审计标准、审计指南、审计程序方面对准则进行了详细介绍，以列表的方式直观展示了相关内容，并阐述了三者之间的内在关系；②《SOX 法案》中关键 IT 合规要求，简略概述了与 IT 审计相关的条款，以用于指导具体的 IT 审计工作；③IT 治理国际标准 ISO/IEC 38500，对其中的组织 IT 治理框架、指南、准则进行了阐述，并指出其适用范围；④COBIT 5.0 IT 治理框架和 COSO 内部控制整合框架，梳理了核心要素和典型应用场景；⑤对国内相关 IT 审计规范进行了介绍，指出当前国内 IT 审计规范方面存在的紧迫问题，提出今后建设、完善 IT 审计规范的具体建议。

# 附　录

## 附录 A　COBIT 5.0①

### A.1　满足利益相关者的需求

COBIT 框架设计的初衷是满足所有不同层次利益相关者的需求，通过应用 IT 提供所有必要的程序和促成因素来支持价值创造。在实际应用中，不同企业的目标各不相同，因此企业可以利用目标级联，通过自定义 COBIT 5.0 的方式来适应自身实际情况。例如，企业可能希望：

(1) 将每个企业目标的战略优先级转换成特定的"权重"或重要性；

(2) 在考虑其特定的环境和行业等情况下，验证目标级联映射关系。

**例 1　目标级联**

企业已经为自己定义了许多战略目标，其中提高顾客满意度是最重要的。基于这个最重要目标，企业想知道与 IT 相关的所有方面中哪里需要改善[220]。

企业认为提高顾客满意度是一个关键的优先级，等同于提高以下企业目标的优先级(来自表 A-1)：

6. 以客户为中心的服务文化。

7. 业务服务的连续性与可用性。

8. 对不断变化的市场环境的快速响应。

① 附录 A 内容主要源自 2012 年发布的 *COBIT 5.0：A Management Guide*。

（续上）

**例 1　目标级联**

为了实现企业目标和 IT 目标的目标级联，采取下一步措施：分析哪些 IT 相关目标对应到这些企业目标。在表 A-2 中列出了介于二者之间映射关系的建议。

从表 A-2 中获得，以下 IT 相关目标建议作为最重要目标(所有关系为“P”)：

01. IT 与业务战略的一致性。

04. 管理与 IT 相关的业务风险。

07. 与业务要求一致的 IT 服务交付。

09. IT 灵活性。

10. 信息、流程基础设施与应用的安全性。

14. 用于制定决策的可靠有用信息的可用性。

17. 知识、专业技术和业务创新的积极性。

企业验证这个列表，并决定保留前四个目标作为优先考虑的目标。

在级联的下一步中，应用促成因素概念(见图 A-1 中原则 2)，这些 IT 相关目标推动包括流程因素在内的许多促成因素目标。表 A-3 中推荐了一种 IT 相关目标与 COBIT 5.0 流程的映射关系，这个表格允许识别最相关的支持 IT 相关目标的 IT 相关流程，但是，仅仅有流程是不够的。其他的促成因素，例如文化、行为和伦理道德、组织结构或者技能和专业知识是同等重要的，并且需要一系列清晰的目标。

当这些工作完成时，企业就拥有针对企业目标和所有促成因素的一套 IT 目标和相关流程优化等内容和衡量性能的标准。

**例 2　利益相关者需求：可持续性**

进行利益相关者需求分析之后，企业决定将可持续性作为优先战略。因为，可持续性不仅包括环境方面，而且包括有助于企业长期成功的所用东西[221]。

基于利益相关者需求的分析结果，企业决定将重点放在以下五个目标，并增加了一些目标的进一步说明。

1. 业务投资的利益相关者价值，尤其对利益相关者团体。

4. 遵守外部法律法规，注重环境方面的法律和外包安排中劳动规章涉及的法律。

8. 对不断变化的市场环境的快速响应。

16. 业务熟练且积极进取的员工，意识到企业的成功取决于员工。

17. 产品和业务的创新文化，注重长期创新。

基于以上优先顺序，可以按照文中所述的方式进行目标级联应用。

**表 A-1　COBIT 5.0 企业目标**

| BSC 维度 | 企业目标 | 与治理目标的关系 | | |
|---|---|---|---|---|
| | | 收益实现 | 风险优化 | 资源优化 |
| 财务 | 1. 业务投资的利益相关者的价值 | P | | S |
| | 2. 竞争产品和服务组合 | P | P | S |
| | 3. 管理业务的风险(资产维护) | | P | S |
| | 4. 遵守外部法律和法规 | | P | |
| | 5. 财务透明 | P | S | S |
| 客户 | 6. 面向客户的文化 | P | | S |
| | 7. 业务服务的连续性和可用性 | | P | |
| | 8. 对业务环境变化的快速响应 | P | | S |
| | 9. 基于信息的战略决策 | P | P | P |
| | 10. 服务交付成本的优化 | P | | P |
| 内部因素 | 11. 业务流程功能的优化 | P | | P |
| | 12. 业务流程成本的优化 | P | | P |
| | 13. 管理业务的变化方案 | P | P | S |
| | 14. 业务和员工生产力 | P | | P |
| | 15. 遵守内部政策 | | P | |
| 学习和成长 | 16. 培养业务熟练且积极进取的人 | S | P | P |
| | 17. 产品和业务创新文化 | P | | |

**表 A-2 COBIT 5.0 企业目标与 IT 相关目标的映射关系**

| | | IT 相关目标 | 企业目标 | | | | | | | | | | | | | | | | |
|---|---|---|---|---|---|---|---|---|---|---|---|---|---|---|---|---|---|---|---|
| | | | 业务投资的利益相关者价值 | 竞争性产品和服务的投资组合 | 受控的业务风险（保护资产） | 遵守外部法律法规 | 财务透明 | 以客户为中心的服务文化 | 业务服务连续性和可用性 | 对业务环境变化的灵活响应 | 基于信息的战略决策 | 服务交付成本的优化 | 业务流程职能的优化 | 业务流程成本的优化 | 受控的业务变化方案 | 运营效率和员工生产力 | 遵守内部政策 | 技术熟练且积极的员工 | 产品和业务创新文化 |
| | | | 1 | 2 | 3 | 4 | 5 | 6 | 7 | 8 | 9 | 10 | 11 | 12 | 13 | 14 | 15 | 16 | 17 |
| | | | 财务 | | | | | 客户 | | | | | 内部因素 | | | | | 学习和成长 | |
| 财务 | 01 | IT 和业务战略的一致性 | P | P | S | | | P | S | P | P | S | P | S | P | | | S | S |
| | 02 | IT 遵守和支持企业遵守外部法律和法规的业务 | | | S | P | | | | | | | | | | | P | | |
| | 03 | 执行管理对 IT 相关决策的承诺 | P | S | S | | | | | S | S | | S | | P | | | S | S |
| | 04 | 管理与 IT 相关的业务风险 | | | P | S | | | P | S | | P | | | S | | S | S | |
| | 05 | 从 IT 技术的投资和服务组合实现收益 | P | P | | | | S | | S | | S | S | P | | S | | | S |
| | 06 | IT 成本，收益和风险的透明度 | S | | S | | P | | | | S | P | | P | | | | | |

**（续表）**

| IT 相关目标 | | | 企业目标 | | | | | | | | | | | | | | | | |
|---|---|---|---|---|---|---|---|---|---|---|---|---|---|---|---|---|---|---|---|
| | | | 业务投资的利益相关者价值 | 竞争性产品和服务的投资组合 | 受控的业务风险(保护资产) | 遵守外部法律法规 | 财务透明 | 以客户为中心的服务文化 | 业务服务连续性和可用性 | 对业务环境变化的灵活响应 | 基于信息的战略决策 | 服务交付成本的优化 | 业务流程职能的优化 | 业务流程成本的优化 | 受控的业务变化方案 | 运营效率和员工生产力 | 遵守内部政策 | 技术熟练且积极的员工 | 产品和业务创新文化 |
| | | | 1 | 2 | 3 | 4 | 5 | 6 | 7 | 3 | 9 | 10 | 11 | 12 | 13 | 14 | 15 | 16 | 17 |
| | | | 财务 | | | | | 客户 | | | | | 内部因素 | | | | | 学习和成长 | |
| 客户 | 07 | 符合业务需要的 IT 服务的交付 | P | P | S | S | | P | S | P | S | | P | S | S | | | S | S |
| | 08 | 应用程序、信息和技术解决方案的充分利用 | S | S | S | | | S | S | | S | S | P | S | | P | | S | S |
| 内部因素 | 09 | IT 灵活性 | S | P | S | | | S | | P | | | P | | S | S | | S | P |
| | 10 | 信息、处理基础设施和应用程序的安全性 | | | P | P | | | P | | | | | | | | P | | |
| | 11 | IT 资产、资源和能力的优化 | P | S | | | | | | S | | P | S | P | S | S | | | S |
| | 12 | 通过将应用程序和技术集成到业务流程中，启用和支持业务流程 | S | P | S | | | S | | S | | S | P | S | S | S | | | S |

**表 A-3　COBIT 5.0 IT相关目标与流程的映射关系**

| COBIT 5.0 流程 | | | IT 相关目标 | | | | | | | | | | | | | | | | |
|---|---|---|---|---|---|---|---|---|---|---|---|---|---|---|---|---|---|---|---|
| | | | IT 和业务战略的一致性 | IT 遵守和支持企业遵守外部法律和法规的业务 | 执行管理对 IT 相关决策的承诺 | 管理与 IT 相关的业务风险 | 从 IT 技术的投资和服务组合实现收益 | IT 成本、收益和风险的透明度 | 符合业务需要的 IT 服务的交付 | 应用程序、信息和技术解决方案的充分利用 | IT 灵活性 | 信息、处理基础设施和应用程序的安全性 | IT 资产、资源和能力的优化 | 通过将应用程序和技术集成到业务流程中，启用和支持业务流程 | 方案的执行提供的好处，按时间、按预算，并满足要求和质量标准 | 用于决策的可靠和有用的信息的可用性 | IT 遵守内部政策 | 能干和积极进取的业务和 IT 人员 | 业务创新的知识、专业知识和举措 |
| | | | 01 | 02 | 03 | 04 | 05 | 06 | 07 | 08 | 09 | 10 | 11 | 12 | 13 | 14 | 15 | 16 | 17 |
| | | | 财务 | | | | | 客户 | | | | | 内部因素 | | | | | 学习和成长 | |
| 评价、指导和监控 | EDM01 | 确保治理框架设置和维护 | P | S | P | S | S | S | P | | S | S | S | S | S | S | S | S | S |
| | EDM02 | 确保收益实现 | P | | S | | P | P | P | S | | | S | S | S | S | | S | P |
| | EDM03 | 确保风险优化 | S | S | S | P | | P | S | S | | P | S | | S | S | P | S | S |
| | EDM04 | 确保资源优化 | S | | S | S | S | S | S | S | P | | P | | S | | | P | S |
| | EDM05 | 确保利益相关者透明 | S | S | P | | | P | P | | | | | | S | S | S | | S |
| 调整、规划和组织 | APO01 | 管理 IT 管理框架 | P | P | S | S | | | S | | P | S | P | S | S | S | P | P | P |
| | APO02 | 管理战略 | P | | S | S | S | | P | S | S | | S | S | S | S | S | S | P |
| | APO03 | 管理企业架构 | P | | S | S | S | S | S | S | P | S | P | S | | | S | | S |
| | APO04 | 管理创新 | S | | S | P | | | P | P | | P | S | | S | | | | P |
| | APO05 | 管理投资组合 | P | | S | S | P | S | S | S | S | | S | | P | S | | | S |
| | APO06 | 管理预算和开支 | S | | S | S | P | P | S | S | | | S | | S | | | | |
| | APO07 | 管理人力资源 | P | S | S | S | | | S | | S | S | P | | P | | S | P | P |
| | APO08 | 管理关系 | P | | S | S | S | S | P | S | | | S | P | S | | S | S | P |
| | APO09 | 管理服务协议 | S | | | S | S | S | P | S | S | S | S | | S | P | S | | |
| | APO10 | 管理供应商 | | S | | P | S | S | P | S | P | S | S | | S | S | S | | S |
| | APO11 | 管理质量 | S | S | | S | P | | P | S | S | | S | | P | S | S | S | S |
| | APO12 | 管理风险 | | P | | P | | P | S | S | S | P | | | P | S | S | S | S |
| | APO13 | 管理安全性 | | P | | P | | P | S | S | | P | | | | P | | | |

（续表）

| COBIT 5.0 流程 | | | IT相关目标 | | | | | | | | | | | | | | | | |
|---|---|---|---|---|---|---|---|---|---|---|---|---|---|---|---|---|---|---|---|
| | | | IT和业务战略的一致性 | IT遵守和支持企业遵守外部法律和法规的业务 | 执行管理对IT相关决策的承诺 | 管理与IT相关的业务风险 | 从IT技术的投资和服务组合实现收益 | IT成本收益和风险的透明度 | 符合业务需要的IT服务的交付 | 应用程序、信息和技术解决方案的充分利用 | IT灵活性 | 信息、处理基础设施和应用程序的安全性 | IT资产、资源和能力的优化 | 通过将应用程序和技术集成到业务流程中，启用和支持业务流程 | 方案的执行提供的好处，按时间、按预算，并满足要求和质量标准 | 用于决策的可靠和有用的信息的可用性 | IT遵守内部政策 | 能干和积极进取的业务和IT人员 | 业务创新的知识、专业知识和举措 |
| | | | 01 | 02 | 03 | 04 | 05 | 06 | 07 | 08 | 09 | 10 | 11 | 12 | 13 | 14 | 15 | 16 | 17 |
| | | | 财务 | | | | | 客户 | | | | | 内部因素 | | | | | 学习和成长 | |
| 构建、获得和实施 | BAI01 | 管理方案和项目 | P | | S | P | P | S | S | S | | | S | | P | | | S | S |
| | BAI02 | 管理需求定义 | P | S | S | S | S | | P | S | S | S | S | P | S | S | | | S |
| | BAI03 | 管理解决方案识别和构建 | S | | | S | S | | P | S | | | S | S | S | S | | | S |
| | BAI04 | 管理可用性和能力 | | | | S | S | | P | S | S | | P | | S | P | | | S |
| | BAI05 | 管理组织变革启用 | S | | S | | S | | S | P | S | | S | S | P | | | | P |
| | BAI06 | 管理变革 | | | S | P | S | | P | S | S | P | S | S | S | S | S | | S |
| | BAI07 | 管理变更验收和过渡 | | | | S | S | | S | P | S | | | P | S | S | S | | S |
| | BAI08 | 管理知识 | S | | | | S | | S | S | P | S | S | | | S | | S | P |
| | BAI09 | 管理资产 | | S | | S | | P | S | | S | S | P | | | P | S | | |
| | BAI10 | 管理配置 | | P | | S | | S | | S | S | S | P | | | P | S | | |

（续表）

| COBIT 5.0 流程 | | | IT 相关目标 | | | | | | | | | | | | | | | | |
|---|---|---|---|---|---|---|---|---|---|---|---|---|---|---|---|---|---|---|---|
| | | | IT 和业务战略的一致性 | IT 遵守和支持企业遵守外部法律和法规的业务 | 执行管理对 IT 相关决策的承诺 | 管理与 IT 相关的业务风险 | 从 IT 技术的投资和服务组合实现收益 | IT 成本，收益和风险的透明度 | 符合业务需要的 IT 服务的交付 | 应用程序，信息和技术解决方案的充分利用 | IT 灵活性 | 信息、处理基础设施和应用程序的安全性 | IT 资产，资源和能力的优化 | 通过将应用程序和技术集成到业务流程中，启用和支持业务流程 | 方案的执行提供的好处，按时间，按预算，并满足要求和质量标准 | 用于决策的可靠和有用的信息的可用性 | IT 遵守内部政策 | 能干和积极进取的业务和 IT 人员 | 业务创新的知识，专业知识和举措 |
| | | | 01 | 02 | 03 | 04 | 05 | 06 | 07 | 08 | 09 | 10 | 11 | 12 | 13 | 14 | 15 | 16 | 17 |
| | | | 财务 | | | | | 客户 | | | | | 内部因素 | | | | | 学习和成长 | |
| 交付、服务和支持 | DSS01 | 管理运营 | | S | | P | S | | P | S | S | S | P | | | S | S | S | S |
| | DSS02 | 管理服务请求和事故 | | | | P | | | P | S | | S | | | | S | S | | S |
| | DSS03 | 管理问题 | | S | | P | S | | P | S | S | | P | S | | P | S | | S |
| | DSS04 | 管理连续性 | S | S | | P | S | | P | S | S | S | S | S | | P | S | S | S |
| | DSS05 | 管理安全服务 | S | P | | P | | | S | S | | | S | S | | S | S | | |
| | DSS06 | 管理业务流程控制 | | S | | P | | | P | S | | S | S | S | | S | S | S | S |
| 监控、评价和评估 | MEA01 | 监测，评价和评估性能与合规 | S | S | S | P | S | S | P | S | S | S | P | | S | S | P | S | S |
| | MEA02 | 监测，评价和评估内部控制系统 | | P | | P | | S | S | S | | S | | | | S | P | | S |
| | MEA03 | 监测，评价和评估与外部需求的一致性 | | P | | P | S | | S | | | S | | | | | S | | S |

## A.2 端到端覆盖企业管理

端到端的治理方法是图 A-1 所描绘的 COBIT 5.0 基础部分，展示了一个治理系统的关键组成。除治理目标外，治理方法的其他重要元素还包括促成因素、范围、角色、活动和关系。

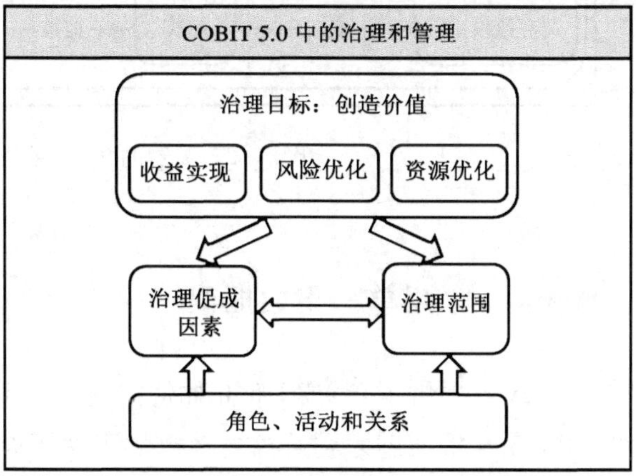


**图 A-1 COBIT 5.0 治理与管理**

**1）治理促成因素**

治理促成因素是治理的组织资源，如框架、原则、结构、流程和实践，通过对行动导向以实现目标。促成因素还包括企业的资源，例如，服务能力(IT 基础设施、应用软件等)、人员和信息[222]。资源或促成因素的缺乏，可能会影响企业创造价值的能力。鉴于治理促成因素的重要性，COBIT 5.0 包括了对待和处理促成因素的单一方式，如 COBIT 原则的原则 3。

**2）治理范围**

治理可以应用到整个企业、机构、有形或无形的资产等，即可以从不同管理视角来定义企业治理，不同治理视角对应不同的系统治理范围。COBIT 5.0 治理范围通常指整个企业，但实际上可以应用任何不同的视角范围。

**3）角色，活动和关系**

最后一个因素是治理的角色、活动和关系。在任何治理框架范围内，它定义了谁参与治理、他们是如何参与、他们做什么以及它们如何进行交互的。在 COBIT 5.0 中，明确区分治理域、管理域的治理活动和管理活动，以及它们之间和所涉及角色的接口。图 A-2 详细描述了图 A-1 的下半部分，并列出不同角色之间的相互作用。

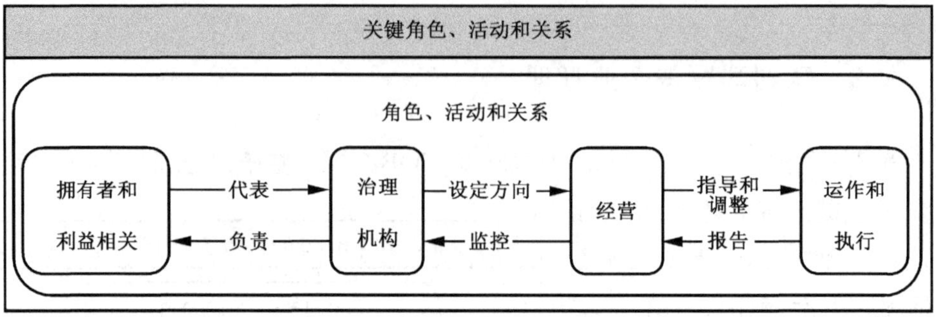


图 A-2 关键的角色、活动与相互关系

## A.3 采用单一集成框架

图 A-3 提供了 COBIT 5.0 如何实现其一致和集成框架中角色的图形化描述。COBIT 5.0 框架还为利益相关者提供了关于企业 IT 治理和管理的最完整、最新的指南(图 A-4),并通过以下方式实现。

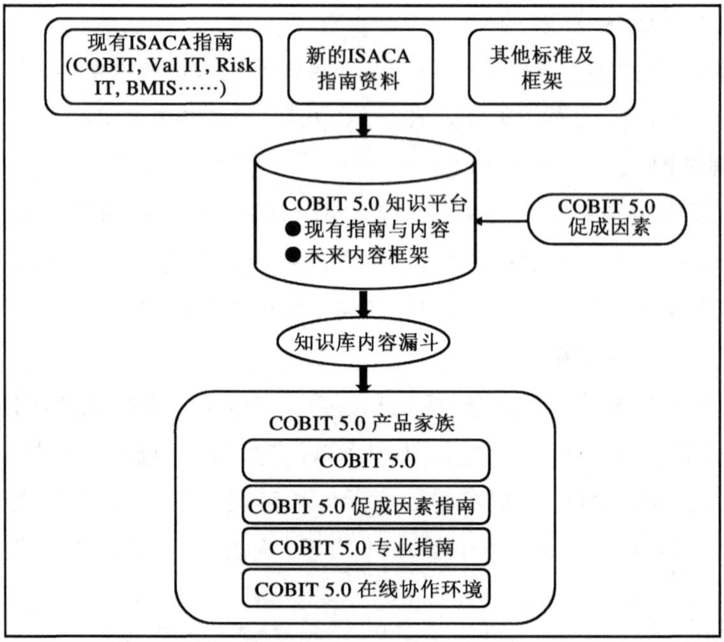


图 A-3 COBIT 5.0 单一集成框架

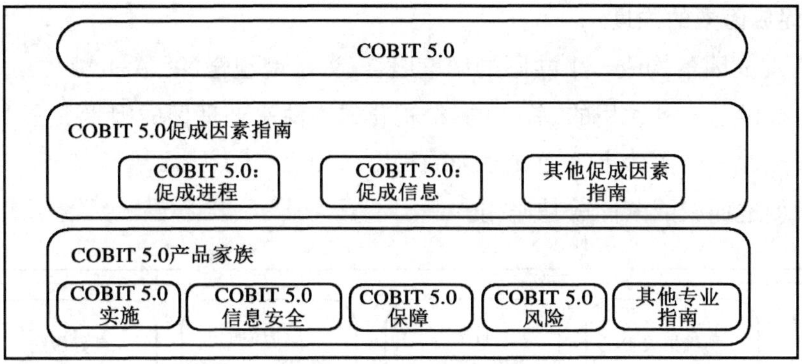


图 A-4 COBIT 5.0 产品系列

## A.4 采用整体性方法

COBIT 中的整体方法意味着所有独立的 COBIT 决策因素都应作为一个整体进行考虑,这些因素相互依存并为其他因素的利益服务。例如,在企业运营过程中,整体性经营决策会考虑到销售运营、供应物流、IT 运营、人员配备与培训事宜,COBIT 称这些因素为“促成因素”。促成因素指的是能够帮助实现公司治理目标的特定流程、机制、进程或其他任何因素,包括许多资源,如信息、人力[223]。它们是 COBIT 治理和内部控制过程中的关键要素,在企业 IT 治理与管理中发挥着有形或无形的作用。COBIT 5.0 框架描述了七类促成因素(图 A-5)[224]。

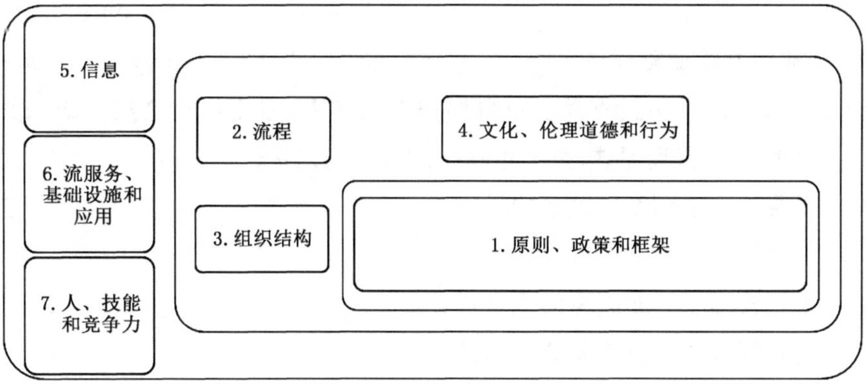


图 A-5 COBIT 5.0 企业促成因素

**1) 促成因素的维度**

所有促成因素构成一个共同的维度组合,该维度组合(图 A-6):

(1) 提供了一种通用的、单一的、结构化的方法来处理促成因素。

(2) 允许一个实体来管理其复杂的相互作用。

(3) 促进促成因素的成功作用。

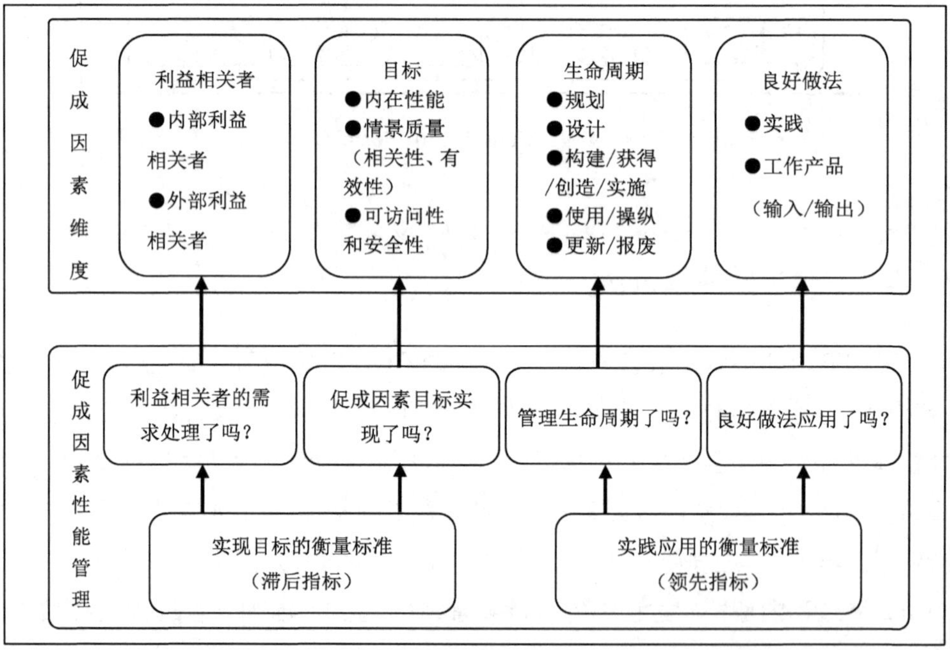


图 A-6　COBIT 5.0 通用促成因素

**2) 促成因素性能管理**

企业期望通过运用促成因素中得到积极的结果,需要管理这些促成因素的性能。以下问题定期自我评估,并通过解决这些问题来提升性能。

(1) 是否处理了利益相关者的需求。

(2) 促成因素目标是否实现。

(3) 是否管理了促成因素的生命周期。

(4) 是否管理了促成因素的生命周期。

前两个问题对应促成因素的实际输出,用于衡量目标实现程度的度量指标可称为"滞后指标"。后两个问题对应促成因素自身的实际作用,这些指标称为"领先指标"。

**3）相互关联的促成因素综合应用的系统治理和管理**

在企业管理和治理中,必须采用"应用相互关联的促成因素系统治理和管理"的理念,始终考虑一系列促成因素,每种促成因素都需要:

(1) 其他促成因素的输入,比如,流程需要信息,组织结构需要技能和行为。

(2) 为其他促成因素提供输出,比如,流程传递信息,技能和行为使流程生效。

因此,要解决企业 IT 管理和治理中的问题,必须考虑这种系统性的治理与管理。本质上,好的决策才会被采纳。为了应对任何利益相关者的需求,必须分析所有相互关联的促成因素的相关性。

COBIT 简化的总体框架(图 A-7)展现了促成因素的功能如何在全部流程中发挥作用,企业应利用这些促成因素进行 IT 治理。

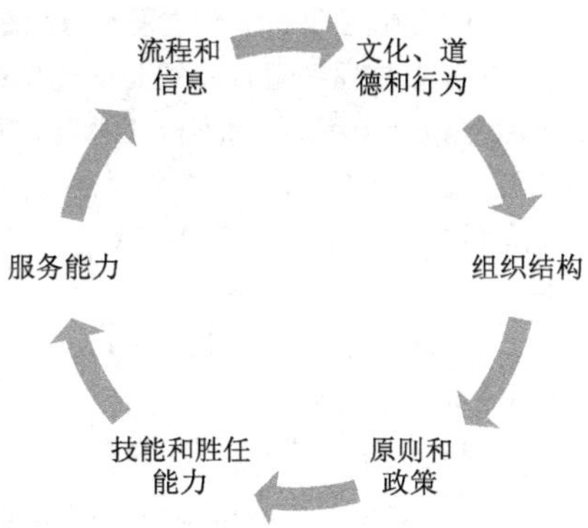


图 A-7　COBIT 促成因素

每类促成因素都不是孤立存在的,需要 COBIT 定义的其他促成因素的加入才能发挥全面作用。例如,流程需要信息促成因素,组织架构需要技能和胜任能力促成因素,员工需要能力和行为。一项促成因素会为另一项促成因素带来好处,例如,流程能够传递信息、技能和行为。

**4）实践中促成因素例子**

例 3 说明了促成因素的相互联系和维度,以及如何应用以获得实际效益。

**例 3　促成因素**

组织已为 IT 相关流程任命了流程经理,负责在企业 IT 良好治理和管理的环境下,定义、运行有效的 IT 相关流程。

起初,流程经理将侧重流程的促成因素,并考虑促成因素的范围。

• 利益相关者：流程中的利益相关者包括所有参与流程活动的各方,即在流程活动中负责、有义务、咨询和被告知的各方。在 COBIT 5.0 中的 RACI 表格描述：促成流程可以应用的各方。

（续表）

| 例 3　促成因素 |
| --- |
| • 目标：每一个流程需要定义明确的目标和相关的衡量指标。例如，对于“管理关系”（COBIT 5.0：流程 AP008），可以定义以下目标和指标。<br><br>目标：IT 和业务战略的一致性。<br>➢ 指标：企业业务要求/优先级相一致的方案的百分比。<br>目标：企业与 IT 部门之间的良好关系。<br>➢ 指标：用户评价和 IT 人员的满意度调查。<br><br>• 生命周期：每个流程都有生命周期，包括创建、执行、监测和调整，最终可能被销毁。在本例中，流程经理首先需要设计和定义过程，他们可以使用 COBIT 5.0。启用过程的一些元素来设计流程，即明确责任和将流程分解为实践活动，并定义流程的工作产品（输入和输出）。在优化阶段，需要将流程优化得更强大和更有效率。为了这一目的，流程经理可以提高流程的性能水平。由 ISO/IEC 15504 启发的 COBIT 5.0 过程能力模型和流程性能属性可以用于这个目的。<br>• 好的实践：COBIT 5.0 提供了详细的流程好的实践案例。流程经理可以参考这些案例，获取示例流程，全面覆盖企业 IT 治理和管理所需的活动。这些好的实践可以作为流程设计和优化的参考标准，确保流程有效且高效。<br>除了流程促成因素的指导，流程经理也可以参考一些其他促成因素。<br>➢ RACI 表格，它描述角色与责任。相关促成因素进一步深入这一维度，如：<br>在技能与竞争力促成因素中，定义了每个角色需要的技能与竞争力，并且设定了适当的目标（如技术和行为技能水平）及相关指标。<br>RACI 表格也涵盖了部分组织结构。在组织结构促成因素中，这些结构可以进一步阐述，提供更详细的结构描述，定义预期成果和相关指标，并定义好的实践活动（如控制范围、结构的操作原则、授权级别等）。<br>➢ 原则和政策促成因素使流程正式化，描述流程存在的原因、使用者以及应用方法。这是确保流程在企业内有效运行的基础。通过明确的原则和政策，流程经理可以确保流程的透明度和一致性。 |

## A.5　区分治理和管理

### 1）治理与管理

COBIT 最后一个核心原则强调了治理和管理的区分。在 COBIT 框架中，治理和管理包含不同类型的行为,而二者之间存在明显的界限。它们服务的目的和组织框架也有所不同[225]。

治理指的是让企业不同利益相关者具备有组织话语权的方法和机制,这些话语权包括评估条件和选择,设定方向,检测过程、业绩和计划的执行进度。这些方法和机制有助于企业特定目标的实现,涉及一系列的引导行为。方法和机制包含框架、原则、政策资金支持、结构、决策机制、职能与责任的划分、流程,以及监控合规性与执行进度等一系列活动。治理通常是由在首席执行官和董事会主席领导下董事会的责任[225]。

通常,管理与治理含义不同,管理主要承担的任务是审慎配置资源、人力、流程、活动以实现可识别的结果[225]。它是治理主体实现特定结果或目标的方法和工具。管理在具有指导地位的人或机构设定的方向范围内履行责任。它是在治理主体设定的方向指南下计划、建设、组织和控制经营活动。

COBIT 强调治理和管理活动属于不同的类型,并且承担不同的责任。然而,考虑到治理在评估、指南、监督方面所扮演的角色,治理和管理必须保持互动以形成既有效率又有效果的治理系统。这种互动与特定的内部控制检测流程紧密联系,是 COBIT 框架的优势。

**2)治理与管理的相互作用**

从治理和管理的定义,可以明确知道,他们包含不同类型的活动,有不同的责任;然而,鉴于治理的角色(评估、指导和监督),在治理与管理之间需要一系列相互作用来形成一个切实有效的治理系统[226]。这些相互作用,可使用促成因素结构显示(表 A-4)。

**表 A-4 COBIT 5.0 治理和管理的相互作用**

| 促成因素 | 治理——管理相互作用 |
| --- | --- |
| 流程 | 在说明性的 COBIT 5.0 过程模型(COBIT 5.0:启用流程)中,治理和管理流程是有区别的,每种流程包括一系列具体的做法和活动。流程模型还包括 RACI 图表,描述企业内部不同的组织结构和角色职责 |
| 信息 | 流程模型描述从不同的流程实践到其他流程的输入和输出,包括治理和管理流程之间的信息交换。用于评估、指导和监督企业 IT 信息在治理和管理之间交换,如流程模型的输入和输出所描述 |

（续表）

| 促成因素 | 治理——管理相互作用 |
|---|---|
| 组织结构 | 每个企业都定义了若干组织结构，结构可以放在治理空间或管理空间中，这取决于其决策的组成和范围。治理是关于设定方向，在治理结构所做的决策（比如决定投资组合、风险偏好）和落实前面的决策与业务之间产生的互动 |
| 原则、政策和框架 | 原则、政策和框架是企业内部治理决策的制度化工具，出于这个原因，它们也是治理决策（设定方向）和管理（执行决策）之间的相互作用 |
| 文化、伦理道德和行为 | 行为也是一个企业良好治理和管理的关键促成因素，它位于顶层，由示例引导，因此是治理和管理之间的重要的相互作用 |
| 人、技能和竞争力 | 治理和管理活动需要不同的技能组合，但治理机构成员和管理层的一项基本技能是理解任务以及区分治理与管理之间任务的不同之处 |
| 服务、基础设施和应用 | 服务是必需的，由应用程序和基础设施支持，为治理机构提供充足的信息，并支持治理活动的评估、方向设定和监控 |

总之，企业可通过这五条原则建立起一个有效的治理与管理框架，优化信息、技术的投资和应用，最终实现利益相关者的利益。

# 附录 B　2013 版 COSO 内部控制整合框架①

## B.1　COSO 内部控制框架的组成要素

在 COSO 内部控制框架中，控制环境、风险评估、控制活动、信息与沟通、监控五要素构成了内部控制系统，它们是管理层经营企业的方式，也是企业管理过程本身[227]，其相互关系可用下面的模型表示（图 B-1）。

① 附录 B 内容主要源自 COSO 在 2013 年 Committee of Sponsoring Organizations of the Treadway Commission 发布的报告，即 *Internal Cotral-Intergrated Framework*。

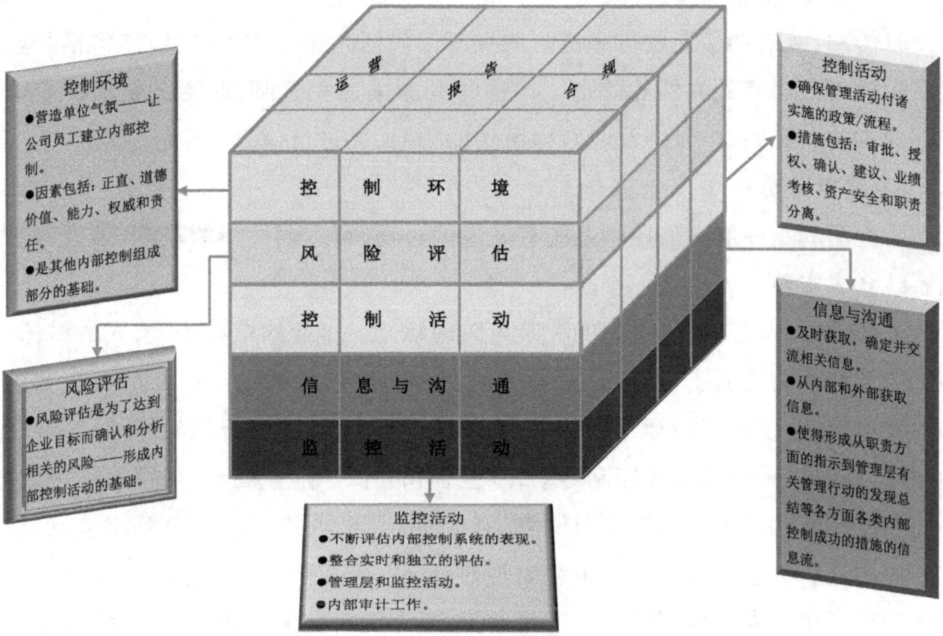


图 B-1 COSO 内部控制框架组成要素

**1）控制环境**

控制环境奠定了企业的基调与氛围，对企业员工的控制意识至关重要，所以控制环境也是企业发展的后备力量。同时它也是其他一切要素的核心，包括员工的诚信、职业道德和工作胜任能力，管理层的经营理念和经营风格，董事会或审计委员会的监管和指导力度，企业的权责分配方法和人力资源政策。它是人及其活动是所有企业的核心，是构成控制环境的重要因素，并与环境相互影响、相互作用。

**2）风险评估**

风险评估通过识别、分析相关风险以实现既定目标，是风险管理的基础。任何企业都面临着诸多内外部风险，它们会影响企业既定目标的顺利实现。所以有必要设立识别、分析和管理影响目标实现的相关风险机制，并适时加以管理。

**3）控制活动**

控制活动是针对风险采取的控制措施。具体指有助于管理层决策顺利实施的政策和程序，包括批准、授权、查证、核对、复核经营业绩、资产保护和职责分工等活动。

**4）信息与沟通**

信息与沟通是指企业经营管理所需要的信息必须以一定的形式被识别、获取并及时传递，以支持员工履行职责。信息不仅包括内部生成的信息，还包括与业务决策和外部报告相关的外部信息。畅通的沟通渠道和机制，能使企业员工在业务流程的实施、管理和控制中及时获得所需的信息，并进行信息交流。

**5）监控活动**

监控活动是评价内部控制系统有效性的过程，可以通过持续监测、独立评价或两者结合来实现。

内部控制体系五要素之间的关系可以理解为：企业的核心是人，人的诚信、道德价值观和能力构成了企业的控制环境，是企业发展的基础。每个企业都有自己的发展目标，为了实现目标，需要对影响因素进行分析，即进行风险评估，并针对风险评估的结果，采取相应的控制活动，以控制和降低风险。同时，与控制环境、风险评估和控制活动相关的信息要及时获取、处理和整理，并在企业内部传递，这就是信息与沟通。信息与沟通系统围绕着控制活动，反映了企业所有管理活动的运行情况。为了保证内部控制体系的正常运行，还需要对整个内部控制过程进行监控。

内部控制五要素之间的协调和联系构成了一个完整的体系，该体系可以随着条件的变化而灵活变化。然而，这不是一个连续的过程，也并非一个因素影响另一个因素，而是任何因素都会影响其他因素。例如，风险评估不仅影响控制活动，还影响信息和沟通、监测行为等。

COSO 内部控制框架适用于各类企业，但是中小企业的应用可能不同于大型企业，中小企业的内部控制可能不及大型企业正式、组织性强，但也可能是有效的。

## B.2 COSO 中员工的作用与责任

**1）经理层**

总裁对内部控制体系负有最终责任并拥有“所有权”。与其他人相比，总裁制定了最高基调，这影响了诚信、道德行为和其他构成积极控制环境的因素。在大公司中，总裁通过监督高层管理人员检查他们的商业行为来履行自身职责，高级管理层则将具体的控制和程序分配给部门主管。在小规模公司中，总裁往往扮演着所有者和管理者的双重角色，他的影响也更加直接。在任何情况下，对于一个金字塔式的责任结构来说，每个经理人实际上都是其责任领域的总裁。在经理层中具有特殊意义的是财务及其下属，他们的控制行为切入企业的所有部分。

**2）董事会**

经理层对董事会负责，董事会提供管理、指引和核查。高效率的董事会成员应该实事求是、富有才华和钻研精神。他们熟悉企业经营及环境，留出足够的时间来完成董事会职责。不诚实的经理层有可能越过内部控制，忽视或压制下属的信息反馈，并故意误报结果以掩盖其行径。一个强有力、活跃的董事会，特别是具备了有效的自下而上传递信息的渠道，以及完善的财务、法律和内审职能后，往往能识别和纠正这样的问题。

**3）内部审计人员**

内部审计师在评估和维护公司内部控制系统的有效性方面发挥着重要作用。由于其在公司的组织地位和权力，内部审计在监控方面发挥着重要作用。

**4）其他人员**

在某种程度上，内部控制是企业中每个人的责任，因此应成为每个人工作职责中明确或隐含的一部分。几乎所有的员工都在产生内部控制系统所需的信息，或从事与内部控制有效运作有关的活动。此外，所有员工都有责任向其主管报告业务问题中背离准则的情况和违规行为。

此外，一些企业外部人员常常有助于企业目标的实现。独立审计师通过实施独立、客观的监控，通过直接的财务报表审计和间接的管理建议，来帮助管理层完成职责。其他能够对有效内部控制提供有用信息的外部人员，包括律师、监管当局、客户、财务分析师、债券评级师和新闻媒体等。外部人员不属于企业内部控制系统的一部分，也不对企业内部控制系统负责。

## B.3　2013 版 COSO 内部控制整合框架的新特征

**1）最新变化**

2013 版 COSO 内部控制整合框架代表了国际内部控制和风险管理领域的最新研究成果和发展趋势，对我国企业内部控制规范体系的完善与实施具有重要的借鉴意义。其在内部控制的核心定义、立体结构以及各个维度基本保持原貌的同时，用以评估内部控制系统有效性的准则和对于评估判断的运用技术也基本不变。

但新框架有七项重要变化：①明确列示了用以支持内部控制五大要素的原则；②明确了目标设定在内部控制中的作用；③反映了科技日益深入的相关性；④更深入地讨论了有关治理的理念；⑤扩大了报告目标类别(范畴)；⑥加强了对反舞弊预期的考虑；⑦更加关注非财务目标。

**2）重要原则**

2013 版框架提出了 17 项主要原则，79 个关注点进行自我检视(表 B-1)。这些原则代表着与每个内部控制要素相关的基本概念，可确保五大内部控制要素以及整个内部控制系统的有效运行。对于流程层面控制，企业则可以根据自身的行业特色及管理需求，结合外部审计师的关注点建议，基于 2013 版框架的要求原则，在贯彻 17 项主要原则的前提下，考虑必要的调整。

**表 B-1　2013 版 COSO 内部控制框架的主要原则和关注点**

| 原则 | | | 关注点 | |
|---|---|---|---|---|
| 控制环境 | 1 | 企业对诚信和道德价值观的承诺 | 1 | 确立“高层态度” |
| | | | 2 | 建立行为标准 |
| | | | 3 | 评价对行为准则的遵守情况 |
| | | | 4 | 及时处理行为偏差 |
| | 2 | 董事会独立于管理层，对内部控制的制定及其绩效施以监督 | 5 | 制定监督责任 |
| | | | 6 | 确保有对内部控制系统的监督 |
| | | | 7 | 调用相关专业人员 |
| | | | 8 | 保持独立运作 |
| | | | 9 | 监控控制环境、风险评估、控制活动、信息与沟通以及监督行为 |
| | 3 | 管理层在董事会的监督下，建立目标实现过程中所涉及的组织架构、报告路径以及适当的权利和责任 | 10 | 考虑企业所有的组织架构 |
| | | | 11 | 制定报告路径 |
| | | | 12 | 定义、分配权限和职责范围 |
| | | | 13 | 建立制度和操作方案 |
| | 4 | 企业致力于吸引、发展和留住优秀人才，以配合企业目标达成 | 14 | 评价人员的竞争能力和识别技能的不足 |
| | | | 15 | 吸引、发展和留住人才 |
| | | | 16 | 计划人才储备 |

（续表）

| 原则 | | | 关注点 | |
|---|---|---|---|---|
| 控制环境 | 5 | 企业内部控制责任人的问责制度 | 17 | 实施权责问责机制 |
| | | | 18 | 建立绩效考核和奖励制度 |
| | | | 19 | 评价绩效并执行奖励 |
| | | | 20 | 考虑额外的压力 |
| | | | 21 | 评价员工表现并奖励遵守纪律的员工 |
| 风险评估 | 6 | 企业制定足够清晰的目标,以便识别和评估有关目标所涉及的风险 | | |
| | | 运营目标 | 22a | 反映管理层决策 |
| | | | 23a | 考虑风险忍受度 |
| | | | 24 | 涵盖运营和财务目标 |
| | | | 25 | 形成投入资源的基准 |
| | | 外部财务报告目标 | 22b | 符合会计准则 |
| | | | 23b | 考虑重要性水平 |
| | | | 26 | 反映企业活动 |
| | | 外部非财务报告目标 | 22c | 符合外部标准和框架 |
| | | | 23c | 考虑精准度要求 |
| | | | 26 | 反映企业活动 |
| | | 内部报告目标 | 22a | 反映管理层决策 |
| | | | 23c | 考虑精准度要求 |
| | | | 26 | 反映企业活动 |
| | | 合规目标 | 22d | 反映外部法律法规 |
| | | | 23a | 考虑风险忍受度 |
| | 7 | 企业从整个企业的角度来识别实现目标所涉及的风险,分析风险,并据此决定应如何管理这些风险 | 27 | 涵盖总公司、子公司、分支机构、事业部和职能部门 |
| | | | 28 | 分析内部和外部因素 |
| | | | 29 | 涵盖适当层级的管理 |
| | | | 30 | 评估风险识别的重要性 |
| | | | 31 | 决定如何应对风险 |

（续表）

| 原则 | | | 关注点 | |
|---|---|---|---|---|
| 风险评估 | 8 | 企业在评估影响目标实现的风险时，考虑潜在的舞弊行为 | 32 | 考虑不同类型的舞弊 |
| | | | 33 | 评估员工承受的压力和激励手段 |
| | | | 34 | 评估舞弊发生的机会 |
| | | | 35 | 评估态度和合理性 |
| | 9 | 企业识别并评估可能会对内部控制系统产生重大影响的变更 | 36 | 评估外部环境变化 |
| | | | 37 | 评估商业模型变化 |
| | | | 38 | 评估领导层变化 |
| 控制活动 | 10 | 企业选择并制定有助于将目标实现风险降低至可接受水平的控制活动 | 39 | 与风险评估相结合 |
| | | | 40 | 考虑企业自身的因素 |
| | | | 41 | 决定相关商业流程 |
| | | | 42 | 评价控制活动类型集合 |
| | | | 43 | 考虑控制活动的应用层面 |
| | | | 44 | 职责分离 |
| | 11 | 企业为实现目标的技术选择并制定一般控制政策 | 45 | 决定技术在流程中的应用以及技术的一般控制 |
| | | | 46 | 制定相关技术基础设施控制活动 |
| | | | 47 | 制定相关安全管理流程控制活动 |
| | | | 48 | 制定相关技术取得、发展和维护的流程控制活动 |
| | 12 | 企业通过政策和程序来部署控制活动：政策用来确定所期望的目标；程序则将政策实施于活动中 | 49 | 制定政策和程序以支持管理层的部署 |
| | | | 50 | 制定执行政策和程序的责任问责机制 |
| | | | 51 | 定期执行 |
| | | | 52 | 时常纠错 |
| | | | 53 | 选用足以胜任的人员 |
| | | | 54 | 重新评估政策和程序 |

（续表）

| 原则 | | | 关注点 | |
|---|---|---|---|---|
| 信息与沟通 | 13 | 企业获取、生成和使用相关的高质量信息，以支持内部控制其他要素发挥效用 | 55 | 识别信息需求 |
| | | | 56 | 获取内部、外部数据来源 |
| | | | 57 | 将相关数据处理成信息 |
| | | | 58 | 在处理过程中保持信息质量 |
| | | | 59 | 考虑成本效益 |
| | 14 | 企业于内部沟通的内部控制信息，包括内部控制目标和职责范围，必须能够支持内部控制的其他要素发挥效用 | 60 | 沟通内部控制信息 |
| | | | 61 | 与董事会沟通 |
| | | | 62 | 提供彼此独立的沟通渠道 |
| | | | 63 | 选择沟通方式 |
| | 15 | 企业就影响内部控制其他要素发挥效用的事项与外部方进行沟通 | 64 | 与外部各方沟通 |
| | | | 65 | 实现网站通信 |
| | | | 66 | 与董事会沟通 |
| | | | 67 | 提供彼此独立的沟渠道 |
| | | | 68 | 选择沟通方式 |
| 监控活动 | 16 | 企业选择、制定并实行连续或单独的评估，以判定内部控制各要素是否存在且发挥效用 | 69 | 考虑正在进行的多项和单独的评估 |
| | | | 70 | 考虑变化速率 |
| | | | 71 | 制定理解基准 |
| | | | 72 | 任用胜任的人员 |
| | | | 73 | 集成业务流程 |
| | | | 74 | 调整范围和频率 |
| | | | 75 | 客观评价 |
| | 17 | 企业及时评估内部控制缺陷，并将有关缺陷及时通报给负责整改措施的相关方，包括高级管理层和董事会(如适当) | 76 | 评估结果 |
| | | | 77 | 向管理层汇报缺陷 |
| | | | 78 | 向高级管理层及董事会汇报缺陷 |
| | | | 79 | 监控纠正行为 |

# 参考文献


[1] 彼得·维尔,珍妮·罗斯. IT 治理[M]. 杨波,译. 北京:商务印书馆,2005.

[2] 胡晓明. 完善我国企业 IT 控制的思考[J]. 科技管理研究,2010(8):126-128.

[3] 周新玲. 我国 IT 审计的发展对策[J]. 科技进步与对策,2004(3):123-124.

[4] 约翰·冯·诺意曼. 计算机与人脑[M]. 甘子玉,译. 北京:商务印书馆,1965.

[5] 李雪欣. 试论国际信息系统审计的发展趋势[J]. 现代经济信息,2009(13):66.

[6] 王光远,时现,李庭燎. 全球信息系统审计指南[M]. 北京:中国时代经济出版社,2010.

[7] 章亮. 我国信息系统审计发展的现状、问题及其改进[D]. 北京:首都经济贸易大学,2014.

[8] 稂与峰. 论我国信息系统审计的发展前景[D]. 厦门:厦门大学,2007.

[9] 王琪. 信息系统审计的研究现状及存在问题分析[J]. 时代金融,2012,486(20):98-99.

[10] TUTTLE B. VANDERVELDE S D. An empirical examination of CobiT as an internal control framework for information technology[J]. International Journal of Accounting Information Systems, 2007, 8(4):240-263.

[11] 王家蓉. 信息化环境下新型审计方式及对策研究[D]. 合肥:合肥工业大学,2007.

[12] 周小又. 信息系统审计初探[J]. 科技情报开发与经济,2008(16):115-117.

[13] 周艳秋,章雁. 基于信息系统审计建立和完善信息化企业的内部控制[J]. 对外经贸,2012,217(7):159-160.

[14] 胡敏. IT 运维诊断面对面系列活动(十) 携程网的 SOX 之旅[J]. 中国计算机用户,2005(45):36-38.

[15] 李春青. 日本信息系统审计概述及其借鉴[J]. 中国内部审计,2007,98(8):

80-83.
[16] 穆勇,赵莹,张燕生,等. 信息系统专业审计研究与实践[J]. 信息系统学报. 2018(1):116-125.
[17] FREDERICK G, DANIEL M, SANDRA A S. Information technology control and audit[J]. EDPACS,2000,27 (9):1.
[18] 胡靖. 集团企业开展信息系统审计的策略探讨[J]. 中国内部审计,2011,150(12):58-59.
[19] 韩桂云. 浅谈 IT 环境下企业会计信息系统内部控制[J]. 现代商业,2009,189(32):224.
[20] 韩姗姗. 国民经济动员信息化建设现状问题与对策建议[J]. 现代工业经济和信息化,2020(6):115-116.
[21] RIEDL R, JUEN M. IT auditing in e-government[J]. Lecture Notes In Computer Science. 2006,4084(1):341-352.
[22] 肖楚乔. 电子商务智能化发展的特征、现状和趋势研究[J]. 商场现代化. 2020(15):33-36.
[23] 纪国义. 关于审计目的与审计目标的探讨[J]. 广东商学院学报,2004(1):55-57.
[24] 刘云飞. 构建基于公共属性的审计整改模式探索[J]. 商讯,2022,288(26):135-138.
[25] 吕承文. 审计监督的政治属性研究[J]. 新会计,2022(6):4-10.
[26] 李京. 浅谈提高审计效益的方法[J]. 北方经贸,2012,333(8):110.
[27] 魏增玮. 浅析内部审计中风险导向审计模式的构建[J]. 中国外资,2011, 244(13):84-85.
[28] 胡智强. 数字治理时代我国审计法治发展研究[J]. 审计观察,2022,49(9):72-76.
[29] 徐静. 政府采购绩效审计研究[D]. 蚌埠:安徽财经大学,2014.
[30] 甄杰,谢宗晓,董坤祥. 信息安全管理系列之六十一 信息安全治理概念及其解析[J]. 中国质量与标准导报,2020,268(2):28-30.
[31] 高上明,段其国. ISO/IEC 38500 与 COBIT 相融合实施 IT 治理的探索[C]//

中国标准化协会.第十八届中国标准化论坛论文集.北京:《中国学术期刊(光盘版)》电子杂志社有限公司,2021:10.

[32] 余小兵,吴青.IT 治理框架下的企业 IT 风险控制与审计研究[J].商业经济,2015,471(11):120-122.

[33] 张欣.信息系统内部控制研究[D].天津:天津财经学院,2005.

[34] 肖婷.管理审计在公立医院廉政风险防控中的应用研究[D].汕头:汕头大学,2021.

[35] 邵期静.财政绩效审计结构型评价体系研究[J].中国内部审计,2013,171(9):85-90.

[36] 党生翠.传播审计的中外模式比较[J].国外社会科学,2020,340(4):91-99.

[37] 郭鹏飞.大数据背景下企业内部审计职能优化研究[J].财政监督,2019,456(18):113-117.

[38] 王震,刘文虎.基于政府会计信息质量提升的财会监督探析——以 S 省的财会监督实践为例[J].齐鲁珠坛,2022(6):15-18.

[39] 廖光军.浅析如何加强企业内部审计[J].现代商业,2009,168(11):268-269.

[40] 程超羽,刘智谋,韩松宏.内部审计与外部审计的关系分析[J].现代商业,2013,309(8):237.

[41] 朱永永.公司治理下内外审计多维整合协调研究[J].西安财经学院学报,2013,26(1):94-97.

[42] 张晖.对会计责任与内部审计责任关系的若干思考探讨[J].财会学习,2016,142(16):21-22.

[43] 顾奋玲.论审计关系的变异及其改善[J].北京工商大学学报(社会科学版),2005(6):70-74.

[44] 陈文寿.基于代理理论的审计关系改进分析[J].商业时代,2010,489(14):103-104+73.

[45] 傅元略.计算机审计[M].上海:上海人民出版社,1999.

[46] BURTON F G, EMETT S A, SIMON C A, et al. Corporate managers' reliance on internal auditor recommendations[J]. Auditing: a Journal of Practice & Theory, 2012, 31 (2): 151-166.

[47] 王世伟,惠志斌.信息安全辞典[M].上海:上海辞书出版社,2013.
[48] 高争光.企业信息系统有效性评价研究[D].西安:西安科技大学,2008.
[49] 吴怀念.兰州石化公司化工区专用铁路的信息化管理研究[D].兰州:兰州大学,2011.
[50] CAPURRO R. Ethical challenges of the information society in the 21st century[J]. The International Information & Library Review, 2000, 32 (3-4): 257-276.
[51] 陈耿,韩志耕,卢孙中.信息系统审计、控制与管理[M].北京:清华大学出版社,2014.
[52] 国家质量技术监督局. GB 17859—1999 计算机信息系统安全保护等级划分准则[S].北京:中国标准出版社,1999.
[53] 朱元伟.C公司信息安全管理研究[D].兰州:兰州大学,2011.
[54] HACKMAN J R, WAGEMAN R A. Theory of team coaching[J]. Academy of Management Review, 2005,30 (2):269-287.
[55] 宋志敏,南相浩,唐礼勇.数据库安全的研究与进展[J].计算机工程与应用,2001,27(1):85-87.
[56] TARANTINO A. Governance, risk, and compliance handbook: technology, finance, environmental, and international guidance and best practices[M]. New York:Wiley,2008.
[57] 公安部,国家保密局,国家密码管理局,等.信息安全等级保护管理办法[EB/OL].(2007-06-22). https://www.gov.cn/gzdt/2007-07/24/content_694380.htm.
[58] 中华人民共和国国家市场监督管理总局,中国国家标准化管理委员会. GB/T 28448—2019 信息安全技术——信息系统安全等级保护测评要求[S].北京:中国标准出版社,2019.
[59] 中华人民共和国国务院.中华人民共和国计算机信息网络国际联网管理暂行规定[EB/OL].(1997-05-20). https://flk.npc.gov.cn/detail2.html?ZmY4MDgwODE2ZjNlOTc4NDAxNmY0MWZjMWMzMjAyNTU.
[60] 公安部,国家保密局,国家密码管理局,等.涉及国家秘密的信息系统分级保

护管理规范(BMB20—2007)[S]. 北京:中国标准出版社,2007.
[61] 黄水松,黄干平. 计算机操作系统[M]. 武汉:武汉大学出版社,2003.
[62] 中国电子技术标准化研究所,山东省计算中心. GB/T 14394—2008 计算机软件可靠性和可维护性管理[S] 北京:中国标准出版社,2008.
[63] 张磊,周继锋,张强. 系统软件可靠性验证测试方法研究[J]. 计算机与数字工程,2010,38(6):86-88+94.
[64] 陈宏明. 计算机导论[M]. 北京:人民邮电出版社,2014.
[65] 苏志明. 计算机操作系统的功能、发展及分类[J]. 企业技术开发,2012,31(32):77-78.
[66] 孟静,唐志敏. 操作系统教程[M]. 北京:人民邮电出版社,2009.
[67] 张华东. 计算机操作系统的功能和分类分析[J]. 电子技术与软件工程,2015(14):171.
[68] 何绍华,臧玮,孟学奇. Linux 操作系统[M]. 北京:人民邮电出版,2017.
[69] 杨继业,杨伟,董彦芳,等. 数据库发展综述[J]. 山西气象,2002(2):29-31.
[70] 曹文平,闫金梅. 数据库综述[J]. 科技管理研究,2006(9):235-237.
[71] 赵莉莉,王引斌. 浅谈数据库系统的发展[J]. 科技情报开发与经济,2005,15(14):221-223.
[72] 王军庄. DTS 数据库中数据的快速存取研究[D]. 保定:华北电力大学(河北),2009.
[73] 蒋晓京. 通用数据库访问控制模型及技术研究[D]. 成都:四川大学,2006.
[74] 高丽,王艳阁. 网络数据库安全性研究及控制策略分析[J]. 无线互联科技,2016(2):32-33.
[75] 李宏波,卢振举. Web 数据库安全技术分析及其应用[C]//第十一届科学数据库与信息技术学术研讨会论文集,2012:98-104.
[76] 万绪江,刘晓东,李洋. 基于数据库管理安全的研究[J]. 气象与环境学报,2009,25(5):57-61.
[77] 张春生,张增光. 关于对数据库安全模型进行优化的探讨[C]//全国第 19 届计算机技术与应用学术会议(CACIS · 2008)论文集,2008:356-359.
[78] 徐龙琴,刘双印,沈玉利. 数据库安全性控制的研究[J]. 计算机应用与软件,

2009,26(5):138-140,156.

[79] 潘瑞芳. 主流数据库性能比较及数据库构架分析[J]. 浙江传媒学院学报,2005,12(1):62-64.

[80] 王林. 数据库系统原理与应用技术基础(Oracle)[M]. 北京:北京希望电子出版社,2003.

[81] 施伯乐,丁宝康. 数据库技术[M]. 北京:科学出版社,2002.

[82] 魏九玲. 浅谈服务器安全维护[J]. 科技致富向导,2012(23):1.

[83] 胡春安. 中小型企业 Web 安全测试和评估[J]. 科技情报开发与经济,2006,16(24):250-251.

[84] 于新容,宫颖. 防火墙技术在校园网中的管理应用研究[J]. IT 经理世界,2019,22(4):101-102.

[85] 曹斌. 网络防火墙的体系结构[J]. 网络安全技术与应用,2001(6):42-43.

[86] 刘磊. 计算机网络安全中防火墙技术研究[J]. 无线互联科技,2018,15(22):34-35.

[87] 陈驰. 支持隧道代理的主动防御型防火墙——特定内容过滤的研究[D]. 武汉:湖北工业大学,2005.

[88] 刘琳. 浅谈防火墙技术在网络安全中的应用[J]. 华南金融电脑,2009,17(12):42-43.

[89] 东大阿尔派,曹斌. 网络防火墙的体系结构[J]. 网络安全技术与应用,2001(6):42-43.

[90] 徐兵,杨晞. 网络防火墙结构[J]. 中国有线电视,2004(7):25-27.

[91] 彭卓峰. 防火墙技术应用分析[J]. 大众科技,2004(4):74-76.

[92] 孙强. 信息系统审计:安全、风险管理与控制[M]. 北京:机械工业出版社,2003.

[93] 王宏. 重庆移动智能网安全改造[D]. 重庆:重庆大学,2006.

[94] 陈波,于泠. 防火墙技术与应用[M]. 2 版. 北京:机械工业出版社,2021.

[95] 陈伟. 信息系统审计[M]. 北京:高等教育出版社,2020.

[96] 张金城. 信息系统审计[M]. 北京:清华大学出版社,2009.

[97] 杜鹏. 基于椭圆曲线的密码体制及若干算法与协议[D]. 杭州:浙江大

学,2003.
[98] 朱洪武.基于零知识证明的图论问题和网络安全的研究[D].成都:成都理工大学,2007.
[99] 谢维杲.桌面防御系统的设计与实现[D].南京:南京航空航天大学,2002.
[100] 隋媛媛.服务迁移漫游在减轻拒绝服务攻击中的应用[D].沈阳:沈阳工业大学,2007.
[101] 陈洪超,段本钦,李涛.21 世纪战争新概念——网络战[J].军事通信技术,2001,22(4):73-76.
[102] 刘川意,方滨兴.T-YUN:云提供商可信性审计与验证[J].信息网络安全,2012(8):97-100.
[103] 刘荣.基于云计算技术的内部审计数字化平台构建[J].中国内部审计,2012(3):41-43.
[104] 王雪芬,朱庆华,朱学芳.云环境下基于图博档数字化资源的中华文化资源平台构建研究[J].数字图书馆论坛,2014(1):30-34.
[105] 林闯,孔祥震,周寰.增强计算系统可信赖性:融合虚拟化和 SOA[J].软件学报,2009,20(7):1986-2004.
[106] 王晓奇,郭晔.管理信息系统[M].西安:西安交通大学出版社,2003.
[107] 陈婉玲.计算机审计[M].广州:广东人民出版社,2002.
[108] 审计署审计科研所.信息系统审计内容与方法[M].北京:中国时代经济出版社,2008.
[109] 黄作明.信息系统审计[M].大连:东北财经大学出版社,2012.
[110] 覃志刚.企业信息化环境下内部控制的思考[J].财会通讯,2004(2):78-80.
[111] 卢红柱.计算机信息系统审计的探索之路[J].审计研究,2006(S1):12-20.
[112] 孙彤.电算化会计信息系统内部控制的内容[J].中国内部审计,2003(11):55-56.
[113] 胡波.审计学导论[M].北京:中国经济出版社,2015.
[114] 陈伟,张金城,QIU RO-Bin.计算机辅助审计技术(CAATs)研究综述[J].计算机科学,2007(10):290-294.
[115] The Standish Group International Inc. CHAOS Report 2015[EB/OL]. (2015-

06-10). https://www.standishgroup.com/sample_research_files/CHAOSReport2015-Final.pdf.

[116] 林杰,黄妍.基于生命周期法的信息系统开发过程管理审计[J].财会月刊(中), 2017(12):5.

[117] 张凯,余小高,刘行军.管理信息系统教程[M].北京:清华大学出版社,2015.

[118] 蔡国强,郭薇雅.MIS项目监理制在管理信息系统风险管理中的应用[J].情报杂志,2004(7):67-69.

[119] 廖良才,于学勇.项目范围变更管理方法研究[J].企业活力,2007, 272(10):84-85.

[120] 汪若洋.项目进度管理方法及其应用研究[D].郑州:解放军信息工程大学,2013.

[121] 刘渤海.企业质量管理信息系统的总体设计与研究[D].合肥:合肥工业大学,2005.

[122] KENDALL K E, KENDALL J E, KENDALL K E, et al. Systems analysis and design[M]. Upper Saddle River:Prentice Hall, 2002.

[123] 周苏,张丽娜,王文.软件工程学教程[M].4版.北京:科学出版社,2011.

[124] SCHAMBACH T P, WALSTROM K A. Systems development practices: Circa 2001[J]. Journal of Computer Information Systems, 2003, 43(2):87-92.

[125] 吴炎太,林斌,孙烨.基于生命周期的信息系统内部控制风险管理研究[J].审计研究,2009(6):87-92.

[126] DAVIS C, SCHILLER M, WHEELER K. IT auditing:using controls to protect information assets[M]. New York: McGraw-Hill Osborne Media, 2006.

[127] BENTLEY L D, DITTMAN K C, WHITTEN J L. Systems analysis and design methods[M]. New York:Irwin/McGraw Hill, 2000.

[128] 薛华成.管理信息系统[M]. 5版.北京:清华大学出版社,2007.

[129] 田杰,吕建新,徐峰.软件工程化管理中的风险管理[J].微计算机信息,

2007,211(24):13-15.

[130] GEORGE J F, BATRA D, VALACICH J S, et al. Object-oriented systems analysis and design [M]. 2nd Edition. Upper Saddle River: Prentice-Hall, Inc. 2006.

[131] 杨海蔚,董安邦.企业信息技术外包浅析[J].情报科学,2002(7):772-774.

[132] 张瑞超.对人力资源管理外包活动的理论与实践之探析[D].太原:山西大学,2004.

[133] 林则夫,陈德泉,温珂.试论信息技术外包中的风险管理策略[J].科学学与科学技术管理,2004(2):133-135.

[134] HERATH T, KISHORE R. Offshore outsourcing: risks, challenges, and potential solutions[J]. Information Systems Management, 2009, 26(4): 312-326.

[135] MD AUNDHE, MATHEW S K. Risks in offshore IT outsourcing: a service provider perspective[J]. European Management Journal, 2009, 27(6):418-428.

[136] 梁新弘.论信息技术(IT)外包的动因、风险及防范[J].科技管理研究,2004(1):64-66.

[137] 钱啸森.国外信息系统审计案例[M].北京:中国时代经济出版社,2007.

[138] 邓铁淳.我国独立审计风险的防范与控制研究[D].长沙:中南林学院,2002.

[139] 陈耿,王万军.信息系统审计[M].北京:清华大学出版社,2009.

[140] 刘杰,张梦艺."财务审计导向"的信息系统审计规范制定模式研究[J].中国注册会计师,2017,213(2):76-81.

[141] American Institute of Certified Public Accountants. Codification of statements on standards for accounting and review services[M/OL].(2021-10-15). https://www.aicpa.org,2021.

[142] 王桂华,温艳红.再论审计风险[J].交通财会,2001(11):51-52.

[143] 张爱红.审计风险分析[J].辽宁省交通高等专科学校学报,2006(2):61-63.

[144] CARLIN A, GALLEGOS F. IT audit: a critical business process[J]. Computer, 2007, 40(7):87-89.

[145] 姚靠华,周培培. 信息技术下的审计控制风险研究[J]. 会计之友, 2006(01A):2.
[146] 周彬. 浅议审计重要性原则及其运用[J]. 冶金财会,2009,(7):11-12.
[147] 张博,张广君. 浅谈重要性水平在内审工作中的运用[J]. 河北金融,2010,400(12):41-43.
[148] AKOKA J, COMYN-WATTIAU I. A knowledge-based system for auditing computer and management information systems[J]. Expert Systems with Applications, 1996,11(3):361-375.
[149] ZERBINO P, ALOINI D, DULMIN R, et al. Process-mining-enabled audit of information systems: methodology and an application[J]. Expert Systems with Application, 2018, 110:80-92.
[150] 独立审计具体准则第 3 号——审计计划[J]. 财务与会计,1996(3):36-37.
[151] 李平. 浅谈收集审计证据的基本要求和主要方法[J]. 现代审计与经济,2011,187(S1):26-27.
[152] WALLY S,蒋益俊,陈伟. 论审计证据与审计风险[J]. 南京审计大学学报,2013,10(3):82-88.
[153] 中华人民共和国国家质量监督检验检疫总局,中国国家标准化管理委员会. GB/T 34960.4—2017,信息技术服务治理——第 4 部分:审计导则[S]. 北京:中国标准出版社,2017.
[154] 秦荣生. 论注册会计师专业判断及其影响因素[J]. 中国注册会计师,1999(11):16-20.
[155] 夏志杰,吴忠. 面向可靠性预测的信息系统审计证据定量研究[J]. 计算机工程与应用,2010,46(22):9-11+29.
[156] 钱艳. 信息系统审计——网络架构、测试与评价[D]. 重庆:重庆大学,2003.
[157] 敖世友. 基于管理熵的企业内部控制评价研究[J]. 四川大学学报(哲学社会科学版),2009,163(4):77-81.
[158] 孟佳娃. 中国 BtoC 电子商务信息系统审计准则构建研究[D]. 长春:吉林财经大学,2010.
[159] 陈留平. 企业内部审计前沿问题研究[J]. 会计之友,2012(6):4-8.

[160] 夏伟勇.江苏省地税征管信息系统审计浅探[C]//江苏省审计机关第三届青年审计论坛论文集.[出版者不详],2009:34-42.

[161] 李璐.信息化条件下大型审计项目的实施[J].审计月刊,2009(8):4-6.

[162] 詹姆斯·A·霍尔.信息系统审计与鉴证[M].李丹,刘济平,译.北京:中信出版社,2003.

[163] 李昱奇.信息系统环境下计算机辅助审计可以借鉴信息系统审计之处[J].中国管理信息化,2009,12(14):65-68,

[164] 张晓琼,李伟.计算机信息处理环境下审计证据的采集[J].中国管理信息化,2006(8):41-43.

[165] 吴沁红,杨周南.并行审计技术探讨[J].审计研究,2002(1):54-58.

[166] 章影,孟祥宇,郭冬梅.平行模拟法在信息系统审计中的应用——以某高速公路为例[J].信息技术与信息化,2012(5):121-124.

[167] 张金城.计算机信息系统控制与审计[M].北京:北京大学出版社,2002.

[168] 陈力生.审计学[M].上海:立信会计出版社,2018.

[169] 中国内部审计协会.第3205号内部审计实务指南——信息系统审计[EB/OL].[2023-02-15]. http://www.ciia.com.cn/ueditor/jsp/upload/file/20210121/1611211482393072873.pdf.

[170] ADRIAN LANE.了解数据库安全审计工具(上):什么是数据库审计[EB/OL].[2023-02-15]. https://searchsecurity.techtarget.com.cn/11-20748/.

[171] ADRIAN LANE.了解数据库安全审计工具(下):数据库审计工具的选择[EB/OL].[2023-02-15]. https://searchsecurity.techtarget.com.cn/11-20747/.

[172] 杨杰.信息安全审计的应用研究[J].计算机安全,2010(10):18-21.

[173] 胡克瑾.IT审计[M].北京:电子工业出版社,2002.

[174] Information System Audit and Control Association. History of ISACA[EB/OL].[2023-02-15]. https://www.isaca.org/why-isaca/about-us/history.

[175] Information System Audit and Control Association. The ISACA Timeline [EB/OL].[2023-02-15]. https://www.isaca.org/why-isaca/about-us/

isaca-50/timeline.

[176] Information System Audit and Control Association. Earn IT Credentials [EB/OL]. [2023-02-15]. https://www.isaca.org/credentialing.

[177] 张红英.内部审计[M].杭州:浙江人民出版社,2008.

[178] Institute of Internal Auditors. About The IIA[EB/OL]. [2023-02-21]. https://www.theiia.org/en/about-us/.

[179] CODERRE D, POLICE R C M. Global technology audit guide: continuous auditing implications for assurance, monitoring, and risk assessment[J]. The Institute of Internal Auditors, 2005: 1-34.

[180] 张文秀,GERT VAN DER P.国外信息系统审计规范、国家文化差异与制度移植[J].审计研究,2012(5):14-21+35.

[181] COSO. About Committee of Sponsoring Organizations of the Treadway Commission[EB/OL]. [2023-02-15]. https://www.coso.org/SitePages/About-Us.aspx.

[182] Committee of Sponsoring Organizations of the Treadway Commission. Enterprise risk management-integrated framework: executive summary & framework[M]. American Institute of Certified Public Accountants, 2004.

[183] Committee of Sponsoring Organizations of the Treadway Commission. Internal Control — Integrated Framework[M]. American Institute of Certified Public Accountants,2013.

[184] 国际内部审计师协会.国际内部审计专业实务框架[M].中国内部审计协会译.北京:中国财政经济出版社,2017.

[185] 高林,俞文平,周平.IT审计之道[M].北京:清华大学出版社,2016.

[186] 亓坤.审计的未来——审计的未来:国际视角高峰论坛在北京国家会计学院举办[J].新理财,2019(5):47-49.

[187] HIGGINS T G. Professional ethics-a time for reappraisal[J]. Journal of Accountancy, 1962,113(3):29-35.

[188] ISACA. IS standards and summaries of guidelines and procedures for

auditing and control professionals[J]. ISACA,2009.

[189] 岑磊,陈晓雨,马宁. 浅析信息系统审计高端人才的培养[J]. 会计师,2018(9):53-54.

[190] 孟秀转. IS 审计:信息时代审计业务的发展[J]. 北京联合大学学报,2002(4):34-37.

[191] 王锴. 基于风险导向的数据式审计模式探索[J]. 现代管理科学,2011(1):86-88.

[192] 胡晓明. 基于信息时代的 IS 审计若干问题探讨[J]. 当代财经,2006(2):125-128.

[193] Association of International Certified Professional Accountants. AICPA Code of Professional Conduct[EB/OL]. [2023-02-24]. https://us.aicpa.org/content/dam/aicpa/research/standards/codeofconduct/downloadabledocuments/2014-december-15-content-asof-2020-June-20-code-of-conduct.pdf.

[194] 王振武,张子瑾. 信息系统审计理论结构框架研究[J]. 会计之友,2011(21):91-96.

[195] ISACA. The risk IT framework[M]. New York:ISACA,2009.

[196] ISACA. CISA Review Manual 2013[M]. New York: ISACA, 2013.

[197] O' DONNELL J B, RECHTMAN Y. Navigating the standards for information technology controls[J]. CPA Journal, 2005, 75(7): 64.

[198] MARX B, RAVJEE H. An analysis of the evolving role of information technology with respect to selected standard and its impact on internal audit[J]. Journal for New Generation Sciences, 2015, 13(3):101-119.

[199] ISACA. IT Audit Framework (ITAF™): a Professional Practices Framework for IT Audit 4th[M/OL]. (2020-11-23). https://www.famu.edu/admininistration/audit/standards/ITAF-4th-Edition.pdf.

[200] POPA M, TOMA C, AMACEI C. Characteristics of the audit processes for distributed informatics systems[J]. Informatica Economic, 2009, 13(3):165-178.

[201] HAQAF H, KOYUNCU M. Understanding key skills for information security managers[J]. International Journal of Information Management, 2018, 43:165-172.

[202] DAVID L C,BRIAN T. O'H,ALLEN K. CISA 认证学习指南注册信息系统审计师[M]. 4 版. 白大龙,译. 北京:清华大学出版社,2017.

[203] ITAF. Aprofessional practices framework for IS audit/assurance[M]. 3rd Edition. New York: ISACA, 2014.

[204] 杨龙驹. 信息系统审计探析[J]. 经营管理者,2010(1X):1.

[205] 刘佳伟. 美国《萨班斯-奥克斯利法案》研究[D]. 上海: 华东政法大学,2018.

[206] ZHANG I X. Economic consequences of the Sarbanes-Oxley Act of 2002 [J]. Journal of accounting and economics, 2007, 44(1-2): 74-115.

[207] COATES Ⅳ J C. The goals and promise of the Sarbanes-Oxley Act[J]. Journal of economic perspectives,2007,21(1):91-116.

[208] PATTERSON E R, SMITH J R. The effects of Sarbanes-Oxley on auditing and internal control strength[J]. The Accounting Review, 2007: 427-455.

[209] DAMIANIDES M. Sarbanes-Oxley and IT governance: new guidance on IT control and compliance[J]. Information Systems Management,2005,22 (1):77-85.

[210] 初壮. 制度制衡对付诚信危机——解读 SOX 法案[J]. 数字财富,2003 (4):3.

[211] DEFOND M L, FRANCIS J R. Audit research after sarbanes—oxley[J]. Auditing: A journal of practice & theory, 2005, 24(s-1):5-30.

[212] BERNARD P. COBIT 5: A management guide[M]. Amsterdam: Van Haren,2012.

[213] DE HAES S,VAN GREMBERGEN W, DEBRECENY R S. COBIT 5 and enterprise governance of information technology: building blocks and research opportunities[J]. Journal of Information Systems,2013,27(1): 307-324.

[214] ALREEMY Z, CHANG V, WALTERS R, et al. Critical success factors (CSFs) for information technology governance (ITG)[J]. International Journal of Information Management, 2016, 36(6): 907-916.

[215] VAN GREMBERGEN W, DE HAES S, GULDENTOPS E. Structures, processes and relational mechanisms for IT Governance [M/OL]// TSANG-REVECHE C. Strategies for information technology, 2004. http://www.gti4u.es/curso/material/complementario/van_grembergen_y_de_haes_2004.pdf.

[216] 中国注册会计师协会. 中国注册会计师审计准则第 1231 号——针对评估的重大错报风险采取的应对措施[S]. 北京:中国注册会计师协会,2010.

[217] 中国注册会计师协会. 中国注册会计师审计准则第 1201 号——计划审计工作[S]. 北京:中国注册会计师协会,2022.

[218] 叶忠明,黄虹. 论中国内部审计师的现时角色定位及职业化进程[J]. 财政监督, 2013(33):4.

[219] 中国注册会计师协会. 中国注册会计师执业准则 2010[M]. 北京:经济科学出版社,2011.

[220] 刘杰,罗继荣. 计算机信息系统对审计影响的文献评述[J]. 会计之友,2011(21):4.

[221] 陈婉玲,杨文杰. ISACA 信息系统审计准则及其启示[J]. 审计研究,2006(S1):5.

[222] Li H J, Chang S I, Wang T W, et al. Information technology internal control items for the post-implementation phase of enterprise resource planning systems[J]. Journal of Information Systems, 2020, 34(3): 159-197.

[223] VAN WYK J, RUDMAN R. COBIT 5 compliance: best practices cognitive computing risk assessment and control checklist[J]. Meditari Accountancy Research, 2019, 27(5): 761-788.

[224] PHILLIPS B. Information technology management practice: impacts upon effectiveness[J]. Journal of Organizational and End User Computing,

2014, 25(4): 50-74.

[225] HENRIQUES D, PEREIRA R, ALMEIDA R, et al. IT governance enablers[J]. Foresight and STI Governance, 2020, 14(1): 48-59.

[226] ERLANGGA E, SUCAHYO Y G, HAMMI M K. The evaluation of information technology governance and the prioritization of process improvement using control objectives for information and related technology version 5: case study on the ministry of foreign affairs[C]. International Conference on Advanced Computer Science and Information Systems(ICACSIS), 2016: 189-194.

[227] OTHMAN M, AHMAD M N, SULIMAN A, et al. COBIT principles to govern flood management[J]. International Journal of Disaster Risk Reduction, 2015, 9: 212-223.

U0802934

# 新编护士用药手册

（第二版）

编著　苏利群　王静芬

审阅　张晓乐

北京大学医学出版社

XINBIAN HUSHI YONGYAO SHOUCE

**图书在版编目（CIP）数据**

新编护士用药手册/苏利群，王静芬编著.—2版.
北京：北京大学医学出版社，2004.5（2008.4重印）
ISBN 978-7-81071-583-6

Ⅰ.新… Ⅱ.①苏…②王… Ⅲ.药物—手册
Ⅳ.R97-62

中国版本图书馆CIP数据核字（2004）第028350号

**北京大学医学出版社出版发行**

（100083　北京市海淀区学院路38号　北京大学医学部院内　010-82802230）

责任编辑：许　立　　责任校对：李月英　　责任印制：张京生

北京地泰德印刷有限公司印刷　　新华书店经销

开本：850mm×1168mm　1/64　印张：11　字数：388千字

2001年6月第1版　2004年6月第2版　2008年4月第5次印刷　印数：6001~9000册

定价：18.00元

# 第二版前言

本手册 2001 年 6 月初版至今已先后印刷 3 次，累计印数达 1.9 万册，并销售一空，深受广大读者欢迎。

本次对初版内容进行全面修订，删除少量药物，增加 460 多种新药和 2 种附录，使第 2 版收载的药物达到 1600 多种，药名 8000 多个。

第 2 版继续承蒙北京大学第三医院张晓乐副主任药师审校，广东宏兴集团股份有限公司给予大力支持，在此一并表示衷心感谢！

本书编者虽然对全书内容进行多次认真核对，确信无误，但鉴于医学科学的不断发展和难于避免的人为错误。敬请读者在用药之前，将本书内容与其他资料进行确证，以确保用药更加安全有效。

因编者水平所限，书中难免有不当或疏漏之处，欢迎您提出宝贵的修改意见(E-mail:suliqun@tom.com)。

编 者　2004 年 2 月

# 序

护理工作在医疗中，特别是在药物治疗中，对恢复病人的健康所起的作用举足轻重。因此，护理工作人员除了需具有对患者的爱心和责任心外，还必须熟悉药物与病人之间的密切而具体的关系，即需具备病人所患疾病的知识，了解病人的各种状态，掌握医师医嘱及处方中药物的知识，如药物的性质、用法、用量等，以便正确使用药物，并观察和告知病人药物的疗效和不良反应等，甚至在出现紧急情况时采取必要的措施，这样，才能使药物的治疗效果得以充分发挥。

由苏利群和王静芬所编著的《新编护士用药手册》，内容丰富，尤其是突出“用药护理注意”和“用法”，对护理工作者临床用药具有指导作用；手册采用小开本，便于携带查阅。本书的出版定能受到护理工作者的欢迎，并在提高护理质量方面起到积极的作用。

金有豫 2001 年 1 月

# 前言

本手册针对护理人员临床用药特点而编写，是护理人员的工具书，对临床医生、药剂人员和在校医学生也有参考价值。

手册共收载药物1千余种，药物的遴选参照1998年卫生部颁布的《国家基本药物（西药）》，并适当增加一些近年来上市的新药。书中除简要介绍药物的“用途”、“不良反应”、“制剂”外，重点介绍“用药护理注意”和“用法”。内容力求新颖实用、简明规范、检索方便。药物的中文正名以2000年版《中华人民共和国药典》和《新编药物学》第14版为准，英文采用INN名，括号内为别名（包括收录的大量药物商品名）。书后附有“皮试药物一览表”、“输液滴注速度计算法”等4种附录和中、英文药名索引。书中药物剂量如未特殊标明，都是成人剂量。

承蒙北京大学第三医院张晓乐副主任药师对全书进行仔细的审校，《新编药物学》主编、首都医科大学金有豫教授在百忙中为本书作序，在此表示衷心感谢。

由于编者水平所限，不当或疏漏之处恳请广大读者提出宝贵修改意见(E-mail:suliqun@163.net)。

编 者　2000年12月于奎元园

# 目　录

# 一、抗微生物药

## （一）青霉素类

**青霉素钠（钾）** Benzylpenicillin Sodium（Potassium）（青霉素、青霉素 G、苄青霉素、盘尼西林、Penicillin、Penicillin G）

【用途】革兰阳性球菌、杆菌和革兰阴性球菌、放线菌、螺旋体等感染。

【不良反应】1. 过敏反应。皮疹、过敏性休克（最严重，在皮试和连续用药过程中都可发生）、接触性皮炎、哮喘发作等。2. 赫氏反应。3. 二重感染。4. 大剂量使用可致青霉素脑病、惊厥、溶血性贫血。5. 钾盐肌注疼痛显著。

【用药护理注意】1. 预防过敏反应。（1）详细询问药物过敏史，有青霉素过敏史者禁用；（2）进行皮试（用生理盐水制成 500U/ml 皮试液，皮内注射 0.05~0.1ml，小儿 0.02~0.03ml，20 分钟后观察结果）。凡初次用药、停药 3 天以上或调换药物批号者，均需皮试；（3）注射青霉素用的注射器不能与注射其他药物的注射器混用；（4）因青霉素水溶液极不稳定，应在使用前临时配制，否则效价降低，致敏率增加；（5）避免局部用药和在饥饿时用药；（6）注射本品时，应密切观察病人反应，注射后就地观察 30 分钟无反应才可离开；（7）用药前必须准备抢救药物和必需的器材，一旦发生过敏性休克，立即皮下注射或肌注 0.1%肾上腺素 0.5~1ml，必要时可稀释后缓慢静注，并配合输液、给氧、静滴肾上腺皮质激素，使用升压药等急救措施。2. 不宜鞘内给药；不宜静注，钾盐还不宜快速静滴；肌注时宜臀肌深部注射，并经常更换注射部位。3. 不与四环素、红霉素、氯霉素、万古霉素、林可霉素、氨基糖苷类、B 族维生素、间羟胺等混合静滴；严禁与碱性或酸性药物（如碳酸氢钠、氨茶碱或维生素 C）混合。4. 本品在近中性溶液中较稳定，最好用注射用水或等渗氯化钠注射液作溶媒。如需补充葡萄糖，应选用低浓度（5%）葡萄糖液稀释。

【制剂】粉针（钾盐或钠盐）：20 万 U、40 万 U、80 万 U、100 万 U。（有效期 2 年，安瓿装 3 年）

【用法】肌注：80 万~320 万 U/d，儿童 3 万~5 万 U/（kg · d），分 2~4 次给药。可用 0.25%利多卡因注射液作溶剂，以减轻钾盐肌注引起的疼痛。静滴：宜采用钠盐，240 万~2000 万 U/d，儿童 20 万~40 万 U/（kg · d），分 4~6 次加入少量输液中快速滴注，钠盐静滴的浓度为 1 万~4 万 U/ml。如用钾盐，则应注意病人体内的血钾浓度和输液的钾含量（每 100 万 U 青霉素钾中含钾量为 65mg，与氯化钾 125mg 中的含钾量相近），滴速不宜太快。气雾吸入：20 万~40 万 U/2~4ml，2 次/日。

**普鲁卡因青霉素** Procaine Benzylpenicillin（苄青霉素普鲁卡因、青霉素混悬液、Procaine Penicillin G）

【用途】同青霉素钠（钾），用于轻度感染。

【不良反应】1. 个别病人可出现焦虑、呼吸急促、血压升高、心悸、幻觉等。2. 药物误入静脉内可形成广泛微血栓而致脑及肺栓塞。3. 同青霉素。

【用药护理注意】1. 应作青霉素和普鲁卡因皮试。2. 仅供肌注，严禁静脉给药。3. 同青霉素钠（钾）。

【制剂】粉针（有效期2年）：40万U、80万U。

【用法】深部肌注：每次 40 万~80 万 U，儿童每次 20 万~40 万 U，1~2 次/日，临用前用灭菌注射用水适量制成混悬液。

**苄星青霉素** Benzathine Benzylpenicillin（长效青霉素、长效西林、比西林、Benzathine Penicillin G、Bicillin）

【用途】需长期使用青霉素预防的患者。

【不良反应】1. 药物误入静脉内可形成脑及肺栓塞。2. 长期应用会影响维生素 B 类合成。3. 因局部刺激性强，不用于小婴儿。4. 同青霉素钠（钾）。

【用药护理注意】1. 每次用药前都必须作皮试。2. 仅供肌注，禁止静脉和鞘内给药。3. 同青霉素钠（钾）。

【制剂】粉针（有效期3年）：30万U、60万U、120万U。

【用法】深部肌注：每次60万~120万U，小儿每次30万~60万U，临用前用灭菌注射用水适量制成混悬液，1~2次/月。

**青霉素V钾** Phenoxymethylpenicillin Potassium（青霉素V、苯氧甲基青霉素、施德V、美格西、意维利匹、华依、Phenoxymethylpenicillin、Penicillin V）

【用途】同青霉素钠（钾）。

【不良反应】恶心、呕吐、腹泻等胃肠道反应和头晕、皮疹等。

【用药护理注意】1. 询问青霉素过敏史，青霉素过敏者禁用。2. 凡卫生部未批准免做皮试的产品，使用前用青霉素或本品皮试。3. 同青霉素钠（钾）。

【制剂】片：125mg（20万U）、250mg（40万U）、500mg（80万U）；(美格西）60万U、100万U。颗粒：50mg、125mg、250mg。干糖浆：21g(60ml)。

【用法】口服：1~1.5g/d，儿童15~40mg/（kg·d），分3~4次。干糖浆用凉开水溶解，饭前1小时服。

**苯唑西林钠** Oxacillin Sodium（苯唑西林、苯唑青霉素、苯唑青霉素钠、新青霉素Ⅱ、安迪灵、Oxacillin）

【用途】耐青霉素金葡菌感染。

【不良反应】1. 过敏反应。可致过敏性休克，与青霉素有交叉过敏反应。2. 胃肠反应。3. 肝毒性。可致氨基转移酶升高。4. 大剂量静脉给药可出现抽搐、痉挛等神经系统反应。5. 中性粒细胞减少、静脉炎等。

【用药护理注意】1. 本品在 5%~10%葡萄糖液中不甚稳定，一般应在 2 小时输完，在生理盐水中较稳定。2. 同青霉素 V 钾。

【制剂】片、胶囊：0. 25g。粉针（有效期 2 年）：0. 5g、1g。

【用法】静滴：每次 1~2g，溶于 100ml 输液中滴注 0. 5~1 小时，3~4 次/日。小儿 50~100mg/（kg・d），分 3~4 次给药。肌注（较少采用）：每次 1g，3~4 次/日。口服：每次 0. 5~1g，3~4 次/日，空腹服用，因食物阻碍吸收。

**氯唑西林钠** Cloxacillin Sodium（氯唑西林、氯苯西林、邻氯青霉素、邻氯青霉素钠、欧苯宁、全霉灵、英威博、Cloxacillin）

【用途、不良反应、用药护理注意】参阅苯唑西林钠。

【制剂】胶囊：0.125g、0.25g、0.5g。颗粒：0.05g、0.125g、0.25g。粉针（有效期2年）：0.25g、0.5g。

【制剂】口服、肌注：每次0.5~1g，3~4次/日，空腹口服。静滴：每次1~2g，溶100ml输液中滴注0.5~1小时，3~4次/日。小儿30~50mg/（kg·d），分次给药。

**双氯西林** Dicloxacillin（双氯西林钠、双氯青霉素、双氯苯唑青霉素）同氯唑西林钠，作用较强。胶囊：0.25g。口服：每次0.25~0.5g，3~4次/日，空腹服。

**氟氯西林** Flucloxacillin（氟氯西林钠、氟氯青霉素、氟沙星、奥佛林）

【用途、不良反应、用药护理注意】同氯唑西林钠。作用较强，对青霉素过敏者禁用，首次服药后应由医护人员观察30分钟后方可离开。

【制剂】片：0.25g、0.5g。胶囊：0.25g。粉针：0.5g、1g。

【用法】口服、肌注：每次0.25~0.5g，3~4次/日，饭前0.5~1小时服。静注：每次0.5g，溶于10~20ml注射用水或葡萄糖液中，4~6次/日。不超过8g/d。

**氨苄西林/氯唑西林** Ampicillin/Cloxacillin（安洛欣、安备康灵、爱罗苏）

【用途】广谱，对耐青霉素金葡菌感染有效。

【不良反应】腹泻、皮疹、荨麻疹等。

【用药护理注意】1. 询问青霉素过敏史，青霉素过敏者禁用。2. 使用前用青霉素皮试。3. 出现皮疹、荨麻疹时应停药。4. 本品溶液不宜久置。

【制剂】胶囊：0.5g。粉针：1g。（含氨苄西林、氯唑西林钠各半）

【用法】口服：每次 0.5~1g，4 次/日，饭前 0.5~1 小时服。肌注、静注、静滴：每次 0.5~1g，3~4 次/日，临用前用灭菌注射用水溶解。静滴时溶于 100ml 等渗氯化钠注射液或复方氯化钠注射液中，如与含葡萄糖输液配伍，应以较快速度滴注，以免药效降低。

**氨苄西林** Ampicillin（氨苄西林钠、氨苄青霉素、安比西林、安西林、安必仙、安必林、安必欣、安复平）

【用途】广谱，主要用于革兰阴性杆菌感染。

【不良反应】1. 过敏反应。皮疹发生率高，可引起过敏性休克。2. 口服致胃肠道反应。3. 肌注疼痛显著。4. 大剂量静脉给药可发生青霉素脑病。

【用药护理注意】1. 应在使用前临时配制，因溶解放置后致敏物质增多。2. 忌与碱性药液配伍。3. 宜选用中性液体作溶剂，如用含葡萄糖液体，则溶解后应立即滴注，因本药在酸性液中分解较快。4. 青霉素过敏者禁用。5. 肌注部位宜深、速度宜慢，以减轻疼痛。6. 同青霉素钠（钾）。

【制剂】片、胶囊：0.25g。粉针（有效期 2 年）：0.25g、0.5g、1g。干糖浆：0.25g、0.5g。

【用法】口服、肌注：每次 0.5~1g，3~4 次/日，儿童 50~100 mg/（kg·d），分 3~4 次，空腹口服。静滴：每次 1~3g，溶于 100ml 输液内滴注 0.5~1 小时，3~4 次/日。儿童 100~150 mg/（kg·d），分 4 次。

**巴氨西林**　Bacampicillin（巴卡西林、巴坎西林、美洛平、优普卡）同氨苄西林，用前需进行皮试。片：0.4g。口服：每次 0.4g，严重感染加倍，2 次/日，用半杯温开水吞服。儿童 25mg/(kg·d)，分 2 次服。

**匹氨西林**　Pivampicillin（匹氨青霉素、匹呋青霉素）同氨苄西林，青霉素过敏者禁用。本品味苦，有异臭，片、胶囊应吞服，勿咬碎，与流质饮食同服可减轻胃肠道反应。片、胶囊：0.25g。口服：1.5~2g/d，分3~4次服。

**羧苄西林** Carbenicillin（羧苄青霉素、卡比西林、Carbecin）

【用途】广谱，主要治疗绿脓杆菌感染。

【不良反应】同青霉素钠（钾）。

【用药护理注意】1. 使用前用青霉素皮试，过敏者禁用。2. 注射液应在使用前临时配制。3. 为减轻肌注疼痛，可用0.5%利多卡因作溶剂，4. 静注宜缓慢，以免发生静脉刺激。5. 不宜与氨基糖苷类药置于同一容器中。6. 本品因用药剂量过大，现已少用。7. 保存于10℃以下冰箱中。

【制剂】粉针（有效期1年）：0.5g、1g、2g、5g。

【用法】肌注、静滴：每次1g，4次/日。治疗绿脓杆菌感染：10~30g/d（不宜超过40g），分4~6次静注或静滴。局部湿敷或膀胱冲洗：用0.2%浓度。

**阿莫西林** Amoxicillin（羟氨苄青霉素、阿莫仙、阿莫新、阿莫灵、奥纳欣、再林、再灵、弗莱莫星、益萨林、强必林、广林、Amoxil）

【用途】广谱，敏感菌所致的呼吸道、泌尿道、软组织等感染。

【不良反应】1. 与氨苄西林有完全交叉耐药性。2. 与青霉素有交叉过敏反应，皮疹发生率高。3. 可发生伪膜性肠炎。

【用药护理注意】1. 在葡萄糖液中不稳定，最好用生理盐水作溶媒。2. 口服吸收不受食物影响，可空腹或餐后服药。3. 同氨苄西林。

【制剂】片、胶囊：0.125g、0.25g、0.5g。干糖浆：0.125g、0.25g。注射液：0.25g、0.5g。粉针：0.25g。

【用法】口服：每次 0.5~1g，3~4 次/日。儿童 40~50mg/(kg·d)，分 3~4 次，饭后服。肌注、静滴：每次 0.5~1g，溶解后加入 100ml 生理盐水中，0.5~1 小时滴完，3~4 次/日。儿童 50~100 mg/(kg·d)，分 3~4 次。

**阿莫西林/氟氯西林**　Amoxicillin/Flucloxacillin（新灭菌）参阅氟氯西林和阿莫西林。粉针：1g、2g（含氟氯西林和阿莫西林各半）。静滴：每次 2g，2 次/日。

**阿莫西林/双氯西林**　Amoxicillin/Dicloxacillin（凯力达）参阅双氯西林和阿莫西林。胶囊：375mg（含双氯西林 125mg，阿莫西林 250mg）。口服：每次 375~750mg，2~4 次/日。

**哌拉西林**　Piperacillin（哌拉西林钠、氧哌嗪青霉素、哔哌西林、唯依旺、Piperacil、Piperacillin　Sodium）

【用途】广谱，敏感菌（包括绿脓杆菌）所致呼吸道、肠道、尿路等感染。

【不良反应】胃肠道反应、皮疹、药物热、头晕、血尿、血象改变等。

【用药护理注意】1. 使用前用青霉素或本品作皮试，过敏者禁用。2. 每一部位一次肌注量不超过 2g。3. 肌注用生理盐水、灭菌注射用水或 0. 5%利多卡因溶解，静滴用生理盐水或5%~10%葡萄糖液稀释。4. 同青霉素钠（钾）。

【制剂】粉针（有效期2. 5年）：0. 5g、1g、2g。

【用法】肌注、静注、静滴：每次 1~2g，3~4 次/日。小儿静滴 100~200mg/（kg・d），分 3~4 次。严重感染：每次 3~4g，4 次/日，静注或静滴。

**美洛西林** Mezlocillin（磺苯咪唑青霉素、天林、拜朋、诺塞林、力扬）

【用途】广谱，绿脓杆菌和厌氧菌等感染。

【不良反应、用药护理注意】参阅青霉素钠（钾）。用前须用青霉素钠作皮试，婴幼儿不宜肌注。

【制剂】粉针（有效期2年）：0. 5g、1g、2g。

【用法】肌注、静注、静滴：2~6g/d，严重感染增至 8~12g/d，分 2~3 次，肌注不超过每次 2g，儿童每次 75mg/kg，2~3 次/日。肌注用注射用水溶解，静注、静滴临用前用 5%葡萄糖氯化钠或 5%~10%葡萄糖液溶解。

**阿洛西林** Azlocillin（苯咪唑青霉素、阿乐欣、可乐欣）

【用途】广谱，绿脓杆菌及其他敏感菌感染。

【不良反应、用药护理注意】参阅青霉素钠（钾），用前须用青霉素钠或本品皮试，肌注刺激性强，尽量不用。

【制剂】粉针：0.5g、1g、2g。

【用法】静滴、静注：6~12g/d，儿童 75mg/（kg·d），分 2~4 次。临用前用葡萄糖氯化钠或 5%~10%葡萄糖液溶解后滴入。

**替卡西林** Ticarcillin（羧噻吩青霉素）用于绿脓杆菌及其他敏感菌感染。参阅羧苄西林，用前须做青霉素皮试。粉针：1g、3g、6g。肌注：每次 1g，3~4 次/日，用 0.25%~0.5%利多卡因注射液 2~3ml 溶解后深部肌注。静滴：0.2~0.3g/(kg·d)，分次给予，或每次 3g，根据病情 1 次/4~6 小时。

**磺苄西林钠　Sulbenicillin　Sodium**（磺苄西林、磺苄青霉素、卡达西林、美罗、Sulbenicillin）参阅羧苄西林，用前须做青霉素皮试。粉针：1g、2g、4g。肌注、静注、静滴：4~8g/d，分2~4次。肌注时用0.5%利多卡因2~3ml溶解，以减轻疼痛。

**呋布西林　Furbenicillin**（呋苄西林、呋氨西林、呋苄青霉素、Furbucillin）作用似氨苄西林。用前须做青霉素皮试　有消化道反应等，静滴注意充分溶解，不宜肌注。粉针（钠盐、钾盐）：0.5g。静注、静滴：4~8g/d，分4次。静滴浓度不超过2%，浓度过高或滴速过快致滴注部位静脉疼痛。

**海他西林　Hetacillin**（海他西林钾、缩酮氨苄青霉素）参阅氨苄西林。胶囊：0.25g。注射液：0.5g、1g。口服、肌注、静注：2~4g/d，分2~4次。

**替莫西林　Temocillin**（替莫西林钠、羧噻吩甲氧青霉素）主要用于革兰阴性菌引起的感染。用前须做青霉素皮试。粉针：0.5g、1g。肌注、静注：每次0.5~2g，2次/日，肌注用0.25%~0.5%利多卡因溶解，以减轻疼痛。

**美西林** Mecillinam（氮䓬脒青霉素、Amdinocillin、Coactin）

【用途】革兰阴性菌引起的感染。

【不良反应】过敏反应、嗜酸粒细胞和血小板增多、注射局部刺激症状等。

【用药护理注意】1. 使用前用青霉素作皮试，过敏者禁用。2. 妊娠前 3 个月禁用，肾功能不全者慎用。3. 注射液应在使用前临时配制。

【制剂】粉针：0.5g、1g。

【用法】肌注、静注：每次 0.4~0.6g，4 次/日。每 0.5g 加灭菌注射用水或生理盐水 2.2ml 溶解，作深部肌注。静滴：60mg/(kg·d)，分 4~6 次给药。每 0.5g 或 1g 稀释到 50ml。

**匹美西林** Pivmecillinam（氮䓬脒青霉素双酯）同美西林。片、胶囊：0.25g。口服：每次 0.25g，2 次/日，饭后服，重症用量加倍。

## （二）头孢菌素类

### 第一代头孢菌素

**头孢氨苄** Cefalexin（先锋霉素Ⅳ、苯甘孢霉素、头孢力新、斯宝力克、赐福

力欣、西保力、舒美林、福林、申嘉、美丰、CEX）

【用途】革兰阳性菌引起的呼吸道、泌尿系、皮肤、生殖器官等感染，特别是耐青霉素金黄色葡萄球菌感染。

【不良反应】1. 胃肠道反应：恶心、呕吐和腹泻等。2. 过敏反应：皮疹、药热等。3. 长期或大量服用可引起肾损害。

【用药护理注意】1. 对青霉素过敏和过敏体质者慎用。2. 肾功能减退者应减量服用。3. 颗粒剂和泡腾片宜用 40℃以下温开水溶化后服用。

【制剂】片、颗粒、胶囊：0.125g、0.25g。缓释胶囊（申嘉）：0.25g。干糖浆（舒美林）：1.5g（60ml），每 5ml 含 125mg。泡腾片（福林）：0.125g。

【用法】口服：每次 0.25~0.5g，4 次/日，空腹服用，饭后服药影响吸收。最高剂量：4g/d。儿童 25~50mg/(kg·d)，分 3~4 次。

**复方头孢氨苄**（福尔丁、抗敌、抗扬灵、希福星、新达宝）　胶囊、片：含头孢氨苄 125mg、甲氧苄啶 25mg。口服：每次 150~300mg，4 次/日，空腹服。

**头孢羟氨苄**　Cefadroxil（羟氨苄头孢菌素、力欣奇、赛锋、欧意、恩可）

【用途、不良反应、用药护理注意】同头孢氨苄，孕妇、幼儿不宜用，口服受食物影响小。

【制剂】胶囊（有效期2年）：0.125g、0.25g。

【用法】口服：1~2g/d，儿童50mg/(kg·d)，分2次，饭后服。

**头孢唑啉钠**　Cefazolin Sodium（头孢唑啉、先锋霉素Ⅴ、赛福宁、使力安、西华乐林、先锋啉、CEZ、Cefazolin）

【用途】同头孢氨苄。

【不良反应】1. 皮疹、药热等过敏反应。2. 转氨酶升高、白细胞或血小板减少、白色念珠菌的二重感染等。3. 肌注可引起局部疼痛，静注可致静脉炎。

【用药护理注意】1. 对青霉素过敏及过敏体质慎用。2. 不能与氨基糖苷类混合注射。3. 供肌注的粉针含有利多卡因，不可静注。4. 溶解成液体后室温存放不超过24小时。5. 低温存放可产生沉淀，用热水升至室温后振摇即可溶解。

【制剂】粉针（有效期1.5年）：0.5g、1g。

【用法】肌注、静注、静滴：每次0.5~1g，2~4次/日，最高剂量：10g/d。儿童20~100mg/(kg·d)，分2~3次给药。临用前用灭菌注射用水使溶解，可再加入生理盐水或葡萄糖注射液，但不能加入利多卡因。

**头孢拉定** Cefradine（先锋霉素Ⅵ、头孢雷定、泛捷复、赛福定、君必青、菌必清、克必力、新达德雷、CRD、Velosef）

【用途】同头孢氨苄。

【不良反应】1. 胃肠道反应多见。2. 过敏反应：皮疹、药热等。3. 可引起菌群失调、维生素缺乏等。4. 关节痛。5. 血清转氨酶暂时性升高。

【用药护理注意】1. 对青霉素过敏和过敏体质者慎用。2. 孕妇、1 岁以内婴儿慎用。3. 食物延迟本品吸收，但不影响吸收总量。4. 注射液须现配现用。5. 刺激性较低，适宜于肌注。6. 不能与乳酸钠林格液配伍，以免发生沉淀。7. 不宜与其他抗菌药混合给药。8. 配成的溶液可为淡黄色或黄色澄明液，如出现结晶，可振摇溶解，不可加热或冰冻。9. 用药期间可有尿糖假阳性反应。

【制剂】胶囊（有效期 2 年）：0. 125g、0. 25g、0. 5g。干混悬剂：每瓶 1. 5g、3g（60ml）。粉针：0. 25g、0. 5g、1g。

【用法】口服：每次 0. 5g，3~4 次/日，空腹服用。小儿 25~50mg/(kg · d)，分 3~4 次服用。肌注、静注、静滴：2~4g/d，小儿 50~100mg/(kg · d)，分 4 次注射。静注时，每 0. 5g 用注射用水、5%葡萄糖注射液或生理盐水 5ml 使溶解，缓慢静注。静滴时，先用注射用水溶解，再加入生理盐水或葡萄糖液中。

**头孢硫脒**　Cefathiamidine（先锋霉素 18、仙力素）用于敏感菌所致的心内膜炎，呼吸道、胆道、尿路、妇科等感染。偶见过敏反应，对青霉素过敏慎用，对头孢菌素过敏者禁用。粉针：0.5g、1g。肌注：每次 0.5~1g，4 次/日。静滴：4~8g/d，儿童 50~150mg/(kg·d)，分 2~4 次。

**第二代头孢菌素**

**头孢孟多**　Cefamandole（头孢孟多酯、头孢羟唑、猛多力、CMT）

【用途】广谱，用于革兰阳性和革兰阴性菌引起的感染。

【不良反应】1. 过敏反应：皮疹、嗜酸性粒细胞增多等。2. 肌注疼痛显著。3. 大剂量应用可致出血倾向。

【用药护理注意】1. 青霉素过敏者、孕妇、3 个月以下婴儿慎用。2. 不能与含钙或镁的溶液（如林格溶液）混合于同一容器中。3. 用药期间勿饮酒，否则易致醉酒样反应。4. 溶解后产生 $CO_2$，使容器内压力增高。

【制剂】粉针：0.5g、1g、2g。

【用法】肌注、静注、静滴：每次 0.5~1g，4 次/日。最高剂量 12g/d。儿童 50~100mg/(kg·d)，分 2~4 次。

**头孢呋辛钠**　Cefuroxime Sodium（头孢呋辛、头孢呋肟、西力欣、明可欣、安可欣、优乐新、舒贝乐、赐福乐信、Cefuroxime、Zinacef）

【用途】广谱，用于敏感菌所致的呼吸道、泌尿系、皮肤等感染和淋病。

【不良反应】1. 过敏反应，以皮疹最为多见。2. 肌注疼痛显著。3. 可出现血清转氨酶升高、胃肠道反应等。

【用药护理注意】1. 对头孢菌素类过敏者禁用，对青霉素过敏、妊娠早期和哺乳期妇女慎用。2. 不能与氨基糖苷类置于同一容器中。3. 与强利尿剂联合使用可引起肾损害。

【制剂】粉针：0. 25g、0. 5g、0. 75g、1g、1. 5g。

【用法】肌注：每次 0. 75g，加注射用水 3ml，用粗针头作深部肌注，3 次/日。静注、静滴：每次 0. 75~1. 5g，3 次/日。小儿 60~100mg/(kg·d)，分 3~4 次。可溶于生理盐水、5%葡萄糖液中；静注时每 0. 75g 用注射用水 10ml 溶解。

**头孢呋辛酯**　Cefuroxime Axetil（头孢呋肟酯、西力欣片、新菌灵，Zinnat）

【用途、不良反应、用药护理注意】1. 同头孢呋辛钠。2. 味苦涩，片剂应整片吞服，不可嚼碎，5 岁以下不会吞服不用。3. 餐后服药提高生物利用度。

【制剂】片：0.125g、0.25g、0.5g。干混悬剂：0.125g、0.25g。

【用法】口服：每次 0.25~0.5g，2 次/日，饭后吞服。淋病：每次 1g，单剂量。儿童每次 0.125~0.25g，2 次/日。

**头孢克洛** Cefaclor（头孢克罗、头孢氯氨苄、希刻劳、喜福来、可福乐、欣可诺、赐福乐素、新达罗、史达功）

【用途】同头孢唑林钠。

【不良反应】胃肠道反应和瘙痒、皮疹等过敏反应，一过性转氨酶升高等。

【用药护理注意】1. 与青霉素类有部分交叉过敏，青霉素过敏者慎用，孕妇禁用。2. 食物影响吸收。

【制剂】胶囊、片：0.25g。干混悬剂：0.125g、0.25g。

【用法】口服：每次 0.25~0.5g，3~4 次/日，空腹服用，不超过 4g/d。儿童 20~40mg/(kg·d)，分 3 次服，不超过 1g/d。

**头孢替安** Cefotiam（头孢噻乙胺唑、泛司博林、Pansporin）

【用途】同头孢唑林钠。

【不良反应】胃肠反应、血象改变、血栓性静脉炎，偶见过敏性休克。

【用药护理注意】1. 不能与氨基糖苷类置于同一容器中。2. 药液应在使用前临时配制。3. 过敏体质可用浓度为 300μg/ml 的药液进行皮试。

【制剂】粉针（有效期 2 年）：0.5g、1g。

【用法】肌注、静注、静滴：1~4g/d，分 2~4 次。用 0.25%利多卡因注射液溶解后作深部肌注，静注时用灭菌注射用水、生理盐水或 5%葡萄糖液溶解，每 0.5g 药物稀释成 20ml，静滴时可将药物溶于生理盐水、5%葡萄糖液或氨基酸输液中。

头孢丙烯 Cefprozil（施复捷、头孢罗齐、头孢齐尔、Cefzil）

【用途】广谱，急性中耳炎、扁桃体炎、呼吸道感染、尿路感染等。

【不良反应】胃肠反应、头痛、皮疹、凝血酶原时间延长等。

【用药护理注意】1. 对本药过敏禁用。2. 严重肾功能不全者减量使用。

【制剂】片（有效期 2 年）：250mg、500mg。

【用法】口服：每次 250~500mg，2 次/日。儿童 15~30mg/(kg·d)，分 2 次。

**头孢尼西**　Cefonicid（头孢尼西钠、铭乐希）参阅头孢孟多，对本品过敏者禁用。粉针：1g。静注、静滴：每次 1g，1 次/日。

**第三代头孢菌素**

**头孢噻肟钠**　Cefotaxime Sodium（头孢噻肟、头孢氨噻肟、治菌必妥、凯福隆、菌必灭、安得治、CTX、Claforan）

【用途】广谱，敏感菌所致的尿路感染等，尤其适用于儿科感染。

【不良反应】1. 皮疹、药热等过敏反应。2. 胃肠道反应。3. 静脉炎、肌注疼痛显著。4. 二重感染。5. 长期使用可致维生素 K 和 B 缺乏。

【用药护理注意】1. 青霉素过敏、过敏体质、严重肾功能不全者和孕妇慎用。2. 不能与氨基糖苷类置于同一容器中。3. 忌与碱性药物配伍。4. 药液应在使用前临时配制，若溶解后溶液变深黄或棕色即是变质，不能使用。5. 婴幼儿不能肌注。6. 用药期间出现持续性严重腹泻应停药。7. 25℃以下避光保存。

【制剂】粉针（有效期 2 年）：0.5g、1g（附 4ml 注射用水）。

【用法】肌注、静注：每次 0.5~1g，2~4 次/日。儿童 50mg~100mg/(kg · d)，分 2~3 次给药。肌注时，可用注射用水或利多卡因溶解；静注时，每 1g 加注射用水 10ml。静滴：每次 1~2g，3~4 次/日。每 2g 加生理盐水或葡萄糖液 100ml。淋病：单次用药 1g 即可。

头孢甲肟 Cefmenoxime（头孢噻肟唑、倍司特克）

【用途】广谱。呼吸、泌尿、肝胆系统感染，败血症等。

【不良反应】消化道反应、过敏反应、血象改变、肝功能受损、出血倾向。

【用药护理注意】1. 询问药物过敏史，必要时用 300μg/ml 浓度药液皮试。2. 本品溶解后应立即使用。3. 可加入葡萄糖、生理盐水或氨基酸等输液中。4. 用药期间及停药 1 周内忌酒。5. 肌注时可用 0.5%甲哌卡因（或其他局麻药）作溶剂以减轻刺激，但切勿误注入静脉。

【制剂】粉针：（静注用）0.5g、1g。（肌注用）0.5g。

【用法】肌注、静注、静滴：1~2g/d，分 2 次，严重感染 4g/d，分 2~4 次。

头孢曲松钠 Ceftriaxone Sodium（头孢曲松、头孢三嗪、菌必治、菌得治、罗氏芬、安迪芬、赛扶欣、安塞隆、Rocephin）

【用途】广谱，敏感菌引起的下呼吸道、尿路、皮肤软组织及生殖系统（包括淋病）感染。

【不良反应】1. 嗜酸性粒细胞增多、血小板减少、皮疹、药热等。2. 胃肠道反应。3. 青少年、儿童偶见假胆结石，停药后可消失。4. 肌注疼痛明显。

【用药护理注意】1. 对青霉素过敏和肝功能不全者慎用，对头孢菌素类过敏及孕妇禁用。2. 静注应缓慢，以免发生静脉炎。3. 不与其他抗生素混合。4. 药液应现用现配，药液在室温中保存不超过6小时，药液呈浅黄色不影响疗效。5. 婴幼儿不能肌注。6. 不溶于含钙输液中。

【制剂】粉针：0.25g、0.5g、1g、2g。

【用法】肌注、静注、静滴：每次1~2g，1~2次/日。12岁以下小儿静滴，50~100mg/(kg·d)，分1~2次给药。深部肌注，用0.5%利多卡因2ml溶解；静注，每1g用10ml灭菌注射用水溶解；静滴，将1~2g溶于生理盐水、5%或10%葡萄糖液50~100ml中，0.5~1小时内滴入。淋病：单次用药0.25g即可。

**头孢哌酮** Cefoperazone（头孢哌酮钠、头孢氧哌唑、先锋必、赛福必、赛必欣、达诺欣、CPZ、Cefoperazone Sodium、Cefobid）

【用途】呼吸道、尿路、肝胆系统等感染及败血症、细菌性脑膜炎等。

【不良反应】1. 皮疹、药热、胃肠道反应等。2. 长期或大剂量应用可干扰体内维生素K的代谢致出血倾向。3. 长期使用可致耐药菌大量繁殖而感染。

【用药护理注意】1. 肝功能不全及胆道阻塞患者禁用，青霉素过敏和过敏体质者慎用。2. 不能与氨基糖苷类药物置于同一容器中。3. 用药期间及停药1周内禁酒。4. 配成溶液保存在室温下应 24 小时内用完。5. 宜用注射用水溶解，静滴用生理盐水或5%葡萄糖液溶解。

【制剂】粉针（有效期2年）：0.5g、1g、2g。

【用法】肌注、静注、静滴：每次 1~2g，2 次/日。小儿 50~150mg/(kg · d)，分 2~4 次注射。肌注时，用注射用水或 0.5%利多卡因溶解后深部肌注；静注应稀释至 100mg/1ml。

**头孢他啶** Ceftazidime（头孢噻甲羧肟、复达欣、凯复定、泰得欣、安塞定、新天欣、CTZ、Fortum）

【用途】广谱，呼吸道、泌尿生殖系、骨关节、胸腹腔感染，败血症等。

【不良反应】1. 荨麻疹等过敏反应。2. 胃肠道反应。3. 偶可发生二重感染。4. 静脉炎，注射部位疼痛明显。5. 一过性白细胞减少。

【用药护理注意】1. 青霉素过敏、过敏体质者和妊娠早期、婴幼儿慎用。2. 粉针见光可形成微量杂质，应避光保存。3. 临用配制，药液在室温下存放不能超过 6 小时。4. 不与碳酸氢钠配伍。5. 肌注可用 0.5%或 1%利多卡因溶解。

【制剂】粉针：供肌注用（附 1%利多卡因溶液 3.5ml），0.25g 、0.5g；供静脉滴注用，1g、2g。

【用法】肌注：1g/d，分 2 次。静注或快速静滴：每次 1~2g，2~3 次/日。小儿 50~150mg/(kg·d)。可加入生理盐水、5%~10%葡萄糖液、右旋糖酐输液中。

**头孢唑肟 Ceftizoxime**（头孢去甲噻肟、益保世灵、安保速灵、施福泽）

【用途】参阅头孢噻肟钠。

【不良反应】过敏反应、胃肠道反应、注射局部疼痛、静脉炎等。

【用药护理注意】1. 青霉素过敏和过敏体质者慎用。2. 不与氨基糖苷类药物置于同一容器中。3. 静注应缓慢。4. 注射液应在使用前临时配制。5. 肌注溶媒为灭菌注射用水或 0.5%利多卡因注射液；静注溶媒为灭菌注射用水、生理盐水或葡萄糖液。静滴时药物先溶于注射用水后再加入输液中，控制滴入时间 1/2~2 小时。6. 皮试液浓度为 300μg/ml。

【制剂】粉针（有效期2年）：0.5g、1g。

【用法】肌注、静注、静滴：2~4g/d，儿童25~100mg/(kg·d)，分2~4次。

**头孢地秦** Cefodizime（莫迪、莫敌、莫敌威、Modivid）广谱。有胃肠反应等。对头孢菌素类过敏和孕妇、哺乳期妇女、小儿禁用，青霉素类过敏者慎用。临用时新鲜配制。粉针：0.5g、1g、2g。静注、静滴：每次1~2g，1~2次/日。

**头孢磺啶** Cefsulodine（头孢磺啶钠、头孢磺吡苄、达克舒林）用于绿脓杆菌感染。粉针：0.5g（肌注用）、1g（静脉注射用）。肌注、静注、静滴：1~4g/d，分2~4次。肌注用所附溶媒溶解，静注、静滴用生理盐水或葡萄糖液溶解。

**头孢布烯** Ceftibuten（头孢布坦、头孢噻腾、先力腾、Cedax）

【用途】呼吸道，泌尿道、肠道等感染。

【不良反应】消化道反应、惊厥等，不良反应发生率低。

【用药护理注意】1. 对头孢菌素类过敏者禁用，孕妇、哺乳期妇女、6个月下婴儿慎用。2. 胶囊不受饮食影响，混悬液受进食影响。

【制剂】胶囊：0.2g、0.4g。干混悬剂：36mg/ml，每瓶30ml。

【用法】口服：胶囊，每次0.4g，1次/日。儿童用于混悬剂，每次9mg/kg，1次/日，饭前或饭后1~2小时服。

**头孢克肟 Cefixime**（氨噻肟烯头孢菌素、世福素、世伏素、Cefspan）

【用途】广谱，呼吸道、泌尿道、胆道、耳鼻咽喉等感染。

【不良反应】腹泻、腹痛、恶心、头痛、皮疹，罕见过敏性休克。

【用药护理注意】对头孢菌素类过敏者禁用，老人、孕妇、新生儿慎用。

【制剂】片、胶囊、颗粒：0.05g、0.1g。

【用法】口服：每次0.05~0.1g，2次/日。儿童每次1.5~3mg/kg，2次/日。

**头孢特仑酯 Cefteram Pivoxil**（头孢特仑新戊酯、托米伦、富山龙、Tomiron）

【用途】广谱，呼吸道、泌尿道、耳鼻咽喉、皮肤和妇产科等感染。

【不良反应】胃肠道反应、过敏反应等，偶见肝功能、肾功能异常。

【用药护理注意】对头孢菌素类过敏者禁用，对青霉素过敏者、孕妇、新生儿、早产儿慎用。

【制剂】片：50mg、100mg。

【用法】口服：每次 50~100mg，3 次/日，儿童 9~18mg/（kg・d），分 3 次，饭后服。

**头孢泊肟酯** Cefpodoxime Proxetil（头孢泊肟、头孢丙肟酯、头孢泊肟普塞酯、搏拿、普拿、施博、Banan）

【用途】呼吸道、泌尿道及其他各种敏感菌感染。

【不良反应】胃肠道反应、皮疹、头晕、二重感染，血小板、粒细胞减少。

【用药护理注意】1. 与食物同服吸收增加，故不宜空腹服。2. 抗酸剂使本品吸收减少。3. 6 个月~12 岁儿童只能服用混悬剂，6 个月以下、老人慎用。

【制剂】片：100mg、200mg。混悬剂：10mg/ml，20mg/ml，每瓶 5ml.。

【用法】口服：每次 100~200mg，2 次/日，饭后服。

**头孢他美酯** Cefetamet Pivoxil（头孢他美匹酯、头孢美特酯、高保息、康迈欣、代宁）

【用途】广谱，呼吸道、泌尿道、消化道、皮肤等感染。

【不良反应】胃肠道反应、皮疹、纳差、焦虑、失眠，转氨酶升高等。

【用药护理注意】对头孢菌素类过敏者禁用，肾功能不全宜减量使用。

【制剂】片：0.25g、0.5g。胶囊：0.25g。

【用法】口服：每次0.5g，12岁以下儿童每次10mg/kg，2次/日，饭后服。

**头孢妥仑** Cefditoren Pivoxil（美爱克、Meiact）

【用途】呼吸道、胆道、泌尿生殖系统、皮肤软组织、眼部感染，牙周炎。

【不良反应】胃肠道反应、皮疹、嗜酸性粒细胞增多，偶有发热、休克等。

【用药护理注意】对头孢菌素类过敏者禁用，老人、孕妇、儿童、过敏体质、严重肾功能不全者慎用。

【制剂】片：100mg。

【用法】口服：每次200mg，2次/日，饭后服。

**头孢地尼** Cefdinir（头孢宗、全泽复）用于呼吸道、泌尿道和妇科、耳鼻喉科等感染。致胃肠道反应、皮疹等。对头孢菌素类过敏者禁用，孕妇、小儿慎用，铁剂使本品吸收减少。胶囊：50mg、100mg。口服：每次100mg，3次/日。

**第四代头孢菌素**

**头孢匹胺钠 Cefpiramide Sodium**（头孢匹胺、头孢吡兰、先福吡兰）

【用途】广谱，呼吸道、胆道、泌尿生殖系统感染，脑膜炎、腹膜炎等。

【不良反应】变态反应、胃肠道反应，偶见血液系统和肝、肾功能损害，维生素 K 和 B 族缺乏，肌注引起局部疼痛、硬结。

【用药护理注意】1. 皮试阳性、对β-内酰胺类过敏禁用，严重肝、肾病和孕妇、新生儿慎用。2. 用药期间和用药后 1 周内避免饮酒。3. 小儿禁止肌注。

【制剂】肌注粉针：0.5g。静注粉针：0.25g、0.5g、1g。

【用法】肌注、静注、静滴：1~3g/d，儿童 30~80mg/（kg·d），分 2~4 次。静滴时可加入葡萄糖、电解质、氨基酸溶液中，30~60 分钟滴完。

**头孢匹罗 Cefpirome**（头孢吡隆、头孢派洛姆、派新、CPR）

【用途】广谱，革兰阳性菌、革兰阴性菌和部分厌氧菌引起的感染。

【不良反应】皮疹、腹泻、恶心、呕吐、味觉改变、头痛、浅静脉炎等。

【用药护理注意】1. 对本品过敏、孕妇、哺乳期妇女禁用，对其他β-内酰胺类过敏慎用。2. 不宜与碱性药物（如碳酸氢钠）或氨基糖苷类混合滴注。

【制剂】粉针：0.5g、1g、2g。

【用法】肌注、静注、静滴：每次1~2g，2~3次/日，儿童20~40mg/(kg·d)。

头孢吡肟 Cefepime（头孢匹美、头孢派姆、马斯平、Maxipime、CFP）

【用途】广谱，敏感菌引起的感染，耐第三代头孢菌素革兰阴性杆菌感染。

【不良反应】胃肠反应、皮疹、腹痛、头痛、心动过速，偶见溶血性贫血。

【用药护理注意】1.对头孢菌素类、青霉素类过敏和13岁以下儿童禁用，孕妇、哺乳期妇女慎用。2.肌注疼痛较轻，一般不必加利多卡因。

【制剂】粉针：0.5g、1g、2g。

【用法】肌注、静注、静滴：成人和13岁以上，1g/12h，连用7~10日，严重感染者剂量可适当增加。可加入5%葡萄糖液或生理盐水中。

头孢克定 Cefclidin 同头孢吡肟。粉针：0.5g、1g。静滴：2g/d，分2次。

硫酸头孢噻利 Cefoselis Sulfate（头孢司利）用于呼吸、泌尿、消化道等感染。粉针：0.5g、1g。静滴：每次1g，2次/日。加入5%葡萄糖液或生理盐水中。

## （三）其他β-内酰胺类

**头孢美唑** Cefmetazole（头孢甲氧氰唑、先锋美他醇、CMZ、Cefmetazon）

【用途】呼吸道、胆道、泌尿道感染，青霉素、头孢菌素类无效的感染症。

【不良反应】过敏反应、胃肠反应、肾损害，嗜酸粒细胞增多、白细胞减少。

【用药护理注意】1. 用药前应皮试，皮试液浓度为300μg/ml。2. 对头孢菌素类过敏禁用，对青霉素类过敏、孕妇、老人慎用。3. 可干扰乙醇正常代谢，用药期间及用药后1周内不得饮酒或含乙醇饮料。4. 大剂量静脉给药可引起血管痛，应缓慢滴注。5. 使用时做好发生过敏性休克的急救准备。

【制剂】粉针（有效期2年）：0.25g、0.5g、1g、2g。

【用法】静注、静滴：每次0.5~1g，2次/日，儿童25~100mg/(kg·d)，分2~4次。静注时每1g溶于注射用水、葡萄糖液或生理盐水10ml中，静滴可用5%葡萄糖液或生理盐水溶解、稀释，但不得用注射用水，因渗透压过低。

**头孢西丁** Cefoxitin（头孢西丁钠、头孢甲氧噻吩、美福仙、Mefoxin）

【用途】需氧菌与厌菌混合存在的腹腔、盆腔等感染，败血症。

【不良反应】皮疹、血栓性静脉炎、肌注疼痛显著，肝、肾功能异常。

【用药护理注意】1. 对头孢菌素类过敏禁用，对青霉素类过敏、孕妇、哺乳期妇女、2岁以下慎用。2. 与多数头孢菌素有拮抗作用，配伍时疗效降低。

【制剂】粉针（有效期2年）：1g、2g。

【用法】深部肌注、静注、静滴：每次 1~2g，3~4 次/日。2 岁上儿童 50~100mg/(kg·d)，分 3~4 次。肌注可用 0.5%利多卡因作溶媒，静注、静滴加入生理盐水或5%葡萄糖液中。

头孢替坦 Cefotetan（头孢替坦二钠、头霉双硫唑）

【用途】革兰阴性杆菌（绿脓杆菌除外）和厌氧菌引起的感染。

【不良反应】过敏反应、胃肠道不适，粒细胞、血小板减少等。

【用药护理注意】1. 用药前最好做皮试。2. 肌注疼痛，小儿不宜肌注。

【制剂】粉针（有效期2年）：0.25g、0.5g、1g。

【用法】肌注、静注、静滴：1~2g/d，分2次。肌注可用0.5%利多卡因溶解。

头孢米诺 Cefminox（头孢米诺钠、美士灵、Meicelin）

【用途】呼吸道、泌尿生殖道、胆道、扁桃体等感染。

【不良反应】皮疹、恶心、呕吐、血小板减少、BUN升高、转氨酶升高等。

【用药护理注意】1. 用药前最好做皮试。2. 新生儿、孕妇禁用，过敏体质慎用。3. 用药期间及用药后1周内不得饮酒或含乙醇饮料。4. 不与氨茶碱、维生素$B_6$混合，以免降低效价。5. 仅供静脉给药，注射速度应尽量缓慢。

【制剂】粉针（有效期2年）：0.5g、1g。

【用法】静注、静滴：每次1g，2次/日。静注时，每1g药物用20ml注射用水、葡萄糖液或生理盐水溶解后缓慢注射。静滴时可溶于葡萄糖液或生理盐水中，但不能溶于注射用水中，因溶液不呈等张。

**头孢咪唑** Cefpimizole（头孢咪唑钠、甲吡咪唑头孢）广谱。致过敏反应、消化道反应等。用药前应做皮试，仅供静脉给药，注射速度应尽量缓慢，配好的药液不宜久置。粉针：0.5g、1g。静注、静滴：1~2g/d，分2次。

**头孢拉宗** Cefbuperazone（头孢拉宗钠、头孢布宗、头孢布宗钠、CBPZ）同头孢美唑。用药前应做皮试，不与庆大霉素混合，避免饮酒。粉针：0.5g、1g。静注、静滴：1~2g/d，重症4g，分2次。

**拉氧头孢钠** Latamoxef Sodium（羟羧氧酰胺菌素、拉他头孢、噻吗灵）

【用途】呼吸道、腹部、中枢、泌尿生殖系统等感染，败血症、脑膜炎。

【不良反应】肝、肾损害，血象改变、胃肠道反应，出血倾向，偶致过敏性休克。

【用药护理注意】1. 对头孢菌素类过敏者禁用，有青霉素类过敏史、孕妇慎用。2. 用药期间避免饮酒。3. 注射速度宜缓慢。4. 药液应现配现用，室温下保存不超过12小时，冷藏不超过24小时。

【制剂】粉针（有效期2年）：0.25g、0.5g、1g。

【用法】深部肌注：每次 0.5~1g，2 次/日，用 0.5%利多卡因溶解。静注、静滴：每次 1g，2 次/日，儿童 40~80mg/(kg·d)，分 2~4 次。静注和静滴临用前用等渗氯化钠、葡萄糖、低分子右旋糖酐注射液或灭菌注射用水等溶解。

**氟氧头孢钠** Flomoxef Sodium（氟氧头孢、氟莫头孢、氟吗宁、Flumerin）

【用途】呼吸道、泌尿道、胆道、骨盆等感染，败血症、腹膜炎等。

【不良反应】过敏反应、胃肠道反应，舌麻木，偶见粒细胞、血小板减少。

【用药护理注意】1. 对头孢菌素类、拉氧头孢钠过敏，孕妇、新生儿禁用，对青霉素类过敏、老人、严重肾功能障碍慎用。2. 静脉大量给药致血管痛、静脉炎，注射速度宜缓慢。3. 药液应现配现用。

【制剂】粉针（有效期2年）：0.5g、1g。

【用法】静注、静滴：1~2g/d，分2次，儿童60~80mg/(kg·d)，分2次。

**氯碳头孢　Loracarbef**（罗拉碳头孢、乐君毕、Lorabid）

【用途】呼吸道、泌尿道、妇科、五官科和皮肤、软组织感染。

【不良反应】胃肠道反应（常见腹泻）、头痛，罕见过敏症状。

【用药护理注意】肾功能不全者应减量使用。

【制剂】胶囊：200mg、400mg。干糖浆：100mg（5ml）、200mg（5ml）。

【用法】口服：每次200~400mg，儿童每次7.5~15mg/kg，2次/日，宜饭前1小时或饭后2小时服用。

**氨曲南　Aztreonam**（噻肟单酰胺菌素，君刻单、Azactam）

【用途】革兰阴性菌引起的感染，尤其是青霉素、头孢菌素、氨基糖苷类耐药菌引起的感染和尿路感染。

【不良反应】1. 皮疹、瘙痒。2. 胃肠道反应。3. 局部刺激症状、眩晕。

【用药护理注意】1. 青霉素过敏者、孕妇、哺乳期妇女慎用。2. 不能与氨基糖苷类置于同一容器中。3. 静滴浓度不能超过2%。4. 静注可致静脉炎。

【制剂】粉针（有效期2年）：0.5g、1g、2g。

【用法】肌注、静注、静滴：每次 1g，2~3 次/日。肌注：每 1g 药物加液 3~4ml 溶解。静注：每 1g 药物加液 20ml 溶解，缓慢推注。静滴：每 1g 药物加液 50ml 以上溶解，滴注 20~60 分钟。可用灭菌注射用水、林格液和生理盐水、葡萄糖液、葡萄糖氯化钠注射液溶解、稀释药物。

**亚胺培南-西拉司汀钠** Imipenem-Cilastatin Sodium（亚胺培南-西拉司汀、亚胺培南-西司他汀、伊米配能-西司他汀钠、泰能、泰宁、Tienam）

【用途】广谱。腹腔、呼吸道、泌尿道感染，需氧与厌氧菌混合感染等。

【不良反应】皮疹、胃肠反应、静脉炎、局部疼痛、嗜酸粒细胞增多、白细胞减少、听觉部分或全部暂时性丧失，肝、肾功能异常。

【用药护理注意】1. 对本品过敏禁用，过敏体质、孕妇、哺乳期妇女、3 个月以下婴儿慎用。2. 儿童可出现红色尿，是药物使尿着色所致。3. 不与其他抗菌药混合。4. 药液现配现用，用葡萄糖液溶解后只能保存4小时。5. 不与含乳酸钠输液配伍。6. 肌内注射剂不能用于静滴。7. 静滴速度0.5g/30min为宜。

【制剂】粉针（肌注和静注两种）：0.25g、0.5g、1g。

【用法】静滴、肌注：每次 0.25~1g，2~4 次/日。儿童 30~80mg/(kg·d)，分3~4次。静滴可用等渗氯化钠、葡萄糖注射液溶解，每0.5g用100ml溶剂；肌注可用0.5%或1%利多卡因作溶媒，以减轻疼痛。

**美罗培南** Meropenem（美洛培南、美平、倍能、Mepem）

【用途】广谱，呼吸道、腹部、泌尿生殖系统等感染，败血症、脑膜炎。

【不良反应】胃肠道反应、皮疹、肾功能损害、静脉炎、粒细胞减少等。

【用药护理注意】1. 对本品过敏禁用，对青霉素类、β-内酰胺类过敏、老人、孕妇、新生儿慎用。2. 连续用药1周应检查肝功能。3. 与丙戊酸钠并用使后者血药浓度降低。4. 不与其他药物配伍。5. 不用注射用水溶解药物。

【制剂】粉针（有效期3年）：0.25g、0.5g。

【用法】静滴：每次0.5g，儿童每次10~20mg/kg，3次/日。静滴时，每0.5g用等渗氯化钠或5%葡萄糖液100ml溶解。

**帕尼培南-倍他米隆** Panipenem-Betamipron（克倍宁、Carbenin）

【用途】呼吸道、泌尿生殖系统感染，败血症、胆囊炎、腹膜炎、肝脓肿。

【不良反应】腹泻、呕吐、口腔炎、皮疹、肝功能损害、嗜酸粒细胞增多。

【用药护理注意】1. 对头孢菌素类过敏、老人、孕妇、新生儿、肾功能不全慎用。2. 用药后因 PAPM 分解，可使尿液呈茶色。3. 与丙戊酸钠并用使后者血药浓度降低，严禁并用。4. 不用注射用水溶解药物。

【制剂】粉针，含帕尼培南（PAPM）和倍他米隆（BP）：0.25g（PAPM 和 BP 各 0.25g）、0.5g（PAPM 和 BP 各 0.5g）。

【用法】静滴：1g/d，分 2 次，儿童 30~60mg/(kg · d)，分 3 次，滴注 30 分钟以上。每 0.25~0.5g 用等渗氯化钠、5%葡萄糖注射液 100ml 以上溶解。

### （四）β-内酰胺酶抑制剂及其复方制剂

**克拉维酸钾** Clavulanats Potassium（棒酸）抗菌谱广，抗菌作用不强，一般不单独使用。对β-内酰胺酶有抑制作用，可使氨苄西林、阿莫西林、替卡西林、头孢哌酮等不耐酶抗生素的抗菌谱增广、抗菌作用增强。

**舒巴坦钠** Sulbactam Sodium（舒巴坦、青霉烷砜）对β-内酰胺酶有很强的不可逆抑制作用。可致过敏反应，对青霉素过敏者禁用。不单独使用，与青霉素类、头孢菌素类合用有协同抗菌作用。

**他唑巴坦** Tazobactam（三唑巴坦）是舒巴坦钠的衍生物。不可逆性β-内酰胺酶抑制制，作用强于舒巴坦钠。

**注射用氨苄西林钠舒巴坦钠** Ampicillin Sodium and Sulbactam Sodium for Injection（舒他西林、氨苄西林-舒巴坦、氨苄青霉素-青霉烷砜、强力安必仙、优立新、舒氨新、施坦宁、凯兰欣、普舒、丽泰）

【用途】广谱，泌尿道、呼吸道、腹腔、耳鼻喉科等感染。

【不良反应】皮疹、SGPT增高、胃肠反应，偶见贫血、过敏性休克。

【用药护理注意】1. 与青霉素有交叉过敏反应，用药前用青霉素钠作皮试，青霉素过敏者禁用。2. 30月龄以下幼儿禁用，孕妇、哺乳期妇女慎用。3. 药液应现配现用。4. 肌注疼痛明显，可用0.5%利多卡因作溶媒。

【制剂】粉针（氨苄西林与舒巴坦钠的复合制剂）：0.75g、1.5g。

【用法】静注、静滴：轻症，1. 5~3g/d，分 2~3 次；重症，6~12g/d，分 3~4 次，静滴不超过 12g/d。临用前用注射用水或生理盐水溶解后加入 100ml 生理盐水中滴注，0. 5~1 小时滴完。小儿 150mg/（kg・d），分 3~4 次静滴。肌注：少用。

**托西酸舒他西林** Sultamicillin Tosilate（舒他西林、优立新、优力新、舒氨新、孚麦欣、博德、苏克、Unasyn）为氨苄西林与舒巴坦钠的复合制剂。同注射用氨苄西林钠舒巴坦钠，有消化道反应，用药前用青霉素钠皮试，过敏者禁用。颗粒剂、胶囊（博德）：0. 125g、0. 375g。片：0. 375g。口服：每次 0. 375g，2~4 次/日，空腹服。

**阿莫西林克拉维酸钾** Amoxicillin and Clavulanate Potassium（阿莫西林钠克拉维酸钾、羟氨苄青霉素-棒酸、阿莫维酸钾、奥格门汀、阿莫克拉、安灭菌、力百汀、艾克儿、安克、安奇、诺可、强力阿莫仙、天舒通、Augmentin）

【用途】呼吸道、泌尿道、肠道、胆道、皮肤等感染和败血症等。

【不良反应】过敏反应、胃肠道反应、静脉炎，偶见肝功能异常。

【用药护理注意】1. 用药前用青霉素钠或本品作皮试，过敏者禁用。2. 孕妇、哺乳期妇女慎用。3. 不宜与氨基糖苷类直接混合。4. 注射剂含钾，不宜肌注。5. 不宜与含有葡萄糖或酸性碳酸盐的溶液混合。6. 儿童适用混悬液。

【制剂】片：375mg、625mg。胶囊：250mg。儿童混悬液：每瓶粉末可制成100ml，每5ml含阿莫西林125mg、克拉维酸钾31mg。粉针：0.6g、1.2g。

【用法】口服：每次375mg，3~4次/日。静滴：每次1.2g，3~4次/日。小儿每次30mg/kg，小于3个月2~3次/日，3个月至12岁3~4次/日。每1.2g用50~100ml生理盐水稀释，滴注0.5小时。

**阿莫西林/舒巴坦钠** Amoxicillin/Sulbactam Sodium（泰霸猛、舒萨林、威奇达、来切利）

【用途】广谱，呼吸道、泌尿道、盆腔、消化道等感染。

【不良反应】皮疹、胃肠道反应、转氨酶升高。

【用药护理注意】1. 孕妇、哺乳期妇女、对头孢菌素类过敏者慎用。2. 使用前用青霉素皮试。3. 用别嘌醇或双硫仑治疗者不宜使用本品。4. 配成溶液后不宜久置。

【制剂】粉针（舒萨林）：1.5g。片（泰霸猛）：0.5g。

【用法】静滴：3~6g/d，分2~3次。口服：每次0.5g，3次/日。

**美洛西林/舒巴坦钠** Mezlocillin and Sulbactam Sodium（凯韦可、汉光）用于呼吸道、泌尿道、腹腔、皮肤、盆腔等感染。使用前用青霉素皮试。粉针：1.25g、2.5g。静滴：每次2.5g，1次/8~12小时。用生理盐水溶解后，加入生理盐水或5%葡萄糖液100ml中滴注。

**哌拉西林舒巴坦钠** Piperacillin/Sulbactam Sodium（哌拉西林-舒巴坦、特灭、特灭菌、舒哌、Sulperacillin）

【用途】广谱，呼吸道、泌尿道、胆道、腹腔、妇科感染，败血症等。

【不良反应】过敏反应、胃肠道反应等。

【用药护理注意】1. 对青霉素过敏者禁用，哺乳期妇女慎用。2. 肾功能不全酌减量。

【制剂】粉针：1.5g（含哌拉西林1g、舒巴坦钠0.5g）。

【用法】肌注、静滴、静注：3~6g/d，分4次。

**哌拉西林他唑巴坦** Peperacillin/Tazobactam（联邦他唑仙、特治星、海他欣、凯伦、邦达、他唑西林）

【用途】呼吸道、泌尿道、腹腔，皮肤、软组织、妇科感染，败血症等。

【不良反应】胃肠道反应、皮疹、静脉炎、血小板减少、转氨酶升高。

【用药护理注意】1. 对青霉素类、头孢菌素类过敏禁用，孕妇、哺乳期妇女、12岁以下儿童慎用。2. 用药前做青霉素皮试。3. 不与其他药物和含碳酸氢钠溶液混合。

【制剂】粉针：2.25g（含哌拉西林2g、他唑巴坦0.25g）、4.5g。

【用法】静滴：每次4.5g，3次/日。将本品适量用20ml生理盐水或注射用水充分溶解后，立即加入250ml葡萄糖液或生理盐水中滴注。也可肌注，每一注射部位不超过2.25g，用0.5%利多卡因溶解药物。

**替卡西林克拉维酸钾** Ticarcillin and Clavulanate Potassium（替卡西林钠克拉维酸钾、羧噻吩青霉素钠-棒酸、替门汀、特美汀、泰门汀、Timentin）

【用途】广谱。呼吸道、泌尿道、骨关节、皮肤软组织感染，败血症等。

【不良反应】皮疹、荨麻疹、腹泻、软便，罕见过敏性休克。

【用药护理注意】1. 不与碱性溶液、血液、血浆制品配伍。2. 用前做青霉素皮试。3. 不宜肌注。4. 本品溶解时会产生热量，配制的药液8小时内用完。

【制剂】粉针（有效期2年）：1.6g、3.2g。

【用法】静注、静滴：每次3.2g，儿童每次80mg/kg，6~8小时1次，溶于13ml生理盐水或灭菌注射用水中，缓慢静注；或溶于100ml生理盐水或5%葡萄糖液中静滴，30分钟内滴完。

**头孢哌酮钠舒巴坦钠** Cefoperazone Sodium and Sulbactam Sodium（头孢哌酮-舒巴坦、舒普深、海舒必、瑞普欣、优普同、利君派舒、锋派新、威特神、新瑞普欣、Sulperazone）

【用途】广谱，呼吸道、泌尿道、腹腔等感染和败血症、脑膜炎等。

【不良反应】皮肤过敏反应、胃肠道反应，偶见中性粒细胞、血小板减少。

【用药护理注意】1. 对青霉素和头孢菌素类过敏者禁用，肝肾功能损害、孕妇、哺乳期妇女慎用。2. 用药期间禁饮酒和服含酒精药物。3. 不宜与氨基糖苷类直接混合。4. 直接与乳酸钠林格液或高浓度利多卡因配伍，效价下降。

【制剂】粉针（有效期2年）：1g、2g。（含头孢哌酮、舒巴坦钠各半）

【用法】静滴、肌注：每次 1~2g，1 次/12 小时，儿童 40~80mg/(kg・d)，分 2~4 次。静滴时每 1g 先用 5%葡萄糖液、生理盐水或注射用水 4ml 溶解，再用同一溶媒 50~100ml 稀释。肌注时一般用注射用水溶解，或注射用水溶解后用 2%利多卡因稀释，使溶液利多卡因浓度为 0.5%。

**头孢噻肟钠/舒巴坦钠** Cefotaxime Sodium/Sulbactam Sodium（新治菌、新治菌必妥、卓立佳）对青霉素类、头孢菌素类过敏和孕妇禁用。粉针：1.5g（含头孢噻肟钠 1g、舒巴坦钠 0.5g）。肌注、静注、静滴：3~7.5g/d，分 2~3 次。可与注射用水、生理盐水、5%葡萄糖液、葡萄糖生理盐水配伍。

**头孢曲松钠/舒巴坦钠** Ceftriaxone Sodium/Sulbactam Sodium（新菌必治）粉针：1.5g（含头孢曲松钠 1g、舒巴坦钠 0.5g）。静滴：每次 1.5~3g，1 次/日。

## （五）氨基糖苷类

**庆大霉素** Gentamycin（硫酸庆大霉素、正泰霉素、瑞贝克、威得、宝乐）

【用途】革兰阴性菌引起的感染。

【不良反应】1. 耳毒性。影响耳前庭、听觉和平衡功能。2. 肾毒性。致管型尿、蛋白尿、血尿素氮增高等，常用量无明显影响。3. 皮疹，偶见过敏性休克。4. 偶见神经肌肉阻滞作用。

【用药护理注意】1. 有本品过敏史者禁用，肾功能减退、老年人、妊娠、小儿和失水者慎用。2. 给予充足的水分以减少肾小管损害。3. 不能与青霉素类、四环素、氯霉素等混合。4. 不宜与链霉素、红霉素、呋塞米、碳酸氢钠、西咪替丁合用。5. 静滴速度应缓慢。6. 静注易致呼吸抑制，禁止静注。7. 不宜长期大剂量使用，一疗程不超过 10 天。8. 注射后宜观察 15 分钟无反应才可离开注射室，以确保安全。

【制剂】注射液（有效期 3 年）：20mg（2 万 U）、40mg（4 万 U）、80mg（8 万 U）。片（有效期 3 年）：20mg（2 万 U）、40mg。缓释片（瑞贝克）：40mg。滴眼液：40mg（8ml）。口服液（威得）：10 万 U（10ml）。

【用法】肌注、静滴：每次 80mg，2~3 次/日（间隔 8 小时），静滴时，80mg 用输液 100ml 稀释，30 分钟左右滴完。小儿 3~5mg/(kg·d)，分 2~3 次。口服（用于肠道感染）：每次 80~160mg，3~4 次/日。小儿 10~15mg/(kg·d)，分 3~4 次。

**卡那霉素** Kanamycin（卡那辛、康得舒、康纳）

【用途】革兰阴性菌引起的感染（不作首选），抗结核，口服防肝性脑病。

【不良反应】1. 对耳、肾毒性较大。2. 偶见神经肌肉阻滞和过敏反应。

【用药护理注意】1. 同庆大霉素。2. 用药期间注意有无耳鸣、听力障碍。

【制剂】粉针：0.5g、1g。注射液：0.5g（2ml）。片剂、胶囊：0.25g

【用法】肌注、静滴：每次0.5g，2次/日。口服：每次1g，4次/日。

**阿米卡星** Amikacin（丁胺卡那霉素、安卡星、立可信）

【用途】对庆大霉素和妥布霉素耐药的革兰阴性杆菌感染，抗结核。

【不良反应、用药护理注意】参阅庆大霉素。

【制剂】粉针：0.1g、0.2g、0.5g。注射液：0.1g（1ml）、0.2g（2ml）。

【用法】肌注、静滴：每次0.1~0.2g，2次/日，小儿4~8mg/(kg·d)，分1~2次注射。疗程一般不超过10日。外用：用凝胶剂。

**地贝卡星** Dibekacin（双去氧卡那霉素）参阅庆大霉素，致肌注部位疼痛。粉针、注射液：50mg、100mg。肌注、静滴：0.1~0.2g/d，分2次。

**阿贝卡星** Arbekacin 对金葡菌的作用较强，致注射部位疼痛。粉针：50mg、100mg。注射液：75mg（1. 5ml）、100mg（2ml）。肌注、静滴：0. 15~0. 2g/d，分 2 次。

**妥布霉素** Tobramycin（乃柏欣、托百士、泰星、托素、妥欣、Nebcin）

【用途】革兰阴性杆菌（包括绿脓杆菌等）引起的严重感染。

【不良反应】与庆大霉素相似，但较轻。

【用药护理注意】参阅庆大霉素，对氨基糖苷类或本品过敏者禁用。

【制剂】粉针：80mg。注射液：40mg（2ml）、80mg（2ml）。

【用法】肌注、静滴：2~5mg/(kg·d)，分 2~3 次，不超过 5mg/(kg·d)。小儿肌注：3~5mg/(kg·d)，分 3 次。静滴用 5%葡萄糖液或生理盐水稀释至 0. 1%。

**奈替米星** Netilmicin（立克菌星、乙基西梭霉素、奈替霉素、力确兴、尼泰欣、安特新、奈特、诺达、Netromycin）

【用途】泌尿道、呼吸道、肠道感染，败血症。

【不良反应】同庆大霉素。耳、肾毒性较同类药物低。

【用药护理注意】参阅庆大霉素。仍需注意耳、肾毒性。

【制剂】注射液：50mg（2ml）、100mg（2ml）、150mg（1.5ml）。

【用法】肌注、静滴：4~6 mg/(kg・d)，儿童6~7.5 mg/(kg・d)，分2~3次。

**依替米星 Etimicin**（爱大霉素、爱大、悉能、博可达）

【用途】广谱，呼吸道、泌尿生殖道、皮肤、软组织感染。

【不良反应】参阅庆大霉素。耳、肾毒性与奈替米星相似。

【用药护理注意】1. 对氨基糖苷类过敏禁用。2. 用药期间密切观察肾功能和第八对脑神经功能变化。3. 避免与其他有潜在耳、肾毒性的药物联合使用。

【制剂】粉针：50 mg（5万单位），100mg（10万单位）。

【用法】静滴。每次 0.1~0.15g，2 次/日；或每次 0.2~0.3g，1 次/日，稀释于生理盐水或5%葡萄糖液100ml中，疗程5~10日。

**异帕米星 Isepamicin**（硫酸异帕米星、依克沙霉素、依克沙）

【用途】下呼吸道、泌尿道、皮肤、外科伤口、烧伤感染，败血症等。

【不良反应】发热、皮疹、胃肠道反应等，肝、肾损害和耳毒性少见。

【用药护理注意】1. 对氨基糖苷类过敏禁用，肾功能损害、老人、孕妇、小儿慎用。2. 用药时间超过14日，应检查肝、肾功能和听力。

【制剂】注射液：200mg（2ml）、400mg（2ml）。

【用法】肌注、静滴：400mg/d，分2次。静滴时间通常为30~60分钟。

**阿司米星**　Astromicin（阿司霉素、福提霉素、福提米星、强壮霉素）耳、肾毒性较低，但仍应注意，偶见注射部位疼痛和硬结。粉针：200mg（含适量碳酸氢钠）。肌注：400mg/d，分2次，用注射用水或生理盐水溶解。

**大观霉素**　Spectinomycin（壮观霉素、曲必星、淋必治、奇霉素、治淋炎、高巴斯、克利宁、卓青、史百定、林克欣）

【用途】主要用于治淋病。

【不良反应】单剂量给药不良反应极少，偶见眩晕、恶心、发热、头痛。

【用药护理注意】1. 有本品过敏史、肾病禁用，孕妇、儿童慎用。2. 只能肌注。3. 注射前应摇匀。

【制剂】粉针：2g，附3.2ml稀释液（0.9%苯甲醇注射液）。

【用法】仅供肌注：每 2g 用稀释液 3. 2ml 溶解，猛力振摇使成混悬液，用粗针头深部肌注，每次 2g，轻症单剂量给药，重症 2 次/日；或 1 次给药 4g，分注于两侧臀部。

**小诺米星** Micronomicin（小诺霉素、沙加霉素、美诺、小诺新、灵诺）参阅庆大霉素。老年减量。粉针、注射液（有效期 2 年）：60mg、120mg。滴眼剂（灵诺）：20 万 U（4ml）。仅供肌注：每次 60~120mg，2 次/日，疗程不超过 14 日。滴眼：2~3 滴/次，3~4 次/日。

**西索米星** Sisomicin（西梭霉素、西索霉素、得希、Baymicin）参阅庆大霉素，毒性比庆大霉素大 2 倍。注射液：75mg（1. 5ml）、100mg（2ml）。肌注：3mg/(kg · d)，分 3 次。

**巴龙霉素** Paromomycin（巴母霉素）治菌痢、阿米巴痢疾和肠炎。一般不作全身应用。片、胶囊：0. 1g（10 万 U）、0. 25g（25 万 U）。口服：每次 0. 5~0. 75g，4 次/日。

**核糖霉素** Ribostamycin（硫酸核糖霉素、威他霉素、力克、Vistamycin）同卡那霉素，作用较弱、毒性较低。12岁以下儿童不宜用，不宜与右旋糖酐等血浆代用品合用。粉针：0.25g、0.5g、1g。肌注：每次0.5~1g，2次/日。

**链霉素**（见抗结核病药，P79）

## （六）四环素类

**四环素** Tetracycline（金晶康）

【用途】广谱，立克次体、支原体、衣原体，革兰阳性、革兰阴性菌感染。

【不良反应】1. 胃肠道反应。2. 大剂量静脉给药或长期口服可致肝损害。3. 牙黄染、龋齿、牙釉质和骨发育不良。4. 诱发二重感染。5. 肾功能不全会加重肾损害。6. 过敏反应、维生素缺乏、真菌感染、周围血象改变等。

【用药护理注意】1. 不能与含钙、镁、铁、铝等金属离子的抗酸药、中药、铁剂、碳酸氢钠和牛奶、豆制品、含高钙的海产品（鱼、蟹等）同用。2. 孕妇、哺乳期妇女和8岁以下禁用，肝、肾功能不全者慎用。3. 多饮水，并避免卧床服药，以免药物滞留食管形成溃疡。4. 宜空腹服用。5. 易受光、热、湿等影响而分解，产生有毒物质，过期药品禁用。

【制剂】片：0.125g、0.25g。胶囊：0.25g。粉针（有效期 3 年）：0.25g。软膏：3%。眼膏：0.5%，4g。

【用法】口服：每次 0.25~0.5g，3~4 次/日，空腹服。8 岁以上儿童：30~40mg/(kg·d)，分 3~4 次。静滴已少用。

**土霉素** Oxytetracycline 参阅四环素。片：0.125g、0.25g。眼膏：0.5%，4g。口服：每次 0.5g，3~4 次/日。8 岁以上，30~40mg/(kg·d)，分 3~4 次服。

**多西环素** Doxycycline（盐酸多西环素、强力霉素、伟霸霉素、福多力）

【用途、不良反应】参阅四环素，易致光感性皮炎。

【用药护理注意】1. 与食物、牛奶同服不影响吸收，反可减少对胃的刺激。2. 不与青霉素合用。3. 同四环素。

【制剂】片：0.05g、0.1g。胶囊：0 1g。

【用法】口服：首次 0.2g，以后每次 0.1g，1~2 次/日，饭后服。8 岁以上儿童首剂 4mg/kg，以后每次 2~4mg/kg，1~2 次/日。

**米诺环素** Minocycline（二甲胺四环素、美满霉素、美诺星、美力舒、美侬、康尼、Minomycin）用于耐其他四环素类细菌引起的感染。易致光感性皮炎，应避免日晒，其他参阅四环素。片：0.1g。胶囊：0.05g、0.1g。口服：首剂0.2g，维持量0.1g/12h，空腹服。

**美他环素** Metacycline（盐酸美他环素、甲烯土霉素、佐本能）同四环素，作用较强，易致光感性皮炎。片：0.1g。胶囊：0.2g。口服：0.6~0.9g/d，分3~4次。

## （七）氯霉素类

**氯霉素** Chloramphenicol（左霉素、清润）

**【用途】**伤寒、副伤寒和沙门菌引起的感染。滴眼液用于结膜炎、沙眼等。

**【不良反应】**1. 骨髓抑制（与剂量有关）、再生障碍性贫血（与剂量无关）。2. 新生儿、早产儿可引起循环衰竭（灰婴综合征）。3. 视神经炎、共济失调。4. 维生素缺乏、二重感染。5. 消化道反应。6. 皮疹、日光性皮炎。

**【用药护理注意】**1. 妊娠末期、哺乳期妇女、新生儿、早产儿和精神病人禁用。2. 肌注剧痛、可致坐骨神经麻痹，现已少用。3. 静滴时每 250mg 至少用 100ml 输液稀释，边稀释边振荡，以避免析出结晶。4. 定期检查周围血象。5. 口服时应饮足量水分，空腹服用。

【制剂】片、胶囊：0.25g。注射液：0.25g（2ml）。粉针：0.5g、1g。滴眼液：8ml（20mg）。滴耳液：10ml。眼膏：1%、3%。

【用法】口服：每次 0.25~0.5g，4 次/日。静滴：1~2g/d，分 2 次给药。

**棕榈氯霉素** Chloramphenicol Palmitate（无味氯霉素、棕氯）同氯霉素。口服无氯霉素的苦味。片（B 型）：50mg。颗粒（B 型）：100mg。混悬液：25mg（1ml）。以上各剂型剂量均以氯霉素计。口服：每次 0.25~0.5g，3~4 次/日。

**琥珀氯霉素** Chloramphenicol Succinate（琥珀氯霉素钠、琥氯）同氯霉素。粉针：0.25g、0.5g。肌注、静滴：每次 0.5~1g，2 次/日。

**甲砜霉素** Thiamphenicol（硫霉素、赛美欣、将克）参阅氯霉素，也可用于呼吸道等感染。肠溶片、胶囊：0.25g。注射液：0.1g（2ml）。口服：每次 0.25~0.5g，3~4 次/日。肌注、静注、静滴：每次 0.5~1g，2 次/日。

## （八）大环内酯类

**红霉素** Erythromycin（艾迪密斯、福爱力、新红康、威霉素）

【用途】链球菌等引起的感染，可作为军团菌肺炎和支原体肺炎的首选药。

【不良反应】1. 消化道反应。2. 过敏反应。3. 偶可引起二重感染。4. 静滴可引起静脉炎。5. 易产生耐药性，但停药数月后，细菌又恢复敏感性。

【用药护理注意】1. 因易受胃酸破坏，应整片吞服。2. 应按一定时间间隔给药，以保持体内有效血药浓度。3. 孕妇、哺乳期妇女和肝功能受损者慎用。4. 不能与青霉素、氯霉素、林可霉素同用。5. 不直接用含盐输液溶解药物，可先用注射用水溶解后，再加入生理盐水中。6. 一般不与低 pH 的葡萄糖液配伍，在 5%~10%葡萄糖液 500ml 中添加维生素 C 注射液 1g 或 5%碳酸氢钠注射液 0.5ml 有助于药液稳定。7. 不宜肌注，因可引起剧痛。8. 片剂有吸湿性。

【制剂】片、肠溶片（有效期 3 年）：0.1g、0.125g、0.25g。栓剂：0.125g。粉针：0.25g、0.3g。软膏：1%。眼膏：0.5%。

【用法】口服：1~2g/d，儿童 30~50mg/(kg·d)，分 3~4 次吞服。塞入肛门：栓剂，用于幼儿，剂量同口服。静滴：1~2g /d，儿童 30~50mg/(kg·d)，分 3~4 次。先用注射用水 10ml 溶解，再添加到输液中（浓度应<0.1%）缓慢滴入。

**依托红霉素**　Erythromycin Estolate（无味红霉素）同红霉素。偶见肝损害。口服吸收较其他红霉素迅速、完全，耐酸，可饭前或饭后服用，油脂性食物可促进本品吸收。片（有效期 3 年）：0.125g。胶囊：0.05g、0.125g。颗粒：75mg。口服：1~2g/d，儿童 30~50mg/(kg·d)，分 3~4 次服。

**琥乙红霉素**　Erythromycin Ethylsuccinate（乙琥红霉素、利君沙、莱特新、赛能莎、科特加、治君能）

【用途、不良反应、用药护理注意】同红霉素。可饭前或饭后服用。

【制剂】片（有效期 3 年）、胶囊：0.1g、0.125g。颗粒：0.125g、0.25g。

【用法】口服：每次 0.25~0.5g，3~4 次/日，小儿 30~40mg/(kg·d)，分 3~4 次，饭前或饭后服。

**罗红霉素**　Roxithromycin（罗力得、罗利宁、罗迈新、罗福新、乐喜清、赛乐林、消历得、欣美罗、严迪、朗素、浦虹、仁苏、迈克罗德、Rolide）

【用途】呼吸道、泌尿道、皮肤、五官科等感染。

【不良反应】消化道反应、过敏反应，偶见肝功能异常。

【用药护理注意】1. 肝肾功能不全、孕妇、哺乳期妇女慎用。2. 与红霉素有交叉耐药性。3. 与牛奶同服可提高生物利用度。

【制剂】片、胶囊：150mg。分散片：75mg。颗粒：50mg。

【用法】口服：每次150mg，婴幼儿每次2.5~5mg/kg，2次/日，饭前服。

**麦迪霉素**　Midecamycin（麦地霉素、美地霉素、Medemycin）可作为红霉素的替代品，与其他大环内酯类有较密切的交叉耐药性。肠溶片、胶囊：0.1g、0.2g。口服：0.8~1.2g/d，分3~4次服。儿童30mg/(kg·d)，分3~4次服。

**乙酰麦迪霉素**　Acetylmidecamycin（美欧卡霉素、米卡霉素、Miocamycin）同麦迪霉素。无麦迪霉素的苦味，更适合儿童服用。肠溶片、干糖浆：0.2g。口服：0.6~1g/d，分3~4次服。儿童20~40mg/(kg·d)，分3~4次服。

**麦白霉素**　Meleumycin同麦迪霉素。片、胶囊：0.1g。口服：0.8~1.2g/d，分3~4次服。儿童30mg/(kg·d)，分3~4次服。

**乙酰螺旋霉素**　Acetylspiramycin（醋酰螺旋霉素）用于敏感细菌所致的扁桃体炎、中耳炎，牙科、眼科等感染。片（有效期2年）、胶囊：0.1g。口服：每次0.2~0.3g，4次/日。儿童20~30mg/(kg·d)，分4次服，可饭后服。

**克拉霉素**　Clarithromycin（甲基红霉素、甲红霉素、克红霉素、卡斯迈欣、卡碧士、克拉仙、利迈先、圣诺得、诺邦、甲力、劲克）

【用途、不良反应】同红霉素。

【用药护理注意】1. 孕妇、哺乳期妇女、12岁以下儿童、对大环内酯类过敏、心律失常、充血性心力衰竭禁用。2. 与红霉素有交叉耐药性。

【制剂】片、胶囊：0.125g、0.25g。颗粒：125mg。

【用法】口服：每次0.25g，重症每次0.5g，1次/12小时。

**阿奇霉素**　Azithromycin（阿红霉素、阿齐红霉素、维宏、希舒美、舒美特、泰力特、欣匹特、开奇、瑞奇、齐宏、AZM）

【用途】革兰阳性菌、支原体、衣原体、淋球菌、厌氧菌等引起的感染。

【不良反应】消化道反应、皮疹，偶见肝功能异常。

【用药护理注意】1. 对大环内酯类药过敏禁用，肝功能不全、孕妇、哺乳期妇女慎用。2. 若与抗酸剂合用，应在服抗酸剂前1小时或服后2小时服本品。

【制剂】片：0.125g、0.25g、0.5g。胶囊：0.25g。儿科用颗粒剂（开奇）：0.25g。粉针：0.25g、0.5g。

【用法】口服：每次 0.25g，1 次/日，连用 5 日，空腹顿服，首次加倍；或每次 0.5g，儿童 10mg/(kg·d)，1 次/日，连用 3 日。静滴：每次 0.5g，1 次/日。用注射用水 5ml 溶解后，加生理盐水或 5%葡萄糖液稀释成浓度 1~2mg/ml。

**交沙霉素** Josamycin（角沙霉素、交沙咪、Josaxin）参阅红霉素。不良反应少而轻，宜空腹服用，应整片吞服。片、胶囊：0.1g、0.2g。散剂：0.1g。口服：0.8~1.2g/d，分 3~4 次；儿童 30mg/(kg·d)，分 3~4 次服。散剂供儿童用。

**吉他霉素** Kitasamycin（柱晶白霉素、白霉素、Leucomycin）可作为红霉素的替代品，与红霉素有较密切的交叉耐药性。静脉注射可发生静脉炎。片：0.1g。粉针：0.2g。口服：每次 0.3~0.4g，3~4 次/日，饭前服。静注、静滴：每次 0.2~0.4g，2~3 次/日，静注时溶于 20ml 生理盐水或葡萄糖液中，缓慢推注。

**地红霉素** Dirithromycin 参阅红霉素，胃肠道反应较多见，半衰期长。片、胶囊：250mg。口服：每次500mg，1次/日，餐时服，片剂为肠溶，不可掰开服。

## （九）多肽类

**万古霉素** Vancomycin（稳可信、方刻林）

【用途】严重革兰阳性菌感染。

【不良反应】1. 耳毒性，耳鸣、耳聋等。2. 肾毒性。3. 过敏反应，药热、皮疹等。4. 可引起“红人综合征”。5. 药液过浓可致静脉炎。

【用药护理注意】1. 新生儿、孕妇、哺乳期妇女、肾功能不全禁用。2. 通常不作为第一线药物应用，也不用于轻度感染。3. 用药期间监测耳、肾毒性，有耳鸣者应停药。4. 严禁肌注，因可致剧烈疼痛、组织坏死，也不宜静注。5. 输液中不得添加其他药物，以免发生沉淀。6. 避免与有耳、肾毒性药物合用。

【制剂】片：0.25g（25万U）、0.5g。粉针：0.5g（50万U）。

【用法】口服（治伪膜性肠炎）：每次0.25~0.5g，4次/日。静滴：1~2g/d，儿童20~40mg/(kg·d)，分2次。先用10ml注射用水溶解药物，再加入5%葡萄糖液或生理盐水稀释成0.5%的浓度，滴注时间不少于1小时。滴注部位应经常变换。

**去甲万古霉素** Norvancomycin（去甲凡古霉素、万迅）

【用途、不良反应、用药护理注意】同万古霉素。

【制剂】粉针（有效期2年）：0.5g（进口）、0.4g。片：0.125g、0.25g。

【用法】静滴：0.8~1.6g/d，分2次给药，稀释方法和浓度同万古霉素。口服：每次0.125~0.5g，3~4次/日。

**替考拉宁** Teicoplanin（壁霉素、他格适）

【用途】严重革兰阳性菌感染。

【不良反应】皮疹、胃肠道反应、肌注区疼痛、静脉炎，耳、肾毒性少见。

【用药护理注意】1. 与万古霉素有交叉过敏反应。2. 避免与有耳、肾毒性药物合用。3. 肾功能不良者酌减量。4. 药液现配现用。

【制剂】粉针：200mg、400mg。

【用法】肌注、静注：首剂（第1日）400mg，次日起每次200mg，1次/日。

**杆菌肽** Bacitracin（枯草菌肽）仅供局部使用。含片：500U。灭菌粉剂：供外用。眼膏：2g（1000U）。软膏：8g（4000U）。含服：治咽部感染。外用：

溶于生理盐水中配成500~1000U/ml。用干粉撒布于患处：治局部感染。

**粘菌素** Colistin（硫酸粘菌素、多粘菌素E、多粘菌素、抗敌素、可立斯丁、可利迈仙、Polymyxin E）

【用途】对其他药物耐药的菌痢，外用于烧伤或外伤引起的绿脓杆菌感染。

【不良反应】1. 肾毒性：最突出和最常见。2. 神经毒性：头晕、周围神经炎、共济失调等。3. 皮疹、药物热。4. 偶见白细胞减少、肝毒性、静脉炎。

【用药护理注意】1. 孕妇慎用。2. 肾功能不全者应减量。3. 不宜与其他有肾毒性的药物和肌松剂、麻醉剂合用。

【制剂】干糖浆：1g。片：12. 5万U、25万U、50万U。灭菌粉剂：100万U（供配制外用溶液用）。

【用法】口服：片，每次50万~100万U，3次/日，空腹服。干糖浆剂，将4. 5ml水加装到1g干糖浆的瓶中或加水至瓶上标志线，充分摇匀，置冷处贮存，每次2. 5ml，3次/日，10天内用完。外用：用生理盐水将灭菌粉剂配成1万~5万U/ml，搽患处。注射剂已少用。

**多粘菌素 B**　Polymyxin B（阿罗多粘、阿如多粘）同粘菌素。毒性较大，不作首选药。粉针：50mg（50 万 U）。静滴：成人及儿童 1.5~2.5mg/(kg·d)，分 2 次，每 12 小时滴注 1 次。每 50mg 本品用 5%葡萄糖液 500ml 稀释后滴入。肌注：成人及儿童 2.5~3mg/(kg·d)，分次给药。静注致呼吸抑制，故不用。

## （十）其他抗菌抗生素

**林可霉素** Lincomycin（洁霉素、丽可胜）

【用途】骨髓炎、败血症、呼吸道感染、关节和软组织感染等。

【不良反应】1. 消化道反应。2. 皮疹、荨麻疹。3. 伪膜性肠炎。4. 氨基转移酶升高。5. 耳鸣、眩晕等。6. 白细胞、血小板减少。

【用药护理注意】1. 1 月龄以下新生儿禁用，老人、孕妇、哺乳期妇女慎用。2. 不可静注，因进药速度过快可致血压下降甚至心跳暂停。3. 不能与新生霉素、卡那霉素置于同一容器中，与红霉素有拮抗作用。4. 食物影响吸收。

【制剂】片、胶囊：0.25g、0.5g。注射液（片、胶囊、注射液有效期 2 年）、粉针：0.6g。滴眼液：3%（8ml）。

【用法】口服：每次 0.25~0.5g，3~4 次/日，空腹服。儿童 30~50mg/(kg·d)，

分 3~4 次服。肌注：每次 0.6g，2~3 次/日。静滴：每次 0.6g，溶于生理盐水或 5%葡萄糖液 100~200ml 中，滴注 1~2 小时，每 8~12 小时 1 次。

**克林霉素** Clindamycin（氯林可霉素、氯洁霉素、特丽仙、克林美、力派、达拉辛、万可宁、可欣林、健奇、Dalacin）

【用途、不良反应、用药护理注意】1. 同林可霉素。2. 作用较强，不良反应较轻。3. 不宜加入组成复杂的输液中。4. 口服吸收不受食物影响。

【制剂】片、胶囊：75mg、150mg。注射液、粉针：150mg、300mg。

【用法】口服：每次 0.15~0.3g，3~4 次/日。肌注、静滴：0.6~1.2g/d，分 2~4 次给药。肌注每次不超过 0.6g，超过此量应静滴。静滴时，每 0.6g 药物加入不少于 100ml 的输液中（即浓度＜6mg/ml），缓慢滴入（滴速＜20mg/min）。

**磷霉素** Fosfomycin（福赐美仙、复安欣）

【用途】革兰阴性菌引起的尿路、皮肤、肠道等感染，骨髓炎。

【不良反应】胃肠道反应、皮疹，静滴速度过快致静脉炎、心悸。

【用药护理注意】1. 禁钠病人不宜用，心、肾功能不全，高血压、孕妇慎用。2. 禁与钙、镁盐配伍。3. 本品加水溶解时产生溶解热，可使溶液温度升高，但不影响疗效。4. 肌注致局部疼痛和硬结，不宜肌注。

【制剂】胶囊：0.1g、0.25g。粉针：1g、2g、4g。

【用法】口服：2~4g/d，儿童 50~100mg/(kg·d)，分 3~4 次。静注、静滴：4~12g/d，儿童 100~300mg/(kg·d)，均分 2~4 次，用灭菌注射用水、5%~10%葡萄糖液、生理盐水、含乳酸钠的输液稀释。

## （十一）磺胺类和甲氧苄啶

**磺胺嘧啶 Sulfadiazine**（磺胺哒嗪、大安净、SD）

【用途】治疗流脑的首选药。

【不良反应】1. 肾损害，致结晶尿、血尿、少尿。2. 皮疹、药物热。3. 胃肠道反应。4. 粒细胞、血小板减少，再障、溶血性贫血。5. 偶见肝损害。

【用药护理注意】1. 用药前询问过敏史，与其他磺胺类有交叉过敏。2. 服药期间多饮水，每天至少 1500ml，大剂量、长期应用须同服等量碳酸氢钠。3. 注射液遇酸类可析出不溶白色结晶，故不宜用葡萄糖液稀释。4. 不宜与普鲁卡因、青霉素等药物合用，输液忌与碳酸氢钠混合。5. 定期查血象、尿常规。

【制剂】片：0.5g。注射液、粉针：0.4g、1g。软膏：5%、10%。

【用法】口服：首次 2g，维持量每次 1g，2 次/日。儿童 30~50mg/(kg·d)，分 2 次。静注、静滴：每次 1~1.5g，3~4 次/日。用灭菌注射用水或生理盐水稀释，静注浓度应低于 5%，静滴浓度约为 1%。

**磺胺甲噁唑** Sulfamethoxazole（磺胺甲基异噁唑、新诺明、SMZ）用于呼吸道、尿路感染。较易出现结晶尿。片：0.5g、1g。口服：首剂：2g，以后每次 1g，2 次/日。

**复方磺胺甲噁唑** SMZ-TMP（复方新诺明、百炎净、菌特灵、SMZco）参阅磺胺嘧啶。片：含 SMZ0.4g、TMP0.08g。儿童片：含 SMZ0.1g、TMP0.02g。口服：2 片/次，2 次/日，首剂加倍，早饭及晚饭后服。儿童酌减。

**甲氧苄啶** Trimethoprim（甲氧苄氨嘧啶、抗菌增效剂、TMP）易引起耐药，不宜单独使用，与磺胺药合用具有协同作用。严重肝、肾疾病，血液病、孕妇、新生儿、早产儿禁用。片：0.1g、0.2g。口服：每次 0.1~0.2g，2 次/日。

**磺胺嘧啶银** Sulfadiazine Silver（烧伤宁、SD-Ag）防治烧伤创面感染。软膏、乳膏：1%~2%。有轻微刺激性，局部应用前将创面清洗干净，药物污染衣物不易洗去。局部涂于创面或制成油纱布敷用，1~2日换药1次。

## （十二）喹诺酮类

**诺氟沙星** Norfloxacin（氟哌酸、力醇罗、淋克星、哌克利、灭菌乐尔）

【用途】呼吸道、泌尿道、肠道、五官科、妇科、外科、皮肤等感染。

【不良反应】1. 胃肠道反应。2. 皮疹、皮肤瘙痒等。3. 头晕、头痛。4. 周围神经刺激症状，四肢皮肤针扎感或有轻微灼热感。5. 氨基转移酶升高。

【用药护理注意】1. 对喹诺酮类过敏禁用，因可影响软骨发育，故儿童、孕妇、哺乳期妇女禁用，肝、肾功能不全慎用。2. 不与抗酸药、抗胆碱药和碱性药物同服，因影响本药吸收。3. 宜空腹服，并多饮水。

【制剂】片、胶囊：0.1g、0.2g。诺氟沙星葡萄糖注射液：0.1g（100ml）、0.2g（100ml）。滴眼液：8ml（24mg）。软膏、乳膏：1%。

【用法】口服：每次0.1~0.2g，3~4次/日，空腹服。静滴：每次0.2~0.4g，1次/12小时。外用：治细菌性皮肤病，用软膏或乳膏涂患处，2~3次/日。

**氧氟沙星** Ofloxacin（氟嗪酸、奥复欣、泰利必妥、康泰必妥、赞诺欣、盖洛仙、竹安新、昂迪尔、奥卫特、福达生、信得妥、氧威、安利、OFLX）

【用途】同诺氟沙星，也可治疗结核病，中耳炎、外耳道炎（用滴耳剂）。

【不良反应、用药护理注意】同诺氟沙星。滴耳剂可用于儿童。

【制剂】片、胶囊：0.1g、0.2g。注射液：0.2g/100ml、0.4g/100ml（可直接输注），0.4g/10ml（用前需稀释）。滴耳剂、滴眼剂（安利）：0.3%（5ml）。

【用法】口服：0.2~0.6g/d，分早晚两次服。抗结核0.3g/d，顿服。静滴：每次0.4g，2次/日。用生理盐水、林格液或5%葡萄糖溶液稀释成2mg/1ml。

**左氧氟沙星** Levofloxacin（左旋氧氟沙星、左旋氟嗪酸、左氟沙星、可乐必妥、希普克定、丽珠强派、来立信、左福星、利复星、正康）

【用途】同氧氟沙星，作用较强。

【不良反应、用药护理注意】同氧氟沙星，不良反应发生率较低。

【制剂】片、胶囊：0.1g。注射液：0.1g（100ml）。粉针：0.1g。

【用法】口服：每次 0.1~0.2g，2~3 次/日。抗结核 0.2~0.3g/d，顿服。静滴：每次0.1~0.2g，2次/日。

**环丙沙星**　Ciprofloxacin（环丙氟哌酸、丙氟哌酸、希普欣、悉普欣、悉复欢、悉普拉、特美力、环福星、西普乐、曼舒林、适谱灵、瑞康、CFLX）

【用途、不良反应、用药护理注意】同诺氟沙星。可与食物同服。

【制剂】片：0.25g、0.5g、0.75g。注射液：0.1g（50ml）、0.2g（100ml）。粉针：0.2g。凝胶：0.3%。软膏（瑞康）：0.3%（10g）。滴耳剂：0.3%。

【用法】口服：每次 0.25g，2 次/日，重症加倍。静滴：每次 0.1~0.2g，2 次/日。静滴用等渗氯化钠或葡萄糖液稀释，滴注 30 分钟以上。外用：涂于患处，2~3 次/日。

**氟罗沙星**　Fleroxacin（多氟哌酸、多氟沙星、多米特定、辰龙罗欣、天方罗欣、麦佳乐杏、喹诺敌、沃尔得、洛菲、芙璐星、福路新、FLX）

【用途】呼吸道、泌尿道、腹腔、妇科、眼科、口腔、皮肤软组织等感染。

【不良反应】同诺氟沙星，不良反应发生率较低。

【用药护理注意】1. 对喹诺酮类过敏、18 岁以下、孕妇、哺乳期妇女禁用。2. 忌与生理盐水和葡萄糖盐水并用。3. 不宜与其他药物混合使用。4. 含镁、铝抗酸药使本品口服吸收减少。5. 可致光敏性皮炎，用药期间避免日晒。

【制剂】片：0.1g、0.2g。胶囊（多米特定）：0.1g。粉针：50mg、100mg。注射液：100mg（10ml）、200mg（2ml、5ml）。氟罗沙星葡萄糖注射液（辰龙罗欣）：100ml，含氟罗沙星200mg、葡萄糖5g。

【用法】口服：每次0.2~0.3g，1次/日。静滴：每次0.2~0.4g，1次/日，用5%葡萄糖液250~500ml稀释后慢滴。

**培氟沙星** Pefloxacin（甲氟哌酸、培福新、维宁佳、威力克、丽科服、达福明、培洛克、倍宁、倍泰）

【用途】泌尿道、肠道、胆道、呼吸道、皮肤感染，脑膜炎、骨髓炎等。

【不良反应】同诺氟沙星。胃肠道反应较多见，易诱发精神分裂症和癫痫。

【用药护理注意】1. 同诺氟沙星。2. G-6-PD缺乏、孕妇、哺乳期妇女和儿童禁用，有中枢神经系统疾病者慎用。3. 不与氯化钠或其他含氯离子的溶液配伍。4. 可致光敏性皮炎，用药期间避免日晒。

【制剂】片：0.2g、0.4g。粉针：0.2g、0.4g。注射液：0.4g（5ml）。

【用法】口服：首次0.8g，以后每次0.4g，早晚2次进餐时服。静滴：每次0.2~0.4g，以5%葡萄糖液250ml稀释后避光慢滴，2次/日。

**洛美沙星** Lomefloxacin（罗美沙星、罗氟沙星、洛美灵、美西肯、丽珠美欣、洛美巴特、力多星、洛威、多能、Lomebact）

【用途、不良反应、用药护理注意】1. 同诺氟沙星。2. 作用较强。3. 孕妇、哺乳期妇女和 18 岁以下儿童禁用。

【制剂】片、胶囊：0.1g、0.2g。注射液：0.2g（100ml）。薄膜衣片：0.4g。

【用法】口服：每次 0.1~0.2g，2~3 次/日；或每次 0.4g，1 次/日。静滴：每次 0.2g，2 次/日，每 0.1g 用 5%葡萄糖液或生理盐水 60~100ml 稀释。

**依诺沙星** Enoxacin（氟啶酸、福禄马、克尔林、洛克迪、复克、诺佳、ENX）同诺氟沙星。口服吸收不受食物影响。片、胶囊：0.1g、0.2g。注射液：0.2g（100ml）。口服：每次 0.2~0.3g，2 次/日。静滴：每次 0.2g，2 次/日。

**芦氟沙星** Rufloxacin（卡力、赛孚、Qari）参阅诺氟沙星。用于呼吸道、尿路等感染。半衰期长，致胃肠道反应，偶见皮疹、肌肉炎、跟腱水肿。胶囊：0.1g。片：0.2g。口服：首次 0.4g，以后每次 0.2g，1 次/日，早餐后服。

**托氟沙星** Tosufloxacin（多氟啶酸、妥舒沙星、妥磺沙星、托磺沙星、三氟沙星、赐尔泰、诺力思）参阅诺氟沙星。广谱，作用较强。片：75mg、150mg。口服：每次150mg，2~3次/日。

**司氟沙星** Sparfloxacin（司帕沙星、司巴沙星、海正立特、司巴乐、巴沙）参阅诺氟沙星。长效、广谱，作用较强，可治结核病，光敏性皮炎发生率较同类药高。片、胶囊：0. 1g。口服：0. 2~0. 3g/d，分1~2次。

**加替沙星** Gatifloxacin（替昆、天坤、利欧、Tequin）参阅诺氟沙星。广谱，作用较强，口服吸收不受食物影响，含铁、铝、镁制剂可降低本品生物利用度。片：0. 2g、0. 4g。注射液：0. 2g（20ml、100ml）、0. 4g（40ml、200ml）。口服：0. 2~0. 4g/d，1次/日。静滴：每次0. 4g，1次/日，滴注1小时以上。

**莫西沙星** Moxifloxacin（莫昔沙星、拜复乐）参阅诺氟沙星。作用较强，基本上无光敏性皮炎，口服含铁、铝、镁制剂可降低本品生物利用度。片：0. 2g、0. 4g。口服：每次0. 2g，2次/日；或每次0. 4g，1次/日。

**吉米沙星** Gemifloxacin 参阅诺氟沙星。作用较强，不良反应很少发生且症状轻微。片：160mg。口服：320~640mg/d，分 2 次。

### （十三）其他抗微生物药

**呋喃妥因** Nitrofurantoin（呋喃坦啶、硝呋妥因、Furadantin）

【用途】敏感菌所致的泌尿系统感染。

【不良反应】1. 胃肠道反应较常见。2. 过敏反应。3. 周围神经炎、咳嗽。

【用药护理注意】1. 孕妇、新生儿、G-6PD 缺陷者禁用，老人、肾功能不全者慎用。2. 不宜与碱性药物同用。3. 用药期间忌饮酒。

【制剂、用法】肠溶片：0. 05g、0. 1g。口服：空腹，每次 0. 1g，3~4 次/日。

**呋喃唑酮** Furazolidone（痢特灵）

【用途】菌痢、霍乱、伤寒、副伤寒、阴道滴虫病、尿路感染等。

【不良反应】胃肠道反应、皮疹、多发性神经根炎、头痛、溶血性贫血等。

【用药护理注意】1. 对本品过敏、新生儿、G-6PD 缺陷者禁用，老人慎用。2. 服药后尿呈深黄色。3. 用药期间忌食富含酪胺的食物（如腌鱼、扁豆、牛奶、啤酒、红葡萄酒等）、不宜饮酒。

【制剂、用法】片：0.05g、0.1g。口服：每次0.1g，3~4次/日。

**小檗碱** Berberine（黄连素）用于肠道感染等。偶致恶心、呕吐、皮疹。片：0.1g。口服：每次0.1~0.3g，3~4次/日。

## （十四）抗结核病药

**异烟肼** Isoniazid（雷米封、INH、Rimifon）

【用途】治疗结核病的首选药。

【不良反应】1. 胃肠道反应：恶心、呕吐、腹痛、便秘等。2. 肝损害。3. 周围神经炎。4. 中枢神经系统紊乱：头痛、失眠等。5. 血液系统症状：贫血，白细胞、血小板减少。6. 内分泌失调。7. 皮疹、药热等。

【用药护理注意】1. 用药期间定期查肝、肾功能。2. 大剂量用药时可口服维生素 $B_6$ 防治神经系统反应。3. 肝、肾功能减退、精神病、癫痫患者及孕妇慎用。4. 不宜与抗酸药同服。5. 用药期间避免饮酒。

【制剂】片：0.05g、0.1g、0.2g。注射液：0.1g（2ml）。粉针：0.1g。

【用法】口服：0.3g/d，空腹顿服，或每次0.6~0.8g，2次/周。儿童10~20mg/(kg·d)，顿服或分3次服，不超过300mg/d。静注、静滴：每次0.3~0.6g，1次/日，加5%葡萄糖液或生理盐水20~40ml慢注，或加入250~500ml输液中滴入。

**利福平** Rifampicin（力复平、甲哌利福霉素、威福仙、利米定、仙道伦、RFP、Rifampin）

【用途】一线抗结核药，也可用于厌氧菌感染，外用治沙眼等。

【不良反应】1. 胃肠道反应。2. 肝功能损害。3. 血小板减少、嗜酸粒细胞增多。4. 头痛、脱发、蛋白尿、心律失常、低血钙等。

【用药护理注意】1. 肝功能不全、胆道阻塞、怀孕 3 个月以内禁用，婴儿、怀孕 3 个月以上慎用。2. 用药期间定期检查肝功能。3. 应事先告诉病人，用药后尿、粪、痰、汗、泪液等排泄物被染成橘红色。4. 可降低避孕药作用。

【制剂】片、胶囊（有效期 2 年）：0.1g、0.15g、0.3g、0.45g、0.6g。滴眼剂：0.1%（8ml）。

【用法】口服：每次 0.45~0.6g，1 次/日，早饭前服，疗程半年左右。1~12 岁儿童每次 10mg/kg，2 次/日，空腹服。滴眼：治沙眼、结膜炎。

**链霉素 Streptomycin（SM）**

【用途】结核病，也可用于鼠疫及其他敏感菌所致的感染。

【不良反应】1. 损害第八对脑神经，出现眩晕、头痛、耳鸣、耳聋等。2. 肾毒性。3. 神经肌肉阻滞作用，引起面部、口唇、四肢麻木等。4. 过敏性休克发生率较青霉素低，但死亡率较高。

【用药护理注意】1. 用药前应进行皮试，但皮试阳性率较低，与临床上发生过敏反应的符合率不高，不能过于信赖。2. 孕妇禁用，老年人和慢性肾功能不全者慎用。3. 出现不良反应要及时停药。4. 不宜静注。

【制剂】粉针（有效期3年）：0.75g、1g、2g。注射液：0.5g（2ml）。

【用法】肌注：治疗结核，0.75~1g/d，分1~2次，临用前用灭菌注射用水适量使溶解。60岁以上老年人每次0.5g，1次/日，或每次0.75g，1次/隔日。治疗一般感染，每次0.5g，2次/日。静滴：0.5~1g/d，溶于等渗液500~1000ml中。

**对氨基水杨酸钠 Sodium Aminosalicylate**（对氨柳酸钠、派斯钠、PAS-Na）

【用途】二线抗结核药，与其他药物联用。

【不良反应】胃肠反应、发热、皮疹、肝肾功能损害等。

【用药护理注意】1. 能干扰利福平的吸收，两药同用时给药间隔时间最好6~8小时。2. 药液遇光易变色，滴瓶外面用黑纸遮光，如药液变色则不宜用。

【制剂】片：0.5g。粉针：2g、4g、6g。

【用法】口服：每次2~3g，4次/日，饭后服，小儿200~300mg/（kg·d），分4次。静滴：现已少用。

**帕司烟肼 Pasiniazid**（对氨基水杨酸异烟肼、力排肺疾、结核清、百生肼）

【用途】各种结核病。

【不良反应】头晕、头痛、多发性神经炎、精神错乱、肝功能损害、皮疹。

【用药护理注意】1. 肝、肾功能不全、精神病、癫痫、孕妇慎用。2. 用药期间定期查肝功能。3. 用药期间不宜饮酒、驾驶车辆。4. 不宜与抗酸药同服。

【制剂、用法】片：100mg。口服：每次200mg，3次/日，连用3个月。

**乙胺丁醇 Ethambutol**（肺敌平、盐酸乙胺丁醇、EMB）

【用途】一线抗结核药，常与其他抗结核药联用。

【不良反应】消化道反应、球后视神经炎、肝肾功能损害、皮炎等。

【用药护理注意】1. 乙醇中毒、糖尿病、婴幼儿禁用。2. 用药期间每月检查视力，告知病人有视力或色觉改变立即就诊。3. 氢氧化铝能减少本品吸收。

【制剂、用法】片、胶囊：0.25g。口服：0.75g/d，1次/日。

**利福定** Rifandin（异丁哌利福霉素）同利福平。治结核病、麻风病。用药期间定期查血、尿常规和肝、肾功能，服药后有尿液黄染现象。胶囊：75mg、150mg。滴眼剂：0.05%。口服：150~200mg/d，儿童3~4mg/kg，早晨空腹顿服。

**利福喷丁** Rifapentine（环戊哌利福霉素、环戊哌利福喷丁、迪克菲）同利福平。肝功能不良、孕妇禁用，服药后排泄物被染成橙色。片、胶囊：0.15g、0.2g、0.3g。口服：每次0.6g，1次/周，必要时，2次/周，应空腹服。

**利福霉素钠** Rifamycin Sodium（利福霉素SV、力复霉素、立复欣）用于不能口服的结核病人和耐药金葡菌引起的胆道、呼吸道、泌尿道等感染。服药后排泄物被染成红色，肌注局部疼痛或硬结。粉针：0.25g、0.5g。注射液：0.25g（5ml）/供静滴用；0.125g（2ml）/供肌注用。肌注：每次0.25g，2~3次/日。缓慢静注：每次0.5g，2~3次/日。小儿10~30 mg/(kg·d)。

**吡嗪酰胺** Pyrazinamide（异烟酰胺、PZA）常与其他抗结核药联用。致肝功能损害、痛风样关节炎、皮疹、胃肠反应等，个别患者引起光敏现象，皮肤暴露部位呈红棕色到古铜色，停药后可恢复。肝功能不全、痛风、孕妇禁用，定期查肝功能和血清尿酸。片：0.25g、0.5g。口服：每次0.25~0.5g，3次/日。

**卷曲霉素** Capreomycin（卷须霉素）作用和不良反应与链霉素相似。用于链霉素、异烟肼等治疗无效的病例。肌注部位可出现痛性硬结，孕妇、儿童禁用。粉针：0.5g、1g。深部肌注：0.75~1g/d，分2次给药。用灭菌注射用水或生理盐水2ml溶解药物，振摇2~3分钟至完全溶解后应用。

**氨硫脲** Thioacetazone（氨苯硫脲、替比昂、$TB_1$）二线抗结核药，也可治麻风病。胃肠反应、肝损害等不良反应较多，只适用于住院病人，贫血、肝肾疾病、糖尿病忌用。片：25mg。口服：每次25mg，2~3次/日。

**利福平-异烟肼-吡嗪酰胺 Rifampicin-Isoniazid-Pyrazinamide**（卫非特、菲苏、Rifater）用于结核病短程化疗强化期，规则用药 2~3 个月。片：复方糖衣片，含利福平 120mg + 异烟肼 80 mg + 吡嗪酰胺 250mg。体重 30~39kg 者：3 片/日，体重 40~49kg 者：4 片/日，体重 50kg 以上者：5 片/日，早餐前空腹 1 次口服。

**利福平-异烟肼 Rifampicin-Isoniazid**（卫非宁、菲亭、Rifinah）用于结核病短程化疗继续期。片：卫非宁 150（含利福平 150mg +异烟肼 100 mg）、卫非宁 300（含利福平 300mg + 异烟肼 150 mg）。体重小于 50kg 者：用卫非宁 150，每次 3 片；体重 50kg 及以上者：用卫非宁 300，每次 2 片，均空腹 1 次口服。

**卡那霉素、阿米卡星**（见氨基糖苷类 P49）

**氧氟沙星、左氧氟沙星、环丙沙星、司氟沙星**（见喹诺酮类 P71、72、75）

## （十五）抗麻风病药

**氨苯砜 Dapsone**（二氨二苯砜、DDS）

【用途】治麻风病首选药，也可治疗扁平疣、痤疮等。

【不良反应】1. 常见恶心、呕吐，偶见头痛、头晕、心动过速等。2. 粒细胞减少，溶血性贫血等。3. “麻风反应”。4. 偶见中毒性精神病、周围神经炎。

【用药护理注意】1. G-6-PD 缺乏者禁用，孕妇、贫血、溃疡病、有精神病史者慎用。2. 长期服药者须补充铁剂、维生素 $B_{12}$。3. 治疗从小剂量开始逐渐增量。4. 有严重反应立即停药。5. 定期查肝、肾功能及血象。

【制剂】片：50mg、100mg。

【用法】口服：治麻风病，开始 12. 5~25mg/d，以后逐渐加量到 100mg/d，分 2 次服，因有蓄积作用，故服药 6 日停药 1 日，每服药 10 周停药 2 周。

**醋氨苯砜**　Acedapsone（二乙酰氨苯砜、DADDS）用于各型麻风病。初次注射疼痛明显，连续用药可减轻。油注射液：0. 225g（1. 5ml）、0. 3g（2ml）。肌注：每次 0. 225g，每 60~75 天一次，疗程数年，用前振摇均匀，用粗针头注射。

**氯法齐明**　Clofazimine（克风敏）有胃肠反应，进食时服药可减轻。使皮肤、尿、痰等红染。胶囊：50mg、100mg。口服：每次 100mg，2~6 次/周。

## （十六）抗真菌药

**克霉唑** Clotrimazole（氯三苯甲咪唑、三苯甲咪唑、氯曲马唑、凯妮汀）

【用途】主要用于浅表真菌感染。

【不良反应】外用偶见局部炎症。

【用药护理注意】因毒性较大且吸收不规则，片剂口服已很少用。

【制剂、用法】阴道片（凯妮汀）：0.5g，附投药器一支。栓剂：0.15g。霜剂、软膏剂：1%、3%。外用药膜：50mg。口腔药膜：40mg。外用于局部。

**酮康唑** Ketoconazole（酮基咪唑、里素劳、尼唑拉、显克欣、采乐）

【用途】浅表和深部真菌感染。

【不良反应】1. 血清转氨酶增高、偶见严重肝毒性。2. 胃肠道反应。3. 抑制睾丸素和肾上腺皮质激素合成。4. 过敏反应。

【用药护理注意】1. 有肝病史者、孕妇、哺乳期、1 岁以下禁用，生育期男性慎用。2. 抗酸药、抗胆碱药和 $H_2$ 受体阻滞剂减少本品吸收，故不宜合用，或至少在服用本药 2 小时后再用。3. 禁与肝毒性药物同用，用药期间禁酒。

【制剂】片、胶囊：0.2g。混悬液：2%。霜剂：2%。洗剂：50ml（2%）。

【用法】口服：0.2g/d，进餐时顿服。儿童 1~4 岁，50mg/d，5~12 岁，100mg/d，顿服。外用：洗剂。

**复方酮康唑软膏**（皮康王）：含酮康唑 1%、丙酸氯倍他索 0.05%。治疗皮肤和指甲癣等浅部真菌感染、接触性皮炎等。外用。

**咪康唑 Miconazole**（双氯苯咪唑、霉可唑、密康唑、达克宁、Monistat）

【用途】浅表和深部真菌感染。

【不良反应】1. 静滴可引起寒战、发热、静脉炎、贫血等，滴速过快可致心律紊乱。2. 胃肠道反应。3. 偶见过敏反应。

【用药护理注意】1. 孕妇、1 岁以下儿童禁用。2. 静滴前必须稀释药液，滴速应慢。3. 因可致心跳骤停，应在住院严密观察下用药。4. 不能与组成复杂的输液配伍。5. 栓剂应除去白色裹膜，取出栓剂，放入阴道深处。

【制剂】片、胶囊：0.25g。注射液：0.2g（20ml）。霜剂、软膏：2%。阴道栓剂（达克宁栓）：0.1g、0.2g。

【用法】口服：每次 0.25~0.5g，0.5~1g/d。静滴：0.8~1.2g/d，分 3 次给药，用生理盐水或 5%葡萄糖液稀释。阴道栓剂：每晚 1 粒插入阴道深处。

**氟康唑** Fluconazole（大扶康、三维康、麦道氟康、麦尼芬、Diflucan）

【用途】广谱，念珠菌、隐球菌及霉菌等感染。

【不良反应】恶心、腹痛、头痛、皮疹，偶见肝、肾功能损害。

【用药护理注意】孕妇、哺乳期妇女、老人、儿童和肾功能不全者慎用。

【制剂】片、胶囊：0. 05g、0. 1g、0. 15g。注射液：0. 1g（50ml）、0. 2g（100ml）。

【用法】口服、静滴：50~400mg/d，1 次/日。静滴速度约为 200mg/h。

**依曲康唑** Itraconazole（依他康唑、伏康唑、斯皮仁诺、美扶）

【用途】广谱，皮肤、黏膜、内脏真菌感染。

【不良反应】胃肠道反应、头痛、白细胞减少，长疗程可致低血钾、肝炎。

【用药护理注意】1. 儿童、孕妇禁用。2. 定期查肝功能和血常规。3. 同酮康唑。

【制剂】片：0. 05g、0. 1g、0. 2g。胶囊：0. 1g、0. 2g。

【用法】口服：0. 1~0. 2g/d，餐时顿服，连用 1 周~3 个月，视病情而定；或每次 0. 2g，2 次/日，进餐时服，连服 7 日，停药 21 日为 1 疗程。

**两性霉素B　Amphotericin B**（庐山霉素、节丝霉素B）

【用途】深部真菌感染。

【不良反应】毒性较大。1. 肾毒性。2. 静滴可致寒战、高热、血栓性静脉炎等，静滴速度过快可引起心律紊乱、心跳骤停。3. 低钾血症。4. 白细胞减少、贫血等。5. 肝毒性。6. 局部刺激作用。7. 过敏反应。

【用药护理注意】1. 孕妇禁用，肝、肾功能不良者慎用。2. 定期查血、尿常规和肾功能、电解质、心电图。3. 静滴速度应缓慢，每次滴6小时以上。4. 药液应现配现用，不用氯化钠溶液配制，因可产生沉淀。5. 15℃以下避光保存，用药过程中输液器最好用黑纸遮光。6. 静滴液如漏出血管外，引起局部炎症时，用5%葡萄糖液抽吸冲洗，也可加少量肝素钠注射液于冲洗液中。

【制剂】粉针：5mg（5000U）、10mg、25mg、50mg。栓剂：25mg。滴眼液：0.25%。眼膏：1%。

【用法】静滴：开始剂量 1~2mg，逐日增大到 1 mg/(kg·d)，每日或隔日 1 次。临用前用灭菌注射用水适量使溶解，再加入 5%葡萄糖注射液中，浓度不超过0.1mg/ml，滴速通常为1~1.5ml/min。阴道用药：栓剂25mg。

**灰黄霉素** Griseofulvin（护维辛、Fulvicin）用于头癣、严重体股癣等。致胃肠道反应等，毒性较大，不宜长期使用，孕妇禁用，肝功能不全慎用，用药期间禁酒。片：0.1g、0.125g、0.25g。胶囊：0.25g。口服：每次 0.2~0.25g，4 次/日，饭后服，油类食品有助于吸收。

**制霉菌素** Nystatin（米可定、一天半）用于阴道及体表真菌感染。阴道局部应用可致白带增多。片：50U。软膏、栓剂、米可定阴道泡腾片：10 万 U。口服：治消化道念珠菌病，每次 50 万~100 万 U，3~4 次/日。阴道塞药：阴道泡腾片、栓剂，每次 10 万 U，1 次/日。局部涂软膏：治皮肤念珠菌病。

**美帕曲星** Mepartricin（甲帕霉素、克霉灵、美帕欣）用于生殖道及生殖道以外真菌感染和阴道或肠道滴虫病。致胃肠道反应，孕妇、儿童禁用。片：5 万 U。阴道片：2.5 万 U。口服：每次 10 万 U，2 次/日，饭后服，3 天为一疗程。

**曲古霉素** Hachimycin（Trichomycin）肠道或皮肤粘膜真菌感染，念珠菌阴道炎。片：5 万 U。泡沫片（外用）：10 万 U。栓剂：5 万 U、10 万 U。口服：每次

5万~10万U，4次/日。阴道栓：每晚1粒，用10天。

**特比萘芬** Terbinafine（三并萘芬、兰美抒、疗霉舒）

【用途】手足癣、体癣等浅表真菌感染。

【不良反应】致胃肠道反应、皮疹，罕见味觉改变、肝胆功能损害。

【用药护理注意】1. 孕妇、哺乳期妇女、2岁以下禁用。2. 出现发热、尿色变深、粪便脱色或黄疸应立即停用。3. 霜剂应避免接触眼睛。

【制剂】片：125mg、250mg。霜剂：1%。

【用法】口服：250mg/d，疗程2~6周。外用：霜剂涂抹，用前清洁患处。

**氟胞嘧啶** Flucytosine（5-氟胞嘧啶、安确治、5-FC）用于深部真菌感染。与两性霉素 B 合用可增强疗效。孕妇、肝肾功能不全者慎用，定期查肝肾功能和血常规。片：0. 25g、0. 5g。注射液：2. 5g（250ml）。口服：每次1~1. 5g，4次/日。静滴：50~150 mg/(kg · d)，分2~3次。

**联苯苄唑、益康唑、益康唑/曲安奈德**（见皮肤科用药，P544~545）

## （十七）抗病毒药

**利巴韦林** Ribavirin（三氮唑核苷、病毒唑、威乐星、威力宁、威利宁、康立多、奥得清、华乐沙、同欣、Virazole）

【用途】流感、流行性出血热、腺病毒肺炎、甲型和丙型肝炎等。

【不良反应】1. 胃肠道反应。2. 致畸、致突变作用。3. 低血压、结膜炎，大剂量（包括滴鼻）致心脏损害、贫血。4. 有呼吸道疾患可致呼吸困难。

【用药护理注意】1. 孕妇禁用，老人、肝功能不全慎用。2. 静滴应缓慢。

【制剂】片：0.1g。含片：50mg。注射液：0.1g（1ml）。滴眼液：8mg（8ml）。滴鼻液：0.5%。口服液（威乐星）：0.15g（5ml）、0.3g（10ml）。

【用法】口服：0.8~1g/d，分 3~4 次服。小儿 10~15mg/(kg · d)，分 4 次服。肌注、静滴：10~15 mg/(kg · d)，分 2 次慢滴。滴鼻：防治流感，用 0.5%溶液（等渗氯化钠溶液配制），1 次/1 小时。

**阿昔洛韦** Aciclovir（无环鸟苷、舒维疗、爱尔新、甘泰、丽珠克毒星）

【用途】单纯疱疹病毒的皮肤或粘膜感染，带状疱疹病毒感染、乙肝等。

【不良反应】1. 胃肠道反应。2. 轻度肝损害。3. 贫血、血小板减少。4.

一时性血清肌酐升高、血尿、皮疹、头痛。5. 注射部位发炎、坏死或静脉炎。

【用药护理注意】1. 肾功能不良者、孕妇、哺乳期妇女慎用。2. 静滴应缓慢，切忌药物外漏，不可肌注、皮下注射或快速静注。3. 输液时必须给予充足水分，以减少对肾脏的影响。4. 定期查肾功能。5. 药液稀释后应立即使用。6. 外用霜剂致局部烧灼感或疼痛，可耐受，不必停药。

【制剂】片、胶囊（有效期暂定 2 年）：0.2g。粉针：0.25g、0.5g。滴眼液：0.1%。眼膏、软膏：3%。

【用法】口服：每次 0.2g，5 次/日，疗程 5~10 日。静滴：每次 5mg/kg，加入输液中滴注 1 小时以上，1 次/8 小时，连用 7 日。12 岁以下每次 250mg/m$^2$。外用：软膏。

**更昔洛韦** Ganciclovir（甘昔洛伟、丙氧鸟苷、赛美维、丽科伟、GCV）

【用途】艾滋病及其他免疫功能低下并发的巨细胞病毒感染症。

【不良反应】1. 骨髓抑制。2. 影响精子形成。3. 发热、皮疹、静脉炎。

【用药护理注意】1. 孕妇、哺乳期妇女禁用，小儿慎用。2. 男、女性用药期间和男性用药后 90 天内应避孕。3. 有致突变作用，应避免吸入或与皮肤粘膜接触。4. 不与其他致骨髓抑制或肾功能不全的药物合用。5. 不与其他药液混合。

【制剂】胶囊：0.25g。注射液、粉针：0.25g、0.5g。滴眼液：0.1%。

【用法】静滴：每次 5mg/kg，配制溶液浓度<10mg/ml，1 次/12 小时。

**伐昔洛韦** Valaciclovir（万乃洛韦、明竹欣、丽珠威、VACV）用于带状疱疹及生殖器疱疹病毒感染。不良反应同阿昔洛韦，但较轻，孕妇禁用，儿童慎用。片：0.3g。口服：每次 0.3g，2 次/日，饭前空腹服，服药期间多饮水。

**泛昔洛韦** Famciclovir（法昔洛韦、凡乐、丽珠风、泛维尔、海正韦克、FCV）治带状疱疹、生殖器疱疹、乙型肝炎。肝肾功能损害、孕妇、儿童禁用。片：0.125g、0.25g。口服：每次 0.125~0.25g，3 次/日。治乙肝，每次 0.25~0.5g，3 次/日，用 8 周。

**喷昔洛韦** Penciclovir（丽科爽、夫坦、PCV）

【用途】疱疹病毒引起的病毒性皮肤病（如口唇、面部单纯疱疹）。

【不良反应】用药局部暂时性灼热感、刺痛、瘙痒，高浓度有致突变作用。

【用药护理注意】1. 严重免疫功能缺陷和孕妇、哺乳期妇女、儿童应在医生指导下使用。2. 因有刺激作用，本品勿用于粘膜、眼内和眼周围。

【制剂、用法】乳膏：1%（10g）。外用：涂患处，4~5次/日。

**依非韦伦** Efavirenz（施多宁、Stocrin）治Ⅰ型人类免疫缺陷病毒（HIV-1）感染。致皮疹、恶心、眩晕、失眠等，肝功能不全、孕妇、哺乳期妇女、3岁以下慎用，不与阿司咪唑、特非那定、三唑仑、西沙必利等合用，避免高脂饮食。胶囊：50mg、100mg、200mg。口服：每次600mg，1次/日，临睡前吞服。

**茚地那韦** Indinavir（佳息患）

【用途】Ⅰ型人类免疫缺陷病毒（HIV-1）感染。

【不良反应】消化道反应、头痛、药疹、味觉改变、肝功能异常、肾结石。

【用药护理注意】1. 哺乳期禁用，孕妇慎用。2. 不与酮康唑、阿司咪唑、特非那定、三唑仑、西沙必利等合用。3. 用药期间每天至少饮用1500ml液体。

【制剂】胶囊：0.2g、0.4g。

【用法】口服：每次0.8g，3次/日，饭前1h或饭后2h用水或饮料送服。

**奥司他韦** Oseltamivir（达菲）用于流行性感冒。致恶心、呕吐、头痛、失眠等，孕妇、哺乳期妇女、儿童、肾功能不全慎用。胶囊：75mg。口服：每次75mg，2次/日，连用5日。

**阿巴卡韦**　Abacavir（阿波卡韦、赛进、Ziagen）治Ⅰ型人类免疫缺陷病毒（HIV-1）感染。致恶心、乏力、头痛、腹泻、嗜睡、过敏反应等，对本品过敏禁用，乙醇使本品血药浓度升高。片：300mg。口服液：20mg/ml，24ml。口服：每次300mg，儿童每次8mg/kg，2次/日，可在进食或不进食时服。

奈韦拉平 Nevirapine（维乐命）

【用途】Ⅰ型人类免疫缺陷病毒（HIV-1）感染。

【不良反应】严重皮肤反应、肝功能异常、发热、头痛、恶心、嗜睡等。

【用药护理注意】1. 肝、肾功能低下慎用。2. 若红斑严重或伴发热、全身不适等症状，应立即停药。3. 如果漏服应尽快服下一次药，但不要加倍服用。

【制剂】片：200mg。

【用法】口服：每次200mg，1次/日，连用14日后改为2次/日。

**齐多夫定 Zidovudine**（叠氮胸苷、克度、AZT）

【用途】获得性免疫缺陷综合征（AIDS）。

【不良反应】1. 骨髓抑制。2. 味觉改变、唇舌肿胀。3. 肝功能异常。

【用药护理注意】1. 对本品过敏、孕妇，肝、肾功能不良禁用。2. 定期查血象。3. 避免与有肝、肾或骨髓毒性药物合用。4. 不与阿昔洛韦联用，因可引起神经系统毒性。5. 长期应用可产生耐药性。

【制剂】片、胶囊：0.1g。注射液：0.2g（10ml）。

【用法】口服、静滴：每次 0.2g，1 次/4~8 小时，滴注 1 小时以上。

**拉米夫定 Lamivudine**（贺普丁）

【用途】乙型肝炎、获得性免疫缺陷综合征（AIDS）。

【不良反应】恶心、头痛、身体不适、腹痛、腹泻。

【用药护理注意】1. 对本品过敏、孕妇禁用，目前尚无 16 岁以下疗效和安全性资料。2. 停药后肝炎病情可能加重。3. 治疗期间仍须防交叉感染。

【制剂、用法】片：0.1g、0.15g。口服：乙型肝炎，每次 0.1g，1 次/日，疗程 12 周。艾滋病，每次 0.15g，2 次/日。

**司坦夫定** Stavudine（赛瑞特、沙之）用于Ⅰ型人类免疫缺陷病毒（HIV-1）感染。致手足麻木、刺痛，停药后症状消失，失眠、头痛、恶心、皮疹、贫血等。胶囊：15mg、20mg。口服：体重≥60kg者，每次40mg，2次/日；体重<60kg者，每次30mg，2次/日。服药间隔12小时，服药时间与进餐无关。

**膦甲酸钠** Foscarnet Sodium（可耐）

【用途】艾滋病并发鼻炎、巨细胞病毒性视网膜炎，乙型肝炎。

【不良反应】较多，肾毒性、电解质紊乱、胃肠道反应、静脉炎、贫血等。

【用药护理注意】1. 避免与皮肤、眼接触，若不慎接触，应立即用清水洗净。2. 中央静脉插管滴注用24mg/ml注射液可不需稀释，周围静脉滴注用5%葡萄糖液或生理盐水稀释至浓度为12mg/ml后方可使用。3. 不能采用快速或弹丸式静脉推注方式给药，静滴速度小于每分钟1mg/kg。4. 不与其他药物混合。

【制剂】注射液：2.4g（100ml）、6g（250ml）。

【用法】静滴：初始剂量60mg/kg，1次/8小时，滴注1小时以上，疗程2~3周，维持量90~120 mg/(kg·d)。

**阿糖腺苷** Vidarabine（Ara-A）

【用途】单纯疱疹病毒脑炎、带状疱疹和水痘感染，慢性乙型肝炎。

【不良反应】胃肠道反应，偶见肌肉疼痛、血小板减少、头晕、共济失调。

【用药护理注意】1. 孕妇、婴儿禁用。2. 不可静注和快速静滴。3. 本品溶解度低，药液可预温至35~40℃，不可冷藏，以免析出结晶。

【制剂】注射液：0.2g（1ml）、1g（5ml）。粉针：0.2g。眼膏：3%。

【用法】缓慢静滴：10~15 mg/(kg·d)，浓度低于0.4mg/ml，滴注12小时以上，每2小时振摇一次。

**去羟肌苷** Didanosine（惠妥滋）

【用途】Ⅰ型人类免疫缺陷病毒（HIV-1）感染。

【不良反应】胰腺炎、头痛、视网膜病变、肝肾功能损害、乳酸性酸中毒。

【用药护理注意】1. 胰腺炎、对本品过敏禁用，肝肾功能不全、孕妇、哺乳期妇女慎用。2. 片剂应充分咀嚼或溶解在至少30ml水中，搅拌均匀后立即饮用。3. 不与含镁或铝的抗酸药合用，酮康唑、伊曲康唑应在服本品前2h服用。

【制剂】片：25mg、100g。粉剂：100mg/袋、167mg/袋。

【用法】口服：体重≥60kg 者，片剂，每次 0.2g，2 次/日；粉剂，每次 0.25g，2 次/日。体重＜60kg 者，片剂，每次 0.125g，2 次/日；粉剂，每次 0.167g，2 次/日。饭前 30 分钟或饭后 2 小时服。

## 二、抗寄生虫病药

### （一）抗疟药

**磷酸氯喹 Chloroquine Phosphate**（氯喹、氯喹啉、氯化喹啉、止疟片）

【用途】疟疾急性发作，控制疟疾症状，治肝阿米巴病等。

【不良反应】1. 胃肠道反应。2. 皮肤瘙痒、脱发、头晕、耳鸣。3. 药物性精神病、白细胞减少、心律失常，甚至阿-斯综合征。4. 损害角膜和视网膜。

【用药护理注意】1. 孕妇禁用，肝肾功能不全、心脏病、精神病慎用。2. 静滴应缓慢，禁止静注。3. 长期用药应定期检查眼部。

【制剂】片：0.075g、0.25g。注射液：129mg（2ml）。

【用法】疟疾治疗：口服，首剂 1g，第 2、3 日各服 0.5g。极量：每次 1g，2g/d。静滴，每次 2~3mg/kg，临用前用 5%或 10%葡萄糖液、生理盐水 500ml 稀释后缓慢滴注。疟疾预防：每次 0.5g，1 次/周。小儿每周 8mg/kg。

**磷酸哌喹** Piperaquine Phosphate（哌喹、抗矽-14）预防和治疗疟疾，试用于治疗矽肺。致头昏、嗜睡、胃部不适、面部和唇麻木感等，有严重心、肝、肾疾病禁用，孕妇慎用。片：0. 25g、0. 5g。口服：预防，每次 0. 75~1g，1 次/月，睡前服，连服 3~4 个月。治疗，首剂 1g，8~12 小时后再服 0. 5~1g。

**青蒿素** Artemisinin（黄蒿素、Arteannuin）

**【用途】**间日疟、恶性疟，特别对脑型疟有良效，系统性红斑狼疮。

**【不良反应】**恶心、呕吐、里急后重、腹痛、腹泻等，很快可以自行消失。

**【用药护理注意】**孕妇慎用，肌注部位较浅时，可引起局部硬块和疼痛。

**【制剂】**油注射液：50mg、100mg、200mg、300mg（2ml）。水混悬注射液：300mg（2ml）。片：50mg、100mg。栓剂：0. 2g、0. 3g、0. 4g、0. 6g。

**【用法】**口服：先服 1g，6~8 小时后和第 2、3 日各服 0. 5g，疗程 3 日，总量为 2. 5g，小儿总量 15mg/kg，按上述方法 3 日内服完。直肠给药：每次 0. 4~0. 6g，2 次/日，连用 3 日。深部肌注：第 1 次 0. 2g，6~8 小时后和第 2、3 日各给 0. 1g，总剂量 0. 5g。小儿总量 15mg/kg，按上述方法 3 日内注完。

**双氢青蒿素** Dihydroartemisinin（科泰新）用于各类疟疾。致网织红细胞一过性减少，孕妇慎用。片：20mg。口服：每次 60mg，1 次/日，首剂加倍，连用 5~7 日。

**蒿甲醚** Artemether（血防灵）治各类疟疾和上感高热。注射液遇冷有凝固现象，可微温溶解后用，孕妇慎用。胶囊 40mg。油注射液：0.1g（1ml）。抗疟：肌注，首剂 0.2g，第 2~4 日各 0.1g。小儿剂量酌减。退热：肌注 0.2g。

**复方蒿甲醚片**：含蒿甲醚 20mg、本芴醇 120mg。口服：首次 4 片，以后第 8、24、48 小时各服 4 片，总量 16 片。

**青蒿琥酯** Artesunate

【用途】脑型疟疾及各种危重疟疾的抢救。

【不良反应】网织红细胞一过性降低 常用量一般无明显不良反应。

【用药护理注意】1. 孕妇慎用。2. 药物溶解后如出现混浊时不可使用。

【制剂】片：50mg。粉针：60mg（附 5%碳酸氢钠溶液）。

【用法】口服：每次 0.1g，1 次/日，首剂加倍，连服 5 日。静注：每次

60mg，首剂后 4、24、48 小时各重复注射 1 次，严重者首剂加倍，3 日为一疗程。临用前用所附 5%碳酸氢钠注射液 0.6ml 振摇溶解后，加 5%葡萄糖液或葡萄糖氯化钠液 5.4ml 稀释，使每 1ml 溶液中含本品 10mg，缓慢静注，速度为 3~4ml/min。

**本芴醇** Benflumetol 用于恶性疟。临床推荐剂量一般无明显不良反应，心、肾病者慎用。胶丸：0.1g。口服：第 1 日顿服 0.8g，第 2、3、4 日各 0.4g，顿服。儿童 8 mg/(kg · d)，顿服，连服 4 日，首剂加倍，儿童首剂不超过 0.6g。

**磷酸咯萘啶** Malaridine Phosphate（咯萘啶、疟乃停）

【用途】各种疟疾。

【不良反应、用药护理注意】1. 致胃肠道反应。2. 肌注每次更换部位，以防硬结，禁止静注，片剂不可嚼服。3. 服药后尿呈现红色。

【制剂、用法】肠溶片：0.1g。注射液：80mg（2ml）。口服：每次 0.3g，第 1 日 2 次，第 2、3 日各 1 次，小儿总剂量为 24mg/kg。静滴：每次 3~6mg/kg，溶于 5%葡萄糖液中，共 2 次。肌注：每次 2~3mg/kg，共 2 次，间隔 4~6 小时。

**乙胺嘧啶** Pyrimethamine（息疟定、达拉匹林、西利沙明）

【用途】预防疟疾，治弓形虫病。

【不良反应】胃肠道反应、粒细胞减少等，G-6-PD 缺乏者可致溶血性贫血。

【用药护理注意】1. 本品排泄极慢，肾功能不良、孕妇、哺乳期妇女慎用。2. 用药前询问有无 G-6-PD 缺乏。3. 长期使月应经常检查血象。4、本品有香甜味，应防止儿童误服。5、防止过量服药。

【制剂】片：6. 25mg、25mg。膜剂：每格 6. 25mg。

【用法】口服：预防疟疾，每次 25mg，1 次/周。抗复发治疗，25~50mg/d，连服 2 日，多与伯氨喹合用。极量：100mg/d，200mg/周。

**氯胍** Proguanil（百乐君）预防、治疗疟疾。毒性低。片：0. 1g、0. 3g。口服：治疗，每次 0. 1~0. 2g，2~3 次/日，用 10 日。预防，每周 0. 4g，分 2 日服。

**磷酸伯氨喹** Primaquine Phosphate（伯氨喹、伯喹、伯氨喹啉）根治间日疟和控制疟疾传播。毒性较其他抗疟药大，G-6-PD 缺乏者可致溶血性贫血，用药前询问相应病史，孕妇、1岁以下禁用。片：13. 2mg、26. 4mg。口服：根治间日疟，26. 4mg/d，连服14日。控制疟疾传播，26. 4mg/d，连服3日。

**抗疟片2号**　每片含磺胺多辛250mg、乙胺嘧啶17. 5mg。口服：2片/次，1次/10~15日（首次连服2日，每日2片）。连用不超过3个月。

**抗疟片3号**　用于防治恶性疟、间日疟。每片含磺胺多辛50mg、磷酸哌喹250mg。口服：预防，4片/次，1次/月；治疗，首次4片，第2、3日各服3片。

## （二）抗阿米巴病和抗滴虫病药

**甲硝唑**　Metronidazole（甲硝达唑、灭滴灵、弗来格、阴康宁、Flagyl）

【用途】治阴道滴虫病首选药，治厌氧菌感染、阿米巴病、阿米巴肝脓肿。

【不良反应】1. 胃肠道反应，口内有金属味。2. 偶见头痛、失眠、肢体麻木、膀胱炎等。3. 白细胞减少。4. 有致畸、致癌的可能性。

【用药护理注意】1. 妊娠3个月以内、哺乳期妇女、中枢神经系统疾病和血液病禁用。2. 出现运动失调立即停药。3. 用药期间减少钠盐摄入量。4. 用药期间和停药1周内禁酒。5. 治阴道滴虫期间，每天更换内裤，须男女同治。6. 尿液可呈深红色。

【制剂】片：0.2g。阴道泡腾片（阴康宁）：0.2g。栓剂：0.2g、0.5g。注射液：50mg（10ml）、0.1g（20ml）、0.5g（100ml）、0.5g（250ml）。

【用法】滴虫病：口服，每次0.2g，3次/日。另阴道泡腾片每晚0.2g，或栓剂每晚0.5g，放入阴道。阿米巴病：每次0.4~0.6g，3次/日，疗程7日。厌氧菌感染：每次0.2~0.4g，3次/日。静滴，每次0.25~0.5g，稀释至8mg/ml。

**替硝唑** Tinidazole（甲硝咪唑、快服净、服净、济得、希普宁、普洛施、康多利、迪克新、华尔复、佳丽康、乐净）

【用途】厌氧菌感染、泌尿生殖道毛滴虫病，肠和肝阿米巴病。

【不良反应】1. 消化道反应，口内金属味。2. 皮疹、头痛、白细胞减少。

【用药护理注意】1. 孕妇、哺乳期妇女、有血液病史、器质性神经系统疾病禁用。2. 用药期间禁酒。3. 使尿液呈深色。4. 片剂应于餐间或餐后服。

【制剂】片、胶囊：0.5g。注射液：0.4g（100ml、200ml）。泡腾片（佳丽康）：0.2g。

【用法】口服：治滴虫病，2g 顿服，必要时重复 1 次，配偶同服。泡腾片，放入阴道后穹窿，每次 0.2g，1 次/日。治厌氧菌感染，每次 1g，1 次/日，首剂加倍。肝阿米巴病，1.5~2g/d，分 2 次，连用 3 日。静滴：0.8~1.6g/d，1 次或分 2 次，静滴浓度为 2mg/ml。

**奥硝唑** Ornidazole（潇然、滴比露）用于阴道滴虫病、阿米巴病、厌氧菌感染。参阅甲硝唑。片：0.25g。栓剂：0.5g。注射液：0.5g（100ml）。口服：每次 0.5g，2 次/日。阴道滴虫病：1.5g 顿服；或 1g 顿服，同时栓剂 0.5g 阴道给药。

**哌硝噻唑** Piperanitrozole 治阴道、肠道滴虫病，急、慢性阿米巴痢疾，阿米巴肝脓肿。致全身性紫癜，白细胞、血小板减少等，肝功能异常慎用，滴虫病宜男女同治。片：0.1g。口服：每次 0.1g，3 次/日，用 7~10 日。也可阴道给药。

**二乙酰邻苯二酚**　（滴见灭）治阴道滴虫病。致外阴部痒感和下腹部坠胀感。泡腾片：0.1g。栓剂：0.2g。置阴道后穹窿：每次泡腾片 2~3 片或栓剂 1 粒，1 次/日，连用 5 日。

**依米丁** Emetine（吐根碱）

【用途】急性阿米巴痢疾急需控制症状者，也可用于蝎子蜇伤。

【不良反应】1. 恶心、呕吐、腹痛、腹泻等。2. 心肌损害：血压下降、心律失常、急性心肌炎。3. 偶见周围神经炎。

【用药护理注意】1. 注射前、后 2 小时必须卧床休息，检查心脏和血压有无变化。2. 仅供深部皮下注射，禁止静脉给药、口服、肌注（可引起肌肉疼痛和坏死）。3. 重症心脏病、高度贫血、肝肾功能明显减退、术前病人、老弱、孕妇和婴儿禁用。4. 用药期间禁酒及刺激性食品。5. 注射液变色则不能用。

【制剂】注射液：30mg（1ml）、60mg（1ml）。

【用法】治阿米巴痢：深部皮下注射，1mg/(kg・d)（60kg 以上者，剂量按 60kg 计），分 1~2 次，6~10 日一疗程。不超过 60mg/d。治蝎子蜇伤：将本品 3%~6%注射液少许注入螫孔内。

**去氢依米丁** Dehydroemetine 同依米丁。作用较强，毒性较低。注射液：30mg（1ml）。皮下注射：1~1. 5mg/(kg・d)，一般 60mg/d，分 2 次，用 6~10 日。极量：90mg/d。

**喹碘方** Chiniofon（药特灵、安痢生）治无症状或慢性阿米巴痢，急性阿米巴痢。大剂量可致腹泻等胃肠道反应，对碘过敏、甲状腺肿大、严重肝肾功能不全禁用，遇光游离出碘，应避光保存。肠溶片：0.25g。口服：每次 0.5g，3 次/日，3 日后，每次 1g，3 次/日，小儿每次 5~10 mg/kg，3 次/日，连用 7~10 日。

**双碘喹啉** Diiodohydroxyquinoline（双碘羟喹、双碘方、Diodoquin）同喹碘方。不良反应较轻。片：0.2g。口服：每次 0.4~0.6g，3 次/日，小儿每次 5~10mg/kg，3 次/日，连用 14~21 日。

**卡巴胂** Carbarsone（对脲基苯胂酸、碳酰苯胂）

【用途】慢性阿米巴痢、阴道滴虫病、丝虫病。

【不良反应】胃肠反应、皮疹、体重减轻、多尿、剥脱性皮炎、肝炎等。

【用药护理注意】1. 出现不良反应立即停药。2. 肝、肾功能减退者禁用。

【制剂】片：0.1g、0.2g、0.25g。

【用法】口服：阿米巴痢：每次 0.1~0.2g，3 次/日。小儿 8mg/(kg·d)，分 2~3 次，用 10 天。阴道滴虫：每次 0.2~0.4g，每晚或隔晚置阴道内，用 7 天。

**乙酰胂胺**　Acetarsol 复方乙酰胂胺（**滴维净**）片：含乙酰胂胺 0.25g、硼酸 0.03g。外用治阴道滴虫病。本品不可内服，月经期禁用，用药期间禁止性交。阴道给药：先用稀消毒液冲洗阴道，每晚 1~2 片放入阴道后穹窿，次晨坐浴，用 10~14 天。

**二氯尼特**　Diloxanide（安特酰胺、二氯散）无症状带阿米巴包囊者的首选药，也可治阿米巴痢疾、阿米巴肝脓肿。有胃肠道轻微不良反应，孕妇、2 岁以下禁用。片：0.5g。口服：每次 0.5g，3 次/日，疗程 10 日。

**巴龙霉素**（见氨基糖苷类，P53）
**磷酸氯喹**（见抗疟药，P99）

**（三）抗血吸虫病和抗丝虫病药**

**吡喹酮**　Praziquantel（环吡异喹酮）
【用途】各种人体血吸虫病和绦虫、脑囊虫病。
【不良反应】头晕、头痛、关节酸痛、恶心、呕吐，偶见发热、过敏、心律紊乱、转氨酶升高、诱发精神失常、消化道出血等。

【用药护理注意】1. 眼囊虫病禁用，严重心、肝、肾病和精神病慎用。2. 用药期间和停药 72 小时内暂停哺乳。3. 弥漫型脑囊虫病须住院治疗。4. 应吞服，不宜嚼碎。

【制剂、用法】片、缓释片：0.2g。口服：血吸虫病：每次 10mg/kg，3 次/日，急性连服 4 日，慢性 2 日。脑囊虫病：20mg/(kg · d)，分 3 次。绦虫病：10mg/kg，清晨顿服，1 小时后服硫酸镁。

**乙胺嗪**　Diethylcarbamazine（海群生、益群生、克虫神、Hetrazan）

【用途】各种丝虫病，可用于哮喘病。

【不良反应】1. 头痛、关节痛、恶心、呕吐等。2. 丝虫被杀灭后释放出异性蛋白，可致畏寒、发热、头痛、皮疹等。3. 成虫死亡可致局部反应，如淋巴管炎、淋巴结炎。4. 偶可引起脑病、盘尾丝虫病引起的失明等。

【用药护理注意】1. 出现严重的不良反应时应对症治疗。2. 用药前应先驱蛔，以免引起胆道蛔虫病。3. 活动性肺结核、严重心、肝、肾疾病和孕妇、哺乳期妇女均暂缓治疗。

【制剂】片：50mg、100mg。

【用法】口服：每次0.1~0.2g，3次/日，服7~14日。大剂量短程疗法：治马来丝虫病，每次1.5g，晚餐后顿服。预防：5~6mg/(kg·d)，服6~7日。

**伊维菌素** Ivermectin（异阿凡曼菌素）治盘尾丝虫病等。致皮疹、瘙痒等，用药期间停止哺乳。片：6mg。口服：0.15mg/kg，餐前1小时服，每年1次。

### （四）驱肠虫药

**甲苯咪唑** Mebendazole（甲苯达唑、安乐士、威乐治、一片灵）

【用途】蛔虫、钩虫、鞭虫、蛲虫、绦虫等各种肠道线虫病。

【不良反应】恶心、腹痛、腹泻、头昏、头痛、皮疹和吐蛔虫现象。

【用药护理注意】1. 有过敏史、孕妇和2岁以下儿童禁用，肝、肾功能不全者慎用。2. 除习惯性便秘外，不需服泻药。

【制剂】片：50mg、100mg。香味口服混悬液：20mg/ml，每瓶30ml。

【用法】驱钩虫、鞭虫：每次100mg，2次/日，连服3~4日。驱蛔虫、蛲虫：200mg，1次顿服。4岁以上剂量同成人，4岁以下减半量。

**复方甲苯咪唑（速效肠虫净片）**：每片含甲苯咪唑 100mg、左旋咪唑 25mg。驱蛲虫：1 片顿服。驱蛔虫：2 片顿服。驱钩虫或蛔、钩、鞭虫混合感染：1 片/次，2 次/日，连服 3 日。服药期间不忌饮食、不服泻药，孕妇禁用。

**阿苯达唑** Albendazole（丙硫达唑、丙硫咪唑、肠虫清、抗蠕敏、扑尔虫）

【用途】驱钩虫、蛔虫、蛲虫、鞭虫、绦虫，治血吸虫、囊虫和旋毛虫病。

【不良反应】1. 乏力、嗜睡、头晕、头痛和胃肠道反应。2. 治囊虫病时可出现头痛、发热、皮疹、癫痫发作等。

【用药护理注意】1. 有癫痫史、孕妇、哺乳期妇女和 2 岁以下禁用，严重肝、肾功能不全慎用。2. 少数人服药后 3~10 天才出现驱虫效果。3. 治疗囊虫病应住院。4. 用药前不需空腹或清肠，可嚼服、吞服或研碎后与食物同服。

【制剂】片、胶囊：0.1g、0.2g（肠虫清）。干糖浆：0.2g。

【用法】口服：驱钩虫、蛔虫、蛲虫、鞭虫，0.4g 顿服。治囊虫病：15~20mg/(kg·d)，分 2 次服，10 日为 1 疗程。其他寄生虫：0.4g/d，顿服，连服 6 天。2~12 岁儿童用量减半。

**氟苯达唑** Flubendazole（氟苯咪唑）驱蛔虫、钩虫、蛲虫、鞭虫、绦虫、华支睾吸虫，脑囊虫病。偶见胃肠道反应、嗜睡。片：0.1g、0.2g。混悬液：100mg/5ml（小儿口服用）。口服：驱蛔虫、钩虫、蛲虫、鞭虫，每次 0.1g，2 次/日，共 4 日。治囊虫病，每次 40~50mg/kg，2 次/日，连服 10 日。

**奥苯达唑** Oxibendazole（丙氧咪唑）驱蛔虫、钩虫、鞭虫。偶见乏力、头晕等，较轻。片、胶囊：0.1g。口服：10mg/(kg·d)，半空腹顿服，连服 3 天。

**左旋咪唑** Levamisole（左咪唑、驱钩蛔）

【用途】驱蛔虫、钩虫，丝虫感染、类风湿性关节炎、肿瘤辅助治疗。

【不良反应】胃肠道反应、脉管炎、皮疹、白细胞减少和肝功能损害。

【用药护理注意】肝功能不全、肝炎活动期、妊娠早期禁用。不忌油脂。

【制剂】片、肠溶片：25mg、50mg。糖浆：0.8g（100ml）、4g（500ml）。

【用法】口服：100~200mg/d，儿童 2~3mg/(kg·d)，饭后 1 小时顿服。驱蛔虫用药 1 次，驱钩虫连服 2~3 日。治丝虫病，200~300mg/d，分 2~3 次，饭后服，连服 2~3 日。类风湿性关节炎，每次 50mg，2~3 次/日。

**噻嘧啶** Pyrantel（抗虫灵、痔病痊、抗蛲灵、Antiminth）

【用途】驱蛔虫、蛲虫、钩虫。

【不良反应】恶心、呕吐、腹痛等消化道症状，偶见头痛、嗜睡、皮疹等。

【用药护理注意】1. 肝功能不全、孕妇、2 岁以下小儿禁用，冠心病、严重溃疡病、肾脏病慎用。2. 服药无需空腹、不必服泻药。

【制剂】片：0.3g。颗粒剂：0.15g。软膏（抗蛲灵）：3%。栓剂：0.2g。

【用法】口服：每次 1.2~1.5g，小儿每次 30mg/kg，睡前顿服。抗蛲灵肛用软膏：每晚睡前以温水洗净肛门周围，软膏管拧上塑料注入管，先挤出软膏少许涂于肛门周围，再轻插入肛内挤出软膏 1~1.5g，连用 7 日。

**哌嗪** Piperazine（哌哔嗪、驱蛔灵）

【用途】驱蛔虫、蛲虫。

【不良反应】偶有恶心、呕吐、腹痛、腹泻、头痛、皮疹、共济失调等。

【用药护理注意】1. 有肝、肾功能不全，神经系统疾病和癫痫史禁用。2. 不能长期、过量使用。

【制剂】枸橼酸哌嗪片：0.5g。枸橼酸哌嗪糖浆：16g（100ml）。

【用法】口服：驱蛔虫，枸橼酸哌嗪，3~3.5g/d，极量 4g/d，小儿 100mg/(kg·d)，极量 3g/d，睡前顿服，或分 2 次，连服 2 日。

**六一宝塔糖**：为小儿驱蛔药，每粒含磷酸哌嗪 0.2g。小儿每岁 1 粒，1 次服，必要时 2 周后重复治疗。

**氯硝柳胺** Niclosamide（灭绦灵、育末生）驱牛绦虫、猪绦虫、短膜壳绦虫，防急性血吸虫感染。可与甲氧氯普胺（灭吐灵）同服。片、胶囊：0.5g。口服：治牛绦虫、猪绦虫，每次 1g，1 次/隔 1 小时，共 2 次，早晨空腹服，将药片充分嚼碎，尽量少喝水，使药物在十二指肠达到较高浓度，第 2 次服药后 2 小时服硫酸镁导泻。

**恩波维铵** Pyrvinium Embonate（恩波吡维铵、扑蛲灵）治蛲虫病。胃肠道有炎症不宜用，应整片吞服，以免染红牙齿，可使粪便染成红色。片：50mg。口服：成人、儿童均为 5mg/kg，睡前顿服，不超过 350mg。儿童不超过 250mg。

## 三、抗肿瘤药物

### （一）烷化剂

**氮芥 Chlormethine**（恩比兴、$HN_2$）

【用途】恶性淋巴瘤和癌性胸膜、心包和腹腔积液等。

【不良反应】毒性较大。1. 胃肠道反应。2. 骨髓抑制持久。3. 局部刺激性大，可引起静脉炎、局部肿胀和疼痛。4. 头晕、脱发、闭经等。

【用药护理注意】1. 可用止吐药预防呕吐。2. 定期查血象和肝、肾功能。3. 注射时严防药液外漏，如外漏应立即局部皮下注射 0.25%硫代硫酸钠或生理盐水，并冷敷 6~12 小时。4. 药液从配制至注射完应在 10~15 分钟内完成，因药物在水溶液中很快水解失效。5. 皮肤、粘膜接触到药物可引起发泡、破溃，应立即用水反复冲洗。6. 禁止口服、肌注、静滴、皮下注射，因局部刺激性强。

【制剂】注射液：5mg（1ml）、10mg（2ml）。

【用法】静脉冲入法注射：每次 0.1mg/kg，溶于生理盐水 10ml，于近针端输液皮管中冲入，2~3 次/周，30~60mg 为 1 疗程。腔内注射：每次 5~10mg，1 次/周，用生理盐水 20~40ml 稀释后注入。

**环磷酰胺 Cyclophosphamide**（环磷氮芥、癌得星、安道生、Endoxan、CTX）

【用途】淋巴瘤、白血病、多发性骨髓瘤、乳腺癌、卵巢癌、肺癌等，自身免疫性疾病。

【不良反应】1. 骨髓抑制。2. 胃肠道反应。3. 常见脱发，停药后可再生。4. 出血性膀胱炎。5. 肝功能损害。6. 久用致闭经或精子减少。

【用药护理注意】1. 用药期间应定期检查血象、尿常规和肝、肾功能。2. 妊娠3个月内禁用，肝病慎用。3. 鼓励病人多饮水，以减少尿路并发症。4. 配成溶液后不稳定，应于2~3小时内输入体内。5. 肌注、动脉注射少用。

【制剂】片：50mg。粉针：100mg、200mg。

【用法】静注：每次 0.2g，1 次/1~2 日；或每次 0.6~0.8g，1 次/周，总量8~10g为1疗程，静注用生理盐水稀释。口服：每次50mg，3次/日，总量10~15g为1疗程。

**异环磷酰胺 Ifosfamide**（异磷酰胺、和乐生、匹服平、IFO）

【用途】骨及软组织肉瘤、恶性淋巴瘤、肺癌、卵巢癌、乳腺癌等。

【不良反应、用药护理注意】参阅环磷酰胺。应同时给予尿路保护剂美司钠

（见其他抗肿瘤药及辅助治疗药 P158），以减轻泌尿系毒性。

【制剂】粉针：0.5g、1g、2g。

【用法】静滴：1.5g/（$m^2$·d），1 次/日，用林格液或生理盐水溶解，连用 5 天，间隔 3 周可重复使用。

**苯丁酸氮芥** Chlorambucil（瘤可宁、瘤可然、流克伦、CLB）

【用途】慢性淋巴细胞白血病、恶性淋巴瘤、卵巢癌等，自身免疫性疾病。

【不良反应】1. 胃肠道反应和骨髓抑制较氮芥轻。2. 肝损害、不育等。

【用药护理注意】定期查血象，肝、肾功能，注意用药总量。

【制剂、用法】片、纸型片：2mg。口服：0.1~0.2mg/(kg·d)，1 次/日，连服 3~6 周，总量 300~500mg 为 1 疗程。

**甘磷酰芥** Glyfostin（甘磷酰氮芥、磷酰氮芥、M-25）局部外用治乳腺癌、子宫颈癌引起的癌性溃疡，治恶性淋巴瘤等。致骨髓抑制、胃肠道反应等。片：0.1g、0.25g。外用制剂：20%甘磷酰芥二甲亚砜溶液、25%甘磷酰芥硅霜软膏。外用喷敷或涂抹于恶性肿瘤溃疡处，1~2 次/日，连用 20~30 日。口服用药少用。

**氮甲** Formylmerphalan（甲酰溶肉瘤素、NF）用于睾丸精原细胞瘤、多发性骨髓瘤等。致胃肠反应、骨髓抑制等，用药期间应监测血象。片：50mg、100mg。口服：3~4mg/(kg·d)，分3~4次或睡前1次服，总量6~8g为1疗程。

**塞替派** Thiotepa（三胺硫磷、息安的宝、TSPA）

【用途】以膀胱灌注治疗膀胱癌，治卵巢癌、乳腺癌、胃癌等。

【不良反应】1. 骨髓抑制、胃肠道反应、无精子、闭经等。2. 膀胱内灌注可有下腹不适、膀胱刺激症状等。3. 致突变、致畸作用。

【用药护理注意】1. 用药期间定期查血象和肝、肾功能。2. 药液色泽变黄或稀释后出现混浊，则不能使用。3. 12℃以下低温保存。

【制剂】注射液(有效期1.5年)：10mg（1ml）。粉针：15mg。软膏：1%。

【用法】静注：每次10 mg，溶于生理盐水10ml，1次/日，连用5日，以后改为3次/周；或每次20~30 mg，1次/1~2周。总量200~300 mg为1疗程。肌注：剂量同静注，溶于生理盐水或注射用水 4ml。膀胱内灌注：每次 60mg，溶于生理盐水或注射用水 30~60ml，尿排空后经导尿管注入，变换体位，保留 2 小时，1次/周，4周后改为1次/月，共用10次。

**白消安** Busulfan（白血福恩、马利兰、麦里浪）用于慢性粒细胞白血病。致骨髓抑制、胃肠道反应、脱发、闭经等。片：0.5mg、2mg。口服：2~8mg/d，分3次服，维持量每次0.5~2mg，1次/日或2次/周。小儿0.05mg/(kg·d)。

**卡莫司汀** Carmustine（卡氮芥、氯乙亚硝脲、BCNU）

【用途】颅脑恶性肿瘤、恶性淋巴瘤、多发性骨髓瘤、黑色素瘤、肺癌等。

【不良反应】1. 胃肠道反应、迟发性骨髓抑制，用药后3~5周白细胞达最低值。2. 肝、肾功能损害。3. 注射部位和肢体有烧灼感及静脉炎。

【用药护理注意】1. 监测血象。2. 药物对热不稳定，应置于冰箱内5℃以下保存，运送时需装在冰盒中。3. 药物不能接触皮肤，以免引起发炎及色素沉着。4、粉针临用前配制，将100mg溶于3ml无水乙醇中，加入注射用水27ml，再用5%葡萄糖液或生理盐水200ml稀释。5、滴注时若局部疼痛可减慢滴速。

【制剂】注射液：125mg（2ml）。粉针：100mg、125mg(附无水乙醇5ml)。

【用法】静滴：125mg/d，用5%葡萄糖液或生理盐水200ml稀释，1小时内滴完，连用2~3日为1疗程。疗程间隔6~8周。

**洛莫司汀** Lomustine（罗氮芥、环己亚硝脲、罗莫司汀、CCNU）同卡莫司汀。预先使用镇静止吐剂或空腹、睡前服药，可减轻胃肠道反应。胶囊：40mg、100mg。口服：每次 100~130mg/m$^2$，1 次/6~8 周，3~4 次为 1 疗程。

**司莫司汀** Semustine（西氮芥、甲环亚硝脲、me-CCNU）同卡莫司汀。毒性较低，预先使用止吐剂或空腹、睡前服药，可减轻胃肠道反应，长期保存置 8℃以下。胶囊：10mg、50mg。口服：每次 100~200mg/m$^2$，1 次/6~8 周。

**尼莫司汀** Nimustine（尼氮芥、嘧啶亚硝脲、宁得朗、ACNU）同卡莫司汀。粉针：25mg、50mg。静注、静滴：每次 2~3mg/kg，用注射用水或生理盐水溶解（5mg/ml），1 次/4~8 周，总量 300~500mg。可胸腹腔注射、动脉注射。

**福莫司汀** Fotemustine（福提氮芥、武活龙、FCNU）同卡莫司汀。治恶性黑色素瘤、淋巴瘤等，毒性较低。注射液：200mg（1ml）。粉针：200mg（附 4ml 专用溶剂 1 支）。静滴：每次 100mg/m$^2$，1 次/1 周，连用 3~4 次，常用 5%葡萄糖液稀释。

**雷莫司汀** Ranimustine（雷诺氮芥、雷尼司汀、MCNU）用于胶原细胞瘤、骨髓瘤、恶性淋巴瘤、特发性血小板增多症等。致骨髓抑制、消化道反应和肝、肾功能损害等。粉针：50mg、100mg。静滴、静注：每次 50~90mg/m$^2$，6~8 周后用第 2 次，用生理盐水或 5%葡萄糖液溶解。

**雌莫司汀** Estramustine（雌氮芥、磷雌氮芥、磷雌莫司汀、磷酸雌二醇氮芥、艾去适、依立适、癌腺治）

【用途】晚期前列腺癌。

【不良反应】白细胞、血小板减少，恶心、呕吐，肝损害、轻微女性化。

【用药护理注意】1. 对雌二醇、氮芥过敏，严重肝病、心脏病、血栓栓塞者禁用。2. 不与牛奶或含钙药物同服。3. 定期查血象和肝功能。

【制剂】胶囊：140mg。

【用法】口服：每次 280mg，2 次/日，饭后用温开水送服。

**美法仑** Melphalan（左旋苯丙氨酸氮芥、米尔法兰、爱克兰、马法兰、Alkeran）用于多发性骨髓瘤、恶性淋巴瘤、乳腺癌、卵巢癌等。片：2mg。粉针：50mg。口服：每次 8~10mg/m$^2$，1 次/日，用 4~6 日，隔 6 周重复。动脉灌注：每次 20~40mg。可静注、腹腔内注射。

**六甲蜜胺** Altretamine（六甲三聚氰胺、克瘤灵、艾宁、HMM）用于卵巢癌、小细胞肺癌、乳腺癌、恶性淋巴瘤等。有胃肠道反应、骨髓抑制、神经系统毒性，出现共济失调应停药。片、胶囊：50mg、100mg。口服：300mg/(m$^2$·d)，分4次，14~21 日 1疗程，饭后 1~1.5 小时服或服止吐药可减轻胃肠道反应。

**去水卫矛醇** Dianhydrodulcitol（卫康醇、二去水卫矛醇、DAG）用于慢粒白血病、肺癌、骨髓瘤、鼻咽癌等。致骨髓抑制、胃肠道反应等，严禁药液漏出血管外。粉针：25mg、40mg。静注、静滴：每次 40mg，1 次/日，连用 5~7 日。静注用生理盐水 10~20ml 溶解；静滴用生理盐水 5ml 溶解后加入 5%葡萄糖液250~500ml 中。

**卡波醌** Carboquone（爱斯醌、爱健宁）用于肺癌、恶性淋巴瘤等。粉针：1mg。片：0.25mg、0.5mg。口服：每次 0.5mg，2~3 次/日。静注：1mg/d。

**达卡巴嗪** Dacarbazine（氮烯咪胺、甲嗪咪唑胺、抗黑瘤素、DTIC）

【用途】黑色素瘤、恶性淋巴瘤、软组织肉瘤、胰岛细胞癌等。

【不良反应】骨髓抑制、胃肠道反应、发热、肌痛，偶见肝、肾功能损害。

【用药护理注意】1. 孕妇、哺乳期妇女禁用。2. 宜临用现配。3. 防止药液漏出血管外。4. 有致突变、致畸，可能有致癌作用。5. 5℃以下避光保存。

【制剂、用法】粉针：200mg。静注、静滴：2. 5~6mg/(kg·d)，用注射用水10~15ml 溶解后静注，或用 5%葡萄糖液 100~150ml 稀释后快速静滴，30 分钟内滴完，连用 5~10 日。可动脉注射。

**链佐星** Streptozocin（链氮霉素、链脲霉素、链硝脲、STZ）

【用途】转移性胰岛细胞瘤、晚期胃肠道癌、肺癌等。

【不良反应】肾毒性、胃肠道反应、骨髓抑制、低血钾、低血钙、糖尿等。

【用药护理注意】1. 严重肝、肾功能低下禁用。2. 不宜用生理盐水或注射用水稀释，以免影响疗效。3. 如有结晶析出或白色混浊，不能使用。

【制剂】粉针：0. 5g、1g。

【用法】静注：0. 5g/($m^2$·d)，用 5%葡萄糖液稀释，连用 5 日。

## （二）抗代谢药

**甲氨蝶呤** Methotrexate（氨甲蝶呤、氨甲叶酸、美素生、密都锭、MTX）

【用途】急性白血病、绒毛膜上皮癌、骨肉瘤、恶性葡萄胎、头颈部癌等，自身免疫性疾病。

【不良反应】骨髓抑制、消化道反应、肝肾功能损害、脱发、皮炎、畸胎。

【用药护理注意】1. 肝、肾功能不全及孕妇禁用。2. 定期检查血象和肝、肾功能。3. 大量补给水分并碱化尿液，避免摄入含酸性成分食物。4. 用本品后，服亚叶酸钙可减少本品毒性。5. 维A酸、乙醇使本品肝毒性增大。

【制剂】片：2. 5mg、5mg、10mg。粉针：5mg、10mg、25mg、50mg、100mg（附10ml溶剂）。注射液（密都锭）：500mg、1000mg。

【用法】白血病：口服，0. 1mg/(kg·d)，通常每次5~10mg，4岁以上儿童每次5mg，4岁以下每次2. 5mg，1次/日，总量50~150mg。绒毛膜上皮癌：口服或肌注，每次10~30mg，1次/日，共5日。实体瘤可动脉插管注射、静注，骨肉瘤可静注、静滴。静滴时溶于葡萄糖液中。鞘内注射：每次5~10mg，加生理盐水稀释至1mg/ml，1~2次/周。

**氟尿嘧啶** Fluorouracil（5-氟尿嘧啶、氟优、弗米特、5-FU）

【用途】消化道癌、乳腺癌、卵巢癌、绒毛膜上皮癌、宫颈癌、肺癌等。

【不良反应】消化道反应、骨髓抑制、脱发、皮炎、色素沉着、静脉炎等。

【用药护理注意】1. 密切监测血象。2. 出现血性腹泻、每日腹泻 5 次以上、白细胞或血小板明显减少、共济失调、色素沉着明显应停药并予对症治疗。

【制剂】注射液：125mg、250mg。胶囊：50mg、100mg。软膏：0.5%、2.5%。**复方氟尿嘧啶片**：每片含氟尿嘧啶 50mg、环磷酰胺 5mg、鲨肝醇 12mg。

【用法】口服：0.15~0.3g/d，分 3 次服，总量 10~15g。静注：每次 0.25~0.5g，每日或隔日 1 次，5~10g 为 1 疗程。静滴：每次 0.25~0.75g，溶于 5%葡萄糖液或生理盐水 500~1000ml 中，每日或隔日 1 次，8~10g 为 1 疗程。

**替加氟** Tegafur（喃氟啶、呋氟尿嘧啶、呋喃氟尿嘧啶、氟利乐、FT-207）同氟尿嘧啶。不良反应较轻。片：50mg、100mg。注射液：200mg（5ml）。粉针：400mg。栓剂：500mg。口服：0.8~1.2g/d，分 4 次，饭后服可减轻对胃肠刺激，总量 20~40g。静注、静滴：15~20mg/kg，溶于 5%葡萄糖液 300~500ml，1 次/日，总量 20~40g。直肠给药：栓剂每次 500mg，1 次/日。

**替加氟/尿嘧啶** Tegafur/Uracil （复方替加氟、优福定、UFT）同替加氟。片：含替加氟 50mg、尿嘧啶 112mg。胶囊：含替加氟 100mg、尿嘧啶 224mg。口服：每次 2~3 片或 1~2 粒胶囊，3~4 次/日，用 6~8 周。

**卡莫氟** Carmofur（己胺氟尿嘧啶、嘧福禄、卡莫福、HCFU）用于消化道癌、乳腺癌等。不良反应同氟尿嘧啶，用药期间禁饮酒精类饮料。片：50mg、100mg。颗粒：1g。口服：每次 200mg，3 次/日。

**氟尿苷** Floxuridine（氟尿嘧啶脱氧核苷、5-FUDR）用于肝癌、胃肠道癌、头颈部癌等。不良反应同氟尿嘧啶。粉针：0.25g。静滴：每次 0.5g，1 次/日，疗程 10 日，用 8~10ml 注射用水溶解后加入 5%葡萄糖液中。可动脉灌注。

**去氧氟尿苷** Doxifluridine（氟铁龙、艾丰、5-DFUR）用于消化道癌、乳腺癌等。不良反应同氟尿嘧啶，但略轻，水痘患者及小儿慎用。胶囊：0.1g、0.2g。口服：每次 0.2~0.3g，3~4 次/日。

**阿糖胞苷** Cytarabine（阿糖胞嘧啶、爱力生、赛德萨、Ara-C）

【用途】急性白血病、消化道癌等。

【不良反应】骨髓抑制、消化道反应、肝功能损害、发热、脱发、皮疹。

【用药护理注意】1. 孕妇禁用。2. 定期查血象、体温和肝、肾功能。

【制剂】粉针：50mg、100mg。滴眼剂：0.1%。

【用法】静注、静滴：2~3mg/(kg·d)，分 1~2 次，5~7 日为 1 疗程。用生理盐水或 5%~10%葡萄糖液稀释。

**安西他滨** Ancitabine（盐酸安西他滨、环胞苷、Cyclo-C）同阿糖胞苷，滴眼用于单纯疱疹病毒性角膜炎、虹膜炎。片：0.1g。注射液：0.05g、0.1g。滴眼剂：0.05%。口服：每次 0.1~0.2g，2~3 次/日。肌注、静注、静滴：每次 0.2~0.6g，1 次/日，1 疗程 5~7 日。溶于生理盐水或 5%葡萄糖液中静滴。

**吉西他滨** Gemcitabine（盐酸吉西他滨、健择、泽菲、Gemzar）

【用途】局限晚期或已转移的非小细胞肺癌、胰腺癌、膀胱癌等。

【不良反应】骨髓抑制、转氨酶异常、胃肠道反应、蛋白尿、血尿、皮疹。

【用药护理注意】1. 对本品过敏、孕妇、哺乳期妇女禁用，肝肾功能不全和儿童慎用。2. 只能用生理盐水溶解，最大浓度为40mg/ml，振摇使药溶解。

【制剂】粉针：0.2g、1g。

【用法】静注、静滴：每次1g/m²，静滴30分钟，1次/周，连用3次。

**卡培他滨 Capecitabine**（希罗达、Xeloda）

【用途】各种实体肿瘤（乳腺癌、结肠癌、宫颈癌等）。

【不良反应】手足综合征（麻木、感觉迟钝、皮肤肿胀、红斑脱屑等），腹泻、恶心、口炎常见，骨髓抑制少见。

【用药护理注意】1. 孕妇、对氟尿嘧啶过敏禁用，老人慎用。2. 可致胎儿损伤或致畸，生育期妇女用药时应避孕。3. 药片应用200ml左右的水吞服。

【制剂】片：0.15g（浅桃红色片）、0.5g（桃红色片）。

【用法】口服：2.5g/(m²·d)，分2次，早晚餐后30分钟吞服，连用2周。

**巯嘌呤 Mercaptopurine**（6-巯基嘌呤、乐疾宁、6-MP）

【用途】急性白血病、绒毛膜上皮癌、恶性葡萄胎等。

【不良反应】胃肠道反应、骨髓抑制、皮疹、脱发和肝、肾功能损害等。

【用药护理注意】1. 密切监测血象和肝功能。2. 适当增加液体摄入量。

【制剂】片：25mg、50mg、100mg。

【用法】白血病：1. 5~3mg/(kg·d)，分 2~3 次服，根据血象调整剂量，2~4 个月 1 疗程。绒毛膜上皮癌：6mg/(kg·d)，分早晚 2 次空腹服，连用 10 日。

**硫鸟嘌呤** Tioguanine（6-硫鸟嘌呤、兰快舒、6-TG）

【用途】急性白血病、慢性粒细胞白血病。

【不良反应】骨髓抑制、胃肠道反应，偶见肝肾功能损害、皮炎、脱发。

【用药护理注意】1. 监测血象、骨髓象。2. 药物避免吸入或接触皮肤。3. 出现黄疸立即停药。4. 与阿糖胞苷合用可提高疗效。5. 本品个体差异大。

【制剂】片：25mg、40mg。

【用法】口服：2mg/(kg·d)，1 次或分次服，5~7 日 1 疗程。

**羟基脲** Hydroxycarbamide（氨甲酰羟基脲、羟脲、HU）用于慢性粒细胞白血病、急性白血病、黑色素瘤，顽固性银屑病。致骨髓抑制、胃肠道反应、脱发等，用药期间及停药 3 个月内忌用减毒活疫苗。片：0.25g、0.5g。胶囊：0.4g。口服：每次 40~60mg/kg，2 次/周，6 周为 1 疗程；或每次 0.5g，1~1.5g/d，用至有骨髓抑制出现止。

**甲异靛** Meisoindigotin（异靛甲）用于慢性粒细胞白血病。致胃肠道反应、骨髓抑制、关节疼痛等，应监测血象，出现骨髓抑制或严重肢体疼痛应停药。片：25mg。口服：每次 50mg，2~3 次/日，饭后服，治疗量不超过 150mg/d。

## （三）抗肿瘤抗生素

**丝裂霉素** Mitomycin（自力霉素、丝裂霉素 C、MMC）

【用途】消化道癌和肺癌、乳腺癌、癌性胸腹水等。

【不良反应】骨髓抑制显著、胃肠道反应、脱发、静脉炎，肝肾功能损害。

【用药护理注意】1. 孕妇慎用。2. 监测血象和肝功能。3. 药液漏出血管外可致组织坏死，如外漏，应皮下注射生理盐水 10~20ml 稀释药液。4. 不与维生素 C、$B_1$、$B_6$ 混合，因可使本品疗效显著下降。5. 药物溶解后应在 4~6 小时内用完。6. 本品在酸性溶液中易降解，故不宜用葡萄糖液稀释。

【制剂】粉针（有效期4年）：2mg、4mg、8mg。片：1mg

【用法】静注：每次4~6mg，用注射用水或生理盐水20ml溶解，1~2次/周，40~60mg为1疗程。动脉注射剂量同静注。胸腹腔内注射：每次4~10mg，用10~30ml生理盐水稀释后注入，1次/5~7日，4~6次为1疗程。口服：每次2~6mg，1次/日，80~120mg为1疗程。

**放线菌素D Dactinomycin（更生霉素、可美净、ACTD）**

【用途】肾母细胞瘤、横纹肌肉瘤、神经母细胞瘤、绒毛膜上皮癌等。

【不良反应】胃肠道反应、骨髓抑制、脱发、静脉炎、肝功能损害、闭经。

【用药护理注意】1. 水痘患者、孕妇禁用。2. 监测血象和肝、肾功能。3. 防止药液漏出血管外，以免局部组织坏死。4. 避免药物吸入或接触皮肤。5. 有明显出血倾向，应暂停药。6. 有致畸和致突变作用。

【制剂】粉针：200μg、500μg。

【用法】静滴、静注：300~400μg/d，溶于5%葡萄糖液500ml中静滴，溶于生理盐水20~40ml中静注，1次/日，10日为1疗程。

**柔红霉素** Daunorubicin（柔毛霉素、红比霉素、正定霉素、DNR）

【用途】急性粒细胞和急性淋巴细胞白血病。

【不良反应】骨髓抑制较严重，胃肠道反应、心脏毒性、静脉炎、脱发等。

【用药护理注意】1. 监测血象、骨髓象、心电图和肝肾功能。2. 防止药物漏出血管外和接触皮肤。3. 禁止肌注和皮下注射。4. 用药后尿色红染。5. 不与酸性、碱性药物配伍。6. 出现口腔溃疡（多在骨髓毒性前出现）应停药。

【制剂】粉针（有效期2年）：10mg、20mg。

【用法】静滴、静注：0.2~1mg/(kg·d)，用生理盐水或5%葡萄糖液 250ml溶解，1h内滴完，1次/日，连用3日。

**多柔比星** Doxorubicin（羟基柔红霉素、阿霉素、法唯实、Adriamycin、ADM）

【用途】急性白血病、淋巴瘤、乳腺癌、肺癌、骨肉瘤及多种其他实体瘤。

【不良反应】1. 骨髓抑制、消化道反应、肝功能损害。2. 心脏毒性，严重者可出现心力衰竭。3. 脱发、色素沉着、发热、静脉炎、出血性红斑。

【用药护理注意】1. 孕妇、心脏病禁用。2. 禁止肌注。3. 监测血象、心电图和肝肾功能。4. 防止药液漏出血管外。5. 用药后尿色红染。

【制剂】粉针（有效期 2 年）：10 mg、20mg 、50mg。

【用法】静注：每次 40~60mg/m²，1 次/3 周；或每次 0.6mg/kg， 1 次/日，连用 3 日，间隔 7 日，总量不超过 450mg/m²，以免发生严重的心脏毒性。临用前溶于 5%葡萄糖注射液或生理盐水 30ml 中（浓度<5mg/1ml），慢注。

表柔比星 Epirubicin（表阿霉素、法玛新、E-ADM）

【用途、不良反应、用药护理注意】同多柔比星。不良反应较轻（尤其是心脏毒性），用药后尿色红染。

【制剂】粉针：10mg、50mg。

【用法】静注或静脉冲入：每次 60~90mg/m²，1 次/3 周，溶于灭菌注射用水或生理盐水 20ml 中（浓度<2mg/1ml）。

吡柔比星 Pirarubicin（吡喃阿霉素、THP-ADM）

【用途】头颈部癌、乳腺癌、膀胱癌、恶性淋巴瘤、急性白血病等。

【不良反应】主要为骨髓抑制，心脏毒性较多柔比星轻，肝肾功能损害。

【用药护理注意】1. 监测血象、心电图、肝肾功能。2. 可溶于 5%葡萄糖注射液或注射用水，难溶于生理盐水，故不能作溶剂。3. 静注时药液勿外漏。

【制剂】粉针：10 mg、20mg。

【用法】静脉冲入：每次 25~40mg/m²，或每次 40~60mg，溶于 10~20ml 溶液，1 次/3 周。根据不同疾病可采用不同的给药方法。膀胱内注入：每次 15~30mg，溶于 15~30ml 溶液，经导管注入，保留 1~2 小时，3 次/周。

**伊达比星** Idarubicin（盐酸伊达比星、去甲氧柔红霉素、善唯达、IDA）

【用途】急性淋巴细胞性和非淋巴细胞性白血病。

【不良反应】骨髓抑制明显、心脏毒性、肝损害、胃肠道反应、脱发等。

【用药护理注意】1. 监测血象、心电图、肝肾功能。2. 心脏病、孕妇、哺乳期妇女禁用。3. 药液外漏可引起严重局部组织坏死，小静脉或同一静脉重复注射致静脉硬化。4. 用药后尿液呈红色。5. 安瓿内为负压，针头插入时要小心，避免吸入粉尘。6. 不与其他药物混合。7. 怀孕医护人员应避免接触本品。

【制剂】胶囊：5mg、10mg。粉针：5mg、10mg。

【用法】静注：12mg/(m²·d)，1 次/日，疗程 3 天。每 5mg 溶于 5ml 注射用水中。

**阿柔比星** Aclarubicin（阿克拉霉素 A、安乐霉素、阿拉霉素、ACM-A、Aclacinomycin A）用于急性白血病、恶性淋巴瘤、消化道癌等。心脏毒性较多柔比星小，防止药液漏出血管外，避免与 pH7 以上溶液配伍。粉针：10mg、20mg。静滴：10~20mg/d，溶于生理盐水或 5%葡萄糖液中，7~10 日重复 1 次，总量不超过 300mg。

**博来霉素** Bleomycin（盐酸博来霉素、争光霉素、BLM）

【用途】各种鳞癌和恶性淋巴瘤、睾丸癌等。

【不良反应】发热、脱发、皮肤色素沉着、指甲变色、肺纤维化、过敏等。

【用药护理注意】1. 孕妇、哺乳期妇女禁用，老人、小儿、有肺疾患慎用。2. 定期作胸部 X 线检查和肺、肝、肾功能检查。3. 用药期间避免日晒。4. 避免吸入高浓度氧气，以防加重肺纤维化。

【制剂】粉针：15mg、30mg。注射液：15mg（2ml）、30mg（2ml）。

【用法】深部肌注：每次 15~30mg，用生理盐水 2~3ml 溶解，2~3 次/周，总量<0.4g。静注：剂量同上，用生理盐水或 5%葡萄糖液 10~20ml 溶解，慢注。

**培洛霉素** Peplomycin（硫酸培洛霉素、丙胺博来霉素、培普利欧毒素、匹来霉素、派来霉素、PLM）同博来霉素。作用较强，肺毒性较小，肌注应更换注射部位。粉针（有效期 2 年）：5mg、10mg。肌注、静注：初次 5mg，以后每次 10mg，用生理盐水或葡萄糖液溶解，2~3 次/周，总量<0. 2g。

**平阳霉素** Bleomycin $A_5$（博来霉素 $A_5$、争光霉素 $A_5$、PYM）用于头颈部癌、皮肤癌、食道癌、鼻咽癌等。致发热、消化道反应、皮肤反应和肺毒性等。粉针（有效期 2 年半）：8mg、10mg。肌注、静注、肿瘤内注射、动脉插管给药：每次 8~10mg，1 次/隔日，总量 240mg。用生理盐水或 5%葡萄糖液溶解。

**普卡霉素** Plicamycin（光辉霉素、光神霉素、普长霉素）

【用途】睾丸胚胎癌及晚期肿瘤的高钙血症等。

【不良反应】胃肠道反应、血小板减少、皮肤色素沉着、肝肾功能损害等。

【用药护理注意】静注应缓慢，防止药液外漏，不能用生理盐水溶解药物。

【制剂、用法】粉针：2mg、4mg、5mg。静注：每次 2~6mg，1 次/每日或隔日，开始 1~2 天用小剂量，能耐受再加量，溶于注射用水或 5%葡萄糖液中。

## （四）抗肿瘤植物药

**长春碱** Vinblastine（硫酸长春碱、长春花碱、威保啶、癌备、VLB）

【用途】恶性淋巴瘤、绒毛膜上皮癌、睾丸肿瘤和肺癌、乳腺癌等。

【不良反应】胃肠道反应、骨髓抑制、肢体麻木、脱发、闭经、静脉炎等。

【用药护理注意】1. 孕妇、哺乳期妇女禁用。2. 禁止肌内、皮下、鞘内注射。3. 防止药物漏出血管外，以免发生局部组织坏死，如发生外漏，应更换注射部位，立即局部冷敷或用0.5%普鲁卡因局部封闭。4. 10℃以下避光保存。

【制剂、用法】粉针：10mg、15mg。静注或静脉冲入：每次 10mg（或 6mg/m$^2$），儿童10mg/m$^2$，溶于生理盐水或5%葡萄糖液20~30ml中，1次/周，总量60~80mg。胸腹腔注射：每次10~30mg，加生理盐水20~30ml。

**长春新碱** Vincristine（硫酸长春新碱、醛基长春碱、安可平、VCR）

【用途】急性和慢性白血病、恶性淋巴瘤、肺癌、乳腺癌等。

【不良反应】同长春碱，但骨髓抑制、消化道反应较轻，神经毒性较大。

【用药护理注意】1. 注意神经系统毒性。2. 孕妇禁用，2岁以下、老年慎用。3. 监测血象。4. 防止药物漏出血管外。5. 10℃以下避光保存。

【制剂】粉针（有效期2年）：0.5mg、1mg。注射液：1mg（1ml）。

【用法】静注或静脉冲入：每次 1~2mg，儿童每次 75μg/kg，溶于生理盐水或5%葡萄糖液20ml中，1次/周，10~20mg为1疗程。

**长春地辛** Vindesine（长春花碱酰胺、癌的散、西艾克、托马克、艾得新、闻得星、VDS）

【用途】肺癌、恶性淋巴瘤、乳腺癌、食道癌、恶性黑色素瘤等。

【不良反应、用药护理注意】同长春碱和长春新碱。药物溶解后立即使用。

【制剂】粉针（有效期暂定2年）：1mg、4mg。

【用法】静注或静脉冲入、静滴：$3mg/m^2$，溶于生理盐水 40ml 中静注，溶于5%葡萄糖液或生理盐水500~1000ml中慢滴，1次/周，4~6次为1疗程。

**长春瑞滨** Vinorelbine（去甲长春花碱、异长春花碱、诺维本、盖诺、NVB）同长春碱。4℃保存。注射液：10mg（1ml）、50mg（5ml）。静滴：$25\sim30mg/m^2$，用生理盐水或 5%葡萄糖液 125~150ml 稀释，快速静脉滴注（15~20min），随后输入生理盐水100~250ml冲洗静脉，1次/周，连用2~3次为1疗程。

**三尖杉酯碱**　Harringtonine（哈林通碱、HRT）

【用途】各型白血病、恶性淋巴瘤、真红细胞增多症等。

【不良反应】骨髓抑制、心脏毒性、胃肠道反应、头晕、脱发等。

【用药护理注意】1. 孕妇、哺乳期、肝肾功能不全、心电图明显异常者禁用。2. 监测血象、骨髓象和心电图。3. 禁止静注，因可致呼吸抑制甚至死亡。

【制剂】注射液：1mg（1ml）、2mg（2ml）。

【用法】静滴：1~4mg/d，加 5%或 10%葡萄糖液 250~500ml 慢滴，7~10 日为 1 疗程，隔 2 周可再用。

**高三尖杉酯碱**　Homoharringtonine（高哈林通碱、HHRT）同三尖杉酯碱。注射液：1mg（1ml）、2mg（2ml）。静滴：1~4mg/d（通常 2mg），加 5%或 10%葡萄糖液 250~500ml 慢滴，4~6 日为 1 疗程，隔 1~2 周可再用。

**羟喜树碱**　Hydroxycamptothecine（10-羟基喜树碱、喜得欣、OPT）

【用途】肝癌、肺癌、胃癌、结肠癌、头颈部癌等。

【不良反应】骨髓抑制、胃肠道反应、尿道刺激症状、脱发、皮疹等。

【用药护理注意】1. 监测血象、尿常规和肝肾功能。2. 稀释后立即使用。3. 药物污染皮肤、粘膜时，立即用清水彻底冲洗。

【制剂】注射液：2mg（2ml）。

【用法】静注：每次4~8mg，加生理盐水20ml，1次/每日或隔日，60~120mg为1疗程。

**托泊替康** Topotecan（拓扑替康、和美新、金喜素、喜典、Hycamtin）

【用途】一线化疗或后续化疗失败的小细胞肺癌、转移性卵巢癌。

【不良反应】骨髓抑制、胃肠道反应、脱发、头痛，偶见呼吸困难。

【用药护理注意】1. 孕妇、哺乳期妇女、严重骨髓抑制、对本品成分过敏者禁用。2. 如本品污染皮肤、粘膜，应立即用水和肥皂彻底冲洗。3. 配制方法：先用4ml注射用水溶解本品4mg，然后按推荐剂量抽取上述配制溶液，再用生理盐水或5%葡萄糖液稀释。

【制剂】粉针：2mg、4mg。

【用法】静滴：每次1. 2mg/m$^2$，1次/日，滴注30分钟，连用5日，3周1疗程，至少用4个疗程。

**伊立替康** Irinotecan（开普拓、CPT-11）用于转移性结肠、直肠癌。致腹泻、恶心、呕吐、脱发、伪膜性结肠炎等，用药期间监测血象，即配即用，5~8℃避光保存。注射液：40mg（2ml）、100mg（5ml）。静滴：350mg/m$^2$，加入生理盐水或5%葡萄糖液250ml中，滴注30~90分钟，1次/3周。

**替尼泊苷** Teniposide（鬼臼噻吩苷、鬼臼甲叉苷、威猛、邦莱、卫萌、VM-26、VP-26）

【用途】难治性急性淋巴细胞性白血病、恶性淋巴瘤、小细胞肺癌等。

【不良反应】骨髓抑制、胃肠道反应、脱发、过敏样反应、体位性低血压。

【用药护理注意】1. 孕妇、有本品过敏史禁用。2. 出现过敏样反应立即停药。3. 监测血象和肝、肾功能。4. 不可静注或快速静滴，以免引起低血压。5. 严密观察血压应列为常规。6. 稀释时摇动应轻，以免产生沉淀，如有沉淀则禁用。7. 稀释后4小时内用完。8. 药液漏出血管外可致局部肿痛、溃烂。

【制剂】注射液（有效期2年）：50mg（5ml）。

【用法】静滴：每次 50~100mg，加入 5%葡萄糖液或生理盐水 250~500ml中，滴注30~60分钟，1次/日，3~5日为1疗程，间隔3周可再用。

**依托泊苷** Etoposide（鬼臼乙叉苷、足叶乙苷、拉司太特、泰尔定、凡毕士、泛必治、威克、VP-16）

【用途】肺癌、睾丸恶性肿瘤、恶性淋巴瘤、急性粒细胞白血病等。

【不良反应、用药护理注意】1. 同替尼泊苷。2. 因在葡萄糖液中不稳定，可形成微粒沉淀，故不与葡萄糖液混合。

【制剂】注射液：50mg、100mg。胶囊：25mg、50mg、100mg。

【用法】静滴：每次100mg，加生理盐水500ml，滴注30~60分钟，1次/每日或隔日，连用3~5次，间隔3~4周可再用。口服：每次100mg，1次/日，宜空腹服，连用10日，间隔3~4周可再用。

**紫杉醇** Paclitaxel（红豆杉醇、安素泰、泰素、紫素、特素、Taxol、PTX）

【用途】卵巢癌、乳腺癌、肺癌、大肠癌、头颈部癌、淋巴瘤等。

【不良反应】骨髓抑制、过敏反应、胃肠道反应、一过性心动过速、低血压、脱发、关节和肌肉痛。

【用药护理注意】1. 对本品过敏、孕妇、哺乳期妇女禁用。2. 预先给地塞米松、苯海拉明和$H_2$受体拮抗剂防止发生过敏反应。3. 滴注后第1小时严密观察血压、心率、呼吸。4. 每周查血象2次。5. 静滴前尽量混匀，只能用玻璃瓶或聚乙烯输液器盛装药液。6. 处理本品时带防护手套。7. 如皮肤接触到本品，立即用肥皂和清水彻底清洗。8. 2~8℃冰箱内保存。

【制剂】注射液：30mg（5ml）、150mg（25ml）。胶囊：0.3g。

【用法】静滴：135~175mg/m$^2$，加生理盐水或5%葡萄糖液500~1000ml，用特制胶管及0.22μm的微孔膜滤过，1次/3周。口服：每次0.6g，3次/日，21日为1个疗程。

**多西紫杉醇** Docetaxel（多西他赛、紫杉特尔、泰索帝、泰素帝、Taxotere）

【用途】转移性乳腺癌、卵巢癌、非小细胞肺癌等。

【不良反应】骨髓抑制、过敏反应、体液潴留、胃肠道反应、脱发、皮疹。

【用药护理注意】1. 孕妇、哺乳期妇女、儿童禁用。2. 用药前1天先给地塞米松、苯海拉明可减轻不良反应。3. 监测血象。4. 用药前至用后24h监测血压、脉搏、呼吸。5. 不能由怀孕人员处置本品。6. 处理本品时带防护手套。7. 如皮肤接触到本品，即用肥皂和清水彻底清洗。8. 2~8℃避光保存。

【制剂】注射液：20mg（0.5ml）、80mg（2ml），均附溶剂1瓶。

【用法】静滴：每次 75mg/m²，加生理盐水或 5%葡萄糖液 250ml，滴注 1 小时，开始 10 分钟内滴速宜慢（20 滴/分），如无反应再加快滴速，1 次/3 周。

**康莱特 Kanglaite**（注射用薏苡仁油）

【用途】原发性非小细胞肺癌、肝癌等。

【不良反应】发热、轻度恶心、寒颤，偶见轻度静脉炎。

【用药护理注意】1. 脂肪代谢严重失调、孕妇禁用。2. 不与其他药物混合。3. 冬季用 30℃温水预热后使用，可减轻刺激。4. 制剂出现油、水分层现象禁用。5. 须使用一次性带过滤器的输液器。6. 防止药液渗漏至血管外。

【制剂】注射液：10g（100ml）。

【用法】缓慢静滴：每次 10~20g，1 次/日，1 疗程 20 日。隔 3~5 日可再用。首次使用，开始 10 分钟滴速为 20 滴/分，20 分钟后渐增至 30~60 滴/分。

**靛玉红 Indirubin**（炮弹树碱 B、玉红）治慢性粒细胞白血病等。致胃肠道反应、骨髓抑制等。肝、肾功能不全慎用，避光、密闭保存。片：25mg、50mg。口服：100~300mg/d，分 3~4 次服，3 个月 1 疗程。

**香菇多糖** Lentinan（香菇糖、天地欣、能治难、瘤停能、味之素）

【用途】胃癌、肺癌、艾滋病、肝炎的辅助治疗。

【不良反应】轻度头晕、胸闷、恶心、呕吐、面部潮红、皮疹，罕见休克。

【用药护理注意】1. 婴幼儿慎用。2. 不与维生素 C 混合，混合会使溶液变浑浊。3. 须用力振摇使药物完全溶解，并尽快使用。

【制剂、用法】粉针：1mg。片：2. 5mg。静滴、静注：每次 1mg，2 次/周，用 2ml 注射用水振摇溶解，加入 250ml 生理盐水或 5%葡萄糖液中滴注。口服：每次 12. 5mg，2 次/日，疗程 3 个月。

**马蔺子素** Irisquinone（安卡）用于肺、食道、头颈部肿瘤的放疗增敏。致胃肠道反应，饭后服可减轻。避光保存。胶囊：55mg。口服：165~220mg/d，分 2~3 次服，放疗前 2~3 日开始服，连续用至放疗结束。

**安替可** 含蟾皮等。治中、晚期肿瘤，与放疗合用增强疗效。致恶心、血象降低、心慌。孕妇禁用，心脏病慎用。胶囊：0. 22g。口服：每次 0. 44g，3 次/日，饭后服，6 周 1 个疗程。

## （五）抗肿瘤激素药

**氨鲁米特** Aminoglutethimide（氨基导眠能、氨苯哌酮、奥美定、AG）

【用途】晚期乳腺癌、卵巢癌、前列腺癌等。

【不良反应】消化道反应、神经系统反应（嗜睡、困倦、运动失调）、白细胞减少、甲状腺功能减退和肾上腺皮质功能不足等。

【用药护理注意】1. 妊娠、哺乳期妇女和儿童禁用。2. 监测血象和血浆电解质。3. 不宜与他莫昔芬合用，因致副作用增加，而不增效。

【制剂】片：125mg、250mg。

【用法】口服：每次 250mg，2 次/日，两周后改为 3~4 次/日，不超过 1g/d。可同时服用氢化可的松，开始早晚各服 20mg，睡前服 60mg（1 日共 100mg），两周后改为早晚各服 10mg，睡前服 20mg（1 日共 40mg）。

**尼鲁米特** Nilutamide（安得乐）用于晚期前列腺癌。致黑暗中视力调节及色觉障碍，恶心、呕吐、肺间质综合征等，肝功能不全禁用。片：50mg。口服：诱导剂量 300mg/d，连用 4 周；维持量 150mg/d，可 1 次或分多次服。

**氟他胺** Flutamide（氟他米特、氯硝丁酰胺、福至尔）治晚期前列腺癌。致男性乳腺发育、胃肠反应、中枢神经系统反应等，不宜长期应用，用药期间避孕，定期查肝功能。片：250mg。口服：每次 250mg，3 次/日，饭后服。

**甲羟孕酮** Medroxyprogesterone（羟甲孕酮、甲孕酮、安宫黄体酮、MPA）

【用途】肾癌、乳腺癌、子宫内膜癌、前列腺癌等。（还可治功能性子宫出血、痛经等，见雌激素及避孕药，P484）

【不良反应】乳房胀痛、阴道出血、闭经、肾上腺皮质功能亢进的表现等。

【用药护理注意】1. 注射剂用前必须摇匀，肌注时用粗针头深部注射，口服应坐或站着，并需饮足量的水，可将药片分成两半服用。2. 发生血栓栓塞、眼疾病或偏头痛时停止用药。

【制剂】片：200mg、500mg。注射用白色混悬剂：500mg、1000mg。

【用法】口服：500~1000mg/d，1 次或分 2 次，连用 10 日，以后视情况改为 250~500mg/d，可长期服用。肌注：开始每日 1 次 500mg，最多 4 周，以后改为每周 3 次。

**甲地孕酮** Megestrol（去氢甲孕酮、美可治、Megace）治晚期乳腺癌、子宫内膜癌等（其他用途见雌激素、孕激素、促性腺激素及避孕药，P490）。致体重增加、恶心、呕吐、头晕、脱发、皮疹、阴道出血。片（美可治）：40mg、160mg。口服：160mg/d，1次或分2~3次服，至少连用2个月。

**他莫昔芬** Tamoxifen（三苯氧胺、诺瓦得士、抑乳癌、昔芬、TAM）

【用途】乳腺癌、卵巢癌、子宫内膜癌。

【不良反应】消化道反应，月经失调，阴道出血，停经、脱发、视力障碍。

【用药护理注意】1. 孕妇忌用。2. 长期服用应定期作眼科检查。3. 阴道大量出血应停药。4. 如与西咪替丁、雷尼替丁等合用，须相隔1~2小时服。

【制剂、用法】片、胶囊：10mg。口服：每次10mg，2次/日。

**托瑞米芬** Toremifene（氯他莫昔芬、法乐通）用于绝经后乳腺癌。致面部潮红、多汗、恶心、眩晕、失眠、头痛等，孕妇、哺乳期妇女、子宫内膜增生症禁用。片：60mg。口服：每次60mg，1次/日。

**福美坦** Formestane（福美司坦、兰他隆、兰特隆、Lentaron、FMT）

【用途】他莫昔芬及其他抗雌激素治疗无效的绝经后乳腺癌。

【不良反应】皮肤发痒、疼痛、无痛或痛性肿块、恶心、呕吐，偶见嗜睡。

【用药护理注意】1. 孕妇、哺乳期和绝经前妇女、儿童禁用。2. 臀部深肌注射应避开以前进针点或已有硬结的部位。3. 不与其他注射液混合。

【制剂】粉针：250mg，附 2ml 生理盐水。

【用法】深部肌注：每次 250mg，用生理盐水稀释，1 次/2 周。

**依西美坦** Exemestane（可怡、尤尼坦）用于经他莫昔芬治疗无效的绝经后乳腺癌患者。致轻度恶心、面部潮红、眩晕、盗汗、水肿、雄激素样症状等。密封、避光保存。片、胶囊：25mg。口服：每次 5~25mg，1 次/日，饭后服。

**阿那曲唑** Anastrozole（瑞宁得、瑞斯意）

【用途】他莫昔芬及其他抗雌激素治疗无效的绝经后晚期乳腺癌。

【不良反应】皮肤潮红、阴道干涩、皮疹、肝功能异常，胃肠道反应等。

【用药护理注意】1. 孕妇、哺乳期和绝经前妇女、对本品过敏，严重肝、肾功能损害禁用。2. 忌与雌激素同用，以免降低本药疗效。3. 用药期间避免驾车和操作机械。

【制剂、用法】片：1mg。口服：每次 1mg，1 次/日。

**来曲唑** Letrozole（来倔唑、芙瑞、弗隆）

【用途】抗雌激素治疗无效的绝经后晚期乳腺癌。

【不良反应】恶心、呕吐、头痛、疲乏、水肿、皮疹，少见骨骼肌痛等。

【用药护理注意】对本品过敏禁用，绝经前和严重肝、肾功能损害慎用。

【制剂、用法】片：2.5mg。口服：每次 2.5mg，1 次/日，饭后服。

**法曲唑** Fadrozole（法倔唑、Afema）同来曲唑。片：1mg。口服：每次 1mg，2 次/日，早、晚饭后服。

**乌苯美司** Ubenimex（百士欣）配合化疗、手术、放疗联合应用于白血病、恶性淋巴瘤、肺癌、鼻咽癌等多种恶性肿瘤。偶见皮疹、瘙痒、呕吐等。胶囊：10mg。口服：每次 30mg，1 次/日，早晨空腹服。

**α-甘露聚糖肽** α-Manmanpeptide（力尔凡、诺林康、Lifein）

【用途】消化系统、呼吸系统、女性生殖系统、头颈部等多种恶性肿瘤。

【不良反应】注射部位疼痛，偶见皮疹。

【用药护理注意】1. 风湿性心脏病、风湿活跃期禁用。2. 首次使用应做青霉素皮试，阴性方可用，阳性者可再用本品皮试（本品 5mg 用 2ml 生理盐水或注射用水溶解，取 0.1ml 溶解液皮内注射，30 分钟后观察，红肿面积大于 3cm×3cm 者不宜用）。

【制剂、用法】粉针：2.5mg、5mg、10mg。静滴：每次 5~10mg，1~2 次/日或 1 次/隔日。肌注：每次 5mg，1~2 次/日。

**比卡鲁胺** Bicalutamide（卡索地司、康士得）用于晚期前列腺癌。致面色潮红、瘙痒、全身疼痛、恶心、呕吐、男性乳房女性化等，病人不得自行中断或停止本品治疗。片：50mg。口服：每次 50mg，1 次/日，每天在相同时间服用。与促黄体生成素释放激素（LH-RH）类似物或外科睾丸切除术联合治疗。

**亮丙瑞林、戈舍瑞林、曲普瑞林**（见脑垂体激素及其类似物，P461~462）

### （六）铂盐

**顺铂** Cisplatin（顺氯氨铂、氯氨铂、施伯锭、锡铂、DDP）

【用途】睾丸肿瘤、乳腺癌、卵巢癌、膀胱癌、肺癌、头颈部癌、食管癌。

【不良反应】消化道反应、肾脏毒性、骨髓抑制、神经毒性、过敏反应。

【用药护理注意】1. 孕妇禁用，肾功能不全和中耳炎者慎用。2. 恶心、呕吐明显，可用昂丹司琼或甲氧氯普胺等止吐药，严重呕吐应停药。3. 应多饮水、输液强迫利尿。4. 监测血象、尿常规、听力和肝、肾功能。5. 不能用注射用水溶解，因在水中药物易分解。

【制剂】粉针：10mg、20mg、30mg。注射液：10mg、50mg。专供动脉灌注化疗用（威力顺铂 IA）：20mg（20ml）、100mg（100ml）。

【用法】静注、静滴：每次 $20mg/m^2$，溶于生理盐水 30ml 中（可振摇助溶）静注，溶于生理盐水或溶解后加入 5%葡萄糖盐水 200ml 中静滴，1 次/每日或隔日，100mg 为 1 疗程，隔 3~4 周可再用。也可动脉插管注射和胸腹腔内注射。

**卡铂** Carboplatin（碳铂、卡波铂、伯尔定、波贝、CBP）用于卵巢癌、肺癌、睾丸肿瘤、头颈部肿瘤等。同顺铂，静滴时输液瓶用布或纸遮光，应避免药液漏出血管外。粉针、注射液：100mg。静注、静滴：每次 200~400mg/m$^2$，用药前用生理盐水或 5%葡萄糖液 10ml 溶解（10mg/ml），再加入 5%葡萄糖液 250~500ml（浓度为 0.15mg/ml）中快速静滴，1 次/4 周。

**奥沙利铂** Oxaliplatin（奥克赛铂、乐沙定、奥铂）

【用途】乳腺癌、胃癌、卵巢癌、黑色素瘤，晚期结肠癌、直肠癌。

【不良反应】消化道反应、神经毒性、骨髓抑制、过敏反应、肾功能障碍。

【用药护理注意】1. 对铂剂过敏、孕妇、哺乳期禁用。2. 有过敏反应及腹泻应停药。3. 避免受冷刺激（冷饮等）。4. 禁用生理盐水或氯化物溶解稀释。

【制剂】粉针：50mg、100mg。

【用法】静滴：每次 130mg/m$^2$，1 次/3 周，溶于 5%葡萄糖液 250~500ml 中。

**奈达铂** Nadaplatin（NDP）用于头颈部癌、食道癌、肺癌、膀胱癌、卵巢癌等。致剧烈骨髓抑制、肾功能抑制，消化道反应等。氨基酸输液、pH5 以下的酸性溶液可使本品分解。静滴：80~100mg/(m$^2$·d)，溶于生理盐水 300ml 以上，静滴 1 小时后补液 1000ml 以上，至少停药 4 周作为 1 疗程。

**环硫铂** Sulfatodiamino Cyclohexane Platine（SHP）同顺铂。不用含氯化钠的液体溶解或稀释，以防分解。粉针：15mg、30mg。静注、静滴：15~30mg/d，溶于3ml注射用水后，加入5%葡萄糖液中静注或静滴，连用5日，停药3周。

## （七）其他抗肿瘤药及辅助治疗药

**门冬酰胺酶** Asparaginase（左旋门冬酰胺酶、爱施巴、优适宝、ASP）

【用途】急性淋巴细胞白血病、急性粒细胞白血病、恶性淋巴瘤。

【不良反应】过敏反应、发热反应、胃肠反应、骨髓抑制、神经系统反应。

【用药护理注意】1. 每疗程用药前用0.1ml药液（10~50U）进行皮试，观察3小时。2. 监测血象，肝、肾功能，血糖。3. 妊娠早期禁用。4. 不同药厂、不同批号药物纯度和过敏反应有差异，须注意。5. 备好肾上腺素等急救品。6. 药液溶解后不宜久置。7. 低脂饮食，避免暴饮暴食。

【制剂】粉针：1000U、2000U、10000U。

【用法】静注、静滴、肌注、鞘内注射：常用量为每次50~200U/kg（可加大至每次1000U/kg），1~2次/周，3~4周为1疗程。静注以生理盐水20~40ml稀释，静滴以生理盐水或5%葡萄糖液500ml稀释。

**丙卡巴肼** Procarbazine（甲基苄肼、甲苄肼、疗治癌、纳治良、PCB）

【用途】恶性淋巴瘤、恶性组织细胞增多症、多发性骨髓瘤、肺癌等。

【不良反应】胃肠道反应、骨髓抑制、神经系统反应（眩晕、嗜睡、精神错乱）、脱发、闭经、肝功能损害等。

【用药护理注意】1. 监测血象和肝功能。2. 避免进食含高酪胺的食物（如奶酪、香蕉、腌鱼等），不宜饮酒。3. 与苯噻嗪类药物有协同镇静作用。

【制剂】片、胶囊：50mg。注射液：100mg。

【用法】口服：每次 50mg，3~4 次/日，总量 7~10g 或根据血象确定。静注：每次 2~7mg/kg，1 次/日，从小量开始。

**去甲斑蝥素** Norcantharidin（依尔康、尤斯洛、利佳）用于肝癌、食管癌、胃癌，可治乙肝。致恶心、呕吐等。静注宜缓慢，防止药液漏出血管外。片：5mg。注射液：10mg（2ml）。口服：每次 5~20mg，3 次/日，空腹服。静注、静滴：10~20mg/d，溶于葡萄糖液中慢注或加入葡萄糖液 250~500ml 中慢滴。

**米托蒽醌** Mitoxantrone（二羟蒽二酮、米西宁、诺消灵、能减瘤）

【用途】乳腺癌、恶性淋巴瘤、急性白血病等。

【不良反应】骨髓抑制、胃肠道反应、心脏毒性、脱发、肝肾功能损害等。

【用药护理注意】1. 监测血象、心电图、肝肾功能。2. 防止药液外渗。3. 避免药物与皮肤、粘膜接触。4. 用药后巩膜变蓝，尿液呈蓝绿色，粪便为黄至绿色。5. 不与其他药物混合。6. 稀释后24小时内用完。7. 禁止鞘内注射。

【制剂】注射液：4mg、10mg、20mg。粉针：20mg、25mg。

【用法】静注、静滴：实体瘤、白血病每次 10~14mg/m$^2$，1 次/3~4 周。用生理盐水或5%葡萄糖液 50~100 ml 稀释，滴注30分钟。

**安吖啶** Amsacrine（安沙吖啶、安苯吖啶、AMSA）

【用途】急性白血病、恶性淋巴瘤。

【不良反应】骨髓抑制、胃肠道反应、脱发、静脉炎、肝功能损害等。

【用药护理注意】1. 监测血象、肝功能、心电图。2. 用 L-乳酸液稀释后，再用5%葡萄糖液 150ml 以上稀释。3. 不与含氯溶液配伍，勿用塑料注射器。

【制剂】注射液：75mg（附 L-乳酸稀释液 13. 5ml）。

【用法】静滴：75~100mg/m$^2$，1次/日，连用5~7日，隔3~4周可重复。

**美司钠** Mesna（巯乙磺酸钠、美司那、美斯纳、优美善、美安）预防异环磷酰胺（IFO）及环磷酰胺（CTX）等的泌尿道毒性。偶有皮肤、粘膜过敏反应，可引起尿酮试验假阳性。注射液：200mg（2ml）、400mg（4ml）。片：200mg。常用量为IFO或CTX剂量的20%，一般在注射IFO的0、4、8小时分别静脉冲入或静注。

**氨磷汀** Amifostine（阿米福汀）

【用途】明显减轻化疗药物所致的肾、骨髓、心脏、耳、神经系统毒性。

【不良反应】恶心、呕吐、嗜睡、打喷嚏、金属味、过敏反应、血压下降。

【用药护理注意】1. 同时给予甲氧氯普胺、地塞米松可减轻呕吐、嗜睡等不良反应。2. 有一过性血压轻度下降，用药时宜平卧。3. 能与顺铂迅速形成复合物，两者应间隔15分钟分开使用。

【制剂、用法】粉针：0.4g。静滴：化疗患者，0.5~0.6g/m$^2$，放疗患者，0.2~0.3g/m$^2$，均溶于生理盐水50ml中，化、放疗前30分钟用药，15分钟滴完。

**硒卡拉胶**　K-selenocarrageenan 用于预防和治疗顺铂肾毒性。口服：于顺铂化疗前 4 日开始服用，40mg/d，连用 8 日。最佳用药剂量仍值得进一步研究。

**利妥昔单抗** Rituximab（利妥昔、美罗华、Mabthera）

【用途】复发或化疗抵抗性 B 淋巴细胞型的非霍奇金淋巴瘤。

【不良反应】高血压、心律失常、过敏反应、腹背痛、胸痛、消化道反应。

【用药护理注意】1. 监测全血细胞，有心脏病史者应密切监护。2. 滴注前 60 分钟给予止痛药（如对乙酰氨基酚）和抗过敏药（如苯海拉明）。3. 用生理盐水稀释至 1mg/ml 后缓慢静滴。4. 不宜静注或快速静滴。5. 2~8℃避光保存。

【制剂】注射液：100mg（10ml）、500mg（50ml）。

【用法】缓慢静滴：每次 375mg/m$^2$，1 次/周，4 次为 1 疗程。首次滴入速度为 50mg/h，随后可每 30 分钟增加 50mg/h，最大速度不超过 400mg/h。

**红色诺卡菌细胞壁骨架**　Lyophized Nocardia Rubra-cell Wall Skeleton（胞必佳）

【用途】肿瘤引起的胸水、腹水和肺癌、胃癌、肠癌、食管癌、肝癌等。

【不良反应】皮下注射处红、肿、痛、硬结，少见发热。

【用药护理注意】高热、有过敏反应者慎用。

【制剂】粉针（有效期1.5年）：200μg。

【用法】胸、腹腔内注射：尽量抽净胸、腹水，每次注射 600~800μg（用生理盐水 20~40ml 稀释，加 5%利多卡因适量），每周 1 次，用 2~4 次。可皮下、皮内缓慢注射或瘤内注射、膀胱保留灌注。

**乙亚胺**　Ethyliminum（双酮嗪、抗癌-161、宁癌-154、亚胺-154）治霍奇金病、头颈部鳞癌、银屑病。致骨髓抑制、胃肠道反应、头晕等，孕妇、哺乳期妇女禁用。片：100mg。口服：300~400mg/d，分 2~3 次饭后服，1 个月为 1 疗程。

**昂丹司琼** Ondansetron（恩丹西酮、枢复宁、枢丹、安善舒、欧贝、Zofran）

【用途】预防或治疗化疗药物和放射治疗引起的恶心呕吐。

【不良反应】头痛、腹部不适、便秘，偶见转氨酶升高，过量致血压升高。

【用药护理注意】妊娠及哺乳期妇女慎用，胃肠道梗阻者禁用。

【制剂】片：4mg、8mg。注射液：4mg（2ml）、8mg（4ml）。

【用法】静注：治疗用药，每次 8mg，预防用药，在化疗前 0.5 小时静注

8mg，化疗后4、8小时各再注射1次，24小时总量不超过32 mg。口服：化疗前1小时服8mg，以后每8小时服8mg，饭前1小时服。

**格拉司琼** Granisetron（格雷西隆、凯特瑞、康泉、枢星、欧智宁、Kytril）

【用途、不良反应】同昂丹司琼，作用较强。

【用药护理注意】1. 孕妇、儿童、胃肠道梗阻、对本品过敏禁用。2. 宜临用配制。3. 不与其他药液混合。

【制剂】片、胶囊：1mg。注射液：3mg（3ml）。

【用法】口服：每次1mg，2次/日。静注、静滴：3mg/d，用生理盐水或5%葡萄糖液稀释。于化疗或放疗前30分钟用，静注、口服均不超过9mg/24h。

**托烷司琼** Tropisetron（托普西龙、呕必停）同昂丹司琼，作用较强。胶囊：5mg。注射液：5mg。口服：每次5mg，1次/日，餐前1小时以上服或早上起床后即服，疗程2~6日。静滴、静注：5mg/d，溶于生理盐水、5%葡萄糖液或林格氏液100ml中静滴或缓慢静注，第2~6日口服给药。

**阿扎司琼**　Azasetron（阿扎西隆、苏罗同、Serotone）同昂丹司琼，作用较强。注射液：10mg（2ml）。静注：每次 10mg，1 次/日，用生理盐水稀释。

**雷莫司琼**　Ramosetron（奈西雅、Nasea）同昂丹司琼，作用较强。注射液：0.3mg。静注：每次 0.3mg，1 次/日，不超过 0.6mg/d。

**帕米膦酸钠、氯屈膦酸二钠**（见治疗骨质疏松药，P519~520）

## 四、主要作用于中枢神经系统的药物

### （一）中枢兴奋药

咖啡因　Caffeine（咖啡碱）

【用途】中枢性呼吸抑制和中枢抑制药中毒，神经官能症、偏头痛。

【不良反应】胃酸分泌增加、胃肠不适、心悸、期外收缩、失眠、多尿等。

【用药护理注意】孕妇慎用，溃疡病者不宜久用。

【制剂】**安钠咖**（苯甲酸钠咖啡因、CNB）：注射液：0.25g（1ml）、0.5g（2ml）。**咖溴合剂**（巴氏合剂）：200ml 中含安钠咖 0.05~2g 及溴化钠 1~10g。

【用法】解救中枢抑制：皮下注射或肌注 CNB 每次 0.25~0.5g，1~2 次/日，极量：每次 0.75g，3g/d。调节大脑皮层活动：口服咖溴合剂每次 10~15ml，3 次/日，饭后服。

**尼可刹米** Nikethamide（可拉明、二乙烟酰胺、Coramine）

【用途】中枢性呼吸及循环衰竭、麻醉药及其他中枢抑制药中毒。

【不良反应】大剂量可致心悸、血压升高、心律失常、震颤、呕吐、出汗。

【用药护理注意】1. 剂量过大可致惊厥。2. 出现不良反应要及时停药。3. 抢救病人宜静注给药，静注应缓慢。

【制剂】注射液：0.25g（1ml）、0.375g（1.5ml）、0.5g（2ml）。

【用法】肌注、静注、静滴、皮下注射：每次 0.25~0.5g，必要时 1~2 小时重复 1 次，极量：每次 1.25g。

**洛贝林** Lobeline（山梗菜碱、祛痰菜碱）

【用途】呼吸衰竭、新生儿窒息、一氧化碳中毒引起的窒息。

【不良反应】恶心、呕吐、心动过速、传导阻滞、呼吸抑制，偶见惊厥。

【制剂】注射液：3mg（1ml）、10mg（1ml）。

【用法】肌注、皮下注射：每次 3~10mg（极量：每次 20mg，50mg/d），儿童每次 1~3mg。静注：每次 3mg（极量：每次 6mg，20mg/d），儿童每次 0.3~3mg。静注应缓慢，必要时每 30 分钟可重复 1 次。

**贝美格** Bemegride（美解眠、Megimide）

【用途】巴比妥类等中毒的中枢抑制，加速硫喷妥钠麻醉后的恢复。

【不良反应】恶心、呕吐、反射性运动增强、肌肉震颤、惊厥和情绪不安。

【用药护理注意】1. 本品作用快，多采用静滴。2. 静滴不宜过快，以免致惊厥。3. 注射时备好短效巴比妥类药，以便惊厥时解救。4. 吗啡中毒忌用。

【制剂】注射液：50mg（10ml）。

【用法】静滴：50mg 加 5%葡萄糖液稀释后滴入，直至病情改善或出现早期中毒症状为止。也可静注。小儿 1mg/kg，用法同成人。

**二甲弗林** Dimefline（回苏灵、Remefline）

【用途】中枢性呼吸衰竭、呼吸抑制。

【不良反应】恶心、呕吐，剂量过大可致惊厥，尤以小儿多见。

【用药护理注意】1. 有惊厥史、肝肾功能不全和孕妇禁用。2. 准备短效巴比妥类药，以便惊厥时解救。3. 静注应稀释后慢注，并注意病人反应。

【制剂】片：8mg。注射液：8mg（2ml）。

【用法】口服：每次 8~16mg，2~3 次/日。肌注、静注：每次 8mg，静注用 5%葡萄糖液稀释。静滴：每次 8~16mg。用葡萄糖溶液或生理盐水稀释。

**多沙普仑** Doxapram（吗乙苯吡酮、吗乙苯咯、多普兰、Dopram）

【用途】麻醉药、中枢抑制药引起的中枢抑制。

【不良反应】头痛、无力、呼吸困难、呕吐，偶见胸闷、胸痛、血压升高。

【用药护理注意】1. 癫痫、惊厥、肺部疾患禁用，孕妇、12 岁以下、高血压、颅内高压、冠心病慎用。2. 禁与碱性药合用。3. 药液外漏引起局部刺激。

【制剂】注射液：20mg（1ml）、100mg（5ml）。

【用法】静注、静滴：麻醉药引起的中枢抑制每次 0.5~1mg/kg，不超过每次 2mg/kg，5 分钟内注完。其他药物引起的中枢抑制每次 2mg/kg，每 1~2 小时可重复注射 1 次，至病人苏醒。静滴时用 5%葡萄糖液稀释至 1mg/ml。

## （二）大脑功能恢复药

**甲氯芬酯** Meclofenoxate（氯酯醒、遗尿丁、Lucidril）

【用途】脑外伤性昏迷、新生儿缺氧症、儿童遗尿症、酒精中毒等。

【不良反应】较少见，胃部不适、血压波动、躁动、失眠、注射血管痛等。

【用药护理注意】有锥体外系疾病、高血压禁用。药物须临用前配制。

【制剂】片、胶囊：0.1g。粉针：0.1g、0.25g。

【用法】口服：每次0.1~0.3g，儿童每次0.1g，3次/日，连服1周。肌注、静注、静滴：每次0.25g，溶于5%葡萄糖液250~500ml中静滴，1~3次/日；小儿每次60~100mg，2次/日。

**氨乙异硫脲** Aminoethylisothiourea（克脑迷、抗利痛、Antiradon、AET）

【用途】脑外伤性昏迷、脑外伤后遗症、一氧化碳中毒、脑缺氧等。

【不良反应】心动过缓、呼吸急促、面部发红，偶见皮疹、发热、静脉炎。

【用药护理注意】孕妇、冠心病禁用，防止药液漏出血管外。

【制剂、用法】粉针：1g。静滴：每次1g，溶于5%~10%葡萄糖液250~500ml中，滴速40滴/分，1次/日，静滴过程有心跳过缓、面红等应减慢滴速或停药。

**双氢麦角碱** Dihydroergotoxine（二氢麦角碱、氢化麦角毒碱、氢麦毒、海特琴、海得琴、喜德镇、安得静、哥弟静、来脱高、Hydergin）

【用途】脑动脉硬化、脑外伤后遗症、老年性痴呆、动脉内膜炎、偏头痛。

【不良反应】恶心、呕吐、眩晕、面部潮红、皮疹、体位性低血压。

【用药护理注意】1. 低血压、心脏器质性损害、肾功能减退、精神病、孕妇禁用。2. 注射后应卧床 2 小时以上。3. 不能口服，因吸收差。4、用药期间避免开车和机械操作。

【制剂】含片：0.25mg、0.5mg。胶囊：2.5mg。注射液：0.3mg（1ml）。

【用法】肌注、皮下注射：每次 0.3~0.6mg，1 次/每日或隔日。舌下含服（含片）：每次 0.5~1mg，3 次/日。口服（胶囊）：2.5~5mg/d，餐时服。

**吡拉西坦** Piracetam（吡乙酰胺、酰胺吡咯烷酮、脑复康、思泰、诺多必）

【用途】老年精神衰退综合征、老年性痴呆、脑动脉硬化症，增强记忆。

【不良反应】偶见口干、食欲差、呕吐、荨麻疹等，停药后自行消失。

【用药护理注意】孕妇、新生儿、肝肾功能不良禁用。不与拟胆碱药合用。

【制剂】片、胶囊：0.2、0.4g。口服液：0.4g（10ml）、0.8g（10ml）。注

射液：1g（5ml）、4g（20ml）。

【用法】口服：每次0.8~1.2g，3次/日，3~6周1疗程。肌注：每次1g，2~3次/日。静注、静滴：每次4g，用5%葡萄糖液或生理盐水稀释，1次/日。老年及儿童用量减半。

**茴拉西坦** Aniracetam（阿尼西坦、三乐喜、脑康酮）用于脑血管病后、中老年记忆减退。偶见口干、嗜睡、便秘，若出现过敏反应（如皮疹）应停药，孕妇、哺乳期妇女慎用。胶囊：0.1g。口服：每次0.2g，3次/日，疗程1~2个月。

**胞磷胆碱** Citicoline（胞二磷胆碱、尼可林、尼古林、CDPC）

【用途】急性颅脑外伤、脑手术后、中风引起的意识障碍。

【不良反应】偶见一过性血压下降、失眠、兴奋、发热。

【用药护理注意】脑出血急性期忌用每次0.5g以上的大剂量。

【制剂】注射液（有效期1年）：0.1g、0.2g、0.25g。

【用法】静滴：0.2~0.6g/d，小儿4~12mg/(kg·d)，用5%~10%葡萄糖液稀释后慢滴，10日为1疗程。肌注：0.2g/次，1次/日。

**奥拉西坦** Oxiracetam（奥拉酰胺、脑复智）用于老年痴呆和脑外伤、脑炎等引起的大脑功能不全，记忆障碍。肾功能不全禁用。胶囊：400mg。口服：每次800mg，2~3 次/日。

**吡硫醇** Pyritinol（脑复新）用于脑震荡、脑外伤、脑炎等后遗症，脑动脉硬化等。孕妇慎用。片：0.1g、0.2g。糖浆剂：1g（100ml）。注射液：0.1g、0.2g。口服：每次片剂 0.1~0.2g，糖浆剂 10~20ml，3 次/日。小儿片剂每次2~4mg/kg，3 次/日。静滴：0.2~0.4g，1 次/日。

**尼麦角林** Nicergoline（麦角溴烟酯、瑟米恩、爱得生、富路通、思尔明）

【用途】脑血管障碍、脑出血后遗症和下肢闭塞性动脉内膜炎等。

【不良反应、用药护理注意】1. 致耳鸣、食欲不振、心慌等。2. 注射后平躺休息片刻，防发生体位性低血压。3. 用药期间禁饮酒。4. 不与降压药合用。

【制剂】片：5mg、10mg。缓释胶囊：30mg。粉针：4mg（附 4ml 溶剂）。

【用法】口服：每次 10mg，3 次/日，空腹服。肌注、静滴：每次 2~4mg，1~2 次/日，静滴时用生理盐水或 5%葡萄糖液 100ml 稀释。

**醋谷胺**　Aceglutamide（乙酰谷酰胺）用于脑外伤昏迷、肝性脑病、高位截瘫、小儿麻痹后遗症等。静注偶致血压下降。注射液：100mg（2ml）。肌注、静滴：100~600mg/d，静滴用5%~10%葡萄糖液250ml稀释后缓慢滴入。

**脑蛋白水解物**　Cerebrolysin（施普善、丽珠赛乐、脑复素、优尼泰）用于中风、颅手术、脑感染、脑震荡或挫伤后遗症。严重肾功能障碍禁用，注射过快可引起热感，偶见过敏反应。注射液：1ml、2ml、5ml、10ml。肌注：每次1~5ml，1次/日。静滴：每次10~30ml，加入生理盐水250ml中，1次/日，连用10~20次。

**艾地苯醌**　Idebenone（羟癸甲氧醌、金博瑞、雅伴、阿文）用于脑梗死、脑出血后遗症，脑动脉硬化症伴随的情绪和语言障碍。孕妇禁用，出现皮疹应停药。片：30mg。口服：每次30mg，3次/日，饭后服。

**石杉碱甲**　Huperzine-A（双益平、哈伯因、富伯信）用于良性记忆障碍、脑器质性病变引起的记忆障碍等。从小剂量开始服用，剂量过大致头晕、恶心、胃肠不适等。片：50μg。口服：每次100~200μg，2次/日，疗程1~2个月。

**阿米三嗪/萝巴新** Almitrine/Raubasine（都可喜、复方阿米三嗪、Duxil）用于老人智能障碍、脑血管意外后遗症、耳蜗前庭功能障碍等。致轻度胃肠功能障碍，过量致心动过速、低血压等。孕妇禁用。片：含阿米三嗪 30mg、萝巴新 10mg。口服：每次 1 片，2 次/日，维持量 1 片/日。

**多奈哌齐** Donepezil（安理申、思博海）用于轻、中度阿尔茨海默型痴呆症。致腹泻、恶心、失眠等。片：5mg。口服：每次 5mg，1 次/日，晚上睡前服。1 个月后根据临床需要可增至每次 10mg，1 次/日。

**卡巴拉汀** Rivastingmine（艾斯能）用于轻、中度阿尔茨海默型痴呆症。致胃肠道反应等。胶囊：1.5mg、3mg。口服：开始每次 1.5mg，2 次/日。

**细胞色素 C** Cytochrome C 用于各种缺氧的急救或辅助治疗。可致过敏反应，用前应作皮试，治疗中止后再用药仍需皮试。注射液：15mg（2ml）。粉针：15mg。缓慢静注、静滴：15~30mg/次，静注用 25%葡萄糖液稀释，静滴用 5%~10%葡萄糖液或生理盐水稀释，1~2 次/日。

## （三）镇静、催眠、抗焦虑及抗惊厥药

### 苯巴比妥 Phenobarbital（鲁米那、Luminal）

【用途】镇静、催眠、抗惊厥、抗癫痫，麻醉前给药等。

【不良反应】1. 头晕、嗜睡、困倦、恶心、呕吐，久用可产生耐受性、依赖性和蓄积中毒。2. 少数患者有皮疹、剥脱性皮炎、药热等过敏反应。3. 新生儿可致低凝血酶原血症。

【用药护理注意】1. 严重肝、肾功能不全和肝硬化禁用。2. 长期治疗癫痫时不能突然停药，以免引起癫痫发作。3. 出现过敏反应立即停药。4. 与地西泮、乙醇合用有协同作用。5. 静注速度不超过 60mg/min，过快可致呼吸抑制。6. 注射剂不与酸性药物配伍。7. 应临用时配制。

【制剂】片：10mg、15mg、30mg、100mg。粉针：0. 05g、0. 1g、0. 2g。

【用法】镇静、抗癫痫：口服每次 15~30mg，3 次/日，小儿每次 1~2mg/kg，2 次/日。抗惊厥：肌注每次 100mg，必要时 4~6 小时后重复 1 次。催眠：口服每次 30~90mg，睡前服 1 次；肌注每次 100mg，小儿每次 3~5mg/kg。麻醉前给药：术前 0. 5~1 小时肌注 100~200mg，小儿 16~100mg。癫痫持续状态：肌注每次 100~200mg。极量每次 250mg，500mg/d。

**异戊巴比妥 Amobarbital（阿米妥、Amytal）**

【用途】镇静、催眠、抗惊厥。

【不良反应】同苯巴比妥。

【用药护理注意】1. 严重肝功能不全者禁用。2. 粉针用注射用水配成5%~10%溶液，溶液不稳定，须现配现用。3. 静注缓慢（不超过 0.1g/min），并注意观察病人的呼吸及肌松程度。

【制剂】片：0.1g。粉针：0.1g、0.25g、0.5g。

【用法】镇静：口服每次 0.02g~0.04g，2~3 次/日。催眠：口服每次0.1~0.2g，睡前服。抗惊厥：缓慢静注或肌注每次 0.3~0.5g，小儿每次 5mg/kg。极量：口服，每次 0.2g，0.6g/d；注射，每次 0.25g，0.5g/d。

**司可巴比妥 Secobarbital（速可眠、西康乐、Seconal）**催眠或麻醉前给药。片、胶囊：0.1g。粉针：0.05g。口服 每次 0.1g，睡前服。极量：每次 0.3g。

**水合氯醛 Chloral Hydrate（水化氯醛）**

【用途】催眠、抗惊厥。

【不良反应】刺激性强、久用有成瘾性与耐受性、大剂量可抑制心肌。

【用药护理注意】1. 心、肝、肾功能不全慎用，消化性溃疡、胃肠炎不宜口服。2. 用时必须稀释，可用多量水稀释或与馒头同服。3. 用药期间禁酒。

【制剂】溶液：10%（1g=10ml）。

【用法】口服：10%溶液 5~15ml，小儿每次 0. 1~0. 15ml/kg，睡前服。灌肠：10%溶液 15~20ml 稀释 1~2 倍后灌肠。极量：每次 2g（10%溶液 20ml），4g/d。

**唑吡坦** Zolpidem（思诺思、舒睡晨爽、乐坦、Stilnox）用于各种失眠。致眩晕、嗜睡、头痛、恶心、腹泻等，禁饮酒，15 岁以下、孕妇、哺乳期妇女、驾驶车辆者禁用。片：10mg。口服：10mg，老人、体弱者 5mg，睡前 1 次服，不超过 10mg/d。用药不超过 4 周。

**佐匹克隆**　Zopiclone（唑吡酮、忆梦返）用于失眠。偶见嗜睡、口干、口苦。服药后不得驾车和操作机械，禁饮酒，呼吸功能不全、15 岁以下、孕妇、哺乳期妇女禁用。片：7. 5mg。口服：每次 7. 5mg，老人每次 3. 75mg，睡前服。用药不超过 4 周。

**甲喹酮** Methaqualone（安眠酮、海米那、眠可欣、Himinal）用于神经衰弱、失眠。有耐受性和依赖性，用药不超过3个月，孕妇、有精神病史、有躯体剧痛者禁用。片：0.1g、0.2g。口服：镇静，每次0.1g，3次/日。催眠，0.1~0.2g，睡前半小时服。

**格鲁米特** Glutethimide（苯乙哌啶酮、导眠能、多睡丹、道力顿）用于失眠和麻醉前给药。致恶心、头晕、嗜睡、皮疹等，久用有耐受性、成瘾。片：0.25g。口服：每次0.25g，催眠睡前服，镇静3次/日。极量：1g/d。

**地西泮** Diazepam（安定、苯甲二氮䓬、Valium、Diapam）

【用途】焦虑、失眠、癫痫（癫痫持续状态首选）、惊厥、肌肉痉挛等。

【不良反应】1. 常见头晕、疲乏、无力、嗜睡。2. 偶见精神迟钝、视物不清、低血压、呼吸抑制、尿潴留、皮疹等。3. 久用有耐受性和依赖性。

【用药护理注意】1. 新生儿、孕妇、哺乳期妇女、青光眼、重症肌无力禁用，肝、肾功能不良慎用，老年人剂量减半。2. 久用不可突然停药，应逐渐减量。3. 静注应缓慢，否则可致呼吸抑制。4. 用药期间禁饮酒。

【制剂】片：2.5mg、5mg。注射液：10mg（2ml）。

【用法】口服：抗焦虑每次2.5~5mg，3次/日；催眠每次5~10mg，睡前服；抗惊厥每次2.5~10mg，2~4次/日。6个月以上儿童每次0.1mg/kg，3次/日。肌注、静注：每次10~20mg。

**氯氮䓬** Chlordiazepoxide（利眠宁、甲氨二氮䓬、Librium）

【用途】焦虑、失眠、癔病、癫痫。

【不良反应】嗜睡、便秘、共济失调、粒细胞减少、少尿、成瘾等。

【用药护理注意】孕妇、哺乳期禁用，老人慎用。久用宜暂停药，禁饮酒。

【制剂】片：5mg、10mg。注射液：50mg、100mg。

【用法】口服：镇静每次5~10mg，3次/日；催眠每次10~20mg，睡前服。肌注、静注：每次25~50mg，必要时2小时再重复1次。

**硝西泮** Nitrazepam（硝基安定、益脑静、Mogadon）用于失眠、癫痫。致头晕、嗜睡、短暂精神错乱、成瘾等。禁饮酒。片：5mg、10mg。口服：失眠每次5~10mg，睡前服；抗癫痫每次5mg，3次/日，老年减半。极量200mg/d。

**氯硝西泮** Clonazepam（氯硝安定、利福全、静康、Clonopin）

【用途】各型癫痫、舞蹈症。

【不良反应、用药护理注意】1. 致嗜睡、共济失调、头晕等。2. 长期使用有耐受性，久用突然停药可致癫痫持续状态，应逐渐停药。3. 青光眼禁用。

【制剂】片：0.5mg、2mg；注射液：1mg（1ml）。

【用法】口服：初始量 0.75~1mg/d，分 2~3 次服，以后逐渐增加，维持量 4~8mg/d，分 2~3 次服。肌注：每次 1~2mg，2~4mg/d。静注：每次 1~4mg，小儿每次 0.02~0.06mg/kg。静滴：4mg 溶于生理盐水 500ml 中慢滴。

**氟西泮** Flurazepam（氟安定、氟苯安定、妥眠多、妥眠当）用于难于入睡、夜间屡醒、早醒。致头晕、嗜睡、乏力、共济失调等，孕妇、15 岁以下禁用。禁饮酒。胶囊：15mg、30mg。口服：每次 15~30mg，睡前服，老年减半。

**氟硝西泮** Flunitrazepam（氟硝安定、氟硝基安定、罗眠乐、Rohypnol）用于镇静、失眠、静脉麻醉。同地西泮。片：1mg、2mg；粉针：2mg。口服：每次 2mg，睡前服。肌注（麻醉前给药）、缓慢静注（诱导麻醉）：每次 1~2mg。

**夸西泮** Quazepam（四氟硫安定、Prosedar）用于习惯性失眠、入睡困难、夜间易醒。同地西泮。片：15mg。口服：每次 15~30mg，老年人 7.5mg，睡前服。

**奥沙西泮** Oxazepam（去甲羟基安定、氯羟氧二氮䓬、舒宁）用于焦虑、神经官能症、癫痫、失眠等。致萎靡不振、头晕、恶心等，偶见白细胞减少。片：15mg、30mg。口服：每次 15~30mg，3 次/日，老年人每次 15mg，3 次/日。

**劳拉西泮** Lorazepam（氯羟安定、氯羟二氮䓬、罗拉、洛拉酮）用于焦虑、失眠。易产生依赖性，用药护理注意参阅地西泮。片：0.5mg、1mg、2mg。注射液：2mg（2ml）、4mg（2ml）。口服：焦虑症每次 0.5~2mg，2~3 次/日；失眠每次 2~4mg，睡前服。肌注、静注：每次 1~4mg，每次不超过 4mg。

**哈拉西泮** Halazepam（帕克西泮、三氟安定）用于焦虑症或焦虑症状的短期治疗。参阅地西泮。片：20mg、40mg。口服：每次 20~40mg，3~4 次/日。年老体弱者，每次 20mg，1~2 次/日。

**度氟西泮** Doxefazepam（邻氟西泮）用于失眠症。同地西泮。胶囊：10mg、20mg。口服：每次 10~20mg，睡前服。

**三唑仑** Triazolam（海乐神、三唑苯二氮䓬、酣乐欣、Halcion）用于镇静、催眠、焦虑、神经紧张。不良反应参阅地西泮，易成瘾，孕妇、哺乳期妇女、18 岁以下禁用。片：0.125mg、0.25mg。口服：0.25~0.5mg，睡前服，老年减半。

**艾司唑仑** Estazolam（三唑氯安定、舒乐安定、忧虑定、Surazepam）用于焦虑、失眠、癫痫大小发作、术前镇静。致乏力、嗜睡等，老年高血压慎用，禁饮酒。片：1mg、2mg。口服：催眠每次 1~2mg，睡前服；镇静、抗焦虑每次 1mg，3 次/日；癫痫每次 2~4mg，3 次/日；麻醉前给药 2~4mg，术前 1 小时服。

**阿普唑仑** Alprazolam（甲基三唑安定、佳静安定、佳乐定、安适定）用于焦虑、抑郁症、失眠。参阅地西泮。有依赖性，18 岁以下慎用，禁饮酒。片：0.25mg、0.4mg、0.5mg。口服：每次 0.25~0.5mg，2~3 次/日，不超过 4mg/d，老年人酌减。

**咪达唑仑** Midazolam（咪唑安定、多美康、弗赛得）用于失眠、术前麻醉诱导。服药后 12 小时内不得驾车和操作机械，有成瘾性，禁饮酒，孕妇、儿童禁用。片：7.5mg、15mg。注射液：5mg（1ml）、15mg（3ml）。口服：每次 15mg，睡前服，显效后改为每次 7.5mg。肌注：0.1~0.15mg/kg。

**美沙唑仑** Mexazolam（甲氯唑仑、美唑仑）

【用途】神经官能症、植物神经功能失调等。

【不良反应】肝功能异常、血压下降、消化不良，大剂量可产生依赖性。

【用药护理注意】1. 急性闭角性青光眼、重症肌无力和孕妇、哺乳期妇女禁用，老年、体弱者慎用。2. 用药期间避免驾车和机械操作。

【制剂】片：0.5mg、1mg。

【用法】口服：每次 0.5~1mg，3 次/日。老年人最大剂量为 1.5mg/d。

**羟嗪** Hydroxyzine（安泰乐、安他乐）用于轻度焦虑、紧张、失眠。偶见嗜睡、头晕，久用有耐受性，6 岁以下慎用。片：25mg。注射液：200mg（2ml）。口服：每次 25~50mg，3 次/日。肌注：每次 100~200mg。

**甲丙氨酯** Meprobamate（眠尔通、安宁、安乐神、Miltown）用于神经官能症的紧张、焦虑状态和失眠等。孕妇、哺乳期禁用，久用有耐受性、成瘾性，突然停药有戒断症状。片：0.2g、0.4g。粉针：0.1g。口服：镇静每次 0.2g，3~4 次/日。催眠每次 0.2~0.4g，睡前半小时服。肌注或静注：抗惊厥每次 0.4g。

**氯美扎酮** Chlormezanone（氯甲噻酮、氯苯甲酮、芬那露、快宁脑）用于焦虑、脑振荡，与解热镇痛药合用治背酸、骨痛、风湿性关节痛。致嗜睡、皮疹、厌食、潮红等。不与吩噻嗪类、单胺氧化酶抑制剂、乙醇合用。片：0.2g。口服：每次 0.2g，3 次/日。

**氟哌噻吨-美利曲辛** Flupentixol-Melitracen（黛力新、黛安神、Deanxit）用于焦虑、抑郁、神经官能症、神经性头痛等。致短暂不安、失眠，夜间服用可能影响睡眠，不应在下午 4 时后服药。不与单胺氧化酶抑制剂、乙醇合用，已使用镇静药者应逐渐撤药。片：含氟哌噻吨 10.5mg、美利曲辛 10mg。口服：2 片/日，早晨顿服或早晨、中午各服 1 片。

## （四）抗癫痫药

**苯妥英钠** Phenytoin Sodium（大仑丁、Dilantin）

【用途】癫痫、三叉神经痛、坐骨神经痛、心律失常。

【不良反应】1. 胃肠刺激症状、皮疹、齿龈增生（儿童多见）、痤疮、低血钙。2. 眼球震颤、共济失调等。3. 偶见骨软化、白细胞减少、再障、致畸。

【用药护理注意】1. 孕妇、哺乳期妇女慎用。2. 注意口腔卫生。3. 久用不可骤停药。4. 定期查血象和肝功能。5. 静注不宜过快，以免致血压下降。6. 肌注已不用。7. 本品极易潮解，应避湿避光保存。

【制剂】片：0.05g、0.1g。粉针：0.1g、0.25g。注射液：0.25g（5ml）

【用法】口服：抗癫痫每次 0.05~0.1g，2~3 次/日，饭后服。极量：每次 0.3g，0.5g/d。静注、静滴：每次 0.1~0.25g，溶于灭菌注射用水或 5%葡萄糖液 20~40ml，缓慢静注（不超过 50mg/min），静滴用 5%葡萄糖液 100ml 稀释。

**扑米酮** Primidone（去氧苯巴比妥、密苏林、麦苏林、扑痫酮）用于癫痫大发作、精神运动性发作。同苯巴比妥，须逐渐停药。片：0.1g、0.25g。口服：开始每次 0.05g，1 周后渐增至每次 0.25g，2~3 次/日，极量：1.5g/d。

**卡马西平** Carbamazepine（酰胺咪嗪、卡巴咪嗪、芬来普辛、痛惊宁、痛痉宁、立痛定、得理多、卡平、Tegretol）

【用途】癫痫、三叉神经痛、神经源性尿崩症、躁狂抑郁症、心律失常。

【不良反应】1. 胃肠系统反应。恶心、呕吐等。2. 神经系统症状。眼震、眩晕、共济失调等。3. 偶见过敏、白细胞减少、再障、致畸、甲低症。

【用药护理注意】1. 心、肝、肾功能不全和孕妇、哺乳期妇女禁用，老年、青光眼慎用。2. 不能大量饮水，以避免水中毒。3. 忌饮酒。4. 定期检查血象、肝功能和尿常规。5. 本品应在医生监护下服用。

【制剂】片：0. 1g、0. 2g、0. 4g。缓释片：0. 2g、0. 4g。胶囊：0. 2g。

【用法】口服：每次 0. 1g，2~3 次/日，逐渐增加至每次 0. 3~0. 4g，饭时服，极量 1. 2g/d。儿童 10~20mg/(kg · d)，分 3 次服。

**奥卡西平** Oxcarbazepine（确乐多、Trileptal）用于局限性或全身性癫痫发作。偶见低钠血症，其他不良反应同卡马西平。片：0. 3g、0. 6g。口服：开始剂量为 0. 3g/d，逐渐增加至 0. 9g~2. 4g/d，分次服。

**乙琥胺 Ethosuximide（Zarontin、Ethymal）**

【用途】癫痫小发作。

【不良反应】胃肠道反应、嗜睡、头痛、皮疹，偶见粒细胞减少、再障等。

【用药护理注意】1. 对本品过敏者禁用，孕妇、哺乳期妇女慎用。2. 出现过敏反应要停药。3. 定期查血象和肝、肾功能。

【制剂】胶囊：0. 25g。糖浆：5%（5g /100ml）。

【用法】口服：每次 0. 25g，2~3 次/日。3~6 岁每次 0. 25g，1 次/日。

**丙戊酸钠 Sodium Valproate（敌百痉、抗癫灵、德巴金、Depakene）**

【用途】癫痫大、小发作。

【不良反应】胃肠道反应、嗜睡、共济失调、血小板减少、脱发、皮疹等。

【用药护理注意】1. 孕妇、肝功能不全禁用。2. 定期查肝功能和血象。3. 用药期间避免饮酒、不宜驾驶。4. 骤然停药可能诱发癫痫发作。

【制剂】片：0. 1g、0. 2g。控释片：0. 5g。糖浆：0. 2g（5ml）。

【用法】口服：每次 0. 2~0. 4g，2~3 次/日，饭后服。儿童 20~30mg/(kg · d)，分 2~3 次。从低剂量开始。控释片剂量同上，1 次/日，整片或半片吞服。

**丙戊酸镁** Magnesium Valproate（2-丙基戊酸镁、癫心宁）同丙戊酸钠。片：0. 1g、0. 2g。口服：每次 0. 2~0. 4g，3 次/日。

**丙戊酰胺** Valpromide（丙缬草酰胺、癫健安）用于各种类型癫痫。致食欲不振、恶心、头晕、皮疹等，多可自行消失。参阅丙戊酸钠。片：0. 1g、0. 2g。口服：每次 0. 2~0. 4g，3 次/日，饭后服。

**托吡酯** Topiramate（妥泰）

【用途】难治性癫痫的加用治疗。

【不良反应】头晕、嗜睡、共济失调、注意力不集中等，罕见肾结石。

【用药护理注意】1. 对本品成分过敏禁用，孕妇、哺乳期妇女慎用。2. 停药时应渐减量。3. 勿将药片碾碎。4. 应多饮水，以减少肾结石发生的可能性。

【制剂】片：25mg、100mg。

【用法】口服：开始每晚 25~50mg，以后每周加量 25~50mg，维持量 200~400mg/d，分 2 次，整片吞服。

**拉莫三嗪** Lamotrigine（那蒙特金、利必通）用于癫痫发作辅助治疗。致恶心、头痛、共济失调、嗜睡、皮疹等，不宜突然停药，出现过敏反应除外。片：25mg、50mg。口服：开始25mg/d，2周后增至50mg/d，维持量100~200mg/d。

**加巴喷丁** Gabapentin（诺立汀）用于部分性癫痫发作和继发全身发作。致嗜睡、眼球震颤、共济失调、体重减轻等。不与抗酸药合用，换药或停药应逐渐减量。胶囊：0. 1g、0. 3g。口服：开始每次0. 3g，睡前服。极量：1. 8~2. 4g/d。

**氨己烯酸** Vigabatrin（喜保宁）用于难治性癫痫的添加治疗。致嗜睡、头晕、易激动、共济失调等。换药或停药应逐渐（2~4周内）减量。片：0. 5g。口服：2g/d，分2次。儿童40~80mg/(kg・d)，分2次。均从小剂量开始逐渐加量。

**香草醛** Vanillin（抗痫香素）治各型癫痫，尤其是小发作。个别出现头晕等反应，肝、肾功能不全慎用。片：0. 1g、0. 2g。口服：每次0. 1~0. 2g，3次/日。

**苯巴比妥**（见镇静、催眠、抗焦虑及抗惊厥药，P172）

## （五）镇痛药

**吗啡 Morphine**（美施康定、美菲康、路泰）

【用途】急性锐痛、心肌梗死、心源性哮喘、麻醉前给药。

【不良反应】1. 恶心、呕吐、便秘、排尿困难、眩晕、呼吸抑制、嗜睡等，偶见瘙痒、荨麻疹等过敏反应。2. 连用3~5日可产生耐受性，1周以上可成瘾。3. 过量可致急性中毒，表现为昏迷、呼吸抑制、针尖样瞳孔、紫绀等。

【用药护理注意】1. 属特殊管理麻醉药品。2. 孕妇、哺乳期妇女、婴儿和呼吸抑制、颅内高压、颅脑损伤、肺源性心脏病、支气管哮喘等禁用，儿童、老人慎用。3. 发生中毒时立即给氧、人工呼吸、注射对抗药纳洛酮或烯丙吗啡。

【制剂】片：5mg、10mg。缓释片（路泰、SRM-Rhotard）、控释片（美施康定、MS Contin、美菲康）：10mg、30mg。注射液：5mg(0.5ml)、10mg（1ml）。

【用法】口服：每次 5~15mg，15~60mg/d，极量每次 30mg，100mg/d。缓释片、控释片：每次 10~30mg，1 次/12 小时，整片吞服，不可嚼碎，服路泰前 20 分钟不要进食。皮下注射、肌注：每次 5~15mg，15~40mg/d，极量每次 20mg，60mg/d。

**芬太尼 Fentanyl**（多瑞吉）

【用途】各种剧痛、麻醉前给药、诱导麻醉。

【不良反应】1. 恶心、呕吐、眩晕、低血压、胆道括约肌痉挛、喉痉挛。2. 弱成瘾性。3. 静注过快致肌强直、呼吸抑制、血压下降、瞳孔极度缩小等。

【用药护理注意】1. 属特殊管理麻醉药品。2. 支气管哮喘、呼吸抑制、脑外伤、颅内高压、重症肌无力、2 岁以下禁用，孕妇、心律失常慎用。3. 贴剂可贴于躯体完整皮肤，一般贴于胸、背部，同一部位不连贴 2 次，贴药皮肤避免用肥皂、洗涤剂清洁。4. 如同时用多张贴剂，换药时应在同一天全部换掉。

【制剂】注射液：0. 1mg。贴剂（多瑞吉）：25μg/h、50μg/h、75μg/h。

【用法】肌注：镇痛，每次 0. 05~0. 1mg， 2 岁以上 0. 002~0. 003mg/kg，必要时 1~2 小时后可再用。可缓慢静注。贴剂：未用过强阿片类药者用 25μg/h 贴剂，皮肤用水清洗并待干燥后再贴药，贴剂每 3 日更换 1 次。

**阿芬太尼** Alfentanil 参阅芬太尼，本品起效较芬太尼快、维持时间较短，镇痛作用较弱。使用本品的病人应得到合理的监护，准备复苏设备和麻醉对抗药。注射液：1mg（2ml）、5mg（10ml）。静注、静滴：短程手术 7~15μg/kg。

**哌替啶** Pethidine（度冷丁、哌啶、利多尔、地美露、Dolantin）

【用途】各种剧痛、心源性哮喘、麻醉前给药、内脏绞痛、人工冬眠。

【不良反应】1. 恶心、呕吐、眩晕、心动过速、体位性低血压，过量时致呼吸抑制、血压下降、昏迷、瞳孔扩大等。2. 耐受性、成瘾性较吗啡轻。

【用药护理注意】1. 属特殊管理麻醉药品。2. 用药禁忌同吗啡。3. 不宜皮下注射。4. 不宜与氨茶碱、巴比妥类钠盐、肝素钠、苯妥英钠等配伍。

【制剂】片：25mg、50mg。注射液：50mg（1ml）、100mg（2ml）。

【用法】口服：每次 50~100mg，200~400mg/d。肌注：每次 25~100mg，100~400mg/d，两次用药间隔不少于 4 小时；小儿每次 0. 5~1mg/kg。成人极量（口服、肌注相同）：每次 150mg，600mg/d。

**阿法罗定** Alphaprodine（安那度、安那度尔、安侬痛、Anadol）用于短时止痛、痉挛性疼痛（合用阿托品）。属特殊管理麻醉药品，致眩晕、多汗、乏力，久用可成瘾，分娩时慎用。注射液：10mg、20mg、40mg（1ml）。皮下、肌注：每次 10~20mg，20~40mg/d。静注：每次 20mg。极量：每次 30mg，60mg/d。

**美沙酮** Methadone（美散痛、阿米酮、非那酮、Phenadon、Amidon）

【用途】创伤、手术后、癌症剧痛，阿片类药物成瘾的戒毒治疗。

【不良反应】头痛、眩晕、恶心、出汗、嗜睡，偶见失明等，成瘾性较小。

【用药护理注意】1. 属麻醉药品。2. 呼吸中枢功能不全、产前、幼儿禁用。3. 禁止静注。4. 注射液不与碱性药物、氧化剂混合。

【制剂】片：2.5mg、7.5mg、10mg。注射液：5mg(1ml)、7.5mg（2ml）。

【用法】口服：每次 5~10mg，15mg/d，儿童 0.7mg/(kg·d)，分 4~6 次。肌注、皮下注射：每次 2.5~5mg，10~15mg/d，可采用三角肌注射。极量（口服、肌注相同）：每次 10mg，20mg/d。

**喷他佐辛** Pentazocine（戊唑星、镇痛新、Talwin）

【用途】各种慢性剧痛。

【不良反应】眩晕、恶心、呕吐，大剂量可致呼吸抑制、血压升高等。

【用药护理注意】1. 不易成瘾，列为非成瘾性镇痛药，但仍不可滥用。2. 脑外伤、癫痫、支气管哮喘、呼吸功能不全禁用，肝肾功能不全、孕妇慎用。

【制剂】片：25mg、50mg。注射液：15mg（1ml）、30mg（1ml）。

【用法】口服：每次25~50mg，小儿每次1mg/kg，必要时3~4小时1次。静注、肌注、皮下注射：每次15~30mg，小儿每次0.5mg/kg。

**依他佐辛** Eptazocine（酚甲唑辛）用于癌症及术后疼痛。致出汗、眩晕、心悸、血压上升、轻度呼吸抑制和胸部压迫感等，大量连续使用可产生药物依赖性，用药期间不从事机械操作，反复注射应变换注射部位。注射液：15mg（1ml）。肌注、皮下注射：每次15mg。

**美普他酚** Meptazinol（盐酸美他齐诺、美他西诺、消痛定、Meptid）

【用途】中度疼痛的短期治疗。

【不良反应】头晕、恶心、呕吐、呼吸抑制等，成瘾性较弱。

【用药护理注意】1. 孕妇（产程止痛除外）、哺乳期妇女禁用。2. 禁与碱性药物混合，因可产生沉淀。

【制剂】片：200mg。注射液：100mg（1ml）。

【用法】口服：每次200mg，1次/4~6小时。肌注：75~100mg，必要时2~4小时重复1次。

**二氢埃托啡 Dihydroetorphine**（双氢乙烯啡、二氢片、创伤止痛片、DHE）

【用途】手术后、创伤、癌症剧痛（包括吗啡、哌替啶无效者），麻醉前给药，阿片类成瘾者戒毒。（镇痛作用比吗啡强1.2万倍）

【不良反应】1. 头晕、恶心、乏力、出汗。2. 有耐受性和成瘾性。

【用药护理注意】1. 属麻醉药品。2. 脑外伤、神志不清、肺功能不全者禁用，肾功能不全者慎用。3. 非剧烈疼痛不用。4. 静注应缓慢，并注意呼吸变化。5. 口服无效。

【制剂】含片：20μg、40μg。注射液：20μg（1ml）。

【用法】止痛：舌下含化每次 20~40μg，最大剂量每次 60μg，180μg/d；肌注每次 10~20μg，最大剂量每次 30μg，90μg/d，连续用药不超过 1 周。静滴 0.1~0.2μg/(kg·h)，连续用药不超过 3 天。

**奈福泮 Nefopam**（镇痛醚、平痛新、普尔丁）

【用途】慢性疼痛、术后疼痛、牙痛、内脏平滑肌绞痛，麻醉辅助用药。

【不良反应】出汗、恶心、头晕，大剂量致呼吸抑制，无耐受性和依赖性。

【用药护理注意】1. 心血管疾病、心肌梗死、惊厥禁用。2. 静注宜缓慢。

【制剂】片、胶囊：20mg。注射液：20mg（2ml）。

【用法】口服：每次20~60 mg，3次/日。肌注、缓慢静注：每次20mg，3次/日，必要时3~4小时1次。

**丁丙诺啡 Buprenorphine**（布诺啡、叔丁啡、沙菲、Buprenox、M6029）

【用途】手术后、癌症、烧伤、肢体疼痛和心绞痛，戒瘾的维持治疗。

【不良反应】1. 头晕、嗜睡、恶心、呕吐。2. 有一定依赖性。

【用药护理注意】1. 儿童、孕妇禁用，颅脑损伤、呼吸抑制、老弱病人慎用。2. 不与其他药物配伍，以防沉淀。3. 含片不宜咀嚼或吞服。4. 忌饮酒。

【制剂】注射液：0.15mg（1ml）、0.3mg（1ml）。含片：0.2mg。

【用法】肌注、缓慢静注：每次0.15~0.3mg。舌下含服：每次0.2~0.8mg。1次/6~8小时。用药时间不宜超过2日，晚期癌症病人可适当延长。

**布桂嗪 Bucinnazine**（强痛定、布新拉嗪、Bucinperazine、Ap-237）

【用途】偏头痛、三叉神经痛、炎症性和外伤性疼痛、痛经、癌症痛等。

【不良反应】1. 恶心、眩晕、困倦等。2. 有耐受性和成瘾性。

【用药护理注意】1. 属特殊管理第一类精神药品。2. 老年用量酌减。

【制剂】片：30mg、60mg。注射液：50mg（1ml）、100mg（2ml）。

【用法】口服：每次 30~60mg，90~180mg/d。小儿每次 1mg/kg。皮下注射、肌注：每次 50~100mg，1~2 次/日。

**曲马朵** Tramadol（反胺苯环醇、曲马多、奇曼丁、马伯龙、倍平、舒敏）

【用途】各种中、重度和急、慢性疼痛（如术后痛、癌性痛、分娩止痛）。

【不良反应】多汗、恶心、呕吐、眩晕。有一定耐受性和潜在依赖性。

【用药护理注意】1. 肝肾功能不全、心脏病、孕妇、哺乳期妇女慎用。2. 用药后避免机械操作。3. 不宜饮酒。4. 缓释片勿嚼碎。5. 静注宜缓慢。

【制剂】胶囊：50mg。缓释片：0. 1g。滴剂：0. 1g（1ml）。栓：0. 1g。注射液：50mg（1ml）、100mg（2ml）。

【用法】肌注、缓慢静注、口服、肛门给药：每次 50~100mg，2~3 次/日，极量 400mg/d。

**苯噻啶** Pizotifen（新度美安、Pizotifan、BC105）

【用途】偏头痛，红斑性肢痛症、荨麻疹、皮肤划痕症和房性、室性早搏。

【不良反应、用药护理注意】1. 常致嗜睡。2. 长期用药注意血象变化。3. 青光眼、前列腺肥大、孕妇禁用。4. 用药期间避免从事危险作业。

【制剂、用法】片：0.5mg。口服：每次 0.5~1mg，1~3 次/日。为减轻嗜睡副作用，第 1~3 日，每次 0.5mg，每晚 1 次，第 4~6 日改为午、晚各 1 次，第 7 日起早、午、晚各 1 次。病情稳定后每周递减 0.5mg。

**高乌甲素** Lappaconitine（拉巴乌头碱、利妥）用于中度以上疼痛。无成瘾性，致头晕、荨麻疹、心慌等，停药后很快消失。片：10mg。注射液：4mg（2ml）。口服：每次 10mg，1~3 次/日。肌注、静滴：每次 4mg，1~2 次/日。

**四氢帕马丁** Tetrahydropalmatine（延胡索乙素）用于止钝痛、痛经，镇静、催眠。无成瘾性，有一定耐受性，孕妇慎用。片：50mg。注射液：60mg（2ml）、100mg（2ml）。口服：镇痛每次 100~150mg，儿童每次 2~3mg/kg，2~4 次/日；痛经每次 50mg；催眠每次 100~200mg，睡前服。皮下注射：每次 60~100mg。

**罗通定** Rotundine（颅通定、颅痛定、左旋四氢帕马丁）同四氢帕马丁。致嗜睡、眩晕、恶心，偶见锥体外系症状，无成瘾性。片：30mg、60mg。注射液：60mg（2ml）。口服：镇痛每次 60~120mg，1~4 次/日。催眠每次 30~90mg，睡前服。儿童口服：每次 1~2mg/kg，2~4 次/日。肌注：每次 60~90mg。

**双氢可待因-对乙酰氨基酚** Dihydrocodeine and Paracetamol（路盖克、路坦、Galake）用于各种疼痛及感冒引起的发热、头痛、咳嗽。致头痛、眩晕、恶心等，哮喘发作、12 岁以下禁用，孕妇及肝肾功能损害慎用。片：含双氢可待因 10mg，对乙酰氨基酚 500mg。口服：1~2 片/次，1 次/4~6 小时，不超过 8 片/日。

**眼镜蛇毒** Cobratoxin（眼镜蛇神经毒素、克痛宁、克痛定）

【用途】慢性疼痛、血管性头痛、三叉神经痛、坐骨神经痛、癌性疼痛等。

【不良反应】头晕、口干、一过性血压下降，剂量过大致呼吸抑制。

【用药护理注意】1. 孕妇、青光眼、高热禁用。2. 个别人初用时疼痛加剧，但继续用药镇痛效果明显。3. 无成瘾性及耐受性。4. 0~10℃保存。

【制剂】注射液：70μg（2ml）。

【用法】肌注：首次 0.25ml，30 分钟后无不良反应再注射剩余 1.75ml，每日 2ml，10 日为 1 疗程。隔 3 天可进行第 2 疗程。

**克洛曲**　用于镇痛。乙醇、镇静剂和其他中枢神经系统药物急性中毒禁用。片：含眼镜蛇毒 0.16mg、曲马朵 25mg、布洛芬 50mg。口服或含化：每次 1~2 片，2~3 次/日。

**神经妥乐平** Neurotropin 用于腰痛、颈肩腕综合征等。片剂应吞服，肌注应避开神经，注射时如有剧痛，应更换部位。片：4U。注射液：3.6U（3ml）。口服：16U/d，分早晚 2 次服。肌注、静注、皮下注射：每次 3.6U，1 次/日。

**舒马普坦** Sumatriptan（舒马曲坦、磺马曲坦、英明格、Imigran）治偏头痛。致注射部位暂时疼痛、面部潮红、嗜睡。儿童及 65 岁以上不宜用，孕妇、哺乳期妇女慎用，不宜静注，用药后不宜驾车。片：0.1g。注射液：6mg（0.5ml）。口服：每次 0.1g，2~3 次/日。皮下注射：每次 6mg，极量：12mg/24h。

**佐米曲普坦** Zolmitriptan（佐米曲坦、佐米格、Zomig）用于偏头痛。致恶心、嗜睡、无力、口干。对本品过敏、血压未控制、诊断不明者禁用，用药期间避免机械操作。片：2.5mg。口服：发作时服2.5mg，不超过15mg/24h。

**可待因**（见镇咳药，P322）

**（六）解热镇痛抗炎及抗痛风药**

**阿司匹林** Aspirin（乙酰水杨酸、醋柳酸、拜阿司匹灵、益络平、巴米尔、力爽、东青、阿辛、百得）

【用途】发热、头痛、神经痛、风湿性和类风湿性关节炎、痛风，防心梗。

【不良反应】1. 恶心、呕吐、大便潜血等。2. 耳鸣、听力下降、头晕等水杨酸反应。3. 皮疹、血管神经性水肿、哮喘等过敏反应。4. 出血时间延长。

【用药护理注意】1. 用药前询问药物过敏史。2. 过敏体质、孕妇、哮喘者禁用，胃、十二指肠溃疡慎用。3. 忌饮酒。4. 解热时应勤擦汗和换内衣，多饮水。5. 长期大量使用应注意有无瘀斑、粘膜或各腔道出血。

【制剂】片：0.05g、0.1g、0.3g、0.5g。肠溶片：0.3g、0.5g。栓：0.1g、

0.3g。泡腾片(巴米尔)：0.3g、0.5g（放于温水150~250ml中，溶化后饮下）。

【用法】解热镇痛：每次0.3~0.6g，3次/日，饭后服。风湿：每次0.6~1g，3~4g/d，嚼碎，小儿0.1g/(kg·d)，分3次。防心肌梗死：每次0.3g，1次/日。

**复方阿司匹林** Compound Aspirin（APC、Aspirin Co.）同阿司匹林。用于发热、头痛、神经痛、肌肉痛、痛经等。常用可致药物依赖性。片：（含阿司匹林、非那西丁、咖啡因）0.42g。口服：1~2片/次，3次/日，饭后服。

**阿司匹林精氨酸盐** Aspirin-arginine（精氨酸阿司匹林）同阿司匹林。可供肌注，宜于儿童使用，3个月以下婴儿禁用。粉针：0.5g、1g。肌注：每次1g，1~2次/日。儿童10~25mg/(kg·d)。临用前用生理盐水或注射用水溶解。

**阿司匹林赖氨酸盐** Aspirin-DL-lysine（赖氨酸阿司匹林、赖氨匹林、来比林）同阿司匹林。用于发热、疼痛。粉针：0.5g、0.9g。肌注、静注：每次0.9~1.8g，2次/日。儿童10~25mg/(kg·d)。临用前用生理盐水或注射用水溶解。

**水杨酸镁**　Megnesium　Salicylate 用于风湿性和类风湿性关节炎，滑囊炎。致轻微上腹不适、眩晕、耳鸣等，肝、肾功能不良，消化性溃疡禁用。片、胶囊：0.25g。口服：每次 0.5~1g，3 次/日。

**卡巴匹林钙**　Carbasalate　Calcium（阿司匹林钙脲、速克痛）同阿司匹林。副作用较小，对胃肠几无刺激性，本品溶于水中无色无味，口感好。颗粒剂：每袋 0.6g。口服：每次 0.6g，3 次/日，不超过 3.6g/d，将药物溶于水中服用。

**二氟尼柳** Difunisal（二氟苯水杨酸、双氟尼酸、巨力新）

【用途】轻、中度疼痛，骨关节炎、类风湿性关节炎。

【不良反应】恶心、呕吐、腹泻、头痛、嗜睡、皮疹，偶见肾功能损害。

【用药护理注意】1. 消化道溃疡、心功能不全、高血压、哺乳期妇女禁用，18 岁以下慎用。2. 宜与水、牛奶或食物同服。3. 禁与口服抗凝药同服，因可延长凝血酶原时间。4. 与抗酸药同服可降低后者的生物利用度。

【制剂】片：0.25g、0.5g。

【用法】口服：镇痛开始服 1g，以后每次 0.5g，2 次/日，饭后服。

**三柳胆镁** Choline Magnesium Trisalicylate（三水杨酸胆碱镁、痛炎宁、Trilisate）用于风湿性关节炎及其他关节炎。致皮肤烧灼感、皮疹、恶心等。活动性溃疡、血友病、对水杨酸过敏和孕妇、12 岁以下禁用。片：（含水杨酸胆碱、水杨酸镁）相当于水杨酸 0.5g。口服：每次 1~1.5g，2 次/日，饭后服。

**安乃近** Metamizole Sodium（罗瓦尔精、诺瓦精、宝安、退热灵、Analgin）

【用途】高热、头痛、关节痛、肌肉痛、神经痛。

【不良反应】1. 老年、幼儿、高热者易致大汗淋漓。2. 肌注局部红肿、疼痛。3. 皮疹、剥脱性皮炎。4. 长期使用可致粒细胞减少、再生障碍性贫血。

【用药护理注意】1. 老年、幼儿、体弱者慎用。2. 禁止关节部位穴位注射。3. 水溶液久置易变黄色，但不影响药效。4. 不与其他药物混合。

【制剂】片：0.25g、0.5g。注射液：0.25g（1ml）、0.5g。滴鼻剂：10%~20%。滴液（宝安）：0.2g（1ml）。灌肠剂（退热灵）：0.2g（2ml）。

【用法】口服：每次 0.25~0.5g，0.75~1.25g/d。深部肌注：每次 0.25~0.5g，小儿每次 5~10mg/kg，必要时 6 小时重复 1 次。滴鼻：小儿退热 10%~20%溶液，每次每侧鼻孔 1~2 滴。滴入口腔：用滴液，每次 1~2 滴/kg，2~3 次/日。

**对乙酰氨基酚** Paracetamol（扑热息痛、醋氨酚、必理痛、必理通、百服宁、百服咛、泰诺林、雅司达、赛安林、退热栓、幸福止痛素、Acetaminophen）

【用途】感冒发热，轻、中度疼痛。

【不良反应】恶心、呕吐，粒细胞、血小板减少，长期或大量致肝肾损害。

【用药护理注意】孕妇，肝、肾功能不全者慎用，3岁以下不用，勿饮酒。

【制剂】片：0.3g、0.5g（必理痛）。薄膜衣片（百服宁）：0.5g。胶囊：0.3g。栓（退热栓）：0.15g、0.3g、0.6g。混悬液：160mg/5ml×100ml。颗粒（赛安林）：0.5g。注射液：0.075g、0.25g。

【用法】口服：每次0.3~0.6g，0.6~1.8g/d，不超过2g/d。儿童每次10~15mg/kg，必要时4~6小时1次。颗粒剂用温开水溶解后口服，咀嚼片须咀嚼服。直肠给药：栓剂，3~12岁，每次0.15~0.3g，1次/日。肌注：每次0.15g，小儿每次5mg/kg。解热用药不超过3日。

**酚麻美敏** Tylenol（泰诺）用于感冒引起的鼻塞、流涕、头痛、发热等。忌饮酒，6岁以下不用，不宜驾驶、高空作业。片：含对乙酰氨基酚、伪麻黄碱、右美沙芬、氯苯那敏。口服：1~2片/次，3~4次/日，不超过8片/24小时。

**双扑伪麻颗粒**　（双达林）用于感冒引起的鼻塞、流涕、头痛、发热等。高血压、心脏病、老年人、驾驶、高空作业者不宜用。颗粒：2g/包，含对乙酰氨基酚、伪麻黄碱、氯苯那敏。口服：1~2包/次，3次/日，不超过8包/日。

**贝诺酯**　Benorilate（扑炎痛、苯乐来、百乐来、Benasprate）用于类风湿性和风湿性关节炎，感冒发热、头痛，神经痛。致轻度胃肠道反应、嗜睡等，对阿司匹林过敏、3个月以下婴儿禁用。片：0.4g、0.5g。口服：风湿、类风湿性关节炎，每次4g，早、晚各1次；解热镇痛，每次0.5~1.5g，3次/日。

**丙帕他莫** Propacetamol（普特林）

【用途】术后疼痛、癌性疼痛，发热的对症治疗。

【不良反应】注射局部疼痛，头晕、血压轻度下降、红斑、血小板减少等。

【用药护理注意】1.肝功能不全、儿童禁用。2.过量致不可逆性肝坏死。

【制剂】注射液：1g（5ml）、2g（10ml）。

【用法】肌注、静注、静滴：每次1~2g，2~4次/日，间隔时间>4小时，不超过8g/d，用5%葡萄糖液或生理盐水稀释，输液量>125ml，滴注不宜太慢。

**保泰松** Phenylbutazone（布他酮、Butadion）用于风湿性和类风湿性关节炎、痛风、丝虫病急性淋巴管炎。致胃肠刺激、皮疹、水钠潴留、白细胞减少、损害肝肾功能等，须限制钠盐摄入量，用药超过 1 周应监测血象。片、胶囊：0.1g、0.2g。口服：关节炎，每次 0.1~0.2g，3 次/日，饭后服，维持量 0.1~0.2g/d。

**复方保泰松** Phenylbutazone Composite（瑞培林）片：含保泰松、氨基比林各 0.125g。注射液：5ml，含保泰松、氨基比林各 0.75g。臂肌深部缓慢注射。

**非普拉宗** Feprazone（戊烯保泰松、戊烯松、非培松）用于风湿性和类风湿性关节炎、骨关节炎、腰痛等。不良反应较保泰松少而轻，肝功能不良慎用。片：50mg、100mg。口服：每次 200mg，2 次/日。

**塞来昔布** Celecoxib（赛来可希、西乐葆、Celebrex）用于骨关节炎、类风湿性关节炎。致头痛、眩晕、便秘、恶心、腹痛等，孕妇、哺乳期妇女禁用。胶囊：0.1g、0.2g。口服：每次 0.1~0.2g，2 次/日，与食物同服可促进吸收。

**罗非昔布** Rofecoxib（罗非可希、万络、Vioxx）用于骨关节炎、原发性痛经。致下肢水肿、高血压、消化不良等，孕妇、哺乳期妇女、儿童禁用。片：12. 5mg、25mg。口服：骨关节炎，初始量 12. 5mg，1 次/日，可增至 25mg/d；急性疼痛、痛经，首剂 25mg，1 次/日，可增至 50mg/d。

**奥沙普秦** Oxaprozin（诺德伦、奥沙新、诺松）用于风湿性、类风湿性关节炎，骨关节炎、痛风发作等。致胃肠道反应、头晕、皮疹等，孕妇、哺乳期妇女、儿童禁用，慎与口服抗凝药、阿司匹林合用。片：0. 1g 、0. 2g。口服：0. 4g/d，分 1~2 次，饭后服。不超过 0. 6g/d。

**舒林酸** Sulindac（奇诺力、苏林大、炎必灵、枢力达、天隆达）

【用途】风湿性、类风湿性关节炎，骨关节炎、强直性脊柱炎、痛风。

【不良反应】胃肠道反应、皮疹、头晕、耳鸣、下肢水肿、血细胞减少等。

【用药护理注意】1. 活动性溃疡病、过敏性哮喘、孕妇、哺乳期妇女、幼年类风湿性关节炎以外的儿童禁用。2. 出现过敏综合征应立即停药，且不能再用。3. 本品可增加甲氨蝶呤、环孢素的毒性。4. 肾结石患者使用时应多饮水。

【制剂】片：0.1g、0.2g。

【用法】口服：每次 0.1~0.2g，2 次/日，与食物同服，最大剂量 0.4g/d。2 岁以上儿童 4.5mg/(kg·d)，分 2 次服。

**吲哚美辛 Indometacin（消炎痛、美达新、久保新、意施丁、狄克施、Indocin）**

【用途】风湿性和类风湿性关节炎、强直性脊柱炎，癌性疼痛、发热。

【不良反应】胃肠反应、头痛，肝、肾功能损害，罕见粒细胞减少、再障，贴膏偶有局部皮肤瘙痒、发红。

【用药护理注意】1. 14 岁以下、孕妇、上消化道溃疡、帕金森病、精神病、癫痫和肝、肾功能不全者禁用。2. 控释剂、栓剂可减轻胃肠刺激。

【制剂】片、胶囊、胶丸：25mg。控释胶囊（久保新）、控释片：25mg、75mg。栓剂：100mg。贴膏（狄克施）：12.5mg（7.2cm×7.2cm）。

【用法】口服：开始每次 25mg，2~3 次/日，逐渐增至每次 25~50mg，3 次/日，饭时或饭后即服。控释胶囊每次 75mg，1 次/日，或每次 25mg，2 次/日。贴膏：贴于疼痛部位，每次 2~4 张，1 次/日。

**桂美辛** Cinmetacin（吲哚拉辛）用于急、慢性风湿、类风湿性关节炎。毒副作用较吲哚美辛小，出现便血、心悸、皮疹、浮肿等应停药，停药后可恢复正常。胶囊：150mg。口服：每次150~300mg，3次/日，饭后服，3~4周1疗程。

**阿西美辛** Acemetacin（优妥）用于类风湿性关节炎、骨关节炎、强直性脊柱炎。致上腹不适、恶心、呕吐、头痛、头晕、面部浮肿、皮疹，偶见骨髓抑制。孕妇、哺乳期妇女禁用，忌饮酒。胶囊：30mg。缓释胶囊（优妥）：90mg。口服：每次30mg，3次/日，餐时服。缓释胶囊每次90mg，1次/日，吞服。

**吡罗昔康** Piroxicam（炎痛喜康、费定、Feldeen）

【用途】风湿性和类风湿性关节炎、强直性脊柱炎、骨关节炎、急性痛风。

【不良反应】胃肠反应、头痛、头晕，偶见皮疹、粒细胞减少、再障。

【用药护理注意】本品过敏、上消化道溃疡、儿童、孕妇禁用，老人减量。

【制剂】片、胶囊：10mg、20mg。注射液（有效期3年）：20mg（2ml）。

【用法】口服：抗风湿每次 20mg，1 次/日，饭后服。抗痛风 40mg/d。肌注：每次10~20mg，1次/日。

**美洛昔康** Meloxicam（莫比可、莫刻林）同吡罗昔康，抗炎作用较强，肾毒性较小。片：7.5mg、15mg。栓剂：15mg。口服：每次7.5~15mg，1次/日。

**氯诺昔康** Lornoxicam（可塞风）同吡罗昔康。片：4mg、8mg。粉针：8mg。口服：每次8mg，一般不超过16mg/d。肌注：术后疼痛，每次4~8mg。

**双氯芬酸钠** Diclofenac Sodium（双氯芬酸、双氯灭痛、扶他林、奥尔芬、英太青、诺福丁、迪克乐克、戴芬、非炎）

【用途】类风湿性关节炎、强直性脊柱炎、骨关节炎、癌症疼痛、发热等。

【不良反应】胃肠反应、头痛、眩晕、失眠、皮疹，注射部位硬结，罕见肝、肾损害，粒细胞减少、溶血性贫血。

【用药护理注意】1. 肝、肾损害，有溃疡病史、哮喘史者慎用，妊娠头3个月禁用。2. 用药期间避免从事危险作业。3. 外用药仅用于健康完整的皮肤，不可与眼睛或粘膜接触。4. 药片应整片吞服，不能嚼碎，不要打开胶囊服用。

【制剂】片：25mg。缓释片：75mg。双释放胶囊（戴芬）：75mg。缓释胶囊：100mg。栓剂：25mg、50mg。注射液：75mg（2ml）。乳胶剂：20g(1%)。

【用法】口服：片剂每次25mg，3次/日。1岁以上儿童0.5~2mg/(kg·d)，分3次，宜饭前用水整片送服。缓释片：1片/次，1次/日。直肠给药：栓剂，每次50mg，2次/日。外用：涂于痛处，3~4次/日。深部肌注：每次75mg，1次/日。

**双氯芬酸钾** Diclofenac Potassium（凯扶兰、天君利、宜克林）同双氯芬酸钠。14岁以下慎用。片：25mg。口服：100~150mg/d，分3~4次服。

**双氯芬酸钠/米索前列醇** Diclofenac Sodium/Misoprostol（奥斯克、Arthrotec）用于类风湿性关节炎、骨关节炎。致胃肠道反应、头晕等。片：含双氯芬酸钠50mg、米索前列醇200μg。口服：每次1片，2~3次/日，进餐时整片吞服。

**萘普生** Naproxen（甲氧萘丙酸、消痛灵、芬斯汀、希普生、得立安、倍利）

【用途】风湿和类风湿性关节炎、骨关节炎、强直性脊柱炎等。

【不良反应】胃肠道反应、头痛、嗜睡、耳鸣、皮疹、视觉障碍等。

【用药护理注意】1. 对本品及阿司匹林过敏、怀孕后期、哺乳期禁用。2. 长期用药应定期查血象、肝肾功能和眼科。3. 缓释片（胶囊）不可嚼碎。

【制剂】片：0.1g、0.125g、0.25g。胶囊：0.2g、0.25g。缓释片（胶囊）：0.5g。栓剂（得立安）：0.25g。

【用法】口服：每次 0.25g，2 次/日，饭后服。儿童 10mg/(kg·d)，分 2 次服，不超过 0.75g/d。直肠给药：栓剂，每次 0.25g，1~2 次。

**萘丁美酮** Nabumetone（萘普酮、瑞力芬、麦力通）用于类风湿性关节炎、骨关节炎等。致胃肠道反应、耳鸣、皮疹等，严重肝损害、消化性溃疡、孕妇、哺乳期妇女、儿童禁用。片：0.5g。胶囊：0.25g。口服：1g/d，睡前 1 次吞服，可随食物同服。

**布洛芬** Ibuprofen（异丁苯丙酸、拔努风、芬必得、芬尼康、美林、托恩）

【用途】风湿及类风湿性关节炎、骨关节炎、强直性脊柱炎、痛经等。

【不良反应】轻度胃肠反应，偶见头痛、眩晕、耳鸣、SGPT 升高、皮疹。

【用药护理注意】1. 孕妇、哺乳期妇女、活动性溃疡病、哮喘禁用。2. 外用药仅用于健康完整的皮肤，不可与眼睛或粘膜接触。3. 食物能延迟本品吸收，但不影响吸收量。

【制剂】片、胶囊：0.1g、0.2g。缓释胶囊（芬必得）、控释片（芬尼康）：0.3g。乳膏（芬必得）：20g（5%）。混悬液（美林）：2g（100ml）。

【用法】口服：抗风湿，每次 0.4~0.8g，3~4 次/日，餐时服。儿童 30~50mg/(kg・d)，分次服。缓释胶囊，每次 0.3g，2 次/日。混悬液，每次 0.25~0.5ml/kg，3~4 次/日。镇痛，每次 0.2~0.4g，3~4 次/日。外涂：用乳膏。

**臣功再欣**　颗粒剂：含布洛芬 0.15g、葡萄糖酸锌 0.1g、氯苯那敏 2mg。口服：14 岁以上，1~2 包/次，5~14 岁 1 包/次，3~5 岁，半包/次，均 3 次/日。

**酮洛芬** Ketoprofen（酮基布洛芬、优洛芬、欧露维、基多托、普非尼德、法斯通、奥鲁地）

【用途、不良反应、用药护理注意】同布洛芬，不良反应较少而轻。

【制剂】片、胶囊、丸剂：50mg。控释胶囊（欧露维）、缓释胶囊：0.1g、0.2g。凝胶（法斯通、普非尼德）：50g、30g（2.5%）。贴剂（基多托）。

【用法】口服：每次 50mg，3 次/日，控释胶囊，每次 0.1g，1 次/日，均餐后或餐时服，应整粒胶囊（胶丸）吞服。外涂：用凝胶。

**芬布芬** Fenbufen（联苯丁酮酸、奋布芬、喜宁保）同布洛芬。14 岁以下禁用，消化道溃疡、孕妇、哺乳期妇女慎用。片、胶囊：150mg。口服：0.6~0.9g/d，分次或晚上 1 次服。

**卡洛芬** Carprofen（卡布洛芬、炎易妥）用于类风湿性关节炎、急性痛风等。致胃肠道反应、头痛、嗜睡、皮疹等，孕妇、哺乳期妇女、对其他非甾体类药物过敏禁用。片：150mg。口服：每次 150mg。2 次/日，饭前服。

**吡洛芬** Pirprofen（吡布洛芬、灵加消）

【用途】类风湿性关节炎、骨关节炎、非关节性风湿病等。

【不良反应】主要为胃肠道反应，长期服用可引起肝炎和黄疸。

【用药护理注意】1. 消化性溃疡、活动性肝病禁用，接受抗凝治疗病人慎用。2. 长期用药应监测肝功能。3. 本品不受食物和抗酸剂的影响。

【制剂】片、胶囊：0.2g。

【用法】口服：每次 0.4g，2 次/日。

**氟比洛芬** Flurbiprofen（氟布洛芬、风平、Froben）用于风湿性、类风湿性关节炎，变形性关节炎。致胃肠道反应等，孕妇、哺乳期妇女、消化性溃疡禁用。片：50mg。口服：每次 50mg，3~4 次/日。

**阿明洛芬** Alminoprofen（阿米洛芬、阿氨布洛芬、必灭风、米兰芬）

【用途】关节外风湿病（如肩周炎、肌腱炎）、神经根痛、产后子宫痛。

【不良反应】呕吐、胃痛、头痛、嗜睡、皮疹，罕见消化道出血。

【用药护理注意】1. 哺乳期、妊娠最后 3 个月、15 岁以下禁用，使用宫内节育器者慎用。2. 用药期间避免从事危险作业。3. 不与其他解热镇痛药合用。

【制剂】片：150mg、300mg。

【用法】口服：每次 300mg，2~3 次/日，餐前服，病情好转后减少剂量。治子宫绞痛时，400~600mg/d，分 2 次，将其溶于 1 杯清水中，餐时服。

**洛索洛芬** Loxoprofen（氯索洛芬、乐松）用于慢性风湿性关节炎，变形性关节炎。致胃肠道反应、浮肿等，老人易发生不良反应，应密切观察，消化性溃疡、孕妇、哺乳期妇女、儿童禁用。片：60mg。口服：每次 60mg，3 次/日。

**非诺洛芬** Fenoprofen（非诺洛芬钙、苯氧布洛芬）用于风湿性、类风湿性关节炎，强直性脊柱炎。致胃肠道反应等，出现下肢浮肿应立即停药。片：0.3g。口服：每次0.3~0.6g，3~4次/日，饭后或与食物同服。

**金诺芬** Auranofin（瑞得、醋硫葡金）用于类风湿性关节炎。致胃肠道反应、皮疹、瘙痒、口腔炎等，孕妇、哺乳期妇女慎用，起效慢，须3~4个月，监测血尿常规和肝肾功能。本品国外已少用。片、胶囊：3mg。口服：6mg/d，早饭后1次服，或分早、晚饭后各服3mg。

**尼美舒利** Nimesulide（美舒宁、尼蒙舒、普威）用于骨关节炎、关节外风湿病、痛经等。消化性溃疡、孕妇、哺乳期妇女禁用。片：50mg、100mg。混悬液：100ml（1%）。栓：0.1g、0.2g。凝胶：15g（3%）。口服：每次0.1g，2次/日，儿童5mg/(kg·d)，分2次，饭后服。直肠栓剂：每次0.2g，2次/日。

**依托度酸** Etodolac（罗丁）用于类风湿性关节炎、骨关节炎。偶见发热、消化不良、头晕等，长期服用可致胃肠道出血，消化性溃疡、妊娠末3个月禁用，不宜与阿司匹林、保泰松合用。胶囊：0.2g。缓释片（罗丁）：0.4g。口服：每次0.2g，2次/日。缓释片，每次0.4g，1次/日。

**来氟米特** Leflunomide（爱若华）用于成人活动性类风湿性关节炎。致消化道反应、可逆性脱发等，孕妇、哺乳期妇女禁用，准备生育的男性应中断治疗。片：10mg。口服：开始3日，50mg/d，维持量20 mg/d。

**托美丁** Tolmetin（痛灭定、托耳米丁、托麦汀）用于类风湿性关节炎、强直性脊柱炎、非关节性疼痛。致消化道反应、头晕、浮肿等，消化性溃疡、有出血倾向者禁用。片、胶囊：0.2g。口服：每次0.2~0.4g，3次/日，饭后服。

**丙磺舒** Probenecid（羧苯磺胺、Benemid）

【用途】慢性痛风、高尿酸血症、增强青霉素类的作用。

【不良反应】胃肠道反应、头痛、皮疹、发热，罕见再障、溶血性贫血。

【用药护理注意】1. 肾功能不全、2 岁以下禁用。2. 应多饮水并加服碳酸氢钠碱化尿液，防止血尿、肾绞痛、尿酸盐结石。3. 定期查血尿酸、血象。

【制剂、用法】片：0.25g。口服：每次 0.25g，2~4 次/日，饭后服，1 周后增至每次 0.5~1g，2 次/日。青霉素辅助治疗：每次 0.5g，4 次/日。

**别嘌醇** Allopurinol（别嘌呤醇、痛风宁、赛来力、化风痛、Zyloric）

【用途】痛风、痛风性肾病。

【不良反应】皮疹、胃肠道反应、口腔溃疡、发热，偶见粒细胞减少。

【用药护理注意】1. 定期查血象、血尿酸、肝肾功能。2. 孕妇禁用，肝肾损害慎用。3. 禁与氯化钙、维生素 C 同服，因可增加肾脏黄嘌呤结石。4. 禁饮酒。5. 多饮水，以利尿酸排泄。6. 出现皮疹及全身过敏反应须立即停药。

【制剂、用法】片：0.1g。第 1 周 0.1g/d，第 2 周 0.2g/d，第 3 周 0.3g/d，分 2~3 次。儿童 8mg/(kg·d)，分 2~3 次，饭后服。

**苯溴马隆** Benzbromarone（立加利仙、尤诺）用于痛风、高尿酸血症。致胃肠道反应，少见粒细胞减少。应定期查血象，多饮水并加服碳酸氢钠碱化尿液。片：50mg。口服：每次 25~50mg，1 次/日，早餐时或餐后服。

## （七）抗精神失常药

**氯丙嗪** Chlorpromazine（冬眠灵、氯普马嗪、可乐静、美心、Wintermine）

【用途】精神分裂症、躁狂症，镇吐、顽固性呃逆、人工冬眠。

【不良反应】1. 口干、便秘、嗜睡、视物不清、皮疹。2. 体位性低血压、窦性心动过速。3. 偶见泌乳、闭经、剥脱性皮炎、粒细胞减少等。4. 肌注疼痛，血栓性静脉炎。5. 长期大量使用可引起锥体外系反应和迟发性运动障碍。

【用药护理注意】1. 肝肾功能不全、尿毒症、高血压、孕妇慎用，有癫痫史、昏迷病人禁用。2. 定期查血象、肝功能。3. 静滴时应常测体温、心率、血压。4. 用药后平卧 1~2 小时，防体位性低血压。5. 血压过低时可静滴去甲肾上腺素，但禁用肾上腺素。6. 用药期间不从事危险作业。7. 不与碱性药物配伍。8. 药液避免接触皮肤，以防接触性皮炎。9. 静注可引起血栓性静脉炎，肌注疼痛较重，可加 1%普鲁卡因作深部肌注。10. 遇光或空气色泽变深时不可用。

【制剂】片：5mg、12. 5mg、25mg、50mg。注射液：10mg、25mg、50mg。

【用法】口服：治精神病，开始 25~50mg/d，分 2~3 次，逐渐增至 300~450mg/d，分 3~4 次，症状减轻后减少至 100~150mg/d，极量：每次 150mg，600mg/d。治呕吐，每次 12. 5~25mg，2~3 次/日。深部肌注、静注、静滴：每次

25~50mg，极量每次 100mg，400mg/d。每 50mg 加 5%葡萄糖液或生理盐水 500ml 滴注，滴速<1mg/min。

**复方氯丙嗪注射液**：含氯丙嗪和异丙嗪各半，2ml/支、5ml/支。深部肌注每次 2ml。

**奋乃静** Perphenazine（羟哌氯丙嗪）用于症状性精神病、呕吐。不良反应和用药护理注意参阅氯丙嗪，锥体外系反应较多见。片：2mg、4mg。注射液：5mg（1ml、2ml）。口服：精神病，每次4~16mg，3次/日，从小剂量开始。呕吐，每次2~4mg，3次/日。肌注：每次5~10mg，隔6小时可重复。

**氟奋乃静** Fluphenazine（氟非拉嗪）用于妄想、紧张型精神分裂症。易致锥体外系反应（可与苯海索 4mg/d 合用）、体位性低血压。片：2mg、5mg。注射液：2mg（1ml）、5mg（2ml）。口服：每次 2mg，1~2 次/日，饭后服，逐渐增至 20mg/d，分 1~2 次。

**癸氟奋乃静** Fluphenazine Decanoate （氟奋乃静癸酸酯、保利神、滴咖、Modecate）用于慢性精神分裂症。注射液：25mg（1ml、2ml）。深部肌注：每次12. 5~25mg，1次/2~4周，开始剂量及老年减半。

**三氟拉嗪** Trifluoperazine（甲哌氟丙嗪、三氟比拉嗪）用于急、慢性精神分裂症，镇吐。易致锥体外系反应，心动过速、烦躁、失眠，偶见肝损害、白细胞减少，不宜晚间服用。片：1mg、5mg。口服：治精神病，开始每次 5mg，2~3次/日，逐渐增至每次 10mg，3次/日，维持量 5~20mg/d。

**硫利达嗪** Thioridazine（甲硫达嗪、利达新、眠立乐）用于精神分裂症、躁狂症。不良反应同氯丙嗪，锥体外系反应少见，2 岁以下禁用。片：10mg、25mg、50mg。口服：开始 25~50mg，2~3 次/日，渐增至 100~200mg，3 次/日。

**氟哌啶醇** Haloperidol（氟哌丁苯、氟哌醇）
【用途】急、慢性精神分裂症，焦虑性神经官能症，呕吐及顽固性呃逆。
【不良反应】失眠、体位性低血压、消化道症状，易致锥体外系反应。

【用药护理注意】1. 孕妇禁用，心脏病、癫痫、青光眼、肝功能损害慎用。2. 用药期间忌饮酒。3. 勿与本品水溶液接触，以防接触性皮炎。

【制剂】片：2mg、4mg。注射液：5mg（1ml）。

【用法】口服：治精神病，开始每次 1~2mg，1~2 次/日，逐渐增至 20~30mg/d。肌注：每次 5~10mg，2~3 次/日。静注：5mg/8h，用 25%葡萄糖液稀释。

**癸氟哌啶醇** Haloperidol Decanoate（氟哌啶醇癸酸酯、安度利可、哈力多）用于慢性精神分裂症，同氟哌啶醇。注射液：50mg、100mg（2ml）。深部肌注每次 50~150mg，1 次/4 周。

**氟哌利多** Droperidol（氟哌啶、力邦欣定）同氟哌啶醇。片：10mg。注射液：5mg、10mg（2ml）。治精神分裂症：口服，5~20mg/d，分 2~3 次。肌注，10~30mg/d，分 1~2 次。可静注给药。

**溴哌利多** Bromperidol（溴哌醇）用于精神分裂症。致锥体外系反应等，应避免危险机械操作。片：1mg、3mg。口服：1~6mg，3 次/日，不超过 36mg/d。

**替米哌隆** Timiperone（硫咪哌隆、Tolopelon）

【用途】精神分裂症。

【不良反应】较多，消化道反应、锥体外系症状、月经异常、焦虑、睡眠障碍、马林综合征等，偶见血压下降或上升、皮疹、贫血、白细胞增加或减少。

【用药护理注意】1. 昏迷、孕妇、哺乳期妇女禁用，心血管疾病、低血压、癫痫、老人、小儿慎用。2. 用药后不宜驾车、操纵机械。3. 禁饮酒。4. 不与肾上腺素合用，因可翻转肾上腺素的升压作用，致血压下降。

【制剂】片：0.5mg、1mg、3mg。颗粒剂：10%（每1g含本品10mg）

【用法】口服：开始0.5~3mg/d，逐渐增至3~12mg/d，分3次服。

**氯普噻吨** Chlorprothixene（氯丙硫蒽、泰尔登、Tardan）

【用途】伴有焦虑或抑郁症的精神分裂症、更年期抑郁症、神经官能症。

【不良反应】体位性低血压，偶见锥体外系反应、皮疹，罕见粒细胞减少。

【用药护理注意】1. 从小量开始，用量个体化。2. 长期使用停药时，应在几周内缓慢减量。3. 避免皮肤接触药物，以防接触性皮炎。

【制剂】片：12.5mg、15mg、25mg、50mg。注射液：30mg（1ml）。

【用法】口服：精神病，开始每次 25~50mg，2~3 次/日，逐渐增至400mg/d。神经官能症，每次 5~25mg，3 次/日。肌注：每次 30~60mg，2 次/日。

**氯哌噻吨** Clopenthixol（高抗素、氯噻吨、Clopixol）用于精神分裂症。致锥体外系反应、嗜睡等，用药期间不宜从事危险作业。片：10mg、25mg。注射液（速效高抗素）：50mg（1ml）。口服：每次10mg，1次/日，逐渐增至每次25mg，3次/日。深部肌注：每次50~100mg，1次/72小时，总量不超过400mg。

**氯哌噻吨癸酸酯** Clopenthixol Decanoate（长效高抗素）同氯哌噻吨。注射液：200mg（1ml）。深部肌注：每次 200mg，1 次/2~4 周。

**氟哌噻吨** Flupentixol（三氟噻吨、复康素、Fluanxol）用于精神分裂症。致锥体外系反应、失眠、皮疹、便秘等。用药期间不宜从事危险作业，致失眠者宜白天服药，禁饮酒。片：0.5mg、3mg、5mg。口服：开始每次 5mg，1 次/日，饭后服，治疗量 10~60mg/d，维持量 5~20mg/d。

**氟哌噻吨癸酸酯** Flupentixol Decanoate（长效复康素）同氟哌噻吨。注射液：20mg（1ml）。深部肌注：治疗量20~40mg/2~4周。

**替沃噻吨** Tiotixene（氨砜噻吨、硫噻吨）用于淡漠、退缩的慢性精神分裂症。长期用药偶致晶状体混浊。片、胶囊：5mg。注射液：4 mg（2ml）。口服：开始每次5mg，2次/日，渐增至20~30mg/d。肌注：每次4mg，2~4次/日。

**舒必利** Sulpiride（硫苯酰胺、舒宁、止吐灵、止呕灵、消呕宁、多玛听）

【用途】精神分裂症，顽固性恶心、呕吐。

【不良反应】偶见失眠、焦虑、血压升高、胃肠道反应、锥体外系反应等。

【用药护理注意】1. 出现皮疹、瘙痒等过敏反应须停药。2. 嗜铬细胞瘤患者、幼儿禁用，心血管疾患、孕妇慎用。3. 用药后不宜驾车、操纵机械。

【制剂】片：100mg。胶囊：50mg。注射液：50mg、100mg（2ml）。

【用法】口服：治精神病，开始300~600mg/d，1周内增至600~800mg/d，饭后服。止吐，600~1200mg/d，分次服。肌注、静滴：200~600mg/d，用5%葡萄糖液稀释后慢滴。

硫必利 Tiapride（泰必利、泰必乐、天日大）

【用途】老年性精神病、舞蹈病、抽动-秽语综合征，各种疼痛、酒精中毒。

【不良反应】较少，嗜睡、头晕、乏力、胃肠道反应、溢乳、闭经等。

【用药护理注意】1. 哺乳期妇女、幼儿禁用。2. 本品能增强中枢抑制药的作用。3. 长期大量使用注意心、肝、肾毒性。4. 用药期间不宜从事危险作业。

【制剂】片：0.1g。注射液：0.1g（2ml）。

【用法】口服：常用量为每次 0.1g，3 次/日。肌注、静注：老年性精神运动障碍，0.2~0.4g/d，根据病情逐渐减量，后改为口服。

利培酮 Risperidone（利司培酮、利斯贝、维思通）

【用途】精神分裂症。

【不良反应】头痛、嗜睡、失眠、恶心、锥体外系反应、体位性低血压等。

【用药护理注意】1. 孕妇、哺乳期妇女、15 岁以下禁用。2. 避免驾车或进行机械操作。3. 食物不影响本品吸收。4. 心肝肾功能不全、老人剂量减半。

【制剂】片：1mg（白色）、2mg（橘黄色）、3mg（黄色）、4mg（绿色）。

【用法】口服：开始 1mg，2 次/日，3~7 日内增至每次 2~3mg，2 次/日。

**氯氮平** Clozapine（氯扎平）

【用途】急、慢性精神分裂症。

【不良反应】流涎、便秘、嗜睡、发热、粒细胞减少、心动过速、视力模糊，增量过快易致体位性低血压，用量过大（>0.5g/d）易致癫痫样发作。

【用药护理注意】1. 昏迷、青光眼、严重肝肾疾病、有粒细胞减少史、16岁以下禁用。2. 不能突然停药。3. 宜定期检查血象。

【制剂】片：25mg、50mg。注射液：25mg（1ml）。

【用法】口服：开始每次25mg，1~2次/日，逐渐增至200~600mg/d，维持量100mg/d。肌注：每次25~50mg，2次/日。

**奥氮平** Olanzapine（奥兰扎平、再普乐）参阅氯氮平，未见致粒细胞减少。食物不影响本品吸收。片：5 mg、10 mg。口服：每次10 mg，1次/日。

**佐替平** Zotepine（泽坦平、佐特平）用于精神分裂症。致锥体外系反应、循环及消化系统反应等，孕妇、哺乳期妇女、小儿禁用，用药期间不驾车或机械操作。片：50mg。口服：75~150mg/d，分3次服。

**洛沙平** Loxapine（克塞平）用于精神分裂症、偏执症状、焦虑症。致恶心、呕吐、心悸、锥体外系反应等，使尿液红染，属正常现象。片、胶囊：10mg、25mg。口服：开始 20~50mg/d，渐增至 100~200mg/d，分 2~4 次服。

**吗茚酮** Molindone（吗啉啶醇、吗啉酮）用于精神分裂症。不良反应参阅氯丙嗪。片、胶囊：5mg、10mg、15mg。口服：开始每次 5~10mg，3 次/日，渐增至 100mg/d。

**奎硫平** Quetiapine（富马酸奎硫平、启维、思瑞康）用于精神分裂症。致头晕、嗜睡、失眠。用药期间不从事危险作业，本品可影响体温，应注意。片：25mg、100mg。口服：开始每次 25mg，2 次/日，渐增至 300~400mg/d，分 2~3 次服。

**五氟利多** Penfluridol 治慢性精神分裂症。致锥体外系反应，偶见皮疹、抽搐、心电图改变，肝肾功能不全禁用，孕妇慎用。片：5mg、20mg。口服：每次 20~40mg，1 次/周。最大剂量 120mg/周。

**碳酸锂 Lithium Carbonate**

【用途】躁狂症、粒细胞减少、功能性子宫出血。

【不良反应】恶心、呕吐、腹泻、口渴、多尿、嗜睡、手震颤、口齿不清。

【用药护理注意】1. 严重心血管病、肾病、内分泌疾病、脑损伤、脱水、孕妇、哺乳期妇女、12 岁以下、低钠饮食者禁用。2. 因钠能促进锂盐经肾排除，为防止锂潴留，应保持正常食盐摄入量。3. 定期查血锂浓度、肾功能、血白细胞计数。4. 不与吡罗昔康合用，以免血锂浓度过高。

【制剂】片：0. 125g、0. 25g、0. 5g。缓释片：0. 3g。胶囊：0. 25g、0. 5g。

【用法】口服：治躁狂症，开始每次 0. 25g，3 次/日，逐渐增至 1. 5~2g/d，维持量 0. 75~1. 5g/d，饭后服。

**丙米嗪 Imipramine（米帕明）**

【用途】各类抑郁症（对精神分裂症抑郁症无效）、小儿遗尿症。

【不良反应】阿托品样作用（口干、心动过速、便秘等）、失眠、体位性低血压、胃肠道反应、皮炎、皮疹、震颤、心肌损害等。

【用药护理注意】1. 高血压、心脏病、青光眼、癫痫、孕妇、甲亢和肝、肾功能不全禁用，有癫痫发作倾向、5 岁以下慎用。2. 长期、大量使用须定期查肝功能和白细胞。3. 不与单胺氧化酶抑制剂合用。4. 禁饮酒。

【制剂】片：10mg、12. 5mg、25mg。胶囊：75mg、100mg、125mg。

【用法】口服：抑郁症，每次 12. 5~25mg，3 次/日，逐渐增至每次 50mg，3 次/日。极量 200~300mg/d。5 岁以上小儿遗尿症，每次 12. 5~25mg，睡前顿服。

**氯米帕明** Clomipramine（氯丙米嗪、安拿芬尼、海地芬）用于抑郁症、伴有抑郁症的精神分裂症、强迫症。同丙米嗪，避免驾驶和机械操作。片、胶囊：10mg、25mg、50mg。缓释片：75mg。注射液：25mg（2ml）。口服：治抑郁症，开始每次 25mg，3 次/日（缓释片每次 75mg，每晚睡前 1 次），逐渐增至 150mg/d。可肌注，静滴用生理盐水或 5%葡萄糖液稀释。

**多塞平** Doxepin（多虑平、凯舒）用于焦虑性抑郁症、抑郁性神经官能症。致嗜睡、失眠、便秘、心悸等，忌与单胺氧化酶抑制剂同用，骤然停药可致谵妄。片：25mg、50mg。注射液：25mg（1ml）。口服：开始每次 25mg，3 次/日，渐增至 150~300mg/d。

**阿米替林** Amitriptyline（阿密替林、依拉维、Amitid）

【用途】各类抑郁症、小儿遗尿症。

【不良反应、用药护理注意】同丙米嗪，不良反应较少而轻。

【制剂、用法】片：10mg、25mg。口服：抑郁症，每次 25mg，2 次/日，逐渐增至 150~300mg/d，分次饭后服。小儿遗尿症，每次 10~25mg，睡前顿服。

**马普替林** Maprotiline（麦普替林、路滴美、路地米尔、Ludiomil）

【用途】各类抑郁症。

【不良反应】抗胆碱能症状（口干、便秘等），偶见皮疹、心动过速。

【用药护理注意】1. 癫痫、孕妇禁用，青光眼、前列腺肥大及心、肝、肾功能不全慎用。2. 用药期间不宜从事危险作业。3. 忌饮酒。

【制剂】片：10mg、25mg、50mg。注射液：25mg（5ml）。

【用法】口服：开始每次 25mg，1~3 次/日，或 25~75mg，1 次/日（宜于黄昏时服药），逐渐增至 150~200mg/d。静滴：25~100mg/d，用葡萄糖液或生理盐水稀释。

**米那普林**　Minaprine（康多尔）用于各型抑郁症。孕妇、癫痫禁用，不宜与呼吸兴奋剂联用。片：50mg。口服：每次50mg，3次/日。

**米安色林** Mianserin（米安舍林、米安塞林、特文、脱尔烦）

【用途】抑郁症。

【不良反应】困倦、嗜睡、失眠、便秘、皮疹、轻躁狂、肝功能损害。

【用药护理注意】1. 躁狂症禁用。2. 用药期间不从事危险作业。3. 出现黄疸或抽搐应停药。4. 本品为水溶性薄膜衣片，宜用少量水吞服。5. 忌饮酒。

【制剂】片：10mg 、20mg、30mg、60mg。

【用法】口服：开始30mg/d，可增至60~90mg/d，分次服或睡前1次顿服。

**氟伏沙明**　Fluvoxamine（氟伏草胺、兰释）用于抑郁症、强迫症。孕妇、哺乳期妇女、8岁以下禁用，禁与单胺氧化酶抑制剂合用，用药期间不从事危险作业，忌饮酒，本品宜用水吞服，不应咀嚼。片：50mg、100mg。口服：100~200mg/d，分1~2次饭时或饭后服，不超过300mg/d。

**舍曲林** Sertraline（左洛复）用于抑郁症、强迫症。用药期间不从事危险作业，忌饮酒。片：50mg、100mg。口服：每次 50~100mg，早或晚 1 次与食物同服。

**米氮平** Mirtazapine（瑞美隆）用于抑郁症。哺乳期妇女、儿童禁用，在用或停用单胺氧化酶抑制剂 2 周内不使用本品。用药期间不从事危险作业，忌饮酒。片：30mg、45mg。口服：开始 15mg/d，有效量 15~45mg/d，睡前 1 次吞服，或分早晚 2 次吞服。

**氟西汀** Fluoxetine（氟苯氧苯胺、百优解、优克、开克）

【用途】抑郁症、强迫症、暴食症。

【不良反应】恶心、厌食、腹泻、失眠、颤抖、皮疹、肝功能损害等。

【用药护理注意】1. 对本品过敏禁用，肝肾功能不全、孕妇、哺乳期妇女、有自杀意图者慎用。2. 禁与单胺氧化酶抑制剂合用。3. 忌饮酒。

【制剂】片、胶囊：20mg。

【用法】口服：每次 20mg，1~2 次/日，早晨或中午饭后服。

**帕罗西汀** Paroxetine（赛乐特）用于抑郁症。儿童禁用，忌饮酒，用药期间不宜从事危险作业，不能骤然停药，需逐渐减量。片：20mg。口服：20mg/d，早餐时顿服。

**文拉法辛** Venlafaxine（万拉法新、博乐欣、怡诺思、益福乐）

【用途】抑郁症。

【不良反应】恶心、呕吐、口干、便秘、嗜睡、失眠、血压升高等。

【用药护理注意】1. 用药期间监测血压。2. 停药应逐渐减量。3. 用药期间不宜从事危险作业。4. 禁与单胺氧化酶抑制剂合用。5. 忌饮酒。

【制剂】片、胶囊：25mg、37.5mg、50mg。缓释胶囊（怡诺思）：75mg。

【用法】口服：开始每次 25mg，3 次/日，餐时服，最大剂量 375mg/d。缓释胶囊每次 75mg，1 次/日，每日相同时间与食物同服，不能嚼碎或化在水中服。

**曲唑酮** Trazodone（美抒玉、美舒郁）用于抑郁症、焦虑伴失眠。孕妇、哺乳期妇女、18 岁以下禁用，用药期间避免从事危险作业，忌饮酒，有发热、喉痛应停药。片：50mg。口服：开始 0.05~0.15g/d，分次饭后服，最大量 0.4g/d。

**吗氯贝胺** Moclobemide（奥罗力士、贝苏）用于抑郁症。本品为单胺氧化酶抑制剂。避免进大量富含酪胺的食物（如奶酪、啤酒、香蕉、巧克力、酵母）。片：0.1g、0.15g。口服：开始0.3g/d，分2~3次，饭后服。

**哌甲酯** Methylphenidate（哌醋甲酯、利他林、利太林、Ritalin）

【用途】轻微脑功能失调、儿童多动症、抑郁症。

【不良反应、用药护理注意】1. 致失眠、头痛等。2. 有依赖性，长期用药应逐渐减量。3. 严重焦虑、青光眼、烦躁、癫痫、高血压、6岁以下禁用。

【制剂】片：5mg、10mg、20mg。缓释片：20mg。注射液：20mg（1ml）。

【用法】口服：每次10mg，2~3次/日，早、午餐前30min服，最后1次服药离睡眠至少4小时，不超过60mg/d。6岁以上儿童每次5mg，2次/日。可肌注。

**匹莫林** Pemoline（培脑灵）同哌甲酯。为避免耐药，每周最好仅服药5~6日。片：20mg。口服：6岁以上每次20mg，1次/日，早饭前服，下午忌服。

**卡马西平**（见抗癫痫药，P183）

## （八）抗帕金森病药

### 左旋多巴 Levodopa（左多巴、L-Dopa）

【用途】帕金森病、肝性脑病。

【不良反应】胃肠道反应、体位性低血压、心动过速、不自主运动、“开关”现象（多动不安为“开”，肌强直运动不能为“关”）、失眠、焦虑等。

【用药护理注意】1. 孕妇、消化性溃疡、心血管疾病、青光眼、精神病、糖尿病禁用。2. 禁与单胺氧化酶抑制剂、麻黄碱、利血平、拟肾上腺素药合用。3. 与维生素 $B_6$ 或氯丙嗪合用疗效降低。4. 饭后给药可减轻胃肠道反应。

【制剂】片、胶囊：0.1g、0.25g。注射液：50mg（20ml）。

【用法】口服：开始每次0.1~0.25g，3次/日，每隔2~4日增加0.125~0.5g。维持量3~6g/d，分4~6次，连续用药2~3周后见效。静滴：肝性脑病，0.3~0.4g/d，加入5%或10%葡萄糖液中，待完全清醒后减为0.2g/d。鼻饲或灌肠：肝性脑病，每次5g，加入生理盐水100ml中。

### 卡比多巴 Carbidopa（α-甲基多巴肼）

【用途】与左旋多巴合用，治帕金森病。

【不良反应】胃肠道反应、失眠、肌痉挛、不自主运动等。

【用药护理注意】1. 孕妇、青光眼、精神病禁用。2. 不宜与苯海索、金刚烷胺、苯扎托品、丙环定合用。3. 与左旋多巴合用，必要时可加服维生素 $B_6$。

【制剂、用法】片：25mg。开始卡比多巴每次 10mg，左旋多巴每次 100mg，4 次/日，每隔 3~7 日增加卡比多巴 40mg，左旋多巴 400mg，至每日卡比多巴 200mg，左旋多巴 2g 时止，宜饭后或与食物同服。

**卡比多巴/左旋多巴** Carbidopa/Levodopa（复方卡比多巴、森尼密特、信尼麦、心宁美、息宁、帕金宁、Carbidopa Compound、Sinemet）

【用途、不良反应、用药护理注意】治帕金森病。同左旋多巴和卡比多巴。

【制剂】片：110mg（含左旋多巴 100mg、卡比多巴 10mg）、275mg（含左旋多巴 250mg、卡比多巴 25mg）。控释片（息宁、帕金宁）：250mg（含左旋多巴 200mg、卡比多巴 50mg）。

【用法】口服：每次 110~137. 5mg，3 次/日，逐渐增至 550mg/d，疗程 20~40 周，宜饭后或与食物同服，避免空腹服。控释片应整片或半片吞服，不能嚼碎。

**左旋多巴/苄丝肼** Levodopa/Benserazide（多巴丝肼、复方苄丝肼、美多芭、Madopar）同复方卡比多巴。片、胶囊：125mg（含苄丝肼 25mg、左旋多巴 100mg）、250mg（含苄丝肼 50mg、左旋多巴 200mg）。口服：首剂 125mg，3 次/日。第 2 周起，日服剂量每周增加 125mg，直至合适该病人的治疗量，一般不超过 1250mg/d。

**金刚烷胺** Amantadine（金刚安、三环癸胺）

【用途】帕金森病、亚洲 A-Ⅱ型流感的预防和早期治疗、退热。

【不良反应】嗜睡、眩晕、抑郁、食欲减退、四肢皮肤青斑、踝部水肿等。

【用药护理注意】1. 孕妇禁用，精神病、脑动脉硬化、癫痫、哺乳期妇女慎用。2. 忌饮酒。3. 用药期间不宜从事危险作业。

【制剂】片、胶囊：100mg。糖浆剂：100mg（1ml）。

【用法】口服：每次 100mg，2 次/日，早饭、午饭后服，连用 3~5 日，不超过 400mg/d。1~9 岁 3mg/(kg・d)，不超过 150mg/d。

**复方金刚烷胺片**：每片含金刚烷胺 0.1g，氨基比林 0.15g，马来酸氯苯那敏 3mg。防治流感。早、晚各 1 片，连用 3~5 日。

**溴隐亭 Bromocriptine**（溴麦角隐亭、溴麦亭、伯莫亭）

【用途】帕金森病，闭经、溢乳，抑制生理性泌乳，肢端肥大症。

【不良反应】恶心、呕吐、消化道出血、头痛、眩晕、体位性低血压等。

【用药护理注意】1. 对麦角生物碱过敏、心脏病、周围血管性疾病、孕妇禁用。2. 治闭经、溢乳不宜久用。3. 忌与降压药、吩噻嗪类、$H_2$受体阻滞剂合用。4. 与左旋多巴合用可提高疗效。5. 注意观察有无低血压反应。

【制剂】片：2.5mg。

【用法】治帕金森病：开始口服每次 1.25mg，1~2 次/日，2 周内增至每次 2.5mg，3~4 次/日。治闭经、乳溢：开始每次 1.25mg，2 次/日，1 周内增至每次 2.5mg，2~3 次/日，与食物同服，治疗时间不超过 6 个月。

**培高利特 Pergolide**（硫丙麦角林、协良行）

【用途】帕金森病的辅助治疗。

【不良反应、用药护理注意】1. 不良反应与溴隐亭相似。2. 本品仅供成人使用。3. 不能突然停药，以免引起幻觉和精神异常。4. 不与甲氧氯普胺同服。

【制剂】片：0.05mg、0.25mg、1mg。

【用法】口服：开始 2 日 0.05mg/d，进餐时服，以后每 2 日增加 0.1~0.15 mg，维持量 3mg/d，分 3 次服。极量 5mg/d。

**司来吉兰** Selegiline（优麦克斯、克金平、思吉宁）用于帕金森病。偶见低血压、胃肠不适等。片：5mg。口服：5mg/d，早晨服，如有效，渐增至 10mg/d，早晨 1 次或分早晚 2 次服。最好隔日用药，同时服用的左旋多巴可适当减量。

**吡贝地尔** Piribedil（泰舒达）用于帕金森病。偶见胃肠道不适、嗜睡、低血压等。缓释片：50mg。口服：单独用药每次 50mg，3 次/日，与左旋多巴合用时每次 50mg，1~2 次/日，均饭后整片吞服，不可嚼碎。

**苯海索** Trihexyphenidyl（安坦、Artane）

【用途】帕金森病、利血平和吩噻嗪类所致锥体外系反应、肝豆状核变性。

【不良反应】口干、便秘、尿潴留、视力模糊、瞳孔扩大，偶见低血压。

【用药护理注意】1. 青光眼、前列腺增生禁用。2. 老人剂量酌减。3. 突然停药可使震颤麻痹症状加重。4. 抗酸药或吸附性止泻药可减弱本品作用。

【制剂】片：2mg。胶囊：5mg。

【用法】口服：开始1~2mg/d，每隔2~5日增加1~2mg，至8~12mg/d，分3~4次饭后服，极量：20mg/d。5岁以上，每次1~2mg，3次/日。

**丙环定** Procyclidine（卡马特灵、开马君）同苯海索。片：5mg。口服：开始每次2.5mg，3次/日，渐增至每次5mg，3次/日，饭后服。

## 五、作用于传出神经系统的药物

### （一）拟胆碱药

**新斯的明** Neostigmine（普洛斯的明、普洛色林、Prostigmin）

【用途】重症肌无力、术后腹气胀、尿潴留。

【不良反应】恶心、呕吐、腹痛、腹泻、流涎、心动过缓、瞳孔缩小。

【用药护理注意】1. 机械性肠梗阻、尿路梗塞、心绞痛、室性心动过速、支气管哮喘、癫痫禁用。2. 不与普鲁卡因同用。3. 不良反应可用阿托品拮抗。

【制剂】片：15mg。注射液：0.5mg（1ml）、1mg（2ml）。

【用法】口服：重症肌无力每次15mg，3次/日，极量：每次30mg，100mg/d。皮下注射、肌注：每次0.25~1mg，1次/4~6小时，极量：每次1mg，5mg/d。

**溴吡斯的明** Pyridostigmine Bromide 同新斯的明。应避光贮存。片：60mg。口服：每次60mg，3次/日，极量每次120mg。

**加兰他敏** Galanthamine（强肌片、尼瓦林）用于重症肌无力、脊髓灰质炎后遗症、肌肉萎缩、儿童脑型麻痹等。不良反应、用药护理注意参阅新斯的明。片：5mg。注射液：1mg、2.5mg、5mg。口服：每次10mg，3次/日，从小剂量开始。肌注、皮下注射：每次2.5~10mg，儿童每次0.05~0.1mg/kg，1次/日。

**依酚氯铵** Edrophonium Chloride（腾喜龙、艾宙酚、Tensilon）用于重症肌无力的诊断，骨骼肌松弛药的对抗剂。支气管哮喘、心脏病者慎用。注射液：10mg（1ml）、20mg（2ml）、100mg（10ml）。静注：诊断重症肌无力，先注2mg，如30秒内无反应再注8mg。肌注：对抗肌松剂，每次10mg。

**安贝氯铵** Ambenonium Chloride（氯化阿伯农、阿伯农、美斯的明、酶抑宁）用于重症肌无力。同新斯的明。片：5mg、25mg。口服：每次5~25mg，3次/日。

## （二）抗胆碱药

**硫酸阿托品** Atropine Sulfate（阿托品、Atropine）

【用途】缓解内脏绞痛、抢救感染中毒性休克，有机磷农药中毒、阿-斯综合征、窦性心动过缓、虹膜睫状体炎（外用），麻醉前给药。

【不良反应】口干、皮肤潮红、视力模糊、瞳孔扩大、便秘、排尿困难、心悸，中毒时高热、心率加快、兴奋、烦躁不安、惊厥、昏迷。

【用药护理注意】1. 青光眼、前列腺肥大禁用，心脏疾患、胃下垂、尿潴留者慎用。2. 滴眼时用手指压迫内眦，以防药液吸收中毒。3. 40岁以上不宜用本品滴眼。4. 阿托品过量时，用新斯的明拮抗。5. 儿童对本品特别敏感。6、与抗酸药合用时宜分开服。

【制剂】片：0. 3mg。注射液：0. 5mg、1mg、5mg。滴眼液：0. 5%~3%。

【用法】口服：每次0. 3mg，3次/日. 极量，每次1mg，3mg/d。缓解内脏绞痛：皮下注射或肌注每次0.5mg，小儿每次0.01mg/kg。感染中毒性休克：每次1~2mg，小儿每次0.03~0.05mg/kg，稀释静注，每15~30分钟1次，用7~10次。有机磷农药中毒：单用，皮下注射或肌注，轻度每次0.5~1mg，每30分钟~2小时1次；中度每次1~2mg，每15~30分钟1次；重度首次静注2~5mg，以后每次1~2mg，每15~30分钟1次。阿托品化后，维持量，每次0.5~1mg，2~4小时1次。

山莨菪碱 Anisodamine（654、654-2）

【用途】平滑肌痉挛、感染中毒性休克、各种神经痛、脑血栓、脑栓塞等。

【不良反应】同阿托品，但较轻。

【用药护理注意】1. 脑出血急性期、青光眼、前列腺肥大禁用。2. 口干明显时，含酸梅或维生素C可缓解。

【制剂】片：5mg、10mg。注射液：5mg、10mg、20mg（1ml）。

【用法】腹痛：每次5~10mg，口服、舌下含服或肌注。感染中毒性休克：每次10~40mg，小儿每次0.3~2mg/kg，静注，每隔10~30分钟可重复。脑血栓：30~40mg/d，用5%葡萄糖液稀释后静滴。

**氢溴酸东莨菪碱 Scopolamine Hydrobromide**（东莨菪碱、Scopolamine、海俄辛）用于麻醉前给药、晕动病、帕金森病等。用药护理注意参阅阿托品。片：0.2mg。注射液：0.3mg、0.5mg。口服：每次 0.2~0.6mg，0.6~1mg/d，极量：每次 0.6mg，2mg/d。皮下注射：每次 0.3~0.5mg。极量：每次 0.5mg.

## （三）拟肾上腺素药

**重酒石酸去甲肾上腺素 Noradrenaline Bitartrate**（去甲肾上腺素、正肾上腺素）

【用途】各种休克，口服治上消化道出血。

【不良反应】1. 用量过大、时间过长可致急性肾功衰。2. 静滴时间过长、浓度过高或药液外漏可致局部皮肤苍白、疼痛、甚至缺血坏死。

【用药护理注意】1. 高血压、动脉硬化、器质性心脏病、无尿、孕妇禁用。2. 与全麻药合用易致心律失常，与利血平、胍乙啶、β 受体阻滞剂合用可致高血压。3. 忌与碱性药物配伍。4. 禁止皮下或肌注。5. 静滴时如药液外漏，应及时热敷并用 1%普鲁卡因或 0.05%酚妥拉明 5ml 局部注射。6. 小儿选粗大静脉注射并常更换部位。7. 长时间静滴后不能突然停药。8. 密切监测尿量、血压。9. 药液遇光易变色，应避光保存，如药液呈棕色或有沉淀则不宜用。

【制剂】注射液（有效期 2 年）：2mg（1ml）、10mg（2ml）。

【用法】静滴：1~2mg 加入 5%葡萄糖液或生理盐水 250ml 中，依血压调滴速，滴速 4μg ~ 10μg/min。口服：治上消化道出血，8~16mg 加冷生理盐水 250ml，第 1~2 小时用 50ml（每次约 1~3mg）。

**肾上腺素 Adrenaline**（副肾素、副肾碱）

【用途】抢救过敏性休克、心脏骤停，治支气管哮喘、与局麻药配伍延长局麻药药效、鼻粘膜或齿龈出血。

【不良反应】1. 头痛、心悸、烦躁、眩晕、皮肤苍白、心律失常。2. 剂量过大、皮下注射误入血管或静注太快可致血压骤升，甚至导致脑出血。

【用药护理注意】1. 高血压、脑动脉硬化、器质性心脏病、心源性哮喘、甲亢、糖尿病、外伤性及出血性休克、洋地黄中毒禁用，老人慎用。2. 与全麻药、洋地黄、三环类抗抑郁药合用易致心律失常，与利血平、胍乙啶合用可致高血压、心动过速，与β受体阻滞剂合用可致高血压。3. 应监测血压和脉搏。4. 多次使用须测血糖。5. 因易被消化液分解，故不宜口服。6. 注射部位应常更换。7. 遇氧化物、碱类、光、热会分解变色，药液变色不可用，应避光保存。

【制剂】注射液（有效期 2 年）：0.5mg（0.5ml）、1mg（1ml）。油注射液：2mg（1ml）。

【用法】抢救过敏性休克：皮下或肌注 0.5~1mg，或 0.1~0.5mg 以生理盐水稀释到 10ml 后缓慢静注，儿童每次 0.01~0.02mg/kg。极量：皮下或肌注每次 1mg。抢救心脏骤停：静注或心内注射 0.25~0.5mg，用生理盐水稀释 10 倍，5 分钟后可重复。治支气管哮喘：皮下注射 0.25~0.5mg，必要时可重复 1 次。

**异丙肾上腺素** Isoprenaline（喘息定、治喘灵）

【用途】支气管哮喘、心脏骤停、房室传导阻滞、休克。

【不良反应】心悸、头晕、口干、震颤、皮肤潮红，过量致心律失常。

【用药护理注意】1. 冠心病、心绞痛、心肌炎、甲亢、糖尿病、嗜铬细胞瘤禁用。2. 长期反复使用可产生耐受性。3. 不宜与肾上腺素合用，但可交替使用。4. 忌与碱性药物配伍。5. 密切监测心率、心律和血压。6. 舌下含服时，宜将药片嚼碎后含于舌下。7. 遇光和空气分解变红，应避光密封保存。

【制剂】片：10mg。注射液：1mg（2ml）。气雾剂：0.25%。

【用法】支气管哮喘：舌下含服每次 10~15mg，3 次/日，极量，每次 20mg，

60mg/d。5 岁以上每次 2.5~10mg，2~3 次/日。气雾吸入，1~2 喷/次，2~4 次/日。心脏骤停：心内注射 0.5~1mg，须稀释。房室传导阻滞：舌下含服每次 5~10mg，1 次/4 小时，或 0.5~1mg 加入 5%葡萄糖液 200~300ml 中缓慢静滴。休克：0.5~1mg 加入 5%葡萄糖液 200ml 中缓慢静滴，滴速 0.5~2μg/min。

**去氧肾上腺素 Phenylephrine**（新福林、苯福林、新辛内弗林、苯肾上腺素）

【用途】感染中毒性及过敏性休克、阵发性室上性心动过速、全麻药及腰麻所致的低血压、扩瞳检查。

【不良反应】偶见头晕、恶心、呕吐、四肢寒冷、心律失常、尿少。

【用药护理注意】1. 甲亢、高血压、动脉硬化、器质性心脏病、糖尿病、妊娠晚期及分娩期、2 周内用过单胺氧化酶抑制剂者禁用，老人慎用。2. 用氟烷、甲氧氟烷全麻时禁用。3. 胍乙啶、单胺氧化酶抑制剂、三环类抗抑郁药可增强本品的升压作用。4. 静注时防止药液外漏。5. 静滴同时测血压和心率。

【制剂】注射液：10mg（1ml）。滴眼液：2%~5%。

【用法】肌注：每次 2~5mg，极量：每次 10mg，50mg/d。静滴：5mg 加入 5%葡萄糖液或生理盐水 100ml 中缓慢滴入，根据血压调整滴速。

**甲氧明** Methoxamine（甲氧胺、美速胺、美速克新命、Vasoxine）

【用途】周围循环衰竭所致低血压、脊椎麻醉的低血压、室上性心动过速。

【不良反应】尿少、无尿、头痛、呕吐、出汗、心动过速、毛发竖立。

【用药护理注意】参阅去氧肾上腺素，不与洋地黄类、左旋多巴合用。

【制剂】注射液：10mg（1ml）、20mg（1ml）。

【用法】肌注：每次 10~20mg，儿童每次 0.25mg/kg。静注：每次 5~10mg，加 5%葡萄糖液稀释。静滴：每次 10~60mg，用 5%~10%葡萄糖液稀释后缓慢滴注，根据病情调整滴速。极量：肌注每次 20mg，60mg/d；静注每次 10mg。

**间羟胺** Metaraminol（阿拉明、重酒石酸间羟胺、Aramine）

【用途】各种休克、手术时低血压。

【不良反应】头痛、头晕、震颤、心悸，药液外漏时偶致局部组织坏死。

【用药护理注意】1. 高血压、甲亢、充血性心力衰竭、糖尿病禁用。2. 与单胺氧化酶抑制剂合用可致严重高血压。3. 与环丙烷、氯烷等合用易致心律失常。4. 连续使用可产生快速耐受性。5. 有蓄积作用，如用药后血压升高不明显，应观察 10 分钟以上，再决定是否增加剂量。6. 不与碱性药物共同滴注，因可使药液分解失效。7. 停药宜渐减量，以免出现低血压。8. 避免药液外漏。

【制剂】注射液：10mg（1ml）、50mg（5ml）。

【用法】肌注：每次 10~20mg。静注：每次 0.5~5mg。静滴：每次 10~40mg，用生理盐水或 5%~10%葡萄糖液稀释后缓慢滴入。静滴极量：每次 100mg（0.2~0.4mg/min）。

多巴胺 Dopamine（3-羟酪胺、儿茶酚乙胺、雅多博明）

【用途】各种休克、心力衰竭。

【不良反应】偶有恶心、呕吐、心悸，过量或静滴速度过快可致心律失常。

【用药护理注意】1. 室性心律失常、嗜铬细胞瘤禁用，孕妇、哺乳期慎用。2. 忌与碱性药物配伍。3. 一般浓度<0.8mg/ml。4. 静滴时如药液外渗，致局部组织缺血性坏死、溃烂，应及时热敷并用生理盐水将酚妥拉明稀释成 0.5mg/ml 浓度，用细注射针在局部浸润注射。5. 观察血压、心率、尿量。

【制剂】注射液：20mg（2ml）。

【用法】静滴：每次 20mg，加入 5%葡萄糖液 200~300ml 中，开始 20 滴/分（即每分钟滴入 75~100μg），据病情调整滴速。极量：20μg/(kg·min)。

**麻黄碱** Ephedrine（盐酸麻黄碱、麻黄素）

【用途】支气管哮喘、过敏性疾病、鼻粘膜充血。

【不良反应】致心悸、失眠、头痛、出汗等，反复使用有耐受性和依赖性。

【用药护理注意】1. 禁忌证同肾上腺素。2. 晚间服用宜加镇静催眠药。

【制剂】片：15mg、25mg、30mg。注射液：30mg。滴鼻液：0.5%~1%。

【用法】口服：每次 25mg，3 次/日。皮下注射、肌注：每次 15~30mg。口服、肌注极量都是每次 60mg，150mg/d。滴鼻：滴鼻剂，每次 1~2 滴，数次/日。

**多巴酚丁胺** Dobutamine（独步催、杜丁胺、强心胺、奥万源）

【用途】心肌梗死后或心脏外科手术时心排血量低的休克，心力衰竭。

【不良反应】心悸、恶心、头痛、气短、胸痛等。

【用药护理注意】1. 梗阻型肥厚性心肌病禁用。2. 严密监测血压、心率、心电图。3. 忌与碱性溶液配伍。

【制剂】注射液：20mg（2ml）、250mg（5ml）。粉针：250mg。

【用法】静滴：250mg 加入 5%葡萄糖液 250~500ml 中滴注，滴速 2.5~10μg/(kg·min)，从小剂量开始，勿突然停止用药。极量：40μg/(kg·min)。

## （四）抗肾上腺素药

**酚妥拉明** Phentolamine（利其丁、立其丁、瑞吉亭、瑞支停、Regitin）

【用途】血管痉挛性疾病、顽固性充血性心力衰竭、休克、室性早搏、嗜铬细胞瘤的诊断试验。

【不良反应】皮肤潮红、心动过速、体位性低血压、腹痛，有耐药性。

【用药护理注意】1. 低血压、严重动脉硬化、器质性心脏病、肾功能减退禁用。2. 忌与铁剂配伍。3. 严密监测血压、脉搏。4. 给药后让病人静卧 30 分钟，以防体位性低血压。5. 过量时可用去甲肾上腺素对抗，但禁用肾上腺素。

【制剂】片：25mg。注射液：5mg（1ml）、10mg（1ml）。

【用法】血管痉挛性疾病：肌注或静注，每次 5mg，1~2 次/日。去甲肾上腺素外漏：5mg 加生理盐水 10~20ml，局部皮下浸润注射。休克：10~20mg 加 5%葡萄糖液 250ml，开始按 0. 1mg/min 静入，根据病情调整滴速，通常 0. 3mg/min。

**妥拉唑林** Tolazoline（妥拉苏林、苄唑林）

【用途】外周血管痉挛性疾病（肢端动脉痉挛症、闭塞性血栓静脉炎等）。

【不良反应】恶心、腹痛、皮肤潮红、寒冷感、心动过速、体位性低血压。

【用药护理注意】1. 溃疡病、冠状动脉硬化、虚脱和休克禁用，糖尿病慎用。2. 严密监测血压、脉搏。3. 给药后让病人静卧 30 分钟，以防体位性低血压。4. 让病人保暖，以提高疗效。5. 忌饮酒。6. 低血压时用麻黄碱拮抗，不能用去甲肾上腺素和肾上腺素。

【制剂】片：10mg、25mg。注射液：25mg（1ml）。

【用法】口服：每次 15~25mg，3 次/日。肌注、皮下注射：每次 25mg。

**酚苄明** Phenoxybenzamine（酚苄胺、苯苄胺、竹林胺、Dibenzyline）

【用途】外周血管痉挛性疾病、休克、嗜铬细胞瘤、尿潴留、前列腺增生。

【不良反应】体位性低血压、心动过速、口干、瞳孔缩小，局部刺激性强。

【用药护理注意】1. 同酚妥拉明。2. 不宜肌注和皮下注射，因局部刺激性强。3. 出现心悸、心脏期前收缩应停药。

【制剂】片、胶囊：10mg。注射液：10 mg（1ml）。

【用法】口服：外周血管痉挛性疾病，开始每次 10mg，2 次/日，逐渐增至 60mg/d，分 2~4 次服。静滴：抗休克，0.5~1mg/kg，加入 5%葡萄糖液 250~500ml 中，1~2 小时滴完，用前须补充血容量。总量不超过 2mg/(kg·d)。

**坦索罗辛** Tamsulosin（坦洛新、哈乐）用于前列腺增生症引起的排尿障碍。偶致血压下降、皮疹、胃肠道反应，出现皮疹应停药，合用降压药应密切注意血压变化。缓释胶囊：0.2mg。口服：每次0.2mg，1次/日，饭后服，不能嚼碎。

**普萘洛尔** Propranolol（心得安、萘心安、恩特来、杭达来、Inderal）

【用途】心律失常、心绞痛、高血压、嗜铬细胞瘤术前准备。

【不良反应】恶心、腹胀、嗜睡、失眠、多梦、皮疹、低血压、心动过缓。

【用药护理注意】1. 充血性心力衰竭、心源性休克、窦性心动过缓、重度房室传导阻滞、低血压、哮喘、过敏性鼻炎禁用，孕妇、肝肾功能不全慎用。2. 不与单胺氧化酶抑制剂和抑制心脏的麻醉药（如乙醚）合用。3. 会增加洋地黄毒性。4. 个体差异大，宜从小剂量开始，老人减量。5. 长期用药应逐渐减量，以防症状反跳。6. 心率减慢至＜50~55次/分，应减量或停药，并注射阿托品对抗；有严重心脏抑制应静滴异丙肾上腺素。7. 晚间睡前不要服用本品。

【制剂】片：10mg。缓释胶囊（杭达来）：40mg。注射液：5mg（5ml）。

【用法】口服：抗心律失常，每次 10~20mg，3 次/日，饭前服，根据心律、心率、血压调整剂量。小儿 1mg/(kg·d)，分 3~4 次。心绞痛、高血压，每次

10mg，3 次/日，从小剂量开始，可逐渐增至 80mg/d。缓释胶囊，每次 40mg，1 次/日，早晨或晚上服。缓慢静滴（慎用）：抗心律失常，每次 2. 5~5mg，加 5%~10%葡萄糖液 100ml，严密观察血压、心律、心率，随时调整滴速。

**阿替洛尔 Atenolol**（氨酰心安、天诺敏、压平乐、速降压灵）

【用途】高血压、心绞痛、心律失常、青光眼。

【不良反应、用药护理注意】参阅普萘洛尔。

【制剂】片：12. 5mg、25mg、50mg、100mg。

【用法】口服：心律失常，每次 100mg，1 次/日。心绞痛，每次 100mg，1 次/日；或每次 25~50mg，2 次/日。高血压，每次 50~100mg，1 次/日。

**噻吗洛尔 Timolol**（噻吗心安、斯普坦、诚瑞）

【用途】心绞痛、高血压、心动过速、青光眼。

【不良反应】恶心、呕吐、上腹不适、呼吸困难、心动过缓、支气管痉挛。

【用药护理注意】心功能不全、窦性心动过缓、房室传导阻滞、哮喘禁用，心动过缓者禁用本品滴眼。

【制剂】片：5mg、10mg。滴眼液（诚瑞）：0.25%、0.5%（5ml）。

【用法】口服：每次 5~10mg，2~3 次/日。滴眼：用 0.25%，疗效不佳改用 0.5%，1 滴/次，2 次/日。

**美托洛尔** Metoprolol（美多心安、美多洛尔、甲氧乙心安、倍他乐克、美他新、舒梦、济顺恒得）

【用途】高血压、心绞痛、室上性心律失常。

【不良反应】偶见胃部不适、眩晕、头痛、噩梦、疲倦、肢端发冷等。

【用药护理注意】1. 房室传导阻滞、严重心动过缓、低血压、孕妇、洋地黄无效的心衰病人禁用，糖尿病、甲亢、支气管哮喘，肝、肾功能不良慎用。2. 个体差异大，用量应个体化。3. 不能骤然停药，应在 7~10 日内逐渐撤药。

【制剂】片：50mg、100mg。胶囊：50mg。控释片：0.1g。注射液：5mg。

【用法】口服：抗高血压，开始每次 100mg，1 次/日，早晨顿服，必要时增至 400mg/d，分早、晚 2 次服。抗心绞痛，100~150mg/d，分 2~3 次服，必要时增至 150~300mg/d。静注：治心律失常，5mg 加 5%葡萄糖液 20ml，注射速度 1mg/min，隔 5 分钟可重复，总量不超过 10~15mg。

**拉贝洛尔 Labetalol**（柳胺苄心定、湍泰低）

【用途】高血压、心绞痛、妊娠高血压。

【不良反应】眩晕、胃肠不适、体位性低血压、乏力、幻觉、阳痿等。

【用药护理注意】1. 儿童、孕妇、哮喘、脑溢血者忌静注。2. 静脉给药后应平卧2小时，起立时动作应缓慢。3. 不能加入葡萄糖盐水中静注或静滴。

【制剂】片：100mg、200mg。注射液：25mg（2ml）、50mg（5ml）。

【用法】口服：每次100mg，2~3次/日，饭后服。静注：每次25~50mg，加入10%葡萄糖液20ml中缓慢注射。静滴：每次50~200mg，滴速1~4mg/min。

**吲哚洛尔 Pindolol**（吲哚心安、心得静、心复宁）

【用途】高血压、心绞痛、心律失常、心肌梗死。

【不良反应、用药护理注意】同普萘洛尔。

【制剂】片：1mg、5mg、10mg。注射液0.2mg（2ml）、0.4mg（2ml）。

【用法】口服：抗心律失常，每次2.5~5mg，3次/日。抗心绞痛、高血压，15~60mg/d。静注：每次0.2mg，用5%葡萄糖液或生理盐水20ml稀释后慢注。静滴：每次0.4mg，用5%~10%葡萄糖液100ml稀释。

**比索洛尔**　Bisoprolol（康可、康心、博苏、安适）用于高血压、冠心病、心绞痛。同阿替洛尔，儿童不宜用。片：5mg、10mg。胶囊：2. 5mg。口服：每次2. 5~10mg，1 次/日，早餐前或早餐时服。

**索他洛尔**　Sotalol（甲磺胺心定、施太可、舒心可、Sotacor）用于高血压、心绞痛、心律失常。同普萘洛尔。片：20mg、40mg、80mg。口服：治高血压，开始 80mg/d，分 2 次，饭前 1~2 小时服，逐渐增至 160~600mg/d。治心绞痛、心律失常，160mg/d，清晨 1 次服。

**倍他洛尔**　Betaxolol（倍他心安、卡尔仑、贝特舒）用于高血压、心绞痛、青光眼。参阅普萘洛尔。片：10mg、20mg。滴眼剂（贝特舒）：0. 25%、0. 5%。口服：每次 10~20 mg，1 次/日。滴眼：治青光眼，每次 1 滴，2 次/日。

**阿罗洛尔**　Arotinolol（阿尔马尔）用于高血压、心绞痛、心动过速性心律失常。手术前 48 小时内不宜给药，长期用药停药时应逐渐减量，用药期间应停止授乳、不宜从事危险作业。片：5mg、10mg。口服：每次 10mg，2 次/日。

**塞利洛尔** Celiprolol（塞利心安、得来恩）用于高血压、心绞痛。2岁以下幼儿禁用，不与钙拮抗剂合用，忌饮酒，其他参阅普萘洛尔。片：0.1g、0.2g。口服：每次0.1~0.2g，1次/日，一般清晨服。

**纳多洛尔** Nadolol（康加尔多、心得乐、康格多、纳心安）用于高血压、心绞痛、心律失常。参阅普萘洛尔。片：40mg、80mg。口服：开始每次20~40mg，1次/日，以后逐渐增加剂量，最大剂量320mg/d。

**艾司洛尔** Esmolol（艾思洛尔、爱络）用于室上性快速型心律失常。常见低血压，多数在滴注期或停药后30分钟内缓解，不与5%碳酸氢钠溶液配伍。注射液：100mg（10ml）。静滴：开始25~50μg/(kg·min)，以后逐渐增加，最大量300μg/(kg·min)。

**醋丁洛尔** Acebutolol（醋丁酰心安、塞克塔尔片）用于高血压、心绞痛、心律失常。参阅普萘洛尔。片：200mg、400mg。口服：开始400mg/d，早晨1次或1日内分2次服。

# 六、麻醉药及其辅助药物

## （一）全身麻醉药

### 氟烷 Halothane（三氟氯溴乙烷、三氟乙烷、福来生）

【用途】全身麻醉、麻醉诱导。

【不良反应】血压下降、心搏过缓、呼吸抑制，反复使用偶有肝坏死。

【用药护理注意】1. 肝功能不全、胆道疾患、产科病人禁用。2. 禁止与肾上腺素、去甲肾上腺素合用。3. 麻醉前 10~14 天停用利血平、六甲溴铵、氯丙嗪。4. 两次用药间隔应在 3 个月以上。5. 对橡胶、金属有腐蚀作用。

【制剂、用法】溶液：20ml、100ml。用法视手术和病人情况而定。

### 恩氟烷 Enflurane（安氟醚、易使宁、安利醚、Ethrane）

【用途】复合全身麻醉。

【不良反应】术后有恶心症状，全麻后遗性中枢神经兴奋，偶见肝损害。

【用药护理注意】严重心、肝、肾疾患，癫痫、颅内压增高病人禁用。

【制剂、用法】溶液：20ml、250ml。用法视手术和病人情况而定。

**异氟烷** Isoflurane（异氟醚、易而迷、活宁、福仑、Forane）

【用途】各年龄组、各种手术的全身麻醉。

【不良反应】低血压、呼吸抑制、心律不齐、咳嗽，术后恶心、呕吐。

【用药护理注意】1. 可致流产，故产科病人禁用。2. 单胺氧化酶抑制剂应术前15日停用，异烟肼术前1周停用。3. 密封，阴凉处避光保存。

【制剂、用法】溶液：100ml。用法视手术和病人情况而定。

**七氟烷** Sevoflurane（七氟醚）用于全身麻醉。致血压下降、心律失常、呼吸抑制、恶心、呕吐、恶性高热等。对卤化麻醉药过敏者禁用，产科麻醉及高热、肝胆疾患、肾功能低下者慎用。溶液：250ml。

**地氟烷** Desflurane（地氟醚、优宁）用于全身麻醉。致剂量依赖性血压下降、呼吸抑制，咳嗽、屏气、分泌物增多，术后恶心、呕吐等。溶液：240ml。

**硫喷妥钠** Thiopental Sodium（戊硫巴比妥钠、Pentothal）

【用途】静脉麻醉、诱导麻醉、基础麻醉、复合麻醉、抗惊厥。

【不良反应】喉痉挛、支气管痉挛、局部疼痛，过量致呼吸、循环抑制。

【用药护理注意】1. 休克未纠正、心力衰竭、呼吸道梗阻、对巴比妥类过敏者禁用，肝功能不全、低血压、支气管哮喘、新生儿、肾上腺皮质或甲状腺功能不全慎用。2. 受过严格麻醉专业训练才能使用本品。3. 本品为强碱性，应避免误注入动脉或漏于血管外。4. 静注应慢，并注意病人的呼吸和血压变化。5. 粉末不易溶解而有沉淀或溶液变色，表示已变质，不宜使用。

【制剂】粉针：0.5g、1g。

【用法】静注：静脉麻醉，每次 0.5g，用生理盐水稀释成 2.5%溶液 20ml，用 12~15ml。极量：每次 1g。可肌注、静滴、灌肠。

**氯胺酮 Ketamine**（凯他敏、可达眠）

【用途】小儿、哮喘病人、小手术或诊断操作麻醉，局麻及全麻辅助用药。

【不良反应】恶心、呕吐、不安、高血压、呼吸抑制、颅内压和眼内压增高，个别苏醒过程有幻觉、谵妄、躁动。

【用药护理注意】1. 心功能不全、严重高血压、有脑血管意外史、颅内压高、眼内压高、精神分裂症、青光眼者禁用。2. 发生呼吸抑制时，不宜用呼吸兴奋药，应进行辅助呼吸。3.溶液发生沉淀、变色时禁用。

【制剂】注射液：0.1g（2ml）、0.1g（10ml）、0.2g（20ml）。

【用法】静注：全麻诱导，1~2mg/kg，缓慢注射（60 秒以上）。全麻维持，0.5~1mg/kg。极量：4mg/(kg·min)。肌注：小儿基础麻，每次 4~6mg/kg。

**羟丁酸钠 Sodium Hydroxybutyrate**（γ-羟基丁酸钠、茄玛、γ-OH）

【用途】麻醉诱导和维持，全身麻醉辅助用药。

【不良反应】运动性兴奋、谵妄、肌肉抽动、低血钾等，甚至呼吸停止。

【用药护理注意】1. 严重高血压、房室传导阻滞、癫痫、酸血症者禁用。2. 注意补钾盐。3. 避免误注入动脉或漏于血管外。4. 避光、避热保存。

【制剂】注射液：2.5g（10ml）。

【用法】静注：麻醉诱导，60mg/kg，速度不超过 1g/min，总量不超过 8g。

**丙泊酚 Propofol**（普鲁泊福、得普利麻、普泊酚、异丙酚、瑞可福、力蒙欣）

【用途】全身麻醉的诱导和维持。

【不良反应】呼吸暂停、血压下降、心动过缓、注射局部疼痛等。

【用药护理注意】1. 孕妇、哺乳期禁用。2. 用前先开放静脉，并适当输液。3. 用前摇匀，用 5%葡萄糖液稀释，稀释度不超过 1:5（2mg/1ml）。

【制剂】注射液：200mg（20ml）、500mg（50ml）。

【用法】静注：诱导麻醉，每 10 秒注射 40mg，直至产生麻醉，约 2~2. 5mg/kg。

**依托咪酯**　Etomidate（甲苄咪唑、乙咪酯、宜妥利）用于诱导麻醉。致静脉穿刺部位疼痛、恶心、呕吐、肌阵挛，易发生静脉炎，宜选择较大静脉注药。本品无镇痛作用。注射液：20mg（10ml）。静注：0. 15~0. 3mg/kg，于 15~30 秒内注完，直接静注，不宜稀释。

## （二）局部麻醉药

**普鲁卡因**　Procaine（奴佛卡因、Novocaine）

【用途】浸润麻醉、神经阻滞麻醉、腰麻、硬膜外麻、局部封闭。

【不良反应】1. 偶有过敏反应。 2. 用药过量或误入血管可有两类毒性反应，兴奋型表现为精神紧张、多语、血压升高、心率加快、呼吸困难、惊厥；抑制型（少见）表现为淡漠、嗜睡、呼吸浅慢、血压下降。

【用药护理注意】1. 用药前应询问过敏史并进行皮试。2. 合用少量肾上腺素可延长其作用时间。3. 不适用于表面麻醉。4. 不与葡萄糖液配伍，因可使其局麻作用降低。5. 药液变深黄色时药效下降，不能再用。

【制剂】注射液：40mg（2ml）、100mg（10ml、20ml）、50mg（10ml）。

【用法】浸润麻醉：用 0. 25%~0. 5%溶液，不超过 1. 5g/1h。神经阻滞麻醉：用 1%~2%溶液，一次不超过 1g。局部封闭：用 0. 25%~0. 5%溶液。

**丁卡因** Tetracaine（地卡因、的卡因、潘托卡因、Dicaine）

【用途】表面麻醉、神经阻滞麻醉、腰麻、硬膜外麻醉。

【不良反应】毒性较大，大剂量致心脏传导系统和中枢神经系统抑制。

【用药护理注意】1. 对本品过敏、恶性高热、严重肝肾功能不全、青光眼禁用。2. 禁止静注，防止药物误入血液。3. 不与碱性药物混合，以免失效。

【制剂】注射液：30mg（3ml）、50mg（5ml）。粉针：15mg、20mg。

【用法】表面麻醉：用 1%溶液喷雾或涂抹，极量：每次 0. 05g。神经阻滞麻醉：用 0. 1%~0. 3%溶液，极量：每次 0. 08g。

**布比卡因 Bupivacaine**（丁吡卡因、丁哌卡因、麻卡因、Marcain）

【用途】浸润麻醉、神经阻滞麻醉、硬膜外麻醉。

【不良反应】偶见精神兴奋、低血压，过量致惊厥，甚至心跳骤停。

【用药护理注意】1. 孕妇、12 岁以下慎用。2. 因组织穿透力弱，不宜用于表面麻醉。3. 可与 1/20 万肾上腺素混合使用。4. 密切观察，严防注入血管。

【制剂】注射液：12. 5mg（5ml）、25mg（5ml）、37. 5mg（5ml）。

【用法】浸润麻醉：用 0. 1%~0. 25%溶液。阻滞麻醉：用 0. 25%~0. 5%溶液。硬膜外麻醉：用 0. 5%溶液。极量：每次 200mg，400mg/d。

**利多卡因 Lidocaine**（赛罗卡因、昔罗卡因）

【用途】浸润麻醉、表面麻醉、阻滞麻醉、硬膜外麻醉、室性心律失常。

【不良反应】头晕、眼发黑，过量可致毒性反应，表现同普鲁卡因。

【用药护理注意】1. Ⅱ、Ⅲ度房室传导阻滞、对本品过敏、有癫痫大发作史、肝功能严重不全、休克者禁用。2. 误过量注入静脉，可致惊厥、心跳骤停。3. 连续用药可产生快速耐受性。4. 变态反应极为罕见，一般不作皮试。5. 不用于腰麻。

【制剂】注射液：0.1g（5ml）、0.4g（20ml）。喷雾剂：10%（25g）。

【用法】浸润麻醉：用 0.25%~0.5%溶液，不超过 0.4g/1h。阻滞麻醉：用 1%~2%溶液，不超过每次 0.4g。表面麻醉：用 2%~4%溶液，不超过每次 0.1g。心律失常：先静注 1~2mg/kg，见效后用 0.1g 加入 5%~10%葡萄糖液 100~200ml 静滴，不超过 0.1g/h。

**利多卡因/丙胺卡因 Lidocaine/Prilocaine（恩纳、Emla）**

【用途】皮肤表面麻醉、静脉穿刺镇痛。

【不良反应、用药护理注意】1. 短暂轻微的苍白、红斑、水肿、瘙痒。2. 开放性伤口、儿童生殖器粘膜、眼睛附近、受损的耳鼓膜禁用。

【制剂】乳膏：5g（含利多卡因、丙胺卡因各 125mg）、10 g。贴片：每贴含利多卡因、丙胺卡因各 25mg。

【用法】乳膏：成人和 1 岁以上儿童小手术，每次约 1.5g/10cm$^2$，涂在皮肤表面，上盖一密封敷料，涂药时间至少 1 小时。贴片：贴于无损皮肤表面，至少 1 小时。

**罗哌卡因**　Ropivacaine（耐乐品、Naropin）用于外科手术麻醉、急性疼痛治疗。致低血压、恶心、心动过慢等，防止注入血管内，12 岁以下暂不用。注射液：20mg（10ml）、75mg（10ml）。浸润麻醉：用 0.75%溶液。遵医嘱给药。

**甲哌卡因**　Mepivacaine（卡波卡因）用于局部麻醉。孕妇禁用，避免过量及误入血管。注射液：0.2g、0.4g（20ml）。浸润麻醉：用 0.25%~0.5%溶液。阻滞麻醉：用 1%~2%溶液。

**苯佐卡因**　Benzocaine（阿奈司台辛、氨苯甲酸乙酯、麻因）用于创伤、烧伤、皮肤擦裂等止痛止痒，栓剂用于痔核止痛。软膏剂：5%~10%。栓剂：0.2g、0.3g。适量涂、撒于局部或直肠给药。

**达克罗宁**　Dyclonine（达克隆）用于皮肤和粘膜表麻，虫咬皮炎、痔疮。粉剂：每包 100g，临时配制。乳膏：1%。粘膜表麻：用 1%溶液。虫咬皮炎、痔疮：用 1%乳膏涂搽患处，2 次/日。

## （三）骨骼肌松弛药

**氯化琥珀胆碱 Suxamethonium Chloride**（琥珀胆碱、琥胆、司可林、Scoline）

【用途】气管插管和外科手术时肌肉松弛，全麻辅助用药。

【不良反应】肌束震颤、高血钾、心律失常，眼内压、颅内压升高，过量致呼吸麻痹。

【用药护理注意】1. 脑出血、青光眼、白内障、视网膜剥离、瘫痪、高血钾、已洋地黄化病人禁用，孕妇、使用抗胆碱酯酶药者慎用。2. 用药前应备好人工呼吸设备等急救器材。3. 呼吸麻痹时不能用新斯的明对抗。4. 忌与硫喷妥钠配伍。5. 应4℃冷藏，室温下出现水解，开瓶后不能保存再用。

【制剂】注射液：50mg（1ml）、100mg（2ml）。粉针：100mg。

【用法】静注：用 2%~5%溶液，每次 50~100mg，极量：每次 250mg。儿童每次 1~2mg/kg。静滴：用生理盐水或5%葡萄糖液稀释至0. 1%浓度。

**氯化筒箭毒碱 Tubocurarine Chloride**（筒箭毒碱、管箭毒碱）

【用途】腹部外科手术时肌肉松弛，全麻辅助用药。

【不良反应】呼吸肌麻痹、血压下降、心动过缓、支气管痉挛。

【用药护理注意】1. 重症肌无力、休克、支气管哮喘、危重病人、孕妇、儿童禁用。2. 用药前应备好急救药械，出现呼吸停止可用新斯的明对抗。3. 用醚类药物麻醉时，本品用量减为1/3。

【制剂、用法】注射液：10mg（1ml）、15mg（1.5ml）。静注：每次6~9mg，必要时再用3~4.5mg。作用维持时间20~40分钟。

**泮库溴铵** Pancuronium Bromide（潘库溴铵、潘可罗宁、潘佛隆、潘可龙、潘龙、巴活朗、巴夫龙、本可松、派复朗）

【用途】气管插管和外科手术时肌肉松弛。

【不良反应】心率加快、血压升高、涎腺分泌增多等。

【用药护理注意】1. 重症肌无力、心动过速禁用，高血压、肾功能不全、孕妇慎用。2. 过量中毒用新斯的明、阿托品解救。3. 有蓄积作用。4. 与乙醚、氟烷合用时减量。5. 2~8℃避光保存。

【制剂】注射液：2mg（1ml）、4mg（2ml）。（有效期3年）

【用法】静注：每次0.06~0.1mg/kg，用灭菌注射用水或生理盐水溶解。

**维库溴铵** Vecuronium Bromide（维库罗宁、诺科隆、万可松、去甲本可松）用途同泮库溴铵。致心动过缓，孕妇、儿童禁用，2~8℃避光保存。粉针：4mg（附溶剂）。静注：每次0.08~0.1mg/kg，用所附溶剂溶解。本品不可肌注。

**罗库溴铵** Rocuronium Bromide（罗可罗宁、爱可松）用途同泮库溴铵。可致注射部位瘙痒、红斑，重症肌无力禁用，孕妇慎用。注射液：50mg（5ml）、100mg（10ml）。静注：气管插管，0.6mg/kg。肌松，先静注0.15mg/kg，再按5~10μg/(kg·min)静滴。

**哌库溴铵** Pipecuronium Bromide（阿端）用途同泮库溴铵。偶见过敏反应，重症肌无力禁用。粉针：4mg（附2ml溶剂）。静注：0.04~0.05mg/kg，给药2~3分钟后行插管术。

**阿曲库铵** Atracurium（苯磺酸阿曲库铵、阿曲可宁、卡肌宁）用途同泮库溴铵。致皮肤潮红、低血压等，重症肌无力、支气管哮喘禁用，2~8℃避光保存。

注射液：25mg（2.5ml）、50mg（5ml）。静注：0.3~0.6mg/kg，然后用0.05~0.1%溶液按0.3~0.6mg/(kg·h)即5~10μg/(kg·min)的速度静滴维持。

**巴氯芬** Baclofen（力奥来素、贝康芬、脊舒、枢芬、Lioresal）

【用途】脊髓、大脑疾病或损伤引起的肌肉痉挛。

【不良反应】倦怠、嗜睡、失眠、恶心、呼吸和心血管抑制、低血压。

【用药护理注意】1. 帕金森症、指痉挛症、精神病、妊娠头3个月禁用。2. 不与镇静剂、乙醇、左旋多巴合用。3. 避免突然停药，减量应在2周内完成。4. 用药期间不宜从事危险作业。5. 本品无特效解毒药。

【制剂】片：10mg、25mg。

【用法】口服：初始剂量5mg，3次/日，进餐时服，可用牛奶送服，每隔3日增加日剂量5mg，维持量30~75mg/d。

**苯丙氨酯** Phenprobamate（强筋松、Spantol）用于四肢关节和腰背肌肉痛、神经痛、风湿性关节炎等。偶致嗜睡、过敏。片：0.2g。口服：每次0.2~0.4g，3次/日，宜饭后服。

**乙哌立松**　Eperisone（易倍尔松、贝力斯、妙纳）用于改善肌紧张状态、缓解痉挛性麻痹。致失眠、嗜睡、夜尿、皮疹等，肝功能损害、孕妇、哺乳期妇女、儿童慎用，用药期间避免从事危险作业，开封后应注意防潮保存。片：50mg。口服：每次 50mg，3 次/日，饭后服。

**氯唑沙宗**　Chlorzoxazone（肌柔）用于急慢性扭伤、肌肉劳损或中枢神经病变引起的肌肉疼痛。致消化道症状、嗜睡等，忌饮酒。片：200mg。口服：每次 200~400mg，3 次/日，饭后服。

**复方氯唑沙宗**　Chlorzoxazone Compositae（鲁南贝特、迈立欣）每片含氯唑沙宗 125mg、对乙酰氨基酚 150 mg。口服：每次 2 片，3~4 次/日，1 疗程 10 日。

**利鲁唑**　Riluzole（力如太、Rilutek）用于肌萎缩性侧索硬化症。致胃部不适、嗜睡、转氨酶升高等，肝功能障碍、孕妇、哺乳期妇女禁用，用药期间不宜从事危险作业。片：50mg。口服：每次 50mg，2 次/日，饭后服。

## 七、主要作用于循环系统的药物

### （一）钙拮抗药

**硝苯地平** Nifedipine（硝苯吡啶、硝苯啶、心痛定、拜新同、利心平、弥新平、圣通平、乐欣平、爱地清、艾克迪平）

【用途】各种类型的高血压、防治冠心病各类型心绞痛、心力衰竭。

【不良反应】不良反应一般较轻，主要有面部潮红、心悸、头痛、舌根麻木、眩晕、窦性心动过速、低血压、水钠潴留等，偶见转氨酶增高。

【用药护理注意】1. 用药期间应定期测量血压并注意心率变化。2. 低血压、孕妇禁用。3. 宜于长期服用，不能突然停药，以免出现"停药综合征"。4. 起效从快至慢依次为舌下含服、喷雾吸入、口服。5. 忌与利福平合用。

【制剂】片、胶囊：5mg、10mg。缓释片（圣通平）：20mg。控释片（拜新同）：30mg、60mg。缓释胶囊（爱地清）：20mg。喷雾剂：100mg/瓶。

【用法】口服：片每次 5~10mg，3 次/日，急用时可舌下含服。缓释片每次 20mg，1~2 次/日，饭后服，勿嚼碎。缓释胶囊每次 20mg，2 次/日，饭后整粒吞服。控释片每次 30mg，1 次/日，上午服，勿嚼碎。咽部喷药：每次 3~4 喷。

**尼卡地平** Nicardipine（硝苯苄胺啶、佩尔地平、佩尔、尔平、Perdipine）

【用途】高血压、脑血管疾病、脑血栓形成和心绞痛等。

【不良反应】面部潮红、头痛、恶心、便秘、心悸等，常在治疗早期出现。

【用药护理注意】1. 颅内出血、孕妇、哺乳期妇女禁用，低血压，肝、肾功能不全者慎用。2. 停药应逐渐减量。3. 静滴时，通过监测血压调整滴速。

【制剂】片：10mg、20mg、40mg。缓释胶囊（佩尔地平）：40mg。注射液：2mg（2ml）、10mg（10ml）。

【用法】口服：片，每次 10~20mg，3 次/日；缓释胶囊，每次 40mg，2 次/日。静滴：每次 30mg，加 5%葡萄糖液 250ml，滴速 1~2μg/(kg·min)。

**尼群地平** Nitrendipine（硝苯乙吡啶、舒麦特、落普思）

【用途】高血压、冠心病，尤其是两种疾病同时存在者。

【不良反应】头痛、头晕、心悸、面红、口干、踝部水肿等。

【用药护理注意】孕妇、哺乳期妇女禁用，不稳定心绞痛者慎用。

【制剂】片：10mg、20mg。胶囊：10mg。

【用法】口服：每次 10~20mg，1~2 次/日。老人、肝功能不良减量。

**氨氯地平 Amlodipine**（阿莫洛地平、安洛地平、络活喜、埃斯丁、欣络平）

【用途】高血压、稳定型心绞痛。

【不良反应】头痛、头晕、心悸、水肿、失眠等，发生率较硝苯地平低。

【用药护理注意】1. 孕妇、哺乳期妇女、肝功能不良、严重心衰者慎用。2. 老年人、肾功能不全者可采用正常剂量。3. 可与β受体阻滞剂合用。

【制剂】片：2.5mg、5mg、10mg。

【用法】口服：开始每次5mg，1次/日，最大剂量为10mg/d，1次给药。

**左旋氨氯地平 Levoamlodipine**（施慧达）同氨氯地平。片：2.5mg。口服：每次2.5~5mg，1次/日。

**非洛地平 Felodipine**（费乐地平、二氯苯吡啶、波依定、普林迪）用于高血压、心绞痛、心力衰竭。致面部潮红、头痛、心悸等。片：5mg、10mg。缓释片：2.5mg、5mg、10mg。口服：开始每次2.5mg，1~2次/日，维持量每次5mg，2次/日；缓释片，每次5~10mg，1次/日，早晨用水整片吞服，不能嚼碎。

**拉西地平** Lacidipine（乐息平、乐息地平、三精司乐平、Lacipil）用于各型高血压。不良反应似硝苯地平。片：2mg、4mg。口服：每次 4mg，1 次/日，早晨服，每日应在同一时间服用，必要时剂量可增至 6mg/d。肝病患者剂量减半。

**依拉地平** Isradipine（易拉地平、导脉顺）用于高血压、冠心病、心绞痛和充血性心力衰竭。同尼卡地平，服药过量可致血压显著下降。片：2.5mg。缓释胶囊：2.5mg、5mg。口服：每次 2.5mg，2 次/日，早、晚各一次。

**尼索地平** Nisoldipine（尼尔欣、得欣亭）用于高血压、心绞痛、心力衰竭。同尼卡地平。片：5mg、10mg。口服：每次 5~10mg，2 次/日。

**尼鲁地平** Niludipine 用于高血压、心绞痛。作用较硝苯地平强，致轻度腹胀、便秘、皮疹。片：20mg、30mg。口服：每次 30~60mg，2 次/日。

**乐卡地平** Lercanidipine（再宁平）用于高血压。不良反应参阅硝苯地平，18 岁以下不用。片：10mg。口服：每次 10~20 mg，1 次/日，餐前 15 分钟服。

**贝尼地平** Benidipine（Coniel）用于高血压、心绞痛。参阅尼卡地平，用药期间不宜从事危险作业。片：2mg、4mg、8mg。口服：每次2~4mg，1次/日，早餐后服。

**尼莫地平** Nimoldipine（尼立苏、尼膜同、宝依恬、Nimotop）

【用途】主要用于脑血管疾患（如脑血管痉挛等），也可用于高血压。

【不良反应】头痛、头晕、面红、胃肠不适、血压下降、心率加快。

【用药护理注意】1. 孕妇、哺乳期妇女和肝功能不良、脑压上升禁用。2. 不宜与抗癫痫药同时服用。3. 过量致血压明显下降、心动过速时应立即停药。4. 可被聚氯乙烯所吸附，应使用聚乙烯输注系统。5. 服药间隔不少于4小时。

【制剂】片剂：20mg、30mg。缓释胶囊：60mg。注射剂：10mg（50ml）。

【用法】口服：片，40~90mg/d，分2~3次吞服，不可嚼碎。缓释胶囊，60~120mg/d，分2次服。静滴：加入5%葡萄糖液中，开始滴速0.5mg/h。

**维拉帕米** Verapamil（异搏定、异搏停、戊脉安、凡拉帕米、诺富生、Isoptin）

【用途】心律失常、心绞痛、高血压。

【不良反应】1. 恶心、呕吐、便秘等胃肠道反应。2. 头痛、眩晕、心悸等。3. 静注过快或用药过量可引起低血压、传导阻滞，甚至心脏停搏。

【用药护理注意】1. 低血压、心动过慢、心力衰竭、传导阻滞和心源性休克禁用，支气管哮喘慎用。2. 禁止与β受体阻滞剂合用。3. 静注应缓慢，并密切观察，监测病人的血压、心率和心电图变化。

【制剂】片：40mg。缓释片：120mg、240mg.。注射液：5mg（2ml）。

【用法】口服：每次40~80mg，3次/日，维持量每次40mg，3次/日；缓释片每次120~240mg，1次/日，早饭后吞服。缓慢静注：每次5~10mg，加5%葡萄糖液20ml稀释。静滴：5~10mg溶于葡萄糖液中，滴速为0. 1mg/min。

**加洛帕米** Gallopamil（戈洛帕米、甲氧异搏定、梏帕米、心钙灵、普乐佳）同维拉帕米，作用较强，不良反应较轻，忌饮酒。片剂：25mg、50mg。缓释片：100mg。口服：每次25~50mg，2~3次/日，1日最大剂量为200mg。

**地尔硫䓬** Diltiazem（硫氮䓬酮、哈氮䓬、恬尔新、合贝爽、合心爽、蒂尔丁）

【用途】室上性心律失常，心绞痛、老年人高血压。

【不良反应】毒性较小，头痛、头晕、心率减慢、皮疹、胃肠不适等。

【用药护理注意】1. Ⅱ度以上房室传导阻滞、窦房阻滞、严重充血性心力衰竭和孕妇禁用。2. 服药时不能嚼碎。3. 停药须逐渐减量。

【制剂】片：30mg。缓释片、缓释胶囊：30mg、90mg。注射液：50mg。

【用法】口服：每次 30~60mg，3 次/日，从小量开始，餐前服；缓释片，每次 30~120mg，1 次/日，老人适当减量。静滴：50~100mg 加入 5%葡萄糖液 250ml 中缓慢滴注，滴速 3~5μg/(kg·min)，根据血压、心率调整滴速。

**桂利嗪** Cinnarizine（肉桂苯哌嗪、脑益嗪、桂益嗪）

【用途】脑血栓形成、脑栓塞、脑动脉硬化、脑出血恢复期等。

【不良反应】偶见头痛、嗜睡、皮疹、胃肠道反应，静注致血压短暂下降。

【用药护理注意】颅内出血应在完全止血 10~14 日后才可使用。

【制剂】片、胶囊：25mg。注射液：20mg（20ml）。

【用法】口服：每次 25~50mg，3 次/日，饭后服。静注：每次 20~40mg，慢注。

**氟桂利嗪** Flunarizine（氟苯桂嗪、氟脑嗪、脑灵、西比灵、米他兰）同桂利嗪，但不影响心跳和血压，可治偏头痛。急性脑出血性疾病忌用，驾驶车辆或操纵机器者慎用。片、胶囊：5mg。口服：每次5~10mg，晚上顿服。

**哌克昔林** Perhexiline（冠心宁、心舒宁、沛心达）用于心绞痛、室性心律失常。致头晕、周围神经炎、颅内压升高、肝功能障碍，用药期间监测肝功能。片：50mg。口服：每次100mg，2次/日，最大量600mg/d，用药不超过3个月。

**米贝地尔** Mibefradil 用于高血压、慢性稳定性心绞痛。致头痛、下肢浮肿、腹痛、消化不良等，口服吸收不受食物影响，禁与β-阻断剂合用。片：50 mg、100mg。口服：首次50 mg，1次/日，渐增至每次100 mg，1次/日。

## （二）抗高血压药

### 1、中枢性抗高血压药

**可乐定** Clonidine（氯压定、可乐宁、110降压片、血压得平）

【用途】中、重度高血压，防偏头痛，治青光眼，阿片类药成瘾的戒毒。

【不良反应】嗜睡、口干、便秘、心动徐缓、久用有水钠潴留，偶有阳痿。

【用药护理注意】1. 久用停药应有 1 周以上时间逐渐减量，不能骤停。2. 可与利尿剂合用，以加强降压作用和消除水钠潴留。3. 注意病人的血压变化和水肿程度。4. 孕妇慎用。5. 不与三环类抗抑郁药和 β 受体阻断药合用。

【制剂】片：0.075mg、0.15mg。注射液：0.15mg。滴眼液：0.25%。

【用法】口服：高血压，每次 0.075~0.15mg，3 次/日。极量：每次 0.6mg。缓慢静注：危重高血压，每次 0.15~0.3mg，加 50%葡萄糖液 20~40ml。滴眼：青光眼，用 0.25%滴眼液，低血压者慎用。

**甲基多巴** Methyldopa（甲多巴、爱道美）用于中度、重度高血压，尤其是肾性高血压。致嗜睡、头痛、体位性低血压、皮疹、肝功损害、粒细胞减少，孕妇、肝硬化禁用，不与利血平同用，服药后尿中代谢产物遇空气氧化，使尿色变深。片：0.25g。注射液：0.25g（5ml）。口服：每次 0.25g，2~3 次/日。

**莫索尼定**　Moxonidine（奥必特）用于高血压。片：0.2mg、0.4mg。致口干、头痛、疲乏，乙醇增强本品的降压作用。口服：每次 0.2~0.4mg，1 次/日。

## 2、抗去甲肾上腺素能神经末梢药

**利血平** Reserpine（蛇根碱、血安平、利舍平）

【用途】轻、中度高血压，注射剂用于高血压急症。

【不良反应】鼻塞、腹泻、胃酸增多、嗜睡、心率减慢，长期或大量使用可致抑郁、精神错乱、水钠潴留、帕金森病。

【用药护理注意】1. 有精神抑郁症病史、帕金森病、孕妇禁用，胃、十二指肠溃疡慎用。2. 常与氢氯噻嗪、肼屈嗪等合用。3. 定期测血压。4. 注意病人的神志、性格改变，是否有水钠潴留。

【制剂】片：0. 125mg 、0. 25mg。注射液：1mg（1ml）。

【用法】口服：0. 25~0. 5mg/d，分 1~2 次服。极量：每次 0. 5mg。肌注、静注：每次 0. 5~1mg，需要时 6 小时后可重复 1 次，血压控制后改为口服。

**复方利血平片**：含利血平 0. 125mg、双肼屈嗪 12. 5mg、氢氯噻嗪 12. 5mg、氯化钾 100mg。口服：1~2 片/次，1~2 次/日。

**安达血平** Adelphene（阿达芬）含利血平 0. 1mg、双肼屈嗪 10mg。口服：每次 1~2 片，1~3 次/日。

**降压灵**　Verticil 主要降压成分是利血平。同利血平，用于早期高血压。片：4mg。口服：每次 4~8mg，2~3 次/日。

**胍乙啶**　Guanethidine（依斯迈林）用于中、重度高血压。致体位性低血压、心动过缓等，用药后不应突然站立、避免引起外周血管扩张的各种因素（如热水浴、运动等）。片：10mg、25mg。口服：开始每次 10 mg，1~2 次/日。

**3、肾上腺素受体阻断药**

**哌唑嗪** Prazosin（脉宁平、降压新）

【用途】轻、中度高血压，中、重度慢性充血性心力衰竭。

【不良反应】1. 首剂可有恶心、眩晕、头痛、心悸、心率加快、体位性低血压，称为“首剂现象”。2. 久用有水钠潴留。3. 长期使用可产生耐受性。

【用药护理注意】1. 孕妇、儿童、对本品过敏者禁用，严重心脏病、精神病人慎用。2. 首剂睡前服药或从 0. 5mg 开始，可避免“首剂现象”。3. 若心跳过快、眩晕应躺下或坐下。

【制剂】片：0. 5mg、1mg、2mg、5mg。

【用法】口服：治高血压，首剂 0.5mg，睡前服，1 次/日，3 日后每次 1mg，3 次/日，逐渐增至 6~15mg/d，分次服。治充血性心力衰竭，首剂 0.5mg，睡前服，以后 1mg/6h，维持量 4~20mg/d，分次服。

**特拉唑嗪** Terazosin（四喃唑嗪、高特灵、降压宁、曼欣琳、马沙尼）

【用途】轻、中度高血压、良性前列腺肥大。

【不良反应】头痛、头晕、乏力、嗜睡，“首剂现象”较少见。

【用药护理注意】1. 严重肝、肾功能不全，12 岁以下、孕妇、哺乳期妇女禁用。2. 服首剂和增加剂量后 12h 内或停药时，避免从事危险作业。

【制剂】片：1mg（白色）、2mg（橙色）、5mg（粉红色）。

【用法】口服：首剂 1mg，睡前服，后改为 2mg/d，1 次/日，逐渐增至 8~10mg/d，1 次清晨服。不超过 10mg/d。

**多沙唑嗪** Doxazosin（可多华、Cardura）用于轻、中度高血压。同特拉唑嗪。片：1mg（白色）、2mg（黄色）、4mg（橘红色）、8mg（绿色）。控释片：4mg。口服：首剂 0.5mg，1 次/日，渐增至 1~4mg/d，1 次服。不超过 16mg/d。

**布那唑嗪** Bunazosin（迪坦妥）

【用途】高血压。

【不良反应】头痛、倦怠、失眠、嗜睡、胃肠不适、心悸、体位性低血压。

【用药护理注意】1. 孕妇、哺乳期、儿童禁用，肝肾功能不全慎用。2. 用药期间避免从事危险作业。3. 勿嚼碎药片。4. 出现体位性低血压时应仰卧。

【制剂】缓释片：3 mg、6 mg。

【用法】口服：开始每次 3 mg，1 次/日，最大剂量 9mg/d。

**乌拉地尔** Urapidil（亚宁定、利喜定、裕优定）

【用途】各型高血压、充血性心力衰竭、良性前列腺肥大。

【不良反应】头痛、头晕、瘙痒、心悸、心律失常，极少有体位性低血压。

【用药护理注意】1. 孕妇、哺乳期妇女、主动脉缩窄、动静脉分流者禁用。2. 出现过敏症状应停药。3. 静注应取卧位，监测血压。4. 不宜饮酒。

【制剂】缓释胶囊：30 mg、60 mg。注射液：25 mg（5ml）、50 mg（10ml）。

【用法】口服：每次 30~60mg，2 次/日，早晚餐时服。静注：10~50mg 稀释后缓注。静滴：250mg 加 5%葡萄糖液或生理盐水 500ml，开始滴速 2mg/min。

**萘哌地尔** Naftopidil（博帝）用于高血压、前列腺肥大。开始服用或增量时（尤其是老年人）应注意体位性低血压，血压过低应减量或停药。片：12.5mg、25mg。口服：开始每次12.5mg，2次/日，根据血压调整剂量。

**卡维地洛** Carvedilol（卡维洛尔、达利全、络德、金络）用于充血性心力衰竭、高血压、稳定型心绞痛。停药时必须逐渐减量。片：6.25mg、10mg、25mg。口服：每次12.5~25mg，1~2次/日。

**β受体阻滞剂：普萘洛尔、阿替洛尔、噻吗洛尔、美托洛尔、拉贝洛尔、吲哚洛尔、比索洛尔、索他洛尔、倍他洛尔、阿罗洛尔、塞利洛尔、纳多洛尔、醋丁洛尔**（见抗肾上腺素药，P252~P257）

**4、扩张血管药**

**肼屈嗪** Hydralazine（肼苯达嗪、肼酞嗪、阿普利素灵）

【用途】肾性高血压和舒张压较高者，妊娠高血压综合征降压。

【不良反应】心悸、心动过速、恶心、头痛、焦虑、皮疹、尿潴留、体位性低血压等，有耐药性，长期大量使用可致类风湿性关节炎和红斑狼疮样反应。

【用药护理注意】1. 冠心病、脑动脉硬化、心动过速、心绞痛、心功能不全者禁用。2. 须经常监测血压。3. 非口服用药须住院治疗。4. 常与利血平、氢氯噻嗪或普萘洛尔合用。5. 缓释片不要掰开或嚼碎服。

【制剂】片：10mg、25mg、50mg。缓释片：50mg。注射液：20mg（1ml)。

【用法】口服、静注、肌注：从小剂量开始，每次 10mg，3~4 次/日，用药 2~4 日后酌情增量，每次 25mg，4 次/日，不超过 200mg/d。极量：每次 50mg。静注用 5%葡萄糖液稀释后缓注，一般先给 1mg 试验剂量。

**双肼屈嗪** Dihydralazine（双肼苯达嗪、双肼酞嗪、血压达静、利普素）同肼屈嗪，用于较顽固的高血压。不单独应用。片：12. 5mg、25mg。粉针：25mg。口服：每次 12. 5~25mg，2~3 次/日，不超过 200mg/d。静注：每次 12. 5~25mg。

**布屈嗪** Buterazine 用于轻、中度高血压。疗效高于肼屈嗪，本品在强酸环境下不稳定，故宜饭后服，代谢产物在尿中可产生特殊臭气。片：30mg、60mg。口服：每次 30~60mg，2~3 次/日，饭后服。

**硝普钠** Sodium Nitroprusside（Nipride）

【用途】高血压急症、难治性心衰。

【不良反应】恶心、呕吐、头痛、肌肉抽搐、心悸、皮疹、血压过低。

【用药护理注意】1. 孕妇禁用，严重肝病、肾功能不全、甲状腺功能低下慎用。2. 静滴时应准确控制滴速，并严密监测血压、心率、呼吸、尿量。3. 药液应临用前配制，滴注瓶用黑纸遮光，12 小时内用完，溶液变色不用。4. 除用 5%葡萄糖液稀释外，不能加其他药物。5. 停药应逐渐进行，以防血压反跳。

【制剂】粉针：50mg。（附 5%葡萄糖注射液 2ml，避光锡纸 1 张）

【用法】缓慢静滴：每次 50mg，用 5%葡萄糖液 2~3ml 溶解后，再用同一溶液 500ml 稀释，滴速 0. 5~8μg/(kg·min)，从小剂量即 0. 5μg/(kg·min) 开始，逐渐增量，根据血压调节药量，极量：10μg/(kg·min)。

**二氮嗪** Diazoxide（降压嗪）用于高血压危象、幼儿特发性低血糖症。致头晕、皮疹、水钠潴留、静脉炎等，不与其他药物及输液配伍。粉针：300mg，附专用溶剂 20ml。快速静注：取卧位，每次 150~300mg，在 15~20 秒内注完。

**吲达帕胺** Indapamide（吲达胺、寿比山、钠催离、伊特安、美利巴）

【用途】老人及糖尿病、高脂血症、肾衰的高血压。

【不良反应】偶有头晕、头痛、上腹不适，大剂量可发生低血钾。

【用药护理注意】1. 严重肝、肾功能不全，脑血管病、孕妇、哺乳期妇女禁用。2. 长期服用应定期查电解质。3. 本品可使兴奋剂检查呈阳性。

【制剂】片：2.5mg。缓释片：1.5mg。

【用法】口服：片每次2.5mg，1次/日，早餐后服。维持量隔日2.5mg。

**酮色林**　Ketanserin（凯他舍林、酮舍林）用于高血压。致头晕、浮肿、心律失常等，不与排钾利尿药合用，口服吸收不受食物影响。片：20 mg、40 mg。注射液：10mg（2ml）。口服：开始每次20 mg，1个月后可增至40 mg，2次/日。

**米诺地尔**　Minoxidil（长压定、降压定、敏乐啶、达霏欣）用于顽固性高血压、肾性高血压，脱发（外用）。致水钠潴留、多毛症、心动过速等，不引起体位性低血压。片：2.5mg、5mg。溶液（达霏欣）：2%。凝胶。口服：开始每次2.5mg，2次/日。外用：治脱发，用溶液或凝胶，每日早晚各1次。

**吡那地尔** Pinacidil 用于高血压。致头痛、心悸、心动过速、体位性低血压、水肿、毛发增加等。缓释胶囊：12. 5mg、25mg、37. 5mg。口服：每次12.5~25mg，2 次/日。

**色满卡林** Cromakalin（克罗卡林）用于高血压、心绞痛、哮喘、阳痿。偶见头痛、心动过速，有抑制心肌作用。片：1 mg。口服：0. 5~2mg/d。

**5、血管紧张素 I 转化酶抑制药**

**卡托普利** Captopril（甲巯丙脯酸、巯甲丙脯酸、开博通、刻甫定、Capoten）

【用途】各种类型高血压、充血性心力衰竭。

【不良反应】皮疹、瘙痒、味觉障碍、顽固性咳嗽、血管神经性水肿（面、喉部肿胀，吞咽或呼吸困难，声嘶）、蛋白尿、高血钾、粒细胞减少。

【用药护理注意】1. 过敏体质、自身免疫疾病活动期禁用，孕妇、哺乳期慎用。2. 避免与保钾利尿药合用。3. 定期查血象、血肌酐、尿蛋白、尿素氮。4. 出现血管神经性水肿或顽固性咳嗽应停药，并告知医师。5. 食物影响吸收。

【制剂】片：12. 5mg、25mg、50mg、100mg。注射液：25mg（1ml）。

【用法】口服：开始每次 12.5mg，2~3 次/日，逐渐增至每次 50mg，2~3 次/日，饭前 1h 服，不超过 450mg/d。儿童，开始 1mg/(kg·d)，最大 6mg/(kg·d)，分 3 次服。

**依那普利** Enalapril（苯丁酯脯酸、悦宁定、益压利、怡那林、因弗尔）

【用途、不良反应、用药护理注意】同卡托普利，不良反应发生率较低，口服吸收不受食物影响。

【制剂】片：2.5mg、5mg、10mg、20mg。缓释片：10mg。胶囊：5mg。注射液：1.25mg（1ml）。

【用法】口服：开始 5mg/d，常用量 10mg/d，早晨 1 次服，最大剂量 40mg/d，分 2 次服。儿童，每次 0.05~0.2mg/kg，1 次/日。静注：开始每次 0.5~1mg，1 次/6 小时。

**贝那普利** Benazepril（苯那普利、洛汀新）同卡托普利，不良反应发生率较低，饭后服药会延迟吸收，但不影响吸收量。片：5mg（有刻痕片）、10mg、20mg。口服：开始 10mg/d，分 1~2 次服，必要时增至 20mg/d，最大量 40mg/d。

**西拉普利** Cilazapril（一平苏）用于原发性和肾性高血压。同依那普利，饭后服药会稍延迟吸收。片：1mg、2.5mg、5mg。口服：从小剂量逐渐增加，每次2.5~5mg，1次/日，饭前、饭后服均可，每天在同一时间服用。

**雷米普利** Ramipril（瑞泰、曲他西）同依那普利。本品可增强乙醇效应。片：1.25mg、2.5mg、5mg、10mg。口服：开始每次2.5mg，1次/日，维持量，每次2.5~5mg，1次/日。

**赖诺普利** Lisinopril（捷赐瑞、诺普顿、利压定、利生普利、麦道心宁）用于原发性和肾性高血压，充血性心力衰竭。同依那普利，片：5mg、10mg、20mg。口服：每次5~20mg，1次/日，早餐后服。

**福辛普利** Fosinopril（磷诺普利、蒙诺、Monopril）用于高血压、心力衰竭。同依那普利，老人和肝、肾功能不全者不需减量，抗酸药影响本品吸收，联用时应间隔2小时以上服用。片：10mg、20mg。口服：每次5~40mg，1次/日。

**培哚普利**　Perindopril（雅施达、Acertil）同依那普利。与抗抑郁药合用可引起体位性低血压，开始使用本品前3天停用利尿药，小儿禁用，食物使本药生物利用度下降35%。片：4mg。口服：4mg/d，早晨1次服，必要时1个月后增至8mg/d，1次/日。肾功能不全、老人减半。

**地拉普利**　Delapril（压得克、Adecut）同依那普利。用药后不驾车和机械操作，术前24小时停药，小儿禁用。片：7.5mg、15mg、30mg。口服：开始15mg/d，后维持30~60mg/d，分早晚2次服。

**伊米普利**　Imidapril（咪达普利、依米达尼、达爽）用于原发性和肾性高血压。同依那普利，本品对肾功能无不良影响，用药期间不宜从事危险作业，术前24小时停药。片：5mg、10 mg。口服：每次5~10 mg，1次/日。

**斯匹普利**　Spirapril（司派普利、螺普利）同依那普利。作用较持久。片：25mg、50 mg。口服：每次12.5~50mg，1次/日。

### 6. 血管紧张素Ⅱ受体阻断药

**氯沙坦** Losartan（氯沙坦钾、洛沙坦、芦沙坦、科素亚）

【用途】高血压、充血性心力衰竭。

【不良反应】偶见头晕、头痛、血管生水肿、肝功能异常、体位性低血压。

【用药护理注意】1. 孕妇、哺乳期妇女、儿童、肾动脉狭窄禁用。2. 与食物同服不影响吸收。3. 与氢氯噻嗪合用可增强疗效。4. 避免从事危险作业。

【制剂】片：50mg。

【用法】口服：每次 25~50mg，可增至 100mg，1 次/日。

**海捷亚** 含洛沙坦 50mg、氢氯噻嗪 12. 5mg。口服：每次 1 片，1 次/日。

**缬沙坦** Valsartan（代文、丽珠维可）同氯沙坦。胶囊：80mg。注射液：20mg。口服：每次 80mg，可增至 160mg，1 次/日。静注：每次 20mg。

**伊贝沙坦** Irbesartan（厄贝沙坦、伊泰青、苏适、科苏、安博维）同氯沙坦。片、胶囊：75mg、150mg。口服：每次 75 mg，可增至 150mg，1 次/日。

**坎地沙坦**　Candesartan（康得沙坦、必洛斯）同氯沙坦。片：4mg、8mg。口服：首剂4 mg，1次/日，维持量每次8mg，1次/日。

**依普沙坦**　Eprosartan（Teveten）同氯沙坦，食物对本品吸收的影响有个体差异。片：0.2g、0.3g、0.4g。口服：每次0.4~0.8g，1次/日，或分2次服。

**替米沙坦**　Telmisartan（美卡素、Micardis）同氯沙坦。片：80mg。口服：每次40~80mg，1次/日。

7. 钙拮抗药

**粉防己碱** Tetrandrine（汉防己甲素、金艾康）

【用途】早期轻度高血压、重症高血压、高血压危象。

【不良反应】轻且少，嗜睡、恶心、腹部不适、静注部位疼痛、静脉炎。

【制剂】片：20mg、50mg。注射液：30mg（2ml）。

【用法】口服：每次 20~100mg，3 次/日。静注：高血压危象，每次120~180mg，2次/日。

**硝苯地平、尼卡地平、尼群地平、氨氯地平、左旋氨氯地平、非洛地平、拉西地平、依拉地平、尼索地平、尼鲁地平、乐卡地平、贝尼地平、尼莫地平、维拉帕米、加洛帕米、地尔硫䓬、米贝地尔。**（见钙拮抗药，P272~P279）

**8. 利尿药**

**氢氯噻嗪** Hydrochlorothiazide（双氢氯噻嗪、双氢克尿塞、HCT）

【用途】各种水肿、各期高血压、尿崩症。

【不良反应】胃肠道反应、皮疹、瘙痒症，偶见血小板、粒细胞减少，长期使用可致低钾、低钠、低氯、低镁血症，血糖、血尿素氮、血尿酸、血脂升高。

【用药护理注意】1. 肝、肾功能减退，痛风、糖尿病、孕妇禁用。2. 定期查血液电解质。3. 大剂量使用注意水出入量平衡。4. 停药时应逐渐减量。5. 忌酒，不吃含甘草的药物。6. 不过分限制食盐摄入量，多食含钾食物或钾盐。

【制剂】片：10mg、25mg、50mg。

【用法】口服：每次 25mg，1~3 次/日，或每次 50mg，2 次/日。小儿 1~2 mg/(kg·d)，分 2~3 次。

**吡咯他尼、环戊噻嗪**（见利尿药，P394~395）

**9. 其他抗高血压药**

**硫酸镁**（见泻药与止泻药，P367）

### （三）抗心力衰竭药

**地高辛** Digoxin（狄戈辛、强心素）

【用途】急、慢性心力衰竭，室上性心动过速、心房颤动、心房扑动。

【不良反应】过量致恶心、呕吐、头痛、视力模糊、色视障碍、心律失常。

【用药护理注意】1. 房室传导阻滞、阵发性室性心动过速禁用。2. 用药前应询问病人近期有无使用强心苷，测脉搏、心率、心律、体重，查血电解质、心电图。3. 每次用药前要询问病情及测脉搏、心率，密切注意药物过量的症状和体征。4. 严格按医嘱定时定量服药，如忘记服药，切忌补服或将两次药合服。5. 不与高纤维食物同服，以免影响吸收。6. 不宜与酸、碱类药物配伍，禁与钙注射剂合用，不宜与排钾利尿药、β-受体阻滞药、拟肾上腺素药、利血平等合用。7. 避免低血钾等电解质紊乱。8. 蓄积作用较小。9. 酏剂用于 14 岁以下。

【制剂】片：0.25mg。注射液：0.5mg（2ml）。酏剂：5mg（100ml）。

【用法】口服：负荷量（全效量）0.75~1.5mg，2岁以上0.04~0.06mg/kg。于24小时内分次饭后服。可采用0.25mg/d，连用6~7日获得疗效。维持量0.125~0.5mg/d，分1~2次，小儿用负荷量的1/4。静注：0.25~0.5mg，用10%或25%葡萄糖液稀释后慢注。极量：每次1mg。

**甲地高辛** Metildigoxin（甲基狄戈辛、甲基地高辛、贝可力）用于急、慢性心力衰竭。同地高辛，作用较强。片：0.1mg。注射液：0.2mg（2ml）。口服、静注：每次0.1~0.2mg，2次/日，2~3日后改为维持量。维持量：口服，每次0.05~0.1mg，2次/日，静注，0.2~0.3mg/d。

**洋地黄毒苷** Digitoxin（洋地黄毒甙、狄吉妥辛）

【用途】同地高辛，主要用于维持治疗慢性心功能不全。

【不良反应、用药护理注意】同地高辛。注射效果不比口服强或快。

【制剂】片：0.1mg。注射液：0.2mg（1ml）。

【用法】口服：负荷量（全效量）0.7~1.2mg，2岁以上0.02~0.03mg/kg，

于48~72小时内分次服。如成人每次0.1mg，3次/日，第3日改为1次/日。维持量0.05~0.1mg/d，小儿为负荷量的1/10，1次/日。极量：每次0.4mg，1mg/d。不能口服者可肌注。

**毛花苷丙** Lanatoside（毛花甙丙、西地兰、毛花苷C、Cedilanid）

【用途、不良反应、用药护理注意】同地高辛，作用迅速。心肌梗死禁静注。

【制剂】片：0.5mg。注射液：0.4mg（2ml）。

【用法】静注：全效量：1~1.2mg。首剂0.4~0.6mg，视情况2~4小时后再给0.2~0.4mg，用5%或25%葡萄糖液稀释后慢注。口服吸收不规则，现少用。

**去乙酰毛花苷** Deslanoside（去乙酰毛花甙、毛花强心丙、西地兰D、Cedilanid D）

【用途】急性心力衰竭、阵发性室上性心动过速、心房颤动、心房扑动。

【不良反应、用药护理注意】同地高辛，作用迅速，蓄积作用小。

【制剂】注射液：0.2mg（1ml）、0.4mg（2ml）。

【用法】静注：全效量1~1.6mg，于24小时内分次注射。首剂0.4~0.8mg，

2~4 小时后再注射 0.2~0.4mg，用 5%或 25%葡萄糖注射液稀释后慢注。然后改口服维持治疗。

**毒毛花苷K** Strophanthin K（毒毛旋花子苷 K）用于急性心力衰竭。同地高辛，作用迅速，蓄积作用小，不与碱性溶液配伍。注射液：0.25mg（1ml）。静注：首剂0.125~0.25mg，用5%~10%葡萄糖液20~40ml 稀释后慢注（不少于5分钟），1~2小时后可重复1次。极量：每次0.25mg，1mg/d。

**氨力农** Amrinone（氨双吡酮、氨利酮、氨吡酮、安诺可）

【用途】各种原因引起的急、慢性心力衰竭。

【不良反应】胃肠道反应、血小板减少、肝功能损害、低血压、心律失常。

【用药护理注意】1. 严重主动脉或肺动脉瓣膜疾病、严重低血压禁用，急性心肌梗死、孕妇、哺乳期妇女、小儿慎用。2. 监测心律、心率、血压、心电图。3. 本品用生理盐水稀释，不能用含右旋糖酐或葡萄糖液稀释。4. 不与呋塞米配伍，因可产生沉淀。5. 药液外漏可致局部组织坏死。6. 快速静滴可引起动脉血压下降。

【制剂】片：100mg。注射液：50mg、100mg（2ml）。粉针：50mg，附溶剂5ml。

【用法】口服：每次 100~200mg，3 次/日，不超过 600mg/d。静滴：每次0.5~3mg/kg，先用氨力农溶剂微温溶解，再用生理盐水稀释后慢滴，速度为 5~10 μg/(kg·min)，日总量不超过 10mg/kg。

**米力农** Milrinone（甲氰吡酮、米利酮、哌明克、鲁南力康）同氨力农，作用较强。片：2.5mg、5mg。注射液：5mg、10mg。口服：每次 2.5~7.5mg，4 次/日。静滴：用生理盐水稀释后，开始 10 分钟 37.5~50 μg/(kg·min)，然后以0.375~0.75 μg/(kg·min) 静脉滴注维持，不超过 1.13mg/(kg·d)。

**维司力农** Vesnarinone（威那利酮）用于慢性充血性心力衰竭。致头晕、头痛、心悸、白细胞减少、肝肾功能异常等，孕妇、哺乳期妇女禁用。胶囊：60mg。口服：每次 60mg，1 次/日。

**多巴胺、多巴酚丁胺**（见拟肾上腺素药，P248~249）

## （四）抗心律失常药

**奎尼丁 Quinidine**（硫酸奎尼丁、异奎丁）

【用途】阵发性心动过速、心房颤动、心房扑动、早搏。

【不良反应】1. 胃肠道症状：恶心、呕吐、腹泻。2. 中枢神经毒性：耳鸣、视力模糊、谵妄、昏迷。3. 皮疹、发热、溶血性贫血、室性心律失常。

【用药护理注意】1. 严重心衰、房室传导阻滞、孕妇禁用。2. 与地高辛合用时，应减少地高辛用量。3. 治房颤时，有可能诱发血栓脱落，产生栓塞性病变，应严密观察。4. 每次给药前注意心律和血压情况，避免夜间给药，不宜门诊用药。5. 饭时或饭后服药可减轻胃肠反应。6. 注射液静注毒性大，已不用。

【制剂】片：0.2g。

【用法】口服：第1日，每次0.1g，1次/2小时，连用5次，如无效，第2日增至每次0.2g，第3日每次0.3g，1次/2小时，连用5次。不超过2g/d。恢复心律后改维持量：每次0.2g，3~4次/日。

**双氢奎尼丁 Dihydroquinidine**（塞利科、二氢奎尼丁、Serecor）同奎尼丁。对奎尼丁过敏禁用。胶囊：0.3g。口服：每次0.3g。2次/日。

**普鲁卡因胺 Procainamide**（普鲁卡因酰胺）

【用途】阵发性心动过速、频发早搏、心房颤动、心房扑动。

【不良反应】恶心、呕吐、腹泻、发热、肌痛、皮疹、精神抑郁、低血压。

【用药护理注意】1. 严重心力衰竭、休克，严重肝、肾功能不全，严重房室传导阻滞禁用。2. 静注、静滴易致血压下降，仅限于病情紧急时，同时应监测血压、心率、心律和心电图。3. 一般不采用肌肉注射。

【制剂】片：0. 125g、0. 25g。注射液：0. 1g、0. 2g（2ml）、0. 5g（5ml）。

【用法】口服：每次 0. 5g，小儿每次 14mg/kg，3~4 次/日，心律正常后改为每次 0. 25g ，2~4 次/日。极量：每次 1g，3g/d。静滴：每次 0. 5~1g，用 5%~10% 葡萄糖液 100~200ml 稀释，1 小时内滴完。极量：每次 1g，2g/d。

**丙吡胺 Disopyramide**（双异丙吡胺、诺佩斯、达舒平、异脉停、利莫耽）

【用途】阵发性房性心动过速、房性和室性早搏、房颤、室上性心律失常。

【不良反应】口干、排尿不畅、尿潴留、便秘、视力模糊、低血糖等。

【用药护理注意】1. 青光眼、重度房室传导阻滞、失代偿的心力衰竭禁用，前列腺肥大、孕妇慎用。2. 与 β 受体阻滞剂或强心苷合用时，会加重抑制心肌，应注意心率、心律变化。3. 静滴速度为20~30mg/h。

【制剂】片、缓释片、胶囊：100mg。注射液：50mg、100mg（2ml）。

【用法】口服：每次 0.1~0.15g，3~4 次/日，不超过 0.8g/d，缓释片，每次 0.2g，2 次/日。静滴：每次 0.1~0.2g，用 5%葡萄糖液 500ml 稀释。可静注。

**莫雷西嗪** Moracizine（吗拉西嗪、乙吗噻嗪、安脉静）

【用途】室性和室上性早搏、阵发性心动过速、心房颤动或扑动。

【不良反应】恶心、头痛。肌注疼痛，静注有暂时性眩晕和血压下降。

【用药护理注意】严重低血压和肝、肾功能不全者禁用。

【制剂】片：50mg、200mg。注射液：50mg（2ml）。

【用法】口服：首剂 300mg，维持量 600mg/d，一般每次 200~300mg，3 次/日。肌注：2.5%溶液 2ml，加 0.5%普鲁卡因 1~2ml 肌注，1 次/日。静注：每次 50mg，用 5%葡萄糖液或生理盐水 10ml 稀释后缓慢静注，2 次/日。

**吡美诺** Pirmenol（吡哌醇）用于各种原因引起的房性、室性心律失常。致抗胆碱作用的不良反应和低血压、心率减慢，口服可有金属味或苦味。片：

50mg、100mg。注射液：50mg（2ml）。口服：每次 0.1~0.2g，2 次/日。静滴：2.5mg/ min。

**美西律** Mexiletine（慢心率、脉律定、脉舒律、脉克定、Mexitil）

【用途】各种原因引起的室性心律失常。

【不良反应】恶心、呕吐、头晕、嗜睡、肌肉震颤、低血压、心动过缓。

【用药护理注意】1. 房室传导阻滞、严重心力衰竭禁用。2. 肝病及老人应减量。3. 本品安全范围较窄。4. 与食物同服可减慢吸收和减少胃肠道反应。

【制剂】片、胶囊：50mg、100mg。注射液：100mg（2ml）。

【用法】口服：每次 50~200mg，3~4 次/日。静注：首剂 100mg，加入 5%葡萄糖液 20ml 中慢注（3~5 分钟），如无效，5~10 分钟后再给 50~100mg。维持量：静滴 1~1.5mg/min，3~4 小时后滴速减为 0.75~1mg/min，维持 24~48 小时。

**妥卡尼** Tocainide（盐酸妥卡尼、妥卡胺、室安卡因、妥克律）

【用途】室性心律失常。

【不良反应】恶心、呕吐、便秘、眩晕、头痛、耳鸣、震颤，偶见皮疹。

【用药护理注意】1. 重度传导阻滞及过敏者慎用。2. 与食物同服可减轻胃肠道反应。3. 监测血压、心电图、肝功能、胸片、血常规。

【制剂】片、胶囊：0. 2g。注射液：0. 1g（5ml）、0. 2g（10ml）、0. 75g。

【用法】口服：每次 0. 4~0. 6g，1 次/8~12 小时。儿童每次 7. 5mg/kg，2~3 次/日。静注：每次 0. 2g，用 5%葡萄糖液 20ml 稀释后慢注 15~30 分钟。可静滴。

**氟卡尼** Flecainide（氟卡胺、氟卡律）用于其他抗心律失常药无效的室性早搏，室上性心动过速。致头晕、低血压、快速型心律失常等，注意心功能和血压变化。片：100mg。注射液：50mg（5ml）、100mg（10ml）。口服：每次 100mg，2 次/日。静滴：每次 2mg/kg，加入 5%葡萄糖液中滴注。

**恩卡尼** Encainide（恩卡胺、英卡胺）用于室性、室上性心律失常。致头晕、胃肠道反应、味觉改变、低血压等。片、胶囊：25mg。注射液：50mg（2ml）。口服：每次 25~75mg，3 次/日，从小剂量开始。静注：每次 0. 5~1mg/kg，稀释后注射 15~20 分钟。

**阿普林定** Aprindine（安搏律定、茚满丙二胺、茚丙胺）

【用途】室性和房性早搏、阵发性室上性心动过速、房颤。

【不良反应】中枢神经系统症状（眩晕、癫痫样发作等）、胃肠道反应等。

【用药护理注意】1. 房室传导阻滞、窦性心动过缓、癫痫禁用。2. 治疗量与中毒量很接近。3. 静脉给药不与钾、镁盐配伍。4. 不与利多卡因合用，因可致惊厥。5. 严密观察不良反应。

【制剂】片：25mg、50mg。注射液：100mg（10ml）。

【用法】口服：每次 50mg，3 次/日，不超过 300mg/24h，维持量，50~100mg/d，分 2 次。静滴：每次 100mg，用葡萄糖液稀释，滴速 2~5mg/min。

**普罗帕酮** Propafenone（丙胺苯丙酮、丙苯酮、心律平、悦复隆）

【用途】室性或室上性心律失常、预激综合征。

【不良反应】恶心、呕吐、舌麻、低血压、传导阻滞、诱发急性左心衰等。

【用药护理注意】1. 严重心力衰竭、心源性休克、房室传导阻滞、慢性阻塞性肺气肿、低血压禁用，肝、肾功能不全，孕妇慎用。2. 定期查心电图、测血压。3. 饭后或与食物同服，不可嚼咗。4. 静脉给药应在严密监护下进行。

【制剂】片：50mg、100mg、150mg。注射液：35mg（10ml）、70mg。

【用法】口服：每次 100~200mg，3~4 次/日。缓慢静注或静滴：每次 70mg，1 次/8 小时，用 5%葡萄糖液稀释，静滴速度为 0.5~1mg/min。

胺碘酮 Amiodarone（盐酸胺碘酮、乙胺碘呋酮、安律酮、可达龙）

【用途】室性和室上性早搏、室速和室上速、心房颤动或扑动。

【不良反应】恶心、呕吐、角膜碘微粒沉淀、皮肤色素沉着、皮疹、窦性心动过缓、甲状腺功能异常、肝功能损害。

【用药护理注意】1. 房室传导阻滞、甲状腺功能障碍、对碘过敏禁用。2. 监测心电图、血压、肝功能、甲状腺功能、肺功能。3. 剂量越低越好，可每周用药 5 日，停药 2 日。4. 静注过快可致血压下降。5. 服药后避免日光曝晒。

【制剂】片、胶囊：0.1g、0.2g。注射液：0.15g（3ml）。

【用法】口服：每次 0.2g，3 次/日，饭后服，维持量每次 0.2g，1~2 次/日，极量，1.2g/d。静滴：5~10mg/kg，用生理盐水或 5%葡萄糖液 250ml 稀释。缓慢静注：每次 2.5~5mg/kg，最好用注射用水稀释。

**托西溴苄胺** Bretylium Tosilate（溴苄胺、特兰新、Bretylan）

【用途】室性心律失常。

【不良反应】胸闷、心慌、呕吐、体位性低血压，注射后有短暂血压升高。

【用药护理注意】1. 严重低血压禁用。2. 钙离子拮抗本品作用，故不宜合用。3. 用药后应取卧位。4. 严密监测血压、心电图。5. 用药后 2~3h 才显效。

【制剂】片：0.1g。注射液：0.25g（2ml）。

【用法】口服：每次 0.1g，3 次/日，不超过 1.5g/d。静注：每次 3~5mg/kg，用 5%葡萄糖液稀释后慢注，不少于 10 分钟。静滴：滴速 0.5~1mg/min。

**苯妥英钠、卡马西平**（见抗癫痫药，P182~P183）

**普萘洛尔、阿替洛尔、噻吗洛尔、美托洛尔、吲哚洛尔、索他洛尔、阿罗洛尔、纳多洛尔、艾司洛尔、醋丁洛尔**（见抗肾上腺素药，P252~P257）

**利多卡因**（见局部麻醉药，P264）

**维拉帕米、加洛帕米、地尔硫䓬**（见钙拮抗药，P276~P277）

**三磷腺苷**（见主要作用于循环系统的药物，P319）

**门冬氨酸钾镁**（见治疗肝炎辅助用药，P378）

## （五）抗心绞痛药

**硝酸甘油** Nitroglycerin（三硝酸甘油酯、硝酸甘油酯、耐绞宁、耐安康、疗通脉、礼顿、帖保咛、夕护晓、尼采贴、保欣宁、乃才郎）

【用途】心绞痛、心力衰竭。

【不良反应】头痛、皮肤潮红、心率加快，偶见体位性低血压、皮疹。

【用药护理注意】1. 青光眼、低血压、颅内压升高、脑出血禁用。2. 出现搏动性头痛、皮肤潮红是判断疗效的指标。3. 与普萘洛尔合用可引起血压下降，有一定危险性。4. 片剂、膜片应含于舌下，不能吞服。5. 用药时尽量采取坐位或卧位。6. 喷雾剂用前不得摇动。7. 从小剂量开始使用。8. 持续用药 2~3 周可出现耐受性。9. 长期大量用药后，如停药应逐渐减量。10. 忌饮酒。

【制剂】片：0. 3mg、0. 5mg、0. 6mg。膜片：0. 5mg。缓释胶囊（耐安康、疗通脉）：2. 5mg。缓释片（礼顿）：2. 5mg。贴膜（帖保咛）：5mg、16mg。喷雾剂（保欣宁）：每喷 0. 4mg。注射液：1mg、2mg、5mg（1ml）。

【用法】舌下含服（片、膜片）：每次 0. 3~1mg，极量 2mg/d。口服（缓释片、胶囊）：每次 2. 5mg，1 次/12 小时。贴膜：贴于前胸、上臂或肘，1 片/日，连续使用须变更贴药部位。口腔喷雾：每次 1~2 喷，药物喷于口腔粘膜或舌下，喷雾时屏住呼吸，不要将药吸入。静滴：5~10mg 加入 5%葡萄糖液或生理盐水 250~500ml 中滴注，初始量 5~10μg/min，观察血压、心率和治疗反应，每 5 分钟增量 5~10μg/min，维持量 50~100μg/min，最大量 200μg/min。

**戊四硝酯** Pentaerithrityl Tetranitrate（硝酸戊四醇酯）用于预防心绞痛发作。同硝酸甘油，但作用缓慢而持久。片：10mg、20mg。口服：每次 10~30mg，3~4 次/日，饭前口服或舌下含服。

**硝酸异山梨酯** Isosorbide Dinitrate（硝酸异山梨醇酯、二硝酸异山梨醇酯、消心痛、异舒吉、易顺脉、安其伦、爱倍）

【用途】防治心绞痛、心力衰竭。

【不良反应、用药护理注意】1. 同硝酸甘油，可与普萘洛尔合用。2. 喷雾剂使用时应垂直药瓶，用后盖好瓶盖。3. 喷雾剂贮藏温度不超过 25℃。

【制剂】片：2. 5mg、5mg、10mg。缓释片（异舒吉）：20mg。缓释胶囊（易顺脉）：20mg、40mg。口腔喷雾剂：250mg（200 喷）。皮肤喷雾剂（易顺脉）：2. 4g，每喷 30mg。乳膏：10g（含 1. 5g）。注射液：10mg、50mg。

【用法】口服：每次 5~10mg，2~3 次/日，缓释片（胶囊），每次 20mg，1~2 次/日，整片（粒）吞服。舌下含服：每次 5mg。口腔喷雾：每次 1~2 喷，每喷间隔 30 秒，药物喷于口腔粘膜或舌下，喷雾时屏住呼吸，不宜经鼻吸入。皮肤喷雾：早晨喷于皮肤 1~2 次，并按摩入皮。外用：乳膏每次 0.6g，均匀涂布在心前区约 5cm×5cm，1 次/日。静滴：用生理盐水或葡萄糖液稀释，2~7mg/h。

**单硝酸异山梨酯** Isosorbide Mononitrate（5-单硝酸异山梨酯、异乐定、安心脉、益心保、鲁南欣康、丽珠欣乐、可力新、康维欣、依姆多、莫诺确特、莫诺美地、臣功再佳、德脉宁、瑞德明、长效异乐定）

【用途】心绞痛、冠心病、慢性心力衰竭、心肌梗死后。

【不良反应、用药护理注意】同硝酸异山梨酯，饭后服，不宜嚼碎。

【制剂】片（异乐定、安心脉、益心保、鲁南欣康、丽珠欣乐）：20mg。胶囊：20mg。缓释片：30mg、60mg（依姆多），50 mg（莫诺确特、莫诺美地）。缓释胶囊：40mg（德脉宁、瑞德明）、50 mg（长效异乐定）。注射液：20mg。

【用法】口服：每次 20mg，2~3 次/日，首次最好上午 7 时服。缓释片（胶囊）：每次 30~60mg，1 次/日，饭后吞服，缓释片可沿刻槽掰开后服用。

**奥昔非君** Oxyfedrine（安心酮、奥昔麻黄碱、安蒙痛）用于心绞痛（尤其是心功能不全的心绞痛）、心肌梗死。致胃肠道症状、心悸等，不与β受体阻滞剂合用。片：4mg、8mg。注射液：4mg（2ml）。口服：每次 8mg，3 次/日，整片吞服。缓慢静注：每次 4mg。

**曲美他嗪** Trimetazidine（冠脉舒、心康宁、万爽力）

【用途】心绞痛、冠脉功能不全等。

【不良反应】毒性小，偶见头晕、皮疹、食欲不振、胸闷等。

【用药护理注意】急性心肌梗死、孕妇、哺乳期妇女禁用。

【制剂】片：2mg（心康宁）、20mg（万爽力）。注射液：4mg（2ml）。

【用法】口服：每次 2~6mg，3 次/日，饭后服。维持量每次 1mg，3 次/日。万爽力，每次 20mg，3 次/日。静注、静滴：每次 8~20mg，用葡萄糖液稀释。

**心灵丸** 用于心绞痛、心律失常及伴有高血压者。孕妇禁用，心脏传导阻滞者遵医嘱用，密封保存。丸：20mg。舌下含服、咀嚼后服：每次 2 丸，1~3 次/日，发病时或临睡前服。

**葛根素** Puerarin（普乐林、诺雪健）用于冠心病、心绞痛、心肌梗死。致头痛、皮疹等，有出血倾向者慎用。注射液：0.1g（2ml）。静滴：0.2~0.4g 临用前用 5%葡萄糖液或生理盐水 500ml 稀释，1 次/日，10 日为 1 疗程。

**普萘洛尔、阿替洛尔、噻吗洛尔、美托洛尔、拉贝洛尔、吲哚洛尔、比索洛尔、索他洛尔、倍他洛尔、阿罗洛尔、塞利洛尔、纳多洛尔、醋丁洛尔**（见抗肾上腺素药，P252~P257）

**硝苯地平、尼卡地平、氨氯地平、左旋氨氯地平、非洛地平、依拉地平、尼索地平、尼鲁地平、贝尼地平、维拉帕米、加洛帕米、地尔硫䓬**（见钙拮抗药，P272~ P277）

## （六）调节血脂及抗动脉粥样硬化药

**氯贝丁酯** Clofibrate（氯苯丁酯、安妥明、冠心平、氯贝特）

【用途】动脉粥样硬化及其继发症。

【不良反应】胃肠道反应、血清转氨酶升高等。

【用药护理注意】1. 严重肝、肾功能不全，孕妇禁用。2. 宜从小量开始用药，并逐渐停药。3. 定期查肝功能、血白细胞。

【制剂】胶囊：0.25g、0.5g。

【用法】口服：每次 0.25~0.5g，3 次/日，饭后服。

**复方氯贝丁酯钙片（降脂平）**：片：0.2g。含氯贝丁酯钙、康力龙、烟酸、肝乐、维生素 $B_6$ 等。口服：1~2 片/次，3 次/日，饭后服。

**羟乙茶碱氯贝丁酯** Etofylline Clofibrate（羟乙茶碱安妥明、特调脂、益多脂）同氯贝丁酯，作用较强。胶囊：0.25g。口服：每次 0.25g，2~3 次/日。

**非诺贝特** Fenofibrate（苯酰降脂丙酯、立平脂、力平脂、力平之、普鲁脂芬）

【用途】高胆固醇血症、高甘油三酯血症或混合型高脂血症。

【不良反应】口干、腹泻、皮疹、肌肉疼痛，血清转氨酶和尿素氮升高。

【用药护理注意】1. 孕妇、哺乳期妇女、儿童禁用，肝、肾功能不全慎用。2. 定期查肝功能、血常规。3. 出现肌痛应告知医生。

【制剂】片、胶囊：0.1g、0.2g、0.3g。微粒化胶囊：0.2g。

【用法】口服：每次 0.1g，3 次/日；或每次 0.3g，1 次/日，3 个月为一疗程，血脂降至正常后改为维持量，每次 0.1g，1~2 次/日。微粒化胶囊，每次 0.2g，1 次/日，进餐时服。

**苯扎贝特** Bezafibrate（必降脂、脂康平、必利脂、阿贝他）同非诺贝特，罕见脱发。片：0.2g。缓释片：0.4g。口服：0.2g/次，3 次/日，饭时或饭后服，见效后改为早晚各一次。缓释片，每次 0.4g，1 次/日，饭后整片吞服。

**环丙贝特** Ciprofibrate（美得宁）同非若贝特。片、胶囊：0.1g。口服：每次 0.1g，1 次/日。

**克利贝特** Clinofibrate 同非诺贝特。片：0.2g。口服：每次 0.2g，3 次/日，按年龄、症状酌情增减。

**利贝特** Lifibrate（新安妥明、降脂新）同非诺贝特。致转氨酶一过性升高。片：12.5mg。口服：每次 25mg，3 次/日。

**吉非贝齐** Gemfibrozil（二甲苯氧戊酸、吉非罗齐、吉非洛齐、诺衡、洛平、博利脂、洁脂、优瑞脂、洁之、脂必清）

【用途】高甘油三酯血症、高胆固醇血症或混合型高脂血症。

【不良反应】胃肠道反应、血清转氨酶升高、肌痛，偶见贫血。

【用药护理注意】1. 孕妇、胆石症禁用，肝、肾功能不全慎用。2. 定期查肝功能、血常规、凝血酶原时间。3. 忌饮酒。4. 出现肌痛应停药。

【制剂】胶囊：0.3g。片：0.6g。

【用法】口服：每次0.6g，2次/日，早、晚餐前半小时服。

**洛伐他汀** Lovastatin（罗伐他汀、美降脂、美降之、乐瓦停、苏欣、洛特、脉温宁、美维诺林、乐福欣）

【用途】高胆固醇血症或混合型高脂血症。

【不良反应】胃肠道反应、头痛、皮疹、肌肉痛、转氨酶升高，罕见肌病。

【用药护理注意】1. 孕妇、哺乳期妇女、肝炎、肝功能不全禁用。2. 定期查肝功能。3. 餐时服可增加吸收。4. 诊断或怀疑肌病应停药。5. 忌饮酒。

【制剂】片、胶囊：10mg、20mg。

【用法】口服：20mg/d，晚餐时1次服。最大量80mg/d，分早、晚2次。

**辛伐他汀** Simvastatin（新伐他汀、舒降脂、舒降之、塞瓦停、西之达、苏之）同洛伐他汀。片：10mg、20mg。口服：10mg/d，晚餐时1次服。

**普伐他汀** Pravastatin（帕伐他汀、帕瓦停、美百乐镇、普拉固）同洛伐他汀，作用较强。片：5mg、10mg。口服：5~20mg/d，睡前1次服。

**氟伐他汀** Fluvastatin（氟降之、来适可）同洛伐他汀。胶囊：20mg、40mg。口服：20~40mg/d，傍晚或睡前1次服。

**阿托伐他汀钙** Atorvastatin Calcium（立普妥、阿乐）同洛伐他汀。片：10mg。口服：每次10mg，1次/日，与食物同服，可在1天内任何时间定时服。

**西伐他汀** Cerivastatin（西立伐他汀钠、拜斯亭）本品与吉非贝齐类药合用，有发生横纹肌溶解的危险，威胁生命安全，已于2001年8月被列为禁用药。

**阿西莫司**　Acipimox（阿昔莫司、吡莫酸、乐脂平）用于高甘油三酯血症、高胆固醇血症或混合型高脂血症。致皮肤血管扩张、瘙痒、上腹不适、头痛等。孕妇、溃疡病禁用。胶囊：250mg。口服：每次 250mg，2~3 次/日，饭后服。

**普罗布考**　Probucol（畅泰）用于高胆固醇血症。致胃肠道反应等，用药期间低脂、低胆固醇饮食。片：0. 5g。口服：每次 0. 5g，2 次/日，早、晚餐时服。

**多烯康**　Duoxikang（浓鱼油降脂丸）用于高脂血症、冠心病、脑血栓。有出血性疾病禁用。胶丸：0. 3g、0. 45g。口服：每次 2~4 粒，3 次/日。

**硫酸软骨素 A**　Chondroitin　Sulfate　A（康得灵、CSA）用于动脉硬化、高脂血症、冠心病。偶见牙龈出血，有出血倾向者慎用。片：0. 3g。注射液：40mg（1ml）。口服：每次 0. 6g，3 次/日，疗程 3 个月。肌注：每次 40mg，2 次/日。

**甘糖酯**　Mannose　Ester（海通）用于混合型高脂血症。有出血倾向者禁用。片：50mg。口服：每次 100 mg，2~3 次/日。

## （七）其他

**三磷腺苷** Adenosine Triphosphate（三磷酸腺苷、ATP）

【用途】阵发性室上性心动过速、心力衰竭、冠心病、脑动脉硬化、肝炎。

【不良反应】头晕、胸闷，偶见过敏性休克，静注过快可致低血压、眩晕。

【用药护理注意】1. 脑出血初期、有过敏史者禁用。2. 静注应缓慢。3. 本品受热后易降低效价，应在低温干燥处保存。

【制剂】片：20mg。注射液：20mg（2ml）。粉针：20mg，附缓冲液2ml。

【用法】口服：每次20~40mg，3次/日。肌注：用注射液每次20mg，1次/日。静注、静滴：用粉针，每次20mg，用缓冲液溶解后，再以葡萄糖液稀释。

**辅酶$Q_{10}$** Coenzyme $Q_{10}$（泛癸利酮、能气朗、Ubidecarenone、Co-$Q_{10}$）

【用途】冠心病、心力衰竭、高血压、心律不齐、病毒性肝炎的辅助治疗。

【不良反应】恶心、上腹部不适、食欲减退、皮疹、手足冷感。

【用药护理注意】如有结晶析出，可在80℃水浴下加热溶解后再用。

【制剂】片：5mg。胶囊：5mg、10mg。注射液：5mg（2ml）。

【用法】口服：每次10~15mg，3次/日，饭后服。肌注：5~10mg/d。

**果糖二磷酸钠**（1，6-二磷酸果糖、达欣能、艾欣利尔、博维赫、依福那、长天新平、FDP）

【用途】心肌缺血辅助治疗。

【不良反应】致口唇麻木、皮疹，药液漏出血管可致局部疼痛和刺激。

【用药护理注意】肾功能不全者禁用，不与其他药物配伍。

【制剂】粉针：5g，附 50ml 灭菌注射用水。注射液：5g（50ml）。

【用法】静滴：每次 10g，临用前用所附灭菌注射用水 100ml 溶解后滴入，2 次/日，伴有心力衰竭者剂量减半。

**磷酸肌酸 Creatine Phosphate**（里尔统、护心通）

【用途】心肌缺血、心肌梗死、心力衰竭的辅助治疗。

【不良反应】静注过快可致血压下降。

【用药护理注意】静注时间应>2 分钟，糖尿病病人可改用生理盐水稀释。

【制剂】粉针：1g（静脉用）、0.5g（肌注用，附 4ml 含利多卡因溶剂）。

【用法】心衰：静注，每次 1g，2 次/日，连用 14 日后改为肌注，0.5~1g/d，连用 30 日。心梗：初始剂量为 2g 静注，2 小时后按 5g/d 剂量，溶于 5%葡萄糖液 30ml 中缓慢静滴，1 小时内滴完，共 5 日。

**米多君** Midodrine（管通、甲氧胺福林）用于体位性、体质性低血压。致心跳异常、心前区疼痛、头颈部竖毛反应、自觉寒冷等。片：2.5mg。口服：每次 1.25~2.5mg，1~2 次/日。

**爱维治** Actovegin

【用途】中风、脑外伤后遗症，外周动、静脉阻塞性疾病，促进伤口愈合。

【不良反应】偶见过敏反应，大剂量致胃部不适，外用致皮肤红肿、瘙痒。

【用药护理注意】1. 本品含有葡萄糖，糖尿病者慎用。2. 有过敏反应立即停药，并抗过敏治疗。3. 外用用纱布浸透药液敷于患处。4. 防药液漏血管外。

【制剂】片：0.2g。注射液：0.2g（5ml）、0.4g（10ml）。输注液：20%（250ml）。霜剂：5%（20g）。

【用法】口服：每次 0.2~0.4g，整片吞服，3 次/日。静滴：每次 10~50ml 加入 5%~10%葡萄糖液或生理盐水 250ml 中，滴速 2ml/min。外用：用霜剂。

## 八、主要作用于呼吸系统的药物

### （一）镇咳药

**可待因 Codeine**（磷酸可待因、甲基吗啡）

【用途】干咳、刺激性咳嗽，中度疼痛。

【不良反应】恶心、心悸、眩晕、皮疹、惊厥，久用有耐受性和成瘾性。

【用药护理注意】有少量痰液的剧烈咳嗽应与祛痰药合用，多痰者禁用。

【制剂】片：15mg、30mg。注射液：15mg、30mg。糖浆剂：0.5%。

【用法】口服：每次 15~30mg，3 次/日。极量：每次 100mg，250mg/d。儿童镇痛，每次 0.5~1mg/kg，3 次/日，镇咳剂量为镇痛的 1/3~1/2。皮下注射：每次 15~30mg。

**联邦止咳露** Anticol 用于咳嗽、咳痰。孕妇、1 岁以下、老年慎用，痰多粘不用，避免从事驾驶等危险作业。糖浆：60ml、120ml（每 5ml 含可待因 5mg、盐酸麻黄碱 4mg、氯化铵 110mg、氯苯那敏 1mg），另有**联邦小儿止咳露**。口服：每次 10~15ml，3 次/日。儿童用联邦小儿止咳露，每岁每次 1ml，3 次/日。

**喷托维林** Pentoxyverine（维静宁、咳必清、托可拉斯、Toclase）

【用途】无痰干咳和百日咳。

【不良反应】头晕、口干、恶心、腹胀、便秘。

【用药护理注意】1. 青光眼、心功能不全伴肺淤血者慎用。2. 痰多者宜与祛痰药合用。3. 无成瘾性。

【制剂】片：25mg。冲剂：每袋10g。糖浆：0. 2g（100ml）。

【用法】口服：每次25mg，3~4次/日。5岁以上每次6.25~12. 5mg，2~3次/日。

**右美沙芬** Dextromethorphan（美沙芬、右甲吗喃、普西兰、氢溴酸右美沙芬）

【用途】各种原因引起的干咳或刺激性咳嗽。

【不良反应】口干、头晕、恶心、便秘、轻度嗜睡，过量致呼吸抑制。

【用药护理注意】1. 精神病、妊娠3个月内禁用，孕妇、痰多者慎用。2. 无成瘾性和耐受性。3. 与单胺氧化酶抑制剂并用，可致高热、昏迷，甚至死亡。4. 忌与碱性药合用。

【制剂】片：10mg、15mg。胶囊、颗粒剂：15mg。糖浆：15mg（20ml）。

【用法】口服：每次15~30mg，3次/日。小儿每次5~15mg，3~4次/日。

**美可** Meicol 用于各种原因引起的咳嗽。每 10ml 中含右美沙芬 15mg、愈创甘油醚 50mg、甲基麻黄碱 10mg、氯苯那敏 1mg。糖浆：60ml、120ml。口服：每次 5~10ml，3 次/日，儿童酌减。

**磷酸苯丙哌林** Benproperine Phosphate（苯丙哌林、苯哌丙烷、科福乐、咳福乐、咳快好、咳哌宁、哌欣、Benproperine）

【用途】各种原因引起的刺激性干咳。

【不良反应】口干、胃部不适、食欲不振、头晕、嗜睡、皮疹。

【用药护理注意】1. 对本品过敏禁用，孕妇慎用。2. 应整片吞服，不可嚼碎，以免引起口腔麻木。3. 颗粒剂用温开水冲溶后口服。4. 无成瘾性和耐受性。5. 本品不抑制呼吸。

【制剂】片、胶囊、颗粒剂：20mg。

【用法】口服：每次 20~40mg，3 次/日。

**普罗吗酯** Promolate（咳必定、咳吗宁）用于无痰或少痰咳嗽。无成瘾性，对呼吸无抑制作用。胶囊：0.2g。片：0.25g。口服：0.25g，3 次/日。

**福尔可定** Pholcodine（福可定、吗啉吗啡）用于无痰干咳、中等度疼痛。致嗜睡，成瘾性较弱，本品有吸湿性，遇光易变质，应密封、避光保存。片：5mg、10mg、15mg。口服：每次5~10mg，3次/日。极量：60mg/d。

**二氧丙嗪** Dioxopromethazine（双氧异丙嗪、双氧丙嗪、克咳敏、Prothanon）用于支气管炎引起的咳嗽、过敏性哮喘、荨麻疹、皮肤瘙痒。致嗜睡，无成瘾性和耐受性，用药期间不宜从事危险作业。片：5mg。口服：每次5mg，2~3次/日。极量：每次10mg，30mg/d。

**氯哌斯汀** Cloperastine（氯苯息定、氯哌啶、咳平）用于上呼吸道感染引起的咳嗽。偶见口干、嗜睡，无耐受性和成瘾性。片：5mg、10mg。口服：每次10~30mg，3次/日，儿童每次0.5~1mg/kg，3次/日。

**奥昔拉定** Oxeladin（沃克拉丁、咳乃定、压咳定）用于各种原因（上呼吸道感染、胸膜刺激等）引起的咳嗽。致恶心、嗜睡、头晕等，无成瘾性。片：10mg、20mg。口服：每次10~20mg，3~4次/日，儿童剂量减半。

**替培定** Tipepidine（阿斯维林、安嗽灵、必嗽定）用于呼吸道感染引起的咳嗽咳痰。致头晕、胃肠道反应等，无耐受性和成瘾性。片：15mg、30mg。口服：每次30mg，3次/日。

**匹考哌林** Picoperine（吡哌乙胺、Coben）用于各种原因引起的咳嗽。致头痛、食欲不振等，无成瘾性。片：30mg。口服：每次30~60mg，3次/日。

**苯佐那酯** Benzonatate（退嗽、Tessalon）用于刺激性干咳、阵咳，支气管镜、喉镜检查时预防咳嗽。致嗜睡、头痛、皮疹，痰多禁用，应整片吞服，勿嚼碎，以免致口腔麻木。片、丸：25mg、50mg。口服：每次50~100mg，3次/日。

**复方甘草合剂** Mixt Glycyrrhizae Co（棕色合剂、布朗合剂、Brown Mixture）用于呼吸道感染引起的咳嗽咳痰。片剂极易吸潮，溶液放置后有少量沉淀，用前摇匀。溶液：100ml。口服：溶液，每次10ml，3次/日；片，2片/次，3次/日。

## （二）祛痰药

**氯化铵 Ammonium Chloride**

【用途】痰粘稠不易咳出者、碱血症，酸化尿液。

【不良反应】恶心、呕吐、胃痛，过量致高氯酸血症。

【用药护理注意】1. 肝、肾功能不全，溃疡病禁用。2. 片剂宜用水溶解并饭后服，以减轻对胃粘膜刺激。

【制剂、用法】片：0.3g。口服：每次 0.3~0.6g，3 次/日，饭后服。儿童 30~60 mg/(kg・d)，分 3 次。

**氯化铵合剂** Mist. Solven's（苏文氏合剂、索氏合剂）：含氯化铵、甘草流浸膏、氨制茴香醑等。口服：每次 10ml，3 次/日。

**愈创甘油醚** Guaifenesin（愈甘醚、格力特）用于支气管炎、肺脓肿、支气管扩张等多痰咳嗽。致恶心、胃肠不适等。片：0.2g。糖浆（格力特）：2g（100ml）。口服：每次 0.2g，3 次/日。糖浆：每次 10ml，3 次/日。

**溴己新** Bromhexine（溴己铵、必嗽平、必消痰、Bisolvon）

【用途】慢支、哮喘、支气管扩张等有白色粘痰难咳者。

【不良反应、用药护理注意】致恶心、胃部不适。溃疡病者慎用。

【制剂、用法】片：8mg。注射液：4mg。溶液：0.2%。口服：每次8~16mg，儿童每次4~5mg，3次/日。肌注：每次4~8mg，1~2次/日。气雾吸入。

**乙酰半胱氨酸** Acetylcysteine（痰易净、易咳净、莫咳、美可舒、富露施）

【用途】痰液粘稠不易咳出，解救对乙酰氨基酚中毒。

【不良反应】呛咳、恶心、呕吐、胃炎、支气管痉挛、咯血等。

【用药护理注意】1. 支气管哮喘禁用，老人伴严重呼吸功能不全者慎用。2.直接滴入呼吸道可产生大量痰液，需用吸痰器吸引排痰。3. 不与金属、橡胶、氧化剂、氧气接触。4. 降低青霉素、头孢菌素类、四环素的作用，故不宜合用，必要时可间隔4小时交替使用。5. 本品有类似蒜的臭气。6. 溶液用注射用水新鲜配制。

【制剂】粉剂：0.5g。颗粒剂：0.2g。泡腾片：0.6g。喷雾剂：0.5g、1g。

【用法】口服：每次0.2g，3次/日。喷雾吸入：用10%溶液每次1~3ml。气管滴入：用5%溶液，经气管插管或直接滴入气管内，每次1~2ml，2~4次/日。

**羧甲司坦** Carbocisteine（羧甲半胱氨酸、强利灵、强利痰灵、化痰片、霸灵）用于痰液粘稠不易咳出。胃部不适、恶心、头晕、皮疹，孕妇禁用，消化道溃疡慎用。片：0.25g。糖浆：2%。口服液：0.2g、0.5g（10ml）。口服：每次0.5g，3次/日。糖浆，每次25ml，3次/日。

**氨溴索** Ambroxol（盐酸氨溴索、溴环己胺醇、乐舒痰、沐舒坦、美舒咳、兰勃素、百沫舒、奥勃抒、安普索、痰之保克、瑞艾乐、贝莱）

【用途】稀化粘痰。

【不良反应】偶见胃肠反应、皮疹。

【用药护理注意】1. 对本品过敏禁用，妊娠3个月内慎用。2. 儿童服用时，可将黄胶囊帽打开，按刻度所示剂量到出微丸，用温开水送服，勿嚼碎。

【制剂】片：30mg。缓释胶囊（兰勃素、百沫舒）：75mg。口服液：60ml（3mg/ml）。注射液（沐舒坦）：7.5mg、15mg（2ml）。

【用法】口服：每次30mg，3次/日，饭后服；缓释胶囊，每次75mg，6~12岁每次50mg，1次/日，饭后服。缓慢静注：每次15mg，2~3次/日。可用葡萄糖液、生理盐水、林格液稀释后静滴。

**厄多司坦**　Erdosteine（坦通）用于支气管炎等引起的呼吸道阻塞和痰液粘稠。致轻微胃肠道反应。片、胶囊：0.3g。口服：每次 0.3g，2 次/日。

**舍雷肽酶**　Serrapeptase（沙雷肽酶、释炎达、达先）用于痰液粘稠不易咳出，外伤后和术后消炎、消肿，副鼻窦炎、乳腺炎。偶见皮疹、胃肠道反应、鼻出血，不宜长期使用。肠溶片：5mg、10mg。口服：每次 5~10mg，3 次/日，饭后吞服，勿咬碎。

**桃金娘醇** Gelomyrtol Forte（吉诺通）

【用途】呼吸道感染痰液粘稠。

【不良反应】偶见胃肠道不适。

【用药护理注意】1. 胶囊不可打开或嚼破后服。2. 饭前 30 分钟用较多凉开水送服，不可用热水送服。

【制剂】胶囊：0.12g、0.3g。

【用法】口服：每次 0.24~0.3g，2~4 次/日，饭前吞服。

## （三）平喘药

**沙丁胺醇** Salbutamol（羟甲叔丁肾上腺素、舒喘灵、爱纳灵、万托林、全特宁、喘特宁、嗽必妥、爱莎、索布氨、萨姆、速克喘、喘宁碟、瑞普宁）

【用途】支气管哮喘、喘息性支气管炎、肺气肿患者的支气管痉挛。

【不良反应】恶心、头痛、心悸、手指震颤、心动过速，久用有耐受性。

【用药护理注意】1. 心血管功能不全、高血压、甲亢、糖尿病、老人、孕妇慎用。2. 不与β受体阻滞剂合用。3. 雾化吸入液供雾化吸入，切不可口服或注射；药瓶一经打开，须在1个月内用完，已放在雾化器内的溶液应每天更换。

【制剂】片、胶囊：2mg。缓释胶囊（爱纳灵）、控释片（全特宁）：4mg、8mg。气雾剂（万托林）：200喷（每喷100μg）。粉雾胶囊：0.2mg、0.4mg。注射液：0.4mg（2ml）。雾化吸入液（万托林）：20ml（5mg/ml）。

【用法】口服：每次2~4mg，3次/日。儿童每次0.1~0.15mg/kg，2~3次/日。控释片，每次8mg，2次/日，整片吞服，不嚼碎。气雾吸入：每次0.1~0.2mg（即喷吸1~2次），3~4次/日，不超过8次/24小时。静注、静滴、肌注：每次0.4mg，静注用5%葡萄糖液或生理盐水稀释，静滴用5%葡萄糖液100ml稀释。

**特布他林** Terbutaline（间羟叔丁肾上腺素、间羟舒喘灵、硫酸特布他林、博利康尼、喘康速、特林）

【用途】支气管哮喘、喘息性支气管炎，预防早产（静滴）。

【不良反应】口干、头痛、嗜睡、心悸、手指震颤、胃肠道反应。

【用药护理注意】高血压、冠心病、甲亢、糖尿病慎用。有过敏立即停药。

【制剂】片：2.5mg。注射液：0.25mg、0.5mg。气雾剂：200喷(每喷250μg)。

【用法】口服：每次2.5~5mg，儿童每次1.25mg，2~3次/日，饭后服。气雾吸入：1~2喷/次，3~4次/日。皮下注射：每次0.25mg，如无效，15~30分钟后可重复1次。

**克仑特罗** Clenbuterol（双氯醇胺、氨哮素、氨必妥、克喘素）

【用途】支气管哮喘、喘息性支气管炎。

【不良反应】轻度头晕、心悸、手指震颤。

【用药护理注意】同沙丁胺醇。作用强而持久。

【制剂】片：20μg、40μg。膜剂：60μg（含1/3速效，2/3缓释长效。前者舌下含服，后者吞服）。气雾剂：每瓶14g（含本品1.96mg）。栓剂：60μg。

【用法】口服：每次 20~40μg，儿童每次 10~20μg，3 次/日。舌下含服：每次 60~120μg，先舌下含服，待哮喘缓解后将剩余部分用温开水送服。气雾吸入：每次 10~20μg（每揿 10μg），3~4 次/日。直肠给药（栓剂）：每次 60μg，2 次/日，或睡前给药 1 次。

**喘立平气雾剂**：含克仑特罗和洋金花总碱。吸入：2 喷/次，3~4 次/日。

**喘立平栓**：含克仑特罗和洋金花总碱。直肠给药：每次 1 粒，临睡前给药。

**非诺特罗 Fenoterol**（酚间羟异丙肾上腺素、酚丙喘宁、备劳特）

【用途、不良反应】同沙丁胺醇，对儿童支气管哮喘有较好疗效。

【用药护理注意】1. 心动过速、肥厚梗阻性心肌病、甲亢禁用。2. 雾化吸入液用生理盐水稀释至 3~4ml 后经雾化吸入，不能用蒸馏水稀释。

【制剂】片：2.5mg。气雾剂：15ml。雾化吸入液：20ml（0.5%）。

【用法】口服：每次 5~7.5mg，3 次/日。气雾吸入：每次 0.2~0.4mg（每揿 0.2mg），3~4 次/日。雾化吸入：每次 0.1~0.4ml（2~8 滴），3~4 次/日。

**丙卡特罗 Procaterol**（美普清、美普定、曼普特、丙卡特鲁）

【用途】支气管哮喘、喘息性支气管炎、肺气肿患者的支气管痉挛。

【不良反应】心悸、头痛、肌颤、面色潮红、胃肠道反应、心动过速。

【用药护理注意】1. 高血压、甲亢、冠心病、糖尿病、孕妇、6 岁以下慎用。2. 避免与肾上腺素、异丙肾上腺素等儿茶酚胺类合用，因可引起心律失常。3. 本品有抗过敏作用，进行皮试前 12 小时应中止服用。4. 避光保存。

【制剂】片：25μg、50μg。

【用法】口服：每次 50μg，每日 1 次，睡前服，或每日 2 次，早、晚（睡前）服。6 岁以上，每次 25μg，每日 1 次，睡前服，或每日早、晚各服 1 次。

**沙美特罗 Salmeterol**（施立稳、施立蝶、司多米、祺泰）

【用途】哮喘、喘息性支气管炎和可逆性气道阻塞。

【不良反应】偶见震颤、头痛、心悸、低血钾。

【用药护理注意】1. 甲亢、孕妇慎用。2. 起效较慢，不适用于急性发作。

【制剂】气雾剂：60 喷、120 喷（每喷 25μg）。干粉（施立蝶）：50μg。

【用法】气雾、粉雾吸入：每次 50μg，儿童每次 25μg，2 次/日。

**妥洛特罗** Tulobuterol（妥布特罗、丁氯喘、叔丁氯喘通、博息迪、息克平、喘舒）同克仑特罗。避免与肾上腺素、异丙肾上腺素合用，出现过敏反应立即停药。片：0. 5mg、1mg。口服：每次 0. 5~2mg，2~3 次/日。

**班布特罗** Bambuterol（巴布特罗、帮备、Bambec）用于支气管哮喘、慢支、肺气肿。适合老人和儿童使用，致震颤、心悸、头痛等，甲亢、心动过速禁用，口服不受食物影响。片：10mg、20mg。口服液：0. 1mg（100ml）。口服：每次 10~20mg，1 次/日，每晚睡前服，可研碎。

**福莫特罗** Formoterol（安通克）用于支气管哮喘、喘息性支气管炎、肺气肿。避免与肾上腺素等儿茶酚胺类合用。片：40μg。干糖浆：20μg。气雾剂：每喷 12μg。口服：每次 40~80μg，2 次/日。气雾吸入：1~2 喷/次，4~6 次/日。

**盐酸氯丙那林** Clorprenaline Hydrochloride（氯喘通、氯喘、喘通）用于支气管哮喘、喘息性支气管炎。片：5mg。溶液：2%。口服：每次 5~10mg，3 次/日。雾化吸入：每次 0. 3~0. 5ml。

**甘草酸氯丙那林** Clorprenaline Glycyrrhizinate（甘草酸铵氯喘、甘氯喘）同盐酸氯丙那林。含片：10mg。气雾剂：140mg（14ml）。舌下含服：每次 10mg，3~4 次/日。气雾吸入：每次 1~2 揿，3~4 次/日。

**氨茶碱** Aminophylline

【用途】支气管哮喘、喘息性慢性支气管炎、心源性哮喘、急性心功能不全、胆绞痛。

【不良反应】恶心、呕吐，静注、静滴致心悸、心律失常、血压剧降、猝死，儿童易致惊厥，肌注（极少用）致局部红肿、疼痛。

【用药护理注意】1. 急性心肌梗死伴血压显著降低禁用，严重心脏病、消化性溃疡、甲亢慎用。2. 静注、静滴应稀释后缓慢注入或滴入。3. 不与促皮质素、维生素C、去甲肾上腺素、四环素类配伍。4. 不可露于空气中，以免变黄失效。

【制剂】片（普通片、肠溶片）：50mg、100mg。注射液（静注用）：0. 25g（10ml）。栓剂：0. 25g。

【用法】口服：每次 0. 1~0. 2g，3 次/日，饭后服。极量：每次 0. 5g，1g/d。小儿每次 3~5mg/kg，3 次/日。静注、静滴：每次 0. 25~0. 5g，静注用 25%~50%葡

萄糖液 20~40ml 稀释后慢注，静滴用 5%~10%葡萄糖液 500ml 稀释后慢滴，2 次/日。极量：每次 0.5g。直肠给药：栓剂，每次 0.25g，1~2 次/日。

**茶碱** Theophylline（舒弗美、优舒特、优喘平、葆乐辉、茶喘平、时尔平、埃斯玛隆、确乐苏、希尔文）

【用途、不良反应、用药护理注意】同氨茶碱。均饭后服，不得嚼碎。

【制剂】缓释片：舒弗美、优舒特，0.1g。优喘平，0.4g、0.6g。葆乐辉，0.4g。缓释胶囊：茶喘平，0.125g、0.25g。时尔平、埃斯玛隆，0.1g、0.3g。

【用法】口服：舒弗美、优舒特、确乐苏，每次0.1g~0.2g，1次/12时（早晚服）；优喘平，剂量个体化，每次0.4g，1次/日（晚上服），可分成两半服。茶喘平，每次0.25~0.5g，1次/12小时；时尔平，每次0.2~0.3g，1次/12小时。极量：1g/d。

**多索茶碱** Doxofylline（达复啉、枢维新）用于支气管哮喘、喘息性慢性支气管炎。致恶心、头痛等，无依赖性，避免与咖啡因、肾上腺素类药物同时应用。片、胶囊：0.2g。口服：每次0.2~0.4g，2次/日。

**二羟丙茶碱** Diprophylline（喘定、甘油茶碱、奥苏芬）同氨茶碱，尤适用于伴心动过速的哮喘。致肌注部位疼痛，不与氨茶碱同用，避光保存。片：0.1g、0.2g。注射液：0.25g（2ml）。口服：每次 0.2g，3 次/日。肌注：每次 0.25~0.5g。静滴：用于严重哮喘发作，0.5g~1g/d，加入 5%葡萄糖液中滴注。

**阿斯美** Asmeton（强力安喘通、强力阿斯米通）含盐酸甲氧那明、那可丁、氨茶碱、氯苯那敏。用于支气管哮喘、心源性哮喘，8 岁以下不用，勿与镇咳祛痰、镇静、抗组胺、感冒药同时服用。胶囊。口服：2粒/次，3次/日，饭后服。

**异丙托溴铵** Ipratropium Bromide（异丙阿托品、溴化异丙阿托品、爱全乐、Atrovent）

【用途】支气管哮喘、喘息性慢性支气管炎。

【不良反应】心悸、头痛、恶心、呕吐、口干、口苦、震颤、视物模糊等。

【用药护理注意】对本品及阿托品类过敏、青光眼、前列腺肥大、幽门梗阻禁用，孕妇、儿童慎用。

【制剂】气雾剂：10ml（200 喷，每喷 20μg）。雾化吸入液：20ml。

【用法】气雾吸入：每次 20~60μg，3~4 次/日。雾化吸入：每次 0.4~2ml（8~40 滴），用生理盐水稀释至 3~4ml。

**可必特** Combivent 含异丙托溴铵、沙丁胺醇。气雾剂：10ml（200 喷）。气雾吸入：每次 2 喷，4 次/日。

**布地奈德** Budesonide（布地缩松、雷诺考特、普米克、普米克都保、英福美）

【用途】支气管哮喘、过敏性鼻炎。

【不良反应】偶见皮疹、皮炎、声嘶、咳嗽、口咽部念珠菌感染。

【用药护理注意】1. 孕妇忌用，肺结核、病毒感染慎用。2. 喷吸后用净水漱洗口腔和咽部，以防滋生真菌。3. 哮喘急性加重或重症患者不宜单用本品。

【制剂】气雾剂：200 喷（每喷 50μg）、100 喷（每喷 200μg）。鼻喷剂、干粉（粉雾）吸入剂：200 吸（每吸 100μg）、100 吸（每吸 200μg）。

【用法】吸入：每次 100~200μg，2~4 次/日。小儿每次 50~100μg，2~4 次/日。

**丙酸氟替卡松** Fluticasone Propionate（辅舒酮、辅舒碟）同布地奈德。不突然中断用药。气雾剂：每喷 50μg、125μg。吸入：每次 1~4 揿，2 次/日。

**色甘酸钠** Sodium Cromoglicate（色甘酸二钠、咽泰、咳乐钠、乐克净）

【用途】预防过敏性哮喘，过敏性鼻炎、季节性枯草热、溃疡性结肠炎。

【不良反应】口干、咽喉干痒、呛咳、胸部紧迫感、恶心等。

【用药护理注意】1. 对色甘酸钠过敏、孕妇慎用。2. 不能突然停药，应逐渐减量。3. 指导病人正确吸入本品，吸药后屏气数秒，不能吞服胶囊，口服无效。4. 可与 0. 1mg 异丙肾上腺素合用。5. 本品易潮解，应防潮、避热保存。

【制剂】粉雾胶囊：20mg。气雾剂：每瓶含本品 700mg。软膏：5%~10%。滴眼剂：2%。

【用法】粉雾吸入（粉雾胶囊）：每次 20mg（1 粒），4 次/日，用特制吸入器将粉末喷入、吸入。气雾吸入：每次 2~4mg，4 次/日。灌肠治溃疡性结肠炎。

**奈多罗米** Nedocromil 同色甘酸钠。作用较强，孕妇、儿童慎用。气雾剂：112mg、224mg（每喷 2mg）。气雾吸入：每次 2~4mg，2~4 次/日。

**异丙肾上腺素**（见拟肾上腺素药，P245）

**曲尼司特、扎鲁司特、扎普司特、酮替芬**（见抗变态反应药，P456~458）

**丙酸倍氯米松**（见肾上腺皮质激素及促肾上腺皮质激素类药，P467）

## 九、主要作用于消化系统的药物

### （一）抗消化性溃疡药

#### 1、抗酸药

**碳酸氢钠 Sodium Bicarbonate**（重碳酸钠、小苏打、重曹）

【用途】中和胃酸、碱化尿液，代谢性酸血症、高钾血症、真菌性阴道炎。

【不良反应】嗳气、继发性胃酸增加、长期大量使用可致碱血症。

【用药护理注意】1. 充血性心力衰竭、肾功能衰竭、水肿、少尿或无尿慎用。2. 忌与间羟胺、庆大霉素、四环素、肾上腺素、多巴酚丁胺、苯妥英钠、钙盐配伍。3. 中和胃酸时产生大量二氧化碳，有引起胃穿孔的危险。

【制剂】片：0.3g、0.5g。注射液：0.5g（10ml）、12.5g（250ml）。

【用法】口服：制酸每次 0.5~1g，3 次/日，痛时或饭前服。静滴：用 5%碳酸氢钠溶液 100~200ml。小儿 5ml/kg。阴道冲洗或坐浴：4%溶液，1 次/每晚。

**氢氧化铝** Aluminium Hydroxide

【用途】胃酸过多、胃及十二指肠溃疡、上消化道出血。

【不良反应】便秘、甚至肠梗阻，长期大量使用致低磷酸盐血症、骨软化。

【用药护理注意】1. 长期便秘、肾功能不全慎用。2. 影响普萘洛尔、四环素、地高辛、异烟肼等的吸收，故不宜同时服用。3. 凝胶需密闭防冻保存。

【制剂】片：0.3g。凝胶：4%。

【用法】口服：每次 0.3~0.6g，3~4 次/日，餐前 1 小时或睡前嚼碎服。凝胶：每次 5~8ml，3~4 次/日，餐前 1 小时或睡前服。

**复方氢氧化铝（胃舒平）** 片：含氢氧化铝、三硅酸镁、颠茄流浸膏。口服：2~4 片/次，3 次/日，饭前半小时或胃痛时嚼碎服。

**铝碳酸镁** Hydrotalcite（碱式碳酸铝镁、达喜、海地特、泰德）

【用途】胃酸过多、胃及十二指肠溃疡、胃炎。

【不良反应】致胃肠不适、大便次数增加、腹泻。

【用药护理注意】不与四环素、环丙沙星、氧氟沙星同时服，应相隔 1~2h。

【制剂】片、咀嚼片：0.5g。混悬液（泰德）：20g（200ml）。

【用法】口服：每次 0.5~1g，3 次/日，两餐之间或睡前嚼碎服。混悬液每次 10ml，4 次/日，两餐之间及睡前服。

**复方碳酸钙**（罗内、Rennie）用于消化性溃疡、反流性食管炎的辅助治疗。不宜长期服用，服本品后 1~2 小时内避免服其他药物。咀嚼片：含碳酸钙、重质碳酸镁。口服：每次 1~2 片，2~3 次/日，饭后 1 小时嚼碎服。

**铝镁加** Almagate 用于胃及十二指肠溃疡、胃炎。致腹泻、便秘等，本品中的铝、镁几乎不吸收。咀嚼片：0.5g。混悬液：1g（7.5ml）。口服：每次 1g，4 次/日，饭后 1~2 小时和睡前服。

**胃得乐** Veytalo Tablet（胃速乐、胃乐）含硝酸铋、碳酸镁、碳酸氢钠、大黄。服药期间大便呈黑色为正常现象。片。口服：2~4 片/次，3 次/日，饭后嚼碎服，或溶于少量温开水中送服。

### 2、$H_2$受体阻断药

**西咪替丁 Cimetidine**（甲氰咪胍、甲氰咪胺、泰为美、泰胃美、Tagamet）

【用途】胃及十二指肠溃疡、上消化道出血、反流性食管炎。

【不良反应】头晕、嗜睡、腹泻、便秘、呕吐、皮疹、转氨酶轻度升高，偶见严重肝炎、心动过缓、男性乳房发育、阳痿，静注偶见血压骤降、早搏。

【用药护理注意】1. 孕妇、哺乳期妇女禁用。2. 与抗酸药（如氢氧化铝）合用时，服药间隔 1 小时以上。3. 与苯二氮䓬类药物合用，可增加后者的血药浓度。4. 与氨基糖苷类抗生素合用，可能导致呼吸抑制或呼吸停止。

【制剂】片：0. 2g、0. 8g。胶囊：0. 2g。注射液：0. 2g（2ml）。

【用法】口服：每次 0. 2g，3 次/日，饭后服，睡前再服 0. 4g。静滴：每次 0. 2~0. 6g，用葡萄糖液、葡萄糖氯化钠注射液或生理盐水稀释，4~6 小时 1 次，不超过 2g/d。静注：每次 0. 2g，用上述溶液 20ml 稀释后慢注，4~6 小时 1 次。

**雷尼替丁 Ranitidine**（呋喃硝胺、善卫得、西斯塔、瑞宁、胃安太定）

【用途】十二指肠溃疡、良性胃溃疡、上消化道出血、反流性食管炎。

【不良反应】与西米替丁相似，静注部位瘙痒、长期用致维生素 $B_{12}$ 缺乏。

【用药护理注意】1. 孕妇、哺乳期妇女、8 岁以下禁用，肝、肾功能不全慎用。2. 胃溃疡先排除癌症后再用。3. 静注、静滴用葡萄糖液或生理盐水稀释。

【制剂】片、胶囊：150mg。注射液（有效期 2 年）：50mg（2ml、5ml）。

【用法】口服：每次 150mg，2 次/日，早、晚饭时服，疗程 6~8 周。肌注、静注、静滴：上消化道出血，每次 50mg，2 次/日，静滴速度为 25mg/h。

**枸橼酸铋雷尼替丁** Ranitidine Bismuth Citrate（瑞倍、RBC）用于胃及十二指肠溃疡。孕妇、哺乳期妇女、儿童禁用，用药期间粪便、舌呈黑色属正常。胶囊：350mg。口服：每次 350mg，2 次/日，饭前或饭后服。

**法莫替丁** Famotidine（高舒达、信法丁、立复丁、卡玛特、捷可达、Gaster）

【用途】胃及十二指肠溃疡、吻合口溃疡、反流性食管炎、上消化道出血。

【不良反应】头痛、头晕、便秘、腹泻，偶见皮疹、荨麻疹（应停药）、白细胞减少、转氨酶升高，罕见血压升高、心率加快、颜面潮红等。

【用药护理注意】1. 肝肾功能不全、孕妇、小儿、有药物过敏史慎用。2. 应排除肿瘤、胃底静脉曲张后再用药。

【制剂】片：10mg、20mg。胶囊：20mg。散剂：10%。注射液：20mg。

【用法】口服：每次 20mg，2 次/日，早餐、晚餐后或睡前服，1 疗程 4~6 周。维持量减半，睡前服。缓慢静注、静滴：治上消化道出血，每次 20mg，用生理盐水或 5%葡萄糖液稀释，2 次/日，疗程 5 日。

尼扎替丁 Nizatidine（爱希、Axid）

【用途】胃及十二指肠溃疡。

【不良反应】恶心、呕吐、便秘、腹泻、皮疹、瘙痒、头痛、头晕、失眠。

【用药护理注意】同法莫替丁。

【制剂】胶囊：150mg、300mg。

【用法】口服：每次 150mg，2 次/日，早、晚服，或每次 300mg，1 次/日，睡前服。维持量 150mg/d，睡前顿服。

罗沙替丁 Roxatidine 同法莫替丁。胶囊：75mg。口服：每次 75mg，2 次/日，早餐后及睡前服，或每次 150mg，1 次/日。

**乙溴替丁**　Ebrotidine（艾洛替丁）用于胃及十二指肠溃疡。致轻度腹泻等，不良反应有待进一步观察。胶囊：200mg、400mg、800mg。口服：每次300~800mg，1次/日，睡前服。

**3、质子泵抑制药**

**奥美拉唑**　Omeprazole（奥克、洛赛克、沃必唑、彼司克、金洛克、洛凯）

【用途】胃及十二指肠溃疡、出血，卓-艾综合征、反流性食管炎。

【不良反应】恶心、腹泻、便秘、皮疹、腹胀、眩晕、转氨酶升高。

【用药护理注意】1. 对本品过敏、严重肾功能不全、孕妇、哺乳期妇女、儿童禁用，肝功能不全慎用。2. 不长期使用。3. 延缓地西泮、苯妥英钠、硝苯地平、双香豆素的体内消除。4. 粉针用所附溶剂 10ml 溶解。除生理盐水、5%葡萄糖液外，不用其他溶剂稀释药物。

【制剂】胶囊、片：20mg。注射液、粉针：40mg（粉针附溶剂 10ml）。

【用法】口服：治十二指肠溃疡，每次 20mg，1 次/日，早餐前服，不能嚼碎，疗程 2~4 周。静注、静滴：治消化性溃疡出血，每次 40mg，溶解后加入100ml 生理盐水或 5%葡萄糖液中静滴，1 次/日。

**兰索拉唑** Lansoprazole（达克普隆）同奥美拉唑。作用较强。片、胶囊：15mg、30mg。口服：每次 15~30mg，1 次/日，早晨或晚上吞服，不能嚼碎，疗程 4~6 周。

**泮托拉唑** Pantoprazole（潘妥洛克、泮立苏、诺森、潘美路）同奥美拉唑。肠溶片、胶囊：40mg。粉针：40mg（附溶剂 10ml）。口服：每次 40mg，1 次/日，早餐前吞服，不能嚼碎。静滴：每次 40mg，临用前用 10ml 专用溶剂溶解后加入 100ml 生理盐水中滴注，1~2 次/日。

**雷贝拉唑** Rabeprazole（雷贝拉唑钠、波利特）同奥美拉唑。片：10mg、20mg。口服：每次 10~20mg，1 次/日，早晨空腹吞服，不能嚼碎。

**埃索美拉唑** Esomeprazole（耐信）同奥美拉唑。片：20mg、40mg。口服：每次 20~40mg，1 次/日。

### 4、胃粘膜保护药

**硫糖铝** Sucralfate（胃溃宁、胃笑、维宁、迪先、舒克菲、舒可捷、素得）

【用途】胃及十二指肠溃疡。

【不良反应】致便秘、口干、恶心，偶见皮疹。

【用药护理注意】1. 不与碱性药物联用。2. 服药前半小时及服后 1 小时内不宜服用抗酸药。3. 可与抗胆碱药合用。

【制剂】片、胶囊：0.25g。颗粒剂：每袋 1g。混悬液：40g（200ml）。

【用法】口服：每次 1g，3~4 次/日，饭前 1 小时及睡前服，片剂嚼碎。颗粒剂用温开水制成混悬液口服。混悬液摇匀后取 5ml 加温开水 10ml 混匀后服。

**磷酸铝** Aluminium Phosphate（裕尔、吉福士）用于胃及十二指肠溃疡，胃酸过多。给足量的水可避免发生便秘，用前充分摇匀，与其他药物配伍应间隔 2 小时。凝胶：每袋 20g。口服：每次 1~2 袋，2~3 次/日，饭后 1 小时加温开水服。

**复方铝酸铋片** Compound Bismuth Aluminate Tablets（胃必治、胃铋治片、吉胃乐、Bisuc）用于胃及十二指肠溃疡、胃酸过多、胃炎。忌饮酒和油腻饮食，服药期间大便呈黑色属正常。片：含铝酸铋、甘草浸膏、碳酸镁、碳酸氢钠、弗朗鼠李皮、茴香。口服：1~2片/次，3次/日，饭后嚼碎服。

**乐得胃** Roter 用于胃及十二指肠溃疡、胃炎。避免饮酒和油腻、油炸食物，服药期间大便呈黑色属正常。片：含硝酸铋、碳酸镁、碳酸氢钠、弗朗鼠李皮。口服：2片/次，3次/日，嚼碎服，疗程2个月。

**胃仙U** Weisen-U（维仙优）用于胃及十二指肠溃疡、胃炎。用药期间勿进食高脂肪、荚豆类及刺激性食物。片：含干氢氧化铝凝胶、三硅酸镁、维生素U、淀粉酶等9种成分。口服：1~2片/次，3次/日，餐后服，连用2~3个月。

**麦滋林-S** Marzulene-S（复方谷氨酰胺、麦滋林-S颗粒）

【用途】胃及十二指肠溃疡、胃炎。

【不良反应】偶见恶心、呕吐、便秘、腹泻、面部潮红等。

【制剂】颗粒剂：每包0.67g。

【用法】口服：1包/次，3次/日，餐后服，疗程4周。

**枸橼酸铋钾** Bismuth Potassium Citrate（胶体次枸橼酸铋、迪乐、丽珠得乐、德诺、卫特灵、先瑞）

【用途】胃及十二指肠溃疡、吻合口溃疡、慢性胃炎。

【不良反应】恶心、呕吐、便秘、腹泻、皮疹，长期服用有肾毒性。

【用药护理注意】1. 严重肾病、孕妇禁用。2. 服药前、后半小时不要喝牛奶、茶、酒、碳酸饮料（如啤酒）和服抗酸剂等。3. 药物使口中带氨味，舌、便染成黑色。4. 连用不超过 2 个月。5. 颗粒剂加温开水并搅拌后服。

【制剂】片：120mg。胶囊、颗粒剂：110mg。

【用法】口服：胶囊、颗粒剂，每次 110mg，3~4 次/日，饭前半小时和睡前服；片，每次 240mg，2 次/日，早餐前半小时和睡前各 1 次。疗程 4~8 周。

**胶体果胶铋** Colloidal Bismuth Pectin（碱式果胶酸铋钾、维敏）用于胃及十二指肠溃疡、消化道出血、慢性萎缩性胃炎。服药后大便呈黑褐色属正常。胶囊：50mg。口服：每次 150mg，4 次/日，三餐前半小时和睡前各服 1 次。治消化道出血时，将胶囊内药物倒出，用水冲开搅匀服用，日剂量 1 次服用。

**胶体酒石酸铋** Colloidal Bismuth Tartrate（比特诺尔）用于消化性溃疡、慢性结肠炎。偶见便秘，肾功能不全、孕妇禁用，服药后大便呈黑褐色是正常。胶囊：55mg。口服：每次165mg，4次/日。

**胸腺蛋白** Thymus Protein（欣洛维）用于胃及十二指肠溃疡，慢性胃炎。致轻度腹泻、便秘、失眠等，本品如有絮状沉淀忌用。口服液：30mg（6ml）。口服：每次30mg，2次/日，早、晚饭后2~3小时服，疗程30日。

**替普瑞酮** Teprenone（戊四烯酮、施维舒）用于急性胃炎、慢性胃炎急性发作，胃溃疡。偶见便秘、腹泻、皮疹等，出现皮疹应停药，孕妇、小儿慎用。胶囊：50mg。颗粒剂：100mg。口服：每次50mg，3次/日，饭后30分钟内服。

**马来酸伊索拉定** Irsogladine Maleate（伊索拉定、盖世龙、科玛诺）用于胃溃疡、急性胃炎、慢性胃炎急性发作。偶见头晕、恶心、便秘、腹泻等，出现皮疹应停药，孕妇、儿童慎用。片：2mg。口服：4mg/d，分1~2次口服。

**丽珠胃三联**　（胃三联）用于胃及十二指肠溃疡、慢性胃炎。片：枸橼酸铋钾 0.11g（白色）、克拉霉素 0.25g（黄色）、替硝唑 0.5g（绿色）。口服：白色片每次 2 片，2 次/日，早、晚餐前 30 分钟服；黄色、绿色片均每次 1 片，2 次/日，早、晚餐后服，疗程 1 周。

**吉法酯**　Gefarnate（胃加强-G、Wycakon-G）用于急、慢性胃炎，胃及十二指肠溃疡。孕妇禁用，用药期间忌饮酒、咖啡及进食过分油腻食物。片：0.4g。口服：每次 0.4~0.8g，3 次/日，饭后服。

**5、前列腺素类**

**米索前列醇** Misoprostol（米索普特、喜克溃、Cytotec）

【用途】胃及十二指肠溃疡，抗早孕（与米非司酮合用）。

【不良反应】稀便、腹泻、恶心、头痛、眩晕、腹部不适、月经过多等。

【用药护理注意】对前列腺素类过敏、孕妇、低血压禁用，脑血管、冠状动脉疾患慎用。

【制剂、用法】片：0.2mg。口服：每次 0.2mg，4 次/日，餐前和睡前服，疗程 4~8 周。抗甲孕用法参阅米非司酮（P491）。

**罗沙前列醇** Rosaprostol（洛沙尔、Rosal）

【用途】胃及十二指肠溃疡、胃炎。

【不良反应】恶心、呕吐、便秘、腹泻等。

【用药护理注意】对本品过敏禁用，支气管哮喘、阻塞性支气管肺部疾患、青光眼、孕妇、哺乳期妇女慎用。

【制剂、用法】片：500mg。口服：每次 500mg，4 次/日，疗程 6 周。

**恩前列素** Enprostil 用于胃及十二指肠溃疡、胃炎。致腹泻、便秘等，孕妇禁用。胶囊：35μg。口服：每次 35μg，2 次/日，早、晚餐前服，疗程 4~8 周。

**奥诺前列素** Ornoprostil 用于胃溃疡。致腹泻、便秘、转氨酶升高、白细胞增多等，孕妇禁用，出现皮疹应停药。胶囊：2.5μg。片：5μg。口服：每次 5μg，4 次/日，餐间和睡前服。

6、其他

**哌仑西平** Pirenzepine（哌吡氮平、必舒胃、吡疡平、盖全平）

【用途】胃及十二指肠溃疡。

【不良反应】轻度口干、眼睛干燥、视力模糊、便秘、皮疹（应停药）。

【用药护理注意】1. 孕妇、青光眼、前列腺肥大禁用，肝、肾功能不全慎用。2. 与 $H_2$ 受体阻滞剂合用可增强抑制胃酸分泌的效果。3. 忌饮酒、咖啡。

【制剂】片：25mg、50mg。注射液：10mg（2ml）。

【用法】口服：每次 50mg，2 次/日，早、晚餐前 90 分钟服，疗程 4~6 周。肌注、静注：每次 10mg，2 次/日。

**替仑西平** Telenzepine 同哌仑西平。片：3mg。口服：3mg/d，睡前服。

**丙谷胺** Proglumide（二丙谷酰胺、丙谷酰胺）

【用途】胃及十二指肠溃疡、胃酸过多、胃炎。

【不良反应】偶见口干、腹胀、便秘、下肢酸胀、失眠等。

【用药护理注意】对肝、肾、造血系统无影响，避免烟、酒、刺激性食物。

【制剂】片、胶囊：0. 2g。注射液：0. 4g（5ml）。

【用法】口服：每次 0. 4g，3~4 次/日，餐前 15 分钟及睡前服，疗程 4~8 周。静注：治上消化道出血，每次 0. 4g，1 次/6 小时。

**胃丙胺片（复方丙谷胺片）**片：含丙谷胺、甘草、白芍、冰片。口服：3 片/次，3~4 次/日，餐前及睡前嚼碎服。

## （二）助消化药

**胃蛋白酶** Pepsin（胃液素、胃朊酶）

【用途】胃蛋白酶缺乏引起的消化不良。

【用药护理注意】1. 不宜与碱性药同服。2. 易吸潮，吸潮后作用降低。

【制剂、用法】片（有效期 1. 5 年）：0. 1g。口服：每次 0. 3~0. 4g，3 次/日，餐时或餐前服，同时服稀盐酸 0. 5~2ml。

**胃蛋白酶合剂** Mist. Pepsin（百布圣）含胃蛋白酶、稀盐酸等。口服：每次 10ml，2 岁以下每次 2.5~5ml，2 岁以上每次 5~10ml，3 次/日，饭时或饭前服。

**稀盐酸** Dilute Hydrochloric Acid 用于胃酸缺乏。溶液 10%。须用水稀释至1%服用，以免刺激胃粘膜，本品可腐蚀牙齿使之脱钙，应使用吸管，服后用水漱口。口服：每次 0. 5~2ml，3 次/日，饭前或饭时服，常与胃蛋白酶同用。

**胰酶** Pancreatin（胰液素、得每通、消得良）

【用途】消化不良、食欲不振，肝、胰腺疾病引起的消化障碍。

【不良反应】腹泻、便秘、胃不适感、恶心、皮疹。

【用药护理注意】1. 可打开胶囊服，但不宜嚼碎微丸，以免被胃酸破坏。2. 不与酸性药物同服，常与碳酸氢钠合用以增强疗效。3. 本品有微臭味。

【制剂】肠溶片：0. 3g。胶囊：0. 15g（得每通）、0. 37g（消得良）。

【用法】口服：每次 0. 3~0. 6g，5 岁以上每次 0. 3g， 3 次/日，进餐时用少量水吞服。

**慷彼申** Combizym（复合酶、复合多酶片）用于消化不良。不可嚼碎，以免引起口腔溃疡，不与碱性或酸性药同服。糖衣片：含蛋白酶、胰酶、淀粉酶、米曲菌酶等。口服：1~2 片/次，3 次，饭时用开水吞服。

**多酶片**　含胃蛋白酶、胰酶、淀粉酶。不与酸性药同服，不宜嚼碎服。口服：1~2片/次，5岁以下，半片/次，5~10岁，1片/次，3次/日，饭前或饭时服。

**达吉**　Dages 用于消化不良。偶见呕吐、软便、腹泻。胶囊：含胃蛋白酶、胰酶、淀粉酶等。口服：每次1~2粒，3次/日，饭后服。

**卡尼汀** Carnitine（康胃素、维生素BT）用于胃酸缺乏、消化不良、婴幼儿厌食等。急、慢性胰腺炎禁用，不与碱性药物配伍。片：50mg。口服：每次50~200mg，3次/日，饭前服。

乳酶生 Lactasin（表飞鸣）

【用途】消化不良性腹胀、腹泻。

【用药护理注意】1. 不与抗菌药、吸附剂合用。2. 药物有异味时不服用。

【制剂】片：0.1g、0.3g。

【用法】口服：每次 0.3~0.9g。5 岁以下，每次 0.1~0.3g；5 岁以上，每次 0.3~0.6g，3 次/日，餐前服。

**干酵母 Dried Yeast（食母生）**

【用途】营养不良、消化不良、脚气病、多发性神经炎、糙皮病等。

【不良反应】过量服用致腹泻。

【用药护理注意】不与磺胺类或单胺氧化酶抑制剂合用。

【制剂】片：0.2g、0.3g、0.5g。

【用法】口服：每次0.5~2g，小儿每次0.3~0.6g，3次/日，饭后嚼碎服。

## （三）胃肠解痉药

**颠茄 Belladonna**

【用途】胃及十二指肠溃疡、胃肠痉挛、胆绞痛、输尿管结石疼痛等。

【不良反应】同阿托品。

【用药护理注意】1. 青光眼、前列腺肥大禁用。2. 不与促动力药合用。

【制剂】片：10mg。酊剂：0.03%。合剂：8%。浸膏：1%。

【用法】口服：酊剂，每次0.3~1ml，3次/日，极量：每次1.5ml，4.5ml/d。合剂，每次10~15ml，3次/日。浸膏每次8~16mg，3次/日，极量：每次50mg，150mg/d。

**溴甲阿托品 Atropine Methobromide**（胃疡平、胃乐平）

【用途】胃及十二指肠溃疡、胃酸过多、胃炎、慢性下痢、痉挛性结肠炎。

【不良反应】口渴、瞳孔扩大、排尿困难、便秘、心悸等。

【用药护理注意】青光眼、泌尿系统疾患忌用。

【制剂】片：1mg、2mg。纸片：每小格 1mg。

【用法】口服：每次 1~2mg，3~4 次/日，饭后及睡前半小时服。

**溴丙胺太林 Propantheline Bromide**（丙胺太林、普鲁本辛）

【用途】胃及十二指肠溃疡的辅助治疗，胃痉挛、胆绞痛、胰腺炎等腹痛，多汗症、妊娠呕吐、遗尿症。

【不良反应】口干、视力模糊、心悸、排尿困难、便秘、头痛等。

【用药护理注意】1. 青光眼、前列腺肥大、手术前、心脏病禁用。2. 不宜与促动力药（如甲氧氯普胺等）、中枢抑制药、止泻药、红霉素合用。

【制剂、用法】片：15mg。口服：每次 15mg，3~4 次/日，餐前或睡前服。小儿每次 0. 5mg/kg，1~3 次/日。治遗尿应睡前服。

**丁溴东莨菪碱 Scopolamine Butylbromide**（解痉灵）

【用途】胃肠痉挛、蠕动亢进，胆或肾绞痛，胃十二指肠或结肠镜检术前。

【不良反应】口干、视力调节障碍、心悸、皮肤潮红、嗜睡、排尿困难等。

【用药护理注意】1. 青光眼、前列腺肥大致排尿困难、严重心脏病、麻痹性肠梗阻禁用，小儿慎用。2. 不与促动力药（甲氧氯普胺等）同用。3. 皮下、肌注要避开神经、血管，反复注射不要在同一部位。4. 出现过敏反应要停药。

【制剂】胶囊：10mg。注射液：20mg（1ml）

【用法】口服：每次 10mg，3 次/日。肌注、静注、静滴：每次 20~40mg，或每次 20mg，隔 20~30 分钟再给 20mg，静注、静滴用葡萄糖液或生理盐水稀释，静注速度不能太快。

**溴甲贝那替嗪 Benactyzine Methobromide**（服止宁、胃仙、胃乐康）

【用途】胃及十二指肠溃疡、胃酸过多、胃痛、胆绞痛、多汗症。

【不良反应】口干、排尿困难、便秘、瞳孔扩大等。

【用药护理注意】青光眼者禁用。开始治疗时注意饮食和休息。

【制剂】片：10mg。

【用法】口服：每次 10~20mg，3 次/日，饭后服。用于胃酸过多时，宜睡前再给 1 次药。

**枸橼酸阿尔维林** Alverine Citrate（阿尔维林、斯莫纳）

【用途】肠易激综合征，胆道或肠痉挛、痛经、泌尿道结石的痉挛性疼痛。

【不良反应】偶见胃肠不适、嗜睡、头痛、口干、低血压。

【用药护理注意】1. 麻痹性肠梗阻禁用，前列腺肿瘤患者不宜用，孕妇慎用。2. 对青光眼、前列腺肥大患者无禁忌。3. 用水吞服，勿咀嚼。

【制剂】胶囊：60mg。

【用法】口服：每次 60~120mg，8~12 岁每次 60mg，3 次/日。

**屈他维林** Drotaverine （诺仕帕、定痉灵）用于胃肠、胆道、泌尿道及子宫痉挛。偶见头痛、头晕、心悸、低血压等。片：40mg。注射液：40mg（2ml）。口服：每次 40~80mg，3 次/日。6 岁以上每次 40mg，2~3 次/日。皮下或肌注：每次 40~80mg，1~3 次/日。

**匹维溴铵** Pinaverium Bromide（得舒特、Dicetel）

【用途】肠易激综合征、胆道功能障碍有关的疼痛，为钡剂灌肠作准备。

【不良反应】轻微胃肠不舒服，偶见瘙痒、皮疹、恶心、口干。

【用药护理注意】1. 孕妇、儿童禁用。2. 不能嚼碎药片。3. 不要躺着或睡前服药。

【制剂】片：50mg。

【用法】口服：每次 50mg，3 次/日，进餐时用足量水吞服。

**奥替溴铵** Otilonium Bromide（斯巴敏、Spasmomen）用于肠易激或痉挛性疼痛。对本品过敏禁用。片：40mg。口服：每次 40mg，2~3 次/日。

**奥芬溴铵** Oxyphenonium Bromide（安胃灵）用于胃及十二指肠溃疡、胃酸过多。同阿托品。片：5mg。注射液：2mg（1ml）。口服：每次 5~10mg，3 次/日，饭前服。肌注：每次 1~2mg，1 次/6 小时。

**阿托品、山莨菪碱**（见抗胆碱药，P241~242）

## （四）止吐和胃肠动力药

**甲氧氯普胺** Metoclopramide（胃复安、灭吐灵、Paspertin）

【用途】中枢性呕吐、胃源性呕吐、化疗等引起的呕吐，晕车、腹气胀。

【不良反应】嗜睡、头晕、便秘、腹泻、体位性低血压、锥体外系反应。

【用药护理注意】1. 癫痫、嗜铬细胞瘤、进行放疗或化疗的乳腺癌患者、胃肠道出血、孕妇禁用。2. 不与抗胆碱能药（阿托品等）、吩噻嗪类药合用。3. 与西咪替丁合用时，服药时间应至少间隔 1 小时。4. 遇光变黄色或黄棕色后，毒性增强。

【制剂】片：5mg、10mg。注射液：10mg（1ml）。

【用法】口服：每次 5~10mg，3 次/日，小儿 0.2~0.3 mg/(kg · d)，分 3 次，餐前半小时服，治晕车在上车前 10~15 分钟服 5mg。肌注：每次 10~20mg，不超过 0.5 mg/(kg · d)。

**西沙必利** Cisapride（普瑞博思、优尼必利）

【用途】胃-食管反流、胃轻瘫、功能性消化不良、便秘。

【不良反应】瞬时性腹部痉挛、腹鸣、腹泻，偶见过敏、头痛、头晕。

【用药护理注意】1. 孕妇、哺乳期妇女、胃肠出血、对本品过敏者禁用，小儿慎用。2. 肝、肾功能不全和老人剂量酌减。

【制剂】片：5mg、10mg。混悬液：100mg（100ml）。

【用法】口服：每次 5mg，3 次/日，餐前 15~30 分钟服。病情严重，每次 10mg，3~4 次/日，餐前及睡前服，或每次 20mg，2 次/日，早餐前及睡前服。

**莫沙必利** Mosapride（枸橼酸莫沙必利、瑞琪、贝络纳）用于功能性消化不良伴胃灼热、嗳气、恶心、呕吐、上腹胀等。致腹泻、口干、疲倦等，孕妇、哺乳期妇女、儿童慎用。片：5mg。口服：每次 5mg，3 次/日，饭前或饭后服。

**阿立必利** Alizapride（盐酸阿立必利）用于化疗引起的恶心、呕吐。偶见肌肉痉挛、闭经、溢乳等。片：50mg。注射液：50mg（1ml）。肌注、静注、口服：100~200mg/d，儿童 2~4mg/(kg·d)，分 2 次使用。

**多潘立酮** Domperidone（哌双咪酮、胃得灵、吗丁啉、路得啉）

【用途】胃排空延缓、慢性胃炎、呕吐，恶心、嗳气、腹胀等消化不良。

【不良反应】偶见轻度腹部痉挛、血清泌乳素升高、锥体外系反应、皮疹。

【用药护理注意】1. 孕妇、1岁以下慎用。2. 不与抗胆碱能药合用。

【制剂】片：10mg。栓剂：10mg、30mg、60mg。注射液：10mg（2ml）。

【用法】口服：每次10~20mg，3次/日，饭前15~30分钟服。直肠给药：每次60mg，2~3次/日，2岁以上每次30mg，2岁以下每次10mg，2~3次/日。肌注：每次10mg，必要时可重复。

**曲美布汀 Trimebutine**（马来酸曲美布汀、舒丽启能、诺为、Diway）

【用途】慢性胃炎、肠道易激综合征，胃肠运动功能紊乱引起的呕吐等。

【不良反应】偶见便秘、腹泻、口内麻木感、皮疹、头痛、心动过速。

【用药护理注意】1. 孕妇、哺乳期妇女禁用。2. 出现皮疹应停药。

【制剂、用法】片：100mg。口服：每次100~200mg，3次/日。

**昂丹司琼、格拉司琼、托烷司琼、阿扎司琼、雷莫司琼**（见其他抗肿瘤药及辅助治疗药，P160~162）

**舒必利**（见抗精神失常药，P223）

## （五）泻药和止泻药

**硫酸镁 Magnesium Sulfate**（泻盐、硫苦）

【用途】峻泻剂，清除肠道内毒物、便秘、阻塞性黄疸、慢性胆囊炎、高血压脑病、急性肾性高血压危象、惊厥、子痫、尿毒症，室性、室上性心动过速。

【不良反应】导泻过度致脱水，过量致低血压、中枢神经抑制、呼吸抑制。

【用药护理注意】1. 严重低血压、肾功能不全、呼吸衰竭、中枢神经抑制禁用，肠道出血、经期妇女、孕妇、急腹症病人禁用本品导泻。2. 不用于中枢抑制药中毒的急救。3. 导泻应多饮水。4. 静注较危险，应在有经验的医师指导下使用，注射应缓慢，并密切观察病人的意识、血压、呼吸情况。

【制剂】注射液：1g（10ml）、2.5g（10ml）。溶液剂：33%。

【用法】口服：导泻，每次 5~20g，用温水溶解成 200~400ml 后，清晨空腹服。利胆，每次 2~5g，3 次/日，餐前或两餐间服；或服用 33%溶液，每次 10ml。肌注：抗惊厥、降血压、子痫，每次 1g。静注、静滴：每次 1~2.5g，用 25%硫酸镁注射液 10ml 加 5%或 10%葡萄糖液 100ml~250ml 缓慢静滴，1 次/日。

**白色合剂** 含硫酸镁、轻质碳酸镁等。口服：每次 15~30ml，3 次/日，餐前服。

**比沙可啶**　Bisacodyl（双醋苯啶、便塞停）用于急、慢性便秘和习惯性便秘。急腹症禁用，孕妇慎用，服药前、后 2 小时不能服牛奶或制酸药。片：5mg。口服：每次 5~10mg，1 次/日，整片吞服，不能嚼碎。

**聚乙二醇**　Macrogol（福松、Forlax）用于成人便秘。炎症性器质性肠病禁用，与其他药物同用时应间隔 2 小时以上，不宜长期使用。颗粒剂：每袋 10g。口服：每日 1~2 袋，将本品溶解在 1 杯水中服用。

**酚酞** Phenolphthalein（非诺夫他林、果导）

【用途】习惯性顽固便秘。

【不良反应】皮疹、肠炎、出血倾向，过量致高血糖、低血钙、低血钾。

【用药护理注意】1. 婴幼儿、心衰、高血压禁用，孕妇慎用。2. 服药后 8~10 小时排便。3. 与碳酸氢钠、氧化镁等碱性药合用，会使粪便、尿呈红色。

【制剂】片：50mg、100mg。

【用法】口服：每次 0.05~0.2g，儿童每次 3mg/kg，睡前服。极量每次 0.5g。

**甘油** Glycerol（丙三醇）

【用途】小儿、体弱者便秘，颅内压升高、青光眼。

【不良反应】口服有头痛、咽部不适、口渴、恶心、腹泻、血压轻微下降。

【制剂】栓剂：1.33g、2.67g。口服液：甘油与生理盐水各半，临用配制。

【用法】便秘：栓剂，1粒/次，塞入肛内，小儿用小号。也可用本品50%溶液灌肠。降眼内压、颅内压：口服50%甘油盐水，每次200ml，1次/日。

**开塞露** Enema 治便秘。每支20ml，分含山梨醇、硫酸镁和含甘油两种。用前将塑料容器顶端剪开，开口应光滑，然后缓慢插入肛门，将药注挤入直肠，每次20mg，儿童酌减。

**液体石蜡** Liquid Paraffin（石蜡油）润滑软化大便。久用影响脂溶性维生素的吸收，不宜长期服用。口服：每次15~30ml，小儿每次0.5ml/kg，睡前服。

**多库酯钠** Sodium Docusate 用于排便无力。无明显不良反应，不与液体石蜡等矿物油同用。片：100mg。口服：50~300mg/d，分次服。

**地芬诺酯 Diphenoxylate**（苯乙哌啶、氰苯哌酯、止泻宁）

【用途】急、慢性功能性腹泻，慢性结肠炎腹泻。

【不良反应】偶见口干、腹部不适、恶心、呕吐、嗜睡、烦躁、失眠，久用有依赖性，过量致呼吸抑制、昏迷。

【用药护理注意】1. 青光眼、孕妇、哺乳期妇女禁用，肝功能不全或正在服用成瘾性药物者慎用。2. 不与巴比妥类、阿片类、中枢抑制药合用。

【制剂、用法】**复方地芬诺酯**（Lomotil）：每片含地芬诺酯 2. 5mg、硫酸阿托品 0. 025mg。口服：1~2 片/次，3 次/日。

**洛哌丁胺 Loperamide**（氯苯哌酰胺、苯丁哌胺、易蒙停、罗宝迈、腹泻啶）

【用途】急、慢性腹泻。

【不良反应】胃肠道反应，偶见瘙痒、荨麻疹（应停药）、头晕、头痛等。

【用药护理注意】1. 急性溃疡性结肠炎、抗生素所致伪膜性肠炎、2 岁以下禁用，孕妇、哺乳妇、重症肝损害慎用。2. 出现便秘、肠梗阻时应立即停药。

【制剂】胶囊：1mg、2mg。溶液：0. 2mg（1ml）。滴剂：10ml（2mg/1ml）。

【用法】口服：首次 4mg，以后每腹泻 1 次服 2mg，不超过 16mg/d。

**双八面体蒙脱石 Dioctahedral Smectite**（蒙脱石、思密达、Smecta）

【用途】急、慢性腹泻（儿童急性腹泻疗效好），食管炎、胃炎、结肠炎。

【不良反应】轻度便秘。

【用药护理注意】如与其他药物合用，须间隔1小时。

【制剂】粉剂：每袋3g。

【用法】口服：每次3g，3次/日。1岁以下3g/d，1~2岁3~6g/d，2岁以上6~9g/d，都分3次服，将本品倒入50ml温水中，摇匀服用。食管炎餐后服，其他患者于两餐间服，治急性腹泻时立即服，首剂加倍。

**双歧三联活菌制剂 Bifid Triple Viable Preparation**（培菲康、Bifico）

【用途】肠道菌群失调引起的腹泻、腹胀，急、慢性腹泻，便秘。

【用药护理注意】不与抗菌药合用。可将胶囊内药物倒于温开水中服。

【制剂】胶囊：210mg。颗粒剂：1g、2g。（含双歧杆菌、嗜酸性乳酸杆菌、粪链球菌）

【用法】口服：2~3粒/次，2~3次/日。儿童1岁以下，半粒/次，1~6岁，1粒/次，6~13岁，1~2粒/次，2~3次/日。颗粒：每次1~2g，2~3次/日。

**丽珠肠乐**　Bifidobiogen（回春生）用于肠菌群失调疾病。胶囊：0.35g。口服：每次1~2粒，2次/日，早、晚饭后服，可将胶囊内药物倒于凉开水中调服。

**金双歧** Golden Bifid 用于腹泻、便秘、消化不良、厌食。用药期间如需用抗生素，应错开2小时服。片：0.5g（含长双歧杆菌、保加利亚乳杆菌、嗜热链球菌等）。口服：每次2g，2次/日，饭后服，可碾碎溶入热牛奶中送服。

**酪酸菌**　Clostridium Butyricum（宫入菌、米雅BM、Miya BM）用于腹泻、消化不良、便秘。可与抗生素同服。片：20mg。颗粒剂：40mg。口服：2片/次，3次/日。颗粒，每次1袋，3次/日，1~5岁，每次1/2袋，3次/日。

**嗜酸乳杆菌** Lactobacillus Acidophilus（乐托尔、Lacteol Fort）

【用途】急、慢性腹泻。

【用药护理注意】1. 与抗生素同服不影响疗效。2. 胶囊可吞服或将内容物倒于水中饮服；散剂可加入水中摇匀服用。

【制剂】胶囊：235mg。散剂：每袋800mg。

【用法】口服：胶囊，2粒/次，2次/日，成人首剂加倍。散剂，每次1袋，2次/日，成人首剂加倍。

**乳酸菌素** Lactobacillin 用于肠内异常发酵、肠炎、消化不良，小儿腹泻。本品为死菌制剂，可与抗菌药同服，无毒副作用。片：0.4g。口服：每次1.2~2g，3次/日，嚼碎服。

**蜡样芽胞杆菌活菌** （乐腹康、促菌生）用于急、慢性肠炎，婴幼儿腹泻。用本品时应停用抗生素。胶囊（乐腹康）、片。口服：每次1~2粒，2~3次/日。

**地衣芽胞杆菌** （整肠生）用于急、慢性肠炎，急、慢性腹泻，婴幼儿消化不良。服本品时应停用抗菌药。胶囊：0.25g（有效期 2 年）。口服：每次0.5g，3次/日，首剂加倍，儿童减半。可将药粉倒入少量温水或奶液中服用。

**匹维溴铵**（见胃肠解痉药，P363）
**乳果糖**（见治疗肝胆疾病药，P377）

## （六）治疗肝胆疾病药

**治肝性脑病药：**

**谷氨酸 Glutamic Acid（麸氨酸）**

【用途】预防肝性脑病，癫痫小发作、胃酸过多症。

【不良反应】恶心、呕吐、腹泻，静滴过快致流涎、呕吐、皮肤潮红。

【用药护理注意】1. 肾功能不全、无尿慎用。2. 应同时肌注 ATP。3. 不与碱性药物合用。4. 静滴期间注意电解质平衡。

【制剂、用法】片：0.3g、0.5g。口服：预防肝性脑病，每次 2.5~5g，4 次/日。治癫痫小发作，每次 2~3g，3~4 次/日。

**谷氨酸钠 Sodium Glutamate**

【用途】防治肝性脑病、癫痫小发作、代谢性酸中毒。

【不良反应】静滴过快致流涎、呕吐、面红，小儿可致肌肉震颤。

【用药护理注意】1. 少尿、无尿禁用，肾功能不全慎用。2. 大剂量可致碱血症、低钾血症。3. 治肝性脑病时与谷氨酸钾合用。

【制剂】注射液：5.75g（20ml）。

【用法】静滴：肝性脑病，每次11.5g，加入5%葡萄糖液750~1000ml或10%葡萄糖液250~500ml中慢滴，必要时8~12小时后再用，不超过23g/d。

**谷氨酸钾** Potassium Glutamate 同谷氨酸钠。并可补充钾盐，纠正低钾血症，常与谷氨酸钠合用。注射液：6.3g（20ml）。静滴：每次6.3g~12.6g，其余用法同谷氨酸钠，不超过25.2g/d。

**氨酪酸** Aminobutyric Acid（γ-氨酪酸、γ-氨基丁酸、GABA）

【用途】肝性脑病，尿毒症、催眠药、煤气中毒引起的昏迷，口服用于脑血管障碍引起的偏瘫、记忆障碍、语言障碍等。

【不良反应】恶心、失眠，剂量过大、滴速过快可致呼吸抑制、低血压。

【用药护理注意】1. 必须充分稀释后慢滴，以免引起血压急剧下降而导致休克。2. 静滴时出现胸闷、气急、头昏、恶心等症状应立即停药。

【制剂】片：0.25g、0.5g。注射液：1g（5ml）。

【用法】口服：每次1g，3次/日。静滴：每次1~4g，用5%~10%葡萄糖液250~500ml稀释，于2~3小时滴完，1次/日。

**盐酸精氨酸** Arginine Hydrochloride（精氨酸、阿及宁）用于肝性脑病忌钠者。肾功能不全禁用，静滴太快可致流涎、颜面潮红、呕吐等。注射液：5g（20ml）。静滴：每次 15~20g，加 5%~10%葡萄糖液 500~1000ml，滴注 4 小时以上。

**14 氨基酸注射液-800** 14 Amino Acid Injection-800

【用途】重症肝炎，肝性脑病、肝功能不全的蛋白营养缺乏症。

【不良反应】输注过快可引起恶心、呕吐等。

【用药护理注意】1. 遇冷可析出结晶，冬季使用时须将本品加温至接近正常体温后输注。2. 药液外观有异常不能使用，启用后留存液也不宜用。3. 注意不与 11 氨基酸注射液混淆，后者不利于肝性脑病的治疗。4. 监测血 $Na^{+}$、$Cl^{-}$。

【制剂】注射液：250ml。

【用法】静滴：每次 250ml，与等量 10%葡萄糖液串联后慢滴，不超过 3ml/min，清醒后用量减半，2 次/日，疗程 10~15 日。

**15 氨基酸注射液-800** 15 Amino Acid Injection-800（安肝平）同 14 氨基酸注射液-800，仅比其多一种氨基酸。

**门冬氨酸鸟氨酸** L-Ornithine-L-Aspartate（雅博司、阿波莫斯、Hepa-Merz）

【用途】急、慢性肝病引起的血氨升高，肝性脑病。

【不良反应】胃肠道反应，减少用量或减慢滴速可减轻。

【用药护理注意】1. 严重肾功能衰竭禁用。2. 每 500ml 静脉注射液中加入本品一般不超过 6 支。3. 大剂量使用时，应监测血、尿中的尿素含量。

【制剂】颗粒剂：5g。注射液：5g（10ml）。（含 L-天门冬氨酸、L-鸟氨酸）

【用法】口服：每次 5g，2~3 次/日，溶于水或饮料中服。静滴：急性肝炎，10~20ml/d；肝性脑病，视病情轻重，一般不超过 80ml/d。滴速＜10ml/h。

**乳果糖** Lactulose（半乳糖苷果糖、春克、杜秘克）用于肝性脑病、慢性便秘。剂量过大致腹胀、腹泻，不与抗酸药同服，粉剂可加入水、饮料或混在食物中服。糖浆：60%。口服液（春克）：5g（10ml）、50g（100ml），15ml（杜秘克）。粉剂：10g。口服：每次 15~30ml，便秘 1 次/日，肝性脑病 3 次/日。

**醋谷胺**（见大脑功能恢复药，P170）

**左旋多巴**（见抗帕金森病药，P234）

**治疗肝炎辅助用药：**

**门冬氨酸钾镁** Potassium Magnesium Aspartate（潘南金、脉安定、Panangin）

【用途】低钾、低镁血症，高血氨症、急性黄疸型肝炎、肝细胞功能不全，洋地黄中毒引起的心律失常、慢性心功能不全、心肌炎后遗症、冠心病。

【不良反应】静滴过快可致恶心、呕吐、面部潮红、血管痛、血压下降等。

【用药护理注意】1. 肾功能不全、高钾血症禁用。2. 除洋地黄中毒外，房室传导阻滞慎用。3. 不能肌注或静注。

【制剂】片：0. 15g。注射液：10ml。口服液：10ml。

【用法】口服：每次 0. 15~0. 3g，3 次/日，饭后服。静滴：每次 10~20ml，小儿每次 0. 2~0. 4ml/kg，加入 5%或 10%葡萄糖液 250~500ml 中慢滴，1 次/日。

**联苯双酯** Bifendate（Biphenyldicarboxylate）

【用途】慢性迁延性肝炎、单项丙氨酸氨基转移酶升高。

【不良反应】轻度恶心，偶见皮疹、黄疸、胆固醇增高。

【用药护理注意】出现一过性黄疸应停药或加服退黄药。

【制剂、用法】片：25mg。口服：每次 25~50mg，3 次/日，连用 3~6 个月。

**谷胱甘肽** Glutathione（古拉定、泰特、还原型谷胱甘肽、去白障、益视安）

【用途】各种肝病，肝脏损害的辅助治疗，防色素沉着，滴眼用于白内障。

【不良反应】偶见皮疹、食欲不振、恶心、呕吐、胃痛，滴眼致刺激感。

【用药护理注意】1. 本品不与维生素 $B_{12}$、维生素 $K_3$、抗组胺药、磺胺药、四环素类混合。2. 粉针用所附维生素C注射液溶解后立即使用，余液不能再用。3. 眼用药片用前溶于所附溶媒中用于滴眼，3周内用完。

【制剂】注射液：0.3g、0.6g（古拉定），0.323g（泰特 300）、0.646g（泰特 600）。粉针：50mg、100mg。眼用片（益视安）：100mg（附溶媒 5ml）。

【用法】肌注、静注：每次 50~100mg，1~2 次/日。滴眼：每次 1~2 滴，3~5 次/日。

**葡醛内酯** Glucurolactone（葡萄糖醛酸内酯、肝泰乐、克劳酸、Glucurone）用于急、慢性肝炎，肝硬化。可与肌苷、维生素 C 等配伍。片：0.05g、0.1g。注射液：0.1g（2ml）。口服：每次 0.1~0.2g，3 次/日。肌注、静注、静滴：每次 0.1~0.2g，1~2 次/日。静注、静滴用葡萄糖液稀释。

**必需磷脂** Essentiale（肝得键、易善力、易善复）

【用途】急、慢性肝炎，肝硬化、脂肪肝、肝性脑病。

【用药护理注意】澄清溶液才可使用。严禁用电解质溶液（如生理盐水、林格液）稀释，静注如需稀释，可用葡萄糖溶液或病人本身的静脉血按 1:1 稀释。

【制剂】本品为复方制剂。注射液：232.5mg（5ml）。胶囊：228mg。

【用法】口服：1~2 粒/次，3 次/日，随食物整粒吞下或用少量水送服。静注、静滴：1 支/日，严重病例 2~4 支/日，加入 5%葡萄糖液中滴注。

**硫普罗宁** Tiopronin（凯西莱、诺宁）

【用途】脂肪肝、早期肝硬化，病毒性、酒精性、药物性肝炎，重金属中毒。

【不良反应】偶见皮疹、皮肤瘙痒、发热、蛋白尿、轻微胃肠道反应。

【用药护理注意】1. 对本品过敏或有严重不良反应禁用，孕妇、哺乳期妇女慎用。2. 出现过敏症状应停药。

【制剂】片：0.1g。粉针：0.1g（附 5%碳酸氢钠专用溶剂）。

【用法】口服：每次 0.1~0.2g，3 次/日，饭后服。静滴：每次 0.1~0.2g，先溶于专用溶剂后，加入生理盐水或 5%~10%葡萄糖液 250~500ml 中，1 次/日。

**腺苷蛋氨酸 Ademetionine**（思美泰）

【用途】肝硬化前和肝硬化所致肝内胆汁淤滞，妊娠期肝内胆汁淤滞。

【不良反应】烧心感、腹痛、浅表性静脉炎，偶见昼夜节律紊乱。

【用药护理注意】1. 片剂为肠溶，应整片吞服。2. 不与碱性或含钙离子液体混合，也不与高渗溶液（如10%葡萄糖液）配伍。3. 静注须非常缓慢。4. 暴露于热源过久，结晶变色后不能使用。5. 临用配制。6. 低于25℃室温保存。

【制剂】片：0.5g。粉针：0.5g（附溶剂）。

【用法】静滴、静注、肌注：初始治疗，0.5~1g/d，分 1 次静滴或分 2 次肌注、静注。口服：维持治疗，每次0.5~1g，1~2次/日，在两餐间吞服。

**马洛替酯 Malotilate**（二噻茂酯、马洛硫酯、慢肝灵）

【用途】慢性肝炎、肝硬变代偿期。

【不良反应】恶心、呕吐、腹胀、头痛，偶见皮疹、瘙痒、红细胞减少等。

【用药护理注意】1. 对本品过敏禁用，孕妇、哺乳期妇女、小儿慎用。2. 用药期间血清转氨酶和胆红素明显升高时，应停药观察。

【制剂、用法】片：100mg。口服：每次200mg，3次/日，饭后服。

**原卟啉钠** Protoporphyrin Disodium（保肝能、普乐满、NAPP）

【用途】急、慢性迁延性肝炎，慢性活动性肝炎、肝硬化、胆囊炎胆石症。

【不良反应】皮肤色素沉着，停药后逐渐消失，头晕、上腹部疼痛、皮疹。

【用药护理注意】1. 有遗传性卟啉症家族史禁用。2. 夏季服药后应避免日晒。3. 加服核黄素可防止或减轻色素沉着。4. 药片包衣破损会影响疗效。

【制剂、用法】肠溶片：10mg、20mg。口服：每次 10~20mg，3 次/日。

**水飞蓟素** Silymarin（益肝灵、利肝素、利加隆）用于急、慢性肝炎，早期肝硬化。片：35mg、70mg。口服：每次 70mg，3 次/日，饭后用大量开水送服。

**水飞蓟宾** Silibinin（西利宾）同水飞蓟素。片：38. 5mg。口服：每次 77mg，3 次/日，饭后用大量开水送服。

**双环醇** Bicyclol（百赛诺）用于慢性肝炎所致的转氨酶升高。偶致头晕、皮疹，14 岁以下、70 岁以上、孕妇、哺乳期尚无用药经验。片：25mg。口服：每次 25~50mg，3 次/日，最少服 6 个月，应逐渐减量。

**甘草酸二铵** Diammonium Glycyrrhizinate（甘利欣）用于伴有转氨酶升高的慢性迁延性和慢性活动性肝炎。致血压升高、头痛、皮疹等，治疗期间定期测血压和血清钾、钠浓度，出现高血压、低血钾、钠潴留，应停药或减量，本品未经稀释不得注射。胶囊：50mg。注射液：50mg（10ml）。口服：每次 150mg，3 次/日。静滴：150mg 用 10%葡萄糖液 250ml 稀释后慢滴，1 次/日。

**辅酶 A** Coenzyme A（Co A）

【用途】辅助治疗剂，急、慢性肝炎，肝性脑病、脂肪肝、尿毒症，白细胞减少症、原发性血小板减少性紫癜、功能性低热等。

【制剂】粉针：50U、100U、200U。

【用法】静滴：每次 50~100U，溶于生理盐水、5%~10%葡萄糖液 250~500ml 中，1 次/日。肌注：每次 50U，用生理盐水 2ml 溶解后注射，1 次/日。

**齐墩果酸** Oleanolic Acid（庆四素）用于急、慢性肝炎。个别有口干、腹泻、血小板轻度减少。片：10mg。口服：急性肝炎，每次 20~40mg，3 次/日，疗程 1 个月。慢性肝炎，每次 50mg，3 次/日，疗程 3 个月。

**促肝细胞生长素 Hepatocyte Growth Promoting Factors（肝复肽）**

【用途】重型肝炎、慢性活动性肝炎、肝硬化的辅助治疗。

【不良反应】偶见低热、皮疹、过敏性休克。

【用药护理注意】1. 本品为乳白色或微黄色，稀释前若变成棕黄色则不能使用。2. 出现过敏反应即给予相应治疗并停药。3. 4℃冰箱内保存。

【制剂】粉针：10mg、20mg。

【用法】肌注：每次 40mg，用生理盐水稀释，2 次/日。静滴：每次 80~120mg，加入 10%葡萄糖液 300ml 中，1 次/日，疗程 1 个月。

**疗尔健 Hepadif（利肝复）**

【用途】急性、恶急性、慢性肝炎，脂肪肝、肝硬化、化学物引起肝中毒。

【不良反应】滴速过快可致注射局部疼痛、静脉炎、头晕、恶心、呕吐。

【用药护理注意】1. 粉针须稀释后缓慢静滴。2. 不与含电解质溶液混合，因会产生沉淀。3. 嘱脂肪肝患者治疗期间戒酒，不进食高蛋白食物。

【制剂】本品为复方制剂，含肉毒碱乳清酸盐、肝脏提取的抗毒成分、维生素 $B_{12}$ 等。胶囊：451mg。粉针：942.05mg。

【用法】口服：每次 2 粒，2~3 次/日。静滴：1~2 瓶/日，用 4ml 注射用水溶解后，加入 5%~10%葡萄糖液 250~500ml 中，摇匀至澄清后缓慢滴入，1 次/日。

**三磷腺苷、辅酶 $Q_{10}$**（见主要作用于循环系统的药物，P319）

**利胆药：**

**曲匹布通 Trepibutone**（三丁乙酮、三乙氧苯酰丙酸、胆灵、舒胆通）

【用途】胆囊炎、胆石症、胆道运动障碍、胆囊术后综合征、慢性胰腺炎。

【不良反应】偶见恶心、呕吐、腹泻、便秘、皮疹、瘙痒、眩晕。

【用药护理注意】1. 孕妇、对本品过敏禁用，完全性胆管梗阻、急性胰腺炎慎用。2. 出现皮疹、瘙痒等过敏反应要立即停药。

【制剂、用法】片：40mg。口服：每次 40mg，3 次/日，餐后即服，用 2~4 周。

**熊去氧胆酸 Ursodeoxycholic Acid**（熊脱氧胆酸、护胆素、优思弗、UDCA）

【用途】用于不宜手术治疗的胆固醇型胆结石、胆囊炎。

【不良反应】腹泻，罕见便秘、过敏反应、瘙痒、头痛、头晕、心动过缓。

【用药护理注意】1. 胆道完全阻塞、严重肝功能损害者、孕妇禁用。2. 本品不能溶解其他类型结石。3. 含氢氧化铝的抗酸剂可使本品吸收减少。

【制剂】片、胶囊：50mg。

【用法】口服：利胆，每次 50mg，3 次/日，早、晚进餐时服，疗程 6 个月。溶胆石，400~600mg/d，分 4 次，餐后及睡前服。

**去氢胆酸 Dehydrocholic Acid（脱氢胆酸、Dehydrocholin）**

【用途】慢性胆囊炎、胆结石、胆道病变、胆囊切除后综合征。

【不良反应】致口苦、皮肤瘙痒等。

【用药护理注意】胆道完全阻塞，严重肝、肾功能损害者禁用。

【制剂】片：0. 25g。注射液：1g（5ml）、0. 5g（10ml）、2g（10ml）。

【用法】口服：每次 0. 25~0. 5g，3 次/日。静注：0. 5~1g/d。

**苯丙醇 Phenylpropanol（利胆醇）**

【用途】胆囊炎、胆石症、胆道感染、高胆固醇血症。

【不良反应】偶见胃部不适，减量或停药后即消失。

【用药护理注意】1. 胆道完全阻塞者禁用。2. 长期大量服用注意肝损害。

【制剂】胶囊：0. 1g、0. 2g。

【用法】口服：每次 0. 1~0. 2g，3 次/日，餐后吞服。

非布丙醇 Febuprol（舒胆灵、苯丁氧丙醇）

【用途】胆囊炎、胆石症及其术后脂性消化不良，肝炎。

【不良反应】腹泻、一过性胃部不适。

【用药护理注意】1. 孕妇、哺乳期禁用。2. 若腹泻持续不断，应停药。

【制剂】片、胶囊：50mg。

【用法】口服：每次 100~200mg，3 次/日，餐后立即服。

羟甲香豆素 Hymecromone（胆通、利胆素）

【用途】胆囊炎、胆石症、胆道感染、胆囊术后综合征。

【不良反应】头晕、腹胀、腹泻、胸闷、皮疹，大剂量致胆汁分泌过度。

【用药护理注意】肝功能不全、梗阻性或传染性黄疸慎用。

【制剂、用法】片、胶囊：0. 2g。口服：每次 0. 4g，3 次/日，餐前服。

**茴三硫** Anethol Trithione（胆维他、Trithioanethol）

【用途】胆囊炎、胆管炎、胆石症，急、慢性肝炎，解酒。

【不良反应】腹胀、腹泻、过敏反应、荨麻疹样红斑，长期服用可致甲亢。

【用药护理注意】1. 胆道阻塞禁用。2. 出现荨麻疹样红斑应立即停药。

【制剂】片：12.5mg、25mg。密闭、遮光、室温干燥处保存。

【用法】口服：每次 25mg，3 次/日，饭前服。解酒于饭前 5~10 分钟服。

## （七）治疗胰腺炎药

**生长抑素** Somatostatin（施他宁、雪兰诺、易达生、索投善、Stilamin）

【用途】严重急性食道静脉曲张出血、严重急性上消化道出血，防治急性胰腺炎、胰腺术后并发症，胰、胆、肠瘘和糖尿病酮症酸中毒的辅助治疗。

【不良反应】恶心、呕吐、腹痛、腹泻、眩晕、脸红、血糖轻微变化等。

【用药护理注意】1. 对本品过敏、孕妇、哺乳期妇女、儿童禁用。2. 用于胰岛素依赖型糖尿病患者时，应每 3~4 小时查血糖 1 次。3. 不宜与其他药物混合使用。4. 在连续用药过程中，应连续不间断地滴入，换药间隔不超过 1 分钟。5. 250μg 剂型在 2~8℃下保存 2 年，3mg 剂型在 25℃下保存 3 年。

【制剂】粉针：250μg、3mg。每安瓿含无菌无热原质氯化钠注射液1ml。

【用法】治上消化道大出血、食道静脉曲张出血：先缓慢静注250μg，继以250μg/h的速度静滴，止血后连续给48~72小时。急性胰腺炎：及早使用，连续静滴72~120小时，静速250μg/h。防治胰腺术后并发症：手术开始时连续静滴250μg/h，共5日。药物用所附溶媒溶解后用生理盐水或5%葡萄糖液稀释。

**卡莫司他 Camostat**（甲磺酸卡莫司他、卡莫他特）

【用途】慢性胰腺炎急性症状的缓解。

【不良反应】偶见皮疹、食欲减退、腹部不适、便秘、口渴、血小板减少。

【用药护理注意】1. 进行胃液引流、禁食、禁水等饮食限制的严重患者禁用。2. 孕妇、小儿慎用。

【制剂、用法】片：100mg。口服：每次200mg，3次/日。

**萘莫司他 Nafamostat**（甲磺酸萘莫司他、萘莫他特）

【用途】急性胰腺炎、慢性胰腺炎急性恶化、外伤性胰腺炎。

【不良反应】偶见头晕、皮疹、瘙痒、血小板增加、白细胞减少、谷草和谷丙转氨酶升高、静脉炎、注射部位发红等。

【用药护理注意】1. 对本品过敏禁用，孕妇、小儿慎用，哺乳期应停止授乳。2. 出现休克症状时应立即停药。3. 药物溶解后应立即使用。

【制剂】注射液、粉针：10mg。

【用法】静滴：每次 10mg，溶于 5%葡萄糖液 500ml 中，1~2 次/日。

**乌司他汀** Ulinastatin（尿抑制素、Urinastatin、Miraclid）

【用途】急性胰腺炎、慢性复发性胰腺炎急性恶化期、急性循环衰竭等。

【不良反应】粒细胞减少、谷草和谷丙转氨酶升高、腹泻、瘙痒、血管痛。

【用药护理注意】1. 对本品过敏、过敏体质、曾用过本品者、孕妇、小儿慎用。2. 哺乳期应停止授乳。3. 药物溶解后立即使用。

【制剂】粉针：2.5 万 U、5 万 U、10 万 U。

【用法】静滴：每次 2.5 万~5 万 U，溶于生理盐水或 5%葡萄糖液 500ml 中，1~3 次/日。

**奥曲肽**（见主要作用于消化系统的药物，P391）

**曲匹布通**（见治疗肝胆疾病药，P385）

**抑肽酶**（见促凝血药，P419）

## （八）其他

**奥曲肽** Octreotide（善宁、善得定、生长抑素八肽、Sandostatin）

【用途】门脉高压引起的食管胃底静脉曲张出血、应激性溃疡及消化性溃疡出血、重症胰腺炎、预防胰腺术后并发症、突眼性甲亢、肢端肥大症等。

【不良反应】胃肠道反应、高血糖、胆结石、肝功能异常、注射部位疼痛。

【用药护理注意】1. 对本品过敏、孕妇、哺乳期妇女、儿童禁用，肾、胰腺功能异常和胆结石慎用。2. 治疗前、后应每 6~12 个月做胆囊超声波检查。3. 在两餐之间及晚上注射，可减轻胃肠道反应。4. 本品可减少环孢素的吸收，延缓西咪替丁的吸收。5. 2~8℃、避光可保存 5 年，室温下可保存 2 周。

【制剂】注射液：0. 05mg、0. 1mg（1ml）、0. 5mg（1ml）。

【用法】食管胃底静脉曲张出血：0. 1mg 缓慢静注，随后以 0. 025~0. 05mg/h 的速度持续静滴 12~48 小时。应激性及消化性溃疡出血：每次 0. 1mg，皮下注射，3 次/日。重症胰腺炎：每次 0. 1mg，皮下注射，4 次/日，共 3~7 日。

**美沙拉嗪 Mesalazine**（美沙拉秦、5-氨基水杨酸、颇得斯安、艾迪莎、5-ASA）

【用途】溃疡性结肠炎、节段性回肠炎、溃疡性直肠炎。

【不良反应】偶见头痛、恶心、腹泻，罕见急性胰腺炎、白细胞减少。

【用药护理注意】1. 胃及十二肠溃疡、孕妇、哺乳期妇女、2 岁以下禁用。2. 缓释片宜整片或掰开吞服，勿嚼碎或压碎服。3. 出现皮疹或急性胰腺炎时立即停药。4. 本品影响维生素 $B_{12}$ 的吸收。

【制剂】片：0.4g。缓释片：0.5g。栓剂：1g。颗粒剂（艾迪莎）：0.5g。

【用法】口服：每次 1g，4 次/日。直肠给药：用于溃疡性直肠炎，每次 1g，1~2 次/日。

**奥沙拉嗪 Olsalazine**（奥沙拉秦、奥沙拉嗪钠、奥柳氮钠、畅美、地泊坦）

【用途】溃疡性结肠炎、克罗恩病等炎症性肠病。

【不良反应】腹泻、软便、腹部痉挛、头痛、失眠、恶心、关节痛、皮疹。

【用药护理注意】孕妇、哺乳期妇女用药安全性未明。

【制剂】胶囊：0.25g。

【用法】口服：开始 1~2g/d，维持量 1g/d，分 2 次饭时或饭后服。

**二甲硅油** Dimethicone（消胀片、消泡净）用于手术后、肝病等引起的胃肠胀气（用片剂），各种原因引起的肺水肿（用气雾剂）。气雾剂瓶外防护套为防胀裂用，勿撕下。片：25mg、50mg。气雾剂：1%（15ml）。口服：每次50~100mg，3次/日，嚼碎服。雾化吸入：将药瓶倒置，在患者口鼻前10~15cm处，揿压瓶帽，吸入雾状药液，必要时可反复使用。

## 十、主要作用于泌尿系统的药物

### （一）利尿药

**呋塞米** Furosemide（速尿、速尿灵、利尿灵、呋喃苯胺酸、Lasix）

【用途】其他利尿药无效的水肿（心、肝、肾性）、急性肺水肿、脑水肿。

【不良反应】胃肠反应、耳鸣、耳聋、瘙痒、视力模糊、体位性低血压、肝损害、电解质紊乱、粒细胞减少、血小板减少等。

【用药护理注意】1. 孕妇、低血钾、洋地黄过量、肝性脑病禁用，痛风、小儿慎用。2. 宜从小剂量开始用药。3. 定期查血压、脉搏、电解质、肾功能、血糖。4. 注意补钾。5. 不与氨基糖苷类同用。6. 能增强降压药的作用。

【制剂】片：20mg。注射液：20mg（2ml）。

【用法】口服：开始 20~40mg/d，根据病情可增至 60~120mg/d，分 2~3 次。肌注、静注：每次 20~40mg，1~2 次/日，无效时剂量可逐渐递增。静注应先稀释，注速＜4mg/min，不与其他药物混合。小儿每次 0.5~1mg/kg，1~2 次/日。

**复方呋塞米** Furosemide Composite（福洛必、FLB）用于心源性、肾性、肝性水肿等。片：含呋塞米 20mg、阿米洛利 2.5mg。口服：每次 1 片，1 次/日，早晨服效果较好。

**布美他尼** Bumetanide（丁苯氧酸、丁尿胺）参阅呋塞米。作为呋塞米的代用品，不宜加于酸性输液中，以免发生沉淀。片：1mg。注射液：0.5mg（2ml）。口服：每次 0.5~1mg，1~3 次/日。肌注、静注：每次 0.5~1mg，必要时 2~3 小时可重复 1 次。

**吡咯他尼** Piretanide（苯氧吡酸、吡咯速尿）用于各种水肿和高血压。其他同呋塞米。片：3mg、6mg。口服：水肿，每次 6mg，隔 4 小时后根据利尿情况增加 3~6mg。高血压，9mg/d，早晨 1 次或分次服。

**依他尼酸** Ethacrynic Acid（利尿酸）参阅呋塞米。片：25mg。粉针：25mg。口服：每次25mg，1~3次/日，不超过100mg/d。静注：每次25mg，1~2次/日。用生理盐水稀释后慢注，经常更换注射部位，以免发生静脉炎。不宜肌注。

**环戊噻嗪** Cyclopenthiazide（环戊甲噻嗪、环戊氯噻嗪）同氢氯噻嗪，作用较强。有肝性脑病倾向禁用。片：0.25mg。口服：每次0.25~0.5mg，1~2次/日。

**螺内酯** Spironolactone（安体舒通、螺旋内酯固醇、Atisterone）

【用途】醛固酮升高的顽固性水肿（肝硬化腹水、肾病综合征等）。

【不良反应】较轻，头痛、嗜睡、皮疹、乳腺分泌过多、高血钾、低血钠。

【用药护理注意】1. 肾功能衰竭、血钾偏高、无尿、代谢性酸中毒禁用，孕妇慎用。2. 常与氢氯噻嗪合用。3. 用药后不可驾驶车船或高空作业。4. 用药期间避免食用高钾食品。

【制剂、用法】片、胶囊：20mg。口服：每次20mg，3~4次/日

**螺内酯-噻嗪片**（Aldactazide）：含螺内酯、氢氯噻嗪。1片/次，1~4次/日。

**氨苯蝶啶** Triamterene（三氨蝶啶）

【用途】心力衰竭、肝硬化和慢性肾炎等引起的顽固性水肿或腹水。

【不良反应】偶见恶心、呕吐、乏力、嗜睡、轻腹泻、皮疹、血钾过高等。

【用药护理注意】1. 严重肝、肾功能不全，有高钾血症倾向、无尿禁用。2. 长期用药应定期查 BUN。3. 服药后多数病人出现淡蓝色荧光尿。4. 用药期间避免食用高钾食品。

【制剂】片：50mg。

【用法】口服：每次 50~100mg，3 次/日，饭后服，常与氢氯噻嗪合用。

**氨苯蝶啶-氢氯噻嗪片**（Diazide）：每片含氨苯蝶啶 50mg；氢氯噻嗪 25mg。口服：1 片/次，1~4 次/日。

**阿米洛利** Amiloride（氨氯吡咪、蒙达清、脒氯嗪）同氨苯蝶啶。很少单独应用，本品无降压作用。片：5mg。口服：10~20mg/d，分 2~3 次。

**复方阿米洛利**（武都力、Moduretic）：每片含阿米洛利 2. 5mg、氢氯噻嗪 25mg。口服：1~2 片/次，1~2 次/日，与食物同服。

氢氯噻嗪（见抗高血压药，P295）

## （二）脱水药

### 甘露醇 Mannitol

【用途】脑水肿、青光眼、大面积烧烫伤引起的水肿、防治肾功能衰竭。

【不良反应】1. 偶见过敏反应（如喷嚏、呼吸困难等）、血尿。2. 注射过快致头痛、视力模糊、眩晕、畏寒、注射部位疼痛。3. 药物漏出血管外致局部组织肿胀、坏死。

【用药护理注意】1. 活动性颅内出血、心功能不全禁用，因脱水致尿少、肾功能不全、高血钾慎用。2. 气温较低时易析出结晶，可用热水（80℃）温热并振摇溶解，但注射时药液应与体温相等。3. 防止药液漏出血管外，如漏出致局部组织肿胀，可热敷处理。4. 本品不宜加入电解质，因易引起沉淀。

【制剂】注射液：20%（100ml）、20%（250ml）。

【用法】静注或快速静滴：20%溶液每次 250~500ml，滴速 10ml/min。不超过 100g/d。

**山梨醇 Sorbitol** 同甘露醇。作用较弱。注射液：25%（100ml、250ml）。静滴：25%溶液每次250~500ml，儿童每次1~2g/kg，20~30分钟内滴完。

**尿素 Urea（脲）**

【用途】脑水肿、脑疝、青光眼。

【不良反应】面色潮红、精神兴奋、烦躁不安，药液外漏致局部红肿起泡。

【用药护理注意】1. 活动性颅内出血、血内氨质积留过多、肾功能不全、严重休克及脱水者禁用。2. 本品用 10%转化糖、20%甘露醇溶解，以防溶血，忌用注射用水溶解。3. 如药液漏出血管外，应热敷并用 0.25%普鲁卡因局部封闭。

【制剂】注射液：30g（100ml）、60g（250ml）。

【用法】静注或快速静滴：每次 0.5~1g/kg，稀释后于 20~30 分钟内滴完，12 小时后可重复给药，连用 1~3 日。

**高渗葡萄糖 Hypertonic Glucose** 用于脑水肿、颅内压增高。少单用，可与甘露醇交替使用，冬季用药可将药液加热至与体温相等的温度后再用。注射液：50%（20ml）。静注：每次 50~100ml，1 次/4~6 小时。

**甘油果糖** Glycerin Fructose（布瑞得）用于脑外伤、脑肿瘤等引起的颅内压增高。药液如混浊变色切勿使用。注射液：250ml、500ml（含甘油 50g、果糖 25g、氯化钠 4.5g）。静滴：每次 250~500ml，1~2 次/日，每 500ml 滴 2~3 小时。

**甘油**（见泻药与止泻药，P369）

### （三）治疗尿崩症药

**加压素** Vasopressin（血管加压素、抗利尿激素、尿崩停、必压生）

【用途】尿崩症、食管静脉曲张出血。

【不良反应】1. 脸色苍白、腹痛、心悸、高血压、过敏性休克。2. 粉剂吸入过猛致喷嚏、鼻痒、咳嗽，过深致咽喉发紧、气短、胸闷，过多致腹胀痛。

【用药护理注意】1. 呼吸道、副鼻窦疾患和哮喘忌吸入粉剂，孕妇、高血压、冠心病、肺心病、心力衰竭禁用。2. 吸入避免过猛、过深。3. 长期用粉剂致鼻粘膜萎缩。

【制剂】粉剂（尿崩停、垂体后叶粉）：1g（附小匙）。注射液（必压生、垂体后叶注射液）：20U（1ml）。

【用法】鼻腔吸入：用粉剂，每次 30~40mg（约 1 小匙）/次，将药粉倒在纸上，卷成纸卷，用手压住一侧鼻孔，将纸卷插入另一侧鼻孔，抬头轻轻将药粉吸入鼻腔内，3~4 次/日。皮下注射：尿崩症，每次 5~10U，2~3 次/日。静滴：食管静脉曲张出血，每次 40U 加 5%葡萄糖液 500ml，滴速 0.1~0.4U/min。

**去氨加压素** Desmopressin（醋酸去氨加压素、弥凝、依地停、DDAVP）

【用途】中枢性尿崩症、遗尿症、肾脏浓缩功能测试、血友病出血。

【不良反应】头痛、眩晕、疲劳、恶心、呕吐、短暂血压下降、反射性心动过速、面部潮红、水钠潴留、过敏反应等。

【用药护理注意】1. 心功能不全、习惯性多饮不宜用，幼儿、老人、水电解质失衡或颅内压增高者慎用。2. 监测尿量和尿渗透压。3. 注意防止发生水钠潴留。4. 治遗尿症时，用药前 1 小时至服药后 8 小时内限制饮水量。

【制剂】片：0.1mg、0.2mg。注射液：4μg（ml）。鼻喷剂：100μg/ml。

【用法】治尿崩症：口服，每次 0.05~0.2mg，2~3 次/日，首次于睡前服，次日抗利尿作用消失后方可给第 2 次剂量。肌注，每次 1~4μg，1~2 次/日。鼻喷雾剂，20~40μg/d。治遗尿症：口服，首剂睡前服 0.1~0.2mg，连用 3 个月。

**鞣酸加压素 Vasopressin Tannate**（长效尿崩停）

【用途】尿崩症。

【不良反应、用药护理注意】1. 致苍白、胸闷、腹泻、肠绞痛。2. 心力衰竭、高血压、动脉硬化、孕妇禁用。3. 注射前将药物摇匀。4. 禁止静脉注射。

【制剂】注射液：100mg（5ml）。

【用法】深部肌注：开始每次 0. 2ml，逐渐增至每次 0. 3~1ml，注射 0. 3ml 可维持 2~6 日。注意更换注射部位。

**氢氯噻嗪**（见抗高血压药，P295）

## （四）尿路解痉药

**黄酮哌酯 Flavoxate**（盐酸黄酮哌酯、津源灵、舒尔达）

【用途】消除排尿困难、尿频、尿急、尿痛、尿失禁症状，肾结石疼痛等。

【不良反应】口干、便秘、视力模糊、嗜睡、头痛、心动过速、心悸。

【用药护理注意】肠梗阻、胃肠出血、青光眼、阻塞性尿道疾病、12 岁以下禁用，孕妇、驾驶员、机械操作人员慎用。

【制剂、用法】片：0.2g。口服：每次0.2g，3~4次/日。

**奥昔布宁 Oxybutynin**（尿多灵、尿多灵频尿丸、奥宁、捷赛）

【用途】尿频、尿急、尿失禁、小儿遗尿症。

【不良反应、用药护理注意】1. 致口干、视力模糊、面潮红、乏力等。2. 肠梗阻、胃肠出血、青光眼、阻塞性尿道疾病禁用，孕妇、5岁以下慎用。

【制剂】片、胶囊：5mg。

【用法】口服：每次5mg，5岁以上，每次2.5mg，2~3次/日。

**酒石酸托特罗定 Tolterodine Tartrate**（舍尼亭、乐在）

【用途】尿频、尿急、尿失禁。

【不良反应】口干、消化不良、便秘、腹痛、头痛、皮肤干燥、过敏反应。

【用药护理注意】1. 尿潴留、窄角型青光眼、重症肌无力、严重溃疡性结肠炎、中毒性巨结肠患者、对本品过敏、哺乳期妇女、儿童禁用。2. 用药期间不宜从事危险作业。

【制剂、用法】片：2mg。口服：每次1~2mg，2次/日。

## （五）治疗前列腺疾病药

### 非那雄胺 Finasteride（非那甾胺、保列治）

【用途】轻、中度良性前列腺增生症。

【不良反应】阳痿、性欲减退、射精量减少、乳房增大和压痛、皮疹。

【用药护理注意】1. 妇女、儿童禁用。2. 治疗前须排除前列腺癌。3. 男性服药后精液中有本品，应避免怀孕伴侣接触其精液。4. 口服不受食物影响。

【制剂】片：5mg。

【用法】口服：每次5mg，1次/日，饭前、饭后服均可，疗程6个月以上。

### 爱普列特 Epristeride（列特）

【用途】良性前列腺增生症。

【不良反应】轻微恶心、食欲减退、头昏、失眠、性欲减退、射精量减少。

【用药护理注意】1. 妇女、儿童禁用。2. 治疗前须排除前列腺癌。

【制剂】片：5mg。

【用法】口服：每次5mg，早晚各1次，饭前、饭后服均可，疗程4个月。

**舍尼通** Cernilton（普适泰）用于良性前列腺增生、慢性非细菌性前列腺炎、前列腺疼痛。妇女、儿童禁用。片：0.375g。口服：每次 0.375g，早晚各 1 次，可饭前或饭后服。

**保前列** Cefasabal（西发通）用于Ⅰ、Ⅱ期前列腺增生，急、慢性前列腺炎、膀胱炎。用药期间生活应规律，避免食用辛辣及易过敏食物。片：0.25g。口服：每次 1~2 片，3~4 次/日，饭前用温开水送服。

**阿夫唑嗪** Alfuzosin（盐酸阿呋唑嗪、桑塔、桑塔前列泰）
【用途】良性前列腺增生、高血压。
【不良反应】胃肠反应、口干、头痛、嗜睡、皮疹、心悸、体位性低血压。
【用药护理注意】禁与 $\alpha_1$ 受体阻断剂、钙拮抗剂合用，65 岁以上慎用。
【制剂、用法】片：2.5mg。口服：每次 2.5mg，3 次/日，吞服，勿咀嚼。

**特拉唑嗪**（见抗高血压药，P283）
**酚苄明、坦索罗辛**（见抗肾上腺素药，P251~252）

## （六）改善男性性功能药

**西地那非** Sildenafil（枸橼酸西地那非、万艾可、伟哥、威尔刚、喜多芬）

【用途】阴茎勃起功能障碍（阳痿，ED）。

【不良反应】头痛、潮红、消化不良、视觉异常、皮疹、勃起时间延长。

【用药护理注意】1. 儿童、妇女、心血管状态不宜进行性活动者禁用。2. 本品增强硝酸酯类的降压作用，规律或间断服用任何剂型硝酸酯类者禁用。3. 服药后不宜从事驾车等危险作业。4. 持续勃起＞4h 或痛性勃起＞6h 应立即就医。5. 性活动开始时如出现心绞痛、头晕、恶心等症状，须终止性活动。

【制剂】片：25mg、50mg、100mg。

【用法】口服：每次 50mg，最多 1 次/日，性活动前 1h（或 0.5~4h 内）服。

**前列地尔** Alprostadil（前列腺素 $E_1$、保达新、凯威捷、凯时、比法尔、勃乐斯、Befar、$PGE_1$）

【用途】外周动脉闭塞性疾病、阴茎勃起功能障碍（阳痿）。

【不良反应】低血压、阴茎疼痛，持续勃起、异常勃起，阴茎红疹、水肿。

【用药护理注意】1. 孕妇、哺乳期妇女、儿童、有出血可能者禁用。2. 本品不与其他药物混合。3. 注射后有异常勃起应及时就医。4. 溶液须临用配制。5. 0~5℃避光保存，避免冻结。

【制剂】乳膏（比法尔）：250mg（0.4%）。粉针（保达新）：20μg。注射液（凯威捷）：10μg（凯时）、20μg。

【用法】静滴：外周动脉闭塞性疾病，每次 40~60μg，溶于生理盐水或 5% 葡萄糖液中慢滴。阴茎海绵体内注射：每次 10~20μg，阴茎背侧面近根部 1/3 处注射，在医生指导下使用。尿道口给药：性交前 5~20 分钟从冰箱中取出乳膏，左手持平阴茎龟头部并轻轻使尿道张开，将管中的乳膏尽量滴入尿道口内。

## （七）其他

**左卡尼汀** Levocarnitine（左旋卡尼汀、左旋肉碱、雷卡、贝康亭）

【用途】继发性肉碱缺乏症。

【不良反应】偶见恶心、呕吐、腹泻、一过性丙氨酸转氨酶升高、瘙痒。

【用药护理注意】对本品过敏禁用，孕妇、哺乳期妇女慎用。

【制剂】注射液：1g（5ml）。口服液：1g（10ml）。

【用法】缓慢静注：每次 1g，用生理盐水稀释至 20ml，每次血透后给药。

**复方氨基酸片** Compound Amino Acid Tablets（肾灵、开同、Ketosteril）

【用途】慢性肾功能不全的代偿期和失代偿期。

【不良反应】长期服用致高钙血症。

【用药护理注意】1. 高钙血症禁用。2. 定期测定血钙。3. 不与其他含钙药物并用。4. 四环素影响本品吸收，不宜同时服用。5. 必须保证足够热量摄入（低蛋白、高热量饮食）。6. 为避免低磷血症，用药期间减少氢氧化铝用量。

【制剂、用法】片。口服：每次 4~8 片，3 次/日，进餐时整片吞服。

**包醛氧化淀粉** Pluriom Oxystarch（析清）用于尿毒症早、中期。胃肠道反应少见，配合低蛋白饮食有助于提高疗效。粉剂：5g。口服：每次 5~10g，2~3 次/日，饭后用热开水浸泡后服或温水冲服。

**高分子碳化物**（爱西特）用于急、慢性肾功能衰竭，腹泻。致便秘等。与其他药物合用至少间隔 2 小时以上。片：0.3g。口服：每次 4~5 片，3 次/日。

**复合氨基酸 9R 注射液**（见营养药，P526）

## 十一、作用于血液及造血系统的药物

### （一）抗贫血药

**硫酸亚铁 Ferrous Sulfate**（硫酸低铁、施乐菲、Iron Sulfate）

【用途】缺铁性贫血。

【不良反应】胃部不适、恶心、呕吐、便秘、腹泻，过量致急性中毒。

【用药护理注意】1. 非缺铁性贫血、血色素沉着症，严重肝、肾功能损害禁用。2. 不与抗酸药、浓茶同服，与四环素合用会互相影响吸收。3. 稀盐酸和 VitC 能促进铁的吸收。4. 服糖浆或溶液剂时应使用吸管，以防染黑牙齿。5. 可致便秘和黑便应预先告知病人。6. 进食时或餐后服，可减轻胃肠道反应。7. 在湿空气中迅速氧化变黄（生成高铁）不能使用，应密封、避光、干燥处保存。

【制剂】片：0.3g。缓释片：0.25g 、0.45g。控释片（施乐菲）：0.16g。溶液剂：3%。糖浆剂：4%。

【用法】口服：每次 0.3g，小儿每次 0.1~0.3g， 3 次/日，或缓释片每次 0.45g，1 次/日，控释片每次 0.16g，1~2 次/日，均为饭后服。

**硫酸亚铁维生素混合物** （维铁控释片、福乃得）同硫酸亚铁，胃肠道反应较少。片：含硫酸亚铁 525mg。口服：每次 1 片，1 次/日，饭后整片吞服。

**多糖铁复合物** Polysaccharide Iron Complex（多糖铁、力蜚能）用于缺铁性贫血。血色素沉着症、含铁血黄素沉着症禁用。胶囊：150mg。溶液：每瓶 1.2g（60ml）。口服：每次 150~300mg，6 岁以上儿童每次 100~150mg，1 次/日。

**葡萄糖酸亚铁** Ferrous Gluconate 同硫酸亚铁。胶囊：0.25g、0.3g、0.4g。片：0.1g、0.3g。糖浆：0.25g（10ml）、0.3g（10ml）。口服：每次 0.3~0.6g，儿童每次 0.1~0.2g，3 次/日，饭后服。

**琥珀酸亚铁** Ferrous Succinate（速力菲）同硫酸亚铁。对胃肠道刺激性小。片：0.1g。口服：每次 0.1~0.2g，3 次/日，儿童每次 0.1g，1~3 次/日，饭后服。

**蛋白琥珀酸铁** Iron Protein Succinylate（菲普利）同琥珀酸亚铁。口服液：0.8g（15ml）。口服液，15~30ml/d，儿童 1.5ml/(kg·d)，分 2 次，饭前服。

**富马酸亚铁** Ferrous Fumarate(富马铁)同硫酸亚铁。不良反应较轻。片、胶囊：0.2g、0.05g。口服：每次 0.2~0.4g，儿童每次 0.05~0.2g，3 次/日，饭后服。

**右旋糖酐铁 Iron Dextran**（右旋酐铁、科莫非）

【用途】不宜口服铁剂的严重缺铁性贫血或急需纠正缺铁者。

【不良反应】面部潮红、头痛、头晕、胃肠道反应、寒战、肌肉酸痛，个别有过敏反应，甚至过敏性休克，肌注局部疼痛，静注致静脉痉挛、静脉炎。

【用药护理注意】1. 严重肝、肾功能减退，尿路感染、无尿、妊娠早期禁用。2. 不与口服铁剂合用。3. 禁止皮下注射，肌注后不应按摩局部，静注防止溢出静脉。4. 需冷藏，久置稍有沉淀，不影响质量。5. 首次注射后观察 1h。

【制剂、用法】注射液：25mg（1ml）、100mg（4ml）。深部肌注：每次 25mg，1 次/日。静注用生理盐水或 5%葡萄糖液稀释。

**山梨醇铁 Iron Sorbitex**（Iron Sorbitol）同右旋糖酐铁。吸收较快，局部反应较少，注射后口腔内有金属味，偶致过敏性休克，注射场所须有急救药物（肾上腺素）和设备。注射液：50mg（1ml）。深部肌注：每次 75~100mg，2~3 次/周。

**叶酸 Folic Acid**（维生素 M、斯利安、美天福）

【用途】巨幼红细胞性贫血、恶性贫血（与维生素 $B_{12}$ 合用）。

【不良反应】罕见过敏反应，长期大量使用可出现胃肠道症状、黄色尿。

【用药护理注意】1. 诊断不明确的贫血不盲目使用。2. 营养性巨幼红细胞贫血常合并缺铁，应同时补铁、蛋白质及其他B族维生素。3. 不宜静注。

【制剂】片：5mg。注射液：15mg（1ml）。

【用法】口服：每次 5~10mg，儿童每次 2.5~5mg，3 次/日。肌注：每次 15mg，1 次/日。

**复方叶酸注射液**：含叶酸和维生素 $B_{12}$。每支 1ml。肌注：1~2ml/d。

**维生素 $B_{12}$** Vitamin $B_{12}$（氰钴胺）

【用途】恶性贫血、巨幼红细胞性贫血、神经炎、肝炎、肝硬化。

【不良反应】偶见皮疹、瘙痒、腹泻、过敏性哮喘、低血钾、高尿酸血症。罕见过敏性休克。

【用药护理注意】1. 痛风、心功能不全、视神经萎缩慎用。2. 不能同时大量使用维生素 C。3. 禁止静脉注射。

【制剂】片：25mg。注射液：0.05mg、0.1mg、0.25mg、0.5mg、1mg。

【用法】肌注：每次 0.025~0.1mg，1 次/日。用于神经炎时剂量酌增。

**腺苷钴胺** Cobamamide（辅酶维 $B_{12}$、辅酶维生素 $B_{12}$、腺苷）

【用途】巨幼红细胞性贫血、营养不良性贫血、妊娠期贫血、神经疾患等。

【不良反应】偶见过敏反应，甚至过敏性休克。

【用药护理注意】1. 有引湿性，遇光易分散，应避光、密闭保存。2. 注射液启封后要立即使用，以免失效。

【制剂】片：0.25mg。注射液：0.5mg（1ml）。

【用法】口服：每次 0.5~1mg，1~3 次/日。肌注：每次 0.5~1mg，1 次/日。

**甲钴胺** Mecobalamin（弥可保、泛敏补）

【用途】巨幼红细胞性贫血（一般用注射液）、末梢神经障碍。

【不良反应】恶心、腹泻、皮疹，肌注致头痛、出汗、局部疼痛、硬结。

【用药护理注意】1. 对本品过敏禁用。2. 避免在同一部位反复注射。3. 注射液开封后立即使用，不能放置。4. 避光室温保存。

【制剂】片(弥可保)、胶囊(泛敏补)：0.5mg。注射液(弥可保)：0.5mg(1ml)。

【用法】口服：每次 0.5mg，3 次/日。肌注、静注：每次 0.5mg，3 次/周，2 个月后改为 1 次/1~3 个月。

**红细胞生成素** Erythropoietin（重组人红细胞生成素、促红细胞生成素、利血宝、怡泼津、阿法依泊汀、宁红欣、佳林豪、怡宝、rHuEPO、Epoetin Alfa）

【用途】慢性肾衰性贫血，骨髓瘤、骨癌及艾滋病药物治疗引起的贫血等。

【不良反应】血压升高、高血压性脑病、诱发癫痫发作，偶见心悸、瘙痒、皮疹、痤疮、转氨酶升高、头痛、关节痛、发热、高钾血症等。

【用药护理注意】1. 对本品过敏、高血压失控者、铅中毒、孕妇禁用，癫痫、卟啉病、脑血栓形成慎用。2. 治疗过程监测血压、血红蛋白，注意有无血栓形成。3. 不与其他药物混合。4. 2~8℃冷藏，避光，不可冻结和振荡。

【制剂】注射液：1000单位、2000单位、4000单位、10000单位（1ml）。

【用法】静注、皮下注射：开始剂量每次50~150U/kg，3次/周。治疗过程根据红细胞压积或血红蛋白水平调整剂量。

**红细胞生成素β** Erythropoietin Beta（重组人红细胞生成素β、倍他依泊汀、罗可曼、Epoetin Beta）同红细胞生成素。注射液：2000单位。皮下注射：开始剂量为每周3×20U/kg。静注：开始剂量为每周3×40U/kg。

## （二）促凝血药

**亚硫酸氢钠甲萘醌** Menadione Sodium Bisulfite（维生素 $K_3$、Vitamin $K_3$）

【用途】阻塞性黄疸、胆瘘、慢性腹泻、广泛肠段切除后、早产儿、新生儿出血，香豆素类、水杨酸类过量引起出血，胆绞痛、杀虫药敌鼠钠中毒的解救。

【不良反应】1. 胃肠道反应、肝损害。2. 大剂量致新生儿、早产儿溶血性贫血、黄疸、高胆红素血症。3. G-6-PD 缺乏者可诱发急性溶血性贫血。

【用药护理注意】1. 对肝硬化、晚期肝病出血无效。2. 肝功能不良者改用维生素 $K_1$。3. 定期查凝血酶原时间。4. 不与碱性药合用。5. 不宜长期大量使用。

【制剂】片：2mg。注射液：2mg（1ml）、4mg（1ml）。

【用法】止血：肌注，每次 4mg，1~2 次/日。口服，每次 2~4mg，3 次/日。胆绞痛：肌注，每次 8~16mg。

**维生素 $K_1$** Vitamin $K_1$（叶氯醌）同亚硫酸氢钠甲萘醌。静注过快可致面部潮红、胸闷、出汗等，肌注局部疼痛、硬结，胆汁缺乏时口服吸收不良。注射液：10mg（1ml）。肌注、静注：每次 10mg，1~2 次/日。静注用 5%葡萄糖液、5%葡萄糖盐水或生理盐水稀释后慢注，速度不超过 1mg/min，禁用其他溶液稀释。

**卡巴克络** Carbazochrome（安络血、安特诺新、肾上腺色腙、Adrenosem）

【用途】毛细血管通透性增加引起的出血。

【不良反应】1. 注射部位疼痛。2. 长期反复使用有水杨酸反应。

【用药护理注意】1. 有癫痫或精神病史慎用。2. 抗组胺药影响本品疗效。

【制剂】片：2.5mg、5mg。注射液：5mg（1ml）、10mg（2ml）。

【用法】口服：每次2.5~5mg，3次/日。肌注：每次5~10mg，1~2次/日。

**酚磺乙胺** Etamsylate（止血敏、止血定、羟苯磺乙胺、Dicynone）用于各种出血。可与其他止血药合用，禁与氨基己酸混合注射，以免中毒。片：0.25g、0.5g。注射液：0.25g(2ml)、0.5g、1g。口服：每次0.5~1g，2~3次/日。肌注、静注、静滴：每次0.25~0.75g，2~3次/日，与5%葡萄糖液或生理盐水混合静滴。

**醋甘氨酸乙二胺** Ethylenediamine Diaceturate（双乙酰氨乙酸乙二胺、新凝灵、新凝血灵、新抗灵、迅刻）用于各种出血。注射液：0.2g（2ml）。肌注：每次0.2g，1~2次/日。静注：每次0.2~0.4g，1~2次/日，加入25%葡萄糖液20ml中。静滴：每次0.2~0.6g，加入5%葡萄糖液250~500ml中。

**氨甲苯酸** Aminomethylbenzoic Acid（止血芳酸、对羧基苄胺、抗血纤溶芳酸、PAMBA）

【用途】纤维蛋白溶解过程亢进所致的出血，对慢性渗血效果好。

【不良反应】头晕、头痛，过量可促进血栓形成，诱发心肌梗死。

【用药护理注意】1. 有血栓栓塞史禁用，肾功能不全慎用。2. 对癌性出血及创伤性出血无效。3. 与口服避孕药合用有增加血栓形成的危险。

【制剂】片：0.125g、0.25g。注射液：0.05g（5ml）、0.1g（10ml）。

【用法】静注、静滴：每次 0.1~0.3g，儿童每次 0.1g，用 5%葡萄糖液或生理盐水 10~20ml 稀释后缓慢注射，不超过 0.6g/d，儿童不超过 0.3g/d。口服：每次 0.25~0.5g，3 次/日，极量：2g/d。

**氨甲环酸** Tranexamic Acid（止血环酸、凝血酸、AMCHA）同氨甲苯酸。作用较强。片、胶囊：0.25g。注射液：0.1g（2ml）、0.25g（5ml）。口服：每次 0.25g，3~4 次/日。静注、静滴：每次 0.25g，1~2 次/日，静注以 25%葡萄糖液稀释，静滴以 5%~10%葡萄糖液稀释。

**氨基己酸 Aminocaproic Acid（6-氨基己酸、EACA）**

【用途】外科大手术出血、肝硬化出血、肺及消化道出血。

【不良反应】偶见腹泻、呕吐、鼻塞、结膜充血、皮疹、低血压、尿多等。

【用药护理注意】1. 有血栓形成倾向、有栓塞性血管病史、肾功能不全、泌尿道术后、血尿者慎用。2. 排泄较快，须持续给药。3. 不能阻止小动脉出血。4 不能静注。

【制剂】片：0.5g。注射液：1g（10ml）、2g（10ml）。

【用法】口服：每次 2g，3~4 次/日。静滴：每次 4~6g，用 5%~10%葡萄糖液或生理盐水 100ml 稀释，15~30 分钟内滴完。维持量：1g/h，不超过 20g/d。

**凝血酶 Thrombin（纤维蛋白酶、Thrombase）**

【用途】局部出血及消化道出血。

【不良反应】偶见局部过敏反应、低热反应。

【用药护理注意】1. 对本品过敏者禁用。2. 只限局部或外用止血，药物必须直接与创面接触才能止血，严禁注射给药。3. 出现过敏症状立即停药。4. 溶液应现配现用。5. 使用前尽量清洁创面，减少创面血液。6. 10℃以下贮存。

【制剂】粉剂（有效期 2.5 年）：100U、200U、500U、1000U、2000U。

【用法】局部出血：可直接用粉末或用灭菌生理盐水溶解成 50~250U/ml 的溶液，洒、喷、涂抹于创面，或用明胶海绵、纱条蘸本品贴敷于创面。消化道出血：用温开水、生理盐水或牛奶（温度不超过 37℃）溶解成 10~500U/ml 的溶液，口服或局部灌注，每次用量 500~2000U。

**血凝酶** Hemocoagulase (立止血、蛇凝血素、蛇凝血素酶、巴曲酶、Reptilase)

【用途】各种原因的出血。(**注意**：东菱精纯抗栓酶的别名也是巴曲酶，P430)

【不良反应】罕见过敏或过敏样反应（皮疹、寒战、心悸等）。

【用药护理注意】1. DIC 导致的出血、有血栓或栓塞史、妊娠前 3 个月禁用。2. 动脉或大静脉出血必须及时进行手术处理，应用本药可减少失血。3. 对疑有过敏或类过敏的患者应严密观察 24 小时，确诊后及时给予抗过敏处理。

【制剂】冻干粉针（有效期 2 年）：1KU（KU：克氏单位），附溶剂。

【用法】静注、肌注、皮下注射、口服或外用：每次 1~2 KU，1~2 次/日，不超过 8 KU/d，儿童 0.3~0.5~1KU/d，静脉给药用生理盐水进一步稀释。疗程一般为 1~2 天，多数不超过 3 天，病情需要可适当延长。

**抑肽酶** Aprotinin（抑胰肽酶、特斯乐、赫泰林、曲来赛多）

【用途】纤维蛋白溶解引起的出血、弥漫性血管内凝血、急性胰腺炎。

【不良反应】偶见过敏反应或类过敏反应，偶见静脉炎、荨麻疹、休克。

【用药护理注意】1. 对本品过敏、孕妇、哺乳期妇女禁用。2. 禁止与其他药物配伍。3. 使用时应先输入本品 1 万 KIU，至少观察 10 分钟，无反应方可继续使用。4. 出现过敏反应要立即停药，并进行急救。5. 给药时患者须平卧。

【制剂】注射液：10 万 KIU（5ml）、20 万 KIU（10ml）、50 万 KIU（50ml）。粉针：5 万 KIU 。KIU 为激肽释放酶灭活单位（kallikrein inactivation units）。

【用法】静注：治疗出血，剂量视病情而定，临用前用 5%葡萄糖液稀释。先用 1 万 KIU 缓慢静脉滴入，若无过敏反应，再缓慢注入 50 万 KIU（不超过 2ml/min），以后 5 万 KIU/2h，直到出血被控制。儿童 2 万 KIU/（kg・d）。

**凝血质** Thromboplastin（凝血因子III、凝血活酶）用于各种出血。注射前摇匀，禁止静注，因可引起血栓形成。注射液：15mg（2ml）。肌注：每次 7.5~15mg，1~3 次/日。局部止血时湿敷：药液浸于消毒棉花或纱布上敷塞于出血部位。

**抗血友病球蛋白** Globulin Antihemophilia（凝血因子Ⅷ、冻干人凝血因子、海莫莱士、格林艾特、康斯平、Antihemophilic Factor Ⅷ、AHG）

【用途】凝血因子Ⅷ缺乏或患获得性因子Ⅷ抑制物增多症而致的出血。

【不良反应】溶血性贫血、过敏反应，输注过快致头痛、血压下降、心衰。

【用药护理注意】1. 孕妇慎用。2. 仅供稀释后静滴，肌注无效。3. 药物溶解后一般为澄清略带乳色的溶液，允许微量细小蛋白颗粒存在，如有大块不溶物，则不能使用。4. 溶解后立即使用，药液忌剧烈振荡，输液器应带有滤网装置。5. 如制剂瓶内失去真空度，则不能使用。6. 2~8℃保存，但不能冻存。

【制剂】粉针（有效期 2 年）：100 U、200 U、400 U，附稀释剂。

【用法】静滴：轻度、中度出血，单剂量 10~15U/kg；较严重出血，首剂 15~25U/kg，维持量 10~15U/kg，1 次/8~12 小时。用 25~30℃注射用水 100ml 溶解。

**凝血酶原复合物** Prothrombin Complex（普舒莱士、康舒宁、Propthoraas、PPSB）

【用途】防治因凝血因子 II、VII、IX 和 X 缺乏引起的出血。

【不良反应】静滴过快致短暂发热、寒战、头痛、呕吐、潮红、血压改变。

【用药护理注意】1. 孕妇慎用。2. 仅供静脉滴注用。3. 使用前将本品及稀释液温热至 20~25℃，温度过低不易溶解，稀释液不能再放入冰箱，药液忌剧烈振荡，以免蛋白变性。4. 溶解后立即使用，输液器应带有滤网装置。5. 静滴时，应密切观察血管内凝血或血栓症状和体征，发现可疑情况，要立即停药或大幅度减少用量。6. 如制剂瓶内失去真空度，则不能使用。7. 2~8℃保存。

【制剂】粉针：200U（血浆当量单位）、400U（血浆当量单位），附溶剂。

【用法】静滴：用量视病情而定，一般 10~20U/kg。稀释液用无菌注射用水、生理盐水或 5%葡萄糖注射液。开始慢滴，15 分钟后稍快，一般 1 瓶 200U 药物 30~60 分钟滴完。

**冻干人纤维蛋白原** Fibrinogen（纤维蛋白原、法布莱士、格林法补）

【用途】产后大出血、手术、外伤、内出血等引起纤维蛋白原缺乏的出血。

【不良反应】偶见发热、皮疹、心动过速，快速过量可致 DIC。

【用药护理注意】1. 用前以 25~30℃（温度过低会造成溶解困难并导致蛋白变性）灭菌注射用水按标示量注入瓶内进行溶解，轻轻摇动至全部溶解，忌剧烈振摇。2. 用带有滤网装置的输血器进行静脉滴注，以防不溶性蛋白质微粒被输入，如有大块沉淀，不能使用。3. 2~10℃避光保存。

【制剂】粉针：0.5g、1g、1.5g、2g。

【用法】静滴：每次1.5~6g，每1.5g加注射用水100ml溶解，以每分40滴的速度滴入。剂量根据出血程度确定。

**硫酸鱼精蛋白 Protamine Sulfate**（鱼精蛋白）

【用途】肝素过量引起的出血、自发性出血。

【不良反应】胃肠道反应、过敏，高浓度或注射过快致低血压、呼吸困难。

【用药护理注意】1. 连用不宜超过3天。2. 不与其他药物配伍。3. 静注应缓慢，并备好抢救休克药物和设备。4. 注射液2~8℃保存。

【制剂】注射液：50mg（5ml）、100mg（10ml）。粉针：50mg。

【用法】缓慢静注：抗肝素过量，用量与所用肝素钠相当，本品1mg中和100U肝素钠，每次不超过50mg。粉针用灭菌注射用水溶解。静滴：抗自发性出血，5~8mg/(kg·d)，分2次，间隔6小时，用生理盐水300~500ml稀释。

**吸收性明胶海绵 Absorbable Gelatin Sponge** 用于创面止血。片状。无菌包装。将渗血拭净，立即用干燥本品贴敷创面，再用干纱布加以压迫，即可止血。

**特利加压素** Terlipressin（三甘氨酸-赖氨酸-加压素、可利新）

【用途】食管静脉曲张出血。

【不良反应】偶见腹痛、头痛、脸色苍白、血压升高。

【用药护理注意】1. 孕妇、儿童禁用。2. 监测血压、心率和血钠、血钾。3. 用所附稀释液配制，12 小时内用完。

【制剂】粉针：1mg（附溶媒 5ml）。

【用法】静注：首剂 2mg，缓注＞1min，维持量 1~2mg/4h，延续 24~36h。

**奥曲肽**（见抗酸药及抗消化性溃疡药，P391）

**加压素、去氨加压素**（见治疗尿崩症药，P399~400）

## （三）抗凝血药

**枸橼酸钠** Sodium Citrate（柠檬酸钠）

【用途】体外抗凝。

【不良反应】大剂量输入致低钙血症、代谢性酸中毒。

【用药护理注意】大量输入含本品血液时，应注射适量钙剂，防低钙血症。

【制剂、用法】注射液：0.25g（10ml）。输血时防血凝：每 100ml 血中加入输血用枸橼酸钠注射液 0.25g。

肝素钠 Heparin Sodium（肝素、Heparin）

【用途】血栓形成和栓塞、各种原因引起的早期 DIC，体外抗凝。

【不良反应】自发性出血、血小板减少、局部刺痛、局部血肿、过敏反应（发热、荨麻疹、哮喘等）等，罕见过敏性休克，长期使用致脱发、骨质疏松。

【用药护理注意】1. 对本品过敏、有出血倾向、严重肝肾功能不全、内脏肿瘤、溃疡病、细菌性心内膜炎、活动性结核、严重高血压、脑出血、外伤及手术后禁用，孕妇慎用。2. 监测凝血时间。3. 肌注和皮下注射刺激性较大，可与 2% 普鲁卡因混合注射以减轻疼痛，并选用细针头深部肌注或皮下脂肪组织注射，注射处不宜搓揉，每次更换注射部位。4. 多食含钾、钙食物。

【制剂】注射液：1000U、5000U、12500U（2ml）。

【用法】静滴：首剂 5000U，加入 5%~10%葡萄糖液或生理盐水 100ml 中，30~60 分钟内滴完。需要时每隔 4~6 小时重复给药 1 次，总量可达 25000U/d。静注、深部肌注、皮下注射：每次 5000U~10000U，1 次/8~12 小时。

**低分子肝素钠** Low Molecular Weight Heparin Sodium（达肝素钠、法安明、栓复欣、吉派啉、诺易平）

【用途】防治血栓栓塞性疾病、血液透析时防血凝块形成。

【不良反应】皮肤粘膜、牙龈出血，偶见血小板减少、一过性转氨酶升高。

【用药护理注意】1. 对本品过敏、细菌性心内膜炎、严重凝血障碍、消化道出血、脑出血禁用。2. 不与其他输液混合。3. 禁止肌注。4. 各药厂生产的制剂规格不同，也不等效，应参阅说明书使用，同一疗程不使用两种不同产品。

【制剂】注射液：2500IU、5000IU、10000IU（法安明），3200IU、4250IU、6400IU（栓复欣），5000IU（吉派啉），1432IU（诺易平）。

【用法】腹壁皮下注射：防血栓栓塞，手术前 2 小时注射 2500IU，术后每日早晨注射 2500IU，共 5~7 日。静注：血透，70~80IU/kg，单剂量给药。

**依诺肝素** Enoxaparin（依诺肝素钠、克赛、Clexane）同低分子肝素钠。预填充注射器：每支 20mg（0.2ml）、40mg（0.4ml）、60mg（0.6ml）、80mg（0.8ml）、100mg（1ml）。腹壁皮下注射：防血栓栓塞，手术前 2 小时注射 1 次 20mg。治静脉血栓形成，1mg/kg，1 次/12 小时。可静脉注射，禁止肌注。

**肝素钙** Heparin Calcium（普通肝素钙、钙肝素、钙保明、自抗栓、凯瑞）同肝素钠。注射液：2500U（0.3ml）、5000U、7500U。静滴：100~150U/kg，加入葡萄糖液或生理盐水中滴入。皮下注射：5000~10000U/d，选择腹、腰部皮下注射。

**低分子肝素钙** Nadroparine Calcium（那屈肝素钙、速避凝、Fraxiparine）

【用途】防治血栓栓塞性疾病、血液透析时防血凝块形成。

【不良反应】血小板减少，一般性皮肤过敏，偶见注射部位出血及淤斑。

【用药护理注意】1. 同肝素钠。2. 皮下注射取卧位，交替注入腰部左侧或右侧前后部位的皮下组织，捏起该部位组织形成一褶裥，垂直注入皮下，注射过程保持皮肤皱褶，注射前不可推或拉注射器活塞，以免剂量不准或引起血肿。3. 禁止肌注和静注。4. 本品过量用硫酸鱼精蛋白对抗。

【制剂】注射液：0.2ml（5000 AXa iu）、0.3ml（7500 AXa iu）、0.4ml（10000 AXa iu）、0.6ml、0.8ml、1ml。（AXa iu：抗凝血因子 Xa 单位）

【用法】腹壁皮下注射：防血栓栓塞，手术前 2~4 小时注射 1 次 0.3ml，术后每次 0.3ml，1 次/日，共 7 日。治深静脉血栓形成，450 AXa iu/（kg·d），分 2 次（1 次/12 小时），连用 10 日。

**类肝素** Heparinoid（磺酸酯粘多糖、喜疗妥、Hirudoid）

【用途】血管栓塞、静脉曲张、表浅静脉炎、注射局部疼痛、乳腺炎。

【用药护理注意】含有乙醇，不宜涂于粘膜、眼睛和伤口上。

【制剂】霜剂：14g。

【用法】外用：涂于患处，然后轻轻按摩，1~2次/日。

**华法林** Warfarin（华法林钠、华法令、华福灵、杜邦可嘧啶、Coumadin）

【用途】防治血栓栓塞性疾病（血栓性静脉炎、肺栓塞），心梗辅助治疗。

【不良反应】出血（鼻衄、齿龈出血、血尿）、过敏、胃肠不适、坏疽等。

【用药护理注意】1. 禁忌证参阅肝素钠。2. 定期查血象、凝血酶原时间和肝肾功能、大便潜血。3. 许多药物可使本药增效而增加出血倾向，VitK、利福平等可减弱本品的抗凝作用，菠菜、卷心菜富含 VitK，应注意。4. 用药期间碱性尿者尿色可成红色至橘红色，注意与血尿鉴别。5. 禁饮酒。

【制剂】片：1mg、2mg、2.5mg、3mg、5mg。

【用法】口服：第1日5~20mg，次日起给维持量，2.5~7.5mg/d。

**双香豆素** Dicoumarol 同华法林。长期使用者，停药须逐渐减量，如突然停药，少数可致栓塞形成。片：50mg。口服：每1日0.1~0.2g，第2日起0.05~0.1g/d。

**链激酶** Streptokinase（溶栓酶、法链吉、去链吉、Streptase、SK）

【用途】血栓栓塞性疾病（深静脉或周围动脉栓塞、肺栓塞、新鲜心梗）。

【不良反应】出血（注射部位血肿等）、发热、头痛、寒颤、全身不适。

【用药护理注意】1. 禁忌证同肝素钠。2. 禁与其他抗凝药同用，忌与生物碱、蛋白质沉淀剂配伍。3. 用药期间避免非必要肌注、动静脉穿刺，因可引起血肿。4. 现用现配，溶解时不可剧烈振荡，以免活力降低。5. −4~4℃保存。

【制剂】粉针：10万U、15万U、20万U、30万U。

【用法】用本药前半小时，先肌注异丙嗪25mg、静注地塞米松2.5~5mg，以防过敏反应、出血倾向等。静滴：先导剂量，50万U溶于生理盐水或5%葡萄糖液100ml中，30分钟左右滴完。维持剂量，60万U溶于5%葡萄糖液250~500ml中，加入氢化可的松25~50mg或地塞米松1.25~2.5mg，静滴6小时（滴入速度10万U／h），4次/日，用药24~72小时。

治疗后用低分子右旋糖酐作为过渡，以防血栓再形成。

**重组链激酶** Recombinant Streptokinase（思凯通）用于急性心肌梗死等血栓性疾病。用链激酶后 5 天至 12 个月内不能用本品，发生血压下降应减慢静滴速度，2~8℃保存。粉针：10 万 IU、50 万 IU、150 万 IU。静滴：150 万 IU 溶于 5%葡萄糖液 100ml 中滴注 1 小时。

**尿激酶** Urokinase（雅激酶、尿活素、天普洛欣、UK）

【用途】急性心肌梗死、肺栓塞、脑血管栓塞、静脉或周围动脉栓塞等。

【不良反应】出血、过敏反应（发热、头痛、恶心等）。

【用药护理注意】1. 严重肝病、严重高血压、出血倾向、低纤维蛋白原血症禁用，年龄过大、原动脉粥样硬化慎用。2. 现配现用，不用酸性溶液稀释。3. 出现出血、过敏反应，立即停药。4. 禁止肌注或局部注射。5. 2~8℃贮存。

【制剂】粉针：5000U、1 万 U、5 万 U、10 万 U、20 万 U、25 万 U、50 万 U。

【用法】脑血管栓塞、静脉或周围动脉栓塞：静滴、静注 2 万~4 万 U/d，1 次或分 2 次，临用前用灭注射用水使溶解，然后加入生理盐水、5%葡萄糖液或低分子右旋糖酐。急性心肌梗死：静滴，50 万~150 万 U/d。重症肺栓塞：尽早给药，经静脉导管插至右心房，10 分钟内滴入 1.5 万 U/kg，随即改用肝素钠。

**组织型纤维蛋白溶酶原激活剂** Human Tissue-Type Plasminogen Activator（组织型纤溶酶原激活剂、爱通立、rt-PA）

【用途】急性心肌梗死、肺栓塞。

【不良反应、用药护理注意】1. 致注射部位出血，如出血严重应停药。2. 不与其他药物配伍。3. 不用葡萄糖液稀释。4. 用药期间应避免血管穿刺。5. 30℃下避光保存，已配制溶液在冰箱中最多存放24h，在30℃室温存放8h。

【制剂】粉针：50mg（附50ml灭菌注射用水）。

【用法】静注：每次 50mg，溶于灭菌注射用水 50ml 中。静滴：每次100mg，溶于生理盐水500ml中，前2分钟静注10mg，随后60分钟滴入50mg，最后120分钟滴完剩余40mg。

**东菱精纯抗栓酶** Defibrin（东菱抗栓酶、东菱克栓酶、巴曲酶、DF-521）用于急性缺血性脑血管病、慢性动脉闭塞症（**注意**：血凝酶的别名也是巴曲酶，与本药作用不同，见 P418）。致注射部位出血，5℃以下保存，但避免冻结。注射液：10BU（1ml）、5BU（0.5ml），BU为巴曲酶单位。静滴：首次 10BU，以后隔日5BU，疗程1周。临用前用生理盐水100~200ml稀释，滴注1h以上。

**蝮蛇抗栓酶** Ahylysantinfarctase（清栓酶）

【用途】脑血栓形成、血栓闭塞性脉管炎、深部静脉炎、大动脉炎等。

【不良反应】患肢胀麻、酸痛，头痛、发热、出汗、月经多、皮下出血点。

【用药护理注意】1. 活动性出血、严重低血压、活动性肺结核、溃疡病、细菌性心内膜炎、肝肾功能不全、月经期妇女禁用。2. 用药前须皮试（用生理盐水稀释成 0.0025U/ml，用 0.1ml）。3. 出现出血倾向或过敏反应立即停药。4、用药后 5~10 日内减少活动。

【制剂、用法】冻干粉针：0.25U。静滴：每次 0.008U/kg，用生理盐水或 5%葡萄糖液 250ml 稀释，滴速 40 滴/分，1 次/日。

**去纤酶** Defibrinogenase（去纤维蛋白酶、Defrine）

【用途】脑血栓形成、四肢动静脉血栓形成、心肌梗死、视网膜静脉栓塞。

【不良反应】头晕、乏力、齿龈出血、皮下出血点、皮疹、微量蛋白尿等。

【用药护理注意】1. 有出血病灶禁用，过敏体质慎用。2. 用药前须皮试（本品 0.1ml 用生理盐水稀释至 1ml，皮内注射 0.1ml）。3. 注意出血倾向。4. 用药后 5~10 日内尽量少活动，以防意外创伤。5. 2~5℃贮存。

【制剂】注射液：20NIH（2ml），NIH 为凝血酶单位。

【用法】静滴：每次 0.25~1NIH/kg，加入 250~500ml 生理盐水或 5%葡萄糖盐水中，静滴 4 小时，开始滴速宜慢，1 次/4~7 日，1 疗程 3~4 次。

**蚓激酶** Lumbrukinase（博洛克、普恩复）用于缺血性脑血管病中纤维蛋白原增高及血小板聚集率增高。致恶心、腹泻、皮肤瘙痒、皮疹等。胶囊：200mg。口服：每次 2 粒，3 次/日，饭前半小时服，1 疗程 3~4 周。

**舒洛地特** Sulodexide（伟素、Vessel Due F）

【用途】血栓性疾病。

【不良反应】口服致胃肠反应，注射部位疼痛、烧灼感、血肿，罕见过敏。

【用药护理注意】1. 对本品、肝素、肝素样药品过敏，出血性疾病、孕妇禁用。2. 先用注射剂，15~20 日后改口服维持 30~40 日，1 年至少重复 2 次。

【制剂】粉针：600LSU。胶囊：250LSU。LSU (Lipasemic Unit)为酯酶单位。

【用法】肌注：每次 600LSU，1 次/日，用 15~20 日。口服：每次 250LSU，2 次/日，距用餐时间要长，可在早上和晚上 10 时服。

## （四）促白细胞增生药

**重组人粒细胞巨噬细胞集落刺激因子 Recombinant Human Granulocyte-macrophage Colony Stimulating Factor**（粒细胞/巨噬细胞集落刺激因子、沙格司亭、沙格莫丁、先特能、生白能、激因子、特尔立、里亚尔、吉姆欣、Sargramostim、rhGM-CSF）

【用途】各种原因引起的白细胞或粒细胞减少症。

【不良反应】发热、皮疹、低血压、恶心、水肿、口炎、骨痛、肌痛、腹泻、呼吸困难、静脉炎、嗜睡、肾功能减退、心律失常等。

【用药护理注意】1. 对本品过敏、自身免疫性血小板减少性紫癜、骨髓及外周血中存在过多白血病的原始细胞者禁用，孕妇、哺乳期妇女、18 岁以下及恶性骨髓肿瘤慎用。2. 不与肿瘤化疗药同时使用。3. 首次应在医疗监护下使用。4. 皮下注射用 1ml 无菌生理盐水溶解，忌剧烈振荡。5. 2~8℃避光保存。

【制剂】冻干粉针：50μg、100μg、150μg、250μg、300μg、400μg。

【用法】骨髓移植：静滴，每次 5~10μg/kg，1 次/日。先用无菌注射用水溶解，再以生理盐水或 5%葡萄糖液稀释。骨髓增生异常综合征、再障：皮下注射或静滴，每次 3μg/kg，1 次/日。癌症化疗过程白细胞减少：皮下注射，于化疗停止 24h 后使用，每次 5~10μg/kg，1 次/日，共 7~8 日。

**重组人粒细胞集落刺激因子** Recombinant Human Granulocyte Colony Stimulating Factor（非格司亭、非雷司替、惠尔血、优保津、保粒津、格拉诺赛特、吉粒芬、吉赛欣、Filgrastim、rhG-CSF、G-CSF）

【用途】骨髓移植、肿瘤化疗后及其他原因引起的中性粒细胞减少。

【不良反应】皮疹、低热、恶心、呕吐、头痛、骨痛、腰痛、转氨酶升高。

【用药护理注意】1. 对本品过敏禁用，孕妇、新生儿、有药物过敏史慎用。2. 定期查血象，中性粒细胞过多应减量或停药，幼稚细胞过多立即停药。3. 用所附注射用水 1ml 溶解，静滴用 5%葡萄糖液或生理盐水稀释，不与其他注射液混合。4. 须在化疗停止后 1~3 日使用。5. 2~8℃避光保存，忌摇动、冻结。

【制剂】冻干粉针：50μg、75μg、100μg、150μg、250μg、300μg。

【用法】肿瘤化疗：皮下注射，2μg/kg（或 50μg/$m^2$），1 次/日。或静滴，5μg/kg，儿童 2μg/kg，1 次/日。骨髓移植：于移植后 2~5 日起，5μg/kg（或 300μg/$m^2$），皮下注射或静滴，1 次/日。

**鲨肝醇** Batiol（Batylalcohol）用于各种原因引起的粒细胞减少。片：25mg、50mg。口服：每次 25~50mg，3 次/日，小儿每次 1~2mg/kg，3 次/日。

**维生素 $B_4$　Vitamin $B_4$（腺嘌呤）**

【用途】各种原因引起的白细胞减少症，急性粒细胞减少症。

【用药护理注意】1. 注射时需溶于 2ml 磷酸氢二钠缓冲液中，不与其他药物混合。2. 与肿瘤化疗或放疗并用时，应考虑是否有促进肿瘤发展的可能性。

【制剂】片：10mg、25mg。注射液：20mg（附 2ml 磷酸氢二钠缓冲液）。

【用法】口服：每次 10~20mg，3 次/日，肌注、缓慢静注：20~30mg/d。

**复维 $B_4$ 注射液**：含维生素 $B_4$ 和卡巴克络，每支 5ml。静注：1~2 支/次，1~3 次/日，静注宜缓慢，2~3 周为 1 疗程。

**茜草双酯 Rubidate**

【用途】各种原因引起的白细胞减少症。

【不良反应】口干、头痛、纳差、乏力等。

【用药护理注意】1. 与维生素 $B_4$、鲨肝醇、利血生等有协同作用。2. 遇光分解变色，受潮或遇碱会被破坏。

【制剂】片：100mg、200mg。

【用法】口服：每次 400mg，2 次/日，小儿每次 15~20mg/kg，3 次/日。

**肌苷** Inosine（次黄嘌呤核苷、茵乃斯、甘可、百能）

【用途】各种原因引起的白细胞和血小板减少，急慢性肝炎、心脏疾患。

【不良反应】轻度腹痛，静注偶有恶心、颜面潮红。

【用药护理注意】1. 不与氯霉素、双嘧达莫、硫喷妥钠配伍。2. 可与葡萄糖液、生理盐水、氨基酸及各种水溶性维生素混合静注或静滴。

【制剂】片：200mg。注射液：100mg（2ml）、200mg（5ml）。

【用法】口服：每次 200~600mg，3 次/日。静注、静滴：每次 200~600mg，1~2 次/日。

**小檗胺** Berbamine（升白安）用于各种原因引起的白细胞减少症。本品对热和光不稳定，应避光、密封保存。片：25mg。口服：每次 50mg，3 次/日。

**升白新** Cleistanthin-B（地菲林葡萄糖苷）用于肿瘤患者因放疗和化疗引起的白细胞减少症。用量过大可影响肝、肾功能，定期查肝、肾功能。胶囊：200mg。微胶囊：50mg。口服：胶囊每次 200mg，微胶囊每次 50mg，3 次/日。

## （五）抗血小板药

**双嘧达莫 Dipyridamole**（双嘧哌胺醇、潘生丁、达尔康、Persantin）

【用途】血栓栓塞性疾病、缺血性心肌病、心绞痛。

【不良反应】头痛、头晕、恶心、呕吐、面红、皮疹、低血压等。

【用药护理注意】1. 孕妇、哺乳期妇女、12岁以下慎用。2. 用药期间不宜饮茶和咖啡，以免茶碱对抗腺苷作用，促使冠状动脉收缩。

【制剂】片：25mg。注射液：10mg（2ml）。

【用法】口服：每次 25~50mg，3 次/日，饭前 1 小时服。深部肌注：每次 10mg，1 次/6 小时，除葡萄糖外，不与其他药物混合。

**噻氯匹定 Ticlopidine**（抵克立得、力抗栓、防聚灵、利血达、敌血栓）

【用途】血栓栓塞性中风、慢性血管闭塞性脉管炎、闭塞性动脉硬化。

【不良反应】消化道症状、皮疹、齿龈出血，偶见白细胞减少。

【用药护理注意】1. 孕妇、出血性疾病、白细胞或血小板减少禁用。2. 出现发热、咽喉炎、口腔溃疡时应停药。3. 手术前 10~12 日应停药。

【制剂、用法】片：250mg。口服：每次 250mg，2 次/日，进餐时服。

**磺吡酮** Sulfinpyrazone（苯磺保泰松、硫氧唑酮）

【用途】缺血性心脏病、动脉血栓性疾病、慢性痛风。

【不良反应】消化道反应、皮疹，血小板、粒细胞减少，尿结石。

【用药护理注意】1. 定期查血象。2. 与食物、牛奶或抗酸药同服可减轻胃肠刺激反应。3. 为防止尿结石，可加服碳酸氢钠并多饮水。4. 忌饮酒。

【制剂】片：0. 1g。

【用法】口服：每次 0. 2g，3~4 次/日，进餐时或与牛奶同服。

**西洛他唑** Cilostazol（培达）用于慢性动脉闭塞性溃疡、疼痛、冷感等局部性疾病。致皮疹、瘙痒、心悸、恶心、呕吐、皮下出血、肝肾功能异常等。出血患者、孕妇、哺乳期禁用。片：50mg、100mg。口服：每次 100mg，2 次/日。

**曲克芦丁** Troxerutin（维脑路通、羟乙基芦丁、维生素 $P_4$、Venoruton）用于脑血栓形成、脑栓塞所致的偏瘫，血栓性静脉炎。偶见过敏反应、胃肠道障碍。片：0. 1g。注射液：0. 1g（2ml）。口服：每次0. 3g，2~3次/日。肌注：每次0. 1~0. 2g，2次/日，疗程20日。静滴：每次0. 4g，1次/日，用5%~10%葡萄糖液稀释。

**氯吡格雷 Clopidogrel**（硫酸氯吡格雷、泰嘉、波立维）

【用途】降低动脉粥样硬化性疾病（心肌梗死等）患者的危险性。

【不良反应】消化道出血、便秘、腹泻、皮疹，罕见白细胞、粒细胞减少。

【用药护理注意】1. 对本品过敏、有活动性出血、孕妇、哺乳期妇女、儿童禁用。2. 慎与肝素合用。3. 本品可与食物同服，也可单独服用。

【制剂】片：25mg（泰嘉）、75mg（波立维）。

【用法】口服：每次 50~75mg，1 次/日。

**奥扎格雷 Ozagrel**（奥扎格雷钠、晴尔、丹奥）

【用途】蛛网膜下腔出血术后血管痉挛及并发脑缺血、急性脑梗死。

【不良反应】出血倾向、恶心、呕吐、皮疹、肝功能障碍、血压下降。

【用药护理注意】1. 脑出血、脑梗死并出血、有出血倾向、严重高血压，严重心、肺、肝、肾功能障碍禁用。2. 禁与含钙输液混合，以免产生混浊。

【制剂】注射液、粉针：20mg。

【用法】静滴：每次 80mg，溶于生理盐水或 5%葡萄糖液中，1 次/日，连续用药 2 周。

**沙格雷酯** Sarpogrelate （盐酸沙格雷酯、安步乐克）用于改善慢性动脉闭塞症引起的溃疡、疼痛、冷感等症。致粒细胞、血小板减少，皮疹等，出血患者、孕妇禁用，定期查血象。片：100mg。口服：每次 100mg，3 次/日，饭后服。

**吲哚布芬** Indobufen（易抗凝）用于动脉硬化性缺血性心、脑血管和周围动脉病变，静脉血栓形成。致上腹不适、胃肠道出血等，出血性疾病、对本品过敏、孕妇、哺乳期妇女禁用。片：0. 2g。注射液：0. 2g（2ml）。口服、肌注、静注：每次 0. 1~0. 2g，2 次/日。

**依前列醇** Epoprostenol（依前列醇钠、前列环素、Prostacyclin、$PGI_2$）

【用途】心肺分流术、血液透析时防高凝状态，严重外周血管疾病等。

【不良反应】低血压、心率加快、面部潮红、头痛、胃痉挛、恶心、呕吐。

【用药护理注意】1. 有出血倾向、儿童禁用，孕妇、哺乳期妇女慎用。2. 临用时用所附甘氨酸缓冲液稀释。3. 半衰期为 2~3 分钟，须连续静滴给药。

【制剂】粉针：500μg（附甘氨酸缓冲液 50ml）。

【用法】静滴：5μg/(kg·min)，连续滴注时间根据病情确定。

**阿司匹林**（见解热镇痛抗炎及抗痛风药，P198）

**氯贝丁酯**（见调节血脂及抗动脉粥样硬化药，P313）

## （六）血浆及血浆代用品

**人血白蛋白** Human Albumin（健康人血白蛋白、血清白蛋白、白蛋白、安普莱士、Human Serum Albumin）

【用途】失血性休克、创伤性休克、脑水肿、肝硬化等引起的白蛋白缺乏。

【不良反应】偶见过敏反应，大剂量可致脱水、心力衰竭、肺水肿。

【用药护理注意】1. 严重贫血、心力衰竭禁用。2. 有混浊或开瓶暴露超过 4 小时不能用。3. 不分次或给第二人输注。4. 出现发热、寒战、荨麻疹、恶心等应停止注射。5. 不与缩血管药合用。6. 直接输注或用 5%葡萄糖液、生理盐水（肾病者不用生理盐水）稀释成 5%~10%浓度。7. 2~8℃保存，勿置 0℃以下。

【制剂】注射液：10%（50ml）、20%（25ml）、20%（50ml）、25%（50ml）。冻干粉：5g、10g。

【用法】静滴、静注：每次 5~10g，滴速不超过 2ml/min，开始 15 分钟滴速要慢。冻干粉用 5%葡萄糖液溶解、稀释成 10%的浓度滴注。

**补血康** Biseko 用于低蛋白血症、手术前后、肾病、肾炎、营养不良等。药液必须澄明方可输注，瓶塞穿刺后立即使用，出现头痛、呼吸困难、颈静脉怒张应立即停药。2~8℃储存。注射液：5%（50ml）。静滴：每次50ml。

**冻干健康人血浆** Freeze Dried Human Plasma（冻干人血浆）

【用途】失血性休克、严重烧伤及低蛋白血症。

【用药护理注意】1. 本品溶解后不能剧烈振摇。2. 血浆瓶破损、标签不清、溶解后明显混浊或有不溶物时不能使用。3. 溶解后的血浆应在3小时内输完，剩余不能再用。4. 10℃以下避光保存。

【制剂】冻干针剂（有效期5年）：每瓶相当于400ml全血。

【用法】用前以0.1%枸橼酸溶液、灭菌注射用水或5%葡萄糖液溶解稀释至200ml（为黄色微带混浊的液体），用带滤网的输血器或漏斗纱布过滤后静滴。

**羟乙基淀粉** Hydroxyethyl Starch（淀粉代血浆、706代血浆、贺斯）用于手术、外伤的出血，中毒性休克的补液。偶见过敏反应，剩余药液不能再用。注射液：6%、10%（500ml）。静滴：每次500~1000ml。

**琥珀酰明胶** Gelofusine（血定安、佳乐施）各种原因引起的低血容量休克早期治疗。偶见过敏反应，未用完药液不能再用。注射液：4%（500ml）。静滴：用量视病情而定，一般用量为200~1000ml。

**聚明胶肽** Polygeline（血代、血脉素）用于低血容量性休克。偶见荨麻疹、低血压、寒战等，塑料注射瓶的加压输液必须在控制下进行，因不能排除产生空气栓塞的危险，2~25℃保存。注射剂：3.5%（500ml）。静滴：每次500ml。

**右旋糖酐40** Dextran 40（低分子右旋糖酐）

【用途】各种休克、血栓栓塞性疾病（脑血栓、血栓闭塞性脉管炎等）。

【不良反应】过敏反应、出血倾向，偶见发热、寒战、淋巴结肿大。

【用药护理注意】1. 充血性心力衰竭、颅内高压、有出血性疾患、其他血容量过多患者禁用，肝、肾疾病慎用。2. 首次使用滴速宜慢，应严密观察5~10分钟。3. 不与维生素C、K、$B_{12}$和双嘧达莫配伍。4. 25℃以下保存。

【制剂】右旋糖酐40葡萄糖注射液（含葡萄糖5%）、右旋糖酐40氯化钠注射液（含氯化钠 0.9%）：10g（100ml）、25g（250ml）、50g（500ml）、6g

（100ml）、15g（250ml）、30g（500ml）。

【用法】静滴：每次 250~500ml，1 次/每日或隔日，成人和儿童均不宜超过 20ml/(kg · d)。抗休克时滴速为 20~40ml/min。

**右旋糖酐 70　Dextran 70**（中分子右旋糖酐）

【用途】防治低血容量休克、预防手术后血栓形成和血栓性静脉炎。

【不良反应、用药护理注意】同右旋糖酐 40，更易致出血。

【制剂】右旋糖酐 70 葡萄糖注射液（含葡萄糖 5%）：30g（500ml）。右旋糖酐 70 氯化钠注射液（含氯化钠 0. 9%）：30g（500ml）。

【用法】静滴：每次 500ml，滴速 20~40ml/min，不超过 1000~1500ml/d。

**右旋糖酐 10　Dextran 10**（小分子右旋糖酐）

【用途】急性失血性休克、创伤及烧伤性休克、急性心肌梗死，心绞痛等。

【不良反应】偶见荨麻疹、发热、血压下降、呼吸困难、血尿、贫血等。

【用药护理注意】肾病患者禁用，同右旋糖酐 40。

【制剂】右旋糖酐 10 葡萄糖注射液(含葡萄糖 5% )：30g (500ml)、50g (500ml)。

右旋糖酐10氯化钠注射液（含氯化钠0.9%）：30g（500ml）、50g（500ml）。

【用法】静滴：每次500~1000ml，滴速5~15ml/min。

## 十二、抗变态反应药

### （一）抗组胺药

**马来酸氯苯那敏 Chlorphenamine Maleate**（氯苯那敏、扑尔敏、氯苯吡胺）

【用途】皮肤粘膜过敏性疾病、药物过敏、虫咬、感冒等。

【不良反应】同苯海拉明，但较轻。

【用药护理注意】同苯海拉明，适用于儿童。

【制剂】片：4mg。注射液：10mg（1ml）、20mg（2ml）。

【用法】口服：每次4mg，1~3次/日。小儿0.35 mg/(kg·d)，分3~4次。肌注：每次5~20mg。

**苯海拉明 Diphenhydramine**（苯那君、Benadryl）

【用途】皮肤粘膜过敏性疾病、过敏性鼻炎、晕车、晕船、虫咬等。

【不良反应】头晕、头痛、困倦、嗜睡、口干、恶心、皮疹、粒细胞减少。

【用药护理注意】1. 妊娠早期、哺乳期妇女、新生儿禁用，低血压、高血压、其他心血管病、甲亢、青光眼慎用。2. 用药期间不宜从事危险作业。3. 不能皮下注射，因有刺激性。4. 防晕动症应在旅行前 1~2h 服用。

【制剂】片：25mg、50mg。注射液：20mg（1ml）。乳膏：20g。糖浆。

【用法】口服：每次 25~50mg，3 次/日，饭后服。肌注：每次 20mg，1~2 次/日，极量：每次 100mg。外用：乳膏。口服糖浆适用于儿童。

**异丙嗪 Promethazine**（非那根、普鲁米近、Phenergan）

【用途】各种过敏，晕车、晕船和妊娠呕吐，哮喘（与氨茶碱合用）等。

【不良反应】嗜睡、困倦、口干、口苦、胃肠刺激症状、痰液粘稠、皮炎。

【用药护理注意】1. 驾驶员、机械操作人员、运动员禁用，低血压、青光眼、肝功能减退、妊娠早期、哺乳期慎用。2. 避免与哌替啶、阿托品多次合用。3. 不与氨茶碱混合注射。4. 静注时避免药液漏出血管外。5. 避免饮酒。

【制剂】片：12. 5mg、25mg。注射液：25mg（1ml）、50mg（2ml）。

【用法】口服：每次 12.5~25mg，小儿每次 0. 125~1mg/kg，2~3 次/日。肌注、静注：每次 25~50mg，小儿每次 0. 25~1mg/kg。。

**阿司咪唑** Astemizole（苄苯哌咪唑、息斯敏、速力敏）

【用途】过敏性鼻炎、急慢性荨麻疹及其他过敏反应症状。

【不良反应】偶见嗜睡、皮疹、口干、眩晕、头痛、关节痛、体重增加等。

【用药护理注意】1. 肝功能损害、低钾血症、QT 间期延长者禁用。2. 用前询问对本药过敏史。3. 不与咪唑类抗真菌药、大环内酯类同时服，因可致心律失常。

【制剂】片（有效期 3 年）：10mg。混悬液：60mg（30ml）。

【用法】口服：每次 10mg，6~12 岁，每次 5mg，1 次/日，空腹服。

**氯雷他定** Loratadine（开瑞坦、诺那他定、氯羟他定、百为坦）

【用途】过敏性鼻炎、急慢性荨麻疹及其他过敏性皮肤病。

【不良反应】罕见乏力、头晕、头痛、嗜睡、口干、体重增加、皮疹等。

【用药护理注意】1. 对本品过敏禁用，2 岁以下、孕妇、哺乳期妇女慎用。2. 皮试前 48 小时应停用本品。3. 食物可增加本品生物利用度 40%左右。

【制剂、用法】片：10mg。口服：每次 10mg，1 次/日，或每次 5mg，2 次/日，晨晚各服 1 次。12 岁以下体重大于 30kg 者，剂量同成人；体重小于 30kg 者，每次 5mg，1 次/日。可将药片研碎后服。

**氯雷他定/硫酸伪麻黄碱** Loratadine/Pseudoephedrine Sulfate（开瑞能）用于缓解过敏性鼻炎、感冒症状。致嗜睡、失眠、头痛、口干等。缓释片：含氯雷他定5mg、硫酸伪麻黄碱120mg。每次1片，2次/日，12岁以上剂量同成人。

**特非那定** Terfenadine（敏迪、司立泰、得敏功、敏必治、比斯妥）

【用途】过敏性鼻炎、急慢性荨麻疹、食物过敏、过敏性皮肤病等。

【不良反应】偶见嗜睡、头痛、口干、心律失常、脱发、轻度胃肠反应等。

【用药护理注意】1. 对本品过敏、心律失常、孕妇、哺乳期妇女、3岁以下禁用。2. 不宜与大环内酯类抗生素、酮康唑、依曲康唑合用。3. 避免驾驶。

【制剂】片：60mg。混悬液：30mg（5ml）。

【用法】口服：每次60mg，2次/日，6~12岁，每次30mg，3~5岁，每次15mg，1~2次/日，饭后服。

**去氯羟嗪** Decloxizine（克敏嗪、克喘嗪）

【用途】急慢性荨麻疹、皮肤划痕症、血管神经性水肿、支气管哮喘等。

【不良反应】偶见嗜睡、口干、便秘、失眠、长期用药可产生耐药性。

【用药护理注意】孕妇禁用，避免从事危险作业。

【制剂】片：25mg、50mg。

【用法】口服：每次25~50mg，3次/日。

美喹他嗪 Mequitazine（波丽玛朗、甲喹吩嗪、麦他近、Primalan）

【用途】过敏性鼻炎、荨麻疹、湿疹和其他过敏性皮肤病。

【不良反应】偶见困倦、乏力、头痛、口干、口苦、视物模糊、轻度便秘。

【用药护理注意】1. 对本品过敏禁用，青光眼、前列腺肥大、孕妇、哺乳期妇女、12岁以下慎用。2. 用药期间不宜饮酒，不宜从事危险作业。

【制剂】片：5mg（玻丽玛朗）、3mg（麦他近）。

【用法】口服：每次5mg，早、晚各服1次，或睡前服10mg。

曲普利啶 Triprolidine（曲普立定、刻免、克敏、吡咯吡胺、Actidil）用于荨麻疹、过敏性鼻炎、皮肤瘙痒等。不宜饮酒，不宜从事危险作业。片、胶囊：2. 5mg。缓释片：10mg。口服：每次2. 5~5mg，2次/日，小于1岁，每次1mg，1~6岁，每次2mg，7~12岁，每次3mg，2次/日。

**赛庚啶** Cyproheptadine（普力阿克丁、Periactin）

【用途】荨麻疹、湿疹、过敏性和接触性皮炎、过敏性鼻炎、支气管哮喘。

【不良反应】嗜睡、口干、乏力、头晕、恶心、便秘、食欲增强等。

【用药护理注意】1. 对本品过敏、青光眼禁用，孕妇、哺乳期妇女、年老体弱、2岁以下、驾驶员、高空作业者慎用。2. 止痒作用较强。3. 避免饮酒。

【制剂】片：2mg。糖浆：40mg（100ml）。

【用法】口服：每次2~4mg，2~3次/日。小儿0. 25mg/(kg · d)，分次服。

**苯茚胺** Phenindamine（酒石酸苯茚胺、抗敏胺）用于各种常见过敏性疾病。致失眠、口干、食欲不振等，无嗜睡副作用，可局部用于止痒，但不用于粘膜，因有刺激性。片：25mg。口服：每次25~50mg，2~3次/日。

**曲吡那敏** Tripelennamine（去敏灵、扑敏宁、吡乍明）用于过敏性皮炎、湿疹、哮喘、过敏性鼻炎。偶见粒细胞减少，局部应用可引起皮炎。片：25mg。口服：每次25mg，3次/日，饭后服，不宜嚼碎。

**左卡巴斯汀 Levocabastine（立复汀、Livostin）**

【用途】过敏性鼻炎。

【不良反应】偶见轻微头痛、轻微嗜睡、鼻刺激感、口干，罕见过敏反应。

【用药护理注意】1. 对本品过敏禁用，肾功能不全、孕妇慎用。2. 哺乳期驾驶汽车和操纵机器者可以使用。3. 用前须摇匀，喷药时将药物吸入。

【制剂】鼻喷剂（有效期 3 年）：10ml（0.5mg/ml）。

【用法】喷鼻：每个鼻孔每次喷 2 下，2 次/日。

**阿伐斯汀 Acrivastine（艾克维斯定、新敏灵、欣民立、Semprex）**

【用途】过敏性鼻炎、荨麻疹、皮肤划痕症等。

【不良反应】偶见皮疹，罕见嗜睡。

【用药护理注意】1. 对本品过敏、12 岁以下禁用，孕妇、哺乳期妇女、司机、肾功能损害慎用。2. 与乙醇或中枢神经系统抑制药合用，不良反应增多。

【制剂】胶囊：8mg。

【用法】口服：每次 8mg，1~3 次/日。12 岁以上用量同成人。

**氯马斯汀 Clemastine**（吡咯醇胺、克立马丁）

【用途】过敏性鼻炎、荨麻疹、湿疹及其他过敏性疾病。

【不良反应】偶见轻度嗜睡、恶心、呕吐、食欲不振、动作不协调、心悸。

【用药护理注意】1. 闭角型青光眼、前列腺肥大、哺乳期妇女禁用。2. 用药期间不宜驾车、操纵机器和高空作业。

【制剂】片：1.34mg。糖浆剂：0.67mg（5ml）。注射液：1.34mg。

【用法】口服：每次1.34mg，早、晚各服1次。肌注：1.34~2.68mg/d。

**咪唑斯汀 Mizolastine**（皿治林）

【用途】荨麻疹，季节性、常年性过敏性鼻炎。

【不良反应】头痛、口干、乏力、胃肠功能紊乱、焦虑、抑郁。

【用药护理注意】1. 严重肝病、心脏病，低血钾、12岁以下禁用，孕妇、哺乳期妇女慎用。2. 不与咪唑类抗真菌药（如酮康唑）、大环内酯类抗生素（如红霉素）合用。3. 药片不能掰开服用。

【制剂】片：10mg。

【用法】口服：每次10mg，1次/日，12岁以上儿童剂量同成人。

**西替利嗪** Cetirizine（西替立嗪、仙特明、赛特赞、疾立静、比特力、伊维妥、斯特林、西可韦、福宁）

【用途】过敏性鼻炎、皮炎、荨麻疹、皮肤瘙痒。

【不良反应】偶见头痛、口干、嗜睡，罕见过敏反应。

【用药护理注意】1. 孕妇、哺乳期妇女禁用，高空作业、机械操作、驾驶人员和12岁以下慎用。2. 酒后勿用。

【制剂】片、胶囊：10mg。口服滴剂（仙特明）：5ml、10ml（10mg/ml）。

【用法】口服：每次10mg，1次/日，或每次5mg，早、晚各服1次。

**赛克利嗪** Cyclizine（苯甲嗪、迈神、Marezine）用于晕动症引起的呕吐，放疗、外伤、妊娠等引起的眩晕呕吐。致口干、嗜睡、心率加快等，妊娠头3个月禁用。片：50mg。口服：每次50mg，乘车船前20分钟服。

**奥沙米特** Oxatomide（苯咪唑嗪）用于过敏性鼻炎、荨麻疹、结膜炎、食物过敏等。致嗜睡、头痛、口干、胃肠不适，孕妇慎用，不从事危险作业。片30mg。口服：每次30~60mg，5~14岁，每次15~30mg，早、晚饭后各服1次。

**组胺球蛋白** Histaglobin（蓉生组胺蛋白、组胺丙种球蛋白）

【用途】支气管哮喘、过敏性鼻炎、荨麻疹等过敏性疾病。

【不良反应】面红、头痛、注射部位充血、一过性哮喘加剧。

【用药护理注意】1. IgA 缺乏、孕妇、月经期、发热、用激素类药、哮喘剧烈发作期禁用。2. 仅供皮下注射，严禁静脉注射。3. 2~8℃保存。

【制剂】注射液：2ml。

【用法】皮下注射：每次 2ml，1 次/4~7 日，儿童 1 次/6~10 日，3~5 次 1 疗程。

**美克洛嗪**　Meclozine（敏可静、美其敏）用于晕动病、妊娠呕吐。致嗜睡，服药后不驾车。片：25mg。口服：每次 25mg，2 次/日，晕动病乘车前 1h 服。

**茶苯海明**　Dimenhydrinate（乘晕宁、晕海宁）用于妊娠、晕动症、放射线治疗、术后引起的恶心、呕吐。致嗜睡、头痛、口干、皮疹等。片：25mg、50mg。口服：每次 25~50mg，3 次/日，如乘车船，可提前 30 分钟服 25~50mg。

**苯噻啶**（见镇痛药，P195）

## （二）其他抗变态反应药

### 氯化钙 Calcium Chloride

【用途】荨麻疹、渗出性水肿、慢性钙缺乏症、抢救镁盐中毒。

【不良反应】1. 静注过快致全身发热感、呕吐、心律失常甚至心脏骤停。2. 药液漏出血管外致局部剧痛、组织坏死。

【用药护理注意】1. 用强心苷期间或停药后 7 日内，禁用本品。2. 有强烈刺激性，静注前须用等量葡萄糖液稀释，速度不超过 2ml/min。3. 禁止肌注或皮下注射。4. 药液漏出血管外时，立即用 0.5%普鲁卡因液做局部封闭。

【制剂】注射液：0.3g（10ml）、0.5g（10ml），0.6g、1g（20ml）。

【用法】静注：将 5%注射液 10~20ml 用 25%葡萄糖液稀释 1 倍后缓慢注入。

**氯化钙葡萄糖注射液**　用于血钙降低引起的手足搐搦、荨麻疹等。注射液：（含氯化钙、葡萄糖）。静注：每次 10~20ml，1 次/每日或隔日。禁止肌注。

**氯化钙溴化钠注射液**　（痒苦乐民）用于皮肤瘙痒症。有强烈刺激性。注射液：5ml（含氯化钙、溴化钠）。缓慢静注：每次 5ml，1~2 次/日。禁止肌注。

**葡萄糖酸钙** Calcium Gluconate 同氯化钙。刺激性较小，注射较氯化钙安全。片：0.1g、0.5g。注射液：1g（10ml）。口服液：1g（10ml）。口服：每次0.5~2g，儿童每次 0.5~1g，3 次/日。静注：10%注射液每次 10~20ml，用5%~25%葡萄糖液稀释1倍后缓慢注入，速度不超过2ml/min。

**乳酸钙** Calcium Lactale 同氯化钙。防治钙缺乏症（佝偻病、手足搐搦症等），小儿、妊娠期补充钙盐等。须同服维生素 D。片：0.25g、0.5g。口服：每次0.5~1g，小儿每次0.3~0.6g，2~3次/日。

**戊酮酸钙** Calcium Levulinate（果糖酸钙）用于低血钙、过敏性疾病。同氯化钙。注射液：1g（10ml）。缓慢静注：每次1g，加等量葡萄糖液稀释。

**曲尼司特** Tranilast（利喘贝、利喘平、肉桂氨茴酸）

【用途】支气管哮喘、过敏性皮炎和其他过敏性疾病。

【不良反应】轻度胃肠道反应、头痛、嗜睡、皮疹、尿痛、肝功能异常。

【用药护理注意】1. 孕妇禁用，有肝病史慎用。2. 用药期间不驾车、操作机械。3. 出现过敏或严重肝功能异常应及时停药。

【制剂】片：120mg。胶囊、缓释胶囊：100mg。

【用法】口服：每次100~120mg，3次/日，缓释胶囊每日2次。

**扎鲁司特** Zafirlukast（安可来、Accolate）用于哮喘的预防和长期治疗。致头痛、胃肠道反应、过敏，孕妇慎用，食物降低本品生物利用度，30℃以下保存。片：20mg。口服：每次20mg，2次/日，饭前1小时或饭后2小时服。

**扎普司特** Zaprinast（敏喘宁）用于支气管哮喘、过敏性鼻炎、过敏性皮炎。致嗜睡、口干、恶心、胸闷、心悸等。片：20mg。口服：每次20mg，3次/日。

**孟鲁司特** Montelukast（顺尔宁）用于哮喘的预防和长期治疗。致头痛、腹泻，孕妇、哺乳期、6岁以下慎用。咀嚼片：5mg。口服：10mg/d，临睡前服。

**他扎司特** Tazanolast（佐泰）用于支气管哮喘。致皮疹、瘙痒（须停药）、头痛、心悸、胃部不适。胶囊：70mg。口服：每次70mg，3次/日，饭后服。

**酮替芬 Ketotifen**（甲哌噻庚酮、噻喘酮、萨地同、敏喘停、Zaditen）

【用途】支气管哮喘、过敏性鼻炎、急慢性荨麻疹等。

【不良反应】口干、胃肠不适、嗜睡、头晕、局部皮肤水肿等。

【用药护理注意】1. 孕妇禁用，驾驶、操纵机器、高空作业者慎用。2. 起效慢，须连用 2~4 周才缓解哮喘症状，应先告知病人，以配合治疗。3. 不停用其他已使用的平喘药。4. 不宜与降血糖药合用。5. 避免同用镇静药或饮酒。

【制剂】片、胶囊：1mg。口服液：1mg（5ml）。气雾剂：14g。

【用法】口服：每次 1mg，2 次/日，早、晚服。4~6 岁，每次 0.4mg，6~9 岁，每次 0.5mg，9~12 岁，每次 0.6mg，1~2 次/日。3 岁以下不用。鼻吸入：气雾剂，每次 1~2 揿，2~3 次/日。

**粉尘螨注射液**（粉尘螨）

【用途】过敏性哮喘、过敏性鼻炎等脱敏治疗。

【不良反应】局部红肿、皮疹、轻微哮喘等。

【用药护理注意】1. 肾功能严重低下、严重心血管疾病者禁用。2. 使用前用 1:10 万的药液（将 1:10000 的药液用生理盐水稀释 10 倍）0.1ml 作皮试，观察半小时，如皮疹直径大于10mm，则第1次剂量应比规定剂量适当减少，治疗5~10次后再按规定剂量给药。3. 发生过敏性休克时，处理方法同青霉素休克。

【制剂】注射液：1:10000（1ml）、1:5000（1ml）。

【用法】皮下注射：1次/周，15周为1疗程，第1~3周，用1:10万浓度，各周剂量为0.3、0.6、1ml；第4~6周，用1:1万浓度，各周剂量为0.1、0.3、0.6ml；第7~15周，用1:5000浓度，前2周剂量为0.3、0.6ml，以后每周1ml。

**肾上腺素**（见拟肾上腺素药，P244）

**色甘酸钠**（见平喘药，P340）

**肾上腺皮质激素药**（见肾上腺皮质激素及促肾上腺皮质激素类药，P462）

## 十三、激素及有关药物

### （一）脑垂体激素及其类似物

**重组人生长激素 Recombinant Human Somatropin**（基因重组人生长激素、人生长激素、健高灵、安苏萌、珍怡、思增、诺德人体生长激素、DNA-rhGH）

【用途】生长激素缺乏症、烧伤、骨折、骨质疏松等。

【不良反应】呕吐、腹痛、转氨酶升高，注射部位红肿、皮下脂肪萎缩等。

【用药护理注意】1. 肿瘤患者禁用。2. 临用前配制，用注射用水溶解，可轻摇，但勿猛力振荡，以免变性。3. 注射部位经常交替。4. 2~8℃避光保存。

【制剂】粉针（有效期 1.5 年）：2 单位、4 单位、12 单位。

【用法】肌注、皮下注射：生长激素缺乏，每周 0.5~0.7 IU/kg，分 6~7 次，晚上注射。

**戈那瑞林** Gonadorelin（促性激素释放素、促黄体生成素释放激素、GnRH）

【用途】下丘脑性闭经所致不育、小儿隐睾症和垂体兴奋试验、前列腺癌。

【不良反应】多胎妊娠、呼吸困难、皮疹、注射部位炎症或发硬。

【用药护理注意】1. 对苯甲醇过敏禁用。2. 妊娠时须停药。3. 注射液 2~8℃避光保存，粉针 8~20℃保存。

【制剂】注射液：0.5mg。粉针：0.1mg、0.8mg、3.2mg。喷鼻液：10g。

【用法】静滴：于月经周期第 2~4 天，5~20μg/min，共 90 分钟。喷鼻：治小儿隐睾症，于 1~2 岁间，每侧鼻孔 1 喷/次，3 次/日，3 餐前喷用，4 周 1 疗程。

**亮丙瑞林** Leuprorelin（抑那通、利普安）

【用途】前列腺癌、子宫内膜异位症。

【不良反应】损害肝脏、发热、发汗、阳痿、恶心、皮疹、注射部位硬结。

【用药护理注意】1. 粉针用所附的溶剂配制，摇动以不起泡沫为限，充分混悬后用。2. 针头勿小于 23 号。3. 仅供皮下注射，可选上臂、腹部、臀部，每次换位。4. 注射后告诫患者不得按摩注射部位。5、静注可诱发血栓。

【制剂】微囊注射剂、粉针：3.75mg（粉针附 2ml 专用溶剂）。

【用法】皮下注射：每次 3.75mg，1 次/4 周。初次给药于月经周期第 1~5 天。

**戈舍瑞林** Goserelin（高瑞林、诺雷德）用于前列腺癌、乳腺癌、子宫内膜异位症。致面部发热、阳痿、皮疹、注射部位淤血，孕妇、哺乳期禁用，用药期间采用非激素避孕。注射液：3.6mg。腹前壁皮下注射：每次 3.6mg，1 次/4 周。

**阿拉瑞林** Alarelin（丙乐肽）用于子宫内膜异位症。粉针：25μg、150μg。出现淋漓出血，可咨询医生调整剂量至 200μg/d。皮下、肌注：月经来潮第 1、2 日起，每次 150μg，1 次/日，临用前用 2ml 生理盐水溶解，3~6 个月 1 疗程。

**曲普瑞林** Triptorelin（色氨瑞林、达菲林、达必佳）

【用途】激素依赖性前列腺癌、子宫肌瘤、子宫内膜异位症、妇女不育症。

【不良反应】男性致潮红、阳痿、性欲减退；女性致阴道干涩、出血、头痛。

【用药护理注意】1. 用药期间采取非药物性避孕。2. 控释注射液每次更换注射部位。3. 治疗期间月经应停止，若月经正常须适当处理。

【制剂】注射液：0.1mg。控释注射液：3.75mg。

【用法】皮下注射：每次 0.1mg，1 次/日。肌注：用控释注射液，每次 3.75mg，1 次/4 周，连续使用不超过 6 个月。

**促皮质素**（见肾上腺皮质激素及促肾上腺皮质激素类药，P472）

## （二）肾上腺皮质激素及促肾上腺皮质激素类药

**氢化可的松** Hydrocortisone（氢可的松、皮质醇、可的索、Cortisol）

【用途】各种危重病例的抢救、肾上腺皮质功能不全、类风湿性关节炎、支气管哮喘、过敏性皮炎、白血病、虹膜睫状体炎等。

【不良反应】1. 类肾上腺皮质机能亢进（向心性肥胖、痤疮、高血压、水钠潴留）。2. 肾上腺皮质萎缩或功能不全。3. 诱发和加重感染。4. 诱发和加重溃疡。5. 抑制生长发育。6. 诱发精神病。7. 诱发高血压和动脉粥样硬化。

【用药护理注意】1. 肾上腺皮质功能亢进、抗菌药物不能控制的细菌或真菌感染、消化性溃疡、新近胃肠吻合术、精神病、严重高血压、产褥期、角膜溃疡、骨质疏松禁用，心力衰竭、孕妇、哺乳期妇女、儿童慎用。2. 严重感染、重度结核病必须与足量有效的抗菌药或抗结核药合用。3. 停药时应逐渐减量，不能骤停。4. 低盐、低糖、高蛋白饮食，适当加服钙剂及维生素。5. 出现胃酸过多时，可同服抗酸药。6. 定期查血压、体重、心率、血钾等。7. 氢化可的松注射液含有50%乙醇，必须充分稀释，有中枢抑制症状或肝功能不全者慎用。

【制剂】片剂：10mg、20mg。氢化可的松注射液：10mg（2ml）、25mg（5ml）、50mg（10ml）、100mg（20ml）。醋酸氢化可的松：片，20mg；注射液，125mg（5ml）。注射用氢化可的松琥珀酸钠：135mg（相当氢化可的松100mg）。醋酸氢化可的松软膏：4g（1%）。醋酸氢化可的松眼膏：0.5%。

【用法】口服：每次20~40mg，3次/日，维持量1次/日，早晨9时前服。小儿4mg/(kg·d)，分2~3次。静滴：每次100~200mg，加入5%葡萄糖液或生理盐水500ml中慢滴，可同时加维生素C 0.5~1g。醋酸氢化可的松注射液，摇匀后供关节腔注射。注射用氢化可的松琥珀酸钠，临用前以注射用水或生理盐水配成5%溶液（约3ml）供肌注、静注。滴眼液用前须摇匀。

**泼尼松** Prednisone（强的松、去氢可的松）

【用途】各种急性严重的细菌感染、肾上腺皮质功能不足症、风湿病、肾病综合征、严重支气管哮喘、过敏性疾病、休克、急性白血病、湿疹等。

【不良反应】同氢化可的松，较少而轻。

【用药护理注意】1. 同氢化可的松。2. 本品需经肝脏代谢活化为泼尼松龙才有效，故肝功能不良慎用。3. 外科病人尽量不用，以免影响伤口愈合。

【制剂】片：5mg。眼膏：0.5%。

【用法】口服：抗炎、抗过敏，5~40mg/d，早晨8时1次服，或早晨服全日量的2/3，中午服1/3。小儿1~2mg/(kg·d)。补充替代疗法，5~15mg/d。

**泼尼松龙** Prednisolone（氢化泼尼松、强的松龙）

【用途】同泼尼松。

【不良反应、用药护理注意】同泼尼松。可用于肝功能不良者，不适用于原发性肾上腺皮质功能不全症。

【制剂】片：5mg。注射液：10mg（2ml）。混悬液：125mg（5ml）。

【用法】口服：每次 5~10mg，3 次/日，维持量 5~10mg/d。小儿 1~2mg/(kg·d)，分 3 次。静滴：每次 10~25mg，加入 5%~10%葡萄糖液 500ml 中。肌注：10~30mg/d。关节腔内注射：用混悬液，每次 5~50mg。

**甲泼尼龙** Methylprednisolone（甲基泼尼松、甲基强的松龙、甲强龙）

【用途、不良反应、用药护理注意】同泼尼松。注射液遇光分解，应避光。

【制剂】片：2mg、4mg。甲泼尼龙混悬液：20mg（1ml）、40mg（1ml）。甲泼尼龙琥珀酸钠注射液、粉针：53mg（相当于甲泼尼龙 40mg）。

【用法】口服：开始 16~24mg/d，分 2 次，维持量 4~8mg/d。关节腔内注射、肌注（用甲泼尼龙混悬液）：每次 10~80mg。甲泼尼龙琥珀酸钠注射液可供肌注，或溶于葡萄糖液中静滴。

**可的松** Cortisone（考的松、皮质素）同泼尼松。疗效较差，副作用较大，主要用于肾上腺皮质功能减退症的替代治疗，眼部炎症。肝功能不良者不宜用。

片：5mg、10mg、25mg。注射液（混悬液）：125mg（5ml）。滴眼剂：15mg（3ml）。口服：替代疗法，12.5~37.5mg/d，分2次，上午8时前服2/3，下午2时前服1/3。肌注：每次25~125mg，1~2次/日。滴眼：3次/日，用前摇匀。

地塞米松 Dexamethasone（氟美松、利美达松、意可贴）

【用途】同泼尼松，粘贴片用于非炎症性口腔溃疡。

【不良反应】较大量使用易引起糖尿、类柯兴综合征、精神症状、精神病。

【用药护理注意】1. 有癔病、精神病史、血栓性静脉炎、活动性肺结核等忌用或慎用。2. 同泼尼松。

【制剂】片：0.5mg、0.75mg。粘贴片（意可贴）：0.3mg。醋酸地塞米松注射液：2.5mg（0.5ml）、5mg（1ml）、25mg（5ml）。地塞米松磷酸钠注射液：1mg、2mg、5mg（1ml）。地塞米松棕榈酸酯（利美达松）：4mg(1ml)。软膏：0.05%。

【用法】口服：每次0.5~1.5mg，3次/日，维持量0.5~0.75mg/d。小儿0.25~2mg/d。肌注（醋酸地塞米松注射液）、静滴（地塞米松磷酸钠注射液）：每次5~10mg，静滴时加入5%葡萄糖液中。静注：用地塞米松棕榈酸酯，每次4mg，1次/2周，用5%葡萄糖液或生理盐水稀释。粘贴片：将白色面贴于患处。

**丙酸倍氯米松** Beclomethasone Dipropionate（二丙酸倍氯米松、倍氯米松、必可酮、倍乐松、倍氯松、伯克纳、安得新、必酮碟、Beclomethasone）

【用途】炎症皮肤病（湿疹、牛皮癣），慢性及过敏性哮喘、过敏性鼻炎。

【不良反应】外用致红斑、丘疹等，气雾剂致口干、声音嘶哑，长期使用致口腔、咽喉部白色念珠菌感染。

【用药护理注意】1. 对本品过敏、疱疹、水痘、皮肤化脓、二度以上烫伤禁用，孕妇、婴儿、结核病慎用，不用于眼科。2. 哮喘持续状态疗效不佳。3. 起效较慢，应定时使用。4. 气雾剂喷后应立即漱口，以减轻刺激、防止滋生真菌。5. 每次喷吸药物应与深吸气配合。6. 长期使用应逐渐减量。

【制剂】软膏、霜剂、溶液剂：0.025%。气雾剂（必可酮）：10mg/瓶，每揿 50μg。粉雾胶囊：200μg。鼻喷剂（伯克纳）：200 喷/支，每揿 50μg。

【用法】口腔喷雾、鼻腔喷雾吸入：2 揿/次，最大剂量 1mg/d，儿童 1 揿/次，2~4 次/日。粉雾吸入（粉雾胶囊）：每次 200μg，3~4 次/日。软膏外用。

**倍他米松** Betamethasone（倍氟美松、Celestone）

【用途】活动性风湿病、类风湿性关节炎、红斑狼疮、严重支气管哮喘、严重皮炎、急性白血病等。

【不良反应】同地塞米松。

【用药护理注意】孕妇禁用，不用于肾上腺皮质功能不全症。余同泼尼松。

【制剂】片：0.5mg。注射液：1.5mg（1ml）。

【用法】口服：开始0.5~2mg/d，分3~4次，维持量0.5~1mg/d。肌注。

**复方倍他米松注射液（得宝松、Diprospan）** 含二丙酸倍他米松 5mg、倍他米松磷酸二钠 2mg，1ml/瓶。不用于静脉及皮下注射。臀部深部肌注：开始剂量为每次 1~2ml，必要时可重复给药。关节腔内注射：大关节（膝、髋、肩）每次 1~2ml；中关节（肘、腕、踝）每次 0.5~1ml；小关节（足、手、胸）每次 0.25~0.5ml。皮损内注射：0.2ml/cm$^2$。所有部位注射总量每周不超过 1ml。

**曲安奈德** Triamcinolone Acetonide（曲安缩松、去炎舒松、去炎松-A、康宁克通-A、确炎舒松-A、康宁乐）

【用途】各种皮肤病（湿疹等）、关节痛、支气管哮喘、过敏性鼻炎、肩周炎、急性扭伤、瘢痕等。

【不良反应】长期外用致皮肤萎缩、痤疮，关节腔注射致关节损害，长期用于眼部致眼内压升高。其他参阅氢化可的松。

【用药护理注意】1. 病毒性、结核性或急性化脓性眼病禁用。2. 孕妇不宜长期用。3. 不用于肾上腺皮质功能减退的替代治疗。4. 用前充分摇匀，药物抽吸后要及时注射，以免在针管沉集。5. 皮损内注射不宜太浅。6. 不能静注。

【制剂】注射液（康宁克通-A）：10mg（1ml）、40mg（1ml）。气雾剂：每克含药 0.147mg。霜剂（康宁乐）：5g。软膏、乳膏、滴眼液、洗剂。

【用法】肌注：每次 40mg，1 次/3 周，5 次 1 疗程，6~12 岁儿童剂量减半。皮下注射、关节腔内注射：每次 2.5~5mg。皮损内注射：可分数个部位注射，每处剂量 0.2~0.3mg，不超过 30mg/d、每周 75mg。外用：霜剂、软膏、乳膏。

**曲安西龙** Triamcinolone（去炎松、阿赛松、氟羟强的松龙）

【用途】类风湿性关节炎、其他结缔组织疾病、支气管哮喘、过敏性皮炎等，尤适用于对皮质激素禁忌的伴有高血压或浮肿的关节炎患者。

【不良反应、用药护理注意】致厌食、头痛、眩晕、嗜睡等，一般不引起浮肿、高血压、满月脸。其他同泼尼松。

【制剂】片：1mg、2mg、4mg、8mg。混悬针剂：40mg、125mg（5ml）、200mg（5ml）。糖浆：2mg（5ml）。软膏：0.1%、0.5%。

【用法】口服：开始每次 4mg，2~4 次/日，维持量每次 1~4mg，1~2 次/日。肌注：每次 40~80mg，1 次/1~4 周。关节腔内注射：每次 5~40mg，1 次/1~7 周。外用：软膏。

**氟轻松** Fluocinonide（肤轻松、氟西奈德、仙乃乐、Fluocinolone）

【用途】湿疹、神经性皮炎、皮肤瘙痒症、日光性皮炎、接触性皮炎等。

【用药护理注意】1. 本品为外用皮质激素。2. 对皮肤病并发感染，需同用抗生素。3. 有结核、细菌或病毒感染的皮肤病禁用。

【制剂】软膏、乳膏、洗剂：0.025%。

【用法】局部外用：先将皮肤洗净，然后薄薄涂药，可轻揉促其渗入皮肤。

**丙酸氯倍他索** Clobetasol Propionate（氯倍米松、特美肤）用于神经性皮炎、接触性皮炎、脂溢性皮炎、湿疹等。孕妇、儿童及面部、腋窝、腹股沟处慎用，出现皮肤刺激时立即停药。软膏：5g、10g。外用：薄涂患处，2~3 次/日。

**丁氯倍他松** Clobetasone Butyrate（丁氯倍氟松、特美松）用于湿疹、先天性过敏性皮炎。致局部刺激感、瘙痒。软膏：0.05%。外用：涂患处，1~3次/日。

**莫米松** Mometasone（糠酸莫米松、艾洛松）用于神经性皮炎、银屑病、异位性皮炎、湿疹。致烧灼感、瘙痒、皮肤萎缩等。乳膏、软膏：0.1%（5g）。外用：涂患处，1次/日，轻柔按摩。

**哈西奈德** Halcinonide（哈西缩松、肤乐）用于银屑病、湿疹。孕妇慎用，皮损有感染不用，用前洗去鳞屑。软膏、乳膏：0.1%。外用：涂患处，2次/日。

**去氧皮质酮** Desoxycortone（脱氧皮质酮、去氧可的松、DOCA）

【用途】原发性肾上腺皮质功能减退症的替代治疗。

【不良反应】过量致水肿、高血压、心力衰竭、低血钾等。

【用药护理注意】1. 用药前测体重、血压和查血钠、血钾。2. 用药期间严格控制水和钠摄入量，给予低钠、高钾饮食。

【制剂】油注射液：5mg、10mg（1ml）。微结晶混悬液：250mg（5ml）。

【用法】肌注：开始2.5~5mg/d，1次或分2次，维持量1~2mg/d。用微结晶混悬液肌注，每次25~100mg，1次/3~4周。

**促皮质素 Corticotropin**（促肾上腺皮质激素、ACTH）

【用途】兴奋肾上腺皮质功能、促皮质素试验。

【不良反应】1. 高血压、月经障碍、糖尿、头痛、精神异常等。2. 静脉给药可发生过敏反应，甚至过敏性休克。

【用药护理注意】1. 高血压、结核病、糖尿病、血管硬化症、胃溃疡、孕妇不用。2. 不与中性和偏碱性注射液（生理盐水、谷氨酸钠、氨茶碱）配伍，以免发生混浊影响疗效。3. 观察过敏反应，备好抢救用品。4. 必要时做皮试。

【制剂】粉针：25U、50U。长效注射液：20U（1ml）、40U（1ml）。

【用法】肌注：每次12.5~25U，2次/日。长效促皮质激素仅供肌注，每次20~60U，1次/日。静滴：每次12.5~25U，溶于5%~10%葡萄糖液500ml中慢滴，6~8小时滴完，1次/日。

**布地奈德、丙酸氟替卡松**（见平喘药，P339~340）

## （三）雄激素及同化激素

**甲睾酮** Methyltestosterone（甲基睾丸素、甲基睾丸酮、Android）

【用途】男性性腺功能减退症、隐睾症，月经过多、子宫肌瘤，小儿再障。

【不良反应】用量过大致女性男性化（胡须生长、痤疮等）、肝损害、水肿、前列腺肥大、血钙过高等，舌下含服可致口腔炎。

【用药护理注意】1. 前列腺癌、孕妇、哺乳期妇女禁用，肝、肾、心功能不全，前列腺肥大慎用。2. 有过敏反应及女性病人出现男性化征象应停药。

【制剂】片：5mg、10mg。

【用法】口服、舌下含服：通常每次 5~10mg，2 次/日。男性雄激素缺乏症，开始 30~100mg/d，维持量为 20~60mg/d。小儿再障，1~2mg/(kg・d)，分 1~2 次。

**丙酸睾酮** Testosterone Propionate（丙酸睾丸素、丙酸睾丸酮、Andronate）

【用途、不良反应】同甲睾酮。

【用药护理注意】1. 同甲睾酮。2. 注射液如有结晶析出，可加温溶解后使用。3. 应深部肌注，注射时将皮肤横向撑开，注意更换注射部位。4. 不能静注。

【制剂】注射液：10mg（1ml）、25mg（1ml）、50mg（1ml）。

【用法】深部肌注：通常每次 25~100mg，2~3 次/周。月经过多、子宫肌瘤，每次 25~50mg，2 次/周。雄性激素缺乏症，每次 10~50mg，2~3 次/周。

**十一酸睾酮 Testosterone Undecanoate**（十一酸睾丸素、安特尔、安迪欧、诺仕）

【用途】男子性功能障碍、男性性腺功能减退症、再生障碍性贫血。

【不良反应】男子乳房发育、水肿、痤疮、精子减少，肌注局部硬结。

【用药护理注意】1. 前列腺癌、肝肾功能不全、孕妇、哺乳期妇女禁用。2. 本品一般无肝脏毒性。3. 出现与激素相关的不良反应须立即停药。

【制剂】胶囊：40mg。注射液：250mg（2ml）。

【用法】口服：每次 40mg，3 次/日，早晚饭后吞服。肌注：男子性功能障碍，每次 250mg，1 次/月，用 4 个月。再障，首次 1g，以后每次 0.5g，2 次/月。

**复方睾酮酯注射液**：1ml，含十一酸睾酮 150mg、丙酸睾酮 20mg、戊酸睾酮 80mg。用于睾丸切除术后和更年期。肌注：每次 50~100mg，1 次/2~4 周。

**去氢甲睾酮 Metandienone**（去氢甲基睾丸素、大力补、尼乐宝、美雄酮）

【用途】骨质疏松症、慢性消耗性疾病、发育迟缓等。

【不良反应】胃肠道反应、水钠潴留、肝功能障碍、女性男性化。

【用药护理注意】1. 肝病、肾病、高血压、前列腺癌、孕妇禁用。2. 宜同时服用适量蛋白质、糖和维生素，以提高疗效。3. 出现过敏反应立即停药。

【制剂】片：1mg、2.5mg、5mg。

【用法】口服：开始 10~30mg/d，分 2~3 次。维持量 5~10mg/d，连用 4~8 周为 1 疗程，停 4~8 周可再用。

**苯丙酸诺龙 Nandrolone Phenylpropionate**（苯丙酸去甲睾酮、多乐宝灵）

【用途】慢性消耗性疾病、骨质疏松、功能性子宫出血、乳腺癌姑息治疗。

【不良反应】轻微男性化、闭经、月经紊乱、肝功能障碍、水钠潴留。

【用药护理注意】1. 前列腺癌、高血压、孕妇禁用，肝功能不全慎用。2. 发现黄疸或女性男性化应立即停药。3. 不宜作营养品使用。4. 应深部肌注。5. 用药期间给予高蛋白饮食。

【制剂】注射液：10mg（1ml）、25mg（1ml）。

【用法】深部肌注：每次 25mg，儿童每次 10mg，1 次/1~2 周。

**癸酸南诺龙** Nandrolone Decanoate（长效多乐宝灵、癸酸诺龙）同苯丙酸诺龙。注射液：10mg（1ml）、25mg（1ml）。肌注：每次25~50mg，1次/3周。

**司坦唑醇** Stanozolol（吡唑甲氢龙、康力龙）

【用途】慢性消耗性疾病、重病或术后体弱、骨质疏松、再障、小儿发育不良、白细胞减少症、血小板减少症、高脂血症等。

【不良反应】初期致下肢、颜面浮肿，长期使用致肝功能障碍、诱发肝癌。

【用药护理注意】1. 心、肝、肺功能不全，胃溃疡、前列腺肥大、前列腺癌、孕妇禁用。2. 出现痤疮等男性化反应须停药。

【制剂、用法】片：2mg。口服：每次2mg，2~3次/日。儿童减半。

**羟甲烯龙** Oxymetholone（康复龙）同司坦唑醇。儿童必须在医生观察下用药，不超过30天。片：2.5mg、5mg。口服：5~10mg/d，分1~3次服。

**达那唑** Danazol（炔睾醇、炔睾酮、安宫唑、丹那唑、Danocrine）

【用途】子宫内膜异位症、纤维性乳腺炎、男性乳房发育、性早熟等。

【不良反应】体重增加、水肿、头痛、痤疮、肝功能障碍、妇女闭经等。

【用药护理注意】1. 心、肝、肾功能不全，癫痫、孕妇、哺乳期妇女禁用。2. 有妊娠应立即停药。3. 用药期间定期查肝功能。

【制剂】胶囊：100mg、200mg。栓剂：5mg。

【用法】口服：子宫内膜异位症，从月经周期第1~3天开始，每次200mg，2次/日，连用3个月。纤维性乳腺炎，100~400mg/d，分2次服，用3~6个月。

### （四）雌激素、孕激素、促性腺激素及避孕药

**己烯雌酚 Diethylstilbestrol**（乙烯雌酚、乙菧酚、人造求偶素）

【用途】卵巢功能不全、闭经、功能性子宫出血、绝经期综合征、老年性阴道炎、退奶、前列腺癌。

【不良反应】恶心、呕吐、厌食、头痛、子宫出血和肥大，面部褐色斑。

【用药护理注意】1. 肝肾功能不全、乳腺癌、血栓栓塞性疾病、孕妇禁用。2. 应详细说明用法，漏服可致子宫出血。3. 可减少多种维生素的吸收。

【制剂】片：0.1mg、0.25mg、0.5mg、1mg、2mg。栓剂：0.1mg、0.2mg。注射液：0.5mg（1ml）、1mg（1ml）、2mg（1ml）。

【用法】口服：人工月经周期，月经第5日起用，0.25mg/d，连用20日，第14日起加用黄体酮肌注，10mg/d，两者同时停药，共3个周期。绝经期综合征，每次0.25mg，每晚1次，症状控制后改为0.1mg/d。功能性子宫出血，每晚0.5~1mg，用20日。阴道塞药：用于老年性阴道炎，每晚0.2~0.4mg，共7次。

**雌二醇 Estradiol**（欧适可、康美华、伊司乐、爱斯妥、更乐、松奇、得美素）

【用途】功能性子宫出血、绝经期综合征、原发性闭经、前列腺癌。

【不良反应】恶心、呕吐、乳房胀痛、子宫内膜过度增生、子宫出血等。

【用药护理注意】1. 肝、肾功能不全、妊娠早期禁用，心力衰竭慎用。2. 凝胶剂供外用，不能口服。3. 治疗前进行全身和妇科检查。4. 外用最好在沐浴后使用，皮肤清洁、完整，涂后按摩5分钟。禁用于乳房、外阴、阴道粘膜。5. 贴片部位经常更换。

【制剂】注射液：2mg（1ml）。凝胶剂（爱斯妥）：30g。缓释片：2mg。控释贴片：康美华，3.9mg/12.5cm$^2$、7.8mg/25cm$^2$。伊司乐，1.25mg、2.5mg。

【用法】肌注：每次0.5~1.5mg，2~3次/周。口服：缓释片，每次2mg，1次/日，连用25日，停5~6日，重复疗程。外用：控释贴片，1贴/次，贴于脐下，每 3~4 日更换 1 次。凝胶剂，均匀涂于乳房以外的躯干部、上肢、大腿内侧，涂后 2 分钟再穿衣，每次 1.25~2.5g，1 次/日，早晨或晚沐浴后用，共 24 日。

**戊酸雌二醇** Estradiol Valerate（补佳乐、扑佳华、协坤）

【用途】缓解绝经后更年期症状、卵巢切除后雌激素不足、预防骨质疏松。

【不良反应】恶心、头痛、乳房胀痛、异常子宫出血、体重增加。

【用药护理注意】1. 肝肾功能不全、乳腺肿瘤、卵巢癌、肝脏肿瘤、血栓栓塞性疾病、孕妇禁用。2. 治疗前行全身和妇科检查。3. 出现头痛、血压升高、全身瘙痒等立即停药。4. 发生异常子宫出血，应积极查找病因。

【制剂】注射液：5mg（1ml）、10mg（1ml）。片（补佳乐）：1mg。

【用法】肌注：每次 5~10mg，1 次/1~2 周。口服：1~2mg/d，饭后服，共 21 日。

**戊酸雌二醇-醋酸环丙孕酮** Estradiol Valerate-Cyproterone Acetate（克龄蒙）每日在相同时间内服药，如漏服，应在 12h 内补服。片：21 片装（日历型），其中 11 片含戊酸雌二醇 2mg、10 片含戊酸雌二醇 2mg 和醋酸环丙孕酮 1mg。口服：自月经第 5 天起服，1 片/日，用水整片送服，共 21 日，停 7 日后继续服用。

**苯甲酸雌二醇 Estradiol Benzoate**（苯甲酸求偶二醇、女性素、保女荣）用于卵巢功能不全、闭经、绝经期综合征、退奶、前列腺癌。不良反应、用药护理注意参阅戊酸雌二醇。注射液：1mg（1ml）、2mg（1ml）。肌注：子宫出血，每次1mg，1次/日，1周后继用黄体酮。退奶，2mg/d，用2~3日。

**诺更宁 Kliogest**用于雌激素缺乏综合征。片：28片装（日历型），每片含雌二醇2mg、醋酸炔诺酮1mg。口服：停经1年后开始使用，1片/日，连续服。

**诺康律 Trisequens**用于雌激素缺乏综合征。片：28片装（日历型），蓝色12片，每片含雌二醇2mg；白色10片，每片含雌二醇2mg、醋酸炔诺酮1mg；红色6片，每片含雌二醇1mg。口服：月经第5日起，1片/日，先服蓝片，连续服。

**雌三醇 Estriol**（伊特乐）

【用途】绝经期综合征、子宫颈炎、老年性阴道炎、月经过多、中期引产及人工流产辅助药、前列腺肥大、白细胞减少症。

【不良反应】暂时性乳房肿胀和硬块、月经紊乱，偶见胃肠道反应、过敏。

【用药护理注意】1. 乳腺增生、乳房肿块、妇科肿瘤、再障、肝病、未成年禁用。2. 出现过敏反应立即停药。3. 按规定方法治疗无效时，不宜增剂量。

【制剂】片：1mg、5mg。注射液：10mg（1ml）。栓剂（伊特乐）：2mg。

【用法】用法用量因病而异。口服：每次 1~5mg，1~2 次/日。月经过多，经前 1 周或经期中口服，每次 5mg，1~2 次/日，每月经周期用量不超过 30mg，如需迅速止血，可肌注 10mg/d，用 1~2 日。阴道给药：每晚用栓剂 2mg。

**炔雌醇** Ethinylestradiol（乙炔雌二醇）同己烯雌酚。作用较强，还可作口服避孕药，维生素 C 可提高本品生物利用度。片：5μg、20μg、50μg、500μg。口服：每次 0.02~0.05mg，每晚服 1 次。前列腺癌，每次 0.05~0.5mg，3 次/日。

**替勃龙** Tibolone（7-甲异炔诺酮、利维爱、Livial）用于更年期综合征、萎缩性阴道炎、绝经后骨质疏松。致头痛、阴道出血、胃肠不适等，孕妇、激素依赖性肿瘤、血栓性静脉炎、原因不明的阴道流血、严重肝病禁用。片：2.5mg。口服：每次 2.5mg，1 次/日，整片吞服，不能咬碎，最好每天同一时间服药。

**尼尔雌醇** Nilestriol（雌三醚、戊炔雌三醇、维尼安、雷塞）

【用途】更年期综合征、老年性阴道炎，预防骨质疏松症。

【不良反应】少数致白带增多、乳房肿胀、恶心、头痛、突破性出血等。

【用药护理注意】1. 肝、肾功能损害，乳腺增生、乳腺癌禁用。2. 除突破性出血量过多外，一般不须停药。

【制剂、用法】片：1mg、2mg、5mg。口服：每次 5mg，1 次/月，症状改善后用维持量每次 1~2mg，2 次/月。

**氯烯雌醚** Chlorotrianisene（泰舒）用于绝经期综合征、青春期功能性子宫出血。致胃部不适、乳房胀痛等，孕妇、不明原因妇科出血、乳腺癌禁用。滴丸：4mg。口服：绝经期综合征，4~12mg/d，分 2~3 次，20~22 日 1 疗程。

**妊马雌酮** Conjugated Estrogens（结合型雌激素、结合雌激素、倍美力）

【用途】卵巢功能不全、子宫发育不良、功能性子宫出血、绝经期综合征、老年性阴道炎、妇产科出血，防治与雌激素缺乏相关的骨质疏松症。

【不良反应】恶心、呕吐、皮疹，乳房增大、疼痛，突破性出血、闭经。

【用药护理注意】1. 孕妇、不明原因阴道出血、血栓栓塞性疾病禁用，肝功能不全慎用。2. 可与生理盐水或右旋糖酐配用，忌与酸性溶液配伍。3. 软膏剂不与乳胶阴茎套同时使用，因可致避孕失败。4. 嘱病人每月自我检查乳房。

【制剂】片：倍美力，0. 3mg、0. 625mg。其他片剂，0. 25mg、1. 25mg、2. 5mg。注射液：20mg（1ml）。软膏剂：42. 5g（每克含妊马雌酮 0. 625mg）。

【用法】口服：绝经期综合征，0. 625~3. 75mg/d。卵巢功能不全，每次 0. 3~1. 25mg，1 次/日。骨质疏松：0. 625mg/d。肌注：每次 20mg。阴道内给药：软膏剂，每次 0. 5~1g，每晚 1 次。

**黄体酮** Progesterone（孕酮、助孕素、保孕素、安胎针、安琪坦）

【用途】闭经、功能性子宫出血、习惯性流产、痛经、人工周期（与雌激素合用）。

【不良反应】偶见恶心、呕吐，乳房肿胀、疼痛，大剂量致水钠潴留。

【用药护理注意】1. 血栓栓塞性疾病禁用，心脏病、肝功能不全慎用。2. 出现黄疸立即停药。3. 长期应用可致子宫内膜萎缩、月经量减少。4. 注射剂为油溶液，如天冷析出结晶，可加温溶解后使用。5. 肝病者不能口服。

【制剂】胶囊（安琪坦）：100mg。注射液：10mg（1ml）、20mg（1ml）。

【用法】习惯性流产：肌注，每次10~20mg，1次/日，或2~3次/周，用至妊娠第4个月。人工周期：见己烯雌酚，P477。口服或阴道给药：每次100mg，早、晚各1次。

甲羟孕酮 Medroxyprogesterone（羟甲孕酮、甲孕酮、安宫黄体酮、普维拉、麦普安、得普乐、Provera、MPA、DMPA）

【用途】功能性子宫出血、闭经、痛经、子宫内膜异位症、先兆流产、避孕。（还可治肾癌、乳腺癌等，见抗肿瘤激素药，P148）

【不良反应】乳房胀痛、不规则子宫出血、过敏、水肿、视力障碍、脱发。

【用药护理注意】1. 血栓栓塞性疾病，肝、肾功能不全，生殖器恶性肿瘤、孕妇禁用。2. 发生血栓栓塞、眼疾病或偏头痛时停止用药。

【制剂】片：2mg、4mg、10mg。注射液：150mg。

【用法】口服：痛经，月经第6天起，每次2~4mg，1次/日，连用20日。闭经，4~8mg/d，连用5~10日。肌注（避孕）：月经第2~7天内用，每次150mg，1次/3个月。

**炔孕酮** Ethisterone（妊娠素、乙炔睾酮）

【用途】功能性子宫出血、月经异常、闭经、痛经。

【不良反应】胃肠道反应、头痛、嗜睡、浮肿、体重增加、肝功能障碍等。

【用药护理注意】1. 严重心、肝、肾功能不全，孕妇禁用。2. 出现过敏反应立即停药。

【制剂】片：5mg、10mg、25mg。

【用法】口服：每次 10mg，3 次/日。舌下含服：每次 10~20mg，2~3 次/日。

**环丙孕酮** Cyproterone（色普龙、安君可、环丙氯地孕酮）

【用途】男性性欲异常、妇女多毛症、痤疮、各种性变态、前列腺癌。

【不良反应】胃肠道反应、头痛、贫血、男子女性型乳房、男性不育。

【用药护理注意】1. 肝病、未发育青年禁用。2. 对慢性酒精中毒者无效。

【制剂】片：25mg、50mg。乳膏：1%。注射液：20mg。

【用法】口服：每次 50mg，2 次/日。治癌症 250mg/d，分 2 次。外用：用乳膏，治痤疮，2 次/日。

**环丙孕酮/炔雌醇 Cyproterone Ethinylestradiol**（达英-35、Diane-35）用于痤疮、脂溢性皮炎、多毛症。肝损害、孕妇、男性禁用，服药前、服药中应体检及妇科检查。片：含环丙孕酮 2mg、炔雌醇 0. 035mg。口服：1 片/日，连用 21 日。

**普美孕酮 Promegestone**（消各通）

【用途】黄体功能不足所致疾患（如月经紊乱、痛经、子经内膜异位症）。

【不良反应】闭经、不规则出血、皮脂溢、体重增加、胃肠道症状。

【用药护理注意】1. 肝病、孕妇、有血栓病史禁用，高血压、糖尿病、哺乳期慎用。2. 出现复视、视网膜血管病变、静脉血栓、严重头痛应停药。

【制剂】片：0. 125mg、0. 25mg、0. 5mg。

【用法】口服：0. 125~0. 5mg/d，于月经周期的第 16~25 日服用。

**绒促性素 Chorionic Gonadotrophin**（绒膜激素、绒毛膜促性腺激素、普罗兰、波热尼来、波热尼乐、宝贝朗源、HCG）

【用途】不孕症、黄体功能不足、功能性子宫出血、习惯性流产、隐睾症。

【不良反应】卵巢过度刺激综合征（卵巢肿大、腹胀等）、早产、头痛、乳房胀大、痤疮、阴茎与睾丸胀大，偶见过敏反应。

【用药护理注意】1. 垂体肿瘤、性早熟、宫颈癌、卵巢癌、前列腺癌、血栓栓塞性疾病禁用，哮喘、高血压、癫痫慎用。2. 不宜长期使用。3. 溶液极不稳定且不耐热。4. 临用前以注射用水或生理盐水 2ml 溶解。5. 用前需做皮试。

【制剂】粉针：500U、1000U、1500U、5000U。20℃以下保存。

【用法】肌注：无排卵性不孕症，于经期第 10 日起，用于黄体功能不足，于经期第 15~17 日起，均为 500~1000 单位/次，1 次/日，连用 5 日。

**尿促性素 Menotrophin（绝经促性素、喜美康、HMG）**

【用途】无排卵性不孕症（与绒促性素合用）、闭经、男性精子缺乏症。

【不良反应】卵巢过度刺激综合征、卵巢增大、多胎妊娠、流产、发热。

【用药护理注意】1. 如想怀孕，可在用绒促性素当天和第二天进行性交。2. 如卵巢明显增大，应避免性交。3. 出现卵巢过度刺激综合征应停药。

【制剂】粉针：75U、150U。（20℃以下保存，附 1ml 生理盐水溶媒 1 支）

【用法】肌注：开始 75~150U/d，连用 7~12 日至雌激素水平增高后，再肌注绒促性素（1000U/d，连用 5 日，或 1 次 3000U），经 12 小时即排卵。

**氯米芬 Clomifene**(氯菧酚胺、克罗米芬、舒经芬、美乐新、释卵芬、法地兰)

【用途】无排卵型不育症、避孕药引起的闭经及月经紊乱、黄体功能不全，精子缺乏的男性不育症等。

【不良反应】面部潮红、恶心、头晕、皮疹、乳胀、痛经、肝功能障碍。

【用药护理注意】1. 肝肾功能不全、卵巢囊肿、妇科肿瘤、甲状腺或肾上腺功能异常禁用。2. 有严重过敏反应者应停药。3. 致视力模糊或小点闪烁，对驾驶员或机械操作有影响。4. 每天须同一时间服药，如漏服应立即补服，如已接近下次服药时间，则该次量加倍。5. 治男性不育之前须检查精液、内分泌。

【制剂】片、胶囊：50mg。

【用法】口服：有月经者从经期第 5 日起（无月经者任意一天起），每日 1 次 50mg，连用 5 日，连用 3 个周期 1 疗程。男性不育症，25mg/d，连用 25 日。

**炔诺酮 Norethisterone**（妇康、去甲脱氢羟孕酮）

【用途】口服避孕药，治功能性子宫出血、痛经、月经不调、闭经。

【不良反应】恶心、头晕、倦怠无力、突破性出血、下腹痛、面部浮肿。

【用药护理注意】1. 妊娠、肝病、肾炎、生殖器恶性肿瘤、血栓栓塞性疾病禁用，精神抑郁慎用。2. 与利福平、氨苄西林、对乙酰氨基酚同服时易致突破性出血、避孕失败。3. 哺乳期服药可能使乳汁减少。4. 漏服或迟服会致避孕失败，每天须定时服药，若漏服应在24小时内补服1次。5. 服药期间禁吸烟。

【制剂】片（妇康）、膜、纸片：0.625mg、2.5mg。**复方炔诺酮片**（避孕片一号）、膜、纸片：含炔诺酮、炔雌醇。**炔诺酮探亲片**（探亲避孕丸）：5mg。

【用法】短效避孕：口服复方炔诺酮片，从月经周期第5日起，1片/日，晚饭后服，连用22日，不能间断。探亲避孕：同居当晚起，服探亲避孕丸，每晚5mg，连用10~14日，若需延长，接服复方炔诺酮片。治功能性子宫出血：每次2.5mg，1次/8小时，3天后减量，维持量2.5mg/d，连服20日。

**左炔诺孕酮** Levonorgestrel（惠婷、毓婷、安婷）紧急避孕。致恶心、呕吐、头痛、乳胀、突破性出血、闭经，肝、肾病，高血压、孕妇、40岁以上禁用。片：0.75mg。口服：性交后72小时内服0.75mg，间隔12小时再服0.75mg。

**复方左炔诺孕酮** Compound Levonorgestrel用于短效避孕。片：含左炔诺孕酮0.15mg、炔雌醇0.03mg。口服：月经第5日起，1片/日，晚饭后或睡前服，连用22日，不间断，如漏服，应在24小时内补服。

**甲地孕酮** Megestrol（去氢甲孕酮、妇宁、梅格施、Megace）

【用途】短效或长效避孕药，痛经、闭经、功能性子宫出血、子宫内膜癌。

【不良反应】体重增加、恶心、呕吐、头晕、脱发、皮疹、阴道出血。

【用药护理注意】参阅炔诺酮。

【制剂】（妇宁）片、膜、纸片：1mg、4mg。**复方甲地孕酮片**（避孕片二号）：含甲地孕酮 1mg、炔雌醇 0.035mg。**甲地孕酮探亲避孕片 1 号**：2mg。片（梅格施、Megace）：40mg、160mg。

【用法】短效口服避孕：从月经周期第 5 日起，复方甲地孕酮 1 片/日，连用 22 日。探亲避孕：同居当日中午服 1 片甲地孕酮探亲避孕片 1 号，当晚加服 1 片，以后每晚 1 片，至探亲结束次日再服 1 片。治闭经：口服每次甲地孕酮 4mg 和炔雌醇 0.05mg，共 20 天，连服 3 个月。

**孕二烯酮**　Gestodene（敏定偶）用于避孕。致恶心、呕吐、乳房胀等，有心、肝、肾疾病，血栓栓塞、孕妇、哺乳期妇女禁用。片（敏定偶）：共 28 片，其中 21 片白色，含孕二烯酮 0.075mg、炔雌醇 0.03mg，7 片红色，无药理活性。口服：月经第 1 日起，1 片/日，先服白色、再服红色片，每天在同一时间服。

**双炔失碳酯** Anordrin（53 号抗孕片）用于探亲或新婚夫妇避孕。致恶心、呕吐、头痛、嗜睡等类早孕反应。片：含双炔失碳酯 7.5mg、咖啡因 20mg、维生素 $B_6$30mg。口服：每次房事后服 1 片，第一次房事后次日晨加服 1 片，以后每天最多 1 片，每月不少于 12 片。如探亲结束还未服完 12 片，则需每日服 1 片，至服满 12 片。

**米非司酮** Mifepristone（息百虑、息隐、含珠停）

【用途】终止闭经 49 天内的妊娠。

【不良反应】恶心、呕吐、眩晕、下腹痛，偶见皮疹。

【用药护理注意】1. 心、肝、肾疾病，肾上腺功能不全、35 岁以上孕妇禁用。2. 必须在医师监护下使用。3、用药后 8~15 天应随诊。

【制剂】片：25mg、100mg、200mg。

【用法】口服：200mg 顿服（或每次 25mg，2 次/日，连服 3 日），空腹或进食 2 小时后服，服药后禁食 1 小时。第 3 或 4 日清晨于阴道后穹窿放置卡前列甲酯栓 1mg，卧床 1 小时，或口服米索前列醇 600μg，门诊观察 6 小时。

**卡前列甲酯** Carboprost Methylate（卡孕栓、PG05）终止早、中期妊娠（与其他药物合用）。致胃肠道反应，使用前药栓应放置室内加温，避免用手直接接触无包装的栓剂，以免通过皮肤吸收，低于-5℃保存。栓剂：1mg、5mg。阴道给药，用法参阅米非司酮（P491）。

**壬苯醇醚** Nonoxinol（乐乐迷、维丝芳、安芳欣）外用短效避孕。致分泌物增多及烧灼感，房事后 6~8 小时不要取出药物和冲洗阴道。膜剂（乐乐迷）：50mg。栓（维丝芳）：80mg。阴道内给药：药膜，房事前 3~5 分钟，将 1 张药膜揉成松软小团推入阴道深处；栓，每次 80mg，房事前 3~5 分钟塞入阴道。

**孟苯醇醚** Menfegol（欣生宝、避孕灵）外用短效避孕。有局部烧灼感。泡腾片（欣生宝）：60mg。阴道内给药：房事前 5 分钟放入 1 片，可持续 1 小时。

**米索前列醇**（见抗消化性溃疡药，P353）

**戈那瑞林、亮丙瑞林、戈舍瑞林、阿拉瑞林、曲普瑞林**（见脑垂体激素及其类似物，P460~462）

## （五）胰岛激素及其他影响血糖药

### 1、胰岛素类

**胰岛素 Insulin**（普通胰岛素、正规胰岛素）

【用途】糖尿病。

【不良反应】1. 低血糖（饥饿感、出汗、面色苍白等）。2. 过敏反应（偶见过敏性休克）。3. 注射部位皮肤发红、皮下结节、脂肪萎缩。4. 耐受性。

【用药护理注意】1. 低血糖、肝硬化、溶血性黄疸、胰腺炎、肾炎禁用。2. 用前应仔细辨认制剂是短效、中效还是长效。3. 注意国外生产的药物浓度不同。4. 须经常更换注射部位。5. 监测血糖，及时调整剂量。6. 告诉病人随身带粮食或糖果，以防低血糖。7. 发生过敏性休克用肾上腺素抢救。8. 普通注射剂不能静注。9. 与中效或长效胰岛素混合时，先抽吸本品，再抽吸中、长效，混合后 15 分钟内注入。10. 注射液 4~8℃保存，防冻结。静脉注射剂不必冷藏。

【制剂】普通注射剂：400 单位（10ml）、800 单位（10ml）。静脉注射剂：50 单位、100 单位、400 单位（临用前以生理盐水溶解成 40~400U/ml）。

【用法】皮下注射：剂量依病情而定，一般 24 小时尿中每 2~4 克糖用 1 单位，中型糖尿病约 5~40 单位/日，分 3~4 次，饭前半小时用，用量从大到小依次为早餐、午餐、晚餐、夜宵。急症可用静脉注射剂静注。

**重组人胰岛素**　Recombinant Human Insulin（单组分人胰岛素、中性人胰岛素、诺和灵、优泌林、Human Monocomponent Insulin）

【用途、不良反应】同胰岛素。

【用药护理注意】1. 诺和灵笔芯必须装入诺和笔（笔型胰岛素注射器）使用，仅供皮下注射。2. 每次注射前，应检查笔芯中是否有足够的注射液，剂型是否正确，并将诺和笔上下摇动至少 10 次，使胰岛素呈白色均匀混悬液。3. 皮下注射部位需轮流交替。4. 2~8℃储存。5. 使用中的笔芯不要储藏在冰箱内。

【制剂】注射液：诺和灵 R、诺和灵 N、诺和灵 30R，常规优泌林、中效优泌林、70/30 优泌林，40U/ml（10ml）。笔芯：诺和灵 R 笔芯、N 笔芯、30R 笔芯、50R 笔芯，100U/ml（3ml）。（诺和灵 R、常规优泌林：短效人胰岛素；诺和灵 N、中效优泌林：中效人胰岛素；诺和灵 30R、50R：预混型人胰岛素，30R 含 30%可溶性胰岛素和 70%低精蛋白胰岛素，50R 含前面两药各 50%）

【用法】皮下注射：饭前 30min 用。用诺和笔注射后，针头需在皮下停留至少 6 秒，并压住诺和笔注射按钮直至针头从皮肤拔出，注射后立刻除去针头。

**低精蛋白胰岛素** Isophane Insulin（中效胰岛素、低精蛋白锌胰岛素、NPHI）同胰岛素。作用缓慢，不用于抢救糖尿病昏迷，禁止静注。静置后分两层，用前须摇匀，2~10℃保存。注射液：400U（10ml）、800U（10ml）。皮下注射：剂量依病情而定，1次/日，早餐前半小时用，超过40U/d，应分2次注射。

**精蛋白锌胰岛素** Protamine Zinc Insulin（长效胰岛素、精锌胰岛素、万苏林、PZI）同低精蛋白胰岛素。注射液：400U（10ml）、800U（10ml）。皮下注射：剂量依病情而定，一般为10~20U/d，1次/日，早餐前半小时用。

**2、磺酰脲类**

**甲苯磺丁脲** Tolbutamide（甲糖宁、甲磺丁脲、D-860）

【用途】饮食控制无效而胰岛功能尚存的轻、中型糖尿病，胰岛肿瘤诊断。

【不良反应】胃肠道反应、皮疹、低血糖、黄疸，白细胞、血小板减少。

【用药护理注意】1. 肝肾功能不全、白细胞减少、对本品过敏、孕妇禁用。2. 定期查肝功能、血象。3. 胃肠反应明显者可改为饭后服药。4. 告知病人低血糖症状（出汗、饥饿感、心悸等）。5. 磺酰脲类增强乙醇毒性，禁酒。

【制剂】片：0.5g。

【用法】口服：第1日，每次1g，3次/日；第2日，每次1g，2次/日；第3日起，每次0.5g，3次/日。维持量：每次0.5g，2次/日，饭前半小时服。

**格列本脲** Glibenclamide（优降糖、达安疗、Glyburide）同甲苯磺丁脲。作用较强，较易发生低血糖。片：1.25mg、2.5mg。口服：每次 2.5~10mg，1 次/日，早饭前服。开始服 2.5mg/d，根据病情逐渐增量，但不超过 15mg/d。

**格列吡嗪** Glipizide（吡磺环己脲、美吡达、瑞易宁、思乐克、依必达、优哒灵、迪沙）同甲苯磺丁脲。作用较强，不良反应较少，老年人服用较安全。控释片（瑞易宁）、片、胶囊：5mg。口服：2.5~30mg/d，从小剂量开始，饭前半小时服。超过 15mg/d 时，分 2~3 次服。控释片应整片吞服，不能嚼碎或掰开。

**格列齐特** Gliclazide（甲磺吡脲、达美康）适用于成年型糖尿病、糖尿病伴有肥胖症或伴有血管病变患者。其他参阅甲苯磺丁脲。片：40mg、80mg。口服：每次 40~80mg，1~2 次/日，饭前半小时服，根据血糖和尿糖调整剂量。

**格列喹酮**　Gliquidone（糖适平、糖肾平、卡瑞林、环苯脲酮）同甲苯磺丁脲。适用于合并轻、中度肾功能减退者。片（糖适平）、胶囊：30mg。口服：每次 15~30mg，1~2 次/日，早、晚饭前半小时服，不超过 120mg/d。

**格列美脲**　Glimepiride（亚莫利、迪北）参阅甲苯磺丁脲。片：1mg、2mg。口服：每次 1~4mg，1 次/日，早餐前即服或进餐时服，整片吞服，不宜嚼碎。

3、双胍类

**盐酸二甲双胍** Metformin Hydrochloride（甲福明、降糖片、美迪康、格华止）

【用途】非胰岛素依赖型及部分胰岛素依赖型糖尿病，肥胖型糖尿病。

【不良反应】消化道反应、乳酸性酸中毒、低血糖、皮疹等。

【用药护理注意】1. 肝肾功能不全、充血性心力衰竭、严重感染、酮症酸中毒、孕妇禁用。2. 避免与碱性溶液或饮料同服。3. 出现过敏反应要停药。

【制剂】片：0.5g、0.85g。

【用法】口服：开始每次 0.85g，1 次/日，或每次 0.5g，2 次/日，以后根据病情逐渐加量，不超过 3g/d，餐时或餐后服。

**苯乙双胍** Phenformin（苯乙福明、降糖灵、DBI）同盐酸二甲双胍。用药期间不饮含醇饮料。片：25mg、50mg。口服：每次25mg，2~3次/日，饭前服。

4、α-糖苷酶抑制药

**阿卡波糖** Acarbose（抑葡萄糖苷酶、拜唐苹）

【用途】非胰岛素依赖型及胰岛素依赖型糖尿病。

【不良反应】腹胀、腹痛、腹泻、低血糖、皮疹、肝功能损害。

【用药护理注意】1. 18岁以下、孕妇、哺乳期妇女禁用。2. 避免与抗酸药同时服用。3. 出现低血糖时应给予葡萄糖（单糖），不用蔗糖等双糖类治疗。

【制剂】片：50mg、100mg。

【用法】口服：从小剂量开始，一般每次50~200mg，3次/日，饭前即刻整片吞服或与前几口饭一起嚼服。

**伏格列波糖** Voglibose（倍欣）用于非胰岛素依赖型糖尿病。出现低血糖时应给予葡萄糖（单糖），不用蔗糖等双糖类治疗。片：0.2mg。口服：每次0.2mg，3次/日，饭前服。

### 5、胰岛素增敏药

**罗格列酮 Rosiglitazone（文迪雅）**

【用途】非胰岛素依赖型糖尿病。

【不良反应】上呼吸道感染、头痛、腹泻、贫血、水肿，甚少发生低血糖。

【用药护理注意】1. 不用于 1 型糖尿病和酮症酸中毒。2. 与胰岛素或其他口服降血糖药合用可发生低血糖。3. 服药与进食无关。4. 不能掰开服用。

【制剂】片：2mg、4mg。

【用法】口服：每次 2~4mg，1~2 次/日，空腹或餐时服，不超过 8mg/d。

**吡格列酮**　Pioglitazone（瑞彤、艾汀）同罗格列酮。片：15mg。口服：每次 15~45mg，1 次/日。

### 6、其他

**瑞格列奈**　Repaglinide（诺和龙、孚来迪）用于非胰岛素依赖型糖尿病。致低血糖、视觉异常、胃肠道反应，孕妇、哺乳期、1 型糖尿病、酮症酸中毒禁用。片：0.5mg。口服：餐前 15 分钟服 0.5~4mg，不进食时不用药，不超过 16mg/d。

**高血糖素 Glucagon**（胰高血糖素、升血糖素、果开康）

【用途】低血糖症、心源性休克。

【不良反应】恶心、呕吐、过敏反应、低血钾，长期使用致肝损害。

【用药护理注意】警惕血糖过高，本品有效仍应注意补充葡萄糖。

【制剂】粉针：1mg、10mg（分别附溶媒 1ml 和 10ml）。

【用法】肌注、皮下注射、静注：低血糖，每次 0.5~1mg，5 分钟见效，静注用注射用水稀释。连续静滴：心源性休克，用 5%葡萄糖液稀释，1~12mg/h。

## （六）甲状腺激素及抗甲状腺药

**甲状腺激素类药：**

**甲状腺粉 Powdered Thyroid**（干甲状腺）

【用途】呆小病、粘液性水肿、单纯性甲状腺肿。

【不良反应】1. 甲亢症状（心悸、手震颤、多汗等）。2. 老年或心脏病者可诱发心绞痛、心肌梗死、心力衰竭。

【用药护理注意】1. 甲亢、高血压禁用，心功能不全慎用。2. 密切注意心脏情况，心率超过 100 次/分或心律明显变化时应报告医生。3. 本品激素含量不恒定，更换批号时注意观察疗效和不良反应。4. 不吃含碘量过高食物。

【制剂】片：10mg、40mg、60mg。

【用法】口服：粘液性水肿，开始 15~30mg/d，逐渐增至 90~120mg/d，分 3 次，饭后服，维持量 60~80mg/d。单纯性甲状腺肿，开始 40~60mg/d，逐渐增至 80~160mg/d，疗程 3~6 个月。呆小病，剂量随年龄而异，2 岁以上，30~120mg/d．分 3 次服。

**左甲状腺素** Levothyroxine（左旋甲状腺素、优甲乐、特洛新、雷替斯、$T_4$）同甲状腺粉。片：25μg、50μg、100μg。注射液：0. 1mg（1ml）。口服：开始每次 25~50μg，1 次/日，早餐前服，每 2 周递增 25~50μg，最大剂量 150~300μg/d，维持量 75~125μg/d。静注：用于粘液性水肿昏迷。

**碘赛罗宁** Liothyronine（三碘甲状腺原氨酸钠、甲碘安、特初新、$T_3$）用于粘液性水肿及其他严重甲状腺功能不足，甲状腺功能诊断用药。不良反应、护理用药注意同左甲状腺素。片：20μg。口服：10~20μg/d，分 2~3 次，渐增至 80μg/d，分 2~3 次。维持量 20μg/d。

**降钙素 Calcitonin**（密钙息、密盖息、益盖宁）

【用途】变形性骨炎、老年骨质疏松、高钙血症。

【不良反应】面部潮红、恶心、呕吐、多尿、寒战、过敏反应。

【用药护理注意】1. 孕妇、哺乳期妇女禁用。2. 询问过敏史，怀疑过敏者用1∶100降钙素稀释液皮试。3. 有喘息、眩晕、耳鸣等过敏症状应停药。4. 密盖息注射液及已开封的气雾剂应储存于2~8℃冰箱中。

【制剂、用法】密钙息、密盖息（Miacalcic、鲑鱼降钙素）：注射液，50 IU（1ml）、100 IU（1ml）。喷鼻剂：2ml，50IU/每喷。皮下注射、肌注：老年骨质疏松，每次50~100IU，3次/周。鼻腔喷雾：每次100IU，1~2次/日。益盖宁（Elcatonin、依降钙素、鳗鱼降钙素类似物）：注射液，10 IU、20 IU、40 IU。肌注：骨质疏松，每次10 IU，2次/周，或每次20 IU，1次/周。

**抗甲状腺药：**

**丙硫氧嘧啶 Propylthiouracil**（丙基硫氧嘧啶、普洛德、PTU）

【用途】甲亢内科治疗、甲状腺危象、甲亢术前准备。

【不良反应】荨麻疹、头痛、关节痛、胃肠道反应、肝损害，可致严重的白细胞减少症和粒细胞缺乏症。

【用药护理注意】1. 结节性甲状腺肿合并甲亢、甲状腺癌禁用，老人、孕妇、哺乳期妇女慎用。2. 定期查血象、肝功能。3. 出现粒细胞缺乏、肝炎、皮疹时应停药。4. 避免服用含碘药物和食物。

【制剂】片：50mg、100mg。

【用法】口服：每次 50~100mg，3 次/日，极量每次 200mg，600mg/d。

**甲巯咪唑** Thiamazole（他巴唑、赛治、Tapazole）同丙硫氧嘧啶。作用较强。片：5mg。口服：开始每次 10~20mg，3 次/日。维持量 5~10mg/d。

**复方碘口服溶液** Compound Iodine Oral Solution（卢戈氏液、Lugol's Solution）

【用途】甲状腺危象、甲亢术前准备、单纯性甲状腺肿（小剂量）。

【不良反应】过敏反应（可致过敏性休克）、关节痛、淋巴结肿大，长期使用致口内多金属味、喉部烧灼感、齿龈肿痛。

【用药护理注意】1. 对碘过敏、活动性肺结核、孕妇禁用，肾功能不良慎用。2. 大量饮水和增加食盐能加速碘排泄。3. 口服时需放在食物内，不直接接触口腔粘膜，鼻饲需用水冲淡后用。4. 不与酸性药物配伍（如阿司匹林）。

【制剂】溶液剂：含碘 5%、碘化钾 10%。

【用法】口服：治单纯性甲状腺肿，0.06~0.12ml（1~2 滴）/日，用 30 日，休息 10 日后再服。甲亢术前准备，术前 2 周起，3 次/日，5 滴/次，渐增至 15 滴/次。甲状腺危象，首剂 3.6ml（60 滴），以后 30~45 滴/6 小时，水稀释后服。

**碘酸钾**　Potassium Iodate 用于缺碘人群补碘、防治地方性甲状腺肿。偶见上腹部不适、过敏反应，甲亢、对碘过敏禁用。片：0.3mg（含碘 180μg）、0.4mg（240μg）。颗粒剂：0.15mg（含碘 88.95μg）。口服：成人和 4 岁以上，每次 0.3mg，1 次/日。4 岁以下，每次 0.3mg，1 次/2 日。颗粒剂用温开水冲服。

**卡比马唑**　Carbimazole（甲亢平、新唛苄唑）同甲巯咪唑。但不用于甲状危象。片：5mg。口服：开始每次 10mg，3 次/日，根据病情调节剂量，最大剂量为 60mg/d。维持量 5~10mg/d，分 1~2 次。

## 十四、妇产科用药

### （一）子宫收缩及舒张药

**缩宫素 Oxytocin（催产素、Pitocin）**

【用途】催产、引产、产后出血和子宫复旧不良。

【不良反应】过敏、心律失常、恶心、呕吐，过量致子宫强直性收缩。

【用药护理注意】1. 心脏病、胎位不正、骨盆狭窄、瘢痕子宫禁用。2. 不与麻黄碱、甲氧胺联用，因可致血压升高。3. 20℃以下保存。

【制剂】注射液：2.5U（0.5ml）、5U（1ml）、10U（1ml）。

【用法】催产、引产：静滴，每次2.5~5U，加入5%葡萄糖液500ml中缓慢静入，10~30滴/分，开始时更须慢滴，根据宫缩、血压、胎心音调整滴速。产后出血：肌注，每次5~10U。极量：每次20U。

**麦角新碱 Ergometrine（马来酸麦角新碱、Ergonovine）**

【用途】产后出血、子宫复旧不良、月经过多。

【不良反应】血压升高、剧烈头痛、恶心、呕吐、出冷汗、面色苍白。

【用药护理注意】1. 高血压、冠心病、孕妇禁用。2. 不应常规静注给药，以免致突发高血压，静注需稀释后进行。3. 禁止吸烟过多。

【制剂】片：0. 2mg、0. 5mg。注射液：0. 2mg（1ml）、0. 5mg（1ml）。

【用法】肌注、静注：每次 0. 2~0. 3mg。静注用 25%葡萄糖液稀释，极量每次 0. 5mg，1mg/d。可子宫壁或宫颈注射。口服：每次 0. 2~0. 5mg，1~2 次/日。

**甲基麦角新碱** Methylergometrine（甲麦角新碱、美飞占）同麦角新碱。2~10℃保存。片：0. 2mg。注射液：0. 2mg（1ml）。口服：每次 0. 2~0. 4mg，2~4 次/日。肌注、静注：每次 0. 2mg，必要时 2~4 小时注射 1 次，但不超过 5 次。

**垂体后叶素** Pituitrin（催生针、必妥生）

【用途】产后出血、子宫复旧不良，食管、胃底静脉曲张破裂出血等。

【不良反应】心悸、胸闷、面色苍白、出汗、腹痛、过敏反应等。

【用药护理注意】1. 高血压、冠心病、心衰禁用，胎位不正、骨盆狭窄、产道梗阻忌用本品引产。2. 有过敏反应史禁用。3. 注意观察血压。4. 出现以上不良反应时立即停药。5. 冷藏，但避免冰冻。

【制剂】注射液：5U（1ml）、10U（1ml）。

【用法】肌注：每次5~10U。静滴：每次5~10U，加入5%葡萄糖液或生理盐水500ml中慢滴，极量，每次20U。可静注。

**依沙吖啶** Ethacridine（利凡诺、雷佛奴尔、Rivanol）

【用途】用于中期妊娠引产。

【不良反应】出血较多，过量致肾功能衰竭。

【用药护理注意】1.有心、肝、肾疾患者禁用。2.不用生理盐水稀释。

【制剂】注射液：100mg（10ml）。粉针：100mg。

【用法】妊娠14~18周：每次50~100mg，用注射用水稀释至50ml，由导尿管向宫腔内注入。妊娠18~24周：由下腹壁向羊膜腔内注射，每次50~100mg。

**利托君** Ritodrine（羟苄羟麻黄碱、利妥特灵、柔托扒）用于防止早产。致心率增加、心悸、恶心、皮疹、升高血糖等，妊娠不足20周禁用，糖尿病慎用。片：10mg。注射液：50mg（5ml）。静滴：150mg加入5%葡萄糖液500ml中，滴速从慢到快，静滴时保持左侧卧位，以减少低血压危险。口服：于静滴结束前30分钟用，最初24小时为10mg/2h，维持量：10mg/6h，不超过120mg/d。

### （二）其他

**聚甲酚磺醛** Policresulen（爱宝疗、地瑞舒林、Albothyl）

【用途】各类阴道炎、宫颈糜烂、尖锐湿疣、局部出血。

【不良反应】有局部刺激症状，很快自行消失。

【用药护理注意】1. 用药期间避免房事，不用刺激性肥皂洗患处。2. 月经期停止用药。3. 栓剂色泽变化不影响疗效。4. 本品不得与眼、腹部接触。

【制剂】浓缩液：36%（10ml、25ml、100ml）。阴道栓：90mg。

【用法】宫颈糜烂：1. 将浓缩液按1∶80~1∶100以水稀释后阴道冲洗；2. 将浸有浓缩液（不稀释）的棉签插入宫颈管内，转动数次取出，再将浸有原液纱布块敷贴于病灶处1~3分钟，1~2次/周；3. 每日或隔日放阴道栓1枚。

## 十五、维生素类

**维生素A** Vitamin A（维生素甲、视黄醇）

【用途】维生素A缺乏症（夜盲症、干眼病等）、补充生理需要。

【不良反应】大量摄入致急性中毒（异常激动、嗜睡、头痛、呕吐、脱皮等），长期使用可致慢性中毒（骨关节痛、肿胀、皮肤瘙痒、颅内压增高等）。

【用药护理注意】1. 维生素过多症禁用，慢性肾功能衰竭慎用。2. 婴幼儿对大量维生素 A 较敏感，应慎用。3. 鼓励病人多食含维生素 A 丰富的食物，如绿色、黄色蔬菜和肝、蛋黄、黄油。

【制剂】胶丸：5000U、2.5 万 U。

【用法】口服：治疗量，2.5 万 U/次，2~3 次/日。小儿，2.5~5 万 U/日。补充需要，4000U/日，儿童 2000~3000U/日。

**维生素 $D_2$ Vitamin $D_2$（骨化醇）**

【用途】佝偻病、骨软化症、婴儿手足搐搦症。

【不良反应】长期大量使用引起高血钙、食欲不振、呕吐、腹泻、多尿。

【用药护理注意】1. 监测血清钙浓度。2. 用药期间注意补充钙剂。3. 久置空气中遇光或热后即被破坏。4. 忌与镁制剂合用。

【制剂】胶丸：1 万 U。片：5000U。注射液：40 万 U（1ml）。

【用法】口服：每次 1 万 U，3 次/日。肌注：小儿每次 40 万 U，1 次/隔日，连用 2 次。

**维丁胶性钙注射液**（维生素 $D_2$ 胶性钙注射液）同维生素 $D_2$。偶见过敏反应，用前摇匀，如有水、油分离现象则不能用。1ml（含 $D_2$ 5 万 U、胶性钙 0.5mg）、10ml。肌注：每次 2ml，1 次/隔日。小儿每次 1ml，1 次/每日或隔日。

**维生素** $D_3$ Vitamin $D_3$（胆骨化醇）同维生素 $D_2$。注射液：15 万 U（0.5ml）、30 万 U（1ml）、60 万 U（1ml）。肌注：每次 30 万~60 万 U，小儿每次 15 万~30 万 U，必要时 2~4 周后重复 1 次。

**维生素** AD Vitamin A and D（鱼肝油制剂、贝特令）

【用途】佝偻病、小儿手足搐搦症、夜盲症、褥疮（外用）。

【不良反应、用药护理注意】见维生素 A、$D_2$、$D_3$。

【制剂】胶丸：含维生素 A 3000U、维生素 D 300U。浓缩胶丸：含维生素 A 1 万 U、维生素 D 1000U。滴剂：每 1g 含维生素 A 5 万 U，维生素 D 5000U。软囊滴剂（贝特令）：含维生素 A 1800U、维生素 D 600U。

【用法】口服：胶丸，1 丸/次，3 次/日；滴剂，每次 0.1~0.3ml（2~6 滴），3 次/日，小儿酌减；软囊滴剂，每次 1~2 粒，1 次/日，可吞服或内容物滴服。

**维生素 $B_1$　Vitamin $B_1$（硫胺）**

【用途】脚气病、周围神经炎、甲亢、心肌炎、营养不良、高热辅助治疗。

【不良反应】注射偶见皮疹、瘙痒，甚至过敏性休克。

【用药护理注意】1. 禁止静注。2. 不与碱性药物配伍。

【制剂】片：5mg、10mg。注射液：50mg（1ml）、100mg（2ml）。

【用法】口服：每次 10~30mg，3 次/日。肌注：每次 50~100mg，1 次/日。

**维生素 $B_2$　Vitamin $B_2$（核黄素）**

【用途】口角炎、舌炎、眼结膜炎、阴囊炎、唇干裂等维生素 $B_2$ 缺乏症。

【用药护理注意】1. 不宜与甲氧氯普胺合用。2. 宜进食时或食后立即服，空腹服用吸收不佳。3. 服后尿呈黄绿色。4. 遇光易变质。

【制剂】片：5mg、10mg。注射液：1mg、5mg、10mg（2ml）。

【用法】口服：每次 5~10mg，3 次/日。肌注：每次 5~10mg，1 次/日。

**维生素 $B_6$　Vitamin $B_6$（吡多辛）**

【用途】异烟肼、肼屈嗪引起的周围神经炎，妊娠和化疗引起的呕吐，白细胞减少症、婴儿惊厥、痤疮（局部涂抹）。

【不良反应】注射剂量过大致头痛、腹痛，罕见皮疹、过敏性休克。

【用药护理注意】与左旋多巴合用时，可降低左旋多巴的药效。

【制剂】片：10mg。注射液：25mg、50mg（1ml）、100mg（2ml）。

【用法】口服：每次 10~20mg，3 次/日。肌注、皮下注射、静注：每次 50~100mg，1 次/日，静注时加 5%葡萄糖液 20ml。

**复合维生素 B** Vitamin B Co：含维生素 $B_1$、$B_2$、$B_6$和烟酰胺等。1~3 片/次，3 次/日。小儿 1 片/次，2~3 次/日。

**烟酰胺** Nicotinamide（尼克酰胺）

【用途】糙皮病、口炎、舌炎，冠心病、病毒性心肌炎、房室传导阻滞等。

【不良反应】头晕、恶心、呕吐、皮肤潮红、瘙痒，偶见高血糖、肝毒性。

【用药护理注意】1. 不宜肌注，因可致剧痛。2. 妊娠期服过量可致畸胎。

【制剂】片：50mg、100mg。注射液：50mg（1ml）、100mg（1ml）。

【用法】口服：每次 50~200mg，3 次/日。静滴：每次 50~100mg，防心脏传导阻滞可增至每次 300~400mg，加入 10%葡萄糖液 250ml 中滴注。

**烟酸** Nicotinic Acid（尼古丁酸）用于糙皮病、口炎、脑动脉血栓形成、高脂血症。片：50mg、100mg。注射液：20mg（2ml）、50mg（1ml）、100mg（2ml）。口服：每次50~200mg，3次/日，饭后服。降血脂，每次1~2g，3次/日。静滴：脑血管疾病，每次50~200mg，加入5%~10%葡萄糖液中滴注，1次/日。

**维生素E** Vitamin E（生育酚、产妊酚、来益）

【用途】习惯性和先兆流产、不育症、外阴萎缩、外阴瘙痒、冠心病等。

【不良反应】视力模糊、头晕、恶心、腹泻、月经过多、闭经，影响性功能，偶见血栓性静脉炎、低血糖。

【用药护理注意】不与香豆素及其衍生物合用。针剂用前摇匀。

【制剂】片：10mg、50mg。胶丸：50mg、100mg。注射液：5mg、50mg。

【用法】口服：每次 10~100mg，2~3 次/日。肌注：每次 5~10mg，1 次/日。

**维生素C** Vitamin C（抗坏血酸、维生素丙、力度伸）

【用途】防治坏血病，急慢性传染病及紫癜辅助治疗，克山病患者发生心源性休克，酸化尿液，肝硬化、各种贫血、过敏性皮肤病、口疮等。

【不良反应】恶心、呕吐、胃酸增多、皮疹、泌尿系结石，大量可致溶血。

【用药护理注意】1. 大量长期服用不能突然停药，宜逐渐减量停药。2. 忌与碱性药的溶液配伍。3. 肌注致剧痛，故少用。4. 如制剂变黄，不可使用。

【制剂】片：100mg。泡腾片（力度伸）：1g。注射液：0.1g、0.5g。

【用法】口服：片，每次 50~100mg，3 次/日，饭后服。静注、静滴：每次 0.25~1g，用 5%~10%葡萄糖液或生理盐水稀释，1 次/日。

**注射用水溶性维生素** （Soluvit N、水乐维他）用于长期肠外全营养病人补充水溶性维生素。含维生素 $B_1$、$B_2$、$B_6$、$B_{12}$ 和维生素 C、烟酰胺、叶酸、甘氨酸、泛酸、生物素等，8~15℃避光保存。冻干粉针剂。静滴：成人和体重大于 10kg 的儿童，1 瓶/日。临用前用注射用水或葡萄糖注射液溶解后再稀释。

**脂溶性维生素注射液** （成人用维他利匹特、儿童用维他利匹特，Vitalipid N）含维生素 A、$D_2$、E、$K_1$。2~8℃避光保存。注射液：10ml（分儿童用和成人用）。静滴：10ml/d，11 岁以下用儿童注射液 1ml/(kg·d)，不超过 10ml/d，加入英脱利匹特注射液中，轻轻摇匀后输注，须在 24 小时内用完。

**骨化三醇、阿法骨化醇**（见治疗骨质疏松药，P522）

**维生素 $B_4$**（见促白细胞增生药，P435）

## 十六、调节水、电解质及酸碱平衡药

### 氯化钠注射液 Sodium Chloride Injection

【用途】缺钠性脱水，溶解和稀释注射用药品，冲洗眼、鼻、伤口等。

【不良反应】过量致高血钠、低血钾，水钠潴留、血压升高、呼吸困难等。

【用药护理注意】1. 肺水肿禁用，心、脑、肾功能不全及低蛋白血症、肝硬化腹水慎用。2. 禁与能量合剂、乳酸钠、氢化可的松、乳糖酸红霉素、两性霉素B 配伍。3. 夏季开瓶 24 小时后不宜再用。

【制剂、用法】生理盐水（等渗氯化钠注射液）：0.9%（2ml、10ml、250ml、500ml）。口服、静滴：用量视病情而定，一般 500~1000ml/d。

### 浓氯化钠注射液 Concentrated Sodium Chloride Injection

【用途】高钾血症、低钠血症、低渗性脱水。

【不良反应、用药护理注意】同氯化钠注射液，禁止肌注和皮下注射。

【制剂】注射液：10%（10ml）。

【用法】一般临用前以5%或10%葡萄糖液稀释成3%溶液静脉滴注。

**复方氯化钠注射液** Compound Sodium Chloride Injection（林格液、Ringer's Solution）含氯化钠 0.86%、氯化钾 0.03%、氯化钙 0.033%。用于补充体液和钠、氯、钾、钙，可替代生理盐水。其他参阅氯化钠注射液。注射液：250ml、500ml、1000ml。静滴：用量视病情而定。

**乳酸钠林格注射液** Sodium Lactate Ringer's Injection（平衡盐水）含氯化钠 0.6%、氯化钾 0.03%、氯化钙 0.02%、乳酸钠 0.31%。用于调节体液、酸碱平衡、电解质。乳酸血症禁用，心、肾功能不全和高渗性脱水慎用。不与含磷酸离子、碳酸离子溶液相混合。注射液：500ml。

**葡萄糖氯化钠注射液** Glucose and Sodium Chloride Injection 含葡萄糖 5%、氯化钠 0.9%。用于补充体液、热量和维持体内电解质平衡。其他参阅葡萄糖和氯化钠注射液。注射液：250ml、500ml、1000ml。静滴：用量视病情而定。

**葡萄糖** Glucose（右旋糖）

【用途】补充热能和体液，低血糖症、高钾血症，高渗液可利尿、降颅压。

【不良反应】长期单纯给葡萄糖可致电解质紊乱，高渗葡萄糖可致静脉炎。

【用药护理注意】1. 不与血液混合输注。2. 长期大量使用注意电解质平衡。3. 冬季可将安瓿加热至与体温相等的温度。4. 葡萄糖易发霉，要注意。5. 高渗溶液应缓慢注射。6. 多次注射使静脉内膜增生、硬化，应常换用血管。

【制剂】注射液：5%（等渗）、10%、20%、25%、50%（高渗）。

【用法】静滴：补充热能，用 10%~25%葡萄糖注射液。等渗失水，用 5%~10%葡萄糖注射液。静注：组织脱水、低血糖症，用 50%葡萄糖注射液。

**口服补液盐** Oral Rehydration Salts 用于腹泻引起的脱水。颗粒剂：14. 75g（大袋葡萄糖、氯化钠；小袋氯化钾、碳酸氢钠）。口服：临用前，将大、小袋药物同溶于 500ml 凉开水中，小儿 50~100ml/kg，分次于 4~6 小时服完。

**直肠透析液** 用于肾盂肾炎、尿毒症等的酸中毒。含氯化钠、氯化钾、碳酸氢钠、葡萄糖等。直肠内滴入：每次 1000ml，15~20 滴/分，天冷时可微温后用。

**氯化钾 Potassium Chloride**（补达秀、施乐凯）

【用途】低钾血症、强心苷中毒所致阵发性心动过速或频发室性期外收缩。

【不良反应】胃肠道反应、高钾血症，静滴时可致疼痛、静脉炎，静滴过量致疲乏、肌张力降低、反射消失、周围循环衰竭、心率减慢甚至心脏停搏。

【用药护理注意】1. 肾功能减退、尿少慎用，无尿、血钾过高禁用。2. 严禁静注。3. 注射液未经稀释不得静滴，静滴浓度不超过 0.3%，滴速不超过 90 滴/分。4. 本品 10%溶液可稀释于饮料中服。5. 控释片应吞服，不能嚼碎。

【制剂】片：0.25g、0.5g。控释片（补达秀、施乐凯）：0.5g。颗粒剂：1.6g，相当于钾 0.5244g。溶液：10%。注射液：1g（10ml）、1.5g（10ml）。

【用法】口服：片、控释片、溶液（10%），每次 1g，3 次/日，饭后服。静滴：10%~15%注射液 10ml，用 5%~10%葡萄糖液 500ml 稀释后慢滴。

**高渗葡萄糖**（见脱水药，P398）

**氯化钙、氯化钙葡萄糖注射液、葡萄糖酸钙、乳酸钙**（见抗变态反应药，P455~456）

## 十七、治疗骨质疏松药

### （一）抑制骨吸收药

**依替膦酸二钠 Etidronate Disodium**（羟乙膦酸钠、邦得林、依膦、吉力舒宁）

【用途】防治骨质疏松症，治变形性骨炎和高钙血症。

【不良反应】偶见腹部不适、腹泻、呕吐、口炎、咽喉烧灼感、皮疹等。

【用药护理注意】1. 肾功能损害、孕妇、哺乳期妇女、儿童忌用。2. 需间隙、周期用药，服药 2 周后停药 11 周，停药期间需补充钙剂。3. 服药 2 小时内避免服钙剂、高钙食品（如奶制品）和含矿物质的维生素或抗酸药。4. 服药时和服药后不宜取卧位，须用多量水送服。5. 有皮肤瘙痒等过敏症状时应停药。

【制剂、用法】片：200mg。口服：每次 200mg，2 次/日，两餐间服。

**帕米膦酸钠 Pamidronate Sodium**（帕米膦酸二钠、阿可达、博宁、Aredia）

【用途】骨质疏松症，恶性肿瘤引起的高钙血症。

【不良反应】恶心、呕吐、头晕、发热、低钙血症，轻微肝肾功能改变等。

【用药护理注意】1. 儿童、孕妇、哺乳期妇女禁用。2. 必须稀释后才可静滴。3. 不与其他二膦酸盐类药物合用。4. 监测血钙、磷水平。5. 禁止静注。

6. 15~25℃避光保存。

【制剂】粉针：15mg、30mg（附注射用水 1 支）。注射液：15mg（5ml）。

【用法】静滴：每次 30~60mg，稀释于不含钙的生理盐水或 5%葡萄糖液中，滴注 1~4 小时以上，浓度不超过 15mg/125ml，滴速不超过 15~30mg/2h。

**阿仑膦酸钠** Alendronate Sodium（阿屈膦酸钠、固邦、福善美、天可）

【用途、不良反应】绝经后妇女的骨质疏松，不良反应主要为胃肠道反应。

【用药护理注意】1. 同依替膦酸二钠。2. 不能在临睡前、起床前或躺着服药，药片不能咀嚼或在口中溶化，因为会使口腔咽喉部破溃，须用 200~250ml 白开水（不用矿泉水）送服，服药 30min 后才可进食。3. 服药期间需补充钙剂。

【制剂、用法】片：10mg。口服：10mg/d，早饭前 0.5h 服，疗程 6 个月。

**氯屈膦酸二钠** Clodronate Disodium（氯甲双膦酸二钠、氯膦酸二钠、氯屈膦酸钠、骨膦、洛屈、德维、迪盖钠、Bonefos）

【用途】恶性肿瘤引起的高钙血症和骨质溶解。

【不良反应】初期有腹痛、腹泻、恶心、眩晕，注射给药致肾功能受损。

【用药护理注意】1. 儿童、孕妇禁用，肾功能不全禁用注射剂。2. 不与食物、牛奶、抗酸剂和含二价阳离子药物同服，以免降低活性。3. 15~25℃保存。

【制剂】片、胶囊：0.4g。注射液：0.3g（5ml）。

【用法】口服：每次 0.8g，3 次/日，进餐前 1 小时服。静滴：每日 0.3g，用生理盐水或 5%葡萄糖液 500ml 稀释，缓慢滴注 2 小时以上。

**降钙素**（见甲状腺激素及抗甲状腺药，P502）

**戊酸雌二醇、替勃龙、尼尔雌醇、妊马雌酮**（见雌激素、孕激素、促性腺激素及避孕药，P479，481~482）

## （二）促进骨形成药

**一氟磷酸谷酰胺-葡萄糖酸钙-枸橼酸钙** Glutamine Monofluoro Phosphate Calcium Gluconate and Calcium Citrate（一氟磷酸谷酰胺+钙、特乐定、Tridin）

【用途】骨质疏松症。

【不良反应】关节疼痛、胃部不适。

【用药护理注意】25 岁以下、孕妇、哺乳期妇女、肾功能不全、高血钙、高尿钙、骨软化症者禁用，四肢骨折时不用。

【制剂】咀嚼片（有效期 5 年）：每片含一氟磷酸谷酰胺 134. 4mg、葡萄糖酸钙 500mg、枸橼酸钙 500mg。

【用法】口服：1 片/次，2~3 次/日，餐后嚼碎服，疗程 3 个月以上。

### （三）作用于骨矿化药

**骨化三醇 Calcitriol**（罗盖全、溉纯）

【用途】绝经后及老年性骨质疏松症、肾性骨营养不良症等。

【不良反应】高血钙症（恶心、呕吐、骨痛、多尿、心律失常）或钙中毒。

【用药护理注意】1. 与高血钙有关的疾病禁用。2. 监测血钙、磷浓度。3. 不与含镁药物和维生素 D 类合用。

【制剂】胶囊：0. 25μg、0. 5μg。注射液（溉纯）：1μg（1ml）

【用法】口服：骨质疏松，每次 0. 25μg，2 次/日。其他适应证 0. 25μg/d。

**阿法骨化醇 Alfacalcidol**（阿法 $D_3$、立庆、萌格旺、龙百利、霜叶红、法能）

【用途】骨质疏松症、甲状旁腺功能低下、抗维生素 D 性佝偻病。

【不良反应】胃肠道反应、肝功能异常、皮疹、头痛、失眠等。

【用药护理注意】1. 高钙血症禁用。2. 酌情补充钙剂。3. 监测血钙、尿钙水平。4. 避免同时使用维生素 D 及类似物。

【制剂】片：0. 25μg、0. 5μg。胶囊：0. 25μg、0. 5μg、1μg。

【用法】口服：每次 0. 5~1μg，1 次/日。

**碳酸钙** Calcium Carbonate（协达利、纳诺钙、凯思立）用于孕妇、哺乳期妇女、老年骨质疏松症补充钙盐，胃酸过多。偶见便秘，大剂量致高钙血症。片：0. 15g、0. 5g。咀嚼片（纳诺钙）：0. 125g、0. 5g。口服：补钙，1~2. 5g/d，分 2 次，饭前服。制酸，每次 0. 5~1g，3~4 次/日。

**碳酸钙/维生素 $D_3$** Calcium Carbonate and Vitamin $D_3$（逸得乐、钙尔奇-D、凯思立 $D_3$）用于骨质疏松、低钙血症、成人补钙。致便秘、高钙血症。片：含碳酸钙、维生素 $D_3$（各厂家产品含量不同）。口服：1~2 片/日，1 次饭后咀嚼或含服。

**氯化钙、葡萄糖酸钙、乳酸钙**（见抗变态反应药，P455~456）

**磷酸氢钙 Calcium Hydrogen Phosphate**用于钙缺乏症（佝偻病、老年骨质疏松症等），解救镁、氟中毒。致便秘。片：0.3g。口服：每次0.6~1.8g，3次/日。

## 十八、营养药

### 水解蛋白 Protein Hydrolysate

【用途】低蛋白血症、衰弱病人、对一般蛋白质无力消化病人。

【用药护理注意】1. 充血性心力衰竭、肝性脑病、酸血症禁用。2. 禁与磺胺类配伍。3. 静滴速度以30~40滴/分为宜。4. 用药中发现药液外漏、局部肿胀、抽搐、腹痛时应停药。

【制剂】注射用水解蛋白：500g。注射液：25g（500ml）。

【用法】口服：每次1~5g/kg。静滴：5%溶液，每次500ml。

### 复合氨基酸注射液（18） Compound Amino Acid Injection（18）

【用途】营养不良、低蛋白血症、外科术后。

【不良反应】恶心、呕吐、发热、发冷、心悸、头痛等。

【用药护理注意】1. 严重肾衰、肝性脑病、氨基酸代谢障碍禁用，严重酸中毒、充血性心力衰竭慎用。2.有沉淀、混浊、变色不用，开瓶后一次用完。

【制剂】注射液：250ml。

【用法】静滴：用量视病情而定，一般500ml/d，慢滴。

**复合氨基酸注射液（18-F）** Compound Amino Acid Injection（18-F）同复合氨基酸注射液（18）。

**小儿用氨基酸注射液（18）** Paediatric Amino Acid Compound Injection（18）

【用途】早产儿、低体重儿、各种需要静脉营养的小儿。

【不良反应、用药护理注意】同复合氨基酸注射液（18），适用于小儿。

【制剂】注射液：20ml、100ml、250ml。

【用法】静脉慢滴或中心静滴插管24小时恒速输注：15~39ml/(kg·d)或遵医嘱。可用10%葡萄糖液稀释后缓慢滴注。

**5%氨基酸注射液** 5% Amino Acid Injection（5%普洛氨、安米诺）同复合氨基酸注射液（18）。注射液：250ml、500ml。静滴：每次250~500ml。

**凡命** Vamin 用于不能进食或需要特殊高能量及氨基酸者。严重肝损害、尿毒症禁用，不能加入其他药品，5~25℃保存。注射液：250ml、500ml，由 17 种氨基酸加电解质组成的微黄色透明溶液。静滴：500~2000ml/d，40~50 滴/分。

**复合氨基酸 9R 注射液** Compound Amino Acid 9R Injection（肾安注射液、肾必氨注射液、复方肾病用氨基酸）

【用途】慢性肾衰、急性肾衰非高分解状态。

【不良反应】静滴过快可致恶心、呕吐、心悸、发热等。

【用药护理注意】1. 除可与葡萄糖液混合外，不能与其他药物混合。2. 开瓶药液应一次用完。3. 遇冷出现结晶时，可置于 50℃温水中加热使结晶溶解，凉至 37℃左右再用。4. 注意补充足量葡萄糖，给低蛋白、高热量饮食。

【制剂、用法】注射液：250ml。静滴：250ml/d，15 滴/分。

**派达益儿** Ped-el（派达益尔）

【用途】新生儿、婴儿全肠外营养时补充电解质和微量元素的日常需求。

【用药护理注意】1. 肾功能障碍和不耐受果糖者禁用。2. 通常出生第 2 天才使用。3. 输注前 1 小时内加入凡命或 5%~10%葡萄糖液中稀释（稀释 5 倍以上），未经稀释不能输注，输注时间不超过 12 小时。4. 不添加其他药物，以免发生沉淀。5. 静滴速度须缓慢，并在监护下使用。6. 2~10℃避光保存。

【制剂、用法】注射液：10ml。静滴：4ml/(kg · d)，不超过 20ml/d。

安达美 Addamel

【用途】15kg 以上儿童及成人全肠外营养时供给电解质及微量元素。

【用药护理注意】1. 肾功能障碍和不耐受果糖者禁用，婴儿不宜用。2. 过量摄入有害。3. 未经稀释不能输注，输注时间不超过 12 小时。4. 不添加其他药物，以免发生沉淀。5. 0~25℃避光保存。

【制剂、用法】注射液：10ml。静滴：每次 10ml，加入 500~1000ml 凡命注射液或葡萄糖注射液中慢滴，输注时间约 6~8 小时，1 次/日。

14 氨基酸注射液-800、15 氨基酸注射液-800（见主要作用于消化系统的药物，P376）

# 十九、影响机体免疫功能的药物

## （一）免疫抑制药

**环孢素** Ciclosporin（环孢霉素 A、环孢菌素、赛斯平、新山地明、山地明、丽珠环明、田可、强盛、Cyclosporin A）

【用途】器官移植时抑制排异反应、自身免疫性疾病、重症再障等。

【不良反应】胃肠道反应、高血压、肾毒性、肝损害、震颤、过敏反应。

【用药护理注意】1. 对本品过敏、肿瘤患者、1 岁以下禁用，65 岁以上、孕妇、哺乳期妇女慎用。2. 每日监测血压，定期查血象、电解质，肝、肾功能。3. 口服液打开后应在 2 个月内服完，可用橘子汁或苹果汁稀释后服用。4. 可与肾上腺皮质激素合用，不与其他免疫抑制剂合用。5. 避免服用含钾药物和高钾饮食；避免同用减毒活疫苗。

【制剂】胶囊：25mg、100mg。软胶囊：25mg、50mg、100mg。口服液：10%（50ml）。注射液：250mg（5ml）。

【用法】口服：于移植前 4~12 小时起，15mg/(kg·d)，分 2 次服，持续 1~2 周后逐渐减至维持量，6~8mg/(kg·d)。静滴：5~6mg/(kg·d)，用 5%葡萄糖液或生理盐水按 1∶20~1∶100 的比例稀释。

**他克莫司** Tacrolimus（他克罗姆、普乐可复、FK-506）

【用途】器官移植的抗排异反应。

【不良反应】肾毒性、神经毒性、高血压、高血钾、高尿酸、过敏反应等。

【用药护理注意】1. 孕妇、哺乳期妇女禁用。2. 静滴后30分钟内应观察有无过敏反应。3. 避免与肾毒性的药物合用。4. 服药期间不能从事危险作业。

【制剂】胶囊：1mg、5mg。注射液：5mg（1ml）。

【用法】口服：0. 15~0. 3mg/(kg·d)，维持量0. 1mg/(kg·d)，均分2次，空腹、进食前1小时或进食后2~3小时服。静滴：0. 05~0. 1mg/(kg·d)，分2次用5%葡萄糖液或生理盐水稀释后慢滴，浓度应在0. 004~0. 1mg/ml的范围内。

**雷公藤总苷** Tripterygium Glycosides（雷公藤甙、雷公藤多苷）

【用途】类风湿性关节炎、系统性红斑狼疮、皮肌炎、肾小球肾炎。

【不良反应】胃肠道反应、白细胞及血小板减少、月经紊乱、肾功能损害。

【用药护理注意】1. 孕妇、哺乳期妇女禁用，肝、肾及造血功能障碍，未婚慎用。2. 服药期间应避孕。

【制剂、用法】片：10mg。口服：每次10~20mg，3次/日，饭后服。

**硫唑嘌呤** Azathioprine（依木兰、义美仁、AZP）用于异体移植时抑制排异反应、自身免疫性疾病等。主要毒性是骨髓抑制，致胃肠道反应、脱发、中毒性肝炎、致畸、致肿瘤等。孕妇慎用，每周查血象 1 次。片：25mg、50mg、100mg。口服：1~5mg/(kg·d)，一般每日 50~100mg，1 次/日。

**抗淋巴细胞球蛋白** Antilymphocyte Globulin（抗淋巴细胞免疫球蛋白、ALG）

【用途】抑制器官移植时的排异反应、自身免疫性疾病。

【不良反应】发热、寒战、低血压、肌注局部疼痛、荨麻疹、过敏性休克。

【用药护理注意】1. 过敏体质禁用，有急性感染者慎用。2. 用前需皮试，用 1∶1000 的 ALG 0.1ml 皮内注射。3. 监测血象。4. 长期使用可诱发肿瘤。5. 2~8℃避光保存。

【制剂】粉针（含量不统一）：马 ALG 100mg、250mg，兔 ALG 25mg。

【用法】肌注：马 ALG 每次 4~20mg/kg，兔 ALG 每次 0.5~1mg/kg，1 次/每日或隔日，1 疗程 14 日。静滴：马 ALG，每次 7~20mg/kg，1 次/日，用生理盐水或 5%葡萄糖液稀释。

**麦考酚吗乙酯** Mycophenolate Mofetil（霉酚酸酯、骁悉、MMF）用于抑制肾等移植的排异反应。致胃肠道反应、骨髓抑制、高血钾等，孕妇、哺乳期妇女禁用，中性粒细胞减少明显应停药或减量，食物和制酸药影响本品吸收。胶囊：250mg。片：500mg。空腹口服：每次 1g，2 次/日，于移植 72 小时内开始服用。

**抗 Tac 单抗** Daclizumab（赛尼哌）预防肾移植后急性排斥反应。致胃肠道反应，稀释时不要摇荡。注射液：25mg（5ml）。静滴：每次 1mg/kg，加生理盐水 50ml，滴注 15 分钟以上，移植前 24 小时内用首剂，以后每 14 日 1 次，共 5 次。

**泼尼松**（见肾上腺皮质激素及促肾上腺皮质激素类药，P464）

**环磷酰胺、苯丁酸氮芥、甲氨蝶呤、羟基脲**（见抗肿瘤药物，P117、118、125、130）

## （二）免疫增强药

**转移因子** Transfer Factor（正常人白细胞转移因子、TF）

【用途】难治性病毒或霉菌感染及恶性肿瘤的辅助治疗，自身免疫性疾病。

【不良反应】短暂发热，注射局部酸胀痛、轻度风疹样皮疹。

【用药护理注意】1. 对不满 1 个月婴儿不起作用。2. 各地产品含量每批不一致。3. 粉针出现融化不得使用。4. 粉针－20℃保存，注射液凉暗处保存。

【制剂】注射液：1 单位（2ml）、3 单位（2ml）。粉针：1、2、4 单位。

【用法】皮下注射（常用，上臂内侧或大腿内侧）：1~2 单位/次，1~2 次/周，1 个月后改为 1 次/2 周。

**丙种球蛋白**　γ- Globulin（人免疫球蛋白、人血丙种球蛋白、蓉生肌丙、Human Normal Immunoglobulin）

【用途】肝炎、麻疹、水痘、腮腺炎，免疫缺陷病、哮喘、过敏性鼻炎。

【不良反应】过敏反应、暂时性体温升高、局部疼痛、硬结。

【用药护理注意】1. 1 岁以内不用。2. 除专供静脉注射外，一般制剂不可静注。3. 开瓶后一次用完，有异物或摇不散的沉淀不用。4. 2~8℃避光贮存。

【制剂】注射液：0. 15g（1. 5ml）、0. 3g（3ml）。粉针：320mg。

【用法】肌注：每次 0. 3~0. 6g。预防麻疹，5 岁以下，每次 0. 15~0. 3g；6 岁以上最大剂量不超过 0. 6g，一次注射预防效果为 2~4 周。

**静脉注射用人免疫球蛋白**　（静脉注射用人丙种球蛋白、蓉生静丙、伽玛莱士、博欣）专供静脉输注，禁与其他药物混合、10℃以下贮存。粉针：2. 5g。注射液（伽玛莱士）：2. 5g（50ml）。静滴：每次 100~200mg/kg，1 次/4 周，粉针用生理盐水或 5%葡萄糖液稀释，开始慢滴并观察有无不良反应。

**重组人干扰素α-2b**　Recombinant Human Interferon α-2b（基因工程干扰素α-2b、安达芬、利分能、安福隆、干扰能、甘乐能、利能、Interferon α-2b）

【用途】多发性骨髓瘤、卡波济氏肉瘤、恶性黑色素瘤、毛细胞白血病，乙型、丙型、庚型肝炎。

【不良反应】发热、疲倦、头痛、厌食、恶心、粒细胞及血小板减少等。

【用药护理注意】1. 对本品过敏禁用，18 岁以下、孕妇、哺乳期妇女、严重慢性病慎用。2. 发生过敏反应立即停药。3. 溶解时沿瓶壁注入，以免产生气泡，可轻摇，但不能剧烈振动，溶解后有混浊现象不能用。4. 本品不能与 5%葡萄糖液混合。5. 2~8℃保存，切勿冷冻。

【制剂】粉针（有效期 2 年）：100 万 IU、300 万 IU、500 万 IU。

【用法】皮下注射、肌注、静滴、病灶内注射：每次 100 万~600 万 IU。静滴时用 1ml 灭菌注射用水将本品溶解后，加入 50ml 无菌生理盐水中，滴注 30 分钟以上，静滴前、后进行约 10 分钟的无菌生理盐水输注。

**重组人干扰素** α-1b　Recombinant　Human　Interferon α-1b（基因工程干扰素 α-1b、赛若金、干扰灵、运德素、Sinogen）同重组人干扰素 α-2b。明显过敏体质者，先用 1∶100 稀释的本品进行皮试，2~8℃保存。注射液：100 万 IU、300 万 IU（1ml）。皮下注射、肌注：每次 100 万~300 万 IU，1 次/日或隔日。

**重组人干扰素** α-2a　Recombinant Human Interferon α-2a（基因工程干扰素 α-2a、因特芬、罗荛愫、奥平）同重组人干扰素 α-2b。2~8℃保存。粉针、注射液：100 万 IU、300 万 IU、500 万 IU（粉针附 1ml 注射用水）。阴道栓（奥平）：6 万 IU。皮下注射、肌注：每次 300 万 IU，1 次/隔日。阴道给药：栓，1 粒/次，1 次/隔日。

**干扰素** α-n1　Interferon　α-n1（惠福仁）用于毛细胞白血病、慢性肝炎等。同重组人干扰素 α-2a，须冷藏保存。粉针：300 万 IU。肌注、皮下注射：毛细胞白血病，每次 300 万 IU，1 次/日；慢性肝炎，每次 1000 万 IU，3 次/周。

**复合α干扰素** Interferon Alfacon-α（干复津）用于18岁和18岁以上代偿期肝病患者的慢性HCV感染。致类似流感症状，2~8℃保存，勿冷冻，避免剧烈摇动。注射液：9μg（0.3ml）、15μg（0.5ml）。皮下注射：每次9μg，3次/周，连用24周，两次注射之间至少间隔48小时。

**重组人干扰素β** Recombinant Human Interferon β（利比）试用于黑色素瘤、成胶质细胞瘤。为减轻疼痛，可溶于0.5%~1%普鲁卡因1~3ml中给药，但不能用利多卡因，本品用前应皮试，须冷藏保存。粉针：100万IU。局部注射：黑色素瘤，每次40万~80万IU，注射于肿瘤或肿瘤周围，1次/日。静滴：每次100万~600万IU，1次/日，溶于生理盐水或5%葡萄糖液中。

**重组人干扰素γ** Recombinant Human Interferon γ（克隆伽玛、丽珠因得福、上生雷泰）用于免疫性疾病、肿瘤、病毒性疾病。用注射用水1ml溶解，有不溶块状或絮状物不用，用前应皮试（5000IU皮内注射），2~8℃保存。粉针：100万IU。肌注、皮下注射：初始剂量50万IU/日，3~4天后增至每次100万IU，1次/日。

**重组人白细胞介素-2** Recombinant Human Interleukin-2（白细胞介素-2、阿地流津、悦康仙、安特鲁克、英路因、欧耐特、金路康、Interleukin-2、IL-2）

【用途】恶性肿瘤的免疫治疗、乙型和丙型肝炎、自身免疫性疾病等。

【不良反应】发热、寒战、胃肠道反应、低血压、心律失常、体液潴留等。

【用药护理注意】1. 对本品过敏、严重低血压、心肾功能不全、幼儿禁用，孕妇慎用。2. 溶解后有混浊、不散沉淀或异物不用。3. 用 1ml 灭菌生理盐水溶解后，再用生理盐水或 5%葡萄糖液稀释。4. 2~8℃保存。

【制剂】冻干粉针（有效期 2 年）：5 万 IU、10 万 IU、20 万 IU、50 万 IU、100 万 IU、200 万 IU（附溶解液 1 支）。

【用法】肝炎：静滴，每次 2. 5 万~5 万 IU，用 100~250ml 生理盐水溶解，1 次/日，每周用药 5 日，3 周为 1 疗程。治肿瘤剂量加大至 50~200 万 IU/d。可局部、皮下及动脉插管注射。

**胸腺素** Thymosin（胸腺肽、胸腺多肽、胸腺因子 D、康司艾、Thymopeptide）

【用途】胸腺发育不良症、免疫缺陷症、自身免疫病、乙型肝炎、肿瘤等。

【不良反应】发热、局部红斑、硬结、肌肉痛、过敏反应等。

【用药护理注意】1. 首次注射前和停药后再用须皮试（配成 25μg/ml 溶液，皮内注射 0.1ml）。2. 有混浊、不散沉淀或异物禁用。3. 凉暗处保存。

【制剂】粉针：10mg。注射液：20mg（5ml）。胶囊（康司艾）：5mg。

【用法】肌注、皮下注射：每次 10~20mg，1 次/每日。静滴：20~80mg/d，溶于 500ml 生理盐水或 5%葡萄糖液中。口服：每次 5~15mg，3 次/日。

胸腺肽 α1 Thymosin α1（日达仙、Zadaxin）

【用途】慢性乙型肝炎、作为免疫损害者的疫苗增强剂。

【不良反应】少见恶心、高热、注射部位灼热感、血清转氨酶短暂升高等。

【用药护理注意】1. 孕妇、哺乳期妇女、18 岁以下慎用。2. 不能肌注或静脉给药。3. 慎与其他免疫调节剂同时应用。4. 如与 α 干扰素在同一天使用，一般早上用本药，晚上用干扰素。5. 须现配现用。6. 不与其他药物混合注射。7. 2~8℃保存。

【制剂】粉针：1.6mg（附 1ml 注射用水）。

【用法】皮下注射：每次 1.6mg，用所附的注射用水溶解，2 次/周，两次相隔 3~4 日。作为疫苗增强剂使用，第一针在疫苗后即用，连用 4 周（共 8 针）。

**胸腺五肽** Thymopentin 用于肿瘤化疗后、免疫功能损害、重大手术前后、乙肝等。偶见嗜睡、倦怠，青少年慎用。粉针：1mg。肌注、静滴：每次 1mg，肌注用注射用水溶解，静滴加入葡萄糖液中，1 次/日或隔日，疗程视病情而定。

**保尔佳** Polyerga 用于原发和转移性恶性肿瘤、免疫缺陷病及免疫功能低下。孕妇禁用，勿与蛋白分解酶类同时使用。片：100mg。注射液：30μg（1ml）。一般疗法：肌注，每次 30μg，3 次/周，隔日注射；可合并口服，每次 100mg，3 次/日。

**必思添** Biostim 用于预防慢性反复呼吸道感染。少数有胃肠道症状，1 岁以下和免疫缺陷者禁用，可打开胶囊将内容物与液体或易消化食物混合同服。胶囊：1mg。口服：疗程 3 个月。第 1 次治疗 8 日，每次 2mg，1 次/日，停服 3 周，第 2 次和第 3 次均连服 8 日，停服 3 周，每次 1mg，1 次/日。

**左旋咪唑**（见驱肠虫药，P113）

**香菇多糖**（见抗肿瘤药物，P146）

## 二十、减肥药

**西布曲明 Sibutramine**（盐酸西布曲明、曲美、可秀）

【用途】肥胖症。

【不良反应】心动过速、血压升高、头痛、口干、饱腹感、失眠、皮疹等。

【用药护理注意】1. 心律失常、心衰、冠心病、未能控制的高血压、严重肝肾功能不全、对本品过敏、厌食症、孕妇、哺乳期妇女、16 岁以下、65 岁以上禁用。2. 用前测血压、心率。3. 不与单胺氧化酶抑制剂、拟 5-HT 药合用。4、配合低热饮食和运动调节治疗。

【制剂、用法】胶囊：5mg、10mg。口服：每次 10mg，1 次/日，清晨服。

**奥利司他 Orlistat**（塞尼可）用于肥胖症。致腹痛等胃肠道反应，宜适当补充维生素。胶囊：120mg。口服：每次 60~120mg，3 次/日，餐时或餐后服。

## 二十一、消毒防腐药

**乙醇 Alcohol**（酒精）

【用途】皮肤、粘膜、金属医疗器械灭菌消毒，防褥疮、高温退热。

【不良反应】1. 对破损的皮肤、粘膜有强烈的刺激性。2. 过敏反应。

【用药护理注意】1. 浓度超过 90%，杀菌作用减弱。2. 本品易挥发和吸收空气中水分，用后将容器盖紧。3. 不宜消毒被大量血、脓、粪便污染的表面。

【制剂】溶液剂：70%~75%、95%（v/v）、92.3%（w/w）。

【用法】75%（按体积计）、70%（按重量计）：外用手术野或注射部位消毒、其他部位皮肤或粘膜消毒；金属医疗器械消毒须浸泡 0.5~2 小时，浸泡前擦净。40%~50%：用于防褥疮。20%~30%：擦浴，降低高热病人体温。

配制 75%（v/v）乙醇：将 95%（v/v）乙醇 75ml 加蒸馏水至 95ml 即可。

配制 70%（w/w）乙醇：将 92.3%（w/w）乙醇 70g 加蒸馏水至 92.3g 即可。

碘酊 Iodine Tincture

【用途】皮肤消毒、个别医疗器械或小型物品消毒。

【不良反应】1. 对伤口、皮肤、粘膜有强烈刺激。2. 浓碘可致发泡、脱皮、皮炎。3. 皮疹。

【用药护理注意】1. 对碘过敏禁用，新生儿慎用。2. 不与红汞同时涂用。3. 不宜消毒被大量血、脓、粪便污染的表面。4. 用后将容器盖紧。

【制剂、用法】外用：2%，用于一般皮肤消毒。3%~5%，用于手术野皮肤消毒，消毒后用75%乙醇擦去多余的碘，以减少局部刺激。

**聚维酮碘 Povidone Iodine**（碘伏、强力碘、碘附、洁菌王、克伏、Iodophor）

【用途】皮肤消毒、化脓性皮肤炎症及皮肤真菌感染、餐具消毒。

【用药护理注意】1. 对碘过敏慎用。2. 无刺激性。3. 不必用乙醇脱碘。

【制剂、用法】0.5%溶液：注射部位皮肤消毒、皮肤感染、术野皮肤消毒、术前洗手。0.1%溶液：冲洗。5%~10%软膏或栓剂：治炎症、溃疡、阴道炎。

**苯扎溴铵 Benzalkonium Bromide**（新洁尔灭）

【用途】手、皮肤、粘膜、器械等消毒。

【用药护理注意】1. 不与肥皂同用。2. 浸泡器械加0.5%亚硝酸钠。3. 不用于膀胱镜、眼科器械、橡胶、铝制品消毒。4. 不用于痰液、粪便等消毒。

【制剂、用法】溶液剂：50%~60%。用时稀释成0.005%~0.5%溶液。0.1%溶液：用于外科洗手、手术器械或食具消毒。0.01%~0.05%溶液：用于粘膜消毒。0.01%溶液：用于阴道冲洗。

**过氧乙酸** Peracetic Acid（过醋酸）

【用途】皮肤、粘膜、物体表面、食具、蔬菜、水果、空气的消毒。

【不良反应】1. 长期接触致皮肤粗糙、干裂、脱皮。2. 高浓度（>1%）溶液对皮肤粘膜有强烈刺激作用。

【用药护理注意】1. 对金属有腐蚀性，溶液应装于塑料容器中。2. 分甲、乙液的，应将其等量混合后放置 24 小时再进行稀释，否则药效下降。3. 配制时应戴手套，手不要直接接触高浓度（>1%）的药物。4. 室温下用蒸馏水稀释应 48 小时内用完，用自来水稀释应 12 小时内用完，4℃时可保存 10 天，过期不用。5. 防止误服和吸入其蒸气，喷雾消毒时宜戴口罩。6. 加热可发生爆炸。

【制剂】溶液剂：10%、20%（500ml）。有的产品分甲、乙两种溶液。

【用法】0. 02%溶液：粘膜消毒。0. 2%溶液：皮肤、手、污染表面、蔬菜消毒。0. 5%溶液：对空喷雾消毒空气，30ml/m³；便盆消毒，浸 30 分钟。

**甲酚磺酸** Cresol Sulfonic Acid（煤酚磺酸）0.1%溶液可代替过氧乙酸用于环境消毒。**甲酚磺酸钠溶液**可代替煤酚皂溶液用于洗手，洗涤和消毒器械。**甲酚磺酸烷基磺酸钠皂溶液**可用于公共场所浴池消毒、洗涤毛巾。

**氯己定** Chlorhexidine（洗必泰）遇肥皂、碱效力减弱，不与碘、高锰酸钾、升汞、硼砂配伍。粉剂：根据需要配制成溶液。含片：5mg。术前洗手：0.02%溶液泡 3~5 分钟。术野消毒：0.5%氯己定醇（70%）溶液。创面冲洗：0.05%水溶液。含漱消炎：0.02%溶液漱口。病房、家具消毒：0.5%水溶液喷雾或揩擦。口含服：2 片/次。

**戊二醛** Glutaral 对皮肤粘膜有刺激性，可致皮肤过敏反应。溶液剂：25%（供配制各种消毒液用）。2%碱性戊二醛水溶液（新配消毒液可使用 2 周）：消毒内镜等器械。2%酸性强化戊二醛溶液：同 2%碱性戊二醛水溶液，可保存较长时间，达 18 个月，对金属制品有腐蚀性。

**高锰酸钾** Potassium Permangarate（灰锰氧、P.P.）临用前配制，久置或加温迅速失效。0.1%~0.5%溶液：冲洗伤口。0.02%溶液：洗胃、坐浴、阴道冲洗。

**甲紫** Methylrosanilinium Chloride（龙胆紫）无刺激性，据报道，有一定的致癌作用，伤口处禁用。1%溶液，局部涂抹皮肤粘膜的感染病灶、溃疡、糜烂。

**过氧化氢溶液** Hydrogen Peroxide Solution（双氧水）对金属有腐蚀性，有漂白、褪色作用，极易分解失效，应避光密闭保存。3%溶液：清除创口脓液、血液、粘液、耳内脓液。1%溶液：扁桃体炎、口腔炎、白喉等含漱。

**含氯石灰** Chlorinated Lime（漂白粉）须新鲜配制，对金属有腐蚀性，可使棉织物褪色。粉剂：含有效氯 25%。浴室、厕所消毒：1%~3%喷洒或擦拭。消毒食具、痰盂等：0.5%。饮水消毒：0.03%~0.15%（或 $8g/m^3$井水）。

## 二十二、皮肤科用药

**联苯苄唑** Bifonazole（苯苄咪唑、孚琪乳膏、美克、孚康、孚宁、白肤唑）

【用途】体癣、股癣、手足癣，皮肤念珠菌、革兰阳性菌感染。

【不良反应】皮肤发红、灼烧感、脱屑、皲裂、过敏等。

【用药护理注意】疗程要足，对本品过敏、哺乳期妇女禁用。

【制剂】溶液、霜剂、软膏：1%。栓剂（孚康）：150mg。阴道片：100mg。

【用法】涂患处，用前清洁皮肤感染部位，1~2 次/日，共 2~4 周。念珠菌阴道炎：栓剂，1 粒/每晚，临睡前塞入阴道顶部，用前洗净阴道，疗程 10 日。

**益康唑** Econazol（氯苯甲氧咪唑）用于体癣，浅表和阴道念珠菌感染。栓剂：50mg、150mg。软膏、霜剂：1%。泡沫气雾剂（妇炎净）。念珠菌阴道炎：每晚临睡前将栓剂塞入阴道顶部。

**益康唑/曲安奈德** Econazol/Triamcinolone（派瑞松、益肤清）用于湿疹，真菌或细菌引起的炎性皮肤病。长期使用致局部皮肤萎缩、紫纹，不用于细嫩皮肤或面部，皮肤结核、梅毒、病毒感染禁用。乳膏：15g。外用：每日早晚各1次。

**鬼臼毒素** Podophyllotoxin（克疣王、尤脱欣）

【用途】尖锐湿疣及其他病毒疣。

【不良反应】轻度烧灼感、刺痛、红斑、糜烂、肿胀等，误服可引起中毒。

【用药护理注意】孕妇、哺乳期妇女、儿童、开放性伤口禁用。仅供外用。

【制剂】酊剂：0.5%（2ml、3ml）。霜剂：1%。

【用法】用清水或肥皂水洗净患处并擦干，将药物涂于疣上，尽量不接触周围正常皮肤，涂药后暴露局部2~3分钟使药液挥发，1~2次/日，用3日，停4日为1疗程，可用3个疗程。

**环吡酮胺** Ciclopirox Olamine（环吡司胺、环利、巴特芬）用于手足癣、体癣、甲癣。少数致局部皮肤发红、瘙痒，停药后症状消失，本品避免接触眼睛。软膏（环利）：1%（15g）。涂剂：1%。外用：涂于患处，2次/日，疗程2周。

**过氧化苯酰** Benzoyl Peroxide（过氧苯甲酰、痤疮平、必麦森、班赛、碧宁）

【用途】疖肿、痤疮、痱子、褥疮溃疡。

【不良反应】轻度瘙痒、灼痛、红斑、脱屑、皮肤干燥、接触性皮炎。

【用药护理注意】1. 避免接触眼睛、粘膜，不用于生发部位，因会漂白头发。2. 孕妇、哺乳期妇女、儿童慎用。3. 本品易燃、易爆，应避光保存。

【制剂】凝胶（班赛）：2.5%、5%、10%（15g）。必麦森含红霉素3%。

【用法】外用：2~3次/日，先用温和的香皂和温水洗净皮肤。

**维A酸** Tretinoin（维甲酸、维生素A酸、维生素甲酸、迪维、维特明）

【用途】寻常痤疮、扁平苔癣、白斑、鱼磷病、牛皮癣、扁平疣等。

【不良反应】外用致红斑、肿胀、脱皮；内服致头痛、头晕、口干、恶心。

【用药护理注意】1. 肝、肾功能不良慎用。2. 用药部位避免日照，最好在夜间使用。3. 口服给药时可同服谷维素、维生素 $B_1$、$B_6$，以减轻头痛。

【制剂】片：10mg。霜剂、软膏：0.025%、0.05%、0.1%。凝胶：0.01%。

【用法】口服：每次 10mg，2~3 次/日。外用：霜剂、软膏、凝胶，2 次/日。

**异维 A 酸** Isotretinoin（保肤灵、罗可坦、泰尔丝）用于严重痤疮。不与维生素 A 同服，有致畸作用，育龄妇女或其配偶服药期间及服药前 3 个月，停药后 12 个月内应避孕。胶囊：10mg。口服：每次 10mg，1~2 次/日，餐后服。

**阿维 A 酯** Etretinate（银屑灵、新体卡松）用于严重银屑病、先天性鱼鳞病等。致口干、唇炎、皲裂等，有致畸作用，育龄妇女服药期间及停药后 12 个月内应避孕。胶囊：10mg、25mg。口服：25~30mg/d，2~4 周后改为维持量。

**阿达帕林** Adapalene（达芙文）用于寻常型痤疮。致红斑、烧灼感等刺激反应，12 岁以下、孕妇禁用，不用于哺乳期妇女胸部，避免日晒，25℃以下室温保存。凝胶：0.1%（15g、30g）。外用：皮肤清洁干燥后，将本品轻轻涂于患处，每晚 1 次。

**氢醌** Hydroquinone（斑必治）用于黄褐斑、雀斑、老年斑等。有刺激性，12岁以下、孕妇禁用，只用于色素斑，勿用于正常皮肤、眼部、伤口周围斑变，应避免阳光照射。软膏：4%（15g）。外用：涂搽患处，1~2次/日。

**莫匹罗星** Mupirocin（百多邦）

【用途】各种细菌性皮肤感染（疖肿、脓疱疮等）。

【用药护理注意】中度以上肾损害、孕妇慎用。不适用于眼内、鼻内。

【制剂、用法】软膏：2%（5g）。涂于患处，3次/日，共5日。

**鱼石脂** Ichthammol（Ichthyol）疖肿、丹毒、淋巴结炎等。忌与酸、碱、碘化物、铁、铅盐配伍。软膏：10%、20%。外用，1~2次/日。

**二硫化硒** Selenium Sulfide（硫化硒、希尔生）用于头皮脂溢、花斑癣、痤疮等。偶致脱发、褪色，用前摇匀。混悬液：2.5%（120ml）。外用：头皮脂溢，先用肥皂清洗头发、头皮，取5~10ml药液湿发，轻揉出泡沫样，保留2~3分钟，再用水充分洗净头发，2次/周。花斑癣，涂患处，2次/日，2日/周。

**地蒽酚 Dithranol（蒽林）**

【用途】牛皮癣、斑秃。

【不良反应】红斑、接触性皮炎，过度吸收致消化道、肝、肾的中毒症状。

【用药护理注意】不接触眼和其他粘膜，不用于头皮、面部、生殖器。

【制剂】软膏：0.1%、0.25%、0.5%。

【用法】外用：1次/日，晚间上药，第2日清晨洗去。

**炉甘石** Calamine 用于无渗出的急性、亚急性皮炎，湿疹、荨麻疹、痱子。不用于有渗出的皮损，用前摇匀。洗剂：8%~15%。外用：涂患处，每日数次。

**诺氟沙星、环丙沙星**（见喹诺酮类，P70、72）

**克霉唑、酮康唑、咪康唑、特比萘芬**（见抗真菌药，P85~86，90）

**阿昔洛韦、喷昔洛韦**（见抗病毒药，P91、93）

**双氯芬酸钠**（见解热镇痛抗炎及抗痛风药，P208）

**氢化可的松、丙酸倍氯米松、曲安奈德、氟轻松、丙酸氯倍他索、丁氯倍他松、莫米松**（见肾上腺皮质激素及促肾上腺皮质激素类药，P462、467~471）

## 二十三、诊断用药

### 泛影葡胺 Meglumine Diatrizoate（安其格纳芬、乌洛格兰芬、Cardiografin）

【用途】尿路造影，肾盂、心血管、脑血管、四肢及骨盆主动脉等造影。

【不良反应】恶心、呕吐、流涎、荨麻疹、眩晕等，偶见严重过敏反应。

【用药护理注意】1. 用前做碘过敏试验，阳性禁用。2. 严重肝、肾功能障碍，活动性结核、甲亢、对碘过敏禁用。3. 造影过程准备肾上腺素等抢救药。

【制剂】注射液：60%、65%、76%（20ml）。

【用法】可静注、动脉注射，胆道、膀胱、输尿管、肾盂内注射。尿路造影：用 60%或 76%溶液，每次 20ml，肘前静脉注入。

### 胆影葡胺 Meglumine Adipiodone（必利格兰芬、己乌洛康、Cholografin）

【用途】胆管和胆囊造影。

【不良反应】恶心、呕吐、心悸、荨麻疹、血管痉挛，偶见过敏性休克。

【用药护理注意】同泛影葡胺，用前做碘过敏试验，造影当日早晨禁食。

【制剂】注射液：30%、50%（20ml）。30%（1ml）皮试用。

【用法】静注：30%（肥胖者用 50%）溶液，每次 20ml，缓慢注射。

**甲泛葡胺 Metrizamide**（室椎影、阿米派克、甲泛影酰胺）

【用途】神经根鞘、椎管、脑室等造影，电子计算机X线体层摄影。

【不良反应】头痛、恶心、呕吐、颈椎强直、发热、皮肤潮红等。

【用药护理注意】对碘过敏者禁用，忌与其他药物配伍。药液现配现用。

【制剂】注射剂：3.75g（冷冻干结晶），附0.005%碳酸氢钠稀释液20ml。

【用法】用36%（含碘17%）10ml，60%（含碘28%）5~6ml。须由有经验的医生使用，用途不同给药途径不同。

**碘化油 Iodinated Oil**（碘油、利博多）

【用途】支气管、子宫、输卵管造影，介入性治疗栓塞剂。

【不良反应】咳嗽、厌食、头痛、微热、恶心，极少数有过敏。

【用药护理注意】1. 用前询问碘过敏史，做过敏试验。2. 急性支气管炎、甲亢、发热，心、肝、肾疾患禁用。3. 碘遇光、热易游离析出，应避光密闭保存。4. 溶液颜色变深不宜用。5. 注射时须用玻璃注射器，选用粗针头。

【制剂】油注射液：40%（10ml）、胶丸：0.1g、0.2g。

【用法】支气管造影：导管直接导入。其他造影：局部直接注入。

**碘海醇** Iohexol（三碘三酰苯、欧乃派克、碘六醇、欧苏）用于心血管、尿路、脊髓、关节腔造影，CT 增强扫描等。致头痛、眩晕、呕吐等，用前做碘过敏试验，准备过敏反应抢救药物。注射液：140mg I/ml（50ml）、300mg I/ml（20ml、50ml、75ml）。可静注或动脉内注射。

**硫酸钡** Barium Sulfate（丝路塔）

【用途】胃肠 X 线造影、食管造影。

【用药护理注意】1. 气管瘘、食管出血、急性胃肠穿孔、肠梗阻禁用。2. 检查前 6~12 小时内禁食，前 1 日禁用泻药、阿托品、铋剂、钙剂。

【制剂】粉剂：100g/袋。干混悬剂：500g/袋。混悬剂：120%（300ml）。

【用法】口服、灌肠：每次 100~250g，用水调成糊状（常加阿拉伯胶及糖浆制成混悬剂供用）。

**钆喷酸葡胺** Dimeglumine Gadopentetate（钆喷葡胺、马根维显）用于脑等人体脏器磁共振成像。致恶心、头晕、低血压、过敏反应，备好急救药品，药液打开后须在 4h 内使用。注射液：469mg/ml（20ml）。静注：每次 0. 1~0. 2ml/kg。

## 二十四、解毒药

**二巯丙醇 Dimercaprol**（巴尔、双硫代甘油、二巯基丙醇、BAL）

【用途】砷、汞、金急性中毒，无机、有机砷慢性中毒，砷引起的皮炎。

【不良反应】1. 恶心、头痛、腹痛、流涎、血压升高、心跳加快，大剂量致血压下降，多次注射可致过敏。2. 肝、肾损害。

【用药护理注意】1. 肝、肾功能不良慎用。2. 碱化尿液可减轻肾损害。3. 必须早期、足量、反复用药。

【制剂】注射液：0.1g（1ml）、0.2g（2ml）。油膏：10%。

【用法】深部肌注：每次 2.5~4mg/kg，第 1~2 日，1 次/4~6 小时，第 3 日 1 次/6~12 小时，以后 1 次/日，疗程 7~14 日。外用：油膏，用于砷引起的皮炎。

**二巯丙磺钠 Sodium Dimercaptopropane Sulfonate**（二巯基丙磺酸钠、Na-DMPS）用于汞、砷中毒首选药。偶见头晕、心悸、过敏反应。注射液：0.25g（5ml）。肌注：急性中毒，每次 5mg/kg，第 1 日 3~4 次，次日 2~3 次，以后 1~2 次，共 7 日。

**二巯丁二钠 Sodium Dimercaptosuccinate**（二巯琥钠、二巯基丁二钠、DMS）

【用途】治疗锑、铅、汞、砷中毒，预防镉、钴、镍中毒，肝豆状核变性。

【不良反应】头痛、头晕、口臭、恶心、全身乏力、皮疹等。

【用药护理注意】1. 水溶液不稳定，应新鲜配制，正常为无色或微红色，变色或混浊不用。2. 不能静脉滴注。3. 肌注加 2%普鲁卡因 2ml 可减轻疼痛。

【制剂】注射液：0. 5g、1g。

【用法】肌注：每次0. 5g，2次/日。缓慢静注（不能静滴）：急性中毒，首剂2g，用注射用水或生理盐水10~20ml稀释，以后每次1g，1次/1小时，共4~5次。

**依地酸钙钠 Calcium Disodium Edetate**（依地钙、解铅乐、EDTA $Ca-Na_2$）

【用途】铅、钴、铜、铬、镉、锰、镍及放射性元素（镭、铀等）中毒。

【不良反应】头晕、恶心、关节痛、腹痛、乏力、发热、静脉炎、肾损害。

【用药护理注意】1. 用药期间常查尿常规，发现异常应停药。2. 避免剂量大，静注速度过快用药。3. 低钙饮食。

【制剂】片：0. 5g。注射液：0. 2g（2ml）、1g（5ml）。

【用法】肌注、皮下注射：每次 0. 2~0. 5g，2 次/日，肌注加 2%普鲁卡因 2ml

可减轻疼痛。静滴：每次 0.5~1g，2 次/日，用生理盐水或 5%~10%葡萄糖液 250~500ml 稀释。口服：每次 1~2g，2~4 次/日。

**青霉胺** Penicillamine（D-盐酸青霉胺）

【用途】铜、铅、汞中毒，肝豆状核变性病，类风湿性关节炎。

【不良反应】过敏反应、胃肠道反应、肾脏损害、血液损害、视神经炎等。

【用药护理注意】1. 孕妇、肾脏病禁用，肝、血液疾患，65 岁以上慎用。2. 用前须做青霉素皮试。3. 不良反应发生率较高。4. 经常查尿蛋白、常规。

【制剂】片：0.1g、0.125g。

【用法】口服：铅、汞中毒，每次 0.25g，4 次/日，用 5~7 日。肝豆状核变性病，1~1.5g/d，分 3 次服，症状改善后间歇给药。

**去铁铵** Deferoxamine Mesylate（去铁灵、去铁敏）用于急性铁中毒、自身免疫溶血性贫血。偶见过敏反应、胃肠道反应、注射局部疼痛。孕妇慎用，不与维生素 C 合用，铁复合物排出可使尿液呈红色。片：0.5g。粉针：0.5g。肌注、缓慢静注：首剂 1g，以后 0.5g/4h，总量不超过 6g/d。口服：90mg/(kg・d)。

**碘解磷定** Pralidoxime Iodide（解磷定、碘磷定、派姆、PAM）

【用途】急性有机磷农药中毒。

【不良反应】恶心、呕吐、视力模糊、心动过缓、血压升高、呼吸抑制。

【用药护理注意】1. 碘过敏禁用。2. 禁与碱性药物配伍，药液变色不用。3. 粉剂较难溶，可加温（40~50℃）或振摇使其溶解。4. 防止药液漏入皮下。

【制剂】粉针：0.4g。注射液：0.4g（10ml）、0.5g（20ml）。

【用法】静注：轻度中毒，每次 0.4g，用葡萄糖液或生理盐水 20~40ml 稀释后慢注，必要时 2~4 小时重复 1 次，小儿每次 15mg/kg。中度中毒，首剂 0.8~1g，以后每 2 小时 0.4~0.8g，共 2~3 次。重度中毒，首剂 1~1.2g，半小时后可再给 0.8~1.2g，以后每小时 0.4g，共 4~6 次。

**氯解磷定** Pralidoxime Chloride（氯磷定、氯化派姆、PAM-CL）同碘解磷定，毒性较低。可供静注或肌注。注射液：0.25g（2ml）、0.5g（5ml）。轻度中毒：肌注，每次 0.25~0.5g，必要时 2 小时后可重复 1 次。中度中毒：肌注或静注，每次 0.5~0.75g，1 次/2 小时，共 2~3 次。

**解磷注射液** 用于急性有机磷农药中毒。为复方制剂，致面红、口干、心率加快等，不用葡萄糖液作稀释剂。注射液：0.25g（2ml）。肌注：轻度中毒，每次0.125~0.25g，必要时2~3小时重复1次。

**硫酸阿托品**（见抗胆碱药，P241）

**亚甲蓝** Methylthioninium Chloride（美蓝、次甲蓝）

【用途】氰化物中毒（大剂量）、高铁血红蛋白血症（小剂量）。

【不良反应】剂量过大致恶心、腹痛、头痛、心前区痛、出汗、神志不清。

【用药护理注意】1. 肾功能不全、G-6-PD缺乏、严重贫血禁用。2. 用药后尿呈蓝色，排尿时尿道口有刺痛。3. 禁止肌注、皮下注射，因可致局部脓肿。

【制剂】注射液：20mg（2ml）。

【用法】静注：用25%~50%葡萄糖液20~40ml稀释后缓慢注射。治氰化物中毒，用1%溶液，每次50~100ml（10mg/kg），与硫代硫酸钠交替使用。治亚硝酸盐中毒，用1%溶液，每次5~10ml（1~2mg/kg）。

**硫代硫酸钠** Sodium Thiosulfate（次亚硫酸钠、大苏打、海波）

【用途】氰化物中毒，砷中毒、皮肤瘙痒、慢性荨麻疹。

【不良反应】恶心、呕吐、头晕、乏力，静注过快致血压下降。

【用药护理注意】不宜与亚硝酸钠混合注射，以免导致血压过度下降。

【制剂】注射液：0.5g（10ml）、1g（20ml）。粉针：0.32g。

【用法】抢救氰化物中毒：须先用亚甲蓝或亚硝酸钠，再用本药 12.5~25g（25%~50%溶液 50ml）缓慢静脉注射。抗过敏：用 5%溶液每次 10~20ml，静注，1 次/日，用 10~14 日。

**亚硝酸钠** Sodium Nitrite 用于氰化物中毒。致血压下降、头痛、耳鸣。注射液：0.3g（10ml）。缓慢静注：3%溶液每次 10~20ml，或每次 6~12mg/kg。

**乙酰胺** Acetamide（解氟灵）用于氟乙酰胺等有机氟农药中毒。大剂量可引起血尿，肌注时本品 2.5g 加普鲁卡因 20mg 混合注射可减轻疼痛。注射液：2.5g（5ml）。肌注：每次 2.5~5g，2~4 次/日，疗程 5~7 日。

**氟马西尼** Flumazenil（安易醒、安易行）用于苯二氮䓬类药物中毒的解救和诊断。致面色潮红、恶心、呕吐，快速注射可致焦虑、心悸、恐惧。注射液：0. 5mg（5ml）。静注：昏迷病人，初次 0. 3mg，可重复给药，总量不超过 2mg，用生理盐水或 5%葡萄糖液稀释。

**纳洛酮** Naloxone（烯丙羟吗啡酮、金尔伦、苏诺）

【用途】麻醉性镇痛药（吗啡、哌替啶、海洛因等）和乙醇急性中毒等。

【不良反应】头晕、恶心、呕吐、困倦，偶见血压升高、心律失常等。

【用药护理注意】1. 对本品过敏禁用，高血压、心功能不全慎用。2. 对阿片类药物成瘾者会诱发戒断症状。3. 在医生指导下使用。

【制剂】注射液：0. 4mg（1ml）。

【用法】静注（首选）、肌注：每次 0. 4~0. 8mg，用生理盐水或葡萄糖液稀释后静注，必要时可重复给药。

**美沙酮**（见镇痛药，P190）

## 二十五、生物制品

**冻干麻疹活疫苗**（麻疹活疫苗、麻疹减毒活疫苗）

【用途】预防麻疹。

【不良反应】偶见低热、皮疹。

【用药护理注意】1. 接种对象为 8 个月龄以上的麻疹易感者。2. 发热、患严重疾病、有过敏史、2 个月内用过丙种球蛋白或输全血者禁用。3. 开安瓿和注射过程，勿使消毒剂接触疫苗。4. 安瓿开启后，应在 1 小时内用完。5. 2~8℃暗处保存，运输应冷藏。6. 药液混浊或变橘红色不用。

【制剂】注射液（有效期 1.5 年）：10 人份/支，用注射用水溶解成 2ml。

【用法】皮下注射（上臂外侧三角肌附着处）：每次 0.2ml（可增至 0.5ml），8 个月初种，7 岁复种。

**流行性感冒疫苗**（防感灵）用于预防流感。罕见过敏反应，发热、急性病、慢性病活动期推迟接种，用前摇匀，禁止静注，2~8℃保存。注射液：0.5ml。皮下注射、肌注：10 岁以上儿童和成人每年接种 1 次 0.5ml。10 岁以下接种 2 次，每次 0.25ml，两针间隔 1 个月。

### 流行性乙型脑炎灭活疫苗

【用途】预防流行性乙型脑炎。

【不良反应】发热、头晕、皮疹等。

【用药护理注意】1. 发热、急性或严重慢性病、神经系统疾病、有过敏史禁用。2. 注射后患者应休息片刻，无特殊反应才可离开。3. 备肾上腺素急救用。4. 疫苗有混浊、变色或曾冻结不能使用。5. 每 5ml 疫苗中加入 0. 1ml 亚硫酸氢钠（疫苗由红变黄色时即可注射），可减轻注射疼痛。6. 2~8℃暗处保存。

【制剂】注射液（有效期 2 年）：5ml。附无色亚硫酸氢钠 1 小瓶。

【用法】皮下注射（上臂外侧三角肌附着处）：6 个月~7 周岁，每次 0. 5ml；7 周岁以上，每次 1ml。共给药 3 次，第 1 次与第 2 次间隔 7~10 日，第 3 次为加强针。

### 脊髓灰质炎活疫苗糖丸

【用途】预防脊髓灰质炎。

【用药护理注意】1. 发热、急性传染病、免疫缺陷症、接受免疫治疗、孕妇禁用。2. 服用对象为 2 个月龄以上儿童。3. 仅供口服，禁止注射！4. 于冬春季服用，可咬碎，用凉开水送服，也可溶解后滴在饼干上服用，禁止加在热开水或热食物内服用。5. 2~8℃暗处保存，运输应冷藏。

【制剂】糖丸（有效期 1 年）：Ⅰ型（红）、Ⅱ型（黄）、Ⅲ型（绿），Ⅱ、Ⅲ型混合（蓝），Ⅰ、Ⅱ、Ⅲ型混合（白）。

【用法】含服：首次免疫从 2 个月龄开始，用Ⅰ、Ⅱ、Ⅲ型混合疫苗（白色），每次 1 丸，连服 3 次，每次间隔 4~6 周。第 3 次服后隔 10~24 个月再服 1 丸，4 岁时加强免疫再服 1 丸。

**重组乙型肝炎疫苗 Recombinant Hepatitis B Vaccine（乙型肝炎基因工程疫苗）**

【用途】预防乙型肝炎病毒感染。

【不良反应】中、低度发热，注射局部红肿、疼痛，偶见过敏反应。

【用药护理注意】1. 用前充分摇匀，有摇不散块状物不用。2. 备肾上腺素，在发生过敏时使用。3. 注射器必须专用。4. 2~8℃暗处保存，防冻结。

【制剂】注射液（有效期 2 年）：5μg（0. 5ml）。

【用法】上臂三角肌内注射：全程共 3 针，每针均为 5μg/0. 5ml，注射程序为第 0、1、6 个月各注射 1 针。新生儿出生 24 小时内注射第 1 针。

**乙型肝炎血源疫苗**

【用途】乙型肝炎易感者，主要用于婴幼儿。

【用药护理注意】1. 肝炎或HBsAg携带者、发热、急性或慢性严重疾病、有过敏史禁用。2. 用前摇匀，有摇不散的块状物或曾经冻结，不能使用。3. 本品已纳入新生儿计划免疫管理。4. 2~8℃暗处保存，严防冻结。

【制剂】注射液（有效期2年）：10μg（1ml）、30μg（1ml）。

【用法】上臂三角肌内注射：免疫程序按0、1、6个月各注射1针，共3针，剂量分别为30μg、10μg、10μg，新生儿于出生24小时内注射第1针。高危人群每次30μg，一般易感者每次10μg，共注射3针，间隔时间同上。

**甲型肝炎病毒疫苗**（贺福立适、巴维信）

【用途】预防甲型肝炎。

【用药护理注意】1. 开安瓿和注射时切勿使消毒剂接触疫苗。2. 接种后应观察30分钟。3. 发热和急性感染推迟接种。4. 禁止静注。5. 2~8℃保存。

【制剂】注射液：1ml（1440成人型）、0.5ml（720儿童型）。

【用法】上臂三角肌内注射：每次1ml，儿童每次0.5ml，6个月后加强1针。

**人用浓缩狂犬病疫苗**

【用途】预防狂犬病（被狂犬或其他疯动物咬伤、抓伤时）。

【不良反应】偶见发热、头痛、过敏，注射部位轻度红肿、淋巴结肿大。

【用药护理注意】1. 无禁忌证。2. 忌饮酒、浓茶和剧烈运动。3. 用前摇匀，冻干疫苗加等量灭菌注射用水溶解。4. 严禁注入血管。5. 2~8℃保存。

【制剂】冻干疫苗（有效期2年）：1ml、2ml。液体疫苗（有效期1年）：2ml。

【用法】上臂三角肌或臀部肌内注射：于被咬伤第 0、3、7、14、30 天各注射 1 安瓿（冻干疫苗 1ml 或 2ml，液体疫苗 2ml）。儿童用量同成人。

**卡介苗** Bacillus Vaccine Calmette-Guerin（结核活菌苗、BCG）

【用途】预防结核病，也可用于肿瘤辅助治疗。

【不良反应】发热，注射局部红肿浸润、化脓、形成小溃疡。

【用药护理注意】1. 结核病、急性传染病、肾炎、心脏病、免疫缺陷症、湿疹等禁用。2. 专供皮内注射，严禁皮下或肌内注射！3. 接种对象须详细登记姓名、性别、年龄、住址、菌苗批号及亚批号、制造单位和生产日期。4. 使用前核对制剂品种和规格。5. 注射器要专用。6. 用附带的稀释液溶解，半小时内用完。7. 使用时禁日光曝晒，以免活菌被杀死。8. 2~10℃暗处保存。

【制剂】冻干注射液：10 人份/支。划痕菌苗：0.5ml、1ml。（干燥菌苗有效期 1~2 年）

【用法】皮内注射（上臂外侧三角肌中部略下处）：每次 0.1ml。皮上划痕（上臂外侧三角肌附着处）：乙醇消毒并待干后，滴划痕菌苗 1~2 滴，通过菌苗划长 1~1.5cm 的“井”字，以划破表皮略有出血为度，划后用针涂抹数次，使菌苗渗入划痕。

**吸附百日咳菌苗、白喉、破伤风类毒素混合制剂**（百白破三联、DTP）

【用途】3 个月至 6 周岁小儿预防百日咳、白喉、破伤风。

【不良反应】局部红肿、疼痛、硬结，发热，偶见休克。

【用药护理注意】1. 有癫痫、神经系统疾病禁用。2. 备肾上腺素急救用。3. 每次更换注射部位。4. 在 4 周内不能同臂接种卡介苗。5. 2~8℃暗处保存。

【制剂】注射液（有效期 1 年半）：2ml、5ml、10ml。

【用法】臀部外上或上臂外侧三角肌注射：自 3 月龄至 12 月龄完成三针免疫，每针间隔 4~6 周，18~24 月龄注射第 4 针，每次 0.5ml。

**精制抗狂犬病血清** （抗狂犬病血清、维尔博）预防狂犬病。偶致过敏性休克，于被咬伤 48 小时内应用，用前须皮试，门诊注射须观察 30 分钟无异常方可离开。2~8℃保存。注射液：1000U（5ml）。冻干粉针：1000U。肌注：40U/kg，于 1~2 天内分数次注射，注完后（或同时）注射狂犬病疫苗。

**精制破伤风抗毒素**（精破抗、TAT）

【用途】防治破伤风。

【不良反应】过敏性休克，注射部位瘙痒、红斑、水肿。

【用药护理注意】1. 用前须做皮试，取本品 0. 1ml，用生理盐水稀释至 1ml，在前臂掌侧皮内注射 0. 1ml，阳性者可进行脱敏。2. 皮下或肌注无异常反应方可静注。3. 制品有混浊、摇不散的沉淀不能用。4. 门诊病人至少需观察 30 分钟方可离开。5. 备肾上腺素供抢救过敏性休克用。6. 2~8℃暗处保存。

【制剂】注射液：1500U、3000U、1 万 U。粉针：1500U、4 万 U。

【用法】预防：皮下注射（上臂三角肌处）、肌注，每次 1500~3000U，小儿每次 1500U。治疗：皮下、肌注、静注，轻症 1 万~2 万 U /d；中症 5 万 U /d；重症 10 万~15 万 U /d。

**吸附精制破伤风类毒素** （吸精破类）用于预防破伤风。用前摇匀，肌注不宜过浅，备肾上腺素，2~8℃暗处保存。注射液：2ml、5ml、10ml。肌注（上臂三角肌处深部）：全程免疫，第 1 针 0.5ml，隔 4~6 周注第 2 针、第 2 年注射第 3 针，均为 0.5ml。加强免疫，全程免疫后每 10 年注射 1 针 0.5ml。

**旧结核菌素** Old Tuberculin（O.T.）

【用途】测定人体是否感染过结核菌。

【不良反应】对本品过敏者，可有局部坏死。

【用药护理注意】1. 急性传染病，急性中耳炎、结合膜炎、广泛性皮肤病暂不用。2. 注射器及针头须专用。3. 注射部位皮肤忌用碘酊消毒，以免出现假阳性。4. 溶液变黄色或有沉淀、混浊，标签不清不用。5. 2~8℃暗处保存。

【制剂】注射液（有效期 5 年）：10 万 U（1ml）。

【用法】用无菌生理盐水稀释成每毫升 10U（稀释 1 万倍）、100U、1000U 3 种稀释液。从 10U 稀释液开始注射，如呈阴性，用 100U 稀释液，仍为阴性，再用 1000U 稀释液，阴性者可判为阴性。于前臂掌侧皮内注射 0.1ml，48~72 小时后检查，局部有红肿硬块直径 5mm 以上为阳性。

**结核菌素纯蛋白衍化物（PPD）**

【用途】检查结核杆菌感染，选择卡介苗接种对象及卡介苗接种后质量监测。

【不良反应】发热，注射局部起泡、腋下淋巴结炎，偶见过敏反应。

【用药护理注意】1. 同旧结核菌素。2. 配制时不应触及皮肤或吸入，以免引起毒性反应。3. 2~8℃暗处保存。

【制剂】注射液（已稀释制品）：50U（1ml）。（有效期1年）

【用法】前臂掌侧皮内注射：每次 0.1ml（5U），48~72 小时后检查，局部有红肿硬块直径 5mm 以上为阳性，凡有水泡、坏死、淋巴管炎均属强阳性。

# 附录一　处方常用拉丁文缩写词及其意义

| 分类 | 缩写词 | 意　义 |
|---|---|---|
| 给药次数 | q. d. | 每日1次 |
| | b. i. d. | 每日2次 |
| | t. i. d. | 每日3次 |
| | q. i. d. | 每日4次 |
| | q. 2d. | 每2日1次 |
| | q. o. d. | 隔日1次 |
| | q. h. | 每小时1次 |
| | q. 4h. | 每4小时1次 |
| | q. 6h. | 每6小时1次 |
| | q. n. | 每晚1次 |
| | q. m. | 每晨1次 |

| 分类 | 缩写词 | 意　义 |
|---|---|---|
| 给药时间 | h. s. | 睡前 |
| | a. c. | 饭前 |
| | p. c. | 饭后 |
| | a. m. | 上午 |
| | p. m. | 下午 |
| | p. r. n. | 必要时（长期医嘱） |
| | s. o. s. | 必要时（临时医嘱） |
| | st！或stat！ | 立即！ |
| | Cito！ | 急！ |
| 给药途径 | p. o. | 口服 |
| | p. r. （E） | 灌肠 |
| | i. d. | 皮内注射（皮内） |
| | i. h. （H） | 皮下注射（皮下） |

| 分类 | 缩写词 | 意　义 | 分类 | 缩写词 | 意　义 |
|---|---|---|---|---|---|
| 给药途径 | i. m. | 肌肉注射（肌注） | 剂型 | Caps. | 胶囊剂 |
| | i. v. | 静脉注射（静注） | | Inj. | 注射剂 |
| | i. v. gtt | 静脉滴注（静滴） | | Liq.或Sol. | 溶液剂 |
| | (i. v. drip) | | | Lot. | 洗剂 |
| 剂量单位 | Kg | 千克 | | Mist. | 合剂 |
| | g | 克 | | Ocul. | 眼膏剂 |
| | mg | 毫克 | | Pil. | 丸剂 |
| | μg | 微克 | | Syr. | 糖浆剂 |
| | ng | 纳克 | | Tab. | 片剂 |
| | l | 升 | | Ung. | 软膏剂 |
| | dl | 分升 | 其他 | A. S. T. | 皮试 |
| | ml | 毫升 | | d | 日 |
| | μl | 微升 | | h | 小时 |
| | IU（iu） | 国际单位 | | min | 分 |
| | U（u） | 单位 | | s | 秒 |

# 附录二 皮试药物一览表

| 药 名 | 皮试液的浓度及配制方法 | 皮试方法及结果判断 | 注意事项 |
|---|---|---|---|
| 青霉素钠（钾） | 1. 取青霉素钠80万U，注入4ml生理盐水，成20万U/1ml<br>2. 取上液0.1ml加生理盐水至1ml，成2万U/1ml<br>3. 取（2）液0.1ml加生理盐水至1ml，成2000U/1ml<br>4. 取（3）液0.25ml加生理盐水至1ml，即成1ml含500U的皮试液。每次配制时均须将溶液混匀 | 皮内注射0.05~0.1ml（50U），小儿0.02~0.03ml，20分钟后观察结果。<br>**阳性**：局部皮丘隆起，出现红晕硬块，直径大于1cm，或红晕周围有伪足、痒感 | 1. 皮试前备抢救药物和必需的器材<br>2. 每次配制时均须将溶液混匀，皮试液密封，在4℃以下保存可用1周，室温下限当日使用 |
| 苯唑西林钠 | 500μg/ml。 | 皮内注射0.05~0.1ml，20分钟后观察结果 | 一般用青霉素钠皮试，也可用本品 |
| 头孢拉定、头孢替安、头孢噻肟钠、头孢曲松钠、头孢哌酮、头孢唑肟等头孢菌素类 | 300μg/ml或500μg/ml，用生理盐水配制 | 皮内注射0.05~0.1ml | |

| 药 名 | 皮试液的浓度及配制方法 | 皮试方法及结果判断 | 注意事项 |
|---|---|---|---|
| 普鲁卡因 | 0.25%溶液 | 皮内注射0.1ml，20分钟后观察结果 | |
| 链霉素 | 1.取链霉素1g（100万U）加生理盐水3.5ml，溶解后为4ml，每1ml含0.25g（25万U）<br>2.取上液0.1ml，加生理盐水至1ml成2.5万U/ml<br>3.取（2）液0.1ml，加生理盐水至1ml即成2500U/ml<br>4.取（3）液0.2ml，加生理盐水至0.8ml即成500U/ml皮试液 | 皮内注射0.1ml（50U），20分钟后观察结果<br>结果判断同青霉素钠 | 皮试阴性病人也可发生过敏反应，应做好抢救准备 |
| 细胞色素C | 取细胞色素C（每支2ml含15mg）0.1ml，加生理盐水至1ml即成0.75mg/ml皮试液 | 1.皮内注射0.1ml（含0.075mg），20分钟后观察结果<br>2.划痕法：滴细胞色素C原液（7.5mg/ml）1滴于皮肤上，用针头划痕，20分钟后观察结果 | 注射中止后再用药应做皮试 |

| 药 名 | 皮试液的浓度及配制方法 | 皮试方法及结果判断 | 注意事项 |
|---|---|---|---|
| 有机碘造影剂 | 30%有机碘溶液 | 1. 皮内注射 0.1ml，20 分钟后观察结果。局部有红肿、硬块，直径大于 1cm 为阳性<br>2. 静脉注射法：静脉注射 30%有机碘溶液 1ml，密切观察 10 分钟，有血压、脉搏、呼吸和面色等改变者为阳性 | 过敏试验阴性者，在碘造影过程中仍可出现过敏反应 |
| 结核菌素 | 用生理盐水稀释成 10 单位（稀释 1 万倍）、100 单位、1000 单位 3 种稀释液 | 皮内注射 0.1ml，48~72 小时后检查，局部有红肿硬块直径 5mm 以上为阳性。从 10U 稀释液开始注射，如呈阴性，用 100U 稀释液注射，如仍为阴性，再用 1000U 稀释液注射，阴性者可判为阴性 | 临用配制。溶液有沉淀、混浊或变黄色时不用 |
| 结核菌素纯蛋白衍化物（PPD） | 50U/1ml | 皮内注射 0.1ml（5 单位），48~72 小时后检查，局部有红肿硬块直径 5mm 以上为阳性 | |

| 药名 | 皮试液的浓度及配制方法 | 皮试方法及结果判断 | 注意事项 |
|---|---|---|---|
| 门冬酰胺酶 | 1. 取药物 1000U，加入生理盐水 1ml 溶解，<br>2. 取上液 0.1ml 加生理盐水至 1ml 即成 100U/ml 的皮试液 | 皮内注射 0.1ml（10U），观察 3 小时 | 不同药厂、不同批号的产品其纯度和过敏反应均有差异 |
| 蝮蛇抗栓酶 | 0.0025U/ml，用生理盐水稀释。 | 皮内注射 0.1ml | |
| 去纤酶 | 取 0.1ml 用生理盐水稀释至 1ml | 皮内注射 0.1ml，15 分钟后观察结果 | |
| 精制破伤风抗毒素（TAT） | 取 0.1ml（1500IU/1ml）加生理盐水至 1ml 即成 | 皮内注射 0.1ml（15IU），20 分钟后观察结果 | 1. 阳性者可采用脱敏注射法<br>2. 做好抢救过敏性休克的准备 |
| 精制抗狂犬病血清 | 取 0.1ml 用生理盐水稀释至 1ml。 | 皮内注射 0.05ml。30 分钟后观察结果 | 阳性者可采用脱敏注射法 |
| 抗淋巴细胞球蛋白 | 用 1∶1000 的 ALG | 皮内注射 0.1ml | |

# 附录三 用药剂量计算法

## 一、按年龄剂量折算表

| 年 龄 | 剂 量 | 年 龄 | 剂 量 |
|---|---|---|---|
| 初生至1个月 | 成人剂量的1/18~1/14 | 6岁至9岁 | 成人剂量的2/5~1/2 |
| 1个月至6个月 | 成人剂量的1/14~1/7 | 9岁至14岁 | 成人剂量的1/2~2/3 |
| 6个月至1岁 | 成人剂量的1/7~1/5 | 14岁至18岁 | 成人剂量的2/3~全量 |
| 1岁至2岁 | 成人剂量的1/5~1/4 | 18岁至60岁 | 全量~成人剂量的3/4 |
| 2岁至4岁 | 成人剂量的1/4~1/3 | 60岁以上 | 成人剂量的3/4 |
| 4岁至6岁 | 成人剂量的1/3~2/5 | | |

注：本表仅供参考，使用时可根据患者体质、病情及药物性质等多方面因素酌情决定。

## 二、小儿用药剂量计算法

（一）按体重计算

小儿剂量=成人剂量×小儿体重÷60kg

1~6个月体重（kg）=月龄×0. 6+3

7~12个月体重（kg）=月龄×0. 5+3

1周岁以上体重（kg）=实足年龄×2+7~8

（二）按体表面积计算

小儿剂量=成人剂量×小儿体表面积（$m^2$）÷1.7（$m^2$）

体表面积（$m^2$）=体重（kg）×0.035（$m^2$/kg）+0.1（$m^2$）

体表面积公式仅限于体重30kg以下者。体重>30kg者，按体重每增加5kg，体表面积增加0.1$m^2$计算。但60kg则为1.6$m^2$，70kg为1.7$m^2$。

# 附录四　输液滴注速度计算法

**一、计算每小时输液量**

每小时输入毫升数(ml/h) = 输液总量(ml)÷输液时间(h)

**二、已知每小时输液量，计算每分钟滴数**

$$每分钟滴数 = \frac{每小时输入量\ (ml/h)\times 每毫升相当滴数\ (15滴)}{60(\text{min})}$$

例：某病员每小时需输液 200ml，计算每分钟输入液体的滴数。

$$每分钟滴数 = \frac{200(ml/h)\times 15滴}{60(\text{min})} = 50(滴/分)$$

**三、已知每分钟滴数，计算每小时输入量**

$$每小时输入量\ (\text{ml}) = \frac{每分钟滴数\ \times 60(\text{min})}{每毫升相当滴数\ (15滴)}$$

**四、输液一般滴速**

一般成人滴速 40~60 滴/分，儿童 20~40 滴/分。

# 附录五　常用计量单位换算

## 一、重量

1 千克（kg，公斤）$=10^3$ 克 $=1000$ 克(g)

1g $=10^0$ 克 $=1000$ 毫克（mg）

1mg $=10^{-3}$ 克 $=1000$ 微克（μg）

1μg $=10^{-6}$ 克 $=1000$ 纳克（ng）。旧称毫微克（mμg）

1ng $=10^{-9}$ 克 $=1000$ 皮克（pg）。旧称微微克

## 二、容量

1 升（l）$=1000$ 毫升（ml）

1ml $=10^{-3}$ 升 $=1000$ 微升（μl）

1μl $=10^{-6}$ 升 $=1000$ 纳升（nl）

1 nl $=10^{-9}$ 升 $=1000$ 皮升（pl）

## 三、长度单位

1 米（m）$=100$ 厘米（cm）$=1000$ 毫米（mm）

1mm $=10^{-3}$ 米 $=1000$ 微米（μm）

1μm $=10^{-6}$ 米 $=1000$ 纳米（nm）。旧称毫微米（mμ）

# 附录六　新旧药物商品名对照表

| 现药名 | 曾用名 | 英文名 |
|---|---|---|
| 阿斯美 | 强力安喘通 | Asmeton |
| 爱全乐 | 爱喘乐 | Atrovent |
| 爱通立 | 艾通立、栓体舒 | Actilyse |
| 安特尔 | 安雄 | Andriol |
| 奥斯克 | 奥湿克 | Arthrotec |
| 百优解20 | 百忧解20 | Prozac 20 |
| 拜新同 | 拜心通 | Adalat GITS |
| 保欣宁 | 永保心灵 | Nitrolingual |
| 伯尔定 | 铂尔定 | Paraplatin |
| 达喜 | 胃达喜 | Talcid |
| 多美康 | 速眠安 | Dormicum |
| 弗斯兰 | 活脑灵 | Fonzylane |
| 福至尔 | 缓退瘤 | Fugerel |
| 海乐神 | 海尔神 | Halcion |
| 吉诺通 | 强力稀化粘素 | Gelomyrtol Forte |
| 津源灵 | 泌尿灵 | Genurin |

| 现药名 | 曾用名 | 英文名 |
|---|---|---|
| 卡洛 | 倍他胡萝卜素 | Betacarotene |
| 开瑞坦 | 克敏能 | Clarityne |
| 凯特瑞 | 康泉 | Kytril |
| 慷彼申 | 康彼身 | Combizym |
| 科恒 | 的确当 | Fredex |
| 力百汀 | 安美汀 | Augmentin |
| 立加利仙 | 痛风利仙 | Narcaricin |
| 罗盖全 | 罗钙全 | Rocaltrol |
| 罗可曼 | 生血素 | Recormon |
| 罗荛愫 | 罗扰素 | Roferon-A |
| 洛斯宝 | 活血素 | Vasobral |
| 麦道必 | 头孢必 | Medocef |
| 梅格施 | 美可治 | Megace |
| 美克 | 霉克 | Mycospor |
| 美普清 | 美喘清 | Meptin |
| 美素生 | 甲氨蝶呤-科鼎 | Meisusheng |

| 现药名 | 曾用名 | 英文名 |
| --- | --- | --- |
| 弥新平 | 弥心平 | Nixinping |
| 尼膜同 | 尼莫通 | Nimotop |
| 欧适可 | 妇舒宁 | Oesclim |
| 曲必星 | 淋必治 | Trobicin |
| 瑞德明 | 德明 | Ruideming |
| 瑞易宁 | 瑞怡宁 | Glipizide XL |
| 舍尼通 | 普适泰 | Prostat |
| 施铂锭 | 威力顺铂 | Shiboding |
| 施普善 | 脑活素 | Cerebrolysin |
| 施他宁 | 思他宁 | Stilamin |
| 思尔明 | 脑通 | Sermion |
| 特斯乐 | 特血乐 | Trasylol |
| 特文 | 脱尔烦 | Tolvon |
| 恬尔新 | 恬尔心 | Tian Er Xin |
| 帖保咛 | 贴保宁 | Deponit |
| 万托林 | 喘乐宁、全乐宁 | Ventolin |
| 仙特明 | 仙特敏 | Zyrtec |

| 现药名 | 曾用名 | 英文名 |
| --- | --- | --- |
| 先特能 | 生白能 | Leucomax |
| 欣民立 | 新敏乐 | Semprex |
| 亚宁定 | 优匹敌、压宁定 | Ebrantil |
| 一平苏 | 抑平舒 | Inhibace |
| 益盖宁 | 益钙宁 | Elcitonin |
| 优美善 | 美钠 | Uromitexan |
| 左洛复 | 郁乐复 | Zoloft |

# 中文药名索引（以汉语拼音为序）

C

D

E



F

H

L

T

## Z

# 英文药名索引（以字母为序）

## B

U



V